国家出版基金项目
NATIONAL PUBLICATION FOUNDATION

“十三五”国家重点出版物出版规划项目

20世纪中期云南少数民族社会历史调查实录

第五卷

民主改革（一）

主　编◎申　旭
副主编◎肖依群

云南人民出版社

图书在版编目（CIP）数据

20世纪中期云南少数民族社会历史调查实录. 第五卷, 民主改革. 一 / 申旭主编 ; 肖依群副主编. -- 昆明 : 云南人民出版社, 2023.4
ISBN 978-7-222-21681-5

Ⅰ. ①2… Ⅱ. ①申… ②肖… Ⅲ. ①少数民族—民族历史—社会调查—云南—20世纪 Ⅳ. ①K280.74

中国国家版本馆CIP数据核字(2023)第017141号

责任编辑 郭木玉　胡元青
特约编辑 周元晖
助理编辑 巫孟连
装帧设计 石　斌
责任校对 溥　思　文永清
明　珍　费　珺
白　帅　董郎文清
周　彦
责任印制 代隆参

20世纪中期云南少数民族社会历史调查实录

第五卷
民主改革（一）

主　编◎申　旭
副主编◎肖依群

出　版　云南人民出版社
发　行　云南人民出版社
社　址　昆明市环城西路609号
邮　编　650034
网　址　www.ynpph.com.cn
E-mail　ynrms@sina.com
开　本　787mm×1092mm　1/16
印　张　42.5
字　数　981千
版　次　2023年4月第1版第1次印刷
印　刷　昆明理煋印务有限公司
书　号　ISBN 978-7-222-21681-5
定　价　500.00元

云南人民出版社微信公众号

写在前面

一

2019年1月，我在5卷本《秘境——云南民族濒危影像记忆》的开篇“写在前面”中写道：

> 编成本套图书前后历经10个月，而搜集、梳理和研究云南民族影像资料，则自我来云南工作以后直到退休，花费了整整30年的时间。
>
> 在2016年出版的《云南民族调查史料钩沉（1950—1965）》开篇“前言”中，我曾写下这样一段话：出版本书最主要的目的，就是将我们20多年来搜集到的云南民族调查史料的相关内容和目录公之于世。这些史料绝大部分至今尚未公开出版，也很少为有关部门和专业研究人员所使用，很多人甚至不知道其存在。而这些珍贵的云南民族调查史料，正是中华人民共和国建立初期党的民族政策在西南边陲得以良好贯彻执行的确切依据，也是部分民族政策基于民族调查而制定的最好见证。如果要总结新中国民族工作的“云南现象”和“云南经验”，了解云南民族团结进步、边疆繁荣稳定的历史发展轨迹，这些史料则是其中最早和最重要的组成部分。
>
> 编纂《秘境——云南民族濒危影像记忆》丛书，我们有着同样的初衷。“为了明天而收集昨天”，则是我们的终极目的。

2020年1月，《20世纪中期云南少数民族社会历史调查实录》（后文简称《实录》）的选编工作正式启动。

我们对于20世纪中期云南少数民族文献史料和影像资料的搜集是同步进行的，因而编纂《实录》和编纂《秘境——云南民族濒危影像记忆》一样，有着同样的初衷和终极目的，两套图书同为“历史记忆”，一为文字，一为图片，相互观照，彼此成就。5卷本《秘境——云南民族濒危影像记忆》于两年前编定，即将面世，而《实录》的编辑和出版事宜肇始于2012年，至今已8年有余。其间不断大费周折与各方机构、多个部门商谈切磋，多次按照要求提交情况说明、申请报告、策划方案、出版计划、经费预算；曾接到过项目已获批准的通知，也见到了权威机构的立项文件，但结果都无从言说，令人身心俱疲、感喟不已。2015年，我在《云南民族调查史料钩沉（1950—1965）》（云南人民出版社2016年版）一书的“前言”中写道：

2004年，我们策划并出版了《见证历史的巨变——云南少数民族社会发展纪实》一书，全书分为4卷，即社会发展卷、生产劳作卷、生活习俗卷和文化艺术卷，书中提供了1480幅珍贵的历史照片，是我们搜集、整理云南民族调查资料的阶段性成果。之后在继续查找、搜集和购买各种云南民族调查资料的同时，我们在极为困难的条件下，阅读了全部能够找得到和看得到的云南民族调查资料，并开始着手辨识和系统分类整理工作，计划将其部分陆续公开出版。由于经费等多方面的原因，这项工作至今仍在进行之中，因而先将云南民族调查资料的主要情况和一万多份史料的目录编成《云南民族调查史料钩沉（1950—1965）》一书，抛砖引玉，希冀有更多的人来关注和研究新中国建立初期云南各民族的发展历程，也期望有更多的人去抢救和保护云南民族调查资料，少存遗憾，给后人留下一笔不可多得的精神财富。

来到“十三五”收官之年，《实录》史料的辨识、分类、整理、选编和出版进程步入快速前行的轨道。

二

20世纪中期云南少数民族社会历史调查资料，主要包括以下几个方面的内容：

1. 民国时期的调查资料；
2. 中共云南省委边疆工作委员会的调查资料；
3. 云南省民族事务委员会的调查资料；
4. 云南省民族工作队的调查资料；
5. 中央民族访问团西南民族访问团第二分团的访问调查资料；
6. 云南民族识别研究组的调查资料；
7. 云南民族语言调查组的调查资料；

8. 全国少数民族社会历史调查中的云南民族调查资料；

9. 为贯彻执行民族政策，配合中央、云南省有关方面的各项工作，云南省各专区、自治区（州）、县、市、区、乡以各种组织形式进行的调查资料。

《实录》中民国时期的调查资料收录较少，范围也不甚广，目的仅在于使阅读者和使用者对1950年前后阶段云南少数民族的基本情况和发展进程有一个连续性的概念，不致截然割裂开来，重点仍聚焦于1950年云南解放以后各方面所发生的重大变革，并以1956—1964年的调查资料最为集中。因1956年开始的全国少数民族社会历史调查，包括云南在内的大部分地区在1965年时已基本结束，《民族问题三种丛书》的编写工作又因“文化大革命”的来临而陷于停顿状态，《实录》内容的时间下限也就确定在1966年“文化大革命”开始以前。

提起“云南民族调查”，人们首先想到的就是始于1956年的全国少数民族社会历史调查，即人们通常所说的“全国民族大调查”。实际上，早在1941年8月，中国共产党就做出了《中共中央关于调查研究的决定》，对中国社会各阶层进行调查研究。在1956年全国少数民族社会历史调查开始之前，中央人民政府先后派出了中央民族访问团西南民族访问团第二分团、云南民族识别研究组和云南民族语言调查组前往云南进行各项访问调查，中共云南省委边疆工作委员会、云南省民族事务委员会、云南省民族工作队等也对云南省解放初期各方面的情况做了大量的调查研究工作，为云南省少数民族身份和种类的最终确认、云南边疆民族地区社会经济的发展和中央民族政策的制定、贯彻执行奠定了坚实的基础。

从1956年开始，中国历史上第一次有组织、有计划进行的全国少数民族社会历史状况科学调查，系由毛泽东倡议、彭真负责。当时明确了调查工作由全国人民代表大会民族委员会主持，成立了由全国人民代表大会民族委员会主任委员刘格平、中央民族事务委员会副主任刘春和中央民族学院副院长费孝通组成的调查领导小组，在全国人民代表大会民族委员会成立了调查办公室。1956年4月，全国人民代表大会民族委员会制订了民族调查规划，拟定筹建云南、贵州、广西、西藏等地区少数民族社会历史调查组，计划在4—7年内基本弄清楚各主要少数民族的社会经济结构和阶级情况。当年就组织了云南、四川等地8个调查组，抽调了民族学家、社会学家、历史学家、经济学家以及社会科学研究人员、民族工作干部、大专院校师生参加。对云南各民族的调查，至“文化大革命”以前基本结束。据不完全统计，20世纪50—60年代云南民族调查资料初步整理出万余种，总字数在1亿字以上；整理档案资料和文献摘录数百种，计2000多万字；录制少数民族社会历史科学纪录片7部，拍摄各民族照片数万幅，还搜集了一批少数民族历史文物。

中国少数民族社会历史调查及其资料的整理、出版时间前后长达数十年之久。这是新中国成立以来唯一的一次大范围、全方位的少数民族调查，丰富的材料比较详细、忠实地记录下了各民族历史和现状，是非常可贵的第一手材料，为我国少数民族身份、种类的识别和确认提供了科学依据，培养了新中国第一批民族学家和人类学家，为中国少数民族的社会发展和新中国民族学、人类学的奠基与成长发挥了举足轻重的作用。就最终确定少数民族种类最多的云南省而言，民族识别和调查做得最好，民族工作尤为仔细和认真，民族政策的贯彻和落实最到位，调查资料数量及保留较多，内容也极为丰富，因而显得尤为弥足珍贵。

《实录》所说的“云南少数民族调查资料”即指上述各项调查的文献、提纲、记录、报告、总结、信件、照片、纪录片文本、研究成果、纸质文物等各类历史资料，以及20世纪50—60年代铅印的云南民族调查资料。

20世纪50—60年代，全国人民代表大会民族委员会云南少数民族社会历史调查组、中国科学院民族研究所云南民族调查组和云南省少数民族社会历史研究所等部门和研究机构编辑铅印的调查资料，由于封面一律为白色，故又被称为“白皮书”。

云南民族调查资料白皮书总共印刷了多少种，目前尚不得而知。到目前为止，我们收藏到58种，涉及云南25个世居少数民族中的14个，即彝族、哈尼族、白族、傣族、傈僳族、拉祜族、佤族、纳西族、景颇族、布朗族、阿昌族、怒族、德昂族、独龙族等。其他11个少数民族没有涉及，原因和可能性有3点。

1. 当时进行的少数民族社会历史调查主要是为撰写各少数民族简史、简志提供资料，具体分工的方法是：一个民族若同时分布在若干省区，则由分布该民族人数最多的省区负责撰写，其他省区负责该民族的社会历史调查，并把调查资料提供给承担撰写任务的省区。云南配合贵州、广西等省区撰写任务而进行调查的少数民族共有8个，即蒙古族、回族、藏族、苗族、壮族、布依族、瑶族、水族等。

2. 普米族、基诺族和满族3个民族被识别和确定为单一民族的时间较晚。普米族于1961年被确定为单一民族，而基诺族直到1979年才被确定为单一民族。当时普米族和满族两个民族的调查资料已经初步整理，但未被列入白皮书，而基诺族尚被称为攸乐人，其调查资料则被列入彝族的内容范畴。

3. 某些民族的调查资料，也许已经收入白皮书，只是我们尚未见到。

通过阅读白皮书，并将其与云南民族调查资料手稿及后来公开出版的国家民委

《民族问题五种丛书》之《中国少数民族社会历史调查资料丛刊》中的云南部分进行对照，简而言之，白皮书的价值主要体现在以下4个方面。

第一，《中国少数民族社会历史调查资料丛刊》没有全部收录白皮书的内容。仅举一例如下。

中国科学院民族研究所云南省少数民族社会历史调查组、云南省少数民族社会历史研究所办公室在《四川及云南昭通地区彝族社会历史调查资料》（彝族调查资料之二，1963年5月10日）白皮书的“说明”中写道：

因为编写《彝族简史》的需要，中国科学院民族研究所云南省少数民族社会历史调查组与云南省少数民族社会历史研究所于1960年2月至5月，至四川凉山彝族自治州和西昌地区以及羌族地区进行了调查。此次调查中，以云南大学历史系方国瑜教授为首的20多位师生，也作为调查组的成员参加了工作。本资料就是以此次调查的一部分专题材料为主，包括云南昭通地区毗连四川凉山的有关部分调查而成的。

《四川及云南昭通地区彝族社会历史调查资料》白皮书共收录四川、云南有关彝族的调查16篇。20世纪80年代，在出版国家民委《民族问题五种丛书》之《中国少数民族社会历史调查资料丛刊》时，云南省编辑组编辑了一本《四川广西云南彝族社会历史调查》（云南人民出版社1987年版），但未收录任何一篇该白皮书中的调查资料。

第二，云南民族调查资料白皮书主要来自当年的调查手稿，但现今部分手稿已不存在或很难寻觅，白皮书就成为当时调查最真实的记录。

截至目前，我们已粗读过1万多份尚未系统整理和公开出版的云南民族调查资料，大多为复写本、刻印本、油印本和抄本，表明这些资料并非孤本，其中部分曾经内部印刷，部分已经编入白皮书或《中国少数民族社会历史调查资料丛刊》。例如，《思茅　玉溪　红河傣族社会历史调查》编者指出：

本集共收集孟连傣族历史文献译文、社会调查资料及景谷、元江、新平、金平、红河各县调查材料共十七篇，其中八篇曾由中国科学院民族研究所云南民族调查组、云南省民族研究所以内部资料形式铅印过。①

① 云南省编辑组编：《思茅　玉溪　红河傣族社会历史调查·后记》，国家民委民族问题五种丛书之一《中国少数民族社会历史调查资料丛刊》，云南人民出版社1985年版。

《傣族社会历史调查》（西双版纳之十）编者指出，该集收入的资料中，“《勐海县勐混区曼蚌乡傣族农村公社和家族组织调查》一文，曾见于云南省历史研究所的内刊”[①]。《傣族社会历史调查》（西双版纳之三）编者指出：

本集收入的译稿，都是1954年至1955年间收集的有关西双版纳宣慰使司和各勐的史料，大部分在五十年代作内部资料刊印过。《傣族宣慰使司地方志》，是傅懋勣教授和刀忠强同志在1953年翻译的，我们根据中共西双版纳州委档案科和省历史研究所的复写本和油印本，选用了其中几节。《防火的通告》《宣慰使侍卫轮流执勤牌》等五篇，均选自省历史研究所的手抄稿，没有译者署名，只在卷内目录“调查写作年月”栏中注明“1954年”。这些稿件均请当年西双版纳傣族社会联合调查组翻译小组主持工作的刀国栋同志过目，认定确系这个小组的翻译稿。[②]

《傣族社会历史调查》（西双版纳之六）编者指出：

本集共收入十二篇调查资料，其中《勐遮傣族社会经济情况调查》和《勐遮傣族农民内部的封建等级调查》两篇，在六十年代初期作为内部资料铅印过。其余各篇原件，除了《版纳勐遮景真傣族社会历史情况调查》存中共西双版纳傣族自治州州委档案室外，均存省历史研究所。[③]

《傣族社会历史调查》（西双版纳之七）编者指出：

本集收入了景糯、勐很、勐旺、景董以及象明的调查资料共十四篇。收入的这些资料原件，除《景糯傣族社会经济情况调查》《勐旺傣族社会经济调查补充材料》《勐旺曼练景寨调查》《勐旺曼扫寨调查》存中共西双版纳傣族自治州州委档案科外，其他各

① 云南省编辑组编：《傣族社会历史调查（西双版纳之十）·后记》，国家民委民族问题五种丛书之一《中国少数民族社会历史调查资料丛刊》，云南民族出版社1987年版。

②《民族问题五种丛书》云南省编辑委员会编：《傣族社会历史调查（西双版纳之三）·后记》，《中国少数民族社会历史调查资料丛刊》，云南民族出版社1983年版。

③《民族问题五种丛书》云南省编辑委员会编：《傣族社会历史调查（西双版纳之六）·后记》，《中国少数民族社会历史调查资料丛刊》，云南民族出版社1984年版。

件均存省历史研究所。[①]

《傣族社会历史调查》（西双版纳之八）编者指出：

本集收入勐罕、勐笼、勐养和勐景哈、勐宽等五个勐的调查资料十二篇。……除上述外，其余各篇五十年代的油印本，原件存省历史研究所。[②]

仅仅要弄清楚这些原件现今是否还存世，其中哪些作为内部资料刊印过、哪些曾收入云南民族调查资料白皮书、哪些已收入《中国少数民族社会历史调查资料丛刊》、都进行了哪些删节和修改等，都不是一件简单容易的事情。

第三，《中国少数民族社会历史调查资料丛刊》遗漏了太多白皮书原有的信息。

白皮书大多有“前言”或“编后记”，如1958年2月13日全国人民代表大会民族委员会云南民族调查组、云南民族研究所《1956年12月至1957年6月云南西盟卡瓦族社会经济调查总结报告·卡瓦族调查材料之一》（全国人民代表大会民族委员会办公室编，1958年3月）白皮书的“编辑前言”：

自 1956 年 12 月至 1957 年 6 月，我组、所 3 个田野调查组分别调查了德宏州南部景颇族 6 个点，西盟县卡瓦族 6 个点，碧江县傈僳族 2 个点，贡山县四区独龙族 3 个点，碧江、福贡、贡山三县怒族 3 个点。在过去调查的基础上，进一步调查研究了这五族地区的生产力、生产关系、阶级分化、政治及家族制度、意识形态及生活习惯和社会主义改造中的问题。但我组、所初创之际，全部干部都是生手，受过资产阶级社会学、民族学一定的影响，几次批判又软弱无力；尤其对马列主义学习不深，不善于正确地进行阶级分析，特别是对过渡时期两条道路斗争的认识不明确，因此五族调查材料在目前社会主义改造与生产大跃进两个高潮中不能够全部说明问题，就是阶级分化与社会主义改造中的矛盾问题，组、所内干部意见也不一致，尚不能得出准确结论。

上述五族调查，原始材料 164 万字，景颇族社会、经济、政治、意识形态及历史的专题材料 38 万字，五族各点的综合材料 50 万字，卡瓦与景颇两族的综合材料 51 万字，

① 云南省编辑组编：《傣族社会历史调查（西双版纳之七）·后记》，国家民委民族问题五种丛书之一《中国少数民族社会历史调查资料丛刊》，云南民族出版社 1985 年版。

② 云南省编辑组编：《傣族社会历史调查（西双版纳之八）·后记》，国家民委民族问题五种丛书之一《中国少数民族社会历史调查资料丛刊》，云南民族出版社 1985 年版。

五族 5 个总结材料共 30 万字。另收集文物 193 件，摄拍照片 900 张，可供研究参考。

办公室编印资料 150 万字，这是研究边疆各民族社会经济的基础。争取文史馆、参事室及云大教师多人协助，抄录明清两代云南及东南亚民族史料 400 余万字，翻译外文著作中的云南及东南亚民族资料 120 万字，对于明清以来各民族历史关系研究有参考价值。

五族田野调查材料及总结材料，尚须较长时间修改才能付印。就是五族 5 个总结材料，合计亦达 30 万字，不便领导同志看阅。为便于领导同志在百忙中以短时间看阅我组、所调查研究情况，特将五族调查材料各写成 2000—4000 字的总结提要。

该书的“编后记”除了告诉我们该书的编辑者是云南少数民族社会历史调查组、云南省少数民族社会历史研究所，校阅者是张凤岐以外，还讲述了此次调查的基本情况：

1956 年 12 月至 1957 年 6 月，我组在西盟瓦族自治县对马散、永广、中课、翁戛科、岳宋等 5 个瓦族寨子进行了重点调查，并对该县其他少数民族（拉祜族、傈僳族、“罗缅”）进行了某些调查。我们的调查是在过去调查材料的基础上进行的，过去的材料给了我们帮助和启发。

在调查过程中，是在思茅地委会、澜沧边工委会、西盟工委会和西盟瓦族自治县筹委会以及西盟各区委会的具体领导和帮助下进行的，并得到当地驻军的大力协助。

由于我组同志多是初次参加调查工作，缺乏农村工作经验，理论水平不高，因而我们的调查是很肤浅的、不全面的，有些材料还须复查，有些论点还值得商榷。

云南民族调查组第一分组

1957 年 12 月　昆明

《1956年12月至1957年6月云南西盟大马散卡瓦族社会经济调查报告·卡瓦族调查材料之三》（全国人民代表大会民族委员会办公室编，1958年3月）白皮书除了“前言”以外，还有“编者说明”和“编后记”。全国人民代表大会民族委员会云南少数民族社会历史调查组、云南省少数民族社会历史研究所撰写的“编者说明”主要讲述了此次调查的时间、地点和内容：

全国人民代表大会民族委员会云南少数民族社会历史调查组第一分组于 1956 年 11 月至 1957 年 7 月，到云南西盟卡瓦族自治县（筹备委员会）在卡瓦族的 6 个点（大马散、岳宋、永广、中课、翁戛科、龙坎）进行了社会经济和历史的调查工作。大马散是分组的调查重点，在这里调查历时7个多月之久，写成了这个调查报告。

本册包括大马散寨卡瓦族的概况、经济［包括农业（生产力：生产工具、生产技术、劳动力的使用、产量。生产关系：生产资料占有、劳动组织与分工、合种、土地买卖、雇工、债务、蓄奴），手工业及副业，商业］、社会历史（历史、政治、军事、物质生活、家庭、婚丧、宗教、科学文艺、文教卫生）和大马散农业生产合作社情况。第一分组试图在几年来地、县委调查的基础上，进一步调查研究了大马散卡瓦族的生产力、生产关系、阶级分化、政治及家族制度、意识形态及生活习惯和社会主义改造的问题。大马散是西盟卡瓦族的腹心地区，保留本民族的固有特点较多些，代表面较宽，所以，在这里进行实地调查就能了解西盟腹心地区卡瓦族的特点。

自从1957年冬至1958年春省委提出苦战三年改变我省的面貌以来，西盟大马散卡瓦族与全省各族人民一样，掀起了生产大跃进和合作化大跃进的高潮，两个高潮互相推动，使大马散卡瓦族起了亘古未有的大变化，如猎头之俗已在大跃进中停止；许多落后习惯已完全改变。本调查报告由于调查时间的限制性，有些卡瓦族在前进中所存在的矛盾和问题，在1956—1957年夏调查时还没有暴露出来，或尚未发现。因此当时调查研究的认识与今天卡瓦族大跃进中生动活泼的局面，容或有不全面不深透之处。但作为了解大马散卡瓦族生产和合作化大跃进以前的实际情况，仍然有参考价值，特刊印出来，以供各方研究之助。

“编后记”则提供了整理者的分工情况：

我组在马散调查中得到中共西盟工委会、西盟瓦族自治县筹委会及马散区委会的大力帮助，区上的同志们更提供了许多材料，特此致谢！本报告的整理者是：顾宗振同志负责“概况”“生产资料占有”“劳动组织与分工”“合种”，杨炳炎同志负责“生产力”“手工业及副业”“文教卫生”，沈琼英同志负责“土地买卖”“雇工”“大马散农业生产合作社情况”，李仰松同志负责“债务”“物质生活”，黄宝璠同志负责“蓄奴”“商业”，徐志远同志负责“历史”“军事”“姓氏与父子连名制度”“科学文艺”，傅愫斐同志负责“政治”“家庭”“婚丧”“宗教”。

云南民族调查组第一分组

1957年12月　昆明

国家民委《民族问题五种丛书》云南省编辑委员会编的《佤族社会历史调查（一）》[1]将该册的标题改成了《西盟大马散佤族社会经济调查报告》，删去了《1956年12月至1957年6月云南西盟大马散卡瓦族社会经济调查报告》白皮书中的“前言”“编者说明”和“编后记”。

云南民族调查资料白皮书的“前言”“编辑前言”“说明”“编辑说明”“编后记”为我们提供了丰富和宝贵的云南民族调查组的信息，但在公开出版《中国少数民族社会历史调查资料丛刊》时大多被删去，留下了太多的缺憾，其中部分也许已经无法弥补。

第四，《中国少数民族社会历史调查资料丛刊》几乎对所有收录进白皮书的内容进行了修改或删节。

鉴于上述，《实录》将收录部分白皮书的内容，主要包括3个方面：一是《中国少数民族社会历史调查资料丛刊》没有收录的文稿，二是《中国少数民族社会历史调查资料丛刊》虽然收录但删改过多的文稿，三是《中国少数民族社会历史调查资料丛刊》仅做了部分收录的文稿。《实录》对于部分白皮书文稿的收录，如果能找到原稿，即以原稿为准；如果无法找到原稿，则以白皮书为准。

三

《中国少数民族社会历史调查资料丛刊》云南部分，收录的不仅是1956年开始的“全国民族大调查”中云南的民族调查资料，而且包括部分1950年至1955年中央和云南省有关部门所做的各项云南民族调查的资料。例如，1958年5月云南少数民族社会历史调查组在《西双版纳傣族社会经济史料译丛》“前言”中写道：

中央访问团第二分团，中共云南省委边疆工作委员会，云南省民族事务委员会，各地、县委，各民族工作队及其他部门和民族工作干部，几年来对云南各少数民族地区的社会经济情况曾进行了许多调查工作，搜集了大量资料，这些资料是此次调查研究的基础。现特委托中共云南省委边疆工作委员会研究室、云南省民族事务委员会、我组参加其工作，将上项资料分别整理编辑；全国人民代表大会民族委员会并指定我组负责刊印出来，

①《民族问题五种丛书》云南省编辑委员会编：《佤族社会历史调查（一）》，《中国少数民族社会历史调查资料丛刊》，云南人民出版社1983年版。

以供我组作为调查研究的基础材料及各有关部门和民族工作的参考。[①]

在该书的“编者说明”中，编者又写道：

在解放后几年民族工作基础上，1954 年九十月间，中共云南省委边委、省委宣传部与省民委先后派去工作组，会同思茅地委联络组与西双版纳工委调查组，并选拔当地傣族干部 20 余人，共同组成近 70 人的调查工作队，展开了景洪、勐海、勐遮、勐腊、勐捧等版纳的傣族社会调查工作。在进行调查工作中，也广泛地搜集过去西双版纳宣慰使司和各勐公私所藏的傣文抄本进行翻译，编成本书。[②]

另外，如《中国少数民族社会历史调查资料丛刊》收录的云南民族识别等方面的资料，调查时间也都在1956年“全国民族大调查”开始以前。

云南民族调查资料最初计划用来编写《民族问题三种丛书》，即《中国少数民族简史》《中国少数民族简志》《中国少数民族自治地方概况》。1978年党的十一届三中全会以后，中央决定将《民族问题三种丛书》扩成《民族问题五种丛书》，增加了《中国少数民族语言简志丛书》和《中国少数民族社会历史调查资料丛刊》。《民族问题五种丛书》中的前4种已于20世纪80年代前后基本出版完毕，第五种即《中国少数民族社会历史调查资料丛刊》，作为国家民委《民族问题五种丛书》之一，于20世纪80年代前后全国共出版143册。其中，云南部分由云南人民出版社和云南民族出版社共出版73册，约计3000万字，册数和字数均约占全国出版总量的一半。国家民委《民族问题五种丛书》修订本于2009年由民族出版社出版，合计为86种147册，其中《中国少数民族社会历史调查资料丛刊》云南部分，虽然《崩龙族社会历史调查》不再单独出版，但是加上民族出版社1990年出版的《基诺族普米族社会历史综合调查》1册，仍为73册。

国家民委《民族问题五种丛书》之《中国少数民族社会历史调查资料丛刊》的编纂工作始于1979年。费孝通曾回忆说：“我是1950年到贵州的，从那年开始就搞民族调查。在这以前，什么叫少数民族，我们也不大清楚。通过中央访问团的几次调查，搜集到不少资料，了解了有些什么民族。……总之，过去30年的民族调查工

① 全国人民代表大会民族委员会办公室编：《西双版纳傣族社会经济史料译丛 · 傣族调查材料之一 · 前言》，1958 年 5 月。

② 全国人民代表大会民族委员会办公室编：《西双版纳傣族社会经济史料译丛 · 傣族调查材料之一 · 编者说明》，1958 年 5 月。

作，国家是花了钱花了力的，各个民族都出了力。我们搞了不少资料，数量很大。可是，这一大批资料很多都不在了，在‘四人帮’横行时损失了。据我所知，贵州烧得很厉害，一卡车一卡车的资料拉去烧掉了，别的地方也损失了不少。这样，现在剩下的材料就很宝贵了。正是因为这个教训，所以在三中全会之后，国家民族事务委员会就提出来，要抓紧时间把过去的材料整理出来，要编五种丛书，供大家使用。”①“1978年的中共十一届三中全会后，国家民委行政机构得以恢复，隔年即在北京召开了出版‘五丛’的规划会议，并成立了由众多著名专家学者组成的编委会，以民委党组的名义向党中央进行报告。此报告于1979年3月由中央宣传部和中央统战部转发至相关省和自治区，并将这一计划列为国家哲学社会科学研究‘六五’规划重点科研项目，作为国家任务下达执行。借此，因‘文革’而搁置的民族问题‘三套丛书’得以充实、提高、发展至‘五种丛书’。”“2003年9月1日，民族出版社将一份重修、再版《民族问题五种丛书》的设想和方案上报至国家民族事务委员会民族问题研究中心。经相关专家学者的反复研究论证，《关于修订、再版〈民族问题五种丛书〉的总体方案》于2005年2月制定出台。随后国家民委主任李德洙主持召开党组会议，审议并原则上通过了该方案。是年7月，经报请国务院批准，修订再版工作全面启动。”②

为了做好这项宏大巨制的修订工作，在北京成立了“国家民委《民族问题五种丛书》总修订委员会”，并在“基本保持原貌，统一体例、版本，增加新内容”的总体指导方针下，根据各种丛书的不同特点，制定了具体的修订思路。“‘中国少数民族社会历史调查资料丛刊’的修订，主要是尊重史实，修正错误，增加注释。”③修订原则即包括两个方面：一是“尊重史实”，即尊重当时的调查成果，原封不动地保留原文，连标点符号都不改，只在需要修订的地方用标注的方式加以说明；二是“拾遗补阙”。一方面由于原版“五种丛书”的调查重点集中于西南、西北地区，此次修订需要补上中东南等地区漏掉的内容；另一方面需要以页下注释的形式补充调查点几十年来人口、经济、社会、风俗、语言等方面的变化情况。④

① 费孝通：《费孝通民族研究文集》，民族出版社1988年版，第295—296页。
② 徐姗姗：《对“民族大调查”与“社会历史调查丛刊”的再解读》，《广西民族研究》2007年第2期。
③ 李德洙：《国家民委〈民族问题五种丛书〉修订再版总序》，2007年8月。
④《中国少数民族社会历史调查丛刊》修订领导小组：《〈中国少数民族社会历史调查丛刊〉修订要求与相关说明》（2006年2月），转引自徐姗姗《对“民族大调查”与“社会历史调查丛刊”的再解读》，《广西民族研究》2007年第2期。

在新中国成立初期历次的民族调查中，无论从规模来讲，还是从结果来看，开始于1956年的全国少数民族社会历史调查都是史无前例的，曾被国家民委等部门和国外学术机构评价为“前无古人，后无来者”。以此次民族调查为基础，出版了《民族问题五种丛书》。这套丛书是当今世界上多民族国家中唯一一部由政府组织、社会力量广泛参与、全面反映国内各民族情况的大型综合文献，内容涉及民族区域自治、民族学、民族史、民族语言文字以及民族经济、文学、宗教、医药、体育、音乐、舞蹈、美术等诸多领域；调查编写工作涉及全国19个省、自治区及中央有关单位400多个编写组，1700余人执笔，共编写出版《民族问题五种丛书》403本，总字数约8000万字；其编写出版工作自1958年开始，到1991年暂告一段落。

四

1950—1965年以各种形式进行的民族调查及其成果是新中国民族理论形成的第一成果，至今仍是民族学、人类学研究的一块稳固基石，在中国民族学发展史上具有里程碑意义。云南是中国共产党民族政策具体实践的一个成功典型案例，丰富而翔实的各少数民族社会历史调查资料则具有充分的代表性。云南是中国少数民族种类最多的省份，是中国少数民族社会历史调查的重点省份，也是中国少数民族社会历史调查文献资料保存最多的省份。当前，云南正在努力建设我国民族团结进步示范区，回顾民族工作历程、总结民族团结经验、促进民族理论创新，是创建示范区的基础性重点工作，因而编辑出版《实录》有着重要的理论价值和现实意义，也将产生深远的影响。

我们现在编辑的这套图书，曾被命名为《〈民族问题五种丛书〉续编——云南少数民族社会历史调查资料未刊稿汇编》，其原因就在于云南少数民族社会历史调查资料未刊稿的存世量远超于人们对它的掌握和认知，其主要目的之一则是为了弥补《中国少数民族社会历史调查资料丛刊》云南部分的某些缺憾与不足。

《中国少数民族社会历史调查资料丛刊》云南部分收录了当时诸多民族调查资料的精华，这一点毋庸置疑，此不赘述。但从现存云南民族调查资料的情况看，《中国少数民族社会历史调查资料丛刊》也存在一些缺憾，主要表现在两大方面。

1. 缺少9个民族的内容。云南有26个世居民族，《中国少数民族社会历史调查资料丛刊》云南部分仅收录了17个民族的调查资料，而汉族、蒙古族、藏族、壮族、布依族、满族、水族、普米族和基诺族等9个民族的内容没有收录。需要说明以下两点。第一，虽然新中国成立初期云南的各项调查主要集中在少数民族地区，调查对象主要是各少数民族，出版的图书名称为《中国少数民族社会历史调查资料丛刊》，但云南汉族的调查资料也应该以某种形式被收录其中。云南民族关系中有3个重要的“离不开”，即汉族离不开少数民族、少数民族离不开汉族、少数民族之间互相离不开，要想把一个地区的民族情况弄清楚，没有汉族的调查资料是很难做到的。就我们目前所见到的云南民族调查资料而言，其中约有数百份汉族调查资料，内容包括云南汉族的来源、汉族与云南社会经济的发展、汉族与少数民族的融合、新中国成立前汉族商业垄断和云南资本主义萌芽、新中国成立初期云南汉族状况、云南山区汉族社会经济调查等诸多方面。第二，在20世纪80年代云南民族出版社和云南人民出版社出版的《中国少数民族社会历史调查资料丛刊》中，没有基诺族和普米族的内容，1990年民族出版社出版了《基诺族普米族社会历史综合调查》一书，其中的上篇“《基诺族社会历史综合调查》，是根据全国民族问题五种丛书编委会云南分编委1980年的决定进行编写的。这一资料的完成是长时间调查的结果”①。虽然基诺族在1979年才被正式确认为中国的一个单一民族，但在20世纪50—60年代的民族调查资料中，有数十份有关“攸乐人”的调查报告，这些调查资料并没有收入《基诺族普米族社会历史综合调查》一书。而《基诺族普米族社会历史综合调查》的下篇《普米族社会历史综合调查》，虽然收录的是20世纪50—60年代的调查资料，但部分经过选编者的多次修订，已经无法看到其原始面貌。后人在对前人的历史调查资料进行选编时，删除不利于民族团结或不合时宜的内容非常必要，但选编者基于自己的知识背景对其他民族（当时云南民族识别工作尚未结束，部分民族及其支系的身份、名称尚未最终确认，但参订者将调查资料涉及的所有民族称谓全部改为后来确定的“规范化名称”②）的调查资料进行“选编”“参订”“修订”（修订者与调查者并非同一民族），必然面临语言、文化诸多方面的困难和不理解，其结果也就很难完全展示原始调查资料的真实性和准确性。

2. 内容涵盖面不够。首先，据目前所了解的情况，云南民族调查资料存世量居全国第一。在修订出版的147册《中国少数民族社会历史调查资料丛刊》（民族出版

①《民族问题五种丛书》云南省编辑委员会编：《基诺族普米族社会历史综合调查（上篇）·基诺族社会历史综合调查·说明》，《中国少数民族社会历史调查资料丛刊》，民族出版社1990年版。

②《民族问题五种丛书》云南省编辑委员会编：《基诺族普米族社会历史综合调查（下篇）·兰坪、宁蒗两县普米族社会调查·说明》，《中国少数民族社会历史调查资料丛刊》，民族出版社1990年版。

社2009年版）中，云南有73册，占了总册数的一半。没有整理和出版的内容，云南民族调查资料现存在1亿字左右，远远超过现已出版的《中国少数民族社会历史调查资料丛刊》字数的总和。

在云南民族调查资料中，最具价值者为原始档案，即云南少数民族社会历史调查资料，其重要原因之一就在于其他4种丛书的编写依据大多来自第五种即云南少数民族社会历史调查资料。据不完全统计，云南调查组收集、整理和编写的历史档案、少数民族文献和调查资料目前已公开出版约3000万字，大约占到调查资料总字数的1/4。没有系统整理和出版的调查资料，部分存藏于北京市、云南省及其各州市县档案馆、图书馆和相关机构，部分散落于民间或由私人收藏，部分由原参与民族调查的工作人员收藏，部分见诸网上书店，版本包括稿本、复写本、刻印本、油印本、铅印本以及少数民族文字文献，内容则包括调查资料、调查提纲、工作计划、工作报告、工作笔记、文件、公文、批示、审稿意见、会议记录、总结、简报、通信、纸质文物（地契、证照、奖状、土司谱牒、账本等）、纪录片文本（拍摄提纲、脚本、分镜头剧本、解说词）等。但这些珍贵的史料数十年来几乎无人问津，其中部分资料由于保存不当或经过多次搬迁损毁严重，部分已经丢失，有些已有虫蛀，有些则因时间太久（受当年的纸张和墨水质量所限）或受潮而变得字迹模糊、难以辨认，亟待抢救性整理和出版。

云南之所以现存有如此大量丰富的民族调查资料，与云南的地理环境、民族情况、历史发展等多方面的复杂因素是分不开的。由于云南民族具有复杂性、国际性、宗教性等多方面的特点，新中国成立初期在云南的各项民族调查工作都要比在其他省区的工作更难做，需要的时间也更长。例如，新中国成立初期中央决定派出民族访问团到全国民族地区进行访问，首先派出的就是西南民族访问团（1950年），而东北内蒙古民族访问团在两年之后才派出。中央民族访问团西南民族访问团又分为3个分团，第一分团去西康，第二分团到云南，第三分团去贵州。到1951年3月，第一、第三分团的工作已全部结束，而第二分团即云南分团第二阶段的访问工作才刚刚开始。中央民族访问团西南民族访问团第二分团走访了云南9个专区的42个县（含设治局），除了建立地方民族民主联合政府、开办民族干部培训班、召开地区民族代表会议等各项重要工作以外，还整理和编写了百余万字的访问调查资料，这在中央派到全国各地的民族访问团中实属唯一。

前面所说8个方面的云南民族调查资料（不包括民国时期的调查资料），至今大部分尚未整理和出版。已出版的《中国少数民族社会历史调查资料丛刊》中的云南资料只是这些民族调查资料中的极小部分，而且很多重要内容几乎没有涉及。即使读完《中国少数民族社会历史调查资料丛刊》云南部分的全部内容，人们对新中国成立之后一个时期内的云南民族情况依然缺乏了解。比如：云南民族调查是怎样开始和进行的，来龙去脉是什么；云南多种社会形态并存的状况如何；云南的民主改革是在什么条件下如何分类进行的；云南民族区域自治政策和民主建政工作是怎样贯彻和落实的；云南第一个民族自治区和民族自治县是如何成立的，有什么经验和不足，对以后其他民族自治区、自治州和自治县的建立有什么影响和借鉴；等等。

其次，某些少数民族的各类调查资料很多且内容极为丰富，而《中国少数民族社会历史调查资料丛刊》仅收录了其中的极少部分。

最后，我们所说《中国少数民族社会历史调查资料丛刊》收录资料的涵盖面不够还有另外一种情况，即某一方面的资料有所收录，但或掐头去尾，或只见其一不知其二，使人无法了解某一方面资料的全面情况。例如，关于云南民族识别共有3个综合调查报告，第一阶段的识别报告名称为《云南省民族识别研究第一阶段工作初步总结》[①]，仅其中的《云南民族识别研究组第一阶段民族识别总结》部分被收录在《云南少数民族社会历史调查资料汇编》中，标题被改为“云南省民族识别报告”[②]，而第二阶段云南民族识别（第一阶段云南民族识别工作总结上报不到1个月，第二阶段云南民族识别工作已经开始）总结和后来的云南民族识别综合调查报告均未被收录，无论是一般读者，还是专业研究人员，仅通过《中国少数民族社会历史调查资料丛刊》收录的资料，对新中国云南民族识别情况和过程都不可能有一个基本的了解。

对于缺少9个民族内容的情况，由于《实录》的内容是少数民族社会历史调查史料，因而汉族不再单独列项，读者可以从各少数民族调查资料和综合调查资料（如“经济生活”部分）中窥见一斑；没有列项的各少数民族资料，除当时尚未识别、“正名”、列为单一民族从而导致没有（或尚未发现和整理）调查资料者外，我们尽量予以弥补和增添。对于内容涵盖面过窄的情况，除了增加单独板块以外，我们在各卷少数民族调查资料中也会适当加以补充。

① 中共云南省委边疆工作委员会编印：《云南省民族识别研究第一阶段工作初步总结》，1954年8月25日。

② 云南省编辑组编：《云南少数民族社会历史调查资料汇编（三）》，《中国少数民族社会历史调查资料丛刊》，云南人民出版社1987年版。

五

《实录》名为“实录”，就表明了对原始文献史料进行实录即是《实录》最主要的特色之一，也是《实录》与过往同类图书最大的不同之处，保持调查资料的原貌和真实性便成为编辑《实录》的不二法门。

在选编《实录》资料的过程中，经过我们将云南民族调查资料的手稿、原件和白皮书等进行比对，可以发现，部分《中国少数民族社会历史调查资料丛刊》中云南的资料已经做了一定程度的修改，有些调查资料改动的幅度相当大，中央民族访问团西南民族访问团第二分团编辑出版的《云南民族情况汇集草稿》就是一个典型的例子。

中华人民共和国成立后不久，根据毛泽东主席的建议，中央决定向全国各民族地区派遣访问团。从1950年7月到1952年年底，中央共派出4个民族访问团，即中央民族访问团西南民族访问团、中央民族访问团西北民族访问团、中央民族访问团中南民族访问团和中央民族访问团东北内蒙古民族访问团。1950年6月，中央决定首先派出西南民族访问团，由刘格平任团长，费孝通、夏康农任副团长，团员共120余人，分别深入川、滇、黔、康民族地区进行访问。中央民族访问团西南民族访问团团员由中央民族事务委员会、文化教育委员会、内务部、卫生部、贸易部、青年团中央等20多个单位（政务院所属各部、会、院、署）抽调组成。中央民族访问团西南民族访问团下设3个分团，第一分团赴西康，刘格平兼任团长；第二分团赴云南，夏康农兼任团长，王连芳任副团长；第三分团赴贵州，费孝通兼任团长。中央民族访问团西南民族访问团第二分团即云南分团，简称中央访问团第二分团。

1950年7月2日，中央民族访问团西南民族访问团离开北京，经武汉到重庆，西南军政委员会主席刘伯承、副主席邓小平作欢迎报告。刘伯承在欢迎报告中指出：

> 关于西南少数民族问题，以我们来说还是一个新的问题，我们仅一知半解，许多情况我们还不大了解，比如西康藏族人口，云南、贵州少数民族的种类，到今天还没有精确的统计。……希望访问团每达少数民族地区要首先赔不是；另外是要多多调查研究，做一个毛主席的好学生。……要正确地执行民族政策，首先要调查研究。毛主席指示我们：“没有调查研究，就没有发言权。”①

①《刘伯承同志在欢迎中央访问团会上关于西南民族工作问题的报告》（1950年7月21日），云南省委办公厅印《民族工作文件汇编》，1951年8月。

邓小平在讲话中指出：

中央民族访问团这次到西南来，必定对我们帮助很大。你们在少数民族方面研究、了解的东西比我们多得多。特别是你们下去以后，亲身接触具体情况，会发现许多问题。我们很希望同志们研究各种问题，多提意见，哪怕是一个片面的意见，也比没有意见好。现在我们就是苦于没有意见。……依靠同志们的工作，我相信可以解决西南最复杂的又是最重大的问题——民族团结问题，至少可以打下一个很好的基础。①

中央访问团第二分团走访了云南9个专区的42个县，从中央访问团第二分团的行程来看，其在云南的访问可以分为两个阶段。第一阶段从1950年8月6日至1951年1月31日，主要访问滇西各地。1月31日滇西各组返回昆明做短暂休整，第二分团领导做半年来第一阶段工作初步总结。第二阶段从1951年2月22日至5月中下旬，主要访问滇南各地。5月中下旬滇南各组返回昆明，齐聚安宁温泉，做第二分团工作和个人总结。

此外，中央访问团第二分团还整理和编写了100余万字（《实录》编者按目前已收藏的78册书稿页数统计）的访问调查资料，这套资料有一个总的名称，即《云南民族情况汇集草稿》。

中央访问团第二分团编印的《云南民族情况汇集草稿》（后文简称《草稿》）也分为两个阶段，第一阶段的访问成果标明为“材料”，标明的出版（《草稿》为竖排铅印，小32开本，纸张粗糙，封面用红字印刷，虽然标有“出版”字样，但并无统一书号）时间是1951年2月；第二阶段的访问成果标明为“资料”，标明的出版时间是1951年7月。可以看出，中央访问团第二分团的工作不仅时间长（中央访问团第二分团第二阶段工作刚刚开始，第一分团和第三分团的工作已经结束）、成果多（目前尚未看到其他访问团有如此大量的实地访问调查报告面世），而且时间抓得很紧——1951年1月31日第一阶段工作结束，2月份就出版了第一阶段的访问材料；1951年6月10日中央访问团第二分团离昆返京，7月份人们就看到了墨香犹存的第二阶段访问资料。

中央民族访问团西南民族访问团第二分团第一阶段访问了6个专区，即宜良、丽江、保山、大理、楚雄、武定，在这6个专区的每册《草稿》前面都有一个“编

①《邓小平文选》第一卷，人民出版社 1994 年版，第 170—171 页。

者声明”：

这些材料是我们从1950年8月29日至1951年1月31日(其中大部时间是在行动中)，先后在圭山、丽江、保山、大理、武定、楚雄等地区进行兄弟民族访问工作中，通过当地干部、民族代表及熟悉当地情况的人士所了解的一些情况。为应各有关机关之急需，仅将原材料加以整理，尽量避免主观分析与结论，在文字上仅要求念得通、看得懂。但由于是短期的访问与了解及仓促整理，情况难免不真实或不深入，观点难免错误，文字烦琐或不通顺。故仅能供各有关机关进行民族工作的参考或进一步考察的线索，并望于今后的调查研究，加以校正。

1951年2月 日

中央民族访问团西南民族访问团第二分团第二阶段访问了3个专区，即普洱、蒙自和文山。在普洱区和蒙自区的每册《草稿》中也都有一个“编者声明”，与前面6个专区每册《草稿》的“编者声明”内容基本相同，只是时间和地点有了更动：

这些材料是我们从1951年2月22日至1951年5月底(其中大部时间是在行动中)，先后在蒙自、普洱、文山等地区进行兄弟民族访问工作中，通过当地干部、民族代表及熟悉当地情况的人士所了解的一些情况。为应各有关机关之急需，仅将原材料加以整理，尽量避免主观分析与结论，在文字上仅要求看得懂。但由于短期访问及仓促整理，情况难免不真实或不深入，观点难免错误。故仅能供各有关机关进行民族工作的参考或进一步考察的线索，并望于今后的调查研究，加以校正。

1951年6月 日

20世纪70年代末，国家民委将《民族问题三种丛书》扩展为《民族问题五种丛书》时，部分《草稿》被编入《民族问题五种丛书》之《中国少数民族社会历史调查资料丛刊》中，名称为《中央访问团第二分团云南民族情况汇集》，分上、下两册，由云南民族出版社1986年出版。

《草稿》共计有多少册？这是一个迄今尚未找到答案的问题。作为中央民族访问团西南民族访问团第二分团副团长并留任云南的王连芳在《云南民族工作回忆》一书中回忆道：

当时我们可能了解的民族情况，联络组基本上都了解到了。每次送到我那里的材料都很多，由孙敏贤同志帮我一道看，并进行分类处理。一是如控告、纠纷和违反禁忌等需当地干部引起注意的，留在当地处理，一般的交县里，重要的给地委；二是典型材料、综合材料、总结等直接报省委，少数给省民委；三是报送中央的材料，紧迫的直接电告中央，其他的则带回北京。这些材料虽然粗浅但却使我们初步掌握了云南少数民族的基本情况，为中央和省委以后的民族工作决策提供了重要依据。其中一部分在1985年被编成《云南民族情况汇集》（上、下集），留下了近90万字的珍贵资料，其他资料和总结均随团带回北京，保留在中央民委。①

王连芳所说的《云南民族情况汇集》即1986年出版的《中央访问团第二分团云南民族情况汇集》（后文简称《汇集》）。《汇集》编者在上册“后记”中说：

1981年底，为编辑西双版纳地区的傣族调查资料，马曜教授首先将珍存的中访团这批资料中有关西双版纳的调查资料十件，交付编入《傣族社会历史调查（西双版纳之一）》（云南民族出版社出版）。出书后引起各方关注，经编委丛刊组研究决定，命专人搜集这批资料，编入中国少数民族社会历史调查资料丛刊。由于历史原因，当年中访团达百余件、百余万字的《云南民族情况汇集草稿》，已很难见到完整成套的了。在搜集这些资料过程中，先后得到省档案馆、省民委资料室同志的鼎力协助，终于将文山以外各地区调查资料基本收齐。

《汇集》编者在下册“后记”中又说：

上、下两集的资料，从搜集原件到编辑付印，前后历时两年多；在搜集资料、编辑过程中，原中央访问团二分团副团长省人大常委会副主任王连芳同志，始终给予各种极大的支持和指导。马曜教授将珍藏数十年的资料近30件交付编辑。原中访团二分团的苏丹、宋伯胤、胡鸿章、宋文治、高文英、尹寿铭等同志，以极大的热情为编辑提供情况、照片等。

作为中央民族访问团西南民族访问团第二分团成员并留居云南工作的胡鸿章回忆说，中央访问团第二分团“接触了分别居住在60个县内的少数民族群众，做了20

① 王连芳：《云南民族工作回忆》，民族出版社2012年版，第12—13页。

个村和10余个专题的典型调查，整处了近百万字的调查材料”①，又说中央访问团第二分团“整理了70份近80万字的调查材料”②。关于《草稿》的册数，有“70份”和“百余件”之说，但不知道“百余件”的根据从何而来，更不晓得“百余件”的具体内容；关于《草稿》的篇幅，则有“近80万字”“近90万字”“近百万字”和“百余万字”等等不同的说法。

关于文山专区的访问资料，《汇集》编者在上册“后记”中说：

经我们在昆明、北京两地查找，又函请文山壮族苗族自治州民委查询，均未找到。

中央民族访问团西南民族访问团第二分团访问文山的资料有多少，当时是否已编入《草稿》？这也是无从知晓的问题。中央民族访问团西南民族访问团第二分团成员宋伯胤在1951年2月12日的日记中写道：

老聂告诉我，下一阶段工作我参加第一组，组长是老范，我是副组长，由老聂率领，去蒙自、文山工作三个月。团部去宁洱，还有一路去澜沧，这两组是远征军。我们的地区是近了点，团部给予的任务，他们是做“线”的访问，我们则做“面”的调查。③

从宋伯胤后来的日记来看，他这一组人马又分为两部分，一部分去蒙自，一部分去文山，宋伯胤只去了蒙自，在他的日记中有详细的记录。他在1951年5月27日的日记中写道：

到文山去的同志们回来了。二分团这一次是最后的会师。④

到文山去的“同志们”都有谁，是否编写了访问调查资料，依然不得而知。

为了寻找中央民族访问团西南民族访问团第二分团在文山的线索，我曾两次前

① 胡鸿章：《回忆中央访问团访问云南》，云南省编辑组《中央访问团第二分团云南民族情况汇集（下）·附录三》，《中国少数民族社会历史调查资料丛刊》，云南民族出版社1986年版。

② 胡鸿章：《回忆中央访问团云南分团》，《云南文史资料选辑第四十四辑·云南民族工作回忆录（一）》，云南人民出版社1993年版。

③ 南京博物院编：《宋伯胤文集·民族调查卷》，文物出版社2012年版，第216页。

④ 南京博物院编：《宋伯胤文集·民族调查卷》，文物出版社2012年版，第304页。

往文山壮族苗族自治州、市各档案馆、图书馆、民宗局、政协文史资料编辑审查委员会等相关机构查阅档案资料，仅在文山州档案馆查到了两份提及中央民族访问团的资料。两份资料皆有两个版本，一为手稿，一为刻印稿，内容基本一致。一份资料为中国共产党文山地方委员会1951年3月17日统族字第贰号文，名为《文山地委统战部关于民族工作的计划》，其第三部分“关于民族调查工作”写道：

各县要在五月下旬（即中央访问团未到前）完成下列各项民族调查工作：

①民族种类——名称。②各民族人口数——尽可能得到正确数字，即匪乱地区亦应估计人口的约数。③各民族分布地区——如能绘图说明更好。④风俗习惯——各民族婚姻、年节等礼俗制度。⑤各民族的历史——叙述民族来历、有过什么沿革或斗争。⑥社会概况——各少数民族与汉族的关系，各民族互相间的关系。土司、领袖、头目和经济、生活等情况，应各民族分别叙述。⑦干部情况——县、区、村各级干部各若干？党团员干部各若干？⑧文化情况——有无自己的语言文字？学校情形？⑨宗教——有何宗教信仰？迷信程度。⑩治安状况——报导各少数民族地区匪特活动情况及有无参加匪特的恶霸地富。

从这份民族调查工作计划中，我们从一个侧面可以大致了解中央民族访问团西南民族访问团第二分团在云南各地访问调查的具体内容，还可以知道中央民族访问团西南民族访问团第二分团在1951年5月下旬（或以后）要去文山访问，这与宋伯胤记录的时间稍有出入（宋伯胤1951年5月27日的日记说“到文山去的同志们回来了”）。我们所无法知道的是——文山地区制订的民族调查工作计划完成得如何，是否编写了调查报告？如果是，又是否会列为中央民族访问团西南民族访问团第二分团调查材料的一部分？如果答案是肯定的，那为什么到目前为止在《草稿》中没有找到任何有关文山调查资料的痕迹？如果答案是否定的，又是出于什么原因？（《草稿》普洱和蒙自两区资料的“编者声明”中都提到去过文山访问调查并进行了材料整理）

另一份资料为中国共产党文山地方委员会1951年7月18日发文第031号，名为《地委关于召开各族各界代表会议建立联合政府复麻栗坡市委》。其中，在“（三）如何产生政府委员问题”一节中提到了“见张冲、王连芳同志《关于普洱专署组织联合政府的总结报告》”[①]，在“（五）领导思想问题”一节中指出：

中访团来文山指示后，少数民族工作已引起各级党委注意，但把阶级斗争与民族团结对立起来的左倾情绪还未根绝，争取与稳定民族上层分子还不坚决。……必须明确在边远地区，特别民族关系混乱的地区，只有把社会改革暂退一步，把民族团结、民主建政、生产工作、抗美援朝运动、爱国主义教育推进一步，把少数民族团结发动起来，才能推动其他工作。我们要在思想上彻底解决此一问题，并将这一精神贯彻到具体工作中去！

这份资料对中央民族访问团西南民族访问团第二分团到过文山做了确切的记录，但除了做指示以外有没有像在其他地区一样编写调查报告并编入《草稿》？从到目前为止所掌握的资料来看，依然不得而知。

《草稿》是中央民族访问团西南民族访问团第二分团最为重要的成果之一。从《汇集》编者叙述的情况看，《草稿》非常珍贵，但散佚情况严重，在20世纪80年代编辑《汇集》时，曾“命专人搜集”，并动用组织手段，都未能将《草稿》收齐。我们曾查找和阅读了上万份的云南民族调查手稿资料，对老一代民族工作者吃苦耐劳的革命精神和一丝不苟的工作作风充满敬意，因而历来视其为可信的史料。先是一个偶然的机会，从一家旧书店淘到几册《草稿》，将《草稿》和《汇集》进行简单对照阅读之后，顿时让人心生狐疑：两种版本同一篇访问调查的内容居然有很多地方无法对应！是我见到的这几本情况如此，还是所有《汇集》收录的《草稿》内容已非原文？经过20多年的搜集和寻访，现已收藏除文山区以外的《草稿》原件共78册（其中一册为翻拍件），依照中央民族访问团西南民族访问团第二分团的访问路线顺序，计有路南圭山区材料5册、丽江区材料17册、保山区材料13册、大理区材料2册、楚雄区材料1册、武定区材料7册、普洱区资料20册和蒙自区资料13册。除《傣族社会历史调查》（西双版纳之一）收录10册以外，《汇集》共收录《草稿》63册。

将《草稿》与《汇集》进行比对，发现《汇集》编者对《草稿》动了较大的“手术”，主要有以下几个方面。

1. 未收录或部分收录。《汇集》没有收录的《草稿》有5册，对其他部分《草稿》的内容仅做部分收录或删节收录。

① 关于张冲、王连芳的报告及中央民族访问团西南民族访问团第二分团协助成立普洱专区联合政府，参见申旭、肖依群编著的《云南民族调查史料钩沉（1950—1965）》（云南人民出版社 2016 年版）一书之“I 中央访问团第二分团对云南的访问调查”。

2. 掐头。每册《草稿》都有封面和“编者声明”，封面上标有“云南民族情况汇集草稿”“××区材（资）料之×”“中央访问团第二分团”字样以及篇名、出版年月等各种信息，《汇集》将其和“编者声明”、目录等一并删除。

3. 去尾。王连芳在《云南民族工作回忆》一书中写道，中央民委受命筹建访问团时，访问过程中的调查研究工作就备受重视，民委领导指派他负责起草一个调查提纲，由杨静仁修改后报送中央。1950年6月访问团全体人员集中在北京国子监学习，当时的中央书记处书记、北京市委书记彭真派秘书到国子监找他，转达了3点意见：第一，访问有多种功能，但其中一个重大的政治任务就是多方面了解民族情况报告中央，为中央今后的民族工作决策作参考；第二，调查提纲所列的项目都可以，但最根本的东西是调查各族群众的愿望、要求和疾苦，不要以为群众意见零碎，从零碎意见中可以看到人民的真实要求和期待，从而懂得人民要我们干什么、不要我们干什么；第三，调查要尽可能深入，尽可能深入下面，从一户、一个人那里了解情况。①另外，《中央访问团的任务、工作方法和守则》规定中央访问团的任务有两条，其中之一是“对西南各兄弟民族之政治、经济、文化情况、民族关系、群众要求以及当前民族政策的执行情形，有重点地进行调查研究，并搜集有关资料”②。《汇集》将《草稿》中关于民族关系、群众要求和民族政策执行情形等方面的内容（放在各篇访问调查报告的后半部分）大多删去，对其他方面的内容也部分删除，对此，《汇集》编者的解释是：“编辑过程中，以不失历史资料为前提，对各篇作了必要的删节或摘要，均不一一注明。”③

4. 换名。大部分《草稿》的标题被重新命名。

5. 肢解。一册《草稿》被分成2个、3个甚至4个材料并分别加上标题后放入《汇集》之中。

6. 重组。颠倒《草稿》原文的内容次序重新组合。

7. 改写。全部《草稿》的内容均被做过改写或改编。

8. 添加。《汇集》编者人为添加了“内容”或自己的主观臆断。

1951年2月17日，中央民族访问团西南民族访问团第二分团副团长王连芳召集会议，布置整理访问材料的工作及具体要求。宋伯胤在当天的日记中写道：

---

① 参见王连芳：《云南民族工作回忆》，民族出版社2012年版，第10—11页。

②《中央访问团的任务、工作方法和守则》，《中央访问团团员手册》，1950年。（参见《实录》第一卷）

③ 云南省编辑组：《中央访问团第二分团云南民族情况汇集（上）·后记》，《中国少数民族社会历史调查资料丛刊》，云南民族出版社1986年版。

晚上在王副团长屋里开会，参加者是留昆整理资料的同志。王副团长指出，在着手整理材料以前，必须首先解决两个思想问题：第一，以非常宝贵和高度重视的态度来对待这个任务；第二，不要随意处置同志们心血的成果。至于整理材料的具体要求，有四点。

（一）整理材料是一个材料汇集的过程，我们所要做的事情就是将材料汇集起来，不是系统地编成文件。

（二）有文必录。即使同一个问题，有两种说法，也要录进去。

（三）原则上无大问题。

（四）文字略通顺。①

“材料汇集”“有文必录”是《草稿》整理成册的重要基本准则。《宋伯胤文集·民族调查卷》一书收录了他自己11篇《草稿》中的文章，但颇具意味的是，每篇文章的末尾都注明有“原载云南省编辑组：《中央访问团第二分团云南民族情况汇集》，云南民族出版社，1986年”字样；也就是说，该书的编者并没有对照《草稿》原文，而是沿用了没有按照“材料汇集”“有文必录”原则进行编辑的文本，若以后有人引用该书，极有可能造成误解误用的不良后果。

国家民委《民族问题五种丛书》云南省编辑委员会在《中国少数民族社会历史调查资料丛刊》（修订本）云南部分的“出版说明”中说：“《丛刊》是研究民族历史、民族学等学科的综合性调查资料汇编。我们这次编选基本上以过去调查整理稿为基础，以便保证调查资料的客观性。在具体编选时，则以具有科学研究价值作为选编资料的标准。在时间上以反映各民族民主改革前社会面貌的资料为主。根据调查资料的价值大小，采取全录或节录。”可能是由于修订原则的约束，抑或是修订者没有找到“过去调查整理稿”，因而在2009年民族出版社出版的修订本中，虽然强调此次修订再版的主要工作是“订正错误”②，但将《草稿》原文与之对比来看，《汇集》中的错误显然没有得到“订正”，这种情况严重地影响了文献史料的真实性和准确性。我们非常赞同“尊重史实”的修订原则，但仅就《草稿》而言，现今人们尊重的并不是其原文的“史实”，而是经过《汇集》编者改编、改写后的“史实”。

① 南京博物院编：《宋伯胤文集·民族调查卷》，文物出版社2012年版，第219页。

②《中国少数民族社会历史调查资料丛刊》修订编辑委员会：《中国少数民族社会历史调查资料丛刊·修订再版说明》，2007年12月。

遭遇了《汇集》编者大刀阔斧的“手术”，《草稿》已经变得“面目全非”，可谓“旧貌换新颜”。但可以肯定的是，经过了彻头彻尾的改变以后，《汇集》中的诸多问题也许瑕不掩瑜，但它无论是对于云南民族调查资料真实性和完整性的保存和留传来说，还是对于后人参考和进行学术研究而言，都不失为一种“硬伤”。

六

《实录》的编辑出版是一个系统性工程，第一阶段计划出版30卷。具体内容是：

第一至二卷：中央民族访问团西南民族访问团第二分团；

第三至四卷：民族工作；

第五至六卷：民主改革；

第七至九卷：民族语言调查；

第十卷：民族人口·民族识别；

第十一卷：民族民主建政与区域自治；

第十二卷：经济生活；

第十三卷：全国少数民族社会历史调查工作文档；

第十四卷：民族问题三种丛书与云南少数民族社会历史科学纪录片工作文档；

第十五至二十八卷：云南各少数民族调查资料；

第二十九至三十卷：图录和三十卷总目。其中，图录包括有关公文、函件、工作书札、电报稿，各少数民族历史照片、民族调查和纪录片拍摄工作照，中央访问团和慰问团赠送云南少数民族礼物、云南少数民族敬献中央人民政府礼品的照片。

在30卷图书中，云南少数民族资料与其他分类资料各占一半。

各卷预计完稿时间：

2020年：10卷。

2022年：7卷。

2023年：6卷。

2025年：7卷。

《实录》各卷采用纵向和横向两种分类编排方式，在一卷之内必要时纵向与横向交错进行。

第一至十四卷内容的分类架构为纵向排列，即大体上是按各项调查的时间顺序，其主要目的有二：一是为了突出新中国成立伊始中央人民政府对云南边疆人民的关怀、党的民族政策在云南的施行及新中国民族工作的“云南现象”和“云南经验”；二是展示新中国成立初期云南各项民族调查（包括中央民族访问团西南民族访问团第二分团、民族语言、民族识别等中央人民政府派出的调查组和云南省委边疆工作委员会、云南省民族事务委员会、云南省民族工作队等云南本地的调查组）的主要（文字）成果。第一至十四卷的内容突出两个重点，一是1949年以后从中央到地方各级政府机构及下属民族事务机构对云南各地的调查，二是新中国成立初期云南经历的重大事件（如清匪反霸、镇反、减租退押、民主改革、区域自治、互助合作、经济发展等），以展示这一时期云南社会的发展历程。

第十五至三十卷的内容主要集中于全国少数民族社会历史调查中的云南各少数民族调查及相关图片，各民族资料按民族代码顺序依次列出，其分类架构大体为横向排列。

编辑《实录》的整体思路，既着重于全面，也考虑到具体；既有选择重点，也要照顾到各方面的平衡。例如，第五至六卷内容为“民主改革”，包括3个部分，即土地改革、和平协商土地改革和直接过渡。这两卷资料选择的要旨，既要考虑到纵向的主题思路（从中央文献到地方指示，弄清事件的来龙去脉和具体内容），又要顾及内容涵盖面（如清匪反霸、减租退押、土改、复查以及土地改革中的建党、建团、妇女工作等），还要照顾到横向3个方面的大体平衡（一是3个部分内容篇幅的平衡，二是各地区、市县覆盖面的平衡，三是各民族内容的平衡）。再如，在民族语言调查资料的选择上，既要考虑到面的平衡（只要是有调查资料的民族，尽可能有所展现），又要有侧重地照顾到各卷内容的平衡（比如藏族，除语言调查资料外，其他方面的调查资料较少，在以往出版的《中国少数民族社会历史调查资料丛刊》中也没有云南藏族的资料），还要有重点（比如彝族，不但是云南支系、人口最多和分布最广的少数民族，而且还涉及四川、贵州等省，同时还是与周边东南亚国家共有的跨境民族）。

如此架构的目的在于以下5点。一是尝试对1950—1965年的云南民族调查史料进行一次系统性的梳理，因尚属首次，难度甚大，但却非常必要，也具有重大的现实意义。二是通过系统梳理，为总结新中国成立初期民族工作的“云南现象”和“云南经验”提供扎实和充足的史料依据，并在此基础上使其能提升到民族学研究和民族工作的理论高度。三是展现以前所有同类图书中大多没有收录却又极为重要的内容。四是摒弃以前大多主要选择经济内容的编辑思路（经济内容的重要性不言而喻，我们将主要在第十五至二十八卷各民族板块中加以展现）。如果《实录》在内容上与以往同类图书大体雷同或相似，只是在数量上进行些许增添和补充，那就失去了其应有的价值。毛主席当年曾对中央其他领导讲，少数民族地区也要进行社会改革了，一改革很多东西以后就再也见不到了，所以要抢救，这才有了中国“前无古人、后无来者”的少数民族社会历史调查。但是要“抢救”而且已经“抢救”的东西，绝非仅有经济甚至只是农业生产一项内容。五是通过文字、图片系统和全方位的展现，试图勾勒出新中国成立初期云南民族调查的全幅景象和完整进程，并以一斑而窥全豹，从而对全国各少数民族地区的社会历史调查在广度和深度方面能有进一步的了解和认识。

执守严谨的重材料、重考证学风并提出“史学即是史料学”观点的历史学家傅斯年曾说过：“整理史料是件很不容易的事，历史学家本领之高低全在这一处上决定。后人想在前人工作上增高：第一，要能得到并且能利用前人不曾见或不曾用的材料；第二，要比前人有更细密更确切的分辨力。”[①]囿于心智、学识、能力与对云南民族调查史料的认知和掌握程度，及对民族史史料学及其目录学、分类学的一知半解，加之新中国成立初期各种访问团、慰问团、调查组、民族识别研究组、工作队、代表团、参观团等活动密集频繁，更有史无前例的“全国少数民族社会历史调查”，以及中国共产党各项民族政策和实施细则的深入持续贯彻执行，从而使云南民族调查史料的存量和内容变得更为丰厚，全面系统梳理可谓工程浩大，仅凭一己之力很难付诸实施并顺利面世，因而我们现阶段仅仅是在力学不倦的同时，尽力去做一些局部的抢救性整理工作。目前，30卷图书的资料已基本齐备，编选工作也在按照计划有条不紊地展开。当然，我们不会停下继续搜集和整理云南民族调查文献史料的脚步，在身心安好、精力财力尚可维系的情况下，依然会不回头地执着前行，并借此表达对那些在极端严酷环境下脚踏实地开展民族工作的工作者的诚挚敬意。他们历尽艰辛、勇于奉献甚至以生命的代价[②]获取的第一手调查资料，早已构成云南民族文化遗产宝库中不可或缺的重要组成部分。文化是民族的灵魂，是民族精神和民族素质的纽带，深深植根于民族的血脉之中。这些史料之所以如此珍贵，很大程度上就在于其丰厚的民族文化内涵，值得永久藏存。想要留住它们，就离不

① 傅斯年：《史学方法导论》，《傅斯年全集》第1册，湖南教育出版社2003年版，第58页。

②1958年9月29日下午7时，云南民族调查组怒江分组贡山小组成员陈延长在调查途中坠落怒江，不幸遇难。时任贡山小组组长洪俊于10月1日上报《关于陈延长同志牺牲的经过（报告）》，详细描述了事件的经过。我们藏有这份报告的原件（复写稿），其内容将编入《实录》第十三卷。——编者

开执着者的良苦用心；想要解读、弘扬和传播它们，就离不开研究者的孜孜矻矻和传播者的不懈努力，其中最重要的一个方面，就是具有历史眼光和远见卓识的出版者，云南人民出版社就担当了这一举足轻重、令人钦敬的角色。

这些无可复制的实地调查资料，已经成为云南民族文化遗产宝库中的经典。何谓经典？2003年诺贝尔文学奖得主、南非作家 J. M. 库切（John Maxwell Coetzee）的定义也许最为贴切。他在题为“何谓经典”的演讲中说道：

经典就是得以存活之物……历经过最糟糕的野蛮攻击而得以劫后余生的作品，因为一代一代的人们都无法舍弃它，因而不惜一切代价紧紧地拽住它，从而得以劫后余生的作品——那就是经典。

作为云南民族文化遗产宝库中的经典，它们不能被遗忘，也不应该被率意“修正”。作为云南珍贵民族记忆的收藏者和云南历史文化的研习者，我们也会时刻牢记——“为了明天而收集昨天”。这既是初衷，也是终极目的。

申　旭

2020年1月15日

编辑说明

1. 20世纪中期云南民族调查的内容广泛、丰富、繁芜，由于时间、精力、费用等诸多因素，仅靠个人努力显然无法完成全部云南民族调查史料的搜集工作，挂一漏万在所难免。就目前了解和掌握的情况看，有些调查史料或调查笔记没有标题，且内容相当零碎；有些史料仅有存目而内容已佚；有些史料仅见标题而尚未看到具体内容；有些史料抑或无必要收录，因此《实录》内容为精选而非大全。

2. 通过多年对云南民族调查史料的持续收藏和研读，《实录》暂将其分为13个大类，即中央民族访问团西南民族访问团第二分团、民族工作、民主改革、民族语言、民族人口、民族识别、民族民主建政与区域自治、经济生活、全国少数民族社会历史调查、三种丛书、少数民族社会历史科学纪录片、云南各少数民族调查史料和图片。

3. 本着拾遗补阙的原则，已公开出版的史料原则上不再收录，但为了展现一项调查工作的全过程并保持一套史料的系统性和完整性（收齐一套史料往往需要数年甚至更长的时间），同类图书仅做部分收录或删节、改动过多而又相当重要的史料，则全文收录。

4. 某些文稿有手写本、复写本、刻印本、油印本、铅印本等多种版本，其中部分为摘录或摘要本，《实录》选择相对完备、详细的版本。

5.《实录》按具体内容和民族内容进行分类，前者按时间先后编排，后者按中国民族代码顺序排列。

6. 一卷或一个板块具体内容的编辑，按照省、专区、自治区（州）、县、市、区、乡等行政区划依次进行，各级行政区划排名不分先后。

7. 依照中国民族代码顺序排列的云南各民族调查史料，按照当时各调查分组或调查小组的调查对象和调查主题进行分类。例如彝族分组的调查史料，除了其中标明为其他民族的调查内容以外，皆归入彝族范畴。

8. 带有歧视和侮辱意味的民族称谓一律删除，必须保留者皆做修改，比如“猡”改作“倮”，“母鸡”改为“佴僟”，等等。

9. 部分史料中存在民族歧视和侮辱方面的叙述，凡影响民族和谐与团结部分予以删除，不加注明。

10. 1966年以前云南各项民族调查（参见《实录》之“写在前面”）期间，部分少数民族尚未进行民族识别或完全确认，部分少数民族的名称尚未最终确定，《实录》对这一时期云南民族调查史料中的原有民族或其支系称谓予以保留，不做改动。例如佤族在定名之前，曾被称为或更改为“瓦族”“卡瓦族”“佧佤族”“佧瓦族”“卡佤族”等，本书不做统一，以免完全抹去了民族名称的历史演变过程。

11. 1966年以前云南各项民族调查（参见《实录》之“写在前面”）期间，部分少数民族自治地方的名称尚未最终“正名”，《实录》原样保留，不做更动。

12. 由于调查、访问、翻译、记录、整理的人员、时间、地点等方面的不一致，人名、地名的写法并不一致，《实录》以脚注形式予以标明，不做统一或修改。

13. 同一专业术语在不同文献中的用法不同，如三种丛书，又写作“三套丛书”“三种民族问题丛书”“民族问题三种丛书”等，除明显错讹之处以外，不做统一。

14. 部分文稿封面、目录标题与正文标题并不一致，本书原样录入，不做改动，仅在页下注释说明。

15. 部分文稿中的数字明显存疑，除有直接证据或旁证据之修改外，不做更改，也不做说明。

16. 原文稿中数字表述多为汉字，除必须使用汉字者外，现统一使用阿拉伯数字。

17. 部分汉字的使用几十年来已有明显变化。如“哪里”原稿作“那里”，“做生意”原稿作“作生意”等；再如助词“的”“地”“得”的使用也较为随意。现根据当下汉语使用规范进行统一，不做说明。

18. 部分文稿标题没有域名，为方便阅读，根据内容将域名放在括号内置于标题前予以标明。

19. 部分文稿没有标明日期，如能在正文中查出日期，则将其摘出置于文稿的开端。

20. 文稿中个别明显笔误或错漏之处，直接补入和改正，不做注释。

21. 限于当时记录、翻译和编写等各方面的原因，部分文稿无法通读，《实录》

在不扰乱和改变其原有风格的前提下稍加理顺。

22. 为了方便阅读，对个别较长的段落稍加分段调整。

23. 《实录》尽量保持原记录文稿的行文风格和断句构成，但为了保证史料的完整性和阅读顺畅，根据内容对部分文稿的序号进行了补入和调整；对标点符号按现在的使用规范做了修改，不做说明。

24. 由于纸张、墨水、年代久远、保存不当、记录编写人员笔误等诸多原因，部分史料的自造字、错别字偏多，个别专有名词处已有残破或漫漶不清，以致极难辨识和无法卒读。对此，《实录》尽力以其他同类史料予以校正补入，无法补入者，则标以虚缺号“□”。

25. 《实录》第七、八、九卷内容为云南民族语言调查资料。由于各方面的原因，此3卷采用扫描和拍照方式将原手写稿内容呈现。原手写稿中的汉语存在有错别字、繁体字、异体字、不规范简体字、自造字等情况，还有词汇、语法序号编排混乱，表格随意断开、分页等现象，作为对珍贵原始资料的抢救性保护留传，《实录》不做任何改动，保持原稿模样。

26. 《实录》收录的史料，部分为个人收藏，部分存藏于相关档案馆、图书馆、资料室，部分存藏于当年参加过民族调查的工作人员手中，为了方便阅读和使用，尽量列出日期、署名等相关信息，并置于每篇文稿的开端，但不标明收藏出处。

目　录

土地改革

云南省第一次农民代表会议为实行减租退押告农民书
《减租退押手册》第三集
云南人民出版社1951年1月初版

云南省第一次农民代表会议
为实行减租退押告农民书

农民同胞们：

我们云南省第一次农民代表会议，现在已经热热闹闹地开完了。代表会议按照中央人民政府、西南军政委员会和本省人民政府规定的法令，商量出一件重要的事情，就是在今冬明春实行减租退押，本省的农民协会筹委会已从代表会议当中成立了。从此以后，我们农民团结起来了，庄稼就会一年比一年好，将来实行土地改革、分田地就容易了。我们代表会议代表所有农民为实行清匪反霸、减租、退押奋斗到底。

我们受了地主几千年的压迫、几千年的剥削，太不合理。在农村里，一百个人里头，地主不过四、五个，田地就占了七、八成。一百个人里头，农民有九十多个，只有一成半上下的田地。人少占田多，人多倒反占田少，这事太不合理。

地主不做活，还要收我们的很多的租子，最少也要平分，普通要六、七成，高的有到八成。背着枪收租子，收租子要用大斗，还要吃鸡喝酒。过年过节还要我们送礼，红白喜事还要我们白帮他们做工。种地主的田，要交押金，押金又叫押头，紧紧地押着我们农民的头，押头有占租额六倍的，有一石租子地要交六十两银子押头的。为要盘田租地过日子，只好倾家破产去交押金。押金是最不合理的一台事，既然叫做押，就应该退给我们才合乎情理。我们辛苦一年，到头来，谷子还在田里，早已是别人的了。更不用说，恶霸地主，仗势欺人，坏田换好田，小田换大田，霸占妇女，捉人吊人，私行王法，随便打杀，多少农民被他们整得家破人亡！

现在我们劳动农民对地主，又不打他，讲理讲法，只是跟他减点租，退点押，这是正当的，顺理合情的！

我们要向地主减租、退押，他们会心不甘，要造谣言哄我们、骗我们，说共产党江山坐不稳，蒋介石匪军还会回来，又要打第三次世界大战。吓唬我们说：减租退押就不给我们盘田。这些谣言，我们莫相信他。现在，我们已经当家做主了，全中国、全世界人民的力量非常强大，逃到海岛上的蒋介石的一小点匪军就要彻底消灭。第三次世界大战能够被制止住。我们有人民政府和解放军保护，减租退押后地主不敢不给我们盘田！

减租退押工作靠哪个来办理？有人说："硬要靠政府才有办法。"不错，人民政府，一定给我们撑腰。可是，单靠政府也不行。只有我们农民自己组织起来，自己的事情自己来做，还有毛主席给我们出主张，就没有做不到的事。现在省里有了全省农民协会筹备会，县上区上乡村上就要到处成立农民协会。不分男女老少、雇农、贫农、中农团结在一起，村里的手工业工人和贫苦的革命知识分子都要参加农民协会。凡是赞成减租退押的人，农民协会就把他们团结起来。一人受欺，大家帮忙。一个村农民协会不能办的事，有区农民协会、县农民协会、专区农民协会、省农民协会帮助。团结就是力量，快快参加农民协会。

农民同胞们，我们是在毛主席和人民政府领导下进行减租退押工作的，我们的工作要做得有条理，一切按照人民政府的法令办事，只要地主老老实实减租、退押，我们不要乱打乱杀。对那些罪大恶极的恶霸，他还敢破坏减租退押，不向人民低头的话，我们就把他送交人民法庭，照法律治罪。

最后还要办三件大事：第一件是，组织民兵，进行联防自卫，配合政府剿灭土匪。第二件，不种鸦片烟，准备今冬明春农业生产，改造二流子，反对好吃懒做、赌钱吹烟。第三件，踊跃缴1950年公粮。缴完粮就减租。

农民同胞们，组织起来，武装起来，小心恶霸土匪捣乱，继续发扬我们光荣的革命历史，在人民政府、共产党、毛主席领导下，我们云南的减租退押工作，是一定能够胜利完成的。

我们要高呼：

组织起来，彻底减租，坚决退押。

踊跃缴粮！

农民协会万岁！

人民政府万岁！

中国共产党万岁！

毛主席万岁！

关于云南省实行减租退押的报告
——十月三十一日在云南省人民政府委员会第一次会议上的报告
郑伯克
《减租退押手册》第三集
云南人民出版社1951年1月初版

关于云南省实行减租退押的报告

——十月三十一日在云南省人民政府委员会第一次会议上的报告

云南省人民政府第一次全体委员会议上郑伯克委员的关于云南实行减租退押的报告全文如后：

主席、副主席、各位委员、各位同志：

一、前言

根据人民政协共同纲领第四章第二十七条“凡尚未实行土地改革的地区，必须发动农民群众，建立农民团体，经过清除土匪恶霸、减租减息和分配土地等步骤，实行耕者有其田”。今年2月28日中央人民政府政务院《关于新解放区土地改革及征收公粮的指示》中规定：“所有新解放区，在实行分配土地以前应一律实行减租。”西南军政委员会今年3月公布《西南区减租暂行条例》。云南省人民政府在今年8月初召开了全省第一次农民代表会议，在农代会上，按照中央人民政府及西南军政委员会法令，通过在本省今冬明春实行减租退押的决议，得到省人民政府的批准。跟着各专区、各县，亦分别召开农代会议，全省农民对减租退押普遍热烈拥护，农民生产热忱大大提高，农民运动正在各地展开。兹将本省农村情况，减租退押目的，及有关减租若干问题的处理，扼要报告如下：

二、本省农村情况

云南农村土地大量地集中在不劳而获的极少数地主阶级的手中。如弥勒吉山景村占全村人口4%的地主阶级竟占有全村78%的土地；反而占全村人口91%的农民却只占有15%的土地。本省农村租佃情况，据砚山六诏村的调查，82.2%的土地系由地主出租，9.4%系由富农出租，六诏村共有土地800亩，富农及小部分地主所耕种的只100亩，占12%。由此可见农村土地80%到90%系由贫农、中农所直接耕种，而地主阶级及富农大部依靠雇佣长短工所耕种的不到10%到20%。这就是农村土地占有权与耕种权的矛盾。

云南的地租形式，主要有定租（死租）、分租（活租）两种，也有少数个别劳役地租与货币地租。中心区和好田、好地、水田多采用定租，边远区和坏田坏地多系分租。据中心区玉溪专区7个县的调查，定租占85%，分租占15%。边远区六诏村的调查，定租只占5%，而分租则占95%。

定租租额最高达正产物78%，个别有到100%的，最低也不下50%，一般60%至70%。分租最高为佃一业三，或佃一业二，一般是佃业平分。副产物一般系佃二业一，或佃业平分，也有个别地方全部归佃户所有者。

地租封建剥削之外还要押金。根据昭通、大理、玉溪、曲靖、楚雄、丽江、文山、武定、蒙自、保山等10个专区所属67个县不完全的调查，凡有租佃关系的地区，几乎都有押金，但不是每个县都有，大都分布在平坝多、山地少。土地肥沃集中的地方多，土地贫瘠分散的地方少。押金种类大体可分实物和现金两种，也有个别的以人、人工、牲口、土地房屋契约等作押头的。押金普遍叫押头（即先交钱或实物作抵押再租田），押金最高者占租额200%至500%（曲靖区马龙县），昭通区押金有达租额800%者，巧家、会泽、麻栗坡等地，一般押金占租额100%到200%。

文山区有地主将荒田坏田分租，待农民耕种好、出产多后就加押，否则就抽佃。宣威有地主家有丧事、喜事，都要强迫农民加押。因此有农民卖掉牛马去交押，甚至有卖儿卖女去交押的。更有为交押、加押而家破人亡或被逼死的。

地主强取豪夺、重利盘剥，所得来的土地，通过封建地租、押金及其他剥削方式，不劳而获地占去了农民劳苦终年所收获的正副产物之大半；一般贫雇农常有一年所得不够半年盘缠，有的缺少一个月、有的缺少六七个月粮食。这就是农村生产不能恢复与发展的基本原因。

总结上述情况，目前云南农村封建剥削还严重地存在，广大农民群众在政治上不能不要求打垮和消灭封建制度，在经济上则迫切要求改善生活，发展农业生产，减租退押就为反映农民要求从政治上打垮封建势力，从经济上削弱封建势力发展农业生产，准备将来土改唯一适当办法与步骤。

三、减租退押具体政策

根据《西南区减租暂行条例》，就管窥所及，提供几点意见：

（一）减租条例第二条（？）“凡地主旧式富农及一切机关学校祠堂庙宇教会所出

租之土地，其租额一律按原租额减去25%”，“减租后租额最高不得超过土地正产物35%，超过者应再减，减低至35%”。这是非常合理的，减租租额及减租后租额都有一个统一的标准。

（二）减租条例第六条规定：“凡属工人、手工业者、贫苦自由职业者、贫苦革命烈士家属、贫苦革命军人家属与鳏寡孤独残废等因缺乏劳动力而出租全部或一部分土地，不超过当地一般中农所有土地平均数者可由政府与农会协议，酌情减少或不减。”又第七条规定“凡中农贫农间的租佃关系应视为农民内部问题，依据团结互助原则双方协议，由农民协会调解处理之”。这两条规定是非常必要的，第一照顾小土地出租户，第二要中农贫农之间互相团结。减租要求削弱封建势力，其对象主要是地主阶级，这是应该明确的。

（三）条例第四条规定：“凡出租土地者均不得预收地租，或地租以外的任何变相剥削。”所谓额外剥削应包括无偿劳役、大斗小称收租以及押金等，押金制度理应废除，“但由于其中情况很复杂，应分别具体情况处理，即：退得起的应即退还，不能立即全退的分期退还，不能全退还的退还一部，实在退不起的可以不退”。实在退不起的，如自由职业者、鳏寡孤独应予适当照顾，缓退少退或不退。

（四）条例第八条规定保障佃权，这是非常必要的，处理此问题时应根据本省人民政府10月5日禁令不准地主夺佃。但有“确因生活困难而需收回土地自耕者，亦应由佃业双方协议，照顾原佃生活，经农民协会及区以上人民政府批准后始得退佃一部”。若地主夺佃转租与其他佃户，则应揭发地主挑拨农民内部矛盾之阴谋，教育农民使其团结，根据农民双方生活情况本团结互助互让精神，妥善处理，退一部或全部或不退，但切不得强迫致造成农民内部不团结。

条例第九条规定依法减租后，双方按新约的收租交租是合法的。条例第十条规定：减租后农业收益税依合理负担原则，按业佃收益情况，由双方负担。这两条都说明，凡服从政令法令者，人民政府当保护其合法权益。

条例第十六条：“农民协会为进行减租中之合法组织。”

农民协会是农民阶级的合法团体，是组织农民领导农民向地主进行减租，与不法地主进行说理、说法的团体，各级政府应支持农协，为农民撑腰。农民协会不仅在会内团结贫雇农中农全体农民，应善于在会外团结一切反封建分子（如开明士绅），建立农村中反封建统一战线。

《西南区减租暂行条例》是我们在执行减租退押工作政策所依据，各级政府各级农协必须学习，并在工作中本着这个条例去进行工作，有秩序有领导地进行减租退押运动。

四、有关减租退押若干问题

（一）对不法地主的违抗政令，应依法惩办：减租退押为人民政府法令，为千百万农民群众的要求，已属大势所趋，势在必行，地主阶级应认识时务之发展，拥护政府法令，尊重农民要求，放弃其剥削所得之非法利益，从劳动生产中来改造自己，到将来土改时地主阶级消灭，而已改造之地主个人则获得新生。但本省若干地主顽固不化，竟敢违抗政令与进攻农民，据调查所得，有抢收租谷、勒逼旧债、宰卖牲畜、多报人口、分散土地、砍伐森林、破坏水利，甚至有组织土匪、暗杀人民、利用反动会门、散布谣言，种种阴谋花样百出，对此种地主不法行为除已由省人民政府以五项禁令公布外，应由农民协会发动广大农民群众与之进行说理讲法的斗争，其中少数罪大恶极怙恶不悛之恶霸分子应交人民法庭审判，并应组织开明士绅拥护政令之推行。

（二）普遍召开农代会，建立各级农协：农协为农民阶级反封建的战斗组织，农代会为发动农民展开反封建运动最好的工作方式。本省自省农代会后已有楚雄、蒙自等专区，安宁、昆明、罗次、禄丰、宜良、晋宁、呈贡、通海、峨山、曲靖、宣威、马龙、嵩明、寻甸、楚雄、牟定、大姚、永仁、砚山等县，先后召开农代会议，专区、县、区农协会已正在筹组和建立，农民运动已正蓬勃开展，但时至今日仍有个别专署及县人民政府对召开农代会、筹组农协、改造农会等工作尚不够重视，应由省人民政府责成各级政府重视这一工作，以放手发动农民。

（三）建立各级人民法庭：在减租退押运动中，应根据中央人民政府政务院7月20日关于建立人民法庭组织通则的规定，在各县建立人民法庭，对于违反政令破坏减租法令的不法地主和恶霸分子必须依法惩办，同时要禁止乱捕乱打乱杀现象之发生，以便于有秩序地进行反封建运动。

（四）少数民族问题：云南民族种类繁多，对少数民族应加强民族团结，消灭历史上大汉族反动统治所造成的民族隔阂及狭隘的民族主义观点，因此，少数民族聚居区不实行减租退押。少数民族与汉人杂居地区地主系汉族佃户系少数民族者，可与一般地区同样进行减租。如地主系少数民族则必须慎重处理，减租工作暂不急于进行。但在有些地方的少数民族的某些地主分子，他们成为汉人佃户和少数民族佃户的共同压迫者和剥削者，其生活方式已经失去其原有民族之特殊性，且在政治上则早已失去其原有民族群众之支持，久已自绝于少数民族，对于这种情况的地主，常常利用国家的民族政策，曲解政策，散布狭隘民族主义思想和挑拨民族情感，这是不容许的。

五、结束语

云南封建势力有长期历史，目前全省虽已解放，省市专区县各级人民政府已普遍建立，但封建地主尚在农村中以种种方式向农民进攻，尚欲保持其封建剥削，各地农代会已先后召开，农民运动普遍展开。清匪反霸减租退押，是实行耕者有其田的先决步骤，是反封建运动的重要关键，我们相信根据中央人民政府及西南军政委员会政策法令，在省及各级人民政府领导之下，在全省农民运动蓬勃展开之下，并吸收华北及中南等区反封建运动的成功经验，减租退押运动一定会胜利完成。

怎样搞好1950年减租工作
——云南省第一次农民代表会议上的报告
刘　清
《减租退押手册》第三集
云南人民出版社1951年1月初版

怎样搞好1950年减租工作
——云南省第一次农民代表会议上的报告

（一）云南农民眼前过的是哪样日子

今天到会的农民代表大致说来是从三种不同地区来的：少数是从搞过反霸、减租斗争的老游击区来的；多数是从没有搞过反霸、减租的游击区来的；最大多数是从解放不到半年新区来的。以上三种不同地区的农民所过的日子是有些不同的。比如，搞过反霸、减租的老游击区农民的日子就稍微过得好些。但不管是哪种地区，整个云南省都还是毛主席在中国共产党三中全会上所说的新解放区。

自从本省全面解放以来，省和县的各级人民政府都已经先后成立了，区以上的政府都是共产党领导的，为人民办事的政府。区以下的乡村政府，因为解放不久，除个别老游击区外，都还在封建地主和他们的狗腿子明明暗暗地把持下面。封建地主恶霸一面勾结蒋匪特务，制造土匪，到处打家劫寨屠杀老百姓和政府工作人员；一面还继续使用阴谋、欺骗、毒打、奸污、敲磕、虐杀来对付我们农民。这是一方面。

另一方面，除边远区土地比较分散而外，云南大部分地区，尤其是好田、好地、坝子地区，农村土地十份有七份到八份是归农村人口不足一份的封建地主阶级与富农阶级所有；其中主要是地主所有。而我们全体农民，包括雇农、贫农、中农在内占农村人口九份以上，却只有十份中二份到三份的土地。封建地主阶级占有这多的田地，自己既不盘田也不种地，整去整来，还是靠我们农民来盘、来种。再加上替地主富农打帮帮的在内，合起来算，云南农村田地十份有九份是全靠我们农民血汗来栽种的！说到农民一年到头，日晒雨淋辛辛苦苦栽出来的大春小春，理应自己得吃了，但是说出来使人伤心，我们自己用血汗劳动换来的粮食要大部分给地主。有的谷子在田里刚打出来，就给地主挑去一半或一大半。有的还要挑回家去晒干扬净，再规规矩矩送上地主的门，休想少交一颗！种包谷和荞的旱地，和小春也是一样。除了交租以外，农民还受到各种各样的额外剥削，比如押金、押租、大斗收租、坏田换好田、小田换大田、交租提成、白做工不开钱、年节送礼、请客等等。就是这样，那些“洗脸打湿手、吃饭打湿口”的地主阶级白白抢去了全部大小春一半以上。而农民一年苦到头，只得全部粮食的三成不到。地主人少，只有农村人口的4%，占了一半多的粮食，所以光景过得好，大吃大喝，穿红戴绿。我们农民人多，吃饭的人也多，占了农村人口90%以上，却只得三分粮食，所以弄得来穿不暖、吃不饱。尤其是贫雇农一年所得粮食还不够半年盘缠，要缺半年到八、九个月的口粮，宜良哈拉村，农民十份中八份要靠掺着杂粮才勉强够吃，而两份只得完全吃蚕豆过日子。哈拉村还是坝子地方都还是像这份，其他山区的农民生活就更苦寒了。

总起来说一句，云南农村土地的70%到80%（十份中的八份）是地主与富农占有的，但是90%以上的土地是我们用血汗栽种的。农民用自己的血汗养活了地主，地主吃饱、吃胖了以后用拳打脚踢、欺骗敲磕、奸淫霸占、土匪特务狗腿子吊打虐杀来欺负农民！

这就是眼前云南农民所处的饥寒交迫、吃不饱穿不暖、流着眼泪过活的光景。

（二）为哪样要搞减租

眼前云南广大农民所过的饥寒交迫、吃不饱、穿不暖、流着眼泪过活的日子是再也不能继续下去了！但是，因为我们云南刚解放不久，农村广大群众还没有很好发动起来、组织起来，有的还完全没有发动起来、组织起来。大家对共产党的政策还了解不够，经验还差；封建地主的力量还暂时盘踞在乡村里，掌握着政权和一部分武装，为非作歹。所以，毛主席告诉我们在这样新地区，不要希望一下子就能把统治了几千年的封建势力和封建剥削制度全部消灭，这是办不到的，办不好的。因此，我们要想出一套办法来首先削弱他，等到我们重重地打击、削弱他之后，他的力量、威风就小得多了；我们农民打了一次大胜仗以后，心更雄了，胆更壮了，组织更强了，力量和威风都比从前大得多了。到那个时候，我们就要想个办法来最后对付他！今天在云南打击封建势力，削弱封建剥削的主要办法，就是实行二五减租。消灭封建剥削制度的唯一办法就是实行土地改革！减租是云南眼前立刻要办的事，土地改革是将来再办的事。如果，我们今天能把减租这桩事办得好、办得彻底，等到将来办土地改革就容易办好了。有的老游击区农民说：“减租早搞过了，今年再来搞，不有哪样意思，最好是搞土改吧！”这种说法是不对的，好比打仗一样，打仗就要打胜仗，要打有把握的仗。今天来搞土改就没有打胜仗的把握，就有打败仗的危险！而今年来搞减租，我们就有把握打个大胜仗！所以，我们坚决主张今年搞减租，明年再考虑搞土改。今天首先削弱封建，明天才来消灭封建！俗话说得好：“去年旧历不能拿来今年看”，难道明年皇历又可以拿来今年看吗？皇历看错了不要紧，土改搞得太早了，那可要吃亏的。

这是为哪样要实行减租的第一点道理。

第二点，为了初步改善云南农民生活，为了农民不受封建地主的欺负和压迫，自己起来当家做主，为了多出点粮食，恢复和发展生产，我们必须实行减租。因为实行二五减租以后，地主收的租不能比全部大春的三成半（即35%）多，却可以比这少。小春如原来全归佃户的就不动，如原来要交租的就得按成减。如原来全归地主的则也不能超过三成半。这样办下来以后，原来占有全部大小春五成以上的地主最多也只能得三成半了，或者更少些。我们农民原来只占三成、四成的就能最少得到六成半，或者更多一些。农民收入就比减租以前增加了差不多一倍或者一倍还多些。这样我们农民的生活就可以得到初步的改善了。

其次，减租不仅要做到少交地主的租，而且还要做到不受地主的欺负和压迫。在减租中农民要组织农民协会，却不准地主结成反动的团体；乡村政权要完全拿到农民手里，不许地主恶霸和他们的狗腿子混进政府里边来，只许他们规规矩矩，不许他们乱说乱动。农民协会要拿刀枪来武装自己，保卫减租斗争所得来的好处，却不准地主拥有任何反动武装。这样我们农民有了组织、有了政府、有了武装，就不会再受恶霸的欺负和压迫了，我们就真正做了农村的主人翁了！

最后，减租以后，多些粮食盘缠，有得吃、有得穿，光景比从前好过些了，我们就要拿出乡村主人翁的身份来好好组织变工队、合作社、筑堤打坝、多下粪草、省吃苦做、好好生产。这样我们每年田地出产的东西就会多起来，生产就逐渐恢复和发展起来。毛主席要我们大家一齐来争取国家财政经济情况基本好转的大事，也就会慢慢地实现起来。

眼前必须实行减租的两点道理就是这样。

（三）减租要怎样才办得好

减租是一台有关我们全省一千二百万农民切身福利的大事情，只准办得好，不准办得坏！减租是要削弱几千年来的封建剥削，是要打落几千年的封建威风；而我们的阶级敌人，就是那些封建地主阶级，一定要想方设法造谣生事，阳奉阴违，阻碍和破坏减租，以便继续保持他们封建剥削和封建威风。所以，我们说减租又好像打仗，是一场我们农民和地主的激烈的阶级斗争。搞斗争、打仗就要求打胜仗，不打败仗或少打败仗。我们这次减租只准打胜仗，不许打败仗！

那么，减租要咋个才办得好，才能打胜仗呢？

第一，坚决跟着毛主席走。毛主席是中国共产党的领袖，是中国人民的救星。跟着毛主席走就是跟着共产党走，共产党在云南领导过我们农民反对蒋匪帮、打过恶霸，建立了一大片游击区；领导过我们打过残匪第八军、廿六军，最后带领了十几万大军解放了全云南，建立了各级人民政府，为人民办事，最近又积极清剿土匪。共产党领着我们走过的都是生路、活路。共产党替人民办的都是好事情。几千年来只有共产党才替农民伸了冤，帮助农民翻了身。就是说今年秋后减租，也是共产党来提倡、来领导的。所以，减租要搞得好，要打胜仗，就要我们农民坚决跟着共产党走，跟着毛主席走！听共产党的话，听毛主席的话！

第二，依靠自己，解放自己；团结自己，团结大多数，孤立敌人。毛主席叫我们要相信农民大伙儿的力量是很大的，是一定能够解放自己的。我们要翻身做主，一不靠天求神，二不算命看卦，三不妄想地主老爷大发慈悲怜悯我们。只能依靠我们农民大家团结紧，能齐心，敢斗争。怎样把自己团结得紧呢？我们农民不管雇农、贫农、中农都要当一家人看待，大家齐心协力，同生死、共患难；有福同享有祸同当，减租的好处大家都得，土匪来捣乱大家去打。贫、雇农是减租斗争的脊梁骨、核心，中农是贫、雇农的好朋友，必须要团结得像钢一样。全体农民合起来就占去了农村人口十份之中的九份还多，俗话说："人多为王，势大为强！"如今江山已经是人民的江山，已经不是封建恶霸的天下了；只要我们全体农民团结在农民协会的领导下面，难道还怕那一撮封建恶霸作威作福、横行霸道吗？孤立敌人，就是说要分清不同的敌人，不要"眉毛胡子一把抓"。比如地主当中就有大地主、中地主、小地主；有开明士绅和豪绅恶霸；有拥护政府减租法令和反对政府减租法令的；有偷偷摸摸捣鬼和公开武装反抗的。这一切，我们都要分别处理、分别对待才对。俗话说："擒贼先擒王"，我们在减租，斗争中首先集中火力，打击那些少数的公开武装反抗的恶霸地主。恶霸打垮了，其他的人就不敢乱干了。同时还要注意争取开明士绅，和我们一起减租，这样就分化了敌人。孤立敌人的第二个办法就是中立富农，富农的租是一定要按规矩减的，只要他们规规矩矩，不和地主恶霸勾结站在一起和我们作对，就不要动不动去打击他们，和地主一样来对待。并且在将来土改中还要不动富农土地，争取富农积极参加生产。

这样办下来的结果：我们人多、势众、胆子大，而敌人就弄得人少、势孤、心头虚！不仅今天的减租办得好，就是将来搞土改也就顺利得多了。

第三，按照政府法令办事。如今的政府是我们人民自己的政府，是替人民办事的政府！人民政府的法令规章总是替人民打算盘、替人民撑腰的，照着人民政府的法令办事是不会吃亏的。比如这次的减租，西南军政委员会公布了减租条例，云南省人民政府公布了实施细则，样样都替我们农民盘算得一清二楚。我们在减租当中遵守人民政府的法令只有好处，不会有坏处。那些不遵守人民政府法令的地主恶霸分子，我们就报告人民政府，送人民法庭请求依法处理。不能乱抓人、乱打人、乱杀人。

第四，按部就班，三步办完。减租是件很难办得好的事情，办起来一定要按部就班，一步一步地办才会办得好。

第一步，召开农代会，准备减租。首先各乡、各区、各县和各专区的农民代表会议，宣布减租的各项法令规章，讨论减租的各项事情，这样大家出主意、想办法，推选有威望、有信仰、有办法的自己人来带头办事，把全体农民推动起来。在农村中、街子上敲锣打鼓、宣传讲演、张贴减租布告和减租标语。务必使人人认得为哪样要减租，咋个减法。务必使恶霸豪绅、土匪特务不能造谣生事、迷惑群众。

第二步，组织农协，实行减租。准备工作办好后，即开始组织各乡、各区、各县和各专区的农民协会；原来有协会地方要学习新的农民协会章程，重新整顿一下，把那些地主和狗腿子清除出去，富农也不能参加农会。原来有妇女会、姊妹会、青年会的一并组织到农民协会中去，原来有贫农团的要取消，因为贫农团妨害农民中间的团结，要不得。贫农团取消以后，贫、雇农在农民协会中还是要起核心带头作用。那些原来没有农会的地方，立刻按新农协章程组织起来。农协成立以后，就由农协领导全体农民按照人民政府法令向地主富农实行减租。在减租中，各级农民协会要好好掌握情况，检查工作，总结工作，偷闲不得。

第三步，转入生产，巩固胜利。等到减租办了一个段落的时候，各级农民协会就要告诉会员和农民开始搞起春耕生产的工作，如像准备粪草、农具、种子，大家商量怎样搞好春耕，多出粮食。同时要发动大家讨论减租中哪些人、哪些事办得好，哪些人、哪些事办得不好，为哪样办得好或不好。搞清楚哪些是英雄模范，哪些是坏人狗腿；英雄模范要开会庆祝，坏人、狗腿要开会批评、处分。还要看看哪些减了，哪些明减暗不减、少减或减后夺佃等等，以便把那些违法地主送政府法办。

以上三步必须要按部就班一步一步地办起来，不可乱来，不可性急。

我们只要好好地办到了上面说的四件事情：（1）坚决跟着毛主席走；（2）坚决相信自己的力量可以解放自己，团结自己，孤立敌人；（3）按照人民政府法令办事；（4）按部就班，三步办法，我们的减租工作就一定可以搞得好。

（四）结尾的话

我们云南农民眼前的生活是贫困的、受压迫的；云南的封建剥削是很重，封建威风是很大的；我们眼前还不能一下子搞土改，只能也必须首先集中力量搞好减租，以便明年冬天以后搞土改时更顺手些，我们人多、势大，有的是全国胜利的局面，有的是毛主席和共产党的领导，有的是人民政府的撑腰，又加上我们坚决相信依靠自己的力量一定可以解放自己，团结一致，齐心协力，孤立敌人，打击少数，那么今年秋后的减租工作是有十成把握搞得好搞得彻底、搞得美满的！

云南省农民协会筹备会常委会关于目前云南农村反封建斗争形势及几个主要工作的指示
《减租退押手册》第三集
云南人民出版社1951年1月初版

云南省农民协会筹备会常委会关于目前云南农村反封建斗争形势及几个主要工作的指示

（一）

云南封建势力，在解放后已受到一些削弱，中心地区的土匪，基本上已肃清。但地主阶级在乡村中，尚占有相当的优势，尚把持和操纵村政权与农会，眼见得减租退押以至土改乃大势所趋，势在必行，竟不规规矩矩地投降人民，反在垂死之前作最后挣扎。住在昆明市的一个永仁县杨姓地主，在省农代会开会期间，把每天《云南日报》上有关农代会的消息，用红笔勾出，寄给家乡的地主，并写信说："今天农民有共产党、解放军和人民政府撑腰，我们没有靠山，地主就是罪恶，我们只有靠自己干了。"

省农代会后，地主阶级已普遍在各地向农民进攻，表现在：

1. 在政治上，利用反动会门，勾结特务，散播变天思想，制造种种谣言，搞合法斗争。楚雄县西云乡地主伪造民意，控诉该乡村联主席，在控诉大会上，只有地主及其家属发言，农民只是举举手；又楚雄县训班清廉乡学员郑国彬回家后，地主即摆布女流氓偷他的包谷，他往制止，就诬他强奸，地主及狗腿子数人，马上把他送到公安局派出所，并开会斗争。

2. 在经济上，普遍是夺佃、抢收租谷、逼索旧债、分散财产、转移及隐瞒财产、假分家、降低成分，以抵抗合理负担，抵抗减租退押，还有破坏水利、砍伐森林、宰杀耕畜、大吃大喝、浪费国家财富等。

3. 组织土匪叛乱，暗杀农民干部及积极分子，请农民吃饭，订双保险合同，用美人计阴谋软化收买农民。

云南农民在征粮工作中的带头缴粮，在剿匪工作中的积极协助，这证明他们已有相当的觉悟，特别在八月间经过省农代会、有些县区农代会和农训班后，有不少的农民代表和积极分子，不分日夜、不计疲劳地在农村宣传鼓动，并展开了反夺佃、反抢收租谷等斗争。但由于这些力量尚未很好地组织起来，因此形成各自为战的状态。

至于广大农民群众，则迫切要求评产、挤黑、合理负担，要求清匪、反霸、减租、退押，反对地主非法夺佃、逼索旧债，反对地主抢收租谷、预收青苗。目前农民代表的积极活动，正反映了广大农民的迫切要求。但不可否认地，有些农民思想上存在着种种顾虑，因此还未普遍觉悟到自己动手起来干的地步。

清匪、反霸、减租、退押这一“淮海战役”的前哨战已开始了。前哨战表现在农民积极分子的行动上，表现在地主阶级已普遍地向农民进攻上。面临着这一形势，个别地区在领导上已有准备地进入战斗，已比较放手地发动群众。例如楚雄区11个县，都分别召开了农代会，成立了各县的农协筹委会，据7个县的材料统计，代表共有2057人，农训班也先后开办起来，计6个县的学员共有1293人；又如昆明县参加县、区农代会及农训班共有6000余人，加上预定全县各乡召开的农代会，将有代表1万人以上。

可是还有好些地区领导上对这一形势还认识不足，对地主阶级反动性的进攻和垂死挣扎的必然性看不清楚，对农民运动还是束手束脚地不愿放手去发动，这样就使领导赶不上形势，干部思想落后于农民积极分子的行动和广大农民的要求，使工作有陷于被动的危机。

（二）

根据西南军政委员会减租退押指示的精神，结合云南目前农村斗争形势，今年半年之内，云南农村工作的方针任务是：大胆放手发动群众，充分运用农代会，普遍开展大规模的减租、退押、清匪、反霸、合理负担、反封建斗争的群众运动，依靠贫雇农、团结中农、中立富农，有领导、有步骤、有分别、有组织地求得在政治上完全打垮封建统治，在经济上削弱封建势力，树立农民在农村中的优势，为下一步的土地改革铺平道路。

（三）

要胜利完成这一反封建斗争的艰巨任务，其首要关键在于：大胆放手发动农民群众。

什么是大胆放手？第一是把政策交给群众，即必须通过各级农代会、农民训练班组织诉苦，进行划分阶级教育，在群众的阶级觉悟初步提高的基础之上，把路线、政策、方针、行动纲领、工作步骤大胆交给群众，组织群众进行切合实际的讨论，使为群众所有，为群众自觉地掌握，并进一步做成决议，变成广大群众的行动方向。其次是放手组织群众，即必须有组织、有领导地经过大量已经发动起来的农民代表和积极分子去广泛发动组织群众，放手发展农协会员，加强各级领导机构、人民政府与农民代表、积极分子的联系，把力量统一组织起来，迅速结束目前各地农民代表、积极分子各自为战的状态，迅速改变各地依靠行政命令推动工作，和单纯依靠少数干部零零碎碎个别发动的思想。务须明确认识到各级领导的主要任务，在于通过各级农协领导机关和农民代表、积极分子，取得密切联系，加强工作的组织领导，并从而推动整个农民运动。

但是目前不少干部在思想上还有严重的圈子和问题，阻碍着不能贯彻大胆放手发动群众的方针，这些思想主要是：

1. 群众观点不强，表现在：

甲、不相信群众，不认识一切工作必须发动群众才能实现。某地区发布了一个关于征收1950年公粮的指示，长达数万言，但关于如何依靠发动群众来完成则一字不提；呈贡工作队的同志说：本来是想发动群众来做的，但是时间紧迫，任务繁重，只好完成任务后再去发动群众。这是只相信自己不相信群众的思想。应该知道时间愈紧迫，任务愈繁重，愈要依靠群众发动群众。

乙、不从群众当前切身利益出发，不去倾听群众各种各样的呼声。呈贡工作队有些干部，对群众当前最迫切的反霸与合理负担的意见，置之不顾，反而对群众说：你先拿租佃材料来，再说其他。

丙、对发动群众工作的艰苦性认识不足，这也怕，那也怕，以为贫雇农笨头笨脑，不会说，不会道，难于发动，也不去做艰苦的发动工作，相反地，把一些似乎会说会道、实则成分、作风都不纯的当积极分子。甚至有些干部，认为农民群众是不可理喻的，放手了怕出乱子，大胆了怕群众违背政策，怕群众起来以后掌握不住。

丁、束手束脚，关门主义的思想。呈贡斗南村农会，妇女不要，当过兵的不要，吹鸦片烟的不要，甚至省农代会的一个女代表因有小娃娃也不要，搞了20多天的工作，才发展了120个会员。宜良县18万人口，县农代会才有100多名代表参加；呈贡县七八万人口，县农代会几经研讨，才从120多名增至250名，县农训班只有70人。根据以上的情况，我们必须再一次强调地指出：发动群众的工作是一项艰苦的工作，贫雇农一经启发教育以后，就成为反封建斗争中的可靠力量，而发动群众又必须善于从群众切身利益迫切要求出发，不断逐渐提高，使其认识政策和行动纲领。

2. 地富思想：

甲、代表地主阶级说话、办事。宜良第四区第三乡文书陈伯文，到该县南阳乡抢收地租；某干部向佃户说好今年不减租。

乙、替地主阶级打算，害怕群众发动起来，地主下不了台。某专区负责干部不让某地主到农代会上去反省认错，怕他下不了台。

丙、对地主阶级有幻想。表现在一方面对地主阶级的反动性、狡猾成性认识不足，以为不经过发动群众，仅只是骂他两句即可低头投降。呈贡工作队有个干部，在高家庄化城的群众大会上，骂了恶霸一台，便以为地主低头了。另一方面表现在对地主阶级垂死挣扎状态认识不够，因而不敢把政策与群众见面，害怕得罪了地主，引起困难，害怕地主造反；不认识只要我们大规模地发动群众，就不怕他造反，也就可以粉碎他的任何抵抗，直到消灭他。

3. 主观主义所造成的圈子：

甲、阶段论：不是从群众实际情况出发，订出一个工作计划表，硬要强迫群众接受照办，否则就是“无政府无纪律”。有的地方领导机关，把整个活生生的群众运动，硬劈成宣传、组织与发动群众的几个阶段，更普遍地把合理负担划到整个群众运动以外去，只把减租、退押、清匪、反霸才当成群众运动来办。

乙、诉苦要流眼泪，不流眼泪不算苦；只有租佃关系的才算苦，其余被国民党抓兵、苛派、负担就不算苦。

丙、不是把群众的迫切要求与政策结合起来，去发动群众，而是用主观的一套或命令主义来限制群众；不是启发群众去自觉地掌握政策，而是用政策去硬套在群众的头上。群众说要调整佃权，我们干部说：这是违背上级政策；群众说要退公田的押，我们说这退不出来；反转来又责备群众退押的劲头不大。

丁、狭隘的经验主义：有些干部生硬搬用老区的经验，或游击环境下的经验，来办新区的群众运动，对目前工作方针不重视、不研究，对充分运用农代会的精神，便掌握不够。例如某区农协组织，不经过农会发动群众来产生，而是草率地指派几个代表来组成；县农代会训练班亦尚未普遍举办召开。有些干部搞工作，偷偷摸摸，不敢大胆放手，不敢公开宣传，只零零碎碎个别发动，因而形成小脚小手的搞法。这又是地下工作的狭隘经验。

我们要求深切体会并坚决执行大胆放手发动群众的基本工作方针，就必须要求立即跳出这些主观主义的圈子。

对谁放手？我们要求对广大农民群众放手，而对封建地主阶级必须有高度的阶级警惕性，就不能放手，也不可盲目大胆。在这里，就要求我们首先要划分地主与农民的阶级界限，通过广泛的诉苦和划分阶级的群众教育，提高农民的阶级觉悟，掀起农民对地主的阶级仇恨。对农民要放手让他们敢于起来坚决对地主进行说理说法的斗争，并且要进行长期的耐心的教育工作，就是群众在行动中偶然出现偏差，稍有毛病，也不能在背后指手画脚，或泼冷水，加以压制，而是与群众在一起，用群众自己的经验来教育群众，克服偏差，提高群众，引导运动向正确的方向发展。对地主阶级必须实行严格的专政，只许他们守法守纪，规规矩矩，不许他们乱说乱动。因此那些开会不分阶级、不问成分的办法是错误的，让地主阶级出席农代会讲话也是值得考虑的。

（四）

大胆放手做哪些工作？

1. 召开农代会，建立农协，大量发展会员，必须十分重视开好各级农代会和举办农民训练班的工作，培养大量群众运动的骨干分子。昆明县以24万人口，而通过县、区、乡农代会和县农民训练班，估计可组织1万以上的农民代表和学员，这是个好经验。从上而下搭好架子，从下面好扎正根子。从整顿改造旧农会的基础上，建立各级农协；在保证领导骨干的纯洁的方针下面，放手大量发展会员。

2.开展广泛的群众性的诉苦运动。以农民代表和积极分子为骨干，放手展开大规模的各村各寨群众诉苦运动，并结合形势教育分清农民与地主的阶级界限，和进行阶级路线的教育，把农民的政治觉悟、阶级觉悟大大地提高一步。这个工作做好了，农代会和积极分子与广大农民群众在政治上思想上更有联系。

3.组织农民群众拥护省人民政府的五项禁令（见《云南日报》10月6日第一版），展开保卫秋收、拒交租谷的运动。

4.组织农民群众挤黑、评产，进行合理负担，做好减租退押准备工作。合理负担与减租、退押、清匪、反霸是整个运动的基本内容，而在执行的先后上必须坚决执行先征粮后减租的指示，而群众当前的迫切要求在于首先解决合理负担的问题。由此必须放手组织群众，进入挤黑地、挤黑人、评产量、具体算账的各种斗争，以便争取及早完成征粮，做好各项重要准备工作，转入减租退押运动。

5.注意发展农业生产，组织秋种，准备明年春耕，发动群众解决种子问题，注意积肥、储水、兴修水利。

在组织以上各项工作的过程中，必须坚决贯彻大胆放手发动群众的方针，一切斗争必须有效地镇压恶霸地主的破坏和抵抗。

（五）

几个具体问题的处理意见：

1.缓交租谷：秋收已届，各地地主有抢收租谷、预收青苗等不法行为，我全省人民应根据云南省人民政府布告（10月6日《云南日报》），在未减租前暂缓交租，并击破不法地主的抢租抢青等破坏行为。至于对个别确系生活困难之小地主，要先收部分租谷以暂维持生计的，须由地佃双方协议，经乡农代会通过，酌情先交一部分，至多不得超过正产物10%至15%。剩余租谷须待正式减租扣除本身应有公粮负担后再行补交。有些地主1949年公粮尾欠尚未交清的，亦由佃户直接代交。对产量甚少之出租户，生活确有困难的，可由农会召开业佃双方协议处理。

2.改造农会：农会是农民阶级的战斗组织，是农民群众自愿结合的组织，目前有些农会，全村居民不分阶级都是农会会员；有些农会只要男人不要妇女，只要佃农，或只要贫雇农，都是不对的。农会应该依照农协章程吸收会员，改造农会，首先是要保持领导成分的纯洁，对钻进农会的地富分子，必须个别加以清洗。改造旧农会，必须充分发动群众，经过阶级教育，把地主与农民的界限划清楚，把农会的性质、会员的条件向群众讲解明白；同时调查农会的成分，特别是领导成分，然后发动群众调整领导成分。即必须保持贫雇农的领导骨干，又要坚决贯彻团结中农的方针（一般可保持中农在领导成分中占三分之一），再逐步清洗和改造会员中不纯成分。对地主把持操纵的假农会，发动群众后，经上级批准，可宣布解散，重新组织。在审查会员中，对狗腿子要清洗出会，争取他少做坏事；对游手好闲的分子要严格改造；对落后农民则应该教育；对抽大烟但参加生产的农民要教育帮助他戒烟；旧军队中压迫过农民的军官以及兵痞、流氓，有过特务反动行为的，都不得入会；当过兵的，但已回家真正参加劳动，为人正派的都可参加农会，他们之中某些分子的恶习，可在入会后教育改造。以上这些，都必须经过农民去讨论、批评，做出决定。过去组织的贫农团，现在必须根据省农代会决议，合并到农协中去。今后不再单独组织贫农团，以免影响农民内部的团结。某些地区现仍组织贫农团，是不妥当的，必须立即纠正。农村中青年、妇女的组织，亦统一在农协中，在农协中建立青年部、妇女部，加强对青、妇工作的领导，以便集中力量，统一步骤，向地主阶级作斗争。

3.防匪自卫：在改造农会中和改选以后，须整顿民兵，要把农民的武装完全掌握在农民手里，为保护农民利益而奋斗。在民兵尚不够条件的地方，可先在农协会员内，组织农协自卫队，以后再教育提高，逐步成为民兵。

4.反对夺佃：地主夺佃是非法行为，应根据人民政府禁令，不准地主夺佃，如有地主非法收回自耕的，须仍由原佃户耕种；如地主确有困难，佃户可酌情付给地主一部分种子费用及工本。

5.反对逼索旧债：根据省人民政府禁令，不准地主非法逼索解放前旧债，债户亦应暂缓偿还。凡农民所欠地主债务，如系因欠租、欠押转为高利贷的，一律废除。解放前地主经营工商业之来往借贷及解放后自由借贷，仍按双方原约处理。

6.原租额、牛租、水租、房租：

（1）原租额是今年减租前的租额。

（2）关于牛租，为发展生产，鼓励养牛及出租耕牛，一般的不减，如有个别地方租额确实太贵时，可由双方协议解决。

（3）水租根据不同情况分别处理：①凡投资设抽水机取租的，一般不减。如天雨充足，不需要抽水机时，不能向农民收租。②地主自己的水塘出租水利者，按原租额减四分之一。③地主恶霸强占公田、公塘或农民田地、水塘而出租水利者，按处置恶霸处理。④水塘属于地主所有，但系强迫农民无偿劳动兴修者，则一面减租，一面清偿旧工资。⑤政府举办或农民集体兴办的水利事业，水租由农协与政府协助处理。

（4）房租：城镇的不减，农村中与封建土地相关联的，如出租土地附租出在该土地上之房舍，应减租退押。

7.调整佃权问题：有的地方已因调整佃权而侵犯中农利益，混乱农民阵营，转移斗争目标，这是极不妥当的和危险的。应明确强调减租退押是中心工作，不能一般地进行调整佃权。只有地富所霸占来自耕的公田，可以令其拿出，由公家租给农民耕种。已因调整佃权而侵犯中农利益者，必须坚决说服群众，在自愿基础上予以退回，决不许可对此消极怠工，破坏农民内部的团结。

8. 人民法庭：农民减租退押各种要求都是合法的，而地主的一切反抗破坏都是非法的，为要保障农民合法权益，镇压地主非法反抗，各地必须根据7月20日中央人民政府政务院规定的人民法庭组织通则之规定，和省人民政府10月11日训令，准备配合当地人民政府，建立人民法庭，向当地人民政府建议，县农协主任应参加人民法庭，为领导骨干，并建议人民法庭的审判长应由党政军民的负责干部中选择一人兼任，另一得力的专职干部任副审判长。人民法庭对恶霸地主进行说理说法斗争的主要经验，是在开庭前要准备好人证、物证，组织群众向恶霸地主控告辩驳，使农民在庭上能理直气壮，完全揭露恶霸地主的罪行，并从而更好地教育和提高农民的觉悟。

9. 发展生产：农村反封建斗争的基本目的是发展与提高生产，因此，一切工作必须明确贯彻生产这一中心思想。第一，要照顾生产的季节性去布置每个时期的斗争任务。有的同志，不关心农民生产或对生产无知，是绝不能很好地去指导农村工作的。在生产紧张的季节到来时，必须主动地全力领导农民生产，解决生产上的困难，如农民目前要求保卫秋收，组织秋种，恶霸地主破坏秋收，就要发动群众与之斗争；农民缺乏豆种、麦种，就要及时帮助解决。同时，并坚决宣传和发动农民执行政府禁烟法令，坚决停种，和改种经济作物。又如与秋收紧接而来的为征收公粮中的合理负担斗争，这是农民极为关心的，我们就应当领导这一斗争，而不能置之不问。第二，要在一切运动中保护生产资料。这就要一方面发动群众监视和镇压不法地主的破坏、浪费、分散生产工具、生产资料，并向所有地主宣传政府的法令，只要他们老老实实，依法办事，不破坏和浪费生产工具、生产资料，则在减租退押和将来土改中，将获得农民的原谅，否则必须严厉惩处；另一方面，要在群众中经常进行省吃俭用、发家致富的教育，尤其当斗争胜利时，要反对浪费斗争果实，反对大吃大喝，号召群众精打细算和作长远打算，把果实用之于生产。并当地主阶级的统治已被打下，农民斗争已取得完全胜利时，则要适时地领导农民转入生产，在生产中继续巩固胜利，扫清地主阶级的反抗，免致运动迷失方向。

提倡深入作风
——四论放手发动群众
《减租退押手册》第三集
云南人民出版社1951年1月初版

提倡深入作风

——四论放手发动群众

秋季以来，随着各县农代会的召开，本省农民群众反封建运动已蓬勃地向上开展。但由于某些地方在领导上没有很好地深入，没有密切地联系群众，并适时地指导群众运动向前推进，因此或则流于形式，而缺乏坚实的内容，只轰轰烈烈地热闹一番，而缺乏细致的组织工作。为要放手发动群众，并加速其进展的程度，这就不仅要大刀阔斧地展开群众运动，而且还必须细致地深入工作；不仅原则性地提出一些方案，还必须结合广大群众的要求，才能订出具体的方案；不仅从上到下一般的号召，还必须深入个别村子或工厂，做出成绩得出好经验来做榜样，才能指导全局。

经验证明：领导思想不深入，就不会了解具体情况以及群众切身的要求。各地关于群众运动的工作报告，结论若干条，经验教训一大篇，然而直到目前为止，没有一个地方有关于改造农会、建立农协以及会员数字的具体材料。又如秋耕秋种工作，在有些报告上一则说豆种已都借到手，再则说秋种问题已完全解决；但借谁的种子，是否已侵犯到中农的利益？究竟借到哪些人手里，是否贷到缺乏种子的贫雇农手里？采取何种方式？是否有强迫命令情事，则一点都不知道。在汇报工作上，对一个运动，只能主观地得出粗率而抽象的概念，不能从头到尾地说出整个运动的发展，如何发现问题和解决问题。对群众情况只能得出比较空洞的例如觉悟程度已普遍提高、一般的都有了组织、成绩是主要之类的话，但不能说出一个乡一个村子的具体情况。如此，领导对具体情况如油浮于水，飘飘忽忽，不能和实际情况结合，方针政策怎能贯彻？群众运动怎能推进呢？

不深入的作风在工作上表现为形式主义。这种形式主义的作风只追求表面上好看、热闹，不研究具体情况，不考虑群众利益，因此就可能违反群众利益。表现在城市工作上的如工厂生产竞赛，重量不重质；如发动女工参加唱歌舞蹈活动，而对埋头苦干积极生产的工人则认为是落后分子；表现在农村妇女工作上，误把文化娱乐、秧歌舞蹈作为他们的中心工作，因此有耽误农村生产、有丢着小孩不管的严重事情发生；又如组织妇女集体开荒，甚至有妇女黑夜打着火把去开荒的严重地脱离群众违反群众利益的事。表现在农村工作上是满足于集体缴粮，而不去打算同时入仓是否可能，农民因此久等，饿着肚子，晚上宿处如何解决，虽经本报一再指出，但到目前为止，仍然有这样的现象发生。如不根据当地劳力情况，不遵守自愿原则，强迫群众组织生产互助组，雇工必须雇互助组员不准其亲戚朋友帮他做工，不准自由雇工。又如满足于开大会，而不采用小会套大会，而不考虑其效果如何。更严重的，开会时门首站岗，准进不准出，连大小便也不准出去，冷了不准出去穿衣服，饿了不准出去吃饭，开会不到的罚香油一斤。会上怕人听不懂政策，收了大家的烟袋。评产挤黑工作，规定全县三天完成，其结果三个星期还不能完成。表现在少数民族工作上的，错误地组织改良风俗习惯委员会，强迫妇女剪辫子剪裙子，不准戴大银耳环，限制跳乐（锣），而不去注意少数民族迫切需要解决的医药、卫生、土产、食盐等问题。表现在武装工作的是组织民兵，强迫站岗，不站岗就罚；或满足于某区有多少支枪，某区已换得多少支枪，不去深入研究扛枪的人什么成分，换来谁的枪，扛在谁的肩上。表现在反霸斗争上，误认某些人偏狭的报复行为是反霸运动，从而赞扬这种行动，而不从阶级利益、分清敌友观点去研究被反的被斗的是什么人，甚至有把中农当成恶霸来反，这样反下去的后果，必然会紊乱自己阵营。表现在农代会工作的只需来几个人参加开会就算事，因此有的用抽签方式拉人凑数，有的用摸红、黑豆的办法确定摸着红豆的是代表。有的则把自己的亲戚朋友都算成代表，因此有妈妈吃素、小孩子来代替她开会等现象发生。以上现象都是极严重的脱离实际、脱离群众的形式主义的做法。

这样形式主义作风，乍看起来似乎轰轰烈烈满热闹，实则并不等于放手。例如某县动员二万五千群众参加公审恶霸匪首的大会，会前没有经过群众分别深入讨论，并提出种种犯罪证据，开会时也不组织群众分别酝酿并提出处理意见，会后亦未抓紧群众情绪，分别进行改造农会和村政权种种工作。一句话没有走群众路线，没有把群众发动起来自愿自觉地斗争，把公审恶霸当作群众自己的事。由于这样，被动员来的群众不过看看热闹，看看恶霸匪首的样子和看看枪毙一个匪首罢了。这种不深入的形式主义作风，尽管是轰轰烈烈，究其实则空空洞洞。满足于此，群众运动怎能加速，怎能向前推进一步？

领导上的一般性和工作上的形式主义，对工作的危害是：好的成绩发现不出来，同样，严重的偏向甚至错误也不会察觉。群众的创造性不能发挥，工作停顿在表面上，对实际情况非常陌生，问题提不出来，意见更谈不上。不深入的作风，对情况是隔着一层，摸不着边；对群众是漠不关心，麻木不仁。从前有个皇帝听说人民饿死，他还奇怪“为什么不吃肉粥”，这是不从实际出发的标本表现。由于工作不深入，因此在报告工作上除抽象的总结外，就只有叫苦，只有责备干部水平低，和群众觉悟差。也可能在工作做坏以后，才发现一点问题，因此就只有吃夹生饭，或者走回头路了，怎能使工作加速向前推进？

漂浮的不深入的作风是小资产阶级的思想方法和作风，是小资产阶级知识分子的情感。这种思想、作风和情感的特点是：不从实际出发，不从群众情况出发，而是从主观、从自我感想出发，因此它就没有群众观点和不走群众路线，它就会粗枝大叶、自以为是地以感想代替政策，它就必然会因官僚主义和命令主义而严重地脱离群众。这种思想和作风必须立即加以纠正，不能让它继续存在。

要加速目前群众运动，要克服小资产阶级漂浮的不深入作风，这就必须提倡实事求是的精神，实事求是是从实际出发从群众利益出发来考虑问题和解决问题，将运动逐步提高。为此就必须：

一、调查研究了解情况，要把群众发动起来，首先就需要调查了解户口、土地及其分配、租佃关系、阶级关系等情况；了解群众疾苦、顾虑和要求；了解过去斗争情况。经过开调查会、划分阶级会，或个别谈话、家庭访问等形式来取得材料，并加以研究分析。要进行调查工作就要善于接近群众，这就需要有劳动人民的情感，自己要成为劳动人民中一员战士，否则讲起话来，格格不入。郭存厚同志由于马夫都对他亲如弟兄，因此就调查出地主瞒粮的内幕。其次生活要群众化，不可特殊，要尊重当地群众的风俗习惯，这样才能让群众当作自家人看待，才不会对我们有顾虑有话不说完。“家中有金银，隔壁有戥称”，只要走群众路线，进行调查研究，地主如何瞒黑地、如何隐粮不交都可根据事实来揭发其阴谋。这是发动群众很重要的一个步骤。毛主席说“不调查没有发言权”，可惜我们不少干部竟会在工作中把这个十分正确的道理忘掉。有的干部似乎也会谈出一些情况来，报告一个地区是东南西北与何地为界；报告一个农代会，代表成分是中农几人、贫农几人、雇农几人，材料似乎可靠的样子，其实何地为界，道听途说即可得来；代表成分还有可能仅凭代表随意自报，未经追根到底的钻研功夫，材料可靠性是值得怀疑的。必须要有群众的情感，要把自己成为群众之一员，才能展开调查工作，而调查后，又必须钻研，才能得出结论，决定政策。

二、领导干部必须深入到群众中去，深入到一个工厂、一个车间、一个乡、一个村去，倾听群众的要求，了解群众的疾苦，根据人民政府的政策法令，从群众迫切要求与长远利益出发，从实际情况出发。

深入群众，充分走群众路线，是目前群众运动的中心关键

——宋任穷同志于 1950 年 12 月 27 日在六个地委书记联席会议上的发言

梁浩记录

《减租退押手册》第三集

云南人民出版社1951年1月初版

深入群众，充分走群众路线，是目前群众运动的中心关键

——宋任穷同志于 1950 年 12 月 27 日在六个地委书记联席会议上的发言

目前群众运动的基本情况是：整个工作还停留在合理负担的征粮阶段。省党代会、农代会后，各地群众是轰动了一下，但至今群众还没有很好发动和组织起来，向前推进一步问题还很多。要把群众运动推进一步，就必须发现和解决目前群众运动中的关键问题。

根据宜良县委的总结和呈贡的材料以及各地的报告，从领导和干部思想上看，下面三条结论可以代表目前全省群众运动的基本情况，这就是：

（一）强调了拿到粮食完成任务，而对发动群众进行合理负担斗争则强调得极为不够；强调了自上而下的掌握情况和插标，而对自下而上的发动群众评产挤黑则强调得极其不够。从以上可以看出：领导思想上还有很大问题，群众的发动是不够的，黑田必然有许多未挤出来。

（二）单纯地强调了团结中农（要着重说明：团结中农是完全正确的，必要的，不容怀疑），而对树立贫雇领导骨干则强调得极为不够。这不但包括以前所反映的呈贡、蒙自和其他各地的情况，从这时期的《云南日报》和省委发出的指示、文件中检查，团结中农也提得多而树立贫雇领导骨干却提得少，有不少的地方，村政权、农协为地主所操纵。如果不强调发动贫雇、依靠贫雇、树立贫雇领导骨干，不仅团结中农要落空，而且农村封建势力不能彻底打垮，是将会更犯错误的。

（三）强调了主观地掌握政策，而对充分走群众路线，把政策交给群众去贯彻政策则强调得极其不够。这基本上是不深入群众倾听群众的呼声，所以许多干部就不去学习政策，甚至政策不让群众知道。必须指出：群众观点与政策观点是一致的，有了坚强的群众

观点，才会很好地去学习政策。

这三个情况总起来是：自上而下的多，自下而上的少，其结果是只有强调强迫命令、包办代替、形式主义，而没有群众自己的自觉自愿的群众行动。

七、八月间，省党代会、农代会时强调自上而下召开各级农代会成立农民协会搭架子、交代政策，那是必须的，因为开始时正需要这样做。但到了继续深入发动群众，这样就不够了，就必须强调自下而上，强调群众路线，把自下而上与自上而下结合起来。不克服干部强迫命令、包办代替，工作是转不过来的，深入群众运动这一关是打不破的。而这一转变的中心关键则在于领导和干部的思想问题。领导思想不解决，则主观上越要加速而结果却越慢；着了急，就有煮夹生饭的危险，今后就更难办。滇西工委的意见“要加速群众运动，不走弯路就是加速”，这是对的。目前弯路主要就表现在由于干部的强迫命令、包办代替而造成群众运动中许多主观上的障碍。群众运动是群众的自觉运动，要快只有在群众自觉自动的基础上给以帮助、指导，使其加速；加速不是要草率从事、强迫命令，而是要在领导上善于解决中心问题——思想问题，总结经验，指导运动有步骤地推广，使运动不走弯路。干部强迫命令的思想本质就是不相信群众，就是根本违反了自觉自动、自己起来解放自己的群众运动的基本原则。这不但不能加速，而且必然造成许多对发动群众的不良后果。

我们曾经提出过：要做到大胆放手发动群众，基本上还是要深入解决领导和干部如何走群众路线的思想问题。今天，更具体地解决这一问题的中心关键就是深入。这就是说，必须深入到群众中去，……才能真正地发现问题，才能敢于大胆放手发动群众自己起来行动。譬如过去提出了了解情况、调查研究、贯彻政策、团结中农、典型实验、总结经验等问题，如果不解决相信群众、深入到群众中去倾听群众的意见，遇事与群众商量这一中心思想，以上问题都要落空。《云南日报》《四论放手发动群众》，关于提倡深入作风问题提出来了，但解决方法提得不够明确和没有切实解决一个关键问题。那么，中心在什么地方？就在于踏踏实实地深入群众，倾听群众意见，尊重群众意见，遇事与群众商量，将群众意见集中起来，加以综合、分析，得出结论，提高到原则的水平，再向群众中贯彻下去，这叫做深入。有些人也到群众中去了，也听了群众的意见，但没有加以综合、整理，没有加以分析、研究，就是说只起了留声机的作用，而没有用思想深刻研究，这样并没有深入。一个同志这样去工作，尽管他住在一个村子里两三年，他并没有深入。正确地从群众中集中起来，又到群众中坚持下去，这才是深入。

现在，我们许多干部连第一步还没有做到，并没有到群众中去，不很好地倾听群众的呼声，不尊重群众的意见，因此一切问题就很难解决。并没有认真地从群众中集中起来，当然就很难正确地坚持下去。干部与群众有隔阂，任何政策都贯彻不下去。群众未起来，讲政策就只是干部讲。尽管关门学政策的很多，这还不是干部主观的东西，至多是自上而下的硬灌。更坏的甚至政策不让群众知道（如某干部在农代会上讲政策，恐怕群众有意见，就布置好几个人在下面鼓掌，当讲到减租退押政策时，很快地溜了过去，台下掌声给盖住了，生怕群众听多了）。这里并不是说不要自上而下地交代政策，相反，必须把政策清楚地交给群众；不是说不要干部学习政策，也不是说我们所有干部都真正地懂得政策了，相反，必须使所有干部熟悉政策，而是说只自上而下地主观地灌政策，没有自下而上根据群众的具体要求去生动地执行政策，政策就不可能很好贯彻下去。干部学习了政策，如果只主观地由干部去掌握政策，那是没有用的，还必须到群众中去考验政策。有了好的政策，不结合群众的具体要求，而是干部强迫命令去“贯彻”，那是行不通的。只有深入发现了群众的具体要求，结合群众的具体要求，去进行政策教育，把政策交给群众，才能更具体地由群众去掌握和贯彻政策。所以，也不是说政策与群众矛盾，而是说必须把政策交给群众，以政策去支持群众斗争，这就是让群众来掌握政策。少奇同志说：“我们共产党人的一切事业，都是人民群众的事业，我们的一切纲领与政策，不论是怎样正确，如果没有广大群众的直接的拥护和坚持到底的斗争，都是无法实现的。所以我们的一切，都依靠于、决定于人民群众的自觉与自动，不依靠于群众的自觉与自动，我们将一事无成，费力不讨好。”拿这指示去检查我们现在的干部与群众的关系，去检查只强调主观地由干部去掌握政策，而忽略了通过群众路线去执行政策，问题就很明白了。

团结中农也是这样。不是说我们不应强调团结中农，不是说我们可以忽视团结中农，也不是说我们团结中农团结得够了，相反，坚决地巩固地团结中农，是肯定的，而是说，全省两个月来，团结中农是注意了，问题是对树立贫雇领导骨干强调得极为不够，使运动软弱无力，而且团结中农只是由干部去团结，不是在发动贫雇、依靠贫雇、树立贫雇领导骨干的前提下去团结中农。结果是很明白的：贫雇农没有发动起来，中农也并没有团结好，农民的阶级优势只是空谈。现在好多地方农会中未树立贫雇领导骨干，主要是领导上注意不够。有些地方贫雇骨干未树立起来之前，中农由于旧的影响未能消除，每每受地主富农思想的影响，以至看不起贫雇农（如地主叫“产评高了”他就容易接受）。此一情况是我们工作不够所致，我们不能怪中农。当贫雇农起来了，贫雇领导骨干树立起来，由贫雇农去坚决团结中农，中农也就很自然地与贫雇农团结在一起，群众运动的阵容力量是会日益坚强有力，地主富农的影响也不容易为中农所接受，所以，团结中农，只有坚决地发动贫雇农，依靠贫雇，树立贫雇领导骨干，只有这一条，没有其他办法。忽视了这一条，不但中农永远不可能团结好，而且群众运动软弱无力，将犯严重的错误。为此，我们目前特别要注意发动贫雇。减租中发动贫雇是有一定困难的，现在我们还没有什么成熟的经验。为了发动贫雇，必须对他们进行深入的革命前途的教育，告诉他们明年就要土改，在土改中即可得到土地。只要艰苦深入地启发其阶级觉悟，农村中受剥削最重、苦痛最深的贫雇农是一定起来站在斗争的前列，成为斗争的骨干的。但在斗争中，要适当地解决他们目前的困难，这样，他们将更加坚决更加积极。解决办法是：把地主富农租种的公田拿出来给他们租种，佃富农减租退押的果实调剂出一部分去照顾无租佃关系的贫雇农（但中农包括富裕中农的果实坚决不许侵犯）以及反霸斗争中的果实的照顾等。各地要很好研究这一问题，只要认真深入群众，与群众商量，这问题是能够适当地解决的。

工作不切实深入群众，总结经验也是不深刻甚至是错误的，或者不是群众运动的经验，而只是自上而下的所谓经验。真正的群众运动的经验总结不出来，这样的经验有什么用处呢？以上这些问题，本质上就是这样一个问题：没有深入到群众中去，没有充分走群众路线。

走群众路线，就必须先了解群众的情况，在群众之中（而不是在群众之上、之外），紧紧地同群众联系在一起，与群众一道前进（而不是走在群众前头远远的，也不是走在群众的后头）。少奇同志说："我们共产党人——人民群众的先锋队，不论去进行任何工作，当群众没有自觉时，我们的责任，就是用一切有效的适当的方法去启发群众的自觉，不论如何艰苦，需要如何长久的时间，这首先是第一步的工作，是必须做好的；因为只有做好了这第一步，才能进入第二步，即是当着群众已经有了某种必要的自觉以后，我们的责任，就是去指导群众的行动，指导群众组织起来，斗争起来；在群众组织起来、斗争起来以后，我们再从群众的行动中去启发群众的再自觉。这样，一步一步地引导着群众去为党提出的人民群众的基本口号而斗争。我们共产党人，以及一切任何群众中的先进分子和伟大人物，在一切人民群众中所起的全部作用，就只有这些。除开这些之外，不能再多一点。如果有人企图在这里再多起一点作用，一切错误都可能由此产生。英雄主义、命令主义、包办代替、恩赐观点等，都可能产生。"现在，我们好多干部强迫命令、包办代替，就是企图在群众中不适当地去起作用。不但是企图去多起一点作用，而且企图去起很多的作用（这并不是不起作用和少起作用）。这些同志主观上虽很努力，可是思想方法上太坏了。其结果是群众发动不起来。

没有经验是个苦恼，有了经验能结合具体情况去正确应用也很好，如果有了经验而不能结合具体情况去应用，会发生偏向。如宜良西山营的工作干部没有经验，因此他就不会企图去起更多的作用，他就虚心向群众学习，向积极分子学习，遇事与群众商量；紧要关头（如群众害怕"交际花"去各方活动，怕政府不给撑腰时）给群众轻轻地撑一下腰，去坚定群众信心。站在群众之中，一步一步诱导群众前进，我们几个年青同志和一些积极分子在1926—1927年做农民运动，我当一个区农协主席，我们也把群众发动起来了；可是怎样发动起来的，却莫名其妙。既没有文件、指示，上级也不派人下来，也没有什么总结。我们到处开农民大会，成立农民协会，讲减租减息。不知道要干什么，就找农民请教。农民说："种田大批（押金）太重了，能否出个布告取消。"我们就出布告，各地方就搞起来了，"不准收大批，不然就送到区农协去！"押金取消了，又问农民该做什么，农民说："地主整我们整得厉害，一丘田同他的田连起来，他栽上树，几年你的禾长不起来了，就要把田卖给他。能不能出布告砍树，但是果树不砍。"又出布告。有些地主不砍，农民限他三天，还是不砍，农民纠合一二十人去砍了，送到地主家里去，还向他要工钱。这样一来，田里遮阳的树都砍了。第三件事也是问农民，"利息太重了，三分呢！要减息"。减息之后，农民要匀佃。这样，做了一年多，我们就做了四件事，今天看起来，前三件做对了，后一件有毛病，匀佃侵犯中农。为什么做对了呢？就是深入群众，倾听了群众的意见，遇事与群众商量，同群众有联系；群众敢于同我们说话，但是这个群众路线还是朴素的，不高，所以匀佃出了毛病。这说明倾听群众意见是非常重要的。有了一点经验的人，最怕“一瓶不满，半瓶晃荡”，狭隘经验主义即从此来。郭存厚的马列主义自觉并非那样高，也还是朴素的，由于出身的阶级本质好，自然有好多事情是做对了；但他的好处就是深入群众，与群众有密切联系，能够倾听和尊重群众的意见，有批判地采纳了群众的意见。高家庄是从匀佃做起的，但是做对了，只要走群众路线，又不违反政策，这叫做对了。为什么好多地方匀佃不对，就是干部强迫命令去做。一个村子工作不在于从什么问题做起，只要能真正抓住群众的迫切要求。如有的地方很少租佃关系，群众要求从减息开始，也是如此。

现在群众运动中，少了一点——充分走群众路线，通过群众路线去贯彻政策；又多了一点——强迫命令、包办代替。扭转这一情况的关键在于真正地深入群众，充分走群众路线。这是放手发动群众的基本问题，解决了这个问题，其他问题才易解决。只有强调深入群众，强调倾听和尊重群众的意见，遇事与群众商量，只要有了这种劲头，才能打掉不相信群众的强迫命令、包办代替，把群众运动转入正轨。当然，可能有些干部因此忘记了综合、分析群众的意见，忘记了怎样集中起来予以提高，因而可能产生偏向：一是尾巴主义，二是不细致（组织工作、教育工作），三是不讲政策（“群众说哪样就哪样”）。但是不要怕，我们已经有了这方面的经验，只要领导上清醒，运动中可能产生些偏差，但不会太大的，产生了也可以及时纠正的。发现群众运动中的偏差就要同群众研究（而不能强迫命令），在群众自觉的基础上去纠正。当然，干部的偏向，说不服时是要命令纠正的。如果怕出偏差而不去强调解决当前这一中心关键问题，束手束脚，群众未动就怕群众动，那才会发生严重的偏差，以至严重的历史错误。

解决了坚决地大胆放手发动群众的思想问题之后，就要有细密的组织工作的保证，否则，放开了收不拢，工作深入不下去，群众会消沉下去的。要在发动群众斗争的前提下去切实解决典型实验，点与面相结合，实行带推跳的工作；群众说理与斗法相结合，人民法庭审判恶霸与制裁一般不法地主相结合；农民代表会、小型代表会、群众大会、小会相结合，组织工作与教育工作相结合；群众行动与群众教育相结合等问题，川北、川西在这方面的经验很好，我们要很好学习，但必须在发动群众斗争的前提下去运用，否则也会发生偏差和错误。

在力量使用上，要实事求是。力量少就少做些，不要普遍做，不要分兵把口，想一下子把云南全省的群众发动起来是不可能的。要有重点，通过重点去吸取经验推广起来。干部不够就更要运用农代会，更要点面结合，用带推跳的办法去推进工作。玉溪从郭井点带了七八十个积极分子暂时脱离生产结合骨干开展高桥点的工作的经验很好。各单位回去要研究减租退押以至1951年的土地改革，先进行哪几个县，县里先进行哪几个区，县、区要确定重点，再不要停留在一般的指导上了。

放手发动群众必须加强具体斗争的指导，多提供积极的经验，就是提倡典型。不要把典型神秘化。典型就是在平平常常的工作中去发现问题，总结经验（有过程、有分析、有综合，也就是有具体、有原则的、生动的、有指导意义的总结）；就是在平平常常的工作中如何走群众路线的经验。这些时间以来，各地虽然系统地总结经验不多，但已有一些东西是说明了走群众路线的，至少是在一件事情上走了群众路线而做好了的。如罗次碧城镇评产挤黑，大理区宾川从剿匪一直到发动群众和洱源农代会的经验的介绍，都说明了走群众路线比较自然。呈贡高家庄的赵荣华，从匀佃开始到突破评产挤黑，本事也在于走了群众路线。玉溪郭井、高桥两个重点利用小型农代会带动大批积极分子去开展工作，宜良西山营工作干部与群众的关系，宜良四区三乡的积极分子会议的群众路线，极乐村、西山村的回汉人民联合反对汉族恶霸的斗争等等，都提供了一些经验。典型需要我们随时注意去发现、去培养，去帮助其提高，我们各级领导上，必须善于运用典型去指导工作。这就是我所说的积极的指导。

还要弄清楚这一个观念：加速发动群众并不等于强迫命令去完成任务。加速发动了群众，当然使任务易于完成。如果用强迫命令去追求完成任务，群众未发动起来，煮了夹生饭，则不但群众运动没有加速，反而只会走弯路而拖慢了。深入群众，充分走群众路线，认真倾听群众的呼声，遇事与群众商量，尊重群众的意见，去加以分析综合，去正确地集中起来坚持下去，这乃是目前发动群众中的基本问题。关键则在于领导和干部的思想问题，因此，征粮结束后，各地要把干部集结一下，进行几天整训，总结工作，提高思想。最近宜良四区通过检查工作，研究典型，从解决群众路线问题为中心去解决思想、作风、政策等问题的整训干部的办法，是可以经常采用的。

省委关于宜良回汉两族联合反霸经验的通报

《民族工作文件汇编》

云南省委办公厅印

1951年8月

省委关于宜良回汉两族联合反霸经验的通报

梁浩同志写来关于宜良极乐、西山两村回汉两族联合斗霸的经验很好，这个斗争会：（一）没有包办代替、强迫命令，深入而耐心地启发诱导，逐步提高群众觉悟，贯彻了群众路线；并发扬了说理说法斗倒恶霸的优良作风。（二）领导上自觉地照顾了少数民族，从斗争中加强民族团结，清除历史上的民族隔阂。

云南民族众多，各县、各区、乡多为互相杂居。若干地区在减租退押清匪反霸中，由于未能很好掌握或忽视了民族政策，曾发生了若干偏差。同时各地工作中，不走群众路线，从主观出发，强迫命令，包办代替，也非常严重，亟待克服。特将此经验介绍，供各地研究参考。

省委

元月3日

极乐村（汉）、西山村（回），解放前同属一保。多年来同受恶霸李云龙（极乐村地主）的压迫。李曾当过保长和国民党担架团的排长。在极乐村霸占公田、民房，贪污仓谷，砍卖公树，抓兵卖兵，不给雇农工资，大斗收租；当了排长以后，“明兵暗匪”长期糟踏回民青菜（西山村人民以种菜为生），侮辱回教，在清真寺杀猪吃、诬赖鼓励士兵开小差而绑打阿訇，包围殴打西山村全村居民（六人因伤重致死）。解放后，两村都和平组织了农会，但还纯洁。李云龙拖抗公粮被极乐村农民扭送县政府，未扣押又放回来，1949年七千斤公粮未交。并到草甸勾结土匪，造谣威吓村干和群众，“要剥村干的皮！”征收1950年公粮开始，极乐村积极分子要斗争他，由于工作干部单纯地抓粮食观点，直到群众都交完粮，他还是新旧粮不交。于是，极乐村群众再也忍不住，决定要斗争他，并表示要联合西山村、五百户村共同斗争。因以前三村同属一个保，同受李云龙压迫。后因五百户不属本乡，村组织也有问题，乃决定以极乐村和西山村为主组织斗争。从酝酿到斗争大会，历时四天，做到了充分说理说法和加强民族团结，主要经验如下：

一、加强领导，充分酝酿

工作队先与极乐村的工作同志和积极分子学习了政务院关于恶霸的规定，研究李云龙的情况，共同认识了这是一个民族联合的反霸斗争。为了要搞好说理说法、民族团结这一关，乃决定加强领导，除极乐村原有牛素芳同志外，临时抽派报社记者周钟德同志去帮助西山村作准备。鉴于过去在西山村工作的李同志工作搞得太坏（强迫命令作风，在群众会上夸夸其谈，群众听得没趣，他发脾气骂群众“你们的耳朵去扇风了吗？”回民以为“耳朵”是猪耳朵），曾引起回民极大不满。现在乃在干部中特别加强民族政策的教育，并抓天天检查。两村群众则采取如下方式酝酿：

（一）村干积极分子联席会（名为两村代表会）二次，第一次是当两村已在群众中酝酿时召开，商量斗争日期。两村应该在群众中进行民族团结、联合斗倒共同的敌人恶霸李云龙的教育。西山村村干则说不是西山村斗极乐村，极乐村村干说过去李云龙欺侮西山村我们也是气愤的。两村都说大家合起来就能斗倒他，共同伸冤出气。并交换两村说理说法准备的经验。商定斗争时由极乐村布置和掌握会场，由两村各出三个代表加上乡农协筹委会张主席组成主席团，去领导说理和斗争后研究处理办法等。第二次会议则在斗争当天的清早，除两村汇报准备成熟的情形外，并商量好：（1）李云龙曾放空气：“只承认极乐村的事，不承认西山村的事”，去挑拨民族团结，大家要警惕；（2）李云龙不承认勾结土匪时，要坚决揭破他；（3）说理先说小事再到大事，“不然最后没有劲了”，把土匪的事放到最后去压他；（4）极乐村代表提出先让西山村说完，“你们说的如果他不承认，我们村就接上去”；（5）两村都要求乡农协筹委会张主席当大会主席，便于领导两个村协同行动。

（二）在群众中的酝酿：西山村采取分组准备的办法：全村农民分成七个组，全村受苦最深的七个苦主分编在七个组中，以苦主为主准备材料，说不完别人帮助，村干也分编到各组。第一天农民大会上动员后，群众即纷纷控诉，以后即分组准备，并举行说理说法的演习。极乐村则是在村干积极分子中酝酿之后，即分头找苦主去准备，酝酿到第三天晚上，实际上就是村干、积极分子、苦主一揽子研究了，并由他们讨论起草次日大会的标语口号，作为更深入的政治动员。

（三）极乐村的驻军，自始即配合工作。某管理员协同侦察李云龙通匪的情况和准备证据；李云龙要逃跑时，驻军和民兵配合监视和扣押；说理前一日，教导员在军人大会上进行阶级教育和号召部队支持农民说理，执行民族政策，不要乱打乱罚等。部队并预先包承了全村和会场警戒的任务，省下民兵的力量，使他们充分参加说理斗争。

（四）分化地主阶级的工作，是由极乐村的村干部进行的：首先批评李云龙的亲戚李祥田（农民）给李云龙通消息，和批评他想软化大家斗争情绪（他曾说“不要斗了，斗死了我们仓谷谁赔”）。继即找李云龙的兄弟说：“群众斗恶霸，李云龙作恶由他一人担，你没作恶不找你。”（在酝酿斗争时，他弟弟曾经想跑到岳父家去）这么一来，在斗争时，本村一个富农也讲话了，当大家质问李云龙贪污仓谷和砍卖公树时，他想抵赖，这富农说：“大家讲得都合，你为什么不承认呢？”

二、说理说法的准备是艰苦的

在群众中树立说理说法的思想的过程，是充分提高群众觉悟的过程，是十分艰苦的；因此，全部酝酿时间，主要就用在弄清时间、地点、人证、物证和帮助苦主准备上。西山村的积极分子，曾试探工作同志：“讲到气愤时，轻轻打他一下可行？”有的也主张“武斗”——跪石子、喂粪、打、吊。极乐村的积极分子也是主张“流血斗争”和跪碎石等等。但事实又说明，这样主张的都是积极分子和年轻人，他们怕“不这样斗不倒”。但在说服这情绪时，不能去简单地说句“不行”、“不能打”，而是反复启发。首先同情群众：“李云龙这样坏蛋，的确打死也抵得；但如果乱打，别处人不了解实情，说我们屈打成招怎么办？”在此种启发下，一些积极分子首先打通，如西山村的村干先说：“你叫他跪，他就跪，喂他粪，他就吃，但不说，怎么办？他不跪也不吃，也不说，又怎么办？”这样就启发了大家，必须说理说法，于是去准备人证物证。所以西山村就纷纷准备材料：谁家儿子、丈夫怎样被打，怎样死去；谁家老大妈老大爹至今伤疤还在；谁家青菜被糟踏了多少次；围村打人时李云龙就拿着谁家的马灯叫寨门等等。极乐村除了苦主外，还找到了李云龙的大斗（一石多七斤）；又派人到草甸去专门了解李云龙与哪些土匪来往的详情，驻军的同志也仔细提供李云龙哪天哪晚与哪些面目不明的人在楼上私谈和摆弄步枪等材料。这种说理说法的深入准备，是政治上发动群众的重要内容。这样一来，不但苦主、积极分子动了，而且落后状态的群众也动了（如西山村一个八十多岁的老头子也来参加大会：“虽然老了不能说话了，也去听听，人多抵得住他”）。

积极分子自己布置的说理斗争进程是“从小说到大”，证明很好。一方面，随着恶霸的罪恶一件比一件大，群众的义愤随之越来越高；另一方面，李云龙一件件都低头承认之后，抵赖不下去了，但他还认为不要紧，但到最后追到通匪问题，他的脸色顿时变了；群众的觉悟这时也到最高峰，因此斗争会的火候也最成熟。

除了说理说法之外，群众的一些顾虑还须打破：如两村群众都怕政府不给撑腰，怕这回又放回来不办他。除了解释“人民政府当然给人民撑腰”以及工作同志表示与他们一条心之外，大军的积极支持，许多工作干部来参加大会，群众才更加相信政府是自己的。这说明，干部不能包办代替，但又必须坚决给群众撑腰。

群众始终没打的。军队几次气愤要喊口号打，也被民兵劝止了：“我们不打他，同他斗理。”最后还是管理员在追问李云龙通匪时，气极了，打了一个耳光（群众还说“大军打得对”）。这足见，部队（尤其是老区来的干部战士）中的动员很重要。

三、深入的民族政策教育

两村民族间虽还没有什么仇恨，两村群众觉悟也还高，但隔阂还是有的：西山村回族人民总不忘记国民党时他们对李云龙的官司打不赢；解放后也曾想斗李云龙，但见到政府不办他又放回了，又有犹疑。极乐村村干也说：“因为出了个李云龙，人家西山村总说是我们极乐村人恶，欺侮人家哩。”

工作同志在西山村宣传民族政策，回民才第一次听到，又听到极乐村要联合他们斗争李云龙，因此才把怕政府不撑腰等顾虑说出来。除了在村干积极分子中反复进行民族政策的教育外，工作同志拜问和尊重阿訇，阿訇看了共同纲领的民族政策，积极赞成和参加这个斗争，这对团结全西山村群众也有很大作用。

民族团结中，极乐村汉族群众中首先主动是重要的因素。联合斗争是极乐村先提出的；村干积极分子中主动地反复提出“两村农民是一家人”；在酝酿中也把李云龙欺侮回族的事教育了本村群众，使妇女也提高了：“李云龙真是太欺侮人家回教了”；在讨论制订口号时，也由大家提了许多“回汉农民是一家”、“尊重回族风俗习惯”、“打倒欺压少数民族的恶霸李云龙”等；西山村群众来时，极乐村出村欢迎，主动让座让茶等，都说明汉族群众主动十分要紧。

在极乐村的积极分子中，当初本位主义是相当大的：“李云龙这些坏事，算起来，他的财产全赔我们村也不够”。经过几次耐心说服，尤其后来看到西山村说理说法这样充分，有秩序，给斗争以极大支持，更加启发极乐村村干积极分子的觉悟：“不是西山村参加，我们不一定能斗得好。”所以最后他们自己也表示了：“处理果实时，两村都要有，要照顾人家西山村，否则对不起人家。”西山村群众在斗争后，还怕李云龙押在极乐村会逃了，要求立即送政府，这说明还是有隔阂的；极乐村村干想把李云龙留在村里慢慢算账，终于在上述觉悟下立即送县政府了。这一着如处理不好，也可能留下两村隔阂的。

四、斗争后的总结与提高

斗争后的处理十分要紧。西山村思想发动深入些，故政治斗争的气氛十分浓厚，群众一致表示“就是出口气，不想要他的东西，也不指望他赔了”。但极乐村一群积极分子则一开始就是想要东西，以致有上述本位主义思想。诱导的过程是：先不讲怎样赔，而是推动两个村深入说理说法的酝酿，提高群众。继则讨论决定联合组织主席团来领导斗争。斗争后主席团变为处理委员会，一切果实处理要委员会讨论，群众通过，政府批准。加上西山村齐心团结说理充分的影响，极乐村村干提高了，最后才达到了在经济上也主动照顾西山村。

极乐村因当天时间不够，大会上未控诉的人很多，要求继续控诉，故会后又用两晚时间充分让群众控诉，进一步提高觉悟，这方式很好。在桃花村、西山营发扬民主批评教育村干的影响下，他们又一面总结此次斗争经验，一面村干与积极分子展开批评与自我批评，村干以陈全为首检讨了脱离群众："我们不如西山村好，人家干部都同群众在一个小组；我们村干都拥到台上去，不同群众在一起。所以我们村太乱，说理也没有人家有秩序，有的群众没人帮助。"接着在会员中发扬民主批评干部后，村干才觉悟了："以前群众不说话，我们不觉得是自己有毛病，要是老不说话，我们做错了的不知道，以后还要做错。"在此基础上，整顿了农会，斗争中积极正派的贫农陈全被选为主席。

在乡的积极分子会上，由两村介绍斗争经验，大大教育了各村，大家从而树立了说理说法不打不罚能斗倒恶霸与斗争中加强民族团结的思想，都说这个斗争好，有的村干说："为什么不通知我们去学习一下。"

农村群众运动中的几种工作方式

省委政策研究室

《减租退押手册》第三集

云南人民出版社1951年1月初版

农村群众运动中的几种工作方式

每个工作队，每个农村工作者，目前在工作方式上都碰到这两个问题：运用什么方式去更广泛地发动群众和组织群众，开展工作？如何培养骨干，建立系统的指导，使工作深入生根，避免“工作队来工作来，工作队走工作走”的结局？

现在我们普遍地还只会采取单一的直线的干部会议的方式去推动工作，工作干部就把一村一村的工作包办了；甚至有包办到只“利用”积极分子去召集会议，让自己来说一通，下文则不管了。至于代表会，也只是一般地停留在宣传政策上，能以形成组织的力量的经验不多。

各个村的工作发展是极不平衡的。有的村庄群众已经普遍发动起来，村组织纯洁；有的村庄则只是部分群众和少数积极分子在动；有的村庄则根本上还是封建势力操纵一切；情况的多样性决定了工作方式、组织方式的多样性，决不能只有唯一的方式。在平常挤黑中，许多地方碰到了障碍，就是只懂得一种工作方式——依靠村干和评议会的活动，结果是：村干、评议会不纯的，就上了地主的当；即使是纯洁的，由于新生积极分子缺乏教育，学到的是命令主义、包办代替，逐渐脱离群众；而且障碍着更多的积极分子的涌现。

根据宜良四区三、四乡和玉溪郭井、高桥等地的经验，如何采取各种灵活的方式去进行工作，有如下几个问题：

一、积极分子会和小型农代会是主要的

把积极分子组织起来推动工作，宜良三乡的经验很成功。全乡出席县、区农代会的代表，依村编成19个小组，起初通过代表小组长联席会议，去推动各村进行反夺佃、反抢租、改造旧农会和村政权，以及酝酿乡农代会和成立乡农协筹委会等工作，从此，乡农协筹委会即成为一级领导机构。19个农代小组长中，13个是乡农协筹委，这就基本上解决了领导骨干与农民代表的组织联系问题。但由于这些筹委并不完全包括所有最好的积极分

子，为了防止由于这种组织的固定化而妨碍了更多积极分子的出现，乃经常召开30余人的乡农筹委扩大会去推动工作（大抵七、八天一次）。这包括了所有代表小组长、一些其他非筹委的村干部和一些普通的积极分子，不固定地吸收他们参加。这扩大会议实际上就是全部乡干部、积极分子“一揽子”会议。这不仅是检查工作、交流经验、表扬典型、纠正偏向推动工作的方式，是克服干部包办代替的很好方式，也是更多地培养骨干，为建立乡农协、乡政权作准备的组织形式。第一次扩大会议由于领导思想还不够明确，只组织几个村汇报工作，之后即传达一些问题，再组织讨论。但各村汇报中，如桃花村如何组织征粮并防止地主拖赖，和会员如何发扬民主、批评教育干部；西山营如何制裁抗粮地主和揭发斗争造谣的坏蛋；这几个报告都给各村不小的影响。如西山营村干回去立即在农会内发扬民主，批评教育村干，比桃花村做得更完善；朱官营回去后即自动爆发了斗争。

第二次扩大会议中，有步骤地先由各村汇报其主要工作或问题，再讨论谁做得不对，怎样对怎样不对，最后再讨论今后十来天的工作。如西山营由于有计划地发扬民主，教育村干，改善了与群众的关系，极乐村、西山村汇报回汉联合说理说法斗倒恶霸的经验①，下栗者村介绍了说服民兵不浪费斗争胜利果实的经过，都受到大家表扬称赞。而朱官营的斗争，又打，又跪碎石子，又吐唾沫，回辉村欢迎复员军人中吃喝浪费了几斗米和20多万元，当即受到大家批评指责。高桥村的干部去年春天因征粮工作做得好，受了表扬，背上了自满的包袱，脱离群众，这一阶段本村封建势力未被打下去，会后村干觉悟到：“过去还以为我们是模范村，现在看看人家，我们连说话也没有资格了。”汇报后，即讨论以后如何结束征粮，进行减租和动员生产。会后各村回去都召开农协委员会或农协会员大会传达会议内容，高桥村立即撤换了包庇地主的农会主席，各村吃喝浪费的事没有了，大家挖田、修塘、买牛马、买粪积肥，也在使劲搞生产。两次会议，一次比一次提高，初步做到了集中起来坚持下去，正派的作风大大被培养起来。在两次汇报讨论中，大家对桃花村的李贵生、西山区的李德及极乐村的陈全等积极分子都同声称赞。无疑的，今后一步一步继续提高，乡的领导机构就可以在实际考验中自然地形成起来。

上述经验说明了：必须善于组织积极分子去形成领导核心。但三乡却又忽视了对农代会的运用，除了代表小组长之外，农民代表就没有碰过头。这容易使积极分子缺乏群众的监督。

四乡的经验恰又说明：小型农代会是十分重要的。四乡由于干部觉悟较群众落后，没有及时发动群众打击破坏合理负担的不法地主，或者成天只瞅住几个积极分子不放，因此有积极分子孤军作战，未及时得到领导上的扶助，自流的斗争受到地主操纵的村组织的阻挠，评产也就碰到僵局。这时，干部不得不回过头来找群众，先在蓬莱村召开了32人参加的农民座谈会，首先检讨自己的工作作风，接着群众从三方面提出了意见：（1）工作同志肯跑有钱人家，对农民态度不好，农民不敢说话；（2）有些田地产量评不公，要调

①《省委关于宜良回汉两族联合反霸经验的通报》，载《民族工作文件汇编》，云南省委办公厅印，1951年8月。见本书前文。——编者

整；（3）“妇女会主席”（地主腿子造谣）。这使干部了解了情况，继即全乡四个大村子分两天开了290余人的两个小型农代会。会上主要是揭发谣言、宣传减租退押政策和帮助大家学会算减租账。但由于工作同志对放手让群众自己起来行动的思想不明确，故一般只起了打破顾虑、减少评产困难的作用。蓬莱村则由于通过积极分子会，“秘密”农协、农民训练班以及农民代表举行了酝酿后，终于胜利地彻底改造了村组织，初步剪除了地主的羽翼。

在运用小型农代会去开展工作，玉溪的郭井、高桥两个重点村的经验很成功。郭井点在完成了合理负担斗争后，即以一天时间，开了300人的三个村的小型农代会。由于干部思想明确，会上进行了总结征粮经验，启发诉苦，交代减租退押政策，并结合实事宣传、生产教育、扩大农业队伍的教育，使农民自己讨论，做成决议，所以会后各村的减租斗争即普遍展开，成为真正群众自觉起来的行动。工作队从郭井点带着一批积极分子跳到高桥点去搞合理负担时，也同样采取了这一方式，分别召开以几个村为单位的为期一天的小型农代会，启发阶级觉悟，交代政策，组织群众行动，会后，各村的合理负担斗争同样蓬勃展开。

不少地方农民代表、积极分子还大都处于孤军作战状态，缺乏统一的领导和帮助，既无农代小组的经常联系，也无积极分子会。个别成分不纯的，则为地主利用，扛着“代表”的招牌驾凌农民头上，这些仍值得我们注意。

以上经验证明：积极分子会和小型农代会是深入工作的两个主要方式，但必须同时有系统地结合运用，任何偏废都不可能导致运动更为深入。至于对这两种方式根本不懂，只晓得手工业式地一个人包一个村，从上而下地去发号施令，那自然是糟糕不过了。

一般地说：积极分子会议的方式是更适用于群众已有初步发动的地区，小型农代会则便于结合着群众的具体要求，随时灵活地深入地贯彻政策，发动和组织群众。根据工作的发展，随着群众优势的建立，如何建立乡农协会员代表大会和乡人民代表会的民主制度，以代替现在临时的农代会的形式，去建立乡一级的农协和政权，则是我们应当开始考虑的。

二、一切权力归农协

农民只要有组织起来的要求，不但立即动手改造过去不纯的农会，而且同时把村政权、民兵集中到农协手里，实现一切权力归农协，有的村长，是由农协派一个委员去担任，而许多村庄，都是撤销了坏村长之后，农协就去执行村政权的任务。至于民兵，是农民所极为关心的。经过改造的村农协，都以农协的武装委员甚至副主席去兼队长，以委员或强的积极分子任分队长、小组长等。这样，就实现了“印把子”、“枪杆子”都在农民手里。

此外，各地整理了的农协，以前的“妇女会”合并到农协中了，有的村农协专编女会员小组，有的则与男会员合编小组，有的在村中有才力有威望的妇女委员，则被选为村农协副主席。事实证明：这样做对发动妇女的工作是更有利了。如西山营没有妇女工作干部，但通过农会统一发动，女会员比男会员还多一些；积极分子中也有着不少妇女。

冬学、夜校，也是农民的。宜良各地经验证明：群众发动之初，所谓农民夜校，就是连续性的农民议事会，是农民政治课堂，当减租胜利时，农民才提出识字的要求。但现在某些学校所办的冬学，每每妨碍着农民运动，因之农民讨厌它。例如五乡河西营，还是何家地主统治一切，村长是地主，副村长是富农（一个伪保长，一个伪甲长），村农会主席是地主的侄子。村冬学是地主办的，农民积极分子恨他们占着学校不让农民去开会（冬学天天晚上八、九点钟才放学）。冬学里，地主、狗腿子、旧保长各色人等都有，他们扛着“政府要办”的招牌去吓唬农民，四乡苏羊村的县立中心小学，组织起“歌咏团”，也是农民不喜欢的，什么人都有，也是占着学校不让农民去开会。但桃花村和西山营就不同了，农民已不满足一般的农民夜校了，桃花村50多个青年、壮年男女农民，就要求办起夜校学识字，而且他们并不需要政府补助；西山营的村干部和积极分子则成立了读报组，给农民读报。

只要群众一动，他们就要求一切权力归农协，现在问题仍是干部的觉悟和组织能力落在群众之后，因之小手小脚，不会随着农民的要求去组织农民，不懂得怎样有步骤地建立农民的优势。

三、老是“大轰隆”的方式不行了

“一揽子”的形式，在开始发动群众时是很好的，它比较广泛些，群众一般热情正高，都愿来，甚至批评我们“开会太少了”。如宜良各地盛行的“农民夜校”、“农民训练班”（亦夜校别名）等，实际上就是带有农民大会性质的灵活的农民议事会，在会上讲农会、讲政策、讲时事，讨论翻身大事等等，这在新区，开始时确是很好的组织形式与工作方法。但应根据具体情况及时转入细致深入的工作方式。

村干会议之外，村干、小组长、积极分子的联席会议也是经常被采取的，这就使工作深入到农协小组中去。如桃花村老开大会，农民发言越来越少，只是村干说的多；后来改为多开小组会酝酿，再集中起来通过，就较活泼了，而且对村干提出批评，对减租中许多具体问题也都深入地提出和解决了。此外，蓬莱村所采取的农民座谈会（随便找些农民来谈问题），也是农民组织未健全前深入和广泛联系群众的一种方式。

运用积极分子去帮助别村开展工作的方法也是很值得提倡的。这不但解决了干部少的困难，尤其是解决了工作如何生根的问题。玉溪的经验是十分值得提倡的：工作队先以郭井为重点，进行下七屯的工作，合理负担斗争胜利以后，各村大批的积极分子即涌现出来。在这一基础上，工作队除留一半力量在原地帮助群众进行巩固工作外，即抽出8个同志为骨干，动员了78个积极分子暂时脱离生产，“跳”到城北区，以高桥为重点，去开展那里40个村庄的合理负担斗争。宜良四区四乡，也曾采用过较先进的村庄的积极分子去帮助邻村工作（如黑浠村积极分子到苏羊村等地去介绍评挤经验，对村干、群众启发很大）。这都说明：我们应当重视这些新的力量。

工作一开始，就要建立乡对村的农协直接领导关系。目前在这个问题上，我们同志还只是习惯于间接的领导——乡通过工作干部去领导村，这不但不易培养积极分子独立工作的能力，而且助长着一层一层的包办代替。克服的办法是：工作干部来汇报研究工作时，经常带着本村的积极分子同来；乡（或重点村）并经常找村的积极分子直接来汇报和研究工作。宜良回辉村最初把工作同志调走，村干部都依赖惯了，立即叫苦："我们的台柱子走了，哪能行！"以后经常直接来乡汇报、检查和帮助他们研究工作，独立工作能力也就逐渐培养起来了。

工作方式，应当根据具体情况去多样地灵活地运用。而且不能单纯看成方式问题，基本上，仍是一个思想方法、阶级观点问题。是包办代替、强迫命令呢，还是走群众路线？是抱持单纯的任务观点、临时观点呢，还是决心发动群众、让工作踏踏实实地生根？每一个工作同志，不能不好好地解决这一问题。

邓小平同志关于在民族杂居区的少数民族中是否减租、退押及土改等问题向中央的报告
1950年11月7日
《民族工作文件汇编》
云南省委办公厅印
1951年8月

邓小平同志关于在民族杂居区的少数民族中是否减租、退押及土改等问题向中央的报告

毛主席批示：

此报告阅悉，各项意见都是正确的，请即按此施行。

（前略）

这次会议中各地提出在民族杂居地区的少数民族中，是否减租、退押及是否土改的问题。这个问题在藏族（康、藏），在大小凉山彝族聚居地区，在云南沿越、缅、印的国境边界各部落都不存在，在那些地方是肯定不能做的。但是这个问题在贵、川全省及云南每县腹地是存在的，这里主要是苗、彝两族与汉族杂居，经济条件与汉人区相同，各族农民均有热烈的土地要求，听到我们在少数民族区域不进行土改都很不高兴，其中又以苗族要求最为迫切，因为苗族地主很少，受汉、彝地主压迫最深，拥护我党我军亦最为积极，不满足苗民的土地要求是错误的，实质上乃是大汉族主义的另一种表现。但在彝族的情况就要复杂得多，彝族在云贵两省的地主较多（一般比汉人地主少些）。有××、××等统治集团，昭通专区许多土地集中于×、×四大家族。贵州境内彝族地主也不少，他们的佃户亦多汉、苗农民；历来彝族地主善于制造和利用民族间的矛盾以维持其剥削和统治。我们考虑在彝族中是否进行土改时，首先必须着眼于十分重视民族问题，谨慎地决定政策，严防左的偏向；但在另一方面如果不在有彝族的杂居区域实行土改，则不但不能同时发动彝族农民，而且不能消灭这些地区的土匪和反革命势力。××等的社会基础也无法根除（××多次表示赞成分田），影响广大地区的社会秩序，很难巩固。我们讨论结果，认为在原则上应批准上述民族杂居地区实行土改，但必须在下列两个条件下才能实行。即：第

一，在那里认真地实行了区域自治或联合政府（在县联合政府下也有区乡的区域自治）。第二，必须是少数民族人民（特别是彝族人民）大多数赞成或自己举手通过的；在步骤上应坚持先汉后彝以促成彝族人民的觉悟。如果少数民族不赞成在哪一地区甚至不赞成决定哪一家实行时即应坚决不实行。在土改前的减租、退押，我们原则上确定对少数民族地主只减租不退押，以免闹贫苦者于紧张，减租是行得通的，现在有些苗族地主已自动实行减租，有的要求我党实行减租，农民则普遍有此要求。在少数民族中不提反霸，对于其中拿起武器反对我们的匪首应予严办；但必须经过省区党委批准，并须在该民族代表会议中通过才能执行，如果条件不成熟，则可长期监禁（不能轻易释放），以待时机成熟时再行处理。以上原则请中央审查批准，以便通知各地准此执行。此外对于少数民族我们还决定两条，即：

甲、广泛运用民族代表会议的形式去团结教育和争取少数民族和调解民族间的纠纷，在开始执行时，代表成分有的地方可能全系土司头人及其代表人物，就这样也是有利无害的。

乙、在民族杂居地区的专署及县人民政府两级，设专署委员会及县人民政府委员会，以便容纳各少数民族、各阶层代表人物到政府中来，同时吸收他们参加政府中的具体工作。这样做才能充实民族联合政府中的内容，凡成立了委员会的专、县就不必再设立民族事务委员会的组织。这两点是否妥当，亦请予以指示。

（下略）

省委关于少数民族中反霸、减租、退押问题的指示（草案）
《民族工作文件汇编》
云南省委办公厅印
1951年8月

省委关于少数民族中反霸、减租、退押问题的指示（草案）

武定地委，并告两工委，各地委，并报西南局（并请转中央）：

（壹）武定地委二十二日的报告，反映了少数民族区域和民族杂居区的情况，和减租退押问题，以及你们的意见。你们能这样提出问题是好的。报告中主要缺点是：只一般地从人口的情况去分析各种地区，而未更深入地从阶级情况去作具体分析。因此，材料很笼统，少数民族内部阶级情况未提到（如有的民族杂居区，虽百分之八十为汉人，但百分之二十的少数民族中，只要有一个地主富农，这就是问题所在），使我们确定具体政策时，没有基本的根据。

我们完全同意你们所提在第二、第三种地区不实行减租退押的意见。但即使在第二种地区，现在也不需要如你们所说的急于去发动群众，组织农会。在第一种地区，仍须根据（贰）项原则谨慎进行。

（贰）根据少数民族地区首先是联络感情，消除民族隔阂，加强民族团结，谨慎稳重地进行工作的方针，我们认为，目前在少数民族工作上，必须明确以下四个原则：

一、是肯定团结的原则：目前对少数民族工作的领导方针是宜缓不宜急，讲团结不讲斗争；是反左不是反右；工作上不是减租退押，而是帮助他们在生产、卫生、文化教育上改进提高。不论边缘区或内地，不论聚居区或杂居区，也不论基本群众及其他各色人物，在政治上、经济上必须给以特殊的照顾。文山未经请示省府，即在少数民族代表要求下，擅自枪决少数民族恶霸龙开甲；×××团某连不经请示，到少数民族中收枪并吊打刁土司的母亲；昆明县未经请示，即扣押三个所谓少数民族恶霸，都是极端错误的。我们照顾土司制度，照顾宗教和习惯，是为了团结少数民族；征粮不采取汉人的负担办法，而采取他们自己所乐意的办法，也是从团结少数民族出发；对待少数民族恶霸反动分子的态度，采取不同方式和分寸，也是为了团结少数民族；边缘少数民族地区和内地少数民族聚居区，肯定一律不实行减租退押，以及边缘少数民族区域中（如中甸县）杂居一小块汉人地主的地方，也不实行反霸减租退押，这都是为了不致影响西藏和国境内外的少数民族，为了更好地更广泛地争取和团结少数民族。如果这思想不明确，轻率地把少数民族与汉人一样看待和处理，必然要犯严重的原则错误。

二、是先反汉族地主的原则：民族杂居区，地主全系汉人，少数民族是佃户时，可一般地进行反霸减租退押；汉族和少数民族都有地主恶霸时，反霸减租退押必须首先向汉族地主恶霸进行，并吸收少数民族参加，决不能首先从少数民族地主恶霸开始；平列起来同时进行也是错误的。即使群众条件同时具备了，也必须首先从汉族地主恶霸开始，否则容易引起民族纠纷，加深隔阂，甚而遭致极危险的后果。如少数民族未觉悟，即在向汉族地主恶霸进行了反霸减租退押之后，也不能马上转到向少数民族地主恶霸去进行；必须谨慎等待，宁愿拖迟甚至不进行。

三、是少数民族自己起来行动的原则：民族杂居，少数民族中有地主恶霸，反霸减租退押确为其同民族中绝大多数群众（而不是少数积极分子或部分的群众）的迫切要求，并且自己敢于起来行动，去反对其本民族内部的地主恶霸时，始得由其民族内部群众起来进行。汉族群众和其他民族群众只能在旁赞助，不得卷入斗争；汉族和其他民族佃户的问题，在该族群众自己解决问题的前提下，去附带解决。同时在斗争中要注意在汉族及各少数民族中进行民族团结的教育。如少数民族尚未觉悟和不敢起来行动，则宁可说服教育汉人佃户暂时吃亏，顾全大局。切忌急性地以外力去制造斗争；并且必须警惕少数民族积极分子的过左的脱离群众的思想，如一发觉，必须坚决地耐心说服。

四、是十分谨慎稳重地进行的原则：即使在民族杂居区可以实行反霸减租退押时，也必须是先在汉人地区汉人地主中进行之后，首先由地委选择一个重点，具体报告省委批准后，由地委亲自掌握，创造经验，经省委认为可行后，再去有秩序地有领导地推行到另一个点或更多的点。这上面，盲目地无准备地放手大干，是极端危险的。

在少数民族中，即使绝大多数群众迫切要求和敢于起来反对其内部的地主恶霸，但在方式上亦应尽量采用政府调解或其他的办法，以免过分紧张，影响其他地区的少数民族。在群众斗争方式上，即在汉人区域，我们也应当避免过分紧张；在少数民族中，这一点尤须特别注意。

（叁）至于不进行反霸减租退押的边缘少数民族区域和内地少数民族区域，则应集中力量，以生产为中心，从水利、种子、贸易、卫生、文化教育等具体帮助少数民族。这些工作如何进行？这些地区不组织农会，但以什么形式去组织群众（如武定地委提出组织居民小组，可考虑；或召开各民族代表会议）？请各地具体研究，提出意见和办法。

（肆）请各级党委细心体会中央六月十三日关于少数民族问题的指示的精神，并认真做到有关少数民族大小问题必须及时报告省委转向中央和西南局请示。

以上请武定地委、两工委和各地委考虑研究后答复我们，并请西南局指示。

附

武定地委对少数民族区域及杂居区的减租退押工作请示报告

省委：

关于减租、退押工作中，少数民族区域及杂居区的工作，根据调查材料，我区禄劝和武定两县，少数民族的人口：禄劝县占60%，武定占70%。而其中有些土司头子已被打垮；有些仍保持落后的类似农奴制度。为此，对减租退押工作中的少数民族工作，经我们在第二次扩大干部会议上研究，这些地区大致可分三种不同地区和三种不同处理办法：

第一种地区，有禄劝县第一区和武定县第一区（都是附城区），共有人口53267人。这种地区是汉族为主，汉人能占80%左右，并长期为汉族反动封建势力统治，群众组织较健全，觉悟程度较高。我们意见可进行减租退押。

第二种地区，有禄劝县的第二、第三、第五区，和武定的第二区（插甸区）插甸镇的山前、茂连乡、连溪乡，三区（高桥区）高桥镇，四区（汤郎区）汤郎乡一、二、三、四、五、六、七，七个分会，草溪乡，五区（环江区）环江乡、江北乡、滔谷乡。共有人口94214人，这种地区有50%以上的少数民族，大多与汉族杂居。土司制度基本上被打垮，民族间的矛盾多，阶级矛盾大，有少数民族干部，群众稍有组织和发动，土匪活动不太厉害；但我乡村政权不大稳固，群众组织不健全。我们的意见：能放在第二步来搞，减租退押先作准备工作，主要是发动群众，组织农协，提高阶级觉悟，加强对少数民族干部的培养教育。

第三种地区，有禄劝县的第四区（即镇康区），和武定县的二区插甸镇的山后，永兴乡；三区的枳旧镇，树巴乡；四区的汤郎乡八、九分会，勤品乡，隆庆乡；五区（环江区）蛮得梁子。共有人口27879人。在这些地区，80%为少数民族，土司制度仍然存在未垮，我政权基本上不巩固或等于未建立。是较落后的地区，群众都没有发动。民族间的矛盾较深，阶级矛盾小。没有少数民族干部，土匪活动很严重。我们意见决定不搞减租退押，而应按省党代会议上对这些少数民族地区的工作指示原则执行，不组织农协；在群众自愿原则下组织居民小组。

以上意见，请即批示，以便明确实施。

毛主席在人民政协全国委员会第二次会议上的闭幕词

——1950 年 6 月 23 日

《土地改革手册》第一集

云南人民出版社1951年3月初版

毛主席在人民政协全国委员会第二次会议上的闭幕词

——1950 年 6 月 23 日

此次会议总结了过去时期的经验，决定了各项方针。

这种总结经验和决定方针的工作，是我们大家一齐来做的，是各民族、各民主阶级、各民主党派、各人民团体和各界民主人士的代表人物集合在一起来做的。这里，不但有人民政协全国委员会的委员们，而且有中央人民政府、各大行政区人民政府（军政委员会）及各省市人民政府的许多工作人员列席参加讨论，而且有各省市各界人民代表会议协议委员会的代表们列席参加讨论，而且有许多特邀的爱国人士列席参加讨论。这样，我们就能集中广泛的意见，检查过去的工作，决定今后的方针。这种方法，我希望我们以后继续采用，并且希望各大行政区人民政府（军政委员会）和各省市人民政府也采用这种方法。我们的会议在暂时还是建议性质的会议。但是在实际上，我们在这种会议上所做的决定，中央人民政府是当然会采纳并见之实行的，是应当采纳并见之实行的。

我们一致同意了全国委员会的会务报告和中央人民政府的各项工作报告。这里有土地改革工作、政治工作、军事工作、经济和财政工作、税收工作、文化和教育工作、法院工作等项报告，这些报告都是好的。在这些报告中，适当地总结了过去时期的工作经验，规定了今后的工作方针。我们这次会议所以有这样多的议题，是因为我们的新国家成立以后，各方面工作都在开创，都在发展，全国人民正在蓬蓬勃勃地在各个战线上开展真正人民革命的伟大的斗争，在军事战线上，在经济战线上，在思想战线上，在土地改革的战线上都是从古未有极其伟大的斗争，各项工作都待总结，都待指示方针，所以我们有了这样多的议题。我们的会议按法律规定是每年开会两次，其中将有一次为议题众多的会议，一次为议题较少的会议。中国是一个大国，实际的人口超过四万万七千五百万，又处在人民革命的伟大历史时期，这种情况要求我们这样做，我们也就这样做了，我想我们是做得对的。

我们这次会议议题众多，中心的议题是将旧有土地制度加以改革的问题。大家同意刘少奇副主席的报告及中共中央建议的土地改革法草案，并对土地改革法草案作了若干有益的修改和补充。这是很好的，我为新中国数万万农村人民获得翻身机会和国家获得工业化的基本条件而表示高兴，表示祝贺。中国的主要人口是农民，革命靠了农民的援助才取得了胜利，国家工业化又要靠农民的援助才能成功，所以工人阶级应当积极地帮助农民进行土地改革，小资产阶级和民族资产阶级也应当赞助这种改革，各民主党派各人民团体更应当采取这种态度。战争和土改是在新民主主义的历史时期内考验全中国一切人们、一切党派的两个“关”。什么人站在革命人民方面，他就是革命派，什么人站在帝国主义封建主义官僚资本主义方面，他就是反革命。什么人只是口头上站在革命人民方面而在行动上则另是一样，他就是一个口头革命派。战争一关，已经基本上过去了，这一关我们大家都过得很好，全国人民是满意的。现在是要过土改一关，我希望我们大家和过战争关一样也过得很好。大家多研究，多商量，打通思想，整齐步伐，组成一条伟大的反封建统一战线，就可以领导人民和帮助人民顺利地通过这一关。只要战争关、土改关都过去了，剩下的一关就将容易过去的，那就是社会主义的一关，在全国范围内实行社会主义改造的那一关。只要人们在革命战争中，在革命的土地制度改革中有了贡献，又在今后多年的经济建设和文化建设中有所贡献，等到将来实行工业国有化和农业社会化的时候（这种时候还在很远的将来），人民是不会把他们忘记的，他们的前途是光明的。我们的国家就是这样地稳步前进，经过战争，经过新民主主义的改革，而在将来，在国家经济事业和文化事业大为兴盛了以后，在各种条件具备了以后，在全国人民考虑成熟并在大家同意了以后，就可以从容地和妥善地走进社会主义的新时期。我认为讲明这一点是有必要的，这样可以使人们有信心，不致彷徨顾虑，不知道什么时候你们不要我了，我虽想为人民效力也没有机会了。不，不会这样的，只要谁肯真正为人民效力，在人民还有困难的时期内确实帮了忙，做了好事，并且是一贯地做下去，并不半途而废，那末，人民和人民的政府是没有理由不要他的，是没有理由不给他以生活的机会和效力的机会的。

在这个伟大的目标上，在国外，我们必须坚固地团结苏联、各新民主国家及全世界一切和平民主力量，对此不可有丝毫游移和动摇。在国内，我们必须团结各民族、各民主阶级、各民主党派、各人民团体及一切爱国民主人士，必须巩固我们这个已经建立的伟大的有威信的革命统一战线。不论什么人，凡对于这个革命统一战线的巩固工作有所贡献者，我们就欢迎他，他就是正确的；凡对于这个革命统一战线的巩固工作有所损害者，我们就反对他，他就是错误的。要达到巩固革命统一战线的目的，必须采取批评和自我批评的方法。采取这种方法时所用的标准，主要是我们现时的根本大法即《共同纲领》。我们在这次会议中，即根据共同纲领，采取了批评和自我批评的方法。这是一个很好的方法，是推动大家坚持真理、修正错误的很好的方法，是人民国家内全体革命人民进行自我教育和改造的唯一正确的方法。人民民主专政有两个方法。对敌人说来是用专政的方法，就是说在必要的时期内，不让他们参与政治活动，强迫他们服从人民政府的法律，强迫他们从事劳动并在劳动中改造他们成为新人。对人民说来则与此相反，不是用强迫的方法，而是用民主的方法，就是说必须让他们参与政治活动，不是强迫他们做这样做那样，而是用民主的方法向他们进行教育和说服的工作。这种教育工作是人民内部的自我教育工作，批评和自我批评的方法就是自我教育的基本方法。我希望全国各民族、各民主阶级、各民主党派、各人民团体和一切爱国民主人士，都采用这种方法。

关于土地改革问题的报告
——1950 年 6 月 14 日在人民政协全国委员会第二次会议上
刘少奇
《土地改革手册》第一集
云南人民出版社1951年3月初版

关于土地改革问题的报告

——1950 年 6 月 14 日在人民政协全国委员会第二次会议上

刘少奇

各位委员、各位同志们！

人民政协共同纲领规定：要“有步骤地将封建半封建的土地所有制改变为农民的土地所有制”。在去年冬季，人民政府在华北的城市近郊和若干地区，在河南的一半地区，总共约有二千六百万农业人口的地区实行了并且完成了或在基本上完成了土地改革。一般地说来，去年冬季所实行的土地改革，已经没有出大的偏差，进行得比较顺利，很少有破坏的事件发生。人民，特别是分得土地和其他生产资料的农民，对于这种土地改革是满意的。

除此以外，人民政府和人民解放军又在广大的新解放区进行了肃清土匪、反对恶霸和减租运动，并在许多地区建立了农民协会。据华东和中南两区同志报告：两区农民协会已有约二千四百万会员，并有民兵约一百万。在运动开展的地区，普遍地召集了县、区、乡三级的人民代表会议和农民代表会议，农民积极分子已大批产生，已有三万八千多个乡政权实行了改造，农民群众的觉悟水平已经很快地提高。华东和中南两区并准备在今年冬季以前训练约十八万干部去进行土地改革。因此，我们认为在这些农民运动业已开展并有准备的地区，在今年冬季可以开始实行土地改革。

现在全中国业已完成或基本上完成了土地改革的地区约有农业人口一亿四千五百万（总人口约一亿六千万），尚有约二亿六千四百万农业人口的地区（总人口约三亿一千万）没有进行土地改革。各地请求在今年冬季实行土地改革者，约有一亿农业人口的地区：计华北三百五十万，西北八百万，华东三千五百万到四千万，中南四千七百万到五千六百万。总共约有三百多个县。这是要请求全国委员会讨论并请求中央人民政府决定施行的。除此以外，中国还有约一亿六千四百万农业人口的地区不准备在今冬进行土地改革。其中大部分可在一九五一年秋后进行，一小部分可在一九五二年秋后进行。最后剩下一小部分地区，其中主要是各少数民族聚居的地区，则留待以后再说。在少数民族聚居的地区，除东北朝鲜人地区和蒙古人地区已经实行土地改革及其他若干地区少数民族中已有多数群众要求进行土地改革得予进行外，其余少数民族约二千万左右人口的地区在什么时候能够实行土地改革，今天还不能决定。这要看各少数民族内部的工作情况与群众的觉悟程度如何，才能决定。我们应该给予各少数民族以更多的时间去考虑和准备他们内部的改革问题，而决不可性急。我们提出的土地改革法草案亦规定不适用于少数民族地区。这就是说，我们准备从今年冬季起，在两年半到三年内，只是在基本上完成全国的土地改革，而不是全部地完成全国的土地改革。这是我们的一个大体的计划。这个计划如果能够实现，那就是中国人民一个极为伟大的历史性的胜利。那就不能算是很慢、而算是很快地完成了中国革命中一个最基本的历史任务。

确定这样一个大体的计划，是有必要的。可使各新解放区的人民政府与人民团体按照这样的计划去准备和进行工作。我们要求：在今年决定不进行土地改革的那些地区，就不要去进行土地改革，如有农民自发地起来进行土地改革，亦应说服农民停止进行；而在那些决定今冬进行土地改革的地区，则应集中力量在夏秋两季进行准备，以便在秋收以后，在迅速完成征收公粮的任务之后，即行开始土地改革，并力求在今年一个冬季在基本上正确地完成一万万农业人口地区的土地改革。如果在某些地区开始土地改革后，发生了某些偏向，并引起了某种混乱状态，而不能迅速纠正时，则应该停止这些地区的土地改革，以便在纠正偏向并进行更多的准备工作之后，到明年再去进行。

总而言之，我们在今后的土地改革中，不能容许混乱现象的发生，不能容许在偏向和混乱现象发生之后很久不加纠正，而必须完全依照中央人民政府和各级人民政府所颁布的法令及其所决定的方针、政策和步骤，有领导地、有计划地、有秩序地去进行。因为我们今后的土地改革是历史上最大规模的土地改革，只有这样，才能符合最大多数人民的利益。

为了有领导有秩序地去进行今后的土地改革，中央人民政府必须颁布一个土地改革法及其他若干文件。中共中央已经起草了一个土地改革法草案提交全国委员会，请全国委员会审查和讨论，以便取得共同一致的意见，然后向中央人民政府委员会建议，由中央人民政府委员会颁布施行。为了说明这个草案并说明在今后土地改革中若干应该注意的事项，我想提出以下一些问题来加以说明：

一、为什么要进行土地改革

土地改革的基本内容，就是没收地主阶级的土地，分配给无地少地的农民。这样，当作一个阶级来说，就在社会上废除了地主这一个阶级，把封建剥削的土地所有制改变为农民的土地所有制。这样一种改革，诚然是中国历史上几千年来一次最大最彻底的改革。

为什么要进行这种改革呢？简单地说，就是因为中国原来的土地制度极不合理。就旧中国一般的土地情况来说，大体是这样，即占乡村人口不到百分之十的地主和富农，占有约百分之七十至八十的土地，他们借此残酷地剥削农民。而占乡村人口百分之九十的贫农、雇农、中农及其他人民，却总共只占有约百分之二十至三十的土地，他们终年劳动，不得温饱。这种情形，经过了最近十余年来的抗战和人民解放战争之后，是有了一些变动，除开已经实行了土地改革的地区不说外，有一些地区的土地是更加集中在地主的手中，例如四川及其他地区，地主占有土地约占百分之七十至八十。而在另外一些地区，例如长江中游和下游地区，土地占有情况则是有一些分散的。根据我们最近在华东及中南一些乡村的调查材料来看，一般的情况大体是这样：地主占有土地及公地约占百分之三十至五十，富农占有土地约占百分之十至十五，中农、贫农、雇农占有土地约占百分之三十至四十，小土地出租者占有土地约占百分之三至五。乡村中全部出租土地约占百分之六十至七十。富农出租土地约占百分之三至五，富农自耕土地约占百分之十。这就是说，乡村中百分之九十的土地是中农、贫农及一部分雇农耕种的，但他们只对一部分土地有所有权，对大部分土地则没有所有权。这种情况，仍然是很严重的。这就是我们民族被侵略、被压迫、穷困及落后的根源，是我们国家民主化、工业化、独立、统一及富强的基本障碍。这种情况如果不加改变，中国人民革命的胜利就不能巩固，农村生产力就不能解放，新中国的工业化就没有实现的可能，人民就不能得到革命胜利的基本的果实。而要改变这种情况，就必须按照土地改革法草案第一条所规定：废除地主阶级封建剥削的土地所有制，实行农民的土地所有制，借以解放农村生产力，发展农业生产，为新中国的工业化开辟道路。这就是我们要实行土地改革的基本理由和基本目的。

孙中山先生很早就提出了“平均地权”的口号，后来又提出了“耕者有其田”的口号。中国的工业化必须倚靠国内广大的农村市场，没有一个彻底的土地改革，就不能实现新中国的工业化，这个道理是很明显的，无须多加解释。

明确地说明土地改革的这一个基本理由和基本目的，现在仍然是必要的。因为这个基本理由与基本目的可以驳倒一切反对土地改革、对土地改革怀疑以及为地主阶级辩护等所根据的各种理由。而现在各种反对与怀疑土地改革的意见，实际上仍然是有的。

土地改革的这一个基本理由和基本目的，说明了过去地主阶级所造成的历史罪恶，是根源于过去的社会制度。因此，除对极少数犯了重大罪行的地主，即罪大恶极的土豪劣绅及坚决反抗土地改革的犯罪分子，应由法庭判处死刑或徒刑而外，对于一般地主只是废除他们的封建的土地所有制，废除他们这一个社会阶级，而不是要消灭他们的肉体。所以在土地改革法草案上规定，在没收地主阶级的土地和其他生产资料之后，仍分给地主一份土地和其他生产资料，使地主也能依靠自己的劳动维持生活，并在劳动中改造自己。地主在经过长时期的劳动改造之后，是可以成为新人的。

土地改革的这一个基本理由和基本目的，是区别于那些认为土地改革仅仅是救济穷人的观点的。共产党从来就为劳动的穷苦人民的利益而奋斗，但共产党的观点从来就区别于那些慈善家的观点。土地改革的结果，是有利于穷苦的劳动农民，能够帮助农民解决一些穷困问题。但土地改革的基本目的，不是单纯地为了救济穷苦农民，而是为了要使农村生产力从地主阶级封建土地所有制的束缚之下获得解放，以便发展农业生产，为新中国的工业化开辟道路。只有农业生产能够大大发展，新中国的工业化能够实现，全国人民的生活水平能够提高，并在最后走上社会主义的发展，农民的穷困问题才能最后解决。仅仅实行土地改革，只能部分地解决农民的穷困问题，而不能解决农民的一切穷困问题。

土地改革的这一个基本理由和基本目的，是着眼于生产的。因此，土地改革的每一个步骤，必须切实照顾并密切结合于农村生产的发展。正由于这个基本理由和基本目的，所以中共中央提议在今后的土地改革中保存富农经济，不受破坏。因为富农经济的存在及其在某种限度内的发展，对于我们国家的人民经济的发展，是有利的，因而对于广大的农民也是有利的。

这就是我们对于为什么要进行土地改革这个问题的简单的解释。

二、土地的没收和征收

土地改革法草案上规定应该没收和征收的土地是：（一）地主的土地；（二）祠堂、庙宇、寺院、教堂、学校和团体在农村中的土地及其他公地；（三）工商业家在农村中的土地；（四）因从事其他职业或因缺乏劳动力而出租的超过当地每人平均土地数百分之二百以上的土地和半地主式的富农出租的土地。除此以外，富农的土地及其他财产一般不动，中农、贫农、雇农及其他农村人民自有的土地及其他财产均不动。

在这里，我们是容忍了小块的出租土地不加征收。这对于农村生产是有一些不利影响的，但没有大的不利。因为我们估计这种小块的出租土地总数，不超过耕地总数的百分之三至五。而照顾革命军人、烈士家属、工人、职员、自由职业者以及因从事其他职业或因缺乏劳动力而出租少量土地者，乃是必要的。因为在中国对于失业及丧失劳动力的人员还没有社会保险，而这些土地很多又是各人劳动所得购置者，故保留这一部分土地，并由其继续出租或自耕，是有一些好处的。

对于富农所有的土地及其他财产，在土地改革法草案第六条上是规定得很明白的。

第一，富农所有的自耕和雇人耕种的土地及其他财产，加以保护，不得侵犯。因为只有这样，才能保存富农经济。

第二，富农所有的出租的小量土地，亦予保留不动；但在某些特殊地区，经省以上人民政府的批准，得征收其出租土地的一部或全部。因为富农出租的小量土地一般不多，为了确实地中立富农，并保护中农和小土地出租者，保留富农这一部分出租土地，也是有必要的。但在某些特殊地区，则有不同的情况，富农出租的土地相当的多，如不征收富农这一部分出租土地，贫苦农民就不能分得适当数量的土地。因此，在这些地区，经省以上人民政府的批准，得征收富农出租土地的一部或全部，以解决这样的问题。

第三，是有少数富农出租大量土地者，对其出租的土地则是应予征收其一部或全部的。例如富农出租土地超过其自耕和雇人耕种的土地数量时，这就已经不是一种单纯的富农，而是一种半地主式的富农了，所以土地改革法草案规定：半地主式的富农出租大量土地，超过其自耕或雇人耕种的土地的数量者，应征收其出租的土地。

此外，在地主家庭中，也有人自己常年参加主要农业劳动，耕种一部分土地，而以主要部分土地出租者。对于地主家庭中的这种人亦应给以照顾，其自耕部分的土地在适当地加以抽补后，应在基本上予以保留，其余部分土地则应没收。

没收地主土地的同时，应没收地主的耕畜、农具、多余的粮食及其在乡村中多余的房屋。房屋中的家具应随房屋没收分配，但为了使用方便，可加以调整。所谓多余的粮食是指地主在减租、交纳公粮、并留下地主自己足够食用之外的粮食。所谓多余的房屋是指地主及其家属足够住用之外的房屋。这种多余的粮食及多余的房屋家具和耕畜、农具，连同土地一起没收，并加以分配，同样也留给或分给地主一份，是必要的。因为这些都是进行农业生产必要的生产资料，农民在分得土地后，必须有这些生产资料，才能进行生产。当然，农民仅仅分得地主的这些生产资料还是很不够的，这需要农民自己努力并实行互助，再加政府的帮助才能加以解决。

除开这些以外，地主的其他财产，包括地主所经营的工商业在内，不予没收。自然，由于地主的多年剥削，多数地主是还有许多其他财产的。根据过去的经验，如果没收和分配地主这些财产，就要引起地主对于这些财产的隐藏分散和农民对于这些财产的追索。这就容易引起混乱现象，并引起很大的社会财富的浪费和破坏。这样，就不如把这些财产保留给地主，一方面，地主可以依靠这些财产维持生活，同时，也可以把这些财产投入生产。这对于社会也是有好处的。在今后的土地改革中，对于地主这样处理，和过去比较，是要宽大得多了。但地主中的许多人还是可能要坚决反对与破坏土地改革的，还是可能要坚决反对与破坏人民政府的。对于这些坚决反动的地主分子，就应该坚决地加以惩办，而不应该宽容和放纵。

地主阶级中的某些人，在土地改革中并在土地改革以前，是会要进行许多破坏工作的，例如宰杀或弄死耕畜，砍伐树木，破坏农具、水利、建筑物、农作物和家具等。各地方的人民政府应即拟定详细办法加以严禁。其仍在地主手中者，应责令地主妥善地加以保护，不得破坏、隐藏、分散和出卖。如有违犯，应即责令其赔偿或予以处分。除地主阶级外，其他的人如有破坏这些财产者，亦须予以处分。

三、保存富农经济

土地改革法草案对于富农的土地及其他财产的各项规定，其目的就是要保存富农经济，并在土地改革中，在政治上，中立富农，更好地保护中农和小土地出租者，以便孤立地主阶级，团结全体人民有秩序地实现土地改革，废除封建制度。

为什么在过去的土地改革中我们曾经允许农民征收富农多余的土地财产，而我们现在又主张在今后的土地改革中保存富农经济呢？这主要的是因为现在中国的政治和军事形势已经根本不同。

在过去，在两年以前，人民革命力量与反革命力量还处在残酷的战争中，人民力量还处于相对的劣势，战争的胜负谁属还没有确定，一方面，富农还不相信人民能够胜利，他们还是倾向于地主阶级和蒋介石一边，反对土地改革和人民革命战争；另一方面，人民革命战争又要求农民付出极大的代价（出兵、出公粮、出义务劳动）来支援战争，争取战争的胜利。而争取战争的胜利，则是全国人民最高的利益，一切都是应该服从于它的。正是在这种时候，我们允许了农民征收富农多余的土地财产，并对地主的一切财产也加以没收，以便更多一些地满足贫苦农民的要求，发动农民的高度革命热情，来参加和支援人民革命战争，打倒美帝国主义所支持的蒋介石政权。这在当时，是必要的和正确的。在当时，如果在解放区没有一个最彻底的土地改革，不能充分满足贫苦农民的要求，就很难克服当时所遇到的困难。

现在的形势已经与过去根本不同。人民革命战争在大陆上已基本结束，蒋介石匪帮的最后灭亡已经毫无疑问，要求农民出兵役、出义务劳动这两项巨大任务已经完全没有了，出公粮一项任务也比过去减少一些了。现在全国人民的基本任务：是在全国范围内进行经济建设，恢复与发展社会经济。打台湾还是一项重大任务，但人民解放军已有足够力量去担负。现在我们所遇到的困难的性质，已经不同于我们在过去战争中所遇到的困难，现在的困难主要是在财政经济方面的困难，是恢复、改造与发展社会经济上的困难。同时，全国各民族、各民主阶级、各民主党派、各人民团体的革命大团结，已经在政治上和组织上形成，富农的政治态度，一般的也比以前有了改变，如果人民政府实行保存富农经济的政策，一般的是能够争取富农中立的，并且能够更好地保护中农，去除农民在发展生产中某些不必要的顾虑。因此，在目前的形势下，在今后的土地改革中，采取保存富农经济的政策，不论在政治上和经济上就都是必要的，对于克服当前财政经济方面的困难，对于我们的国家和人民较为有利些。

在一九四六年七月至一九四七年十月这一时期内，华北、山东及东北许多地区的农民群众和我们的农村工作人员，在实施土地改革中，没有能够按照中共中央在一九四六年五月四日颁发的基本上不动富农土地财产的指示，而按照他们自己的意志行动，将富农的土地财产和地主一样地没收了。这是可以理解的。因为这一时期，是中国人民和国民党反动派双方斗争最紧张最残酷的时期。土地改革中发生偏差，也以这一时期为最多，侵犯了一部分中农的利益，破坏了一部分农村中的工商业，并在一些地方发生了乱打乱杀的现象。发生这些现象的原因，主要是由于当时紧张的政治形势和军事形势，同时，也由于我们的大多数农村工作人员没有土地改革的经验，他们不知道正确地划分农村阶级成分的方法，划错了一部分人的阶级成分，将某些富农当成了地主，将某些中农当成了富农。鉴于此种情况，中共中央乃于一九四七年十月十日颁发了土地法大纲，将富农和地主加以区别，但允许征收富农多余的土地财产。同年冬季，中共中央颁发了划分农村阶级成分的文件，毛主席发表了《关于目前形势与任务》的文告，任弼时同志也发表了关于土地改革问题的演说。从这时起，农村中发生的某些混乱现象就停止了，土地改革走上了正轨。为了使我们的同志今后在各新解放区进行土地改革工作中不要重复过去的错误，指出过去的经验是有必要的。我们现在是处在完全新的情况下，我们建议的土地改革法，采取了消灭封建制度保存富农经济的方针，也是完全必要的。

我们所采取的保存富农经济的政策，当然不是一种暂时的政策，而是一种长期的政策。这就是说，在整个新民主主义的阶段中，都是要保存富农经济的。只有到了这样一种条件成熟，以至在农村中可以大量地采用机器耕种，组织集体农场，实行农村中的社会主义改造之时，富农经济的存在，才成为没有必要了，而这是要在相当长远的将来才能做到的。

这就是我们现在为什么主张保存富农经济的理由。

自然，在那些土地改革业已完成的地区，是不能容许富农借此向农民收回土地的，如有此种事件发生，必须坚决地加以禁止。

四、关于分配土地中的若干问题

在如何分配土地的问题中，首先需要加以说明的，是在原耕基础上用抽补调整方法来分配土地，以及适当地照顾原耕农民的问题。

因为在原耕基础上用抽补调整方法来分配土地，可以避免过多的不必要的土地变动，而这是对于生产有利的。在抽出原耕农民租入的土地分配给别人时，应给原耕农民以适当的照顾。应使原耕农民分得的土地，自有土地者连同其自己的土地在内，适当地稍多于当地无地少地农民在分得土地后所有的土地，以使原耕农民保持相当于当地每人平均土地数的土地为原则。因为过多地抽出原耕农民租入的土地，可能使原耕农民受一些损失，给原耕农民以上述规定的照顾，可以使原耕农民不受或少受损失，而这是必要的。此外，在土地改革后，仍有一部分土地是要出租的，这些土地可以租给那些抽出土地过多的原耕农民，作为调整和补偿。对于原耕农民最好的那一部分土地应该不抽或少抽。根据经验，在这样适当地照顾了原耕农民之后，他们是满意的。因为他们原来租入的土地，现在已变成自己的土地了，不要交租了，不要去奉承地主了，他们在社会上的地位提高了，他们所分得的土地又比别人要多一些，他们还是比别人要好一些，所以他们是高兴的。

在分配土地和其他生产资料时，对于乡村中无地少地人口中若干特殊问题应当加以妥善处理。有一些人在土地情况许可的条件下应多给他们一些土地，例如只有一口人或两口人而有劳动力的贫苦农民。有一些人是可以少分甚至可以不分土地的，例如乡村中的手工业工人、小贩、自由职业者及其家属，家住乡村的人民政府与人民团体的工作人员而有薪资收入者，家住乡村而本人在外从事其他职业者等。这些人凡有收入足以维持生活者不应分土地。但有些人不能经常维持生活，或不够维持生活，因此，应当分给他们若干土地，但可以少于农民所分得的土地。这些问题的适当处理，是要根据乡村中的和各人的具体情况，经过农民和这些人的协商与讨论来具体决定。

在土地改革法草案中所说的烈士家属，应包括辛亥革命以来历次为革命阵亡和死难烈士的直系亲属及抗日阵亡将士和人民解放战争中阵亡将士的直系亲属在内。烈士本人计算在家庭人口之内分得一份土地，作为对于烈士家属的一种抚恤，是有必要的。

取有城市人民政府或工会的证明文件回到乡村的失业工人及其家属，要求分地而又能从事农业生产者，在当地土地情况允许的条件下，应分给与农民同样的一份土地和其他生产资料。这样可以安插一部分失业工人，对社会是有利的。

乡村中的僧、尼、道士、教士及阿訇，乡村中的逃亡地主及曾经在敌方工作现已还乡的人员及其家属，有劳动力，愿意从事农业生产，而无其他职业维持生活者，应分给与农民同样的一份土地和其他生产资料。因为如果不这样做，他们就要成为无业游民，扰乱社会治安，对人民极为不利。

家居乡村业经人民政府确定的汉奸、卖国贼、战争罪犯、罪大恶极的反革命分子及坚决破坏土地改革的犯罪分子，本人不得分给土地，以示惩罚。这些人，有些已经确定，有些尚待在土地改革中加以确定，应由地方人民政府加以审查，慎重处理。

依照土地改革法草案，所有规定收归国有的土地及其他财产，如系无人经营管理者，当地人民政府应即派人管理经营之，不使其遭受破坏或荒废。如有人经营管理，在国家不需用这些土地时，可由原经营者继续经营之，但原经营者不得以之出租、出卖或荒废，如不需用这些土地时，必须交还给国家。

各地名胜古迹，历史文物，如无人管理而又需要派人整理者，当地人民政府必须注意派人管理，不使破坏。

这些就是对于分配土地中若干问题的说明。

五、在进行土地改革时若干应该注意的事项

土地改革是一场系统的激烈的斗争。我们在今后土地改革中的总路线，应该是倚靠贫农、雇农，团结中农，中立富农，有步骤地有分别地消灭封建剥削制度，发展农业生产。农民协会应该成为土地改革队伍的主要组织形式和执行机关。各级农民代表大会、农民协会委员会和各级人民代表会议，应该成为土地改革中活动的中心。正派的农民中的积极分子和上面派到乡村中的土地改革工作干部，应该成为土地改革中的骨干。进行土地改革的各省的高级领导机关应该与乡村中架通电话，与下级密切联系，并逐级派负责人或巡视团下去，切实地掌握运动的领导。从乡起，均应事先做成土地改革的步骤和计划，并呈报上级批准之后再执行。下级如有问题发生不能解决者，应报告上级请示，上级机关应即派人

下去帮助解决。应该首先解决那些完全成熟、情况完全明了，关系最大多数人的主要问题，而把那些情况尚不明了、尚有争执的少数人的问题推到后来去解决，以免被少数人的难问题牵制多数人的问题不能解决。这些都是各级指导土地改革工作的干部所应该注意的问题。

在普遍进行土地改革之前，县以上的领导机关应在少数区乡进行典型试验，以便取得成熟的经验，作为训练干部和指导土地改革之用。

各级农民协会的领导成分应该是纯洁的，不纯洁的地方应该发动群众加以改选。这里所谓纯洁，不是说对雇农、贫农、中农中之犯有某些错误者采取关门态度，拒绝他们入会。相反，应当欢迎他们入会，加以教育，团结他们。这里所谓纯洁，是指不要让地主富农及其代理人加入农会，更不要让他们充当农民协会的领导人员。农民协会中的主要领导成分应该由贫农雇农中挑选，但必须切实地联合中农，首先必须切实地保护中农（包括富裕中农在内）的土地及其他财产，不受侵犯。同时，必须吸收中农积极分子参加农民协会的领导，规定各级农民协会领导成分中有三分之一的数目由中农中挑选，是完全必要的。除开农民协会外，不要再组织贫农团，在农村中也不要组织工会。为讨论贫农、雇农及手工工人的问题时，在农民协会中可以召集贫农、雇农或手工工人的会议或代表会议，但这种会议应该允许中农的代表参加。

农民协会应切实注意吸收农民家庭中的妇女来参加，并吸收妇女中的积极分子来参加领导工作，为了保障妇女在土地改革中应得的利益和妇女在社会上应有的权利，并讨论有关妇女的各种问题，在农民协会中召集妇女会议或代表会议，是必要的。

农民协会应该吸收乡村中贫苦的革命的知识分子及其他劳动人民来参加。同时，还必须在会外团结乡村中一切反封建的分子，包括那些赞成土地改革的开明士绅在内，组成农村中反封建的统一战线，共同地来反对封建剥削制度。人民政府并应召集富农开会，向富农宣布政策和解释农民协会的行动，以安定富农的情绪。人民政府还应该召集地主讲话，向地主宣布政策法令，使地主也能了解土地改革的内容和办法，并警告他们不要反抗和进行破坏活动，而应该老实地服从人民政府的法令和农民协会的决定，人民政府即依法宽待他们。只有对于那些企图组织反抗并进行阴谋破坏活动的地主和特务反革命分子，才应该不留情地给他们以镇压，及时地粉碎他们的一切反抗。

在土地改革时期，除开在农村中进行广泛的宣传解释外，还应该在城市的各界人民中，在人民解放军的部队中，进行广泛的宣传解释。应该在工人中，学生中，职员中，工商业者中，在部队的指挥员和战斗员中，解释人民政府的土地改革政策和法令，使他们了解，并同情农民，帮助农民，而不要去同情地主，帮助地主，更不要去庇护地主，庇护自己亲朋戚友中的地主分子，应该告诉这些地主分子，要他们老老实实地服从人民政府的法令，和农民协会的决定，而不要去进行反抗和破坏活动，以免遭受可以避免的打击。这也是组成反封建统一战线中一项极为重要的工作。

在土地改革中，各民主党派的干部，城市中的教职员及其他民主分子愿意参加土地改革工作者，应吸收他们参加，并且不必要他们回避本地，这可使他们和农民群众都能获得有益的考验和教育。

为了在土地改革中及时地镇压与处分恶霸分子、特务反革命分子及地主阶级中的反抗与破坏活动，并处理农民对于这些分子的控诉，应该组织人民法庭来担负这种任务。人民法庭对于普通的刑事和民事案件以及特别复杂、需要长期侦查才能决定的案件，应交普通法庭和公安机关去处理，以便使自己能够集中注意力去处理当前土地改革中各种违法的现行案件，保持农村的革命秩序。人民法庭应依照政府颁布的条例来进行工作，不得任意处理罪犯。除开人民法庭和治安机关外，其他的人民团体和机关不得拘留、审判和处理罪犯。各级人民政府应用大的注意力去帮助人民法庭，并加强与训练人民法庭的干部，使人民法庭能够担负起自己的任务，否则，土地改革的秩序就有不能很好保持的危险。

在土地改革中划分农村中的阶级成分，是一件复杂的而又极其重要的工作，各级领导机关必须根据中央人民政府颁布的决定认真地加以处理。由于地主阶级成分关涉到他们的土地和其他生产资料的没收，必须更加慎重地划分。但在农村中绝大部分人口的阶级成分是明朗的，容易划分的，也不会有多的争论的，应将这些人的阶级成分首先确定。另有一小部分人的阶级成分是不明朗的，难于划分的，有争论的，应该摆在后面，多加研究，并请示上级，然后去划分，不要急于去划分这些人的阶级，以至划错，引起他们不满。总之，各人的阶级成分不应该划错，划错了的，必须改正。

为了正确地执行以上各项以及土地改革中的其他工作，整顿我们干部中的作风，特别是纠正命令主义的作风，是一个带有决定性的关键。现在各地整风运动已在开始进行。这项工作如能进行得好，再加之以关于土地改革的学习也能进行得好，我想，今后大规模的土地改革运动是能够有保障地按照中央人民政府的法令有秩序地有步骤地有分别地去完成的。而这项工作的完成，就为我们国家财政经济状况的根本好转创造了一个最根本的条件，就在政治上将广大的农民群众组织起来了，我们的国家和人民政府就能达到从来未有的强大和巩固了。

这就是我关于土地改革问题的报告，请各位加以审议！

中央人民政府关于公布施行中华人民共和国土地改革法的命令
——1950年6月30日发布
《土地改革手册》第一集
云南人民出版社1951年3月初版

中央人民政府关于公布施行中华人民共和国土地改革法的命令

——1950年6月30日发布

中央人民政府命令

中国人民政治协商会议第一届全国委员会第二次会议提出的中华人民共和国土地改革法草案，业经中央人民政府委员会第八次会议讨论通过，应自1950年6月30日起公布施行。

此令

主席　毛泽东

1950年6月30日

中华人民共和国土地改革法

——1950 年 6 月 28 日中央人民政府委员会第八次会议通过

《土地改革手册》第一集

云南人民出版社1951年3月初版

中华人民共和国土地改革法

——1950 年 6 月 28 日中央人民政府委员会第八次会议通过

第一章　总　则

第一条　废除地主阶级封建剥削的土地所有制，实行农民的土地所有制，藉以解放农村生产力，发展农业生产，为新中国的工业化开辟道路。

第二章　土地的没收和征收

第二条　没收地主的土地、耕畜、农具、多余的粮食及其在农村中多余的房屋。但地主的其他财产不予没收。

第三条　征收祠堂、庙宇、寺院、教堂、学校和团体在农村中的土地及其他公地。但对依靠上述土地收入以为维持费用的学校、孤儿院、养老院、医院等事业，应由当地人民政府另筹解决经费的妥善办法。

清真寺所有的土地，在当地回民同意下，得酌予保留。

第四条　保护工商业，不得侵犯。

地主兼营的工商业及其直接用于经营工商业的土地和财产，不得没收。不得因没收封建的土地财产而侵犯工商业。

工商业家在农村中的土地和原由农民居住的房屋，应予征收。但其在农村中的其他财产和合法经营，应加保护，不得侵犯。

第五条　革命军人、烈士家属、工人、职员、自由职业者、小贩以及因从事其他职业或因缺乏劳动力而出租小量土地者，均不得以地主论。其每人平均所有土地数量不超过当地每人平均土地数百分之二百者（例如当地每人平均土地为二亩，本户每人平均土地不超过四亩者），均保留不动。超过此标准者，得征收其超过部分的土地。如该项土地确系以其本人劳动所得购买者，或系鳏、寡、孤、独、残疾人等依靠该项土地为生者，其每人平均所有土地数量虽超过百分之二百，亦得酌情予以照顾。

第六条　保护富农所有自耕和雇人耕种的土地及其他财产，不得侵犯。

富农所有之出租的小量土地，亦予保留不动；但在某些特殊地区，经省以上人民政府的批准，得征收其出租土地的一部或全部。

半地主式的富农出租大量土地，超过其自耕和雇人耕种的土地数量者，应征收其出租的土地。

富农租入的土地应与其出租的土地相抵计算。

第七条　保护中农（包括富裕中农在内）的土地及其他财产，不得侵犯。

第八条　本法规定所有应加没收和征收的土地，在当地解放以后，如以出卖、出典、赠送或其他方式转移分散者，一律无效。此项土地，应计入分配土地的数目之内。但农民如因买地典地而蒙受较大损失时，应设法给以适当补偿。

第九条　地主、富农、中农、贫农、雇农及其他农村社会阶级成分的合法定义，另定之。

第三章　土地的分配

第十条　所有没收和征收得来的土地和其他生产资料，除本法规定收归国家所有者外，均由乡农民协会接收，统一地、公平合理地分配给无地少地及缺乏其他生产资料的贫苦农民所有。对地主亦分给同样的一份，使地主也能依靠自己的劳动维持生活，并在劳动中改造自己。

第十一条　分配土地，以乡或等于乡的行政村为单位，在原耕基础上，按土地数量、质量及其位置远近，用抽补调整方法按人口统一分配之。但区或县农民协会得在各乡或等于乡的各行政村之间，作某些必要的调剂。在地广人稀的地区，为便于耕种，亦得以乡以下的较小单位分配土地。乡与乡之间的交错土地，原属何乡农民耕种者，即划归该乡分配。

第十二条　在原耕基础上分配土地时，原耕农民自有的土地不得抽出分配。原耕农民租入的土地抽出分配时，应给原耕农民以适当的照顾。应使原耕农民分得的土地（自有土地者连同其自有土地在内），适当地稍多于当地无地少地农民在分得土地后所有的土地，以使原耕农民保持相当于当地每人平均土地数的土地为原则。

原耕农民租入土地之有田面权者，在抽动时，应给原耕者保留相当于当地田面权价格之土地。

第十三条　在分配土地时，对于无地少地人口中若干特殊问题的处理，如下：

一、只有一口人或两口人而有劳动力的贫苦农民，在本乡土地条件允许时，得分给多于一口人或两口人的土地。

二、农村中的手工业工人、小贩、自由职业者及其家属，应酌情分给部分土地和其他生产资料。但其职业收入足以经常维持其家庭生活者，得不分给。

三、家居农村的烈士家属（烈士本人得计算在家庭人口之内）、人民解放军的指挥员、战斗员、荣誉军人、复员军人、人民政府和人民团体的工作人员及其家属（包括随军家属在内），均应分给与农民同样的一份土地和其他生产资料。但人民政府和人民团体的工作人员，得视其薪资所得及其他收入的多少与其对于家庭生活所能维持的程度，而酌情少分或不分。

四、本人在外从事其他职业而家属居住农村者，其家属应酌情分给土地和其他生产资料。其职业收入足以经常维持其家属生活者，得不分给。

五、农村中的僧、尼、道士、教士及阿訇，有劳动力，愿意从事农业生产而无其他职业维持生活者，应分给与农民同样的一份土地和其他生产资料。

六、经城市人民政府或工会证明其失业的工人及其家属，回乡后要求分地而又能从事农业生产者，在当地土地情况允许的条件下，应分给与农民同样的一份土地和其他生产资料。

七、还乡的逃亡地主及曾经在敌方工作现已还乡的人员及其家属，有劳动力，愿意从事农业生产以维持生活者，应分给与农民同样的一份土地和其他生产资料。

八、家居乡村业经人民政府确定的汉奸、卖国贼、战争罪犯、罪大恶极的反革命分子及坚决破坏土地改革的犯罪分子，不得分给土地。其家属未参加犯罪行为，无其他职业维持生活，有劳动力并愿意从事农业生产者，应分给与农民同样的一份土地和其他生产资料。

第十四条　分配土地时，得以乡为单位，根据本乡的土地情况，酌量留出小量土地，以备本乡情况不明的外出户和逃亡户回乡耕种，或作本乡土地调剂之用。此项土地，暂由乡人民政府管理，租给农民耕种。但所留土地最多不得超过全乡土地的百分之一。

第十五条　分配土地时，县以上人民政府得根据当地土地情况，酌量划出一部分土地收归国有，作为一县或数县范围内的农事试验场或国营示范农场之用。此项土地，在未举办农场以前，可租给农民耕种。

第四章　特殊土地问题的处理

第十六条　没收和征收的山林、鱼塘、茶山、桐山、桑田、竹林、果园、芦苇地、荒地及其他可分土地，应按适当比例，折合普通土地统一分配之。为利于生产，应尽先分给原来从事此项生产的农民。分得此项土地者，可少分或不分普通耕地。其分配不利于经营者，得由当地人民政府根据原有习惯，予以民主管理，并合理经营之。

第十七条　没收和征收之堰、塘等水利，可分配者应随田分配。其不宜于分配者，得由当地人民政府根据原有习惯予以民主管理。

第十八条　大森林、大水利工程、大荒地、大荒山、大盐田和矿山及湖、沼、河、港等，均归国家所有，由人民政府管理经营之。其原由私人投资经营者，仍由原经营者按照人民政府颁布之法令继续经营之。

第十九条　使用机器耕种或有其他进步设备的农田、苗圃、农事试验场及有技术性的大竹园、大果园、大茶山、大桐山、大桑田、大牧场等，由原经营者继续经营，不得分散。但土地所有权原属于地主者，经省以上人民政府批准，得收归国有。

第二十条　没收和征收土地时，坟墓及坟场上的树木，一律不动。

第二十一条　名胜古迹，历史文物，应妥为保护。祠堂、庙宇、寺院、教堂及其他公共建筑和地主的房屋，均不得破坏。地主在农村中多余的房屋不合农民使用者，得由当地人民政府管理，充作公用。

第二十二条　解放后开垦的荒地，在分配土地时不得没收，仍归原垦者耕种，不计入应分土地数目之内。

第二十三条　为维持农村中的修桥、补路、茶亭、义渡等公益事业所必需的小量土地，得按原有习惯予以保留，不加分配。

第二十四条　华侨所有的土地和房屋，应本照顾侨胞利益的原则，由大行政区人民政府（军政委员会）或省人民政府依照本法的一般原则，另定适当办法处理之。

第二十五条　沙田、湖田之属于地主所有或为公共团体所有者，均收归国家所有，由省以上人民政府另定适当办法处理之。

第二十六条　铁路、公路、河道两旁的护路、护堤土地及飞机场、海港、要塞等占用的土地，不得分配。已划定线路并指定日期开辟的铁路、公路、河道及飞机场等应保留土地者，须经省以上人民政府批准。

第二十七条　国家所有的土地，由私人经营者，经营人不得以之出租、出卖或荒废。原经营人如不需用该项土地时，必须交还国家。

第五章　土地改革的执行机关和执行方法

第二十八条　为加强人民政府对土地改革工作的领导，在土地改革期间，县以上各级人民政府，经人民代表会议推选或上级人民政府委派适当数量的人员，组织土地改革委员会，负责指导和处理有关土地改革的各项事宜。

第二十九条　乡村农民大会，农民代表会及其选出的农民协会委员会，区、县、省各级农民代表大会及其选出的农民协会委员会，为改革土地制度的合法执行机关。

第三十条　土地改革完成后，由人民政府发给土地所有证，并承认一切土地所有者自由经营、买卖及出租其土地的权利。土地制度改革以前的土地契约，一律作废。

第三十一条　划定阶级成分时，应依据中央人民政府颁布的划分农村阶级成分的决定，按自报公议方法，由乡村农民大会，农民代表会，在乡村人民政府领导下民主评定之。其本人未参加农民协会者，亦应邀集到会参加评定，并允许其申辩。评定后，由乡村人民政府报请区人民政府批准。本人或其他人如有不同意见，得于批准后十五日内向县人民法庭提出申诉，经县人民法庭判决执行。

第三十二条　为保证土地改革的实行，在土地改革期间，各县应组织人民法庭，用巡回审判方法，对于罪大恶极为广大人民群众所痛恨并要求惩办的恶霸分子及一切违抗或破坏土地改革法令的罪犯，依法予以审判及处分。严禁乱捕、乱打、乱杀及各种肉刑和变相肉刑。

人民法庭的组织条例，另定之。

第三十三条　在土地改革完成以前，为保证土地改革的秩序及保护人民的财富，严禁一切非法的宰杀耕畜、砍伐树木，并严禁荒废土地，破坏农具、水利、建筑物、农作物或其他物品，违者应受人民法庭的审判及处分。

第三十四条　为保障土地改革一切措施符合于绝大多数人民的利益及意志，各级人民政府应负责切实保障人民的民主权利，农民及其代表有在各种会议上自由批评及弹劾各方各级的一切工作人员的权利。侵犯上述人民权利者，应受法律制裁。

第六章　附则

第三十五条　本法适用于一般农村，不适用于大城市的郊区。大城市郊区的土地改革办法，另定之。

本条所称的大城市，由各大行政区人民政府（军政委员会）按城市情况决定之。

第三十六条　本法不适用于少数民族地区。但在汉人占多数地区零散居住的少数民族住户，在当地土地改革时，应依本法与汉人同等待遇。

第三十七条　本法不适用于土地改革业已基本上完成的地区。

第三十八条　凡在本法公布后开始施行土地改革的地区，除本法第三十五条、第三十六及第三十七条所规定之地区外，均须按照本法施行。各地何时施行土地改革，由各大行政区人民政府（军政委员会）及省人民政府以命令规定并公布之。

第三十九条　本法公布后，各省人民政府应依本法所定原则及当地具体情况制定当地土地改革实施办法，提请大行政区人民政府（军政委员会）批准施行，并呈报中央人民政府政务院备案。

第四十条　本法经中央人民政府委员会通过后公布施行。

中央人民政府委员会

1951 年的工作任务

——1951 年 1 月 29 日西南军政委员会第二次全体委员会议通过[①]

邓小平

《土地改革手册》第一集

云南人民出版社1951年3月初版

1951 年的工作任务

——向西南军政委员会第二次全体委员会议上的报告[②]

邓小平

西南军政委员会第二次全体委员会议通过对邓小平副主席报告的决议

本会听了邓小平副主席关于《1951 年的工作任务》的报告后，经过大会及小组会议的反复研究讨论，一致认为：这一报告对于过去半年工作的估计是确当的。认为在已有成就的基础上提出的 1951 年的应着重的几项工作任务，不仅符合中央人民政府的政策法令，而且切合西南地区的实际情况和广大人民利益。因此，全体一致通过这个报告，作为西南区 1951 年的工作任务。各级人民政府及所有干部应坚决做好这些工作。西南全体人民应在政府领导下，热烈响应与拥护，为其彻底完成而努力。

第一次全体委员会议后，半年里面，我们在中央人民政府和毛主席的英明领导下，遵循着会议决定的施政方针、工作任务和各种决议，进行了工作，获得了显著的成就。

进军西藏的部队，在西南广大人民，特别是藏族同胞的热情支援和积极协助下，排除交通、气候等困难，顺利地向西藏进军，两月前，一举解放昌都地区，尽歼守敌，藏军第九代本起义。由于中央人民政府正确的民族政策的感召，也由于入藏部队坚决地执行这些政策，遵守严格的纪律，关怀当地人民的疾苦，人民解放军受到广大藏族同胞的热烈欢迎和衷心爱戴。在人民解放军进军当中，得到了沿途藏胞的积极支援，格达委员则

① 此为原稿目录副标题。——编者
② 此为原稿正文副标题。——编者

为奔走和平解决西藏问题，遇害于昌都，这些都表现了藏族人民回到祖国大家庭来的伟大团结精神，帝国主义侵略者任何挑拨分裂的阴谋，阻挡不了中华人民共和国各族人民团结的意志。

剿匪肃特工作，已获得进一步的成就，革命秩序更加巩固了。半年以来，我们采取政治为主军事为辅发动群众的剿匪方针，贯彻宽大与镇压结合的政策，军队不顾疲劳，猛追猛剿，土匪纷纷就歼，目前除边沿地区，还有少数公开的残余股匪尚待肃清外，全区已基本净化，广大城乡地区交通业已全部恢复，物资交流畅通无阻。对于隐蔽活动的特务反革命，也纠正了宽大无边及麻痹疏忽的偏向，加强了工作，对罪大恶极的首要分子，给予了及时的应得的镇压。这些措施，获得了广大人民的拥护，大大发挥群众的积极性，并使许多被匪特所胁迫、利用、欺骗的分子，纷纷悔过自新，有的并积极立功自赎。此外反动会门的取缔，亦收到初步的成绩。

农村的清匪、反霸、减租、退押运动，于11月开始向全面发展，已成为广泛的群众运动，绝大部分地区都能抓住发动群众的环节，有领导有秩序地进行，斗争中并掌握对地主讲理讲法律的原则，一般说运动的发展是正常的。农民组织经过必要的整理、清洗和教育，在纯洁成分改善作风的基础上，得到了进一步的发展，现在估计全区男女农协会员约在千万以上。农民武装也随着运动的开展，日渐壮大，他们从教育和斗争的经验中提高了政治觉悟，积极地要求武装，以保卫自己和人民的胜利果实，现在估计全区人民武装自卫队超过百万，基本上改变了农村的形势。据现在了解，在群众运动面前，一般地主大都能守法减租退押，开明士绅带头退押，也起到积极的作用，但还有一部分地主采取软拖死赖、收买干部、分化农民、杀害干部和积极分子等等方式来破坏运动，而我们有些干部则迷惑于运动初期的轰轰烈烈，忽略了运动的艰苦性，不懂得一件事情的难关，往往不在事情的开始，而在事情的末尾；一个运动的偏差，也往往不在开始而在末尾，所以有些地方前紧后松，有些地方开始出现僵持局面。凡属这种地方，又无例外的是由于群众发动不充分，干部和部分群众积极分子包办代替所致，命令主义仍是运动中的主要弱点。其次，在运动中仍有乱捕乱打或变相体罚现象，也有个别地方侵犯中农利益现象，必须加以纠正。

公粮税收业已完成任务，物价是稳定的。由于中央农业税收条例的公平合理，为各阶层广大人民所拥护，由于各地农民觉悟已有提高，普遍地开展了挤黑田、评产量的运动，中央规定的公粮任务，截至11月底已经顺利完成。原来我们最担心的城市工商税收，由于工商界爱国人士的努力，也由于调整税收、简化手续及税收人员的努力，全区税收任务亦已按原定数字超额完成。公粮税收的完成，使国家财政收支正常，加上其他方面的努力，就有力地保证了物价的稳定。

工商业也开始走向了正常发展的道路。半年以来，工商业在逐步恢复的基础上，渡过了困难，解放初期的盲目混乱情况，基本上结束了。工矿管理方面有了进步，开始懂得如何依靠工人、团结职员、管好生产。工人阶级在克服困难完成任务的方面，起了伟大的作用。铁路的修筑，带动很多公私企业；重要产业部门开始有了生产计划；公私关系的进一步的合理调整；加以由于农村改革运动而产生的农民购买力的增加，城乡交流日渐频繁，使工商业随着全国财经情况的好转，而有了显著的好转，而步入了正常的发展。

抗美援朝保家卫国运动，在城市中已成为广泛的运动。广大工人、学生、妇女及工商界人士，各民主党派和宗教团体，都卷进了这一运动，鄙美、仇美的情绪大大提高，恐美、崇美的错误思想获得了清算，特别朝鲜战争获得决定性胜利，使抗美援朝运动得以迅速深入和扩大。最近个别地方，运动开始出大城市转向中小城市，由城市转向乡村，由突击式的宣传转向系统的教育，使运动向普遍深入的方向发展。青年学生和青年工人，在爱国主义的热情鼓舞下，踊跃参军，进入光荣的国防岗位，尤其值得赞扬。

文教工作方面，这一时期也有若干进步。全区高等学校，经第一次西南区高等教育会议后，已逐步地调整和改进，中小学生人数，已比上期增加，许多停办了的小学，开始恢复，并有增加。创办了工农学校、职工业余学校、机关干部文化补习学校，并正使之正规化。此外，一般机关干部也进行了一次普遍的整风学习，在提高思想、改善作风、改进工作、增强团结方面，起了很大作用。

少数民族工作有成绩。我们根据共同纲领的规定及第一次全体委员会议通过的原则，采取了谨慎稳重的方针，半年来实际工作证明，这方针是正确的。西康省藏族自治区人民政府在中央访问团直接帮助指导下，于11月中旬正式成立。这给西南在建立民族区域自治政权工作上做了良好的开端。解放不久的昌都区业已建立了人民解放委员会。云南丽江专区则于10月中旬举行了所属13县25个民族的各族人民代表会议，会上检讨了各民族间与民族内部的不团结现象，表示今后永远在毛主席的领导下，亲密团结像一家人一样。贵州、西昌及其他地区也进行了积极的工作，并已开始从少数民族中涌现出不少的干部。半年来中央访问团分别在各少数民族地区，宣达毛主席及中央人民政府的关注，宣传中央的民族政策，并作调查访问，帮助当地干部研究情况，确定原则，到处受到少数民族同胞的热烈欢迎，也使当地干部学习了经验，熟悉了工作。经过这些努力，西南的少数民族工作，可以肯定将得到进一步的发展。

此外，起义投诚的原国民党军的改造工作，早告完成，机关部队的整编复员工作，已经顺利地结束。救灾的措施，保证顺利地度过灾荒。大批的失业工人得到救济、安插或就业。禁烟问题从坚决禁种开始，已经逐渐深入。这些都是半年工作中的成绩，这些成绩的获得，是和我们团结得好，上下一致分不开的；没有各民族、各民主党派、民主阶层和各级干部的团结一致，没有我们共同的努力，成绩的获得是不可想象的。

但是应该承认：我们的成绩还仅仅是使我们获得了一个前进的基础。必须认识：在西南还没有实行分配土地的改革，封建的基础还未摧毁；匪特仍在阴谋活动；群众发动还不充分；而且由于我们财力有限，经济上许多问题一时难以解决；工厂管理、学校教育等方面，我们还缺乏经验；干部的命令主义还须继续克服，大批新干部尚待锻炼与提高。因此，我们不能过高地估计以往的成就，而应贯彻过去一年的精神，兢兢业业地克服现存的弱点，把工作做得更好些。

依据西南当前的实际情况，在1951年，我们除了继续贯彻刘主席在第一次会议报告中提出的十二条任务外，应着重做好下列几件工作：

（一）普遍发展与深入抗美援朝、保家卫国的爱国运动。必须进一步把运动从有组织的群众推向无组织的群众，从大城市推向中小城市，从城市推向广大的农村，从一般人民推向受美帝影响较深的部分中去。使反美爱国运动的浪潮贯彻到每个角落。分别通过集会、游行或控诉会议等形式，控诉美帝国主义侵略罪行，检讨错误思想，加深认识，并确立自己在反美爱国运动中的具体斗争目标。在运动既经展开以后，应适当地领导人民，将高潮的抗美援朝情绪转入加紧生产、加紧学习和经常的业务中去，使之成为推动实际工作的力量。突击式的宣传之外，更应大力进行系统的反美爱国主义的思想教育，提高民族自尊心和自信心，从思想上巩固各阶层人民的反帝爱国统一战线。

（二）完成解放西藏的任务，巩固西南边防。西藏必须解放，美英帝国主义侵略势力必须驱逐出去，使西藏人民回到祖国的大家庭来。人民解放军进入西藏后的一切政策和原则，第一次委员会议已本共同纲领的精神，有了明确规定。入藏部队，正从各方面努力促使拉萨当局毅然摆脱帝国主义控制，打消疑虑，以期和平解决西藏问题。同时，也正加紧继续进军的准备，动员广大人民，特别是藏族同胞的力量，来进行支援进军的工作。与解放西藏具有同等重要地位的是加强云南边疆上的国防问题。残余的蒋匪特务，正在和帝国主义相勾结，并在邻国反动派支持之下，乘隙骚扰破坏，并企图在国界上建立其所谓游击根据地，因此，必须对帝国主义及反动残余的阴谋引起高度的警惕，用最大努力加强国防建设，特别是注意边疆各兄弟民族的团结工作，以巩固西南国防。

（三）加速分配土地的改革。凡属清匪、反霸、减租、退押运动告一段落的地区，就应及时转到分配土地的改革，以期于1951年内，在群众业已发动的地区，基本上完成分配土地的改革的任务。目前社会秩序已经安定，群众的觉悟程度及组织程度业已提高，并普遍地要求提早分配土地；各地干部对于当地情况已进一步熟悉了解，一年的群众运动里面，也涌现出了大批的积极分子和本地干部；我们已经具备了实行土地改革的条件。土地改革一经实行，将彻底摧毁封建制度，发挥农民生产积极性，为开展新的大生产确立稳固的基础，这是革命的一个根本任务，应成为1951年全年全力贯彻的中心。分配土地的改革，只能在减租退押反恶霸运动的基础上，即在群众的觉悟程度和组织程度业已提高的基础上去进行，故要防止因急于转到土改而对当前清匪反霸减租退押运动抱疏忽草率态度的可能偏向发生。要知道减租退押反恶霸为农村改革的不可超越的步骤，做好这一步，就是在群众条件和干部条件等等方面，为土地改革做了最实际的准备。同时，也不要以为经过减租退押反恶霸的运动，土地改革便轻而易举了。必须充分估计新区土地改革对于多数干部和群众都还是新的问题，特别是它将最后地消灭封建剥削的土地制度，因而必然是一场剧烈的斗争，因而也就必须有充分的准备，才能使运动有领导、有步骤、有秩序地进行，并防止可能产生的混乱。为此，各级政府都应组织有力的土地改革委员会，领导主持这一工作，并应根据各地实际情况，由省（署）拟定实施细则，或补充指示，使干部在执行中有所遵循。在减租运动告一段落之后，应有计划地将干部普遍训练一次，一面总结减租运动，一面学习土地改革政策和实施办法。在分配土地的运动开始之后，仍应运用典型实验，然后推广的方法。尤其要教育干部懂得：土改和减租退押反恶霸一样，任何时候都要依靠群众组织力量、依靠贫雇农、坚固地团结中农，并在群众的觉悟基础上去完成任务，随时警惕和防止脱离群众的官僚主义命令主义。必须使每一地区的每一步骤都做得非常踏实，严防单纯完成任务观点、简单粗糙、急于求成等偏向，以利达到提高群众觉悟与发展生产的目的。由于土改是要贯穿全年的任务，故每一步骤都应很好地注意和生产的联系，在土改进行期间，要明白宣传谁种谁收，只向新分得土地的所有人，按减租后的标准缴交一定租额的政策，以免贻误农事，懈怠耕作，影响生产。同时，在全运动中，要时时刻刻注意发动与教育男女农民，加强农协的组织，农村政权的民主改革和人民武装的建立，加强农民内部的团结，防止侵犯中农利益的错误发生，以确立群众的优势，巩固运动的成果。在另一方面，必须随时警惕地主和反动分子的破坏，并应加强人民法庭的工作。对于守法的地主，则应帮助其在劳动中改造，使之变为有用的新人。

在民族杂居地区，少数民族人民已经提出同样实行减租退押和分配土地的要求，不考虑他们的要求是不对的，但完全与汉族区域一样实行也是不妥当的。在这些地区，如果已经实行了区域自治或联合政府，如果少数民族人民自己绝大多数真正赞成，是可以实行的。但在实行当中，应该允许例外，即少数民族自己不赞成在哪一地区实行，甚至不赞成对哪一家实行时，就不应在哪一地区或哪一家实行。总之，有关各少数民族的改革事宜，必须通过各族人民代表会议，依据民族自己绝大多数的意愿，并经过他们的通过才能进行。

（四）继续稳定物价，发展工商业和农业。稳定物价是恢复和发展生产，安定人民生活，建设强大国防力量和经济力量的重要工作。因此，一方面要加强对于市场的组织和领导，加强国家经济的领导力量，防止由于工作发生错误或因投机捣乱而可能引起的物价波动，一方面要保证国家税收任务的完成，一切税收人员应与爱国的工商业者合作，做到按期缴纳税款，使国家收支正常，这乃是稳定物价的可靠基础。由于物价稳定，铁路交通的修建与恢复，和农村购买力的增加，已经出现了在国家指导下，有计划发展工商业的条件，中央已公布了私营企业条例，鼓励私人资本大批地投到有利国计民生的事业上去。我们在实际工作中，尤须继续贯彻一年来已具成效的公私兼顾劳资两利、发展生产的政策，公营企业要在依靠工人、团结职员的基础上管得更好，进一步地发动与组织工人，开展合理化建议运动，提高生产效率，增加生产。农业方面的工作也要加强，群众运动的每一步都必须与贯穿全年的农业生产联系起来，保证不误农时，而农村改革的具体政策，都必须符合于发挥农民生产积极性这个基本要求，而不致使这种积极性有所损害。1951年的农业生产，至少应保持1950年的水平，并力求略有提高，对于棉花、烟叶、甘蔗等特种农作物的生产，尤应按已定计划保证完成。为了适应由于农村改革而出现的极端有利于发展城乡经济的新情况，必须鼓励公私企业部门，面向农村，收购农村土产和使工业品下乡，并有重点地试办合作事业，把城乡交流畅通起来。

（五）继续镇压反革命，保守国家机密。敌人是不甘心失败的，他们在公开的活动失败后，必然而且已经在加强隐蔽的活动，必然采取更多的花样，阴谋破坏。必须提高警惕，加强治安工作，加强检察及法院工作，与特务间谍分子作坚强的斗争。在工矿仓库及一切经济部门，必须认真防范反革命的破坏，因为这是当前特务匪徒进行破坏的主要方面之一。必须坚决贯彻首恶必办、胁从不问、立功受奖的政策，纠正“宽大无边”的错误做法。一切国家机关和军事机关，都应认真进行保守国家机密与军事秘密的教育，建立严密的制度，抓紧检查，丝毫不容疏忽大意。

（六）加强文教工作，组织学习运动。学校教育应在现有成就上前进一步，继续谨慎而及时地进行必要的改革，树立教员学生为人民服务的观点，使学校教育与社会需要及国家建设相结合。工厂、农村、部队和学校都迫切地需要精神食粮，应逐步地向着满足他们要求的方向努力，动员团结一切愿意为人民服务的爱国知识分子，进行这一工作。要结合抗美援朝运动，肃清帝国主义文化侵略的影响，继续开展人民的政治学习运动，西南人民的政治学习，解放以来已获得了良好的成绩，仍须加强。组织干部的学习运动，并建立经常的系统的学习制度，以提高干部的思想理论水平，改进干部的工作作风，加强工作效率。

（七）进一步巩固团结，加强人民民主统一战线。半年以来我们的团结是很好的，正是有了这种良好的团结和一致，我们才获得了不少的重大成就。今后工作任务更为繁重，完成这些任务，必须是各民主阶级、各民主党派、各民族人民更好地团结起来，在毛主席及中央人民政府的领导下，依据共同纲领的原则，分清敌我，向着共同的目标，一致努力。各级人民政府与协商委员会及各级人民代表会议的工作，必须加强，并使之巩固起来，以发扬人民民主统一战线的伟大作用。西南人民内部的团结，尤应着重于各兄弟民族之间的团结，在这一方面，我们应做更多的工作，更认真地建立民族自治区人民政府，和民族联合形式的人民政府，更认真地从经济上、文化教育上，去帮助各少数民族获得进一步的发展。有了这种爱国的民主的大团结，就使我们可以很好地完成任务，建设西南，并和全国人民一起，建设我们的国家，也就使我们能够和全世界以苏联为首的爱好和平的人民团结一致，打败任何敢于侵略我们的帝国主义，胜利地保卫我们的国家和世界和平。

在清匪反霸减租退押的基础上完成 1951 年的土改计划
——1951 年 1 月 29 日西南军政委员会第二次全体委员会议通过[1]
张际春
《土地改革手册》第一集
云南人民出版社1951年3月初版

在清匪反霸减租退押的基础上完成 1951 年的土改计划

——在西南军政委员会第二次全体委员会议上的报告[2]

张际春

主席、各位委员：

我现在把我区清匪、反霸、减租、退押进行的一般情形和关于今年西南区进行土地改革的意见，分下列各点报告如下，请加以审议。

（一）清匪反霸、减租退押工作已普遍展开，并已获得很大的成绩

自去年七月军政委员会第一次全体会议，以减租为中心议题，并通过了以实行清匪、反恶霸、减租、退押为去冬今春的全区中心任务后，全区随即开始了一系列的准备工作，为了贯彻这一中心任务，各省区从八、九月开始，都先后利用总结剿匪征粮工作和干部的整风机会，召开了干部扩大会议代表会议等，传达讨论了这一决议。同时各省区政府或行署均先后召开了各界人民代表会议，亦以此为中心议题，结合各省区情形，作了详细的传达和讨论，并依各地区具体情况，制定和通过了减租退押补充条例、补充指示和实施办法。在此次会议之后，各省区还自上而下地召开了各级的各界人民代表会议，深入传达讨论。有的并组织了各种力量，如：川北组织各民主党派和工商界人士分组下乡进行普遍宣

① 此为原稿目录副标题。——编者
② 此为原稿正文副标题。——编者

传，重庆市政府各界协商委员会组织减租退押协助委员会，成都市组织大批劝说组，协助进行减租退押的工作。与此同时，各省区又开办了清匪反霸、减租退押训练班，大量地集训了农民积极分子，和召开省、区、专区、县、区、乡的各级农民代表会议，来普遍深入传达清匪、反霸、减租、退押的任务和政策。据川南、川西、川北三个地区的统计，各区均训练了农民积极分子15万人左右。如果以川南为例，川南训练农民积极分子10余万人，参加过农代会的（实际等于训练班）在30万以上，共计为40余万人，则全西南区受过训和参加过农代会的农民积极分子当在250万到300万人。一般农民的政治觉悟，在集训与参加代表会议和清匪、征粮斗争中，有很大的提高，因此，在这期间涌现了大批农民积极分子。并以此为基础，各省区农民协会的组织亦普遍地得到发展和整理巩固。农协会员的数字，据最近的材料，四川省的四个地区和贵州省都已达到了200万人以上，到目前为止，估计全区农协会员的数字已超过1000万，且每天都在增长中。农协会员和农协领导成分虽然不纯的现象仍然存在，但经过这一期间的不断整理和斗争中的实际锻炼，已有很大进步。首先在领导成分上，一般地已经初步地保证了贫雇农成分为主的领导。为了肃清散匪和确保人民利益，农民积极要求自己的武装，因此，人民武装随着清匪、反霸、减租、退押斗争的进展，已在迅速发展中。清匪反霸工作，在股匪消灭后，一直就在全区范围内紧张地进行。群众在清匪反霸中表现了高度的积极性，群众不分白天黑夜，侦查匪踪、捕捉匪首的现象是相当普遍的。群众对于恶霸极端痛恨，许多罪大恶极的恶霸分子被判罪后人人称快。在解除了恶霸土匪的压迫的地方，人民认为这是“起死回生”、“重见天日”。现在，许多地区的人民，手中拿着武器，自己组织站岗放哨，维护自己的治安，继续捉拿土匪特务。这里真正开始呈现出人民自己的秩序，这也给减租退押做了重要的有利的条件。

各省区于上述一系列的准备工作结束后，为了取得具体经验指导一般，于10月征粮的同时，都选择了若干县份，开始进行个别地区典型试验的工作，到目前为止，除云南、贵州尚在典型试验外，其他各地区的典型试验都早已结束，并且已经向面展开。一般说来，各省区对于清匪、反霸、减租、退押运动实试的准备工作，是认真的，和比较充分的。根据前一阶段的典型试验，和已经开始的面的展开的情形来看，全西南区清匪反霸、减租退押的运动，除少数地区（如川北）可能要在2月结束外，其他绝大部分的地区，估计可能要在今年三、四月间才能结束。

从各省区典型试验和面的展开的工作中，看出有如下的一些情形：

西南地区封建地租和押金，对于农民的压迫剥削是重的。军政委员会第一次会议上决定以清匪反霸、减租退押为去冬今春的中心任务，并以此来作为逐渐达到废除地主阶级对于农民的封建压迫剥削，直到完全改变对封建土地所有制的重要步骤，是完全正确的。据各地反映，押金的情况是：一般应退押金的数字都相当于1950年的公粮数字，有的甚至于超过1950年公粮的一倍半到两倍。而农民所得减租利益，一般的亦往往占往年原交租额的一倍或一倍以上。据重庆市的减租工作报告：则农民减租的收入，不少的与减租前比较增加到200%到300%，个别的甚至于增加到百分之一千几（10倍多），二区有一个贫农，减租后所得竟相当于去年收入的18倍多。根据川西的调查统计，全川西区9亿余斤米的押金数字中，地主富农应退押金数字即占7亿余斤米，达到了川西1950年公粮的一倍半。川东长寿渡舟乡第九保农民每人平均所得减租退押谷子，达433斤；璧山来凤乡第十保已退出1316老石，每人平均收回押金约1石6斗，计谷604斤。这是农民的血汗，农民收回这些东西，是完全合理的应该的。这批租谷和押金，如果全部回到农民手中投入生产，对于发展生产、繁荣国家的经济是极有益的。事实证明，农民得到了实际的翻身利益后，政治觉悟程度和生产积极性都迅速得到提高。农民普遍地感到兴奋，他们的话是："几辈子也没有见过这样的利益。""这才真是太阳从东方出来了。"一般农民都注意了把减租退押得来的物资，如何爱护使用到有益于生产的事业上去，有的并已经开始积极具体计划添置耕牛、农具、种子，及把减退果实存储银行等，虽有个别浪费物资的现象，亦立即受到了农民有组织的批判和反对。这里说明了地主阶级封建剥削的土地所有制如何压制农村生产力和如何阻碍农村生产的发展，说明了地主阶级封建剥削的土地所有制一经废除或开始废除，就将给农村生产力的解放和发展以直接地决定的意义。

实际运动中，还证明：押金一般是退得出来的。只要我们各级政府机关、各民主党派、各人民团体和学校、军队，真正深入普遍地做了完备教育工作和真正发动了群众，一般地主是能够守法而愿意实行减租退押的。而开明士绅和小土地出租者，及一般教育文化界工商界有租佃押金关系的人士，在减租退押中，则甚至于能起一定的带头作用。川东涪陵兴隆乡的材料告诉我们：小土地出租者和农民已退押金数已达应退押金的90%，如再除去少退与免退户，则已100%退出。川东万县押金，已退出70%至80%；川北6个县、64个乡的统计，已退押金占应退数64.7%。川西押金全区已退数占应退数30%。成都押金已退63%。川西好几个县已退数占应退数三分之一以上；川南区之资中、容县、宜宾、峨嵋、隆昌、纳谿县的押金已退数占应退数之70%至80%，好些县份已完成50%以上。这说明押金一般都是退得出的。但也还有不少的不法地主，在减租退押中，采取了各色各样的方法来分散隐蔽财产，或拉拢佃户，企图"私和"，或哭穷叫苦，拖赖抵抗，甚至造谣破坏，勾结匪特杀害我干部和农民积极分子，来抵抗减租退押法令的实施，致使某些地区减租退押遇到阻碍，或者明减暗不减，明退暗不退。有的不法地主，有时虽也拿出很少一部分押金或其他与生产无关的家具及在土改中应没收的东西来作抵，但都是为了作"没有钱"的借口，结果，群众的吊打现象，也在这样的情况之下在某些地区出现了。有的则是由于积恨太深（如万县有个农民，其父被地主杀死，母亲为地主强奸，见了仇人，说不出话来，打了两下，出了一口气，才说出话来），有的也由于干部制止不力所致。但一经发现，各地在领导上都已及时加以纠正。据调查：地主中真正有困难，不能退或不能全退出押金的，只是极少数的人，但这点群众是清楚的，政府的政策是会分别对待的，同时政府和农民协会事实上也已经这样做了，因此，目前主要的仍然还是一部分不法地主退得出而不愿退的问题。

在运动的执行方面，一般的都是有领导、有准备、有秩序进行的，采取了领导干部深入农村，向群众直接交代政策，依靠群众，由点到面，稳步前进的方法，因此，一般地区，工作的进展比较顺利，成绩亦比较大。但由于某些干部没有认真认识减租、退押本身斗争的严重性，急于求成和经验不足，不善于充分发动群众，依靠群众，而采取了形式主义和包办代替的方法，结果群众的觉悟没有被提高，群众减租退押的合理要求与政府政策法令未能迅速成为讲理讲法的武器，及时击破不法地主的反抗拖赖，致使某些地区的减租、退押形成僵局，结果，想快反慢，而阻碍了工作的进展。但经过检查、总结经验之后，这些地区的工作又得到了进展。

（二）坚持依靠群众打破不法地主的抵抗，完成清匪反霸、减租退押运动

清匪、反霸、减租、退押的运动，必须坚持贯彻实行，不法地主拖赖抵抗的企图必须击破，关键在于克服形式主义和包办代替，而真正地依靠群众，深入群众，了解情况，耐心地启发和教育群众，发挥群众的积极性与智慧，组织群众对不法地主做有力的讲理讲法的斗争，击破不法地主的诡计。经验证明：形式主义和包办代替的结果，必然脱离群众，妨害群众积极性的发挥，必然只是少数干部自己或少数积极分子的行动，极大多数的群众必然站在运动之外或被动地参加运动，不法地主面对着这样的群众队伍，不但不会低头守法，反而将更加乘群众没有真正觉悟团结和组织起来的弱点，玩弄他的阴谋诡计，向群众进攻，这样，他的租子决不会愿意减，押金不会愿意退的。因此，深入发动群众，是今后完成减租退押运动最基本的一环。

其次在发动和依靠群众的基础上，配合人民法庭的工作，惩办顽抗的不法地主，对于打击不法地主拖赖抵抗的诡计和支持广大群众的合理行动，贯彻政府减租退押的方针，也是必要的。过去我们有些地区及时这样做了，并发生了很好的作用，这是对的；但有些地区还没有或不善于运用人民法庭开展工作，应加以注意。

此外，清匪反霸仍然是我们发动群众中值得继续注意的一个工作。股匪虽已肃清，恶霸势力虽已遭受到严重打击，但潜伏的散匪和恶霸分子，在群众运动高涨之下，仍将采取各种隐蔽方式或混入农会，或发展会门，或用其他方式，进行破坏与暗杀等反革命活动，一贯道（名称很多）就是其中最反动的一个会门组织。现据各地破获材料反映：一贯道实际就是一个土匪特务恶霸残余分子继续欺骗控制剥削群众的反革命组织，尽管它的名称多至30到40种，但它的反革命企图是极力阻止群众的觉悟和团结，企图苟延其反动统治的残喘，因此，取缔会门、坚决惩办其中的首要分子，争取被欺骗控制的群众，团结他们到革命斗争中来，仍是我们清除匪特、铲除恶霸分子的重要工作之一。

如果我们真正彻底地做好了清匪反霸减租退押这一步，我们就为分配土地的改革运动做好了更好的准备。

（三）1951年土地改革大体计划和步骤

根据全区1950年以来征粮剿匪和清匪反霸、减租退押斗争，全区土匪已经基本肃清了，社会秩序已经安定，群众在一年来的实际斗争中已经比较普遍地发动和组织起来，一般干部与群众已有进一步的联系，一年来并生长了大批的农民积极分子，干部对各地的情况经过一年来的工作已更熟悉等条件，西南区加快分配土地的改革，并确定于1951年内争取土地改革的大部完成，是可能的。同时根据国家加强国防力量和经济力量的总方针来说，也是必要的。我们估计在四川省的四个地区，除极少数的边缘地区，即少数民族地区外，凡属群众业已发动的地区，大体上在1951年都可以争取完成。云南、贵州、西康三省亦可完成四分之一或三分之一，其余地区就可移到明春及其以后来完成。这样的计划是可以实现的。

至于实现的步骤，根据农村中群众运动的骨干仍然不足，各地群众发动的程度不平衡等情况，不采取在所有地区一下子普遍轰开，而采取先进行个别试验，然后推广，由点到面，点面结合，稳步前进的步骤是完全正确的。就全区范围说：一般地区都可以省（或行署区）为单位，在春耕前选择清匪反霸、减租退押运动完成较早和较好的县份、乡或保，作土改的点滴试验，有的并可争取在春耕前完成若干县地区的分配土地的工作，现在有些省区已经这样计划，并已经这样进行。进入夏季以后（四月以后），一般地区就可普遍全力进行秋季大土改的准备工作，如训练干部、教育群众、总结减租经验、学习土改法令和政策及土改的具体实施办法等，有些省区在春耕前如果没有做点滴试验的，则可于夏季同时完成点滴试验，秋季以后就可根据各地区干部条件和群众条件，有重点地在更多人口地区内展开分配土地的工作。总之，各省区在进行的步骤上，应依据各地区自己的具体条件，分期分区地逐步加以完成。

（四）深入发动群众加速完成土改

实行分配土地的改革仍然是一场严重的斗争，我们不能设想经过了减租退押和中央公布了土地改革法令以后，就可以完全顺利地进入分配土地的改革运动了；不能设想地主阶级减出了租子退出了押金，再要他拿出土地、耕畜、农具和多余粮食以及多余的房屋来分配，就不会有问题了。解放以后一年来的事实证明，不法地主曾经千方百计地分散隐蔽他的土地财产，这些土地财产并没有完全被清查出来，不法地主今后还将要继续分散隐蔽土地财产，甚至于将要用各种方法来企图降低他的成分，以至向农民进行各种各色破坏活动，收买瓦解农民积极分子，直到杀害干部和农民积极分子。极大多数的干部和群众，对于新区土改是新问题，干部和群众如何了解和掌握土改政策，如何充分发动群众，尤其是如何真正地依靠贫雇农，坚固地团结中农，消灭封建土地制度等，都是极繁重的任务，所以，我们应从各方面做好充分的准备工作。首先在各阶层人民中应充分进行土地改革的学习和宣传，各方面的力量都应大力赞助和配合这一伟大的革命运动，在城市与乡村中造成深入普遍的废除封建土地所有制，拥护农民的土地所有制，解放农村生产力，发展农业生产，为新中国工业化开辟道路的正义的空气。一切革命的知识分子，应尽可能地参加到这一分配土地的社会改革的斗争中去。结合广大的贫苦农民，受到实际的教育和锻炼，提高自己。其次，应认真地进行土改试验点的工作，取得经验，制定步骤和要求与实施办法，教育干部，培养和挑选县或区乡指导骨干，特别是能指导一个乡的土改的骨干更为重要，这样才能够保证有领导有秩序的土地改革的群众运动而又能够逐步推广。同时，教育群众，发动群众积极执行土改政策，与具体实施步骤和要求，这些都是非常重要的准备工作。把加速土改了解成为快干，急于求成，放松必要的准备工作，是必然要“煮夹生饭”、走弯路和推迟时间的。“加速”不是“急”，而是要去做更好的调查研究，寻找出更有效的方法来发动群众消灭封建势力，避免可能的“夹生”现象和走弯路。

在分配土地的全部过程中，必须紧紧地握住充分发动群众和打垮地主阶级的封建统治两个基本环节，而充分地发动群众，又必须首先发动贫雇农，依靠贫雇农这是基础，没有贫雇农的发动，就不可能很好地团结中农，也就不可能很好地实现土改和打垮地主阶级封建统治的目的。因此，愈充分地发动了群众，就愈利于彻底地消灭地主阶级的封建土地制度，同样，封建土地制度消灭得愈彻底，也就愈利于农民自身的解放和人民政权的巩固。如果我们真正放手发动了群众，特别是充分地依靠了贫雇农，坚固地团结了中农，并向群众清楚地直接交代了政策，分配土地的改革运动是能够加速进行的。

进行分配土地的步骤，根据川东川西少数乡保土改试验的经验，大体上可分为五步或四步，其内容为：（1）准备工作；（2）划分阶级；（3）登记及没收与征收土地，评议查实土地数量与质量；（4）分配土地；（5）发给土地所有证、成立乡人民政府、总结庆祝胜利、动员生产等。也可分为三步：（1）准备；（2）划成分、没收、征收、分配；（3）总结整理组织动员生产等。不管几步，而其中最重要的为准备工作与划分成分。准备工作中包括了解情况、宣传政策法令、整顿群众队伍、动员分田，并与不法地主的破坏作斗争等。这里必须指出，群众加快土改，不法地主将加快他的破坏工作，所以在土改过程中，必须严重注意不法地主的破坏，应当警告不法地主：破坏行为要受到人民法庭的制裁，并号召一切地主守法，守法就能够得到人民的宽恕和取得从新做人的机会。划好阶级成分是政策决定的基础，同时也是一个斗争过程，和农民的诉苦过程，故应十分重视，认真进行。分配土地，一般应以乡为调剂单位，以一保或数保为分配单位为好，个别的也可以村为分配单位，这要以人口和土地集散的情形如何而定。

在分配土地的过程中，必须紧紧地与生产政策相结合，分配土地的每一步骤和措施，都应是有利于生产，为此，不论在已土改区，应照常生产，防止可能发生的对生产的观望态度。在土改区，亦应紧密照顾生产，必须坚决执行中央人民政府土地改革法，适当地照顾原耕农民，在原耕的基础上，实行抽多补少、抽肥补瘦的原则。被分配之土地，如已下种，应采取谁种谁收，由原耕人按减租后之租额向新得土地的所有者交租。如原耕人在耕地上付出了一部分劳动力和肥料，尚未下种，由新得土地之所有者中途接种时，应由新得土地之所有者补偿原耕人在此项耕地上所付劳动力及肥料相等之代价。

（五）建立各级土地改革委员会

为了负责指导和处理各地区有关土地改革之各项事宜，县以上各级人民政府都应按照中央人民政府颁布之《土地改革法》第五章第二十八条之规定，在土地改革期间组织土地改革委员会，以便加强各级人民政府对于土地改革工作之领导，和保证土地改革工作有领导、有秩序地进行。此外各省（行署）人民政府还应依照中央《土地改革法》原则和各省区具体情况，制定土改实施办法或补充指示，以使各级人民政府及农民协会在处理具体问题时有所遵循。

中央人民政府政务院关于划分农村阶级成分的决定

（一九五〇年八月四日政务院第四十四次政务会议通过，一九五〇年八月二十日公布）

一、为了正确地实施一九五〇年六月三十日中央人民政府公布的《中华人民共和国土地改革法》，特公布本决定。

二、中央人民政府政务院认为一九三三年瑞金民主中央政府为着正确地解决土地问题而公布的两个文件，即《怎样分析农村阶级》和《关于土地改革中一些问题的决定》，除开一小部分现时已不适用外，其余全部在现时的土地改革中是基本上适用的。这两个文件在一九四八年五月二十五日曾经中共中央重新公布，并在土地改革工作中加以应用，已证明其在现时的土地改革中是适用的。因此，中央人民政府政务院特将这两个文件稍加删改并加以补充后，再行公布，作为今后正确解决土地问题的文件。在这两个文件中，凡系本院所补充决定者，均加上“政务院补充决定”字样，并于这两个文件外，增补“政务院的若干新决定”。

三、由本决定所公布之文件，其文字解释如有与《土地改革法》相抵触者，均按《土地改革法》执行。

四、各省人民政府得根据各地方的实际情况和本决定公布之文件所规定的原则，颁布划分阶级的补充文件。但这些文件应呈报本院备案。

甲、怎样分析农村阶级

一、地主

占有土地，自己不劳动，或只有附带的劳动，而靠剥削为生的，叫做地主。地主剥削的方式，主要是以地租方式剥削农民，此外或兼放债、或兼雇工、或兼营工商业，但对农民剥削地租是地主剥削的主要方式。管公堂及收学租也是地租剥削一类。

有些地主虽已破产了，但破产之后有劳动力仍不劳动，而其生活状况超过普通中农者，仍然算是地主。

军阀、官僚、土豪、劣绅是地主阶级的政治代表，是地主中特别凶恶者（富农中亦常有小的土豪、劣绅）。

帮助地主收租管家，依靠地主剥削农民为主要生活来源，其生活状况超过普通中农的一些人，应与地主一例看待。

政务院补充决定：

（一）向地主租入大量土地，自己不劳动，转租于他人，收取地租，其生活状况超过普通中农的人，称为二地主。二地主应与地主一例看待。其自己劳动耕种一部分土地者，应与富农一例看待。

（二）革命军人、烈士家属、工人、职员、自由职业者，小贩以及因从事其他职业或因缺乏劳动力而出租小量土地者，应依其职业决定其成分，或称为小土地出租者，不得以地主论。其土地应按《土地改革法》第五条处理。

（三）有其他职业收入，但同时占有并出租大量农业土地，达到当地地主每户所有土地平均数以上者，应依其主要收入决定其成分，称为其他成分兼地主，或地主兼其他成分。其直接用于其他职业的土地和财产，不得没收。

（四）各地地主每户所有土地平均数，以一个或几个县为单位计算，由各专区或县人民政府提出呈报省人民政府批准后，决定之。

二、富农

富农一般占有土地。但也有自己占有一部分土地，另租入一部分土地的。也有自己全无土地，全部土地都是租入的。一般都占有比较优良的生产工具及活动资本，自己参加劳动，但经常依靠剥削为其生活来源之一部或大部。富农剥削的方式，主要是剥削雇佣劳动（请长工）。此外或兼以一部土地出租剥削地租、或兼放债、或兼营工商业。富农多半还管公堂。有的占有相当多的优良土地，除自己劳动之外，并不雇工，而另以地租、债利等方式切削农民，此种情况亦应以富农看待。富农的剥削是经常的，许多并且是主要的。

政务院补充决定：

（一）富农出租大量土地超过其自耕和雇人耕种的土地数量者，称为半地主式的富农。对富农及半地主式的富农的土地和其他财产，按《土地改革法》第六条处理。

（二）地主家庭中，有人自己常年参加主要农业劳动，或同时雇人耕种一部分土地，而以主要部分土地出租，其出租土地数量超过其自耕和雇人耕种的土地数量三倍以上（例如出租一百五十亩，自耕和雇人耕种不到五十亩），在占有土地更多的情形下，其出租土地数量超过其自耕和雇人耕种的土地数量二倍以上（例如出租二百亩，自耕和雇人耕种不到一百亩）者，不得称为富农，而应称为地主。其土地及其他财产，应按《土地改革法》第二条处理。但其自己劳动耕种部分的土地，在适当地加以抽补后，应在基本上予以保留。其参加劳动的人，如果在家庭中不是居于支配的而是居于被支配的地位，则其参加劳动的人应定为适当的劳动者成分，以别于家庭中其他不参加劳动的人的成分。

三、中农

中农许多都占有土地。有些中农只占有一部分土地，另租入一部分土地。有些中农并无土地，全部土地都是租入的。中农自己都有相当的工具。中农的生活来源全靠自己劳动，或主要靠自己劳动。中农一般不剥削人，许多中农还要受别人小部分地租、债利等剥削。但中农一般不出卖劳动力。另一部分中农（富裕中农）则对别人有轻微的剥削，但非经常的与主要的。这些都是中农。

四、贫农

贫农有些占有一部分土地与不完全的工具。有些全无土地，只有一些不完全的工具。一般都须租入土地来耕，受人地租、债利与小部分雇佣劳动的剥削。这些都是贫农。

中农一般不要出卖劳动力，贫农一般要出卖小部分劳动力，这是分别中农与贫农的主要标准。

五、工人

工人（雇农在内）一般全无土地与工具，有些工人有极小部分的土地与工具，完全地或主要地以出卖劳动力为生。这是工人。

乙、关于土地改革中一些问题的决定

在分田与查田的斗争中，发生了许多实际问题。这些问题，或者是以前的文件没有规定，或者是规定不明悉，或者是政府工作人员解释不正确，以致执行上发生错误，人民委员会为了正确地发展土地斗争，纠正及防止在这些问题上的错误起见，除了批准《怎样分析农村阶级》（关于分析地主、富农、中农、贫农、工人的各项原则）的文件外，特作下面的决定。

一、劳动与附带劳动

在普通情形下，全家有一人每年有三分之一时间从事主要劳动，叫做有劳动。全家有一人每年从事主要劳动的时间不满三分之一，或每年虽有三分之一时间从事劳动，但非主要劳动，均叫做附带劳动。

（说明）这里应注意：

（1）富农自己劳动；地主自己不劳动，或只有附带劳动。故劳动是区别富农与地主的主要标准。

（2）规定全家中劳动的标准人数为一人。如全家有数人，其中有一人劳动，这家即算有劳动。有些人以为要有二人甚至全家参加劳动，才算这家有劳动，这是不对的。

（3）规定劳动的标准时间为一年的三分之一，即四个月。以从事主要劳动满四个月与不满四个月作为劳动与附带劳动的分界（即富农与地主的分界）。有些人把有半年时间从事主要劳动的还算作附带劳动，这是不对的。

（4）所谓从事主要劳动，是指从事农业生产上主要工作部门的劳动，如犁田、莳田、割禾及其他生产上之重要劳动事项。

（5）所谓非主要劳动，是指各种辅助劳动，在生产中仅占次要地位者，如帮助耘草，帮助种菜，照顾耕牛等。

（6）劳动既是区别富农与地主的主要标准，因此对于那种只雇长工耕种，没有其他地租债利等剥削，自己负指挥生产之责，但不亲身从事主要劳动者，仍照地主待遇。

（7）构成地主成分的时间标准，以当地解放时为起点，向上推算，连续过地主生活满三年者，即构成地主成分。

分田与查田运动中对于劳动与附带劳动的问题，发生许多错误，或以有劳动当作只有附带劳动，把他判为地主，或以只有附带劳动当做有劳动，把他判为富农，都是因为过去对地主与富农的分界没有明确标准的原故。依照上述规定，可以免去这种错误。

但上面的规定，是指“普通情形”而言。在特别情形下，须有不同的处置。这里有两方面的情形：第一方面，是大地主而家中有人参加生产者。例如有人剥削地租债利的数量很大，如收租百担以上，或放债大洋千元以上，而家中人口不多，消费不大，则虽这家有人每年从事四个月以上的主要劳动，仍是地主，不是富农。但如人口甚多，消费甚大，则虽有百担租或千元债，只要有人从事主要劳动，则应照富农待遇。第二方面，是拿剥削情形说是地主，但拿生活情形说则不能照地主待遇者。例如有人过去是富农或中农，但到解放前数年，因家中主要劳动者死亡或疾病等原因，不得不把土地全部出租或雇人耕种，因此全家过不劳动的生活。如果把这种人当地主待遇，是不妥当的，应照本人原来成分待遇。又如有人名义上还是地主，但土地所有权实际已属别人，剥削收入极少，甚至生活比农民不如，而本人已有附带劳动者，此种人可照农民待遇。

上述这些特别情形，分田及查田运动中有些地方把它忽视了，这也是不对的。

政务院补充决定：

（一）在有些大家庭中，人口超过十五口者，则全家有劳动力的人员中，应有三分之一的人员每年有三分之一的时间从事主要的劳动，才算这家有劳动。

（二）上述所谓从事主要劳动，应该是指从事农业生产上的主要劳动。这是在普通情形下区别地主与富农的主要标准。至于地主家庭中有人从事其他职业的劳动者，也算有主要劳动，但应根据其他职业劳动的性质和情况来决定其本人的阶级成分，并按照其本人的阶级成分来决定其待遇。例如地主家庭中有人经常从事行医或教书的劳动者，此人即应照医生或教员待遇。

二、富裕中农

富裕中农是中农的一部分，生活状况在普通中农以上，一般对别人有轻微的剥削。其剥削收入的分量，以不超过其全家一年总收入的百分之十五为限度。

在某些情形下，剥削收入虽超过全家一年总收入百分之十五，但不超过百分之三十，而群众不加反对者，仍以富裕中农论。

在民主政权下，富裕中农的利益应与一般中农得到同等保护。

（说明）这里应注意：

（1）富裕中农是中农的一部分。富裕中农与其他中农不同的地方，在于富裕中农的生活状况在普通中农以上，一般对于别人有轻微剥削，其他中农则一般无剥削。

（2）富裕中农与富农不同的地方，在于富裕中农一年剥削收入的分量，不超过其全家一年总收入百分之十五，富农则超过百分之十五。这种界限的设置是实际区分阶级成分时所需要的。

（3）所谓富裕中农的轻微剥削，是指雇牧童，或请零工，或请月工，或有少数钱放债，或放少数典租，或收少数学租，或有少数土地出租等。但所有这些剥削，在其全家生活来源上，不占着重要的成分，即不超过其总收入的百分之十五。而其全家主要生活来源，是依靠自己的劳动。

（4）在接近当地解放的时期内，虽曾有过与富农在同等时间内的剥削分量相同的剥削，但不超过二年者，仍以富裕中农论。

（5）在某些情形下，剥削收入虽超过全家总收入百分之十五，但不超过百分之三十，群众不加反对者，仍为富裕中农。这里所谓“某些情形”，是指剥削分量虽超过百分之十五，但家庭人口多，劳动力少，生活并不丰富，更有遭遇水旱灾荒，或逢疾病死丧，反而转向困难者。在这些情形下，剥削分量不超过百分之三十者，不能认为富农，而应认为中农。如没有这些情形，则剥削收入超过总收入百分之十五者即为富农，不应认为富裕中农。这些情形的正确判断，依靠于当地群众的公意。

富裕中农在农村中占着相当的数量。分田及查田运动中，许多地方把他们当做富农处置，这是不正确的。各地发生的侵犯中农事件，多半是侵犯了这种富裕中农，应该即刻改正。

举例：

（1）全家六人吃饭，二人劳动。有田五十担（收实谷三十五担），时价每担四元，共值百四十元，完全自耕。有房五间，牛一只。有塘一口，出息大洋十二元。杂粮生产及养猪年收约一百元。放生谷三担，利加五（年收一担半），值六元，收了四年。放债大洋一百元，利加二五，年收二十五元，放了五年。判断：此家靠自己劳动为主要生活来源，自己生产占二百五十元以上。对别人有债利剥削，但年收利息只有三十一元，在总收入百分之十五以下，全家开销后有剩余，生活颇好，但因剥削分量不大，故算富裕中农，不是富农。

（2）全家五人吃饭，一个半人劳动。有田二十五担，收实谷十七担。借来田七十五担，收实谷四十二担，交租二十五担，交了十年。杂粮生产及养猪年收五十元，雇牧童一个，雇了三年。放外债大洋六十元，利加三，年收十八元，放了四年。有房五间，牛一只。有木梓山一块，年摘木挑三十担。判断：此家生活主要靠自己劳动，每年剥削人家极少，不过二十余元（雇牧童与放债合计），而受人剥削地租二十五担之多，全家开销所余无几，只能算普通的中农，还不是富裕中农。

三、富农的剥削时间与剥削分量

从当地解放时间向上推算，在连续三年之内，除自己参加生产以外，还依靠剥削为其全家生活来源之一部或大部，其剥削分量超过其全家一年总收入的百分之十五者，叫做富农。在某些情形之下，剥削分量虽超过总收入百分之十五，但不超过百分之三十，而群众不加反对者，仍不是富农，而是富裕中农。

（说明）这里应该注意的是：

（1）以当地解放时为计算剥削时间的起点，而不应把其他任何时间作为计算剥削时间的起点。有些人算陈账，拿了中间空隔了的很早年代的剥削作为决定阶级成分的根据，这是不对的。

（2）以连续三年的剥削作为构成富农成分的标准时间。如果剥削时间不满三年或虽有三年而是中间隔了的（不相连续的），虽其剥削分量与富农在同等时间的剥削分量相同，仍以富裕中农论。

（3）剥削的分量必须是超过了全家一年总收入的百分之十五，才能构成富农成分，如果剥削分量在总收入百分之十五以下，虽有三年或三年以上的连续性，也不能构成富农成分，而仍是富裕中农成分。

（4）所谓全家一年总收入，是指自己生产部分与剥削他人部分的合计，例如某家全家一年自己生产部分四百元，剥削他人部分一百元，合计五百元，即是总收入。因为剥削部分占总收入百分之二十，故是富农。

举例：

（1）全家十一人吃饭，二人劳动，自己有田百六十担，收实谷百二十担（值四百八十元）。有茶山二块，每年出息大洋三十元。有塘一口，每年出息大洋十五元。杂粮生产及养猪等每年约值百五十元。经常雇长工一个，雇了七年，到解放时止，每年剥削剩余劳动约值六十元。放债大洋二百五十元，利加三，年收七十五元，放了五年，到解放时止。判断：此家自己劳动，但雇长工，放债不少，剥削收入超过全家总收入百分之十五，人口虽多，但开销后余钱不少，故是富农。

（2）全家三人吃饭，一人从事主要劳动四个月。有田六十担，自耕三十担，收实谷十八担。出租田三十担，收租谷十二担，收了五年。经常每年请短工二十天。有牛一只，每年可收牛租谷二担。放债大洋一百二十元，利加三，年收三十六元，放了三年。判断：此家剥削收入超过自己生产，但因有一人从事四个月主要劳动，故是富农。

政务院补充决定：

（一）前面二、三两章所规定的富农与富裕中农的分界，以剥削收入是否超过其全家一年总收入的百分之十五为准，现改为以剥削收入是否超过其全家一年总收入的百分之二十五为准。其剥削收入不超过其总收入的百分之二十五者，为中农或富裕中农。

（二）为了计算方便起见，规定以下几项计算标准，是有必要的：（1）凡经常雇请一个长工者，或有其他剥削，但其剥削分量相当于雇请一个长工以下者，均不得认为富农。（2）凡经常雇请两个长工，或有其他剥削，其剥削分量的总和相当于雇请两个长工以上者，一般可以算为富农。但家庭消费人口多，生活并不富裕者，仍不应算为富农。（3）凡经常剥削分量在相当于雇请一个长工以上，但不到雇请两个长工者，则应仔细计算其剥削收入是否超过其总收入的百分之二十五，超过者为富农，不超过者为中农或富裕中农。（4）每年雇请零工或月工一百二十工者，作为雇请一个长工计算。（5）在计算剥削分量时，其直接受别人剥削部分应与剥削别人部分相抵计算。

四、反动富农

在解放前，尤其在解放后，有重大反革命行为的富农，叫做反动富农。对于反动富农应该没收他本人及其家属中参加了这种反革命行为的人的土地财产。

对于反动资本家，适用上述的原则。

（说明）这里应该注意：

（1）必须是“有重大反革命行为”的富农，才叫做反动富农，例如当革命时，领导民团屠杀工农，对民主政府顽强抵抗，特别是解放后还在领导别人组织反革命团体机关，或个别进行重大反革命活动，如暗杀，当敌人侦探，自动替敌军带路，逃往敌方帮助国民党，积极地坚决地破坏分田或查田运动与经济建设等。其他富农中，虽有反革命行为，但不是领导的或重要行为者，均不得没收其土地财产。

（2）反动富农家属之中，只没收参加了这种重大反革命行为的分子的土地财产，其他分子的土地财产则不没收。

（3）以找生活为目的而暂时跑去敌方的，不是反动富农，不应按反动富农待遇。

（4）对于反动资本家之定义与处置，完全适用以上之规定。

过去许多地方，把没有重大反革命行为的富农分子的土地财产没收了，并且一家中把没有参加反革命行为的富农分子的土地财产也没收了，这是错误的。这种错误的一个来源，是在江西没收分配土地条例的第三条：“凡加入反革命组织的富农，全家没收。”这里不分首领与附从，不分参加者与未参加者。关于家属问题，虽在这一条的后半指出了：“其家属未加入反革命组织，又无反革命行为，并与其家中反革命分子脱离关系，当地群众不反对者，得发还其土地”，但前既全家没收，后才发还一部，仍非正当办法。因此这一条应照现在规定改正。又过去有些地方扩大反动资本家的范围，没收了一些不应没收的商店，这也是不对的。

举例：

一家九人吃饭，一人劳动，又一人附带劳动。有田一百六十担，自耕八十担，收实谷五十六担。出租田八十担，收租三十担，收了十年。有山五块，每年出息大洋七十元。经常雇长工一人。欠债大洋四百二十五元，利加二五，欠了三年。放债大洋三百八十元，利加三，放了五年。有一人当靖卫团连长，当了两年，与赤卫军作战五回。又有人加入“AB团”（反共团）一年，但不是重要分子，无积极活动。家里其他各人无明显反动行为。判断：此家成分是富农。有一人做了重大反革命工作，此人是反动富农，应没收家产。其他各人不应没收。另一人虽加入“AB团”，不是重要分子，又无积极活动，也不应没收。

政务院补充决定：本章规定同样适用于地主及其他阶级中的犯罪分子。

五、富农应有的土地、房屋、耕牛、农具

凡在土地改革中确定为富农应有的土地、房屋、耕牛、农具等，在遵守政府法令下，富农自己有处置之权，他人不得妨碍。

（说明）

（1）近来有些地方发生工农贫民拿自己的土地、房屋、耕牛、农具，调换富农应有的土地、房屋、耕牛、农具，甚至有调换衣服、肥料的事情，这是不对的。

（2）土地问题正确解决以后，富农分得之田，已经改良，变成好田，他人不得再去调换。富农添置之耕牛、农具、房屋，虽有多余，亦不得再行没收，或调换。

政务院补充决定：本章规定，现在同样适用于地主。

六、破产地主

在解放前，地主已经全部或最大部分失掉了他在土地财产上的剥削，有劳动力但仍不从事劳动，而其生活状况超过普通中农者，叫做破产地主。破产地主仍然是地主阶级的一部分。

但地主破产后，依靠自己劳动为主要生活来源已满一年者，应予改变成分。

地主破产后，依靠自己劳动为生活来源之一部分，此部分达到其一年生活费用三分之一者，得照富农成分待遇。

（说明）

（1)有些人把部分破产的地主叫做破产地主，这是不对的。因为这种地主，还有一部分产业，依以剥削，这不过是剥削收入的分量有改变罢了。

（2）有些人把破产后已经从事主要劳动满一年的，叫做破产地主，这更是不对的。因为地主破产后，从事主要劳动已满一年（指解放前），他已经由地主变为工人或贫民或农民了。

（3）有些人把地主破产后，已经从事一部分劳动者，仍照地主待遇，这是不对的。因为若其劳动已达到维持全家一年生活三分之一者，这种人已经应该给予以富农待遇了。

七、贫民

工人农民外，一切依靠自己劳动为生活，或大部分依靠自己劳动为生活，或依靠少数生产资料自己经营以取得生活费，上面这些人凡没有固定职业而生活贫苦者，均叫做贫民。乡村及小市镇贫民分子失业者，应分配土地。

（说明）

（1）贫民在城市中占着相当的大数量，在乡村及小市镇上亦有一部分。贫民的职业是很复杂的，有些贫民的职业，常依季时更换而不能固定。贫民的生活是很困难的，其收入常不够支出。

（2）工人农民外，如独立生产者、自由职业者、小贩、不雇用店员的小本经商者及其他一切劳动分子，只要是不能有固定的职业而生活贫苦的，均属于贫民范围之内。

八、知识分子

知识分子不应该看做一种阶级成分。知识分子的阶级出身，依其家庭成分决定，其本人的阶级成分，依本人取得主要生活来源的方法决定。

一切地主资产阶级出身的知识分子，在服从民主政府法令的条件下，应该充分使用他们为民主政府服务，同时教育他们克服其轻视劳动人民的错误思想。

知识分子在他们从事非剥削别人的工作，如当教员，当编辑员、当新闻记者、当事务员、当著作家、艺术家等的时候，是一种使用脑力的劳动者。此种脑力劳动者，应受到民主政府法律的保护。

（说明）

（1）近来有些地方，排除知识分子，这是不对的。吸收地主、资产阶级出身而愿为民主政府服务的知识分子参加工作，是有利于人民革命事业的政策。在他们为民主政府服务的期间，应设法解决他们的生活问题。

（2）知识分子的阶级出身，依其家庭成分决定。例如家庭属于地主的是地主出身，家庭属于富农的是富农出身，家庭属于中农的是中农出身等。知识分子本人的阶级成分，依本人取得主要生活来源的方法决定，例如本人当地主的是地主，本人当资本家的是资本家，本人当自由职业者的是自由职业者，本人当职员的是职员，本人当军人的是军人等。知识分子依靠家庭供给主要生活来源者，其本人成分亦依其家庭成分决定。把知识分子看做一种单独的成分是不对的，把劳动人民子弟在学校读过书的分子（所谓“毕业生”）当做一种坏的成分更是不对的。

（3）把当教员、当医生等工作看做不是劳动，这也是不对的。

政务院补充决定：

（一）凡受雇于国家的、合作社的或私人的机关、企业、学校等，为其中办事人员，取得工资以为生活之全部或主要来源的人，称为职员。职员为工人阶级中的一部分。

（二）凡有专门技能或专门知识的知识分子，受雇于国家的、合作社的或私人的机关、企业、学校等，从事脑力劳动，取得高额工资以为生活之全部或主要来源的人，例如工程师、教授、专家等，称为高级职员，其阶级成分与一般职员同。但私人经济机关和企业中的资方代理人不得称为职员。

（三）国民党政府的各级负责官吏，不得定为职员成分。这些人在解放以后有其他职业收入以为生活之主要来源者，应根据其职业来决定其成分。

九、游民

在紧靠解放前，工人、农民及其他人民，被反动政府及地主买办资产阶级压迫剥削，因而失去其职业和土地，连续依靠不正当方法为主要生活来源满三年者，叫做游民（习惯上叫做流氓）。

民主政府对于游民的政策，是争取其群众，反对其中依附反动势力而积极参加反革命的分子。关于争取一般游民群众的主要办法，是使他们回到生产上来，分配土地和工作，但分配土地，须在乡村居住，并须自己能耕种者。

（说明）

（1）所谓依靠不正当方法为主要生活来源，是指依靠偷盗、抢劫、欺骗、乞食、赌博或卖淫等项不正当收入为生而言。

有些人对于在业或半失业而兼有一部分不正当收入（非主要生活来源）的分子，概叫做流氓，这是不对的。甚至把工农贫民中过去染有不良习惯，如嫖、赌、吸鸦片的人，都叫做流氓，这更是不对的。

（2）有些地方，对于积极参加反革命的游民领袖分子（所谓流氓头），不加惩办，反而分田给他，这是不对的。有些地方，对于一般游民分子，又拒绝其分田的要求，这也是不对的。

十、宗教职业者

凡在紧靠解放前，以牧师、神父、和尚、道士、斋公、看地、算命、占卦等宗教迷信的职业，为主要生活来源满三年者，叫做宗教职业者，或迷信职业者。

十一、红军战士中地主富农出身的分子与土地

红军战士中地主富农出身的分子，在他们坚决为工农利益作战的条件下，不论指挥员、战斗员，本人及家属都有分配土地之权。

（说明）

（1）优待红军条例第一条："凡红军战士家在民主政府区域内的，本人及家属，均应与当地贫苦农民一样的平分土地、房屋、山林、水池。"这里本已包括一切红军战士在内。但近来有些地方，只问社会出身，不问政治表现，把地主富农出身而坚决为工农利益作战的红军战士已经分得的土地，重新没收，这是错误的。

（2）所谓"红军战士家属"，是指父、母、妻、子、女及十六岁以下的弟妹，其他的人不得享此权利。

政务院补充决定：

所有人民解放军的指挥员、战斗员，所有起义军队的指挥员、战斗员从起义改编为人民解放军之日起，均适用本章各项规定，并称为革命军人。

十二、工人的家庭是富农或地主者

工人的家庭是富农或地主者，工人本人及其妻、子、女，依工人成分不变更。家中其他的人，照地主或富农成分待遇。

（说明）

（1）地主或富农家中，在紧靠解放前，有人出卖劳动力已满一年者，应承认其为工人成分。本人及其妻、子、女照工人成分待遇。家中其他的人，照地主富农成分待遇，不得享受工人权利。家中如尚有其他成分，依其成分待遇。例如，一家有人在乡村，靠收租放债为主要生活来源已满三年，此人是地主；有人依靠出卖劳动力为主要生活来源已满一年，此人是工人；又有人在市镇开自做自卖的小工业，为主要生活来源已满一年，此人是独立生产者；各依其在一定时间内生活来源的性质，而决定其成分，又各依其成分，而决定其在民主政府法律下的待遇。

（2）农村工人、独立生产者、教员、医生等人中，兼有小块土地，因乡村不够维持生活，出外谋生，而将其小块土地出租，并非依为主要生活来源者，不能当地主看待。

十三、地主、富农、资本家与工人、农民、贫民相互结婚后的阶级成分

（一）地主、富农、资本家与工人、农民、贫民相互结婚后的阶级成分，依照结婚

在解放前后的分别，依照原来阶级成分的分别，并依照结婚后生活情形的分别，而决定其成分。

（二）凡在解放前结婚的：地主、富农、资本家女子嫁与工、农、贫民，从事劳动，依为主要生活来源满一年者，承认其为工人、农民或贫民成分。不从事劳动，及从事劳动不满一年者，依原来成分不变更。工、农、贫民女子嫁与地主、或富农、或资本家，过同等生活满三年者，才能承认其为地主或富农或资本家成分，如生活不与地主、富农、资本家同等，而与工、农、贫民同等（即靠自己劳动为主要生活来源），或过同等生活不满三年者，依原来成分不变更。

（三）凡在解放后结婚的：工、农、贫民女子嫁与地主、富农、资本家，其原来成分不变更，地主、富农、资本家女子，嫁与工人、农民、贫民，须从事劳动，依为主要生活来源满一年者，承认其为工人、或农民、或贫民成分。如不从事劳动，及从事劳动不满一年者，依原来成分不变更。

（四）解放前，工、农、贫民以子女卖与地主、富农、资本家者，及工、农、贫民与地主、富农、资本家相互以女招郎者，其出卖子女，及招来郎婿的成分待遇，适用上述一至三条之规定。

（五）解放前，工、农、贫民与地主、富农、资本家，相互以子过继者，工、农、贫民之子过继与地主、富农、资本家，与其过继父母过同等生活，满五年者，其成分同于过继父母。如生活不与过继父母同等，而与生身父母同等者，依原来成分不变更。地主、富农、资本家之子，过继与工、农、贫民，与过继父母过同等生活并从事劳动满一年者，其成分同于过继父母。如不从事劳动，其生活不与过继父母同等，而与生身父母同等者，依原来成分不变更。

（说明）

这里所谓劳动，包括家务劳动在内。

政务院补充决定：

本章二条关于在解放前工、农、贫民女子嫁与地主、富农、资本家过同等生活不满三年者依原来成分不变更的规定，到解放后，对嫁与地主者，其成分应仍不变，对嫁与富农或资本家者当其继续过同等生活满一年后，应承认其为富农或资本家成分。

本章三条关于在解放后工、农、贫民女子嫁与地主、富农、资本家依原来成分不变更的规定，在现在适用时，对于嫁与地主者，其成分应不变；对于嫁与资本家或富农过同等生活满一年者，应承认其为资本家或富农成分。

十四、地主富农兼工商业者

（一）地主兼工商业者，其土地及其与土地相连的房屋、财产没收。其工商业及与工商业相连的厂屋、店铺、住房、财产等不没收。

（二）富农兼工商业者，其土地及与土地相连的房屋、财产，照富农成分处理。其工商业及与工商业相连的厂屋、店铺、住房、财产，照工商业者处理。

十五、管公堂

管公堂是一种剥削行为，但应分别地主、富农、资本家管公堂与工、农、贫民管公堂的不同。

（说明）

管理各种祠、庙、会、社的土地财产，叫做管公堂。在农村中管公堂无疑是封建剥削的一种，特别是地主阶级及富农，借着公堂集中大量土地、财产，成为封建剥削的主要方式之一。凡属这种为少数人把持操纵，有大量封建剥削收入的公堂，管理公堂的行为，应该是构成管理者阶级成分的一个因素。但有些公堂不是被少数人把持操纵，管理者并不能从管公堂的行为中获得收入，另有些小公堂，为工、农、贫民群众轮流管理，剥削数量极小，则不能作为构成管理者阶级成分的一个因素。有些人以为只要管过公堂的，都是地主、富农或资本家，这是不对的。

丙、政务院的若干新决定

中央人民政府政务院为了正确地进行今后的土地改革，除开《怎样分析农村阶级》和《关于土地改革中一些问题的决定》两个文件中所规定的各项原则外，特作下列各项决定：

一、小手工业者。占有少量手工工具、作坊、原料等生产资料，自己从事独立的手工业生产，以其成品出卖，作为全部或主要生活来源的人，称为小手工业者，或独立生产者。小手工业者一般不雇用工人，有时雇用辅助性质的助手和学徒，但仍以本人的手工业劳动为其主要生活来源。这种小手工业者的社会地位，和中农类似。

二、手工业资本家。占有多量手工工具、作坊、原料等资本，雇用工人和学徒以进行手工业生产，取得利润，作为收入之全部或主要来源的人，称为手工业资本家。小手工业者只雇用辅助自己劳动的助手和学徒，而手工业资本家雇用工人和学徒则不是为了辅助他自己劳动，而是为了获取利润。这是小手工业者与手工业资本家的主要区分。

三、手工工人。完全没有生产资料，或者只有很少的手工工具，向消费者，或向手工业资本家，或向小手工业者出卖劳动力，为雇主从事手工业生产，领取工资，作为全部或主要生活来源的人，称为手工工人。手工工人的社会地位，与工人、雇农同。

四、自由职业者。一切依靠独立营业为生，但不剥削他人的医生、教师、律师、新闻记者、著作家、艺术家等，称为自由职业者。这种自由职业者为了执行自己的业务，有时雇用助手或雇工助理家务劳动，有这种雇工行为的人，不算入剥削者范围之内。这些人如不进行独立营业而受雇于国家的或私人的机关中服务，则称为职员。

五、小商和小贩。没有或只有少量资本，向商人或小生产者购入商品，向消费者出卖，不雇请工人或店员，自己从事商品流通过程中的劳动以为生活之全部或主要来源的人，称为小商。经常流动行走的小商，称为小贩。

六、商业资本家或商人。占有商业资本，雇用工人或店员，以进行商品流通，取得利润，作为收入之全部或主要来源的人，称为商业资本家或商人。

七、开明士绅。凡称开明士绅，是指地主阶级中某些个别的人，曾经反对蒋介石反动统治和帝国主义侵略，以积极行动赞助人民民主事业，并拥护人民民主专政和赞助土地改革者。对于开明士绅，除依照《土地改革法》及其他有关法令处理其土地及其他财产外，应在政治上和生活上给他们以照顾，并应吸收他们参加土地改革或人民政府、人民团体的工作。

八、革命烈士家属。凡称革命烈士家属，是指辛亥革命以来历次为革命阵亡和死难的烈士、抗日阵亡将士和人民解放战争中阵亡将士的父、母、妻（或夫）、子、女及十六岁以下的弟妹。《土地改革法》中所称其他人员的家属，亦同此。

九、少年儿童和青年学生的家庭出身。凡年在十八岁以下的少年儿童及在学校中读书的青年学生，除在土地改革时已成为一个家庭的实际支配人得划分其阶级成分外，一般不应划分其阶级成分，只划分其家庭出身。

十、恶霸。凡称恶霸，是指依靠或组成一种反动势力，称霸一方，为了私人的利益，经常用暴力和权势去欺压与掠夺人民，造成人民生命财产之重大损失，查有实据者。凡恶霸分子经人民告发后，由人民法庭判决处理。

十一、地主成分的改变。凡地主成分，在土地改革完成后，完全服从政府法令，努力从事劳动生产，或作其他经营，没有任何反动行为，连续五年以上者，经乡人民代表大会通过，县人民政府批准后，得按照其所从事之劳动或经营的性质，改变其地主成分为劳动者的成分或其他成分。其不努力从事劳动生产或作其他经营，或有任何反动行为，或有违抗人民政府法令行为者，则不在此例。老解放区的富农在土地改革完成后合于上述条件满三年者，亦得以同样的方式改变其成分。不合于上述条件者，则不得改变。

其他成分兼地主者，在土地改革完成后，即照其他成分待遇。

《关于划分农村阶级成分的决定》几个名词的注释
《学习》编辑部资料室
《土地改革手册》第一集
云南人民出版社1951年3月初版

《关于划分农村阶级成分的决定》几个名词的注释

(一)瑞金民主中央政府

1925年至1927年的革命失败之后，中国共产党领导着中国人民继续进行反帝反封建反官僚资本主义的革命，创造了人民的军队——中国红军，保存与发展了中国人民的革命力量，在中国广大的区域内组织了工人、农民、小资产阶级及其他革命人民联盟的民主政府。民主中央政府，即是领导各个地方民主政府的中央政权。民主中央政府是1931年12月中国第一次全国工农人民代表会议上通过成立的。其所在地在江西东南部的瑞金。民主中央政府所领导的有江西、福建、粤赣、闽赣、赣西、闽浙赣、湘鄂赣、豫鄂皖、川北、陕甘等革命根据地。广大的革命区域在民主中央政府领导之下，实行了土地改革，进行了长期的反对以蒋介石政权为代表的国内国外反动势力的革命战争。

(二)管公堂

在农村中，有着各种祠、庙、会、社的组织，这些祠、庙、会、社大都占有不少的土地财产，管理这种祠、庙、会、社的土地财产，在福建、江西、湖南一带，就叫做管公堂。

江南的农民中，各种公堂、祠、庙、会、社占有土地约达全村土地总数15%，最多达50%以上。据皖南祁门县莲花塘行政村的调查：全村共202户694人，共使用土地2204亩，其中大小祠、庙、会、社共95个，属于这些祠、庙、会、社的土地共1287.8亩，占全村土地总数的58.39%。这些公堂土地的94%以上，固定地出租于几代相传的永佃户，进行地租剥削，租额也是很重的，一些大公田，每亩交租为总产量的40%、50%至60%。从莲花塘管公堂的成分看：固定管理的有7个，轮流管理的有12个，而由地主豪绅把持操纵的有76个。从莲花塘村公堂、祠、会的调查材料，就可以明白管公堂是一种封建剥削。

但其中有少数是轮流管理，剥削数量不大，或本姓轮流耕种的公堂，这自应与地主、富农把持操纵的公堂有所区别的。

（三）收学租

收学租即是收学田的田租。有的地方用“文会”等名义的组织，占有不少土地，叫做学田。许多学田被地主富农把持操纵，田租收入并不完全是用以办学，大部被经管人饱入私囊，这自然也是一种剥削。

（四）分田与查田

指当时土地改革中的两个步骤。分田就是分配土地，查田是分田之后，对发动群众及分田不彻底的地区进行复查，将个别分配不合理的加以调整。

（五）人民委员会

即指瑞金民主中央政府的人民委员会。当时的革命政权，以全国工农人民代表大会为最高领导机关，代表大会闭会期间，由代表大会选出的民主中央政府执行委员会及其主席团为领导机关。人民委员会是执行委员会下的一个组织，其职权是处理日常事务，发布法令及决定议案。人民委员会下，设有两个委员会（即工农革命军事委员会及工农检察委员会）、十个人民委员部（即外交、劳动、土地、军事、财政、国民经济、粮食、教育、内务、司法等十个人民委员部）、一个局（即政治保卫局）。此外在中央执行委员会主席团下还设有最高法院与审计委员会二个机构。

（六）靖卫团

当时在革命根据地的边沿地区及四围国民党统治区中，地主阶级组织的地方反动武装。

（七）赤卫军

红色区域的不脱离生产的人民武装。其任务为担任警戒、侦察敌情、后方勤务、骚扰袭击敌人及配合主力红军作战等。这种人民武装组织，在革命战争中的作用很大，毛主席曾经说它“和主力红军同为一个人的两只手，只有主力红军而无人民的游击战争，就像一个独臂将军。根据地的人民条件，具体说来，特别是对于作战说来，就是武装起来了的人民。敌人视为畏途，主要的也在这一点”。

（八）AB团（反共团）

是当时潜伏在革命根据地内的国民党反革命特务组织。AB是英文Anti-Bolshevik（反布尔什维克）的缩写。

（九）优待红军条例

优待红军条例是《中国工农红军优待条例》的简称。这个条例是1931年12月第一次全国工农代表大会通过公布的。全文共十八条，规定了对当时中国工农红军的优待办法，当时的中国工农红军，即是今天中国人民解放军的前身。

划分阶级的原则和标准

君　麟

《土地改革手册》第一集

云南人民出版社1951年3月初版

划分阶级的原则和标准

君　麟

8月4日中央人民政府政务院通过了《关于划分农村阶级成分的决定》。这个决定是非常重要的。因为正确地划分阶级是正确地进行土地改革的必要前提。现在作者打算就学习这文件后的一些理解，谈一谈划分阶级的原则和标准的问题，希望能引起同志们的讨论与指正。

一

首先我们来讲关于划分阶级的一般理论问题。对这个问题，我想从“什么是阶级”说起。因为不首先弄清楚这个问题，我们就不会懂得怎样正确地来划分阶级。

那么什么是阶级呢？列宁在《伟大的创举》这篇论文里说：

“所谓各个阶级，就是在历史上一定的社会生产体系中所处的地位不同，对生产资料的关系（这种关系大部分是在法律上明文规定了的）不同，在社会劳动组织中所起的作用不同，因而领得自己支配的那份社会财富的方式和多寡各不相同的几个巨大集团。所谓各个阶级，就是由于彼此在一定社会经济结构中所处的地位不同而有某一集团能占得另一个集团劳动的各个集团。”

在这个有名的关于阶级的定义里，第一，列宁告诉我们：阶级是在历史上一定的社会生产体系中所处的地位不同、或彼此在一定社会经济结构中所处的地位不同的几个巨大集团。这就是说阶级是和历史上一定的生产关系联结在一起的东西；是直接表示生产关系的东西；是经济的范畴，是属于基础一类的范畴。

第二，列宁告诉我们：所谓各阶级在社会生产体系中所处的地位不同，具体地说，就是他们对生产资料的关系的不同，就是他们在社会劳动组织中所起的作用不同。而在生产物的分配时，他们领得自己支配的那份社会财富的方式和多寡的不同，虽也是他们在社会生产体系中地位不同的具体内容，但它只是各阶级对生产资料的关系不同和他们在社会劳动组织中所起的作用不同的必然结果。

第三，列宁告诉我们：阶级的现象，发生于社会上某一集团能占有另一集团劳动的时候，就是有了剥削现象的时候。

现在我想再解释一下所谓人们在社会生产体系或社会经济结构中的地位不同究竟是什么意思，说明为什么这种地位不同的具体内容就是人们对生产资料的关系不同，就是人们在社会劳动组织中作用的不同。

大家知道，人们为着要生活，就要有粮食、衣服、靴鞋、住房、燃料等生活资料。这些生活资料中的绝大部分不是天生成的，为要获得它们就要生产者进行生产。而为着要生产这些生活资料，就要有土地、原料、牲畜、工具、生产建筑物等为进行生产所必要的生产资料。事情很明白：一方面要有生产者，一方面要有生产资料，两者结合起来，才可以生产物资财富。

但在生产过程当中，人和人彼此必须发生一定的相互关系，否则就无法进行生产。因为生产在无论什么时候以及任何条件之下都不是孤立的个人的生产，而是社会的生产。我们就把这种人们在社会生产过程中的关系叫做生产关系。而列宁在这个定义所说的社会经济结构也就是一切生产关系的总和。因此列宁在这里所说人们在社会生产体系或社会经济结构中所处的地位不同，就是指人们在社会生产关系中不同的地位。

但是生产关系既然是生产过程中所发生的关系，而生产过程本身又是生产者利用生产资料进行劳动的过程，所以这种关系只可能是人们对生产资料的关系和人们在劳动组织中的关系，以及在一定的历史条件下生产者本人是自由的、或隶属于他人的关系。所以在社会生产体系不同的地位就具体地表现在这些关系上面。不过因为生产者本人隶属于他人的情形只在一定的历史阶段才有，并非任何社会都存在。同时生产者本人的被占有也是植基于生产资料的被占有，所以不必要把生产者本人是自由的或是被占有的问题列入阶级的定义里（如地主占有大量土地，资本家占有工厂机器，那么他们势必不参加劳动。因为他们已经有了地租或利润的收入，来保证其优裕的生活了）。因此，生产关系的基础便是人们对生产资料的占有关系。列宁把对生产资料关系的不同当作区分阶级的第一项具体内容就是这个缘故。

明白了什么是阶级，我们也就可以明白什么是划分阶级一般的原则和标准。在这里有两个问题需要特别注意：

第一，既然阶级是经济的范畴，是属于基础一类的范畴，那么就应该懂得我们就不能用政治的或道德的标准去划分阶级。当然，政治、道德等等是建立在经济基础以上的上层建筑物，它们是为一定的阶级服务，是和一定的阶级关系相联系的。在政治活动和思想活动的领域内，人们的阶级立场决定于他们的政治倾向，例如我们说资产阶级政治家或资产阶级学者，就是说这些政治家或学者是拥护资产阶级利益的。但我们却不能用拥护哪一阶级利益当作划分人们在经济生活上的阶级成分的依据。个别的人的思想意识和他所属的政治集团是可以和他所属的阶级不同甚至相反的。过去有人从政治表现、为人好坏等来划定一个人所属的阶级成分，那是完全错误的。

第二，既然对生产资料的关系不同是人们在社会生产体系中地位不同的基本内容，那么划分阶级的唯一标准便应该是对于生产资料的占有关系，即是否占有，占有什么，怎样占有和占有多少，而不可能是其他。过去有人并列许多条件当作划分阶级的标准，也是错误的。

在这里，我们必须懂得把阶级和职业加以严格的区别。医生和教员是不同的职业，但他们的阶级地位却可以是相同的。同时，同样是医生，却可以因为或者独立经营其业务，或者受雇于他人，而分属于不同的阶级。因为一个人的职业并没有说明其对生产资料的关系，并没有说明其在社会劳动组织中的作用，因而也就没有说明其在社会生产体系中的地位。

同样我们必须清楚，用财富多寡来当作划分阶级的标准，如把富人穷人也当作是阶级是不对的。因为一个人的“穷”或“富”，虽然在通常的阶级社会中一般地反映着剥削者和被剥削者所领有的社会财富的多少，但是究竟并没有说明其对生产资料的关系，也没有说明其在社会劳动组织中的作用。破产的地主、游民都可以说成是穷人，但他们和真正的贫农、工人是完全不同。而同属一个阶级的人，如一般地主与破产地主却可以有的很富，有的相当“穷”。

二

其次，我们必须了解阶级只是一定社会历史条件下的产物，并且在不同的社会历史条件下有不同的阶级。因此我们就必须从具体的社会历史条件出发，才能正确地研究和解决阶级划分问题。

大家知道，在原始公社制度下，公社中的任何成员都不私人占有生产资料（少数生产工具——武器除外），并且他们全都从事劳动。他们间的相互关系是合作与互助的关系。一部分人占有其他一部分人劳动的剥削现象在当时还是没有的。因此在原始公社制度下，人们在社会生产体系中的地位都是相同的。在这样的生产关系中，人们根本不知道阶级是什么东西。

但是在原始公社社会制度崩溃以后，相继出现了奴隶占有制度的、封建主义的和资本主义的生产关系。这三种生产关系都是立足在生产资料的私有制这个基础上的。在这三种关系下，一部分人占有大量的生产资料，另一部分人不占有生产资料或只占有少量的生产资料，并且这三种关系都是统治和服从的关系，即：在生产过程中一部分人居统治地位，另一部分人的劳动则为他们所占有或支配。而其必然的结果一定是劳动生产物也由在生产中占统治地位的这一部分人来占有或支配。一句话说，人与人之间存在有剥削关系。这样，人们就依他们在生产关系中不同地位分成几个巨大的集团，换句话说：社会分化成为阶级。而我们就把这样的社会叫做阶级社会。

但是，即使同是在阶级社会中，阶级以及阶级间的关系也是不断在变更的。例如奴隶占有制度、封建主义的和资本主义的生产关系虽然都是以生产资料私有制为基础的生产关系，但是各阶级对生产资料的关系，与人们在劳动组织中的作用，在这三种生产关系下面又都各有不同。例如在奴隶社会下，生产关系的情况是一部分人不但占有一切生产资料并且还占有生产工作者本身。而这些直接生产工作者则完全不占有任何生产资料，并且他本人也就是别人占有的对象。因此在奴隶社会就有奴隶主和奴隶这样的阶级。又如在封建社会下，生产关系的情况是一部分人占有主要生产资料——土地，与不完全地占有生产工作者本身，而生产工作者则占有少量的生产工具，并且他本人对别人有人格上的依从关系。因此在封建社会就有和奴隶主与奴隶不同的两个阶级——封建主和农奴阶级。而在资本主义社会下，生产关系的情况是：一部分人占有工厂机器等等生产资料，雇佣生产工作者，剥削他们所生产的剩余价值，另一部分人在人身上是自由的，但完全不占有任何生产资料，因而不得不出卖自己的劳动力给前一部分人，来取得少量报酬。这样，在资本主义社会，就有资本家和工人这样两个阶级。在这三种生产关系下，社会上的阶级是各不相同的。

在社会主义已经建设成功的苏联，剥削阶级是完全被消灭了。同时更因农村中生产资料的私人占有制度被改造成为土地国有和集体农庄的制度的缘故，所以不但已经没有剥削阶级，并且也使劳动者中间的阶级界限日益泯灭，使他们的旧的阶级特殊性日益消失。但由于乡村和城市之间的区别，苏联今天还存在有两个友谊的阶级——工人阶级和新型的农民阶级。这两个阶级的不同，仍然是因为他们对生产资料的关系不同，即工人是经过社会主义国家共同占有国家的一切生产资料，而集体农庄制度下的农民，除了与工人一起通过社会主义国家占有国家的一切生产资料以外，还集体地占有集体农庄的生产设备、种子、肥料等等。而这种差别，也正在日益缩小。由此可见，在社会主义社会下的阶级与阶级社会下的阶级，在本质上是完全不同的。

以上所说还只是社会发展历史上所知道的几种基本的生产关系。此外还有种种过渡的生产关系，在这种过渡性质的生产关系下，阶级关系就更加复杂。举我们近百年来的中国为例，我们就可以看见旧中国是半殖民地半封建的社会，新中国是新民主主义社会。半殖民地半封建社会是从封建社会向殖民地社会过渡的一种社会制度。新民主主义社会则是在半殖民地半封建社会的废墟上建立起来，和逐渐过渡到社会主义社会去的一种社会制度。所以在半殖民地半封建社会下既存在有属于封建主义生产关系的各阶级，又存在有属于本国资本主义的各阶级与依附于外国帝国主义的各阶级。在新民主主义社会制度下，除了在它的初期还残存有上述各种阶级以外，还有新型的某些阶级。但所有这些阶级又都和典型的封建社会、资本主义社会、殖民地社会或社会主义社会中的各阶级不尽相同。他们都带有显著的过渡性质。中国阶级和阶级关系是最复杂的。因此，一方面，马克思列宁学说中关于典型的封建主义或资本主义社会中各阶级所作的定义和对这些阶级的分析，应当作为我们今天研究划分阶级问题时的依据。但另一方面，在我们研究今天中国社会各阶级时，又不能完全照抄书本上对外国阶级所作各项规定。如果不了解这种情形，那就不能正确地研究和解决中国目前的阶级关系问题。

三

现在我们再进一步来讨论关于划分中国农村中各阶级的问题。

我们知道，现在中国已有两种不同性质的农村。一种是经过长期减租减息土地改革的老解放区的农村，一种是未曾经过长期减租减息土地改革的新解放区的农村。老解放区的农村经济是新民主主义性质的。这种农村中的阶级关系我们大家应该注意去研究，但是我们在这里暂时不去研究这种农村的阶级关系问题。因为政务院的决定是针对着新解放区的农村情况而做的。而新解放区农村的性质，基本上还和旧中国农村的性质相同，还是半封建性质的。土地改革的目的就是为了改造这些农村使它转变为新民主主义性质的新农村。

这里所谓半封建的性质指的就是：一方面，这些农村中的生产关系已经不再是完全的封建主义的生产关系，封建主义自足自给的经济是破坏了，商品经济已经有了相当大的发展，并且农村中的资本主义也已有了若干的发展（这种发展在各地区是不平衡的）；另一方面，在这些农村中封建主义的生产关系仍旧占着显著的优势，并阻碍着生产力的发展。

在这种半封建性质的农村中，阶级关系是比较复杂的。在这些农村中存在有地主、富农、中农、贫农、工人（以雇农为主）这样几个主要的阶级。同时还有小手工业者、手工工人、小商和小贩、自由职业者，及寄居农村或与农村经济发生关系的其他城市阶级成分。

旧中国农村中的地主阶级不是资本主义社会中的土地所有者阶级，而是封建主义的地主阶级。这是因为，中国地主阶级对农民所施的剥削主要是封建主义的剥削。对旧中国的地主来说，他所占有的生产资料当然主要是土地，其收入来源当然主要是地租。而中国地主阶级所收的地租是封建主义性质的。这就是说，这种地租是地主直接向农民（在地主所占有的土地上耕种的生产工作者）征收的。地主直接剥削农民的全部剩余生产物，并且往往同时还直接剥削农民的剩余劳动。同时中国的农民对地主来说，一般来说，是存在有某种程度的人格依存关系的。地主往往凭自己的意志来支配农民，处罚农民，而农民则不能反抗。除地租外，地主对农民往往实行高利贷剥削。这种高利贷剥削，是与地主的封建地租剥削密切结合在一起的。押租、预收租、欠租等等都可以直接转化为高利贷剥削。同时高利贷剥削又是地主夺去农民仅有的少数土地与生产工具最重要的方法之一。中国的地主就是这样用地租和高利贷这种沉重的锁链把农民束缚在自己的土地上，为其终身做牛马。中国农民在法律上不是地主所占有的农奴，中国土地可以自由买卖，这些条件，虽然使近代中国地主区别于古代中国的封建领主，区别于农奴制下的俄国地主，但并不能据此而说中国的地主阶级不是封建地主阶级。不过中国地主阶级往往兼营工商业，或兼雇工经营一部分土地。就这些剥削来说，是不属于或不完全属于封建主义剥削性质的。这也是旧中国的地主阶级和封建主义社会下地主阶级不完全相同的地方。

旧中国的农村中的富农阶级更是一个带有过渡性质的阶级。富农的基本特点是占有比较优良的生产工具和活动资本，雇工进行生产。从这点上说，尽管中国农村中雇工的条件带有若干封建色彩，中国的富农在一定程度上仍然可以说是带有资本主义性质的。可是，中国的富农一般占有较多较好的土地；因自己全无土地，或土地不足而以租入土地为主的佃富农，就全中国范围说来只占极少数。因此，中国富农赖以对雇工进行剥削的生产资料，不仅是他们所占有的生产工具与活动资本，而且还是他们所占有的土地。并且中国富农往往还出租一部分土地或放高利贷，其租佃形式、地租额和高利率都与地主阶级对农民的剥削并无二致。从这点来看，中国的富农是带有浓厚的封建性的。同时，又因他们所占有的土地面积并不很大，因而一般地自己参加劳动，就这点来说，中国富农又可以说尚没有和中农完全隔断关联。雇用大批工人，且以近代技术进行生产的农业资本家在中国是极少见的。因此，区别中国的富农与中国的地主及区别中国的富农与中农是一个需要细致研究的工作。

旧中国农村的中农基本的特点是都有相当数量的生产工具，其生活的来源全靠自己劳动或主要靠自己劳动，一般不剥削人与不出卖劳动力。但在土地占有关系上、雇佣关系上、债务关系上、商品交换关系上是有多种不同情况的。中农很多都占有土地，有些中农只占有一部分土地，另租入一部分土地，有些中农并无土地，全部土地都是租入的。中农一般不剥削人，很多中农还要受别人小部分地租债利等剥削，也有些中农对别人进行小部分地租和债利的剥削。中农一般不出卖劳动力，但也有一些中农，在一年中以很少的一部分时间去打短，也有一部分中农（富裕中农）雇佣少量劳动力。旧中国的中农因为受帝国主义、封建主义、官僚资本主义的压榨，其极大多数阶级地位不断下降，并且经常受到破产的威胁；但也有很少数人可能向富农上升。中农是一个过渡的、处在分化过程中的阶级。但在土地改革以后的新中国，由于人民政府的保护政策，中农经济在一个时期中却有相当的稳定性。

旧中国农村中的贫农的基本特征是占有一些不完全的生产工具，与自己完全不占有土地或自己占有的土地不足，必须租入土地来耕种，受人地租债利剥削，和必须出卖小部分劳动力，受人小部分的雇佣劳动的剥削。但中国农村贫农也有不出卖劳动力而以艰苦的农村副业以辅助其土地收入之不足的。

旧中国农村中的工人（以雇农为主）并不是受雇于资本家的工人，而是受雇于富农、地主或其他阶级的。他们一般全无土地与工具，但有些工人也有极小部分的土地与工具。

中国农村中的其他阶级我们就不去提到他们了。

由于中国农村阶级的复杂性和过渡性，划分中国农村中居民的阶级成分是一件复杂和细致的工作。

四

为了正确地实施土地改革以及为了进行其他各项农村工作，划分中国农村每一户居民的阶级成分这项异常艰巨的工作是必须完成的。关于划分农村阶级成分的问题，今天不仅是一个理论问题，而是一个重大的实际问题。而中央人民政府政务院的决定，就是解决这一问题的重要文件。由于我们不只当作一个单纯的理论问题而且还当作一个实际问题来加以解决，因此我们就必须要有更多实际的考虑，否则，就不能解决实际问题。

首先我们可以看到：为了使划分每一个农村居民的工作得以顺利地进行，我们就不仅需要在思想上对各阶级的特征有一个清楚和明确的认识，同时还需要作出统一的具体数量上的规定。因为质的变化就是量的变化所造成的，所以不同的阶级的划分可以表现在某些数量上的不同上面。通过对这些数量上的掌握，我们就可以掌握到所属阶级的性质。例如，在政务院的决定规定了：

（一）关于劳动与附带劳动的问题。政务院的决定上规定："在普通情形下，全家有一人每年有三分之一时间从事主要劳动，叫做有劳动。全家有一人每年从事主要劳动的时间不满三分之一，或在每年虽在三分之一时间从事劳动，但非主要劳动，均叫做附带劳动。"

（二）关于区分富农与半地主式的富农的区别问题，政务院的决定上规定："富农出租大量土地超过其自耕和雇人耕种土地数量者，称为半地主式的富农。"

（三）关于区分富农与富裕中农的剥削分量问题，政务院的决定上规定：剥削分量超过其全家总收入的百分之二十五者，叫做富农。其剥削收入不超过其总收入百分之二十五者为中农或富裕中农。

这是最重要的例子。此外在政务院的决定中还可以找到别的例子。这种数量上的规定是根据对中国农村中各阶级大量材料的研究，根据以往土地改革中大量的实际经验，并依据执行政策时实际的考虑决定的。这种数字虽然是相对的，但非有这样的决定不可。否则，就无法根据劳动与不劳动来区别地主与富农，就无法根据土地占有的状况来区分一般的富农与半地主式的富农，就没有办法来具体区分富农与富裕中农。

同时，又因为农村中阶级关系经常发生变化，这种变化在解放前后尤其迅速。因此就必须统一规定划分阶级成分的时限。在政务院的决定上规定"从当地解放时间向上推算，在连续三年之内"过富农生活的叫做富农；规定"地主破产后，依靠自己劳动为主要生活来源已满一年者，应予改变成分"。

其次，我们还可以看到：为了确定一个人在土改中应受的待遇，我们必须规定某一特殊的人的阶级成分问题。如"帮助地主收租管家，依靠地主剥削农民为主要生活来源，其生活状况超过普通中农的一些人，应与地主一例看待"，就是实例之一。

再次，我们还可以看到：政务院的决定解决了一个家庭成分与个人成分的问题。这也是一个必须解决的实际问题。对这个问题在政务院决定中确定了从个人与家庭的具体关系着眼来解决这个问题的方针。如地主家庭中的某一成员，参加劳动，这个人的阶级成分就要看他家庭中的地位。如果他“在家庭中不是居于支配的而是居于被支配的地位，则其参加劳动的人应定为适当的劳动者成分，以别于家庭中其他不参加劳动的人的成分”。又如“工人的家庭是富农或地主者，工人本人及妻、子、女依工人成分不变更。家中的人，照地主或富农成分待遇”。此外地主、富农、资本家与工人、农民、贫农相互结婚后的阶级成分问题，以及少年儿童和青年学生的家庭出身问题，也都是依照这个精神来处理的。

总之，从政务院关于划分农村阶级成分的决定中，我们可以看到有许多根据丰富的实际经验与为了解决具体的实际问题所作出的规定。这些都是我们应该细心研究的地方。而为了解决本地区的实际问题，各地方也应该根据政务院这些统一的规定，规定更具体的划分阶级的办法，解决各种更具体的更复杂的问题。

云南省农民协会组织章程
《土地改革手册》第一集
云南人民出版社1951年3月初版

云南省农民协会组织章程

第一章 总则

第一条 本会定名为云南省农民协会。

第二条 本会是农民自愿结合的群众组织。

第三条 农民协会的任务是：

甲、团结雇农、贫农、中农及农村中一切反封建的分子，遵照人民政府的政策法令，有步骤地实行反封建的社会改革，保护农民利益。

乙、组织农民生产，举办农村合作社，发展农业和副业，改善农民生活。

丙、保障农民的政治权利，提高农民的政治文化水平，参加人民民主政权的建设工作。

第四条 根据《中华人民共和国土地改革法》，及《西南区减租暂行条例》，农民协会是农村中改革土地制度及实行减租的合法执行机关。

第二章 会员

第五条 凡雇农、贫农、中农、农村手工业工人及农村中贫苦的革命知识分子，自愿入会者，年龄在十六岁以上，得乡农民协会委员会批准，即可成为农民协会会员。凡被派到农村中从事农民运动的工作人员均得加入农民协会，加入时，须取得当地农民大会或农民代表大会通过。

在土地改革完成后，富农要求入会者，经乡农民大会或乡农民代表大会通过后，亦得成为农民协会会员。

第六条　农民协会会员的权利如下：

甲、在农民协会内，有发言权、表决权、选举权、被选举权；并有建议撤换农协工作人员的权利。

乙、有取得农民协会各项合法利益并取得农民协会合法保护的权利。

丙、有享受农民协会所举办的文化、教育及经济事业的优先权。

第七条　农民协会会员的义务如下：

甲、遵守会章。

乙、服从组织。

丙、执行决议。

丁、缴纳会费。

第三章　组织

第八条　本会的基层组织是乡（或相当于乡的行政村）农民协会，乡以下可设分会，乡以上，组织区农民协会、县农民协会、专区农民协会及省农民协会。昆明市组织市郊农民协会，统一领导该市所辖郊区的区、乡农民协会。

第九条　本会的组织原则是民主集中制，少数服从多数，下级服从上级，会员服从组织。

第十条　各级农民协会行使权利的机关是各级农民代表大会，其职责是根据政府法令和上级农民协会指示及当地农民要求，决定农民运动的方针和计划，审查农民协会委员会的报告，选举农民协会委员会。

第十一条　各级农民代表大会代表的产生方法如下：

乡农民代表大会的代表，由全乡农民直接选举之。没有加入农民协会的农民，经乡农民协会委员会之批准，亦得参加选举。县和区的农民代表大会的代表，由乡农民大会或乡农民代表大会选举之。省和专区农民代表大会的代表，由县农民代表大会选举之。

各级农民代表大会的名额，由各级农民协会委员会根据具体情况拟定，提请上级县农民协会批准之。省农民代表大会的代表名额另定之。

第十二条　各级农民协会的代表大会会期规定省一年一次，专区、县半年一次，区三月一次，乡一月一次。

第十三条　各级农民协会委员会，认为必要时得召集农民协会代表会议。

第十四条　在农民代表大会闭会期间，农民协会委员会是农民协会行使权力的机关。各级农民协会委员会由各级农民代表大会选举委员及后补委员若干人组织之。各级农民协会委员会，乡由十一人到十九人组成，区由十五人到二十五人组成，县由二十一人到四十五人组成，专区由三十一人到五十一人组成，省由四十五人到七十一人组成。

第十五条　各级委员会互推主席一人，副主席一人至数人，主持会务，并选出常务委员会，对农协委员会负责，料理日常事务。委员会按工作需要设立各部门，其分工与职权如下：

甲、主席——负责推进本会全盘工作及领导所属各部门。

乙、副主席——协助主席工作，主席不在时代行其职权。

丙、秘书处——负责机关日常行政及联络各部门，协助领导。

丁、组织——负责各种有关会员干部及农会组织等。

戊、教育——负责文化教育工作。

己、生产建设——指导农业生产及副业生产，举办供销合作社及进行医药卫生等工作。

庚、青年——负责本会有关青年工作。

辛、妇女——负责本会有关妇女工作。

壬、武装——负责民兵、自卫队等农民武装工作。

癸、部门多少可按实际需要增减，各部门负责人由常委或委员担任。

第十六条　各级委员会会议制度由各级农民协会自订。

第十七条　在农民协会尚未成立的地区，得由当地人民政府召开临时农民代表会议，选举委员若干人，组成农民协会筹备会，执行农民协会委员会的任务，并具有与农民协会委员会同等的职权。在正式召开农民代表大会选出农民协会委员会后，筹备会的任务即告结束。

第四章　纪律奖励与处分

第十八条　本会一切会员和一切组织均应自觉地遵守以下纪律：

甲、不违背不损害人民群众的根本利益。

乙、确切迅速而完满地执行本会的决议。

丙、以身作则地服从政府法令。

丁、遵守本会的章程，履行会员的义务。

第十九条　凡在人民事业中表现有高度的忠心，工作有显著成绩和贡献者应予适当的表扬与奖励。奖励的目的是为了教育会员，建立农民协会的优良作风。

第二十条　各级农民代表大会和农民协会委员会对于违犯农民协会章程和纪律者，得按照具体情况给以处分。对会员个人的处分是劝告、警告、撤销工作以至开除会籍。对整个组织的处分是指责、部分改组其领导机关、撤销其领导机关并指定临时的领导机关，以至解散整个组织并派人重新组织之。

第五章　经费

第二十一条　农民协会经费的来源：

甲、农民协会会员每人每年缴纳会费一斤米。

乙、人民政府的补助。

丙、从事生产事业盈利。

第二十二条　农民协会的经费收支，应定期向农民代表大会报告，经代表大会审核批准后，向农民公布。

第六章　附则

第二十三条　本章程经省农民协会代表大会上通过并公布执行之，其修改权属于省农民代表大会，解释权属于省农协委员会。

关于干部在减租退押土地改革工作时期的八项纪律

云南省人民政府命，为了正确实行减租、退押、土地改革，并保证其顺利完成，特制定《关于干部在减租、退押、土地改革工作时期的八项纪律》，兹公布之。希望各地切实进行教育，遵照执行。其内容如下：

一切参加减租、退押、土地改革工作的干部与工作人员，人民解放军的指战员、人民政府的工作人员，在减租、退押、土地改革期间，必须严格遵守下列纪律，以保证减租、退押、土地改革政策的正确实施：

一、严格执行人民政府的减租、退押、土地改革法令，不准违犯。

二、坚决拥护减租、退押、土地改革，不准包庇地主。

三、廉洁奉公，不准贪污浪费，私吞果实或接受贿赂。

四、尊重人民民主权利，倾听群众意见和批评，不准欺压人民。

五、一切重要问题和大家商量决定，然后推行，不要个人决定，强迫推行。

六、依法律手续办事，不准乱捕、乱罚、乱打、乱杀。

七、坚决服从上级指示，不准阳奉阴违。

八、严格执行报告请示制度，不准虚报情况，各自为政。

对上述各项，执行有功者予以奖励表扬。违反者分情节轻重，予以应得处分。

贯彻减租退押运动，准备土地改革

于一川同志在中共云南省委扩大干部会议上的报告

1951年8月

贯彻减租退押运动，准备土地改革

一、减租退押运动的发展情况

我省减租退押群众运动的发展情况，大体上是经过了这样一个过程：在剿匪基本上取得胜利的基础上开始减租退押运动时，省委在指导上特别强调了充分发动群众，特别是贫雇农群众，强调了深入重点创造经验，在这一指导方针下，运动在某些重点上取得了成绩。但由于主客观条件的限制，没有在全省范围内打开局面。今年二三月，在省委放手发动群众的正确方针下，结合镇压反革命活动，掀起了一个大规模的群众运动，很短时间内，运动在八十五个县的范围内展开。无疑地，这个运动是有重大成绩的，主要是造成了云南历史上空前的群众革命的伟大声势，严重地打击了封建势力，提高了群众的革命勇气和胜利信心，为以后进一步深入发动群众、彻底消灭封建势力，造成了有利的客观形势。但不容忽视，这一段运动是有缺点的，由于省委指导上事先估计不够，准备不足，加上干部缺乏经验和组织不纯，以致若干地方被地主阶级和游民分子钻了空子，篡夺了运动领导，因而发生了许多严重问题，主要是党的政策不能正确执行，阶级阵营发生混乱。这种情况如果任其发展下去，将产生严重后果。省委在四月地书联席会议上，及时指出了此种基本情况，并详细规定了运动的指导方针、具体政策以及组织工作的做法等。因而纠正了这一段运动的缺点，保持并发展了成绩，引导运动向正常的道路发展下去。

四月会议以后的情况，从总的看来，是在上一段运动的基础上深入一步。这个深入一步的工作，在最近三个月以来，是经历了一段艰苦的斗争的。首先，是在党内不得不和盲目乐观的自满情绪作斗争，不得不打破经验主义的盲目抵抗，运用农代会以及其他方法，进行摸底，深入了运动的真实情况，发现问题，以便打破自满情绪，并使干部结合对实际情况的了解，进一步理解省委四月会议的精神，同时深入重点，创造经验，总结适合于当前情况的新经验代替某些旧经验，以便教育提高干部，并打破大多数干部缺乏经验的苦闷。在实际运动中，则不得不从重新串连贫雇农做起，在广大群众，特别是贫雇农进一步发动的基础上，改造旧的不纯村组织，就是被地主阶级代理人或游民分子所掌握的乡村组织，展开对封建势力的斗争。由于四月会议当时，对情况的了解不够深入，从省委领导上讲，也是经过一段摸索，对于许多问题，逐步明确起来。这样实际运动的发展，就显得慢了一些。

从整个过程看来，运动的发展是正常的。大轰的一段，虽然有其一定的缺点，但只要指导上头脑清醒，不为表面的轰轰烈烈所迷惑，及时领导运动深入下去，也是没有大问题的。截至目前，约有十个县减退运动已结束或快结束，这些地区大体上是组成了一支依靠贫雇农、团结中农的农民革命队伍，打倒了封建势力的统治集团，农民在政治上取得了优势，并满足了农民的部分经营要求，可以胜利地发展到分配土地。尚有二十个县，大体秋前可结束。其余各县，则需今冬或明春才结束这一运动。这样做法，表面看来像是慢了一点，而从全部实施土改的过程来看，则是快的。把土改的第一个步骤做踏实一些，是有好处的。只有把开始第一步的基础做好，少走或不走弯路，才能达到快的目的。只有稳，才能达到真正的快。因此省委的指示方针，还是坚持把减退运动深入一步，准备好土改的条件，分别不同地区，有步骤地在良好的基础上，转入分配上地的斗争。

二、放手发动群众，打倒地主阶级统治集团

减租退押运动是实施土改的直接准备步骤。它的目的是打倒地主阶级的统治集团及其领袖人物，摧毁统治阶级的政治统治，树立农民的政治优势，并废除地主阶级一部分经济特权，满足农民一部分经济要求，打好基础，以便下一步顺利地实施土改。所以，减退运动，就不只是一种经济斗争，更重要的是一种政治斗争、思想斗争。因此，在整个运动中必须贯穿这政治斗争，而且必须从政治斗争开始，只有政治斗争胜利了，经济斗争的胜利才有保证。只有在政治斗争、经济斗争胜利的基础上，才能打破在农村中作为统治思想的封建思想。毛主席在《湖南农民运动考察报告》中说：“第一个行动，便是从政治上把地主阶级，特别是土豪劣绅的威风打下，即是在农村的社会地位上，把地主权力打下去，把农民权力长上来。”“这个斗争不胜利，一切经济斗争，如减租减息、资本、土地等，决无胜利之可能。”根据我们这一时期的经验，这些话是千真万确的。地主阶级的政治威风打不下去，特别是恶霸与反革命分子打不下去，农民不会圆满地获得经济果实；即便获得一部分，也难于把其巩固下来。因此在减退运动中，作为其中的行动纲领，必须严格注意下列几条：

第一，减退必须结合反霸和镇压反革命活动以及抗美援朝运动来进行，把反封建斗争和反对帝国主义斗争统一起来。而且在群众起来时，首先是从反霸和镇压反革命开始。不这样做，单纯地进行减退，就是和平减退的做法，就不能取得胜利。我省结合镇压反革命，群众运动迅速大规模地开展起来这一事实，就是最好地说明了这一道理。有些地方结合清理积案，发动群众控诉在押案犯，因而发动群众，迅速完成了减退的经验，也充分证明了这一道理。必须强调这一运动的政治目的。必须先政治而后经济。在整个农村社会改

革过程中恶霸必须反掉，反革命分子必须受到镇压。农民必须获得政权，地主阶级必须在政治上打下去，否则是不行的。目前在实际运动中开始滋长的和平减退倾向，就是不明确这一条的原因。

以上这种说法，和四月会议提出的以减退为主流并不矛盾。当时的情况是乱出题目，乱做文章，而且满足于和只来出题目做文章，不认真地进行减退。所以在当时提出以减退为主流是适合情况的。而且即是提出以减退为主流时，也同样强调了反霸，并提出实际运动要从反霸开始。所以拿四月会议作为根据，忽视反霸，发生和平减退倾向是没有理由的。

今后的运动，仍应以减退为主流，但必须结合反霸。有霸必反，必须结合清理积案，深入镇压反革命活动。运动必须有强烈的政治性质和明确的政治目的。

第二，减退运动的主要斗争对象，应该是地主阶级的统治集团，即大地主和恶霸地主。因为政权在他们的手里，只有打倒他们农民才能获得政权。同时农村中大量的财富也是集中在他们手里，只有打倒他们农民才可以获得经济利益。因为他们是地主阶级的领袖人物，打倒他们之后，对一般地主的减退才可以胜利地进行。把地主阶级不加区别地一般对待，结果是放松了大地主，问题不得解决。有些县减退运动快结束了，只剩下一些大地主还在顽抗，便是很好的证明。

对于恶霸地主的狗腿子是否应该斗争？因为他们和恶霸地主是一个集团的人物，所以可以斗争。不让群众斗狗腿子的做法，是不对的。是否可以把狗腿子和恶霸一般看待？这是不可以的。因为狗腿子本身并不是恶霸地主。应该是把群众的斗争方向，主要引向恶霸地主身上去。对于狗腿子，只要他承认错误，向农民低头，并保证以后不继续为虎作伥，农民就可以原谅他。

第三，是要在减退运动中，把组织广大农民队伍和组织反封建的统一战线统一起来。在反封建斗争中组织农民队伍是基本的，但不能因此而取消或不注意组织反封建的统一战线。反封建的统一战线越广泛，对于农民越有好处，斗争也容易取得胜利。除去农民应善于取得城市各革命阶层的同情和援助以外，在农村中应该严格注意争取富农的中立，争取小土地出租者的同情，并争取小工商业者、贫苦知识分子参加这一斗争。对于地主阶级也应促使其分化，争取开明士绅。要做到这些，主要是正确地执行政策。政策本身就是具有这种力量的。在执行政策中，对地主阶级特别是大地主要严格一些，对一般可以争取中立或参加斗争的人，就应该主动地宽一些。有的地方这样做了，效果很好，有的地方没有这样做，阻力加大。

第四，是强调合法斗争。这是当前群众运动中的主要斗争形式。乱打乱杀，是完全不正确的。合法斗争的主要形式有三种：一种是群众控诉，讲理讲法，找人证物证，使地主无可狡辩，低头认罪；一种是群众的示威、游行、公审大会等，显示群众的革命威力，压制敌人的反革命气焰；一种是人民法庭，以人民力量集中表现的政权形式来制裁反动分子。三种形式，结合运用，是完全可以打倒敌人取得胜利的。有些同志，认为合法斗争、地主狡赖就无办法的认识是错误的。只有运用合法斗争的形式，才可以教育群众，争取社会同情，和打倒敌人。也只有合法斗争，才可以保证运动有秩序地进行，以避免地主阶级的代理人和游民分子钻空子，制造混乱。

第五，至于在内地民族杂居区进行发动群众，则需要十分注意民族间的历史隔阂、民族特点以及民族情绪问题。要十分注意尊重少数民族的风俗习惯，先反汉人地主后反少数民族地主，认真地发动少数民族群众，以他们为主来进行斗争，他们自己不同意的事情不要做，以免被上层分子利用民族情绪来钻空子，制造民族关系的混乱。只有在民族团结的基础上，才可以取得阶级斗争的胜利，否则是不行的。

以上五点，是减退运动的主要纲领。显然，要这样做，最基本的一条，是放手把群众发动起来，不把广大农民组织起来，自觉自愿地行动起来，形成一个大规模的热火朝天的群众运动，实现减退运动的目的是不可能的。因此，在运动中必须善于启发群众的觉悟，善于及时提出适当的口号，动员群众进行斗争，不可以拿琐碎的法令条文去束缚群众，不可以脱离行动地去静止地教育群众。不要怕群众行动起来出小偏差，在群众运动中，小偏差是不可避免的，应该主要是避免大偏差；而所有大偏差中，群众行动不起来，就是一个最大的偏差。

当然，这里所谓放手，是应该按照中央所解释的，即三放三不放：放广大群众特别是贫雇农之手，不放少数干部、积极分子或地痞流氓之手；放反封建之手，不放反资本主义之手；放合法斗争之手，不放乱打乱杀之手。这里所提出的三不放，对于广大群众讲起来，丝毫没有束缚手脚的意思。有些同志，借口执行政策，借口秩序，不去放手发动群众，是完全错误的。我们的政策是发动群众的政策，秩序是农民压制地主的新秩序，不要群众运动的宏大规模，企图要广大群众，完全看自己的眼色，按照自己的主观圈子办事，是完全错误的。

三、在贯彻土改总路线中要坚定不移地依靠贫雇农

在组织反封建的革命统一战线当中，毛主席提到“必须注意两条基本原则：第一，满足贫农与雇农的要求，这是土地改革的最基本的任务。第二，必须坚决的团结中农，不要损害中农的利益”。这就是说，在农村反封建斗争中，中农必须团结，但贫雇农更必须依靠。只有放手满足贫雇农的要求，发动贫雇农阶层，树立贫雇农领导骨干，团结中农，才能达到中立富农、彻底消灭封建势力的目的。也只有反封建斗争的彻底胜利，中农方能得到好处，才能更好地团结中农，才能解放全部农业生产力，达到发展农业生产的目的。所以在贯彻土改总路线中，应该坚定不移地依靠贫雇农。

过去一个时期，经省委一再强调和大多数同志实际执行的结果，在依靠贫雇团结中农这一问题上是有成绩的。但有许多同志认识仍不够完整，这是因为他们还不完全了解，贫雇农与中农的统一性和差别性的关系。贫雇农和中农在反封建斗争中是一致的，中农也是反封建斗争的主要力量，因为中农在旧社会中一般是受压迫剥削的，他们在反对帝国主

义、打倒蒋介石、消灭封建制度、要求政治民主等根本问题上具备一切条件与贫雇农一道，在共产党领导之下，共同奋斗。因而中农是必须团结的，排斥中农是错误的。但由于在旧社会中，中农的社会地位和经济地位比贫雇农好一些，因此，比起贫雇来，反封建斗争的坚决性和彻底性就要差一些，所以他们之间是有差别的。“他们之间的分歧主要就是在于贫雇农不满意中农在斗争地主富农时动摇犹豫，中农这种软弱性确是存在的。”由于这种差别，所以在农村反封建斗争中，就必须坚定不移地依靠贫雇农，巩固地团结中农。只有正确地理解贫雇农和中农的这样统一性和差别性，才能真正地依靠贫雇团结中农，而不犯片面主义的错误。

要依靠贫雇农，首先就要放手满足贫雇的要求，满足他们的政治要求和经济要求。有霸必反，有苦必诉，有租必减，有押必退。反霸斗争的果实主要分配给贫雇农。乡村的政权、武装、农协组织，要以贫雇农为主体、为领导骨干。只要是依靠贫雇农已经大多数发动起来，大多数敢于向地主要土地时，即放手地领导他们进行土地改革。“满足贫雇农的要求，这是土地改革的最基本的任务。”只有满足贫雇要求，才能依靠贫雇，才能在巩固的阶级基础上，树立起党的领导来。有些同志，空喊依靠贫雇农，而不敢放手去满足贫雇要求的做法是错误的。

依靠贫雇农，就是要发动整个贫雇阶层，从而树立贫雇领导骨干。这是一个细致的组织工作，要以访贫问苦、以苦引苦、以贫串贫的方法，把贫雇农串连起来。要组织贫雇农代表会和贫雇农主席团，当着集中贫雇农的意见、经常联系贫雇农的临时组织，要在思想上发动贫雇农，要在斗争中提高其觉悟性和组织性，要培养贫雇农积极分子和群众领袖，并且教育他们团结中农。没有这些细致的组织工作，依靠贫雇农也就是空谈。我们有许多地方就是这样做了，成绩很好，但也还有另外的情况：一种是贫雇农初步发动，或者是发动了一小部分，就满足起来了，再也不肯深入地一步一步地去继续发动；一种是不去发动贫雇阶层，自己主观选择几个所谓贫雇农积极分子，硬把他们树立成为“骨干”，结果是他缺乏广大群众的支持，骨干不起来。必须纠正后面两种情况，学习成功经验，向先进看齐。

在贫雇农已经发动起来的地方，应该及时注意防止排斥中农的倾向发生、干部思想上的片面主义和贫雇农中某些盲目的宗派情绪。如在贫雇农当了权的情况下，不加以教育的话，是可能产生排斥中农的情绪的。农会的组织要扩大，不要把中农和一些有缺点的农民关在门外，农代会和农协委员会中，一定要有三分之一的中农参加，一定不要伤害中农，一定要注意对中农的政治教育，以便领导中农进行斗争，彻底消灭封建势力。

四、贯彻从思想上发动群众

群众运动必须是群众自觉自愿的运动，必须在运动中逐步提高群众的阶级觉悟，把群众组织成一支坚强的政治大军，以便彻底消灭封建势力，发展农业生产，建立和巩固人民民主专政。因此在运动的每一个步骤，贯穿思想发动是十分重要的。不从思想上发动群众，就没有真正的群众运动。我们在实际工作中，有些地方注意了这一问题，效果很好；有些地方注意不够或根本没有注意，以致减退快结束了，贫雇农思想上还存在着许多顾虑，还不愿当干部、怕“当公事”。

使群众相信自己行动的正义性、合理合法性，相信自己的阶级力量，有决心进行斗争，有信心取得胜利，并自觉地相信共产党的领导，执行党和人民政府的政策，这就是群众阶级觉悟的主要表现，要把群众提高到这种觉悟程度，必须根据群众的切身经验进行启发，必须是群众的自我教育，脱离群众的切身经验，生硬地大讲一通是不能解决问题的，必须是结合群众的实际行动，在斗争中进行教育，把群众的思想发动和实际斗争分离是错误的。

群众的觉悟性的提高是一个过程，是随着运动逐步深入而逐步提高的。运动开始时，主要是搞诉苦运动，诉地主阶级的政治压迫的苦，实行对地主阶级统治集团的政治清算，以便于启发群众阶级仇恨的怒火，引导群众自觉地打倒地主阶级的政治统治，然后是结合减租退押，最后是土改划阶级，诉地主阶级经济剥削的苦，和地主阶级算剥削账，划清阶级界限。在每次斗争之前要进行政策教育和斗争策略的教育，斗争之后，要用总结斗争的方法提高觉悟，巩固和扩大胜利。除此之外，要在每一个运动的步骤，都贯穿进行时事政治教育，主要是抗美援朝的思想教育，以及社会主义的前途教育，武装起来的教育，和生产教育，特别是进行武装教育十分重要，群众知道武装起来是群众觉悟提高的表现。只有根据群众的经验，结合着运动的发展，一步不放松地进行这一连串的思想教育，才能达到从思想上发动群众的目的。

所谓启发群众的自觉，就是要善于根据各种具体情况，运动中发生的若干重要事件，及时提出适当的口号，让群众自己去讨论去体会，并在适当时机加以简短说明，引导群众根据口号行动起来。不能用主观小圈子套群众的思想，不能强迫诉苦，把严肃的思想教育，当作走过场交任务。要能做到这样，就必须理解农民群众的要求和情绪，了解每一具体情况下群众在思想上所起的变化。对于群众的思想情绪及其变化，要与对自己的脉搏一样清楚。这就需要我们深入群众，和群众打成一片，需要我们具有真挚的阶级情感。站在群众外面，和群众的感情格格不入，是不会做到这一点的。

除去结合运动教育外，在运动告一大段落的时候，需要对群众进行集中的系统的教育，以便比较有系统地提高群众。只注意行动教育，不注意系统教育也是不对的。系统教育的主要内容，应该是阶级教育，特别是工农联盟的教育、生产教育和武装教育，以及社会主义、共产主义教育。所有这些，都以抗美援朝、爱国主义教育为中心。在几个主要问题上，群众认真地体会了，才可以真正地实现我们党团结农民大多数、树立党的领导的目的，才可以使我们党在农村中的地位最后巩固下来。

五、必须结合斗争加强群众的组织工作

在群众运动中，必须强调深入细致的组织工作，结合斗争去组织群众的革命队伍，随着斗争的深入，将群众的队伍扩大与巩固起来。不重视组织工作，或把组织工作与对敌人的斗争分裂开，不把细致的组织工作与群众斗争的宏大规模结合起来，都是不正确的。

自从省委强调了群众运动中的组织工作以来，若干地区，经过一段实践，已创造了不少的具体经验，使得减退运动深入了一步，群众斗争的初步胜利，得以巩固起来，并奠定了继续领导群众前进的组织经验。根据这一时期的经验告诉我们：群众组织的基层单位是乡。必须做好乡的工作，才算是有了基础。而根据我们目前乡村中的实际情况，做好一个乡的工作，大概是要经过这样一个过程：首先是开好县农代会，摸清情况，交代政策，动员贫雇及代表回去宣传政策，串连组织，然后干部分头到乡，深入和发动贫雇农：一方面是联系贫雇农出身的农民代表，一方面以个别访问和座谈等方式，深入贫雇，发现更多的积极分子，通过他们去串连贫雇，召开贫雇座谈会或代表会，集中意见，启发其觉悟，并依靠他们再行扩大串连贫雇农和团结中农，然后正式开贫雇农代表会，成立贫雇农主席团，在此基础上召开乡农代会。这时群众一般都首先提出改造不纯乡村组织的要求，领导上应替群众撑腰，把一切权力集中于农代会，使农代会成为乡的合法的最高权力机关，明确作出决议，分别对待旧的乡村干部，初步整顿组织，然后即经过酝酿准备，开展对地主阶级的斗争，并及时分配胜利果实。在斗争胜利的基础上进一步扩大组织，根据条件成熟与否，用民主选举的办法，初步建立乡的各种组织，教育干部，管理地主，准备实施土改。在每一个步骤，必须强调反封建斗争，必须在此前提下去组织群众，否则是错误的。

根据过去这一段的工作经验，在这一套组织工作中，有几个重要的环节，这就是：

第一，运用农代会与个别串连相结合的方法，是组织工作的基本方法。由小到大，由点到面，是群众组织发展的规律。现在有的地方，只开农代会，不做串连是不对的，那样就没有坚实基础，农代会是应该在串连的基础上召开的。也有的地方，又只有串连的唯一方法，不运用农代会和贫雇农代表会，这不但不可能扩大串连，使运动缺乏宏大的规模，而且不经过代表会，群众缺乏具有合法权力的领导机关，不能迅速地进入斗争，因此，必须强调农代会与串连相结合，必须以乡的代表会为中心，去展开各种活动，如贫雇农代表会、座谈会、农协小组会、个别教育会等。把系统地运用农代会解释成为只开县区乡三级农代会，取消了以农代会为中心的各种群众组织运动，这是错误的。

第二，正确地整顿村组织是一个很大的问题。由于过去村组织相当普遍的不纯，处理不好会给运动以很大的妨碍。经验证明，正确的处理原则是经过群众分别对待，干部要摆脱旧乡村干部的圈子，去直接和群众见面，依靠贫雇、团结中农，建立乡的权力机关——农民代表会。然后经过群众讨论，分别处理，好的加以表扬，对于农民自己人，由于地主阶级的阴谋，或教育不够，因而才上了敌人的当，或思想作风不好的，要在群众中展开批评与自我批评，是否还当代表和干部，则由群众决定，属于地主阶级代理人或游民分子、

作恶多端、欺压群众的，则分别不同对象，组织群众斗争，给以适当处分。分别对待的结果，是要达到团结自己、打垮敌人的目的，凡是与此相反的不正确处理，则都走了弯路。一种是跳不出旧村干圈子，不深入群众，只依靠少数村干部进行工作，只主观肯定他们可以依靠，听不见群众的呼声。有的是由于这些村干是自己一手“树立”起来的，尽管他不是从群众中来，群众不拥护他，但是拒绝群众的改选要求，无视群众的民主权利，甚至有的同志把原来的村干组成“发动贫雇委员会”，有些则让一些不纯分子去开“树立骨干会”，这是完全错误的。也有的地方确实串连了贫雇农，但并不依靠贫雇农去整顿旧的组织，不知道到底是撑谁的腰，以致乡村中相当长期地存在两套组织。还有另外一种过左的做法，则是不区别旧的乡村干部的本质的不同，是农民自己人，还是地主代理人，不加区别地加以打击，新旧大换班，以致伤害了农民自己人，制造了内部隔阂，削弱了反封建的力量。以上这些不正确的做法，都必须加以纠正。

在整顿乡村组织中，应特别注意人民武装的整顿，应该特别教育农民群众掌握武装的重要，并在群众发动的基础上，建立乡村政权，提高政权在群众中的威信。

第三，是培养积极分子和群众领袖。群众运动必须有积极分子带头，党无权命令群众，党是运用积极分子、团结中间分子、推动落后分子去领导群众的。当然，这些不是说可以根据少数积极分子的意见决定政策，也当然并不是说党的工作人员只需要接近积极分子，不去接近其他群众，而是要时时刻刻和广大群众保持密切联系的。

积极分子是成分纯洁，出身正派，首先接受我们的政策和口号，比较具有觉悟性的人。只要具备两个条件：一个是正派积极，一个是联系群众。对于积极分子，要求过高是不对的。他们不是自上而下封的，而是在运动中涌现出来的。当然，这并不是说让他自流发展，而是要有计划地培养，主要的方法是提高其觉悟，并保持和加强其与广大群众的联系。把积极分子突出起来，使他们脱离群众，以致先进与落后脱节，是很危险的。对于积极分子也不要存在着一成不变的观点，随着运动的发展，一定有新的积极分子涌现出来，也一定有积极分子落后下去。当然，我们应该尽力争取其不落后。由于运动的深度不同个别落后是难免的，但从总的看起来，积极分子层应该是逐步扩大的。应该在积极分子中，选择优秀的人物，培养成为群众领袖，密切联系群众，爱护群众的利益，而大为广大群众所拥护爱戴。党的政策，通过群众领袖，迅速地为群众接受，对于这种人应该慎重地选择，认真地培养，时刻注意加强对他的教育，内容应该主要是两条：一是党的政策，二是联系群众的民主作风。只有培养出群众领袖来，我们才算是真正的生了根。

六、加强党对群众运动的领导

实现党对群众运动的领导任务，首先是教育干部掌握政策，这须从两方面去做，一是思想打通，二是具体规定，并把两者结合起来。缺乏政策思想的教育，干部的水平不能提高，结果，不是脱离了党的政策精神，便是拿琐碎的政策条文去束缚群众，缺乏了具体规定，则干部无所适从，往往在具体问题上犯错误。所以领导机关的任务，一定要把两者结合起来去教育干部。这也就是把思想领导和具体指导相结合的具体表现。根据我们的干部情况，在实行政策教育时，应该注意克服两种偏向，一种是经验主义的抵触，一种是缺乏经验的人不能具体领会。对于前者应该是帮助他总结过去的经验，从思想上加以提高，创造新的经验，拿新的经验去代替某些不合时宜的或错误的旧经验；对于后者则应该强调深入实践，领导他们在实践中去逐步证明党的政策的正确，并加以具体体会。这是为了防止大的偏差，应该有一条纪律保证，就是凡经上级党委具体规定了的东西，都应该严格执行，有不同意见可以提出来，未经规定政策的机关修正以前，还应该是严格执行。只有思想打通，具体规定最后再加上纪律保证，才有可能保证党的政策的正确执行。

实现党对群众运动领导的第二个任务，便是把政策交给群众，使政策变成群众自己的行动纲领。只有党的政策和广大群众结合起来，才可以发挥其伟大的力量。这里在观念上应该理解两条，一条是党的政策和群众的利益是一致的，党的政策是群众利益的集中表现，这是群众自愿地执行党的政策的基础；一条是党的政策是代表高度的阶级觉悟的，在群众觉悟还没有提高到一定程度时，或者是由于群众觉悟程度参差不齐，可能在某些地方不能完全接受党的政策，这就需要我们努力教育群众，提高其觉悟性。应该是把群众提高到党的政策水平，而不是迁就群众的落后性，那样做便是尾巴主义。当然也不是不看群众的觉悟水平，不做教育工作，硬要群众照着我们办，那便是官僚主义。所以把政策变成群众的行动纲领，也是一个艰巨的教育过程，同时也是一个群众斗争的实践过程。至于把政策交给群众的方式，则是多样的，有效的方式应该是农代会，经群众讨论把政策变成农民自己的决议。也可以用群众大会、农协的小组会、个别教育等方式去进行。最好把党的政策的基本要点，变成口语或口号，便于动员群众，也便于群众记忆。由于我们的干部中能够体会党的政策精神、具体掌握政策的人不够多，所以县委应该负起通过县农代会，直接向群众交代政策的任务来。因此每逢运动的主要环节，县委一定要召开县农代会，直接联系群众、了解情况、集中意见、交代政策，不能以干部会代替农代会。经验证明，那样做是失败的，当然必要时干部集中也是允许的，只是在应该召开农代会的时机，不能以干部会来代替。

实现领导任务的第三条，应该是领导干部深入重点，创造经验，借以教育干部，推动全面。领导机关规定了政策和做法以后，是否正确有待于实践的证明。如不正确，或不完整，需要经过实践，加以纠正，或补充，即使正确也要自己深入重点，做出样子给一般干部看，借以总结经验，具体地推动运动的展开，同时对领导者自己也是一种最实际的教育。所以领导机关，只管规定，只管开会布置而不管深入重点的作风，是一种飘浮的官僚主义的作风。因此省委必须具体指导几个县，地委必须抓住一二个县，最好是一二个区乡，县委必须抓紧二三个乡，只有这样的领导，才真深入具体的领导，才能具体实现党的领导任务。

县委是群众运动的基本领导单位，因此县委的领导是一个最重要的环节。在目前干部条件下，县委的领导要集中统一，不能以分散的领导代替集中的领导，而直接领导到乡，不能把区一级作为县委领导的依靠。在今天我们的条件下，主要的领导方式是县委领导工作队，而不是领导区委。所以工作队下乡后应以农协面貌出现，但实际领导集中于县委。农协会在目前不另设县的领导机关，县农协委员会和县委合并为一个机关，等着土改完成，实行建党的时候再行分开，这样做是有好处的。为了要实现统一集中领导，必须加强上下的联系，必须健全请示报告制度，必须克服困难，健全交通制度，县委必须学会把一套指导工具运用起来。

最后是必须时刻注意纠正偏向，遇有大的偏向，必须坚决纠正，正确地纠正偏向，不等于泼冷水。对于发生和发展着的偏向，视若无睹，是一种机会主义作风。但在纠正偏向时，必须划清界限、指出方向，从说服教育入手，引导干部和广大群众自动纠正。对于干部，只有说服教育完全无效时，才可以命令纠正，但不可随便给干部戴大帽子，不说明白，大帽子压人，就是官僚主义。要实事求是，有什么就是什么，方向明确，说服教育，加上纪律保证，便可以达到纠正偏向、使运动正确发展的目的。

关于内地民族杂居区实施土地改革的问题（节录）
于一川秘书长1951年8月22日在中共云南省委扩大干部会议上的报告
《云南民族工作参考资料》第二辑
云南省人民政府民族事务委员会编印
1952年

关于内地民族杂居区实施土地改革的问题（节录）

于一川秘书长1951年8月22日在中共云南省委扩大干部会议上的报告

我省是一个多民族居处的省区，少数民族人口占全省人口的50%到60%，而分布地区，几遍于全省。因此，在考虑和实施土地改革时，一定要认真地研究，并解决民族问题。不注意这一问题，或对这一问题重视不够，都将犯很大的错误。

一、我党民族政策的前提和归宿，都是要达到民族团结。所以，我们的民族政策，就是民族团结政策，就是“境内各民族一律平等，实行团结互助，反对帝国主义和各民族内部的人民公敌，使中华人民共和国成为各民族友爱合作的大家庭”。而民族民主建政和社会改革则是民族问题的两个基本内容，而社会改革则是更为根本的问题。从少数民族的社会经济结构和阶级关系来看，除少数更为落后的部落外，则基本上是封建社会的性质，基本上是地主与农民的阶级对立。历史上的民族压迫，除去政治压迫之外，更为根本的则表现为土地的掠夺。因之，民族问题的实质，也可以说是农民问题，而农民问题的基本问题，则是土地问题。根据以上分析，下列几条应该是肯定的：

甲、在内地民族地区，只要是具备了土地改革的条件，只要各族农民有热烈的土地要求，敢于向地主阶级要土地时，即应坚决领导各族人民实行土地改革。这是民族团结的根本问题，只有发动了各族农民，解决了各族农民的土地问题，民族团结才能最后巩固起来；不这样做，不能满足各族农民的土地要求，同样是大民族主义的表现。

乙、由于各少数民族，历史上处于被压迫的地位，有的居于山顶，有的处于流动状态，土地极为缺乏。因之，在实行土地改革时，一定要在不至于发生民族大流转的前提之下，尽量满足少数民族农民的土地要求，一定要说服教育汉族农民，尽可能地照顾少数民族农民弟兄，必要时，政府可以收购等方式满足之。当然，要想在土地改革中完全满足各族农民的经济要求，则是困难的；各族农民的生活水平之显著的提高，有待于土地改革后，在政府协助下大力地开展。

丙、有若干更为落后的民族，尚存在着过渡的奴隶制度，主要的阶级对立，尚是奴隶主与“娃子”，虽位置处于内地，也不实行土地改革。这些地区如何帮助其进步，以后再定。

二、内地各民族地区，经济条件大约是相同的，农民都有强烈的土地要求是共同的。但由于历史上民族压迫的结果，以及各族社会经济发展的不平衡的关系，是存在着若干特殊情况的，而且是十分复杂的情况。

土地问题的解决，不只牵涉到各民族内部的地主与农民之间的问题，而且牵涉到各民族中间的地主与农民之间的问题，甚至是各族农民与农民之间的问题。同时土地关系本身亦甚为复杂，只看到社会经济结构及农民土地要求的一般性，不重视民族关系与土地关系的若干特点，不根据这些特点规定具体可行的政策，也将要犯错误。

根据了解，各族间的土地关系，大体有以下几种形态：

甲、全省腹地少数民族，大多数受佃于汉族之地主恶霸，甚至有的全族都是佃农，全部失掉了土地，这是全省的基本情况，也就是提出问题的基本根据。麻栗坡一区的调查是：

瑶族：99户，富农1户，中农30户，贫农40户，雇农28户。

苗族：123户，中农20户，贫农88户，雇农15户。

孟母族：56户，中农1户，贫农49户，雇农6户。

乙、少数民族的地主，出租给本族和其他民族（包括少数汉族农民在内），在少数民族经济发展的地区，这种情况还不少，如昭通专区、大理专区之永平的彝族、回族都有类似情况。

丙、少数民族的寺产、公田、学田租给本族或外族——有的地区回族多租于外族，为了好收租，彝族多租于本族，这些土地是与少数民族的宗教信仰等问题相联系，如有不慎，动辄牵涉到民族问题。

丁、转租公田，这是因为民族压迫所造成的特殊情况。如许多地方回族租种公田，租额较低，有永佃权，但不能解决回族全部生活，致回民兼营商贩，有许多回民自己经商，将小部租来之公田转租他族，其中大部分是劳动人民，但亦有若干回族地富转租公田（有的依靠伪政权势力，公田租额很低）。

戊、有的少数民族中较富裕之农民或个别富农，个人或合伙，在汉区购买土地（有的是放高利贷），自己仍住在山头，将土地租给外族——他们多是劳动农民，这种行动常常表现为民族报复。

己、土地关系仍保持原始公有形态，以一寨为单位，将剩余或耕作不便之土地租给另外一族或一寨，租额虽轻，这样的问题也不多，但常牵涉到两族的纠纷问题。

此外回族、民家族中之商贩孤寡有因同样原因，将自有土地租给他族者，有的农民因耕种方便从外族租入一部又租出一部给外族，这种交错复杂的关系，稍一不慎就引起民族关系问题。

根据以上调查情况，就要详细考虑到在少数民族地区实施土地改革，应该有若干具体政策的规定，规定这种具体政策原则，应该有下列诸条：

甲、鉴于在大多数地区，汉族地主恶霸居于统治地位，这一基本情况，在实施土地改革时，除发动各族农民共同参加斗争依法没收汉族地主之土地财产外，在分配时应特别照顾少数民族农民的困难，适当满足他们的要求。

乙、对于各少数民族内部之地主，可稍宽一些对待，在斗争方式上可多采取协商、调处、法院起诉等方式；对于两个少数民族之间的土地关系，更应采取协议方式解决。

丙、由于各民族和宗教信仰相连之公田、寺田、学田等应加以照顾，可采取保留一部办法处理，在本族人民不同意没收情况下，应全部保留；即使没收时，也要全部分给其本族农民耕种。

丁、对少数民族中之小量出租土地或集体出租土地者，应加以额外照顾，对这些土地以基本不动为宜。

戊、对于少数民族中的富农，不论自耕、雇人经营或出租部分全部保留。

己、不应翻历史账，那样更容易引起纠纷，只从目前情况出发处理问题。

三、由于历史上民族压迫所造成的民族隔阂，在实施土地改革时，应该十分加以注意。基本上是不要性急，要着眼于发动少数民族农民群众自己来进行。十分注意民族形式，尊重少数民族的风俗习惯，不要伤害民族情感。要强调各族农民的共同利益，统一于这个共同利益之上。只要是通过了民族形式，注意尊重其风俗，并使其获得实际利益，就可以达到民族团结的目的。

实施土地改革的条件应严格按照西南规定，即：

甲、认真实行了区域自治和联合政府。

乙、必须是少数民族人民大多数赞成或自己举手通过的。在步骤上应先汉后少数民族，以促成少数民族人民觉悟，如果少数民族不赞成在哪一地区，甚至不赞成决定哪一家实行时，即应坚决不实行。

在斗争方式上应采取较为温和的方式，强调合理方法，协议调处，法院起诉等方式，严禁非刑吊打或侮辱少数民族的做法。

在实施步骤上应该十分慎重，深入调查研究，掌握真实情况，详细地规定一些具体政策，认真地教育干部，先由点上开始，取得经验再行推广。在少数民族区实行土改，须经上两级党委批准。遇有特殊问题，需规定具体办法时须请示批准后执行，万不可草率从事。

总之，实施土地改革，其目的是达到真正的民族团结，而不是制造民族纠纷，因此在少数民族区域检查土地改革是否成功的一个主要标准，就是看是否从根本上解决了民族团结问题。

民族间土地关系的调查报告

民族问题参考资料之一

中共云南省委会办公厅印

1951年8月20日

民族间土地关系的调查报告

这报告是省委研究室根据现有一些材料的综合，但占有材料不够全面，其中一些分析、见解，不一定精确，仅供各地研究参考。

省委办公厅

8月20日

目录

第一部分　概说

（一）少数民族在全省分布情况

1.少数民族的人口

关于少数民族的种类、数目，目前还没有切实可靠的数字，根据云南省民族事务委员会所编《云南省兄弟民族人口分布初步统计》①一书，少数民族共有130种，人口4777057人。这是根据各专区报来的数字统计出来的，距真实数字势必很远。全省减租、退押运动开展后，实际人口较以前统计增加很多，准此，少数民族人口亦必有所增加。因少数民族多半居山区，或者边缘地区，在这些地区工作进展一般比平坝区慢，加之调查工作本身十分草率，主要是旧材料或估计，因此人口统计所得数字势必距实际很远。例如宜良县第四区本有回族563人，只报了120人，在该区有两个彝族村子，根本未提到；昆明市的少数民族只统计了回族人口，其他都未统计。

其次，少数民族种类也没有130种：（1）有些若干民族实际是一个民族，仅因音同而字不同，分列开来，如那乌、拉乌、罗武列成3个民族；（2）有些实际是一个民族，仅因名字不同而分列，如撒尼族、阿细族、二彝子、大黑彝、小黑彝实际就是彝族，但另列一名；（3）因居住地区不同而分列，如丽江土家族与大理土家族分列为两个民族等。

云南全省人口数字有4种，伪省府在1932年的调查是11795486人、在1934年的调查是12042157人、在1943年的调查是9304187人；省人民政府民政厅1951年的调查是15928372人。上述少数民族人口数字与此4种数字相比，则少数民族人口占全省总人口的百分比是：占1932年调查的40.50%，占1934调查的39.67%，占1943年调查的51.34%，占1951年调查的30.00%。同1943年的调查相比是不适当的，因那时正是抗战末期，人民为了抵抗国民党的拉兵、拉夫，故多隐瞒人口；同1951年的调查相比更不适当，因为我们还没有较系统的调查工作。所以根据现有材料来估计，全省少数民族人口占全省总人口的45%左右，似比较可靠。

2.少数民族在地区上的分布情况

从各专区少数民族的分布的情况来看：普洱、丽江、蒙自、文山4个专区少数民族比较多，少数民族人口占各该专区人口的50%以上，最高75.01%，最低57.71%；曲靖、昆明、宜良、昭通、楚雄5个专区，少数民族比较少，人口所占百分比都在15%以下，最低是5.03%（曲靖专区）。其他几个专区，少数民族人口所占百分比都在19%—30%之间（详见附表一）。

①《云南省兄弟民族人口分布初步统计》，云南省人民政府民族事务委员会制印，1951年7月20日。参见本《实录》第十卷。——编者

附表一　各专区少数民族人口分布比较表

地区	全专区总人口	各专区少数民族人口	少数民族人口占专区总人口（%）	少数民族种类数目	备注
普洱专区	1214256	910907	75.01	57	
丽江专区	945928	618842	65.42	27	
蒙自专区	1210803	705369	58.24	24	
文山专区	1090522	829309	57.71	17	
武定专区	529037	159491	30	11	
大理专区	1702613	480789	28.23	18	
个旧市	101400	24818	24.47	8	
保山专区	1538810	379226	24.57	20	
玉溪专区	1157379	223857	19.34	25	
楚雄专区	1037474	155445	14.98	10	
昭通专区	2286653	253736	11.09	7	
宜良专区	1088690	104250	9.57	14	
昆明市	586626	58641	9.99	7	包括昆明县
曲靖专区	1438181	72377	5.03	6	
合计	15928372	4777057	29.99	130	

说明：此比较表系根据省府民族事务委员会关于本省少数民族的初步统计，及民政厅本年度全省人口调查整理而得。

从18个主要少数民族在全省分布的情况来看：

（1）彝族最大，有1102193人，依次是泰（僰、岱）族、民家族、苗族、侬族、回族、窝尼族、傈僳族、麽些族、沙族、倮黑族、卡瓦族等。最小者为浪速人，全族仅20人；人口在10000人以下的民族有92种，人口在5000人以下者有85种，人口在1000以下者有59种，人口在500人以下者42种。

（2）彝族、苗族、回族分布最广，遍及12个专区、2个市：彝族分布在蒙自、楚雄、昭通、玉溪、武定、大理6个专区者较多；苗族分布在文山、蒙自、昭通、武定4个专区者较多；回族分布在曲靖、昭通、大理、玉溪、昆明、蒙自等地者较多。其次是民家族、岱族、傈僳族：民家族分布到8个专区、1个市，而集中于大理、丽江2专区；岱族分布到9个专区、1个市，集中于保山专区；傈僳族分布到6个专区，而在丽江、保山、武定3专区较多。文山土族、沙族（小部分分布在其他地区）集中在文山专区；窝尼族集中于蒙自专区，部分分布在其他地区；麽些族集中在丽江专区；朴拉族、土佬族、瑶族、侬族集中在文山、蒙自2个专区，山头族集中于保山专区；僰族、倮黑族、卡瓦族、濮曼族集中在普洱专区，其中有一小部分分布在其他地区（详见附表二）。

附表二　全省18个主要少数民族人口在各专区（市）分布情况统计表

民族	保山专区	大理专区	武定专区	玉溪专区	普洱专区
彝族	6330	154846	105491	139272	78070
民家族	3800	229466	0	0	0
傣族	193877	5675	4082	25968	0
苗族	1200	2062	15195	2452	5820
侬族	0	0	0	0	0
回族	6659	34810	1643	24194	4542
窝尼族	0	0	0	4827	20340
傈僳族	34751	3593	14375	0	1560
僰族	0	0	0	0	159373
麽些族	0	0	0	0	0
沙族	0	0	0	0	500
倮黑族	5300	3533	0	0	134129
卡瓦族	12200	0	0	0	113005
朴拉族	0	0	0	0	0
土佬族	0	0	0	0	0
山头族	63250	0	0	0	3140
文山土族	0	0	0	0	0
濮曼族	3450	837	0	0	48903
瑶族	0	0	0	0	2400
合计	330817	434822	140786	196713	571782

民族	丽江专区	曲靖专区	昭通专区	宜良专区	楚雄专区
彝族	44960	13699	112700	16530	136058
民家族	204386	500	4000	0	3000
傣族	2100	0	360	0	1502
苗族	4223	5385	84576	1800	2184
侬族	0	0	0	0	0
回族	3600	52643	48300	13620	3891
窝尼族	0	0	0	0	425
傈僳族	103627	0	0	0	5107
僰族	0	0	0	0	0
麽些族	150318	0	0	0	0
沙族	0	0	0	24000	0

续表

民族	丽江专区	曲靖专区	昭通专区	宜良专区	楚雄专区
傈黑族	0	0	0	0	0
卡瓦族	0	0	0	0	0
朴拉族	0	0	0	0	0
土佬族	0	0	0	0	0
山头族	350	0	0	0	0
文山土族	0	0	0	0	0
濮曼族	0	0	0	0	0
瑶族	0	0	0	0	0
合计	513546	72227	249936	55950	152167
民族	昆明市	个旧市	文山专区	蒙自专区	合计
彝族	15778	4720	40763	232976	1102193
民家族	5801	0	1600	387	452922
傣族	0	1570	6638	31208	272980
苗族	352	3150	77423	54353	260175
侬族	0	0	236034	11124	247158
回族	21722	2190	6800	18889	243503
窝尼族	0	3380	0	164916	193888
傈僳族	0	0	0	0	163013
麼族	0	0	0	0	159373
些族	0	0	0	0	150318
沙族	0	1570	108800	8273	143143
傈黑族	0	0	0	0	142962
卡瓦族	0	0	0	0	125205
朴拉族	0	0	33391	66528	99919
土佬族	0	378	35965	52757	89100
山头族	0	0	0	0	66740
文山土族	0	0	58235		58235
濮曼族	0	0	0	0	53190
瑶族	0	0	18544	20169	41113
合计	43653	16958	624193	661580	4065130

说明：此统计表系根据省府民族事务委员会关于本省少数民族的初步统计整理而得。

3.民族间的土地关系

民族间土地关系非常复杂，包括着：汉族地主与少数民族农民的土地关系，少数民族地主或土司与汉族农民、农奴的土地关系，少数民族地主或土司与其本民族农民、农奴的土地关系，这一少数民族地主或土司与其他少数民族的关系，以及各族农民之间的土地关系等等。以及围绕着土地为中心的许多民族间的租佃、典当、借贷等问题，形成了民族间土地关系中许多错综复杂的问题。

（二）民族关系

1.民族关系中的几个特点

（1）民族多：根据省府民族事务委员会关于少数民族的初步统计，云南少数民族共有130种，虽其中多有重复，但至少亦不下百种。普洱专区有57种，丽江、玉溪、蒙自、保山都在20种以上，民族最少的曲靖专区亦有6种。民族种类在30种以下者11个专区、2个市，在20种以下者有7个专区、2个市，在10种者仅2个专区、2个市。

（2）杂居：由于云南民族多，及历史上的民族迁徙的结果，形成广泛而复杂的民族杂居。除边缘少数民族地区的某些地区（如卡瓦山的卡瓦族，莲山的山头族等）外，单一民族聚居地区是极少有的；如盛称民族聚居地区的圭山、西山，也有汉族及其他民族杂居其中。所以可以说，一般多为以一个民族为主的杂居区，单一民族聚居区极少。由于复杂的民族杂居，形成了复杂的民族关系。

（3）社会发展极不平衡：少数民族地区可以分为两种类别，即：边缘少数民族地区与内地少数民族地区，其差别就是两种地区是处在两个发展不同的社会。边缘少数民族地区的生活经济形态，基本上是封建主（土司）世袭的经济制度，但在部分地区，如镇康及腾冲的某些地区，已分化为一般的地主制度的经济；而上两种经济制度又都还保存着奴隶制度的残余；而在另外一部分地区，如卡瓦族居住的卡瓦山（普洱专区）、山头族居住的莲山地区（保山专区）等，还保存着原始公社的经济形态。内地少数民族地区的社会经济形态，基本上与一般汉族地区的封建的土地制度的经济形态无太大的差别；但在部分地区，如武定及禄劝二县的北部，还保存着封建主世袭制度的残余，而在永仁及禄劝等县的某些地区还保存有奴隶制度的残余。

2.民族关系中几个矛盾

在民族间各种矛盾中，集中表现为这3种关系，即：汉族与各族的矛盾、各少数民族之间的多数民族与各少数民族的矛盾、各族内部的阶级矛盾。此3种矛盾中，后一种矛盾是基本的矛盾。如上所述，由于各族内部阶级分化多已趋明显，而解放后也在日益加深，在民族关系进一步解决的地区，尤其是内地若干地区，有时这矛盾上升为突出的、主要的矛盾。但一般来说，由于历史原因，前两种民族矛盾仍是目前民族间诸矛盾的主要方面，而民族矛盾又首先表现为汉族与各族的矛盾。分开来说：

（1）汉族与各民族的矛盾：这是目前主要的民族矛盾。这是历代汉族反动统治者施行民族压迫的结果。一方面，历代汉族反动统治者，为统治汉族及各族人民，最善于把阶级矛盾转化为民族矛盾的形式下进行，最突出的如：清咸丰、同治年间的“杜文秀事变”，清皇室对回族人民施行了残酷的大规模的屠杀，挑拨造成了回汉长期的仇恨，至今这一隔阂还极为深刻，并每每继续为回汉两族内部的反动派所利用。另一方面，汉族统治者与各族内部的统治者之间的矛盾，也经常被两族统治者转化为民族矛盾去表现，如：边缘土司制度保存的地区，土司与伪“设治局”为了争权，势成水火，从而挑拨为民族矛盾去进行。1924年，保山区的10个土司，为了保存土司的地位，曾联合起来组织“兴夷灭汉”的武装，围攻汉人聚居的地区，后为伪省府军队击败。在此以后，又发生过几次土司与伪“设治局”互相攻杀事件。

汉族地主以地租债利等方式，对少数民族进行经济的以及超经济的剥削是很普遍的。有些地方，如腾冲等县的某些地区，汉族地主，首先用欺骗或强霸等手段，霸占了少数民族的土地，而又对他们进行经济的以及超经济的剥削。在这种严重的剥削之下，少数民族的生活极端贫困，也从而加深了对于汉族的隔阂与仇视。

此外由于经济发展的不平衡，及汉族反动统治阶级大汉族主义的影响，一般汉人也对少数民族采取贱视和歧视态度，如对少数民族使用污辱称谓。

（2）少数民族间的矛盾：所有少数民族，在总的方面，都受反动派大汉族主义的压迫，但在少数民族中的较大或较先进的民族，又对其他少数民族实行大民族主义。产生的原因是：第一，由于经济发展的不平衡，如保山区各个土司中的摆彝族，居住平坝，生产力较强，便压迫、轻视居住山区、生产落后的傈僳、山头等族。第二，由于各族内部统治阶级的操纵，如武定二区黑彝地主，首先霸占了黎族同胞的土地，而后又租给他们，剥削大量地租及种种额外剥削。这样便造成或加深黎族对黑彝族的仇恨。尤其是汉人在当地居于少数地位的地区，这一矛盾则每每可表现为该地民族间的主要矛盾。

此外，各少数民族内部，统治阶级之间，矛盾亦很多。如德钦、中甸藏族各土司之间，历史上互相仇杀、抢劫不息；保山区方家土司兄弟，为了争夺土司地位，常暗中钩心斗角，甚至互相陷害，势成水火等。而这些统治者，也经常转化其内部阶级矛盾为民族矛盾，去奴役别的少数民族，形成为少数民族与少数民族之间的矛盾。

（3）各少数民族内部的阶级矛盾：这是基本的矛盾。如前所说，少数民族地区的社会经济形态，分为3种，即：封建主世袭的经济形态、一般的地主制度的经济形态以及奴隶制度原始公社残余的经济形态。前二种社会中，一般都存在着统治阶级与被统治阶级的矛盾。土司制度保留的地区，土司对他统治下的人民的剥削是很严重的。德钦土司制度的调查中，关于土司对人民的剥削一节说：“总之，在土司统治下，一般人民用年收获的1/2上了地租，再用1/4以上去完纳各种负担，最后剩下的不到年收获的1/4。还必须用1/5以上的时间去为土司当兵以及服各种劳役。”阶级分化剧烈的地区，少数民族地主对少数民族人民的剥削也是很残酷的。如蒙化回辉登村的回民20户租回族地主的田，租额达到75%到100%。永仁县一个彝族娃子，提出要求解放，他说：“我家世世代代卖给黑彝做娃子，身子得不到自由。”

在保存原始公社制度的地区，如宁洱区的卡瓦族及莲山地区的山头族，他们生产简陋，生活极端困苦，虽有统治者，但统治者对人民的剥削较轻，且亦参加劳动，生活与一般老百姓无大差别，土地不私有，私有阶级矛盾不显著。其次，内地的某些地区，如弥勒西山区第三乡，经济虽已分化，但无地主富农，全部是小农经营，没有较重的剥削，所以也没有突出的阶级矛盾存在。

解放后，民族关系起了基本的转变。共产党、毛主席、中央人民政府民族政策的感召，在各民族中发生了极大的威信。1年来，在民族工作各方面的实施，尤其是民族联合政府和区域自治的成立，大大推进了民族团结。但由于工作中还存在很多缺点，尤其是有些地方执行政策上发生严重的偏向，根本消除民族隔阂，还要经过十分艰苦谨慎的长期努力。

第二部分　内地民族间的土地关系

（一）历史情况的变化

内地少数民族由于地居全省腹地，在历史上不断受着汉族统治阶级的剥削与压迫，固有的经济制度被破坏得早。原始公社的，奴隶制的，封建农奴制的形态，多已蜕变。明朝皇室的征讨，建立了土司制度。清代咸同事变杜文秀起义，腹地各少数民族纷纷响应，后来遭受的打击也较普遍而且深刻，在腹地实行了“改土归流”，把土地分“赐”给农民，汉族地主借此抢夺了很多土地。农民直接上纳赋税，成为“花户”，土司制度便基本上被消灭。如文山县第一区石洞乡上寨自然村的农民至今还执有清朝乾隆二十八年及嘉庆十七年的田照。路南县圭山尾则村，明朝沐英征服后，把土地给了金土司（汉人），拓田给彝族农民。金死后，被徐老官继承。徐死后，土司制度消灭。随之而来的是土司土地制度分化，其子孙虽是地主，但由于人口的繁衍及消耗的加剧，土地相继转移，原来的土地，现已变成了150多户撒尼族的自耕土地，和一部分汉人地主的客籍地了。当时反动统治者的意图，着眼在分化少数民族，排除其“叛乱”基础，但在取消了土司制度之后，一方面发展了小农经济，解放了生产力，把少数民族的社会经济提高了一步；另一方面则发展汉族地主，加强对少数民族人民的剥削。

另外，在一些区域如武定、禄劝等县北部，由于这些地区的上层统治者在杜文秀起义时态度灰色，便对他们的统治制度给予承认，使土司制在这些地区遗留了下来。武定、禄劝北部的土司是明崇祯三年设置的，历代册封，辖地包括现在第五区41村。这种土司在清末也曾废止过，改为境马制度。汉区为“境”，设境总；兄弟民族为“马”，设马头。禄劝即被划为5境24马。但事实上是变相的土司制度。许多地主至今照样管租管佃，收门户、水租、礼物，拉夫（力役）。这些土司，受到一些外力的冲击，也或多或少地改变了一些落后的关系。

由土司制度下解放出来的少数民族农民，又在汉族统治者的剥削、欺骗下逐渐失去了土地，在自由小农的基础上，又成长起新兴地主来。如武定县第二区插甸镇米占丹村的18份田原是黎族花自明的祖祖向大法块村张撤宰家买来，因人少怕入城受欺负，便寄托在法上巢土司李贡爷的下面，并请李家代上税银，每年拿4吊560文钱、5斤酒、15个糯粑作酬劳。结果年代久了，18份田便被李家占为己有。

滇西一带如大理、蒙化、永平、楚雄等县，杜文秀起义失败后，回族的土地被收夺，大部化为公田。回族兄弟大都成了公田的佃户。

也有的土司，由于内部的没落，便把土地卖给农民，因而佃户变成自耕农，土地变为个人的占有。如新平县第四区振武乡挖窖村原来是卡堕族居住的。清乾隆三十年左右由石屏县搬来一家张姓汉人，又由新平也搬来一家姓张的彝人，两家都娶了卡堕族女子，变为卡堕两大族。乾隆三十七年本区扎次普土司因内部衰落，把本村山产（田、地）全部卖给卡堕族。石屏姓张的招佃给腊鲁族耕种，自己变为地主。以后又有汉人地主搬来，利用各种方式侵占了大量土地，租给腊鲁族、糯比族、苦葱族耕种。

经过了一连串的演变以后，内地少数民族区已由封建领主的土地制度变为封建地主的土地制度，他的内部阶级矛盾主要是农民与地主的矛盾。这一制度与汉族区的土地制度已无大差别，而且二者具有统一的内在联系。另一方面，由于民族的迁徙，彼此杂居或接壤，关系密切，遂使这种阶级关系，具有一些复杂而多样的形式。内地少数民族，以民族杂居为主，汉人较多。其次为少数民族聚居区，一般也有很少数的汉人，但其言语风俗多与少数民族同化。兹分述于后。

（二）内地民族杂居区的土地关系

1. 汉族地主剥削各民族农民

这是民族杂居区最普遍的一种。鹤庆全县10余万人口包括7种民族：民家（已汉化）、汉族、黑话、白彝子、锣锣、客家、回族。民家占全县人口5/10，其中4/10集中于本县中部大坝子；汉族占3/10，他们都占有肥沃的土地。其他黑话、白彝子等族没有地主富农，完全是汉人与民家地主的佃户。路南县圭山区第三乡是撒尼族与汉人杂居区。撒尼族无地主富农，大部分是贫农，除自耕自己的土地外，另向汉人租入部分土地。元谋县全县只有回族地主两户、白彝地主3户，主要是汉族地主恶霸所统治。

2. 汉族地主及少数民族地主剥削各民族农民

如武定县五区有汉族、蛮族、黑彝、傈傈、干彝、花苗、泰族等7种民族，所住11个村297户中，地主有13户，占户数4.3%；汉族地主3户，占有土地3石2斗；蛮族地主两户，占有土地190石；土司两户，占有土地48石；黑彝地主4户，占有土地43石；傈傈地主两户，占有土地3石。其他284户均为各族农民。禄劝县5个区汉族地主54户，黑彝地主43户，其他少数民族如傈傈、苗、土族、仲家都大部受汉、彝二族地主的剥削。

3. 少数民族地主剥削各民族农民

蒙化县6个区有汉、土家、回、苗、民家、傈僳等6种民族，少数民族占全县人口半数。回族的土地虽然在杜文秀失败后已大部失去变为公田，但在某些地区还存在回族地主的统治。这些回族地主，一部分是杜败后投降清廷获得大量土地而成，一部分是后来当公事、走私大烟发的家。他们的土地出租给本族的很少，90%以上是出租给别族。如回辉登村佃户117户，回族仅31户，汉族的有86户。该村回族大地主忽亮先的71个村都是租给汉族和土家农民。又如大地主马如意有田500亩，其中430亩是租给汉族农民。禄劝三区永山乡500多户有80%为彝族，向来是该族地主当权，傈僳族、汉族多为其佃户。

4. 公学田——汉族统治阶级所把持——剥削各族农民

蒙化县全县回族农民70%租种公田。宴其场40户全部租种公田，甸中街25户有20户租种公田，马米场175户有160户租种公田。他们原有土地于杜文秀失败后被汉族统治阶级夺去，全县这种田有3800余石租子之多。

5. 没落的土司剥削各民族农民

清末残遗下来的土司，至今还统治一部分农民。武定五区蛮得梁子共120户，有100多户佃农是租种环州土司李鸿缨的土地。不过由于历年来民族间的斗争，他在当地的统治势力已渐为蛮族地主曹有福所代替。像这样的土司在武定、禄劝二县均有，武定五区尤其普遍。

（三）内地少数民族聚居区的土地关系

1. 汉族客籍地主剥削各民族农民

江川县三区光山乡全乡皆为㑩㑩族，408户1643人。本乡没有地主，富农人口占总人口2.63%，中农占30.5%，贫雇农占66.83%。全乡田地6339工，富农占6.62%，中农占45.05%，贫雇农占41.62%；客籍汉族地主在本乡出租土地425工，占67%。剥削关系主要是存在于汉族地主与㑩㑩族之间的。

2. 汉族客籍地主与本地少数民族地主剥削各民族农民

文山县第一区石洞乡548户2523人。倮族人口占全乡人口24.6%，土族占68.6%，苗族占2.2%，汉族占4.4%。汉族多半是城区地主，土族中也有统治阶级，他们都占有好田。苗族居住山区，有地无田，多半是汉、土二族地主的佃户。有的整个村寨都是土族的佃户，如南林行政村狮子山的朴拉族和石洞行政村新平坝的土族的土地关系就是这样。

在内地少数民族聚居区，以上两种是主要的剥削关系。

3. 少数民族地主剥削各民族农民

丽江县仁里行政村包括7个自然村，全是拿喜族和民家族合居，两族所居地区环境相同，风俗习惯无大差别。拿喜族地主当权，民家族已经拿喜化。全村土地约3600亩，本村地主5户就占有50%。县教育局及喇嘛寺还占有一部分学田及寺田（喇嘛寺在该县占有土地1万多亩）。

4.公学田——汉族统治阶级把持——剥削各民族农民

弥勒县六区花口乡界内有西山、圭山少数民族耕种的土地768.26亩，其中有563.46亩是两山上少数民族租种弥勒县的公学田，其余为他们自耕。

5.没有租佃关系存在的地区

弥勒县西山区第三乡530户，阿细族占426户，占总户数80.38%；摆彝族27户，占5.09%；汉族77户，占14.5%。本乡无地主富农。除大额衣、石门坎及租舍3个自然村有客籍田846亩、公学田42亩，共占全乡土地15.23%以外，其他中和铺、攀枝邑两个村土地则完全为农民自耕，没有租佃关系，此种情况在山上尤其在苗族聚居的地方较多。

（四）剥削关系及若干特殊问题

根据文山县一区石洞行政村、新平县振武乡第五联合村、弥勒花口乡、楚雄吕合乡、元江四区大羊街乡，及武定区等地的调查，将其土地使用特点及若干特殊问题分述如后：

1.地主富农土地的使用

文山一区石洞行政村全村土地10903.91亩。土族地主占有238.25亩、占全村土地2.18%，出租土地36.24亩、占其占有土地15.05%；富农占有土地1403.6亩、占全村土地12.87%，出租土地109.7亩、占其占有土地13.84%。汉族地主占有土地118.6亩、占全村土地1.08%，出租土地70.61亩、占其占有土地59.54%；无富农。倮族富农占有土地247.39亩、占全村土地2.26%，出租土地36.32亩、占其占有土地14.7%。少数民族地主富农出租土地一般不多，汉族地主之出租土地比例则较他们多。而汉族客籍地主占有土地2662.01亩，占全村土地24.4%，则完全系出租。

新平县第五联合村全村土地4943.22亩。卡堕族地主占有29.1亩、占全村土地0.59%，出租土地18.8亩、占其占有土地3.15%；富农占有土地733.86亩、占全村土地14.84%，出租土地644.32亩、占其占有土地82.03%。汉族地主土地571.09亩、占全村土地11.55%，出租土地544.24亩、占其占有土地90.68%；富农占有土地26.52亩、占全村土地0.54%，出租土地22.52亩、占其占有土地2.86%。两族的地主富农出租土地均占其占有土地的绝大部分。各族中农占有土地1024.87亩、占全村土地20.73%，出租土地435.68亩、占其占有土地42.5%；租入土地841.26亩、占其耕种土地58.8%。出租土地原因大多因距离太远无法自耕，出租后又租入土地以为补偿；亦有因缺乏劳动力而出租者。

2.土司制度的剥削方法

在武定、禄劝北部，在土司之下设村头和佃长，辖境农民全是佃农。村头、佃长相当于国民党的保长。土司对农民实行管租管佃，不管粮。所谓管租是要佃民每年向土司缴地租及送年礼、节礼、鸡猪牛羊等。所谓管佃就是管人，土司家有事，可以随便叫佃民出劳役、当兵、做勤杂、抬轿。女的当丫头、奶子、陪嫁等。土司对佃民有生杀予夺之权。佃户称土司谓“阿邑猪帽”即“我们之主”之意。另外还有一种役田，种这种田的佃户不纳租，专门给土司吹撒拉、抬轿以及做其他工作。佃长就是给土司管理佃民的，土司也给他一份田，他自己不种，要佃民给他种，其权势也很大。

3.佃权的使用

弥勒花口乡公学田351.04亩，占全乡土地28.7%。租额原来很低，地主阶级利用权势承租大量田地转“顶”给农民，收取大量顶费，最高每亩6石谷，合卖价的2/3。农民因缺耕地不能不顶入，尤其邻近少数民族顶入更多。

楚雄吕合乡公田占全村土地32.8%。回、汉族（尤其回族）农民租种公田，大多系自汉族地主手中租来，地主亦乘机取利，出卖出典永佃权，卖价每亩3石谷（每石540斤），典价为卖价一半；也有的以转租的方式剥削农民。此外，当地汉族农民卖田，有卖田不卖佃的习惯，他们的田大多卖给回族地主，所以回族地主的佃户以汉族农民为主；但汉族佃户的永佃权常又租给汉族，造成土地使用的复杂关系。

元江四区大羊街乡的永佃权也有买卖习惯，当地叫“小买”。产生原因是受地主高利盘剥，无法赔还将田典给地主，而自己保存永佃权；又有的农民因急需而又将永佃权再出卖给地主者，所以地主占有永佃权的也很多。握有永佃权者可以将佃权租给他人。

4.文山一区石洞乡的共有田

石洞村上寨的土族，是在倮、汉、苗族之先搬来的，他们执有清代乾隆二十八年发给的占有周围90华里土地的“普山照”。土地为本族共有共管，本族人民享有自由选择开垦之权（在其他村寨的这种土地已经变为私人占有，占有者叫“花户”，土地叫“花户地”，后来逐渐集中到汉族及土族地主手中去了）。由“老佃”管理着村中一切。凡外族入村来种地开荒，均须由“老佃”召集本族人公议决定。新佃入籍后，须请老佃吃饭，以后便向土族上租。土族收租也是集体的，一般20人，有时每家1个，要佃户酒肴招待，租收齐后即时各分1份拿回去。老佃大多为土族，也有倮族。新佃全是苗族与朴拉族，他们除受地租剥削、额外剥削以外，一切风俗习惯都要服从土族，甚至葬死人也要经土族统治者的同意。

5.典当与抵押

弥勒花口乡典当土地普遍，全乡典当土地164.2亩，其中典给少数民族的130.2亩，占典当土地80%。在典给少数民族的土地中，有112.4亩是典给少数民族农民的，其余是典给少数民族地主富农的。典出者多为汉族农民。农民之间典当常发生的原因，一方面由于汉族农民受地主阶级的压榨，另一方面是少数民族居于山区，耕地缺乏，尤其缺乏水田，因此以勤苦得来的积蓄到坝子来典入田地耕种。典价一般占卖价50%—70%，也有到100%甚至超过卖价的。

6.插花田

弥勒县六区花口乡，距西山、圭山少数民族聚居村5华里，本乡少数民族仅5户。但全乡插花田共768.26亩，相当于全乡耕地2/3，全部是山上少数民族自耕田及租种公学田：自耕的有西山少数民族农民的125.59亩，汉族农民的9.03亩；圭山汉族地主的4.67亩，少数民族富农的33.37亩，少数民族农民的32.18亩；共计204.8亩。租种的有西山少数民族地主租入的6.33亩，农民租种的495.3亩；圭山农民租种的61.83亩；合计563.46亩。这些租入田是弥勒县教育科田，原是汉族农民租种，后来转顶出去。以该乡柏枝枯为例，1911年以前山区少数民族耕种的插花田只占全乡土地1%，但到1921年，山区少数民族耕种插花田即达全乡土地77.9%。此外，本乡还有山区少数民族出租给本乡农民的土地：属山区汉族地主的11.66亩，汉族富农的11.83亩，汉族农民的13.84亩，少数民族农民的14.82亩，共计52.15亩。农民出租的原因是距离太远，往返不便而出租。

（五）解放后土地关系的变化

1.夺佃

弥勒县花口乡今年春耕时发生夺佃，佃户已挖好犁好准备撒秧，被夺后未赔偿工本。共夺33.32亩，属于民族之间的有26亩。其中，地主夺佃2.67亩，富农夺佃1亩，中农夺佃22.33亩，均系少数民族，夺回后自耕。佃户都是汉族农民。

2.地主分散土地

新平县六联村汉族地主赵发兴于1946年买得汉族地主普六田1.2亩、地268.6亩，仍租给原佃农民。1949年8月（时新平已为我边纵队解放）赵发兴儿子赵有珍假称区政府准许，强迫佃户出价买田，并说："不买则卖给比普六更恶的地主，要你们吃不消。"16家佃户无法，有9家凑钱720元半开全部买下，仍由大家分种不取租。现在是贫农13户、雇农2户、中农1户种着这些田地，他们正听候政府处理。赵有珍又将租给本村农民种的土地卖给外村农民，以挑拨农民关系。

3.匀佃

武定县合族乡小营关村匀佃34.5工，属民族之间者14工。1户富农匀出6工，2户中农匀出8工，均系汉族。匀入者贫、雇农各1户，均系彝族。

4.匀出自耕田

小营关村于区农代会后，代表回村自发搞了匀田19工，属于民族之间者8工。1户富农匀出3工，1户客籍小土地出租者匀出5工，均系汉族。匀入者彝族雇农1户。弥勒花口乡全乡匀出汉族土地66.69亩。

5."小土改"

文山县石洞乡有地主9户，其中汉族2户、土族7户。富农26户，其中土族23户、倮族3户。土族佃富农4户。在减租退押中搞了"小土改"。地主全部被扫地出门，以烧石灰、砍柴为生。富农怕斗争，拿出自己多余土地的一部，又荒芜了一部。在石龙上村有几户中农的土地也搞了出来，其中有一个当过几年保长的中农土地全部搞光，因此中农非常恐慌，有的说："不分果实不要紧，只要不斗争。"

（六）解放后的社会改革概况

1.成立联合政府和区域自治

自今年2月以后，昆明县召开第二届各界人民代表会议，选举了各族人民政府委员会和常务委员会；新平、武定、禄劝等县及路南圭山区相继召开了各族各界人民代表会议，选出了包括各民族的专区、或县、或区的人民政府委员会及协商委员会；峨山县、峨山县朋祖乡、新平县鲁圭区先后召开了各族代表会议，成立了各族民族自治县或民族自治乡。

在筹备成立联合政府期间，在峨山、新平等县各族人民曾经掀起了缴清公粮、搜山捉匪、参军、抗美援朝等群众运动。新平县将匿藏在深山密林里的匪队长都捕获起来。在成立了联合政府以后，各民族以及其中上层人物逐渐在共产党、人民政府领导之下团结起来。如新平县27家商人到银行存款，工商业代表易耀鹏说："过去一斗地主，我就把本钱藏起来，新平10家有6家都是这样，以后不怕了。希望政府帮助我们组织工商业联合会，搞好城乡物资交流，支持抗美援朝。"新平县基督教徒代表黄从恩控诉美帝国主义教士欺压中国人民的罪恶后，提出保证："坚决与美帝断绝关系，彻底实行三自革新运动。"

2.贸易工作的发展

在内地少数民族杂居或聚居区，都普遍开展了贸易工作，如武定县第五区自贸易公司成立后，组织了兄弟民族地区推销采购小组，大量收购了他们的土产如麻布、麻线、火硝、箐鸡皮（？）等；同时向昆明买回需要的物品如土布、针线、普通医药、文具等。彝族同胞反映："在往年每百页麻布只能换土机布2件，今年已换到3件半。"

此外还进行了生产、教育、卫生等工作，经过以上这些工作，使内地民族关系有了显著的变化，内地区群众觉悟有了提高，阶级矛盾逐渐明朗。如武定区的各民族贫雇农说："汉族减租退押，兄弟民族不减租退押，我们还是翻不了身。"禄劝一位彝族代表说："我们黑彝地主，他过去压迫农民，不光是吃本族农民，而且吃别族农民，和汉族地主打交道。"同时，通过各种运动，也培养了一批民族干部。武定区兄弟民族干部有71人。新平县一个少数民族区长，由于与群众联系密切，因而在去年土匪暴动时，仅他们区里干部安全无虞。各兄弟民族反映："今天晴开天了，穿麻布的也可以来开会了，也可当公事了。""我们好像初脱壳的知了（蝉），希望共产党好好帮助。"但是由于我干部对民族政策缺乏正确认识，以及各族间的隔阂还未完全消除，甚至有些地区因过早地搞了减租退押发生了误斗或侵犯到少数民族农民的利益，而发生严重的偏向。如路南圭山区冒水洞彝、汉两族同在一个农会，但是各搞各的，彝人说："不要汉人参加。"汉人说："和䶎鼻子弄不到一块。"又如新平县四区振武乡第五联合村地主代理人把持了政权和农协，贪污果实。腊鲁族农民的减退果实被扣下，他们要求交还原佃户，地主代理人则煽动卡堕族农民要求当反霸果实分配，以致造成民族歧视。又如文山一区石洞行政村朴拉族农民集体到新平坝向土族要减退果实，把土族农民都吓跑了，并打了一阵。后经干部三番两次说服，才制止下来。

（七）少数民族农民对于土地问题的反映

内地少数民族受压迫的农民，是与汉族区的农民一样地迫切要求解决土地问题。武定兄弟民族说："我们的田地不能好，地主一年要拉我们百多个工。种好了地主又要加租。"甚至为了逃避地主的压榨，他们不得不年年在高山头上搬来搬去，不能定居生产。楚雄县吕合乡回族贫雇农说："我们没有田地，有力也无处使。"他们要求土地像盼新月一样。今年本省汉族区普遍搞了减租退押，更激发了兄弟民族要求彻底解放。他们希望："搞好减租退押，快点就搞土地改革。"（武定彝族的反映）被地主重利盘剥，或被统治阶级欺骗霸占而失去土地的农民则渴望收回自己的土地。

至于各民族对于分田的反映，弥勒六区花口乡汉族贫农杨安祥说："少数民族的插花田，我们不要，要也要不到，田尾人走。他们也是农民，一家人不分他们的。"少数民族中农岳桂林说："在山上的在山上分，在坝子的在坝子分。……我们不分他们的，他们在山上也不愿下来分。他们租的公田（在坝子里）还是由他们分，山上生活老实苦哩！"楚雄吕合乡汉族农民要求把回族地主过去霸买他们的田收回。而回族农民则要求把回族地主的土地、牲畜、房屋分给本族农民。回族佃中农则顾虑自己租种土地抽回去，要求即使抽也要抽个本族贫雇农。自耕中农希望出租土地不要没收，有的则想换一点近田好田。回族地主则利用民族隔阂，提出"回族人的分给回民""把杜文秀起义后收夺的田还给回族"的口号，以挑拨民族关系。山区少数民族有一些农民要求下山分田，在弥勒西山区第三乡，有这要求的大多数为中农，如中农武徐林问："山上石头多，种庄稼的地土少。坝子里的田格分我们一些？"有的说："土改中搬一些人到坝子里住，上面的地又分给别人。"但有的中农（石开才）说："到坝子里住，没有山上好。"贫雇农则说："坐惯的山坡不嫌陡，坝子里滑石板地方烧柴都找不着，挖不到黏山药，睁着眼饿死。"大额衣村3户阿西族农民在坝子里有田有房屋，但早去晚回，都愿住在山上。武定二区苗族农民也要求下山分田，他们说："从前住在坝子里被汉人赶上山受苦，现在要汉人搬上山去尝尝味道。"该县合族乡小营关彝族农民也反映坐惯的山坡不嫌陡，有一些贫雇农希望能在近处山下分占水田，但不愿搬下山来住。这些要求和反映，说明少数民族区的土改是复杂的。

第三部分　边缘区民族间的土地关系

（一）民族间的土地占有和使用关系

边缘区除丽江区一部为藏族聚居与彝族聚居，耿马、孟定以南滇缅未定界区一带为卡瓦族聚居，宁洱区外八县为卡瓦及倮黑、僰族分别聚居而外，大部分为民族杂居地区。就土地的占有情况来看，大部分土地为封建领主（土司）所占有，也有一部分地区如腾冲、镇康、莲山等地已分化出地主富农，有些农民自己也开始有了土地。但是在上述地区里，特别是丽江区的德钦、碧江、宁蒗、华坪等县，仍然保留着残余的奴隶主的土地占有制度。并且还有一些边缘的山区，如保山区的耿马、孟定以南滇缅未定界一带，陇川江、大盈江、槟榔江等两岸山头及宁洱区外八县一部地区，仍然是停滞在民族社会阶段。现将边缘区民族间的土地占有和使用特点分述于后：

1.封建土地制度的占有和使用情况

（1）土司制度的土地占有和使用情况：根据泸水、潞西、镇康、莲山、中甸、德钦、宁洱区外八县的调查，这些地区大部土地为土司所占有。一种情况是土司承封时就封他“管地管民”，这样他所管辖的土地，都归土司所有，如泸水土司就是属于这一类的。另一种情况是土司承封时只“管民不管地”，土地归土司管辖，只能收租，不能买卖和转让，土司又可以按“功资”按“爵位”把土地分给他们的亲属和属官。因此就有土司“赐予”大爷等的“私庄”；和一般“新爷”们的“食俸田”；拨给练丁作戍守待遇的“练田”；为以往屯兵垦殖的“屯田”；赏给有功大将的“勋田”。这就成了土司制度土地占有中的几个主要形式。不论田地是土司和官员的，都有两种经营的方式：一种是出租给农民，向土司和其他属官上粮款及租谷。另一种是土司直接经营：所采取的办法有的是派佃户（农奴）轮流为土司耕田；有的养“娃子”“家奴”（奴隶）终日参加劳动，收获除供给奴隶最低限度的生活资料而外，全归土司（奴隶主）所有。

这些土司有汉族也有少数民族，他们都是明朝平“麓川之乱”和清朝镇压杜文秀起义“有功”而加封的。如耿马、孟定土知厅，盏达、干崖等少数民族（彝族）宣抚司，和腊撒、南甸等汉族宣抚司都是由于平“麓川之乱”“有功”而承封和加封的，从大的方面来讲，这时的少数民族土司和汉族土司同样是各民族、特别是少数民族的统治者。如泸水猛板汉族土司统治汉族、山头族、傈僳族、崩龙族的人民，如宁洱区外八县汉族与僰族土司统治该八县的卡瓦、倮黑、僰族、濮满族、老佧等20种少数民族，又如遮放山头族的土司统治山头族、摆彝、汉族人民。

（2）封建地主制度的土地占有和使用情况：也有些地区如镇康第四区、腾冲龙江区大部、中甸、德钦及莲山区太平街，以前均为土司所占有，后来由于把田地分给属官或通过买卖和分散关系，已不仅属于土司后裔，一般地主、富农、豪商均有取得土地的机会。如莲山区太平街大地主李兴和（伪第八军军长李弥之侄子）、刘昌义、王绍康等都是汉族地主，他们所占有大量的土地，都是从破落了的土司思家手里买来的。在这里有些农民也有了土地，如以莲山太平街来说，137户中一半农民自己是有土地的。

至于土地集中的程度，如丽江区之怒江特区农民自己占有1/3，地主占有1/3，其他喇嘛寺等占有1/3；又如以莲山太平街而论，137户中地主就有15户，其收租10000箩（每箩25市斤）以上的有1户、收租5000箩以上的有3户、收租5000箩以下2000箩以上的有11家。这个情况可以代表这个区封建地主制度土地占有的一般情况。

这些地区有汉族地主也有少数民族地主，以汉族地主富农较多。就从这里产生了复杂的各民族之间的土地占有关系：第一是汉族地主与少数民族地主共同占有土地剥削各族农民的情况：如腾冲龙江区泰族218户中除5户自耕农民而外，其余皆租种汉族地主的土地；

回族140户中除3户地主外，其余的也都是佃农，并且大多数也都是租种汉族地主的田地。本区一共有24户地主，共占有46200箩田地，其中回族地主3户共收租3300箩、21户汉族地主收租42900箩杂粮。据镇康县四区的调查，该区少数民族本族和摆彝族中也有一部分小地主，但大部分地主还是汉官和汉商。

第二是汉族地主占有大量的土地剥削各族农民：如猛板大寨村约有70—80户人家，其中有3户汉族地主就占有了全村的土地。又如腾冲龙江区汉族地主刘少堂霸占马家村、马家寨回族农民的公产，倒回再来高租租给回族农民。

第三是少数民族地主占有土地剥削各族农民：如有些民族聚居区，他们内部也有地主，如中甸格咱区，是一个藏族聚居区，虽然地主少，佃户也少，大部为自耕农，但也有地主，如本区最大的地主慈庸念哇就是藏族。

第四是公学田占有情况：腾冲龙江区马家寨、马家村还有一部分公学田、庙田（包括义田、金田、夫马田、把田、文武庙田）。据传说这部分田是杜文秀起义而被充公的回族人民的土地。这些田由伪财政局出租给当地回族和其他族的住户耕种。

第五是寺庙田占有情况：丽江区中甸、德钦、贡山及怒江区等处，由于喇嘛教和天主教的盛行，喇嘛寺、礼拜寺（清真寺）、天主教堂占有相当数量的一部分土地，特别是喇嘛寺占有土地更比较普遍，这些土地据传说大部分为清皇帝封赐的。最多的要算德钦的德钦、红坡二大寺：德钦寺在维西县可收100石谷子的租，在德钦雁门乡14个村、云岭乡也占有土地，阿敦村全为寺产；红坡寺在维西县10个村、德钦云岭12个村占有土地。此外贡山县第一区普化寺有田1200亩，贡山天主教有房屋6所、田240亩。腾冲清真寺还有不少寺产。这些土地，大部出租，还有一小部分如德钦寺自己经营一部，所采取的办法是派佃户轮耕，作为劳役地租。

2. 奴隶制度的土地占有和使用情况

封建领主（土司）们，为了更多地更残酷地剥削劳动人民，在他们的统治区域内有些地方依然是保持着残余的奴隶制度，这些封建领主们不但占有土地，而且占有“娃子”“家奴”（都是奴隶的名称），这些娃子都是战争的俘虏和佃户上不起租、还不起债而卖给土司，也有些是霸占来的，他们终日参加劳动不得温饱，土司对这些“娃子”有买卖、生杀予夺之权。另外一种是派佃户服劳役，为土司们耕田，吃自己的饭，毫无报酬，收获全归土司。生活极苦，和奴隶差不多，这就是他们所招的“农奴”。这种地区分布较广，如宁蒗、中甸、德钦、碧江等县及泸水的老窝区，都有这样的奴隶残余制度存在，特别是丽江区中甸、德钦、碧江等县更为严重。如德钦、中甸有些地主富农也养“娃子”，德钦雁门乡大地主夹衣得养娃子共200人。并且这里的每个土司皆养“娃子”“家奴”男女共10个以上，有“农奴”20家。并且据估计到目前为止，泸水老窝的第八、九、十等保，奴隶占全人口的1/3以上。第七保督督罗村的阿恒父子就是最著名的奴隶主，有奴隶14家，家庭男女和单身娃子共28个。

3.原始氏族社会制度的土地占有情况

有些边缘山区，由于交通不便或民族仇杀的影响，有些少数民族不敢下山，致使山区与内地隔绝，经济发展较慢，到目前为止，如镇康县永康乡、怒江傈族区、耿马、孟定以南滇缅未定界一带、陇川江、大盈江、槟榔江等河流之两岸的山头上及宁洱区外八县一部，至今还停滞在氏族部落社会，残存着原始共产制度，在这里又有两种情况：一种虽然是有“山官”之名，但事实上山官对所属的农民，只按各家贫富抽洋烟三五两，也不征粮，土地随便耕种，山官并无主权，这种土地占有仍然是土地公有、生产工具私有的氏族社会状态。另外一种就是土地是属于民族及部落占有，只有生产工具、牛、马等牲畜是属于以家为单位的私有，草场森林亦属公有，在耕地上部落之间是划分的，水源也属部落所有，以部落为单位集体生产。不论男女老幼共同在一块土地上耕种，有时也作必要的分工——男子松土，女子下种，收获时按照每家所出的劳动力计算分配，进步的部落也会锄一次草的。但大部分仍然采取“刀耕”“火种”的方式，有些边缘地带接近内地区的田地，也开始用锄用犁生产，并且在寨子周围较肥沃的园圃及水田开始了私有，土地交易也逐渐发生，如卡瓦山的卡瓦族、大明山的山头族即是如此生活。在他们之间阶级一般尚未形成，剥削关系有些地方如山头族虽有，但剥削不大。有些地方如卡瓦山根本就没有剥削关系存在。

（二）土司、地主、喇嘛寺对农民的各种剥削

1.劳役剥削

大体上可以分作3种，即：奴隶劳动、劳役地租、额外剥削。

（1）奴隶劳动：奴隶又称“娃子”，是由土司和地主买来、抢来、租交不起账还不清抵来，在土司和地主的家中为“主人”耕地、牧畜、砍柴、赶马及操一切家务劳动，很少休息，不得温饱，吃粗、穿破、任意打骂，“连尿罐子也要娃子倒”，毫无人的权利。

（2）劳役地租：有些土司自己经营一部分田地，出租一部分田地，在出租的田地中一部分要上租（谷租），另一部分佃户由土司划分不上租，只轮流耕种地主自己经营的田地，不供饭也不给工钱，就拿这些劳动作为地租，这就叫劳役地租。如车佛南十二版纳土司都有这样的地租、这样剥削农民的劳动，这就使佃户不能够按时栽种自己的庄稼，生活更苦。这种农奴，与奴隶、“娃子”差不多。

（3）无偿劳役，即额外剥削之一部：无偿劳役剥削的内容非常复杂，并且完全配合着土司、地主、喇嘛们奢侈的生活，如土司、地主家有婚丧等事，均需每寨派夫出工数日，土司家的用人、园丁、马夫都是村里派的。如耿马土司衙门差役：送柴、跑信、干月活、烧茶、搓敬神用的蜡条、制火药、煮饭、采买、看守禁闭室等都是附近几个村的老百姓分别担任的。

又如喇嘛寺每年挑水、刷墙，做一切泥工、杂工、扫雪、僧侣公出和运输往来夫马，也都是由附近村的农民来负担。

2.一般的经济剥削

大概可以分为租佃关系、借贷关系、负担剥削3部分。

（1）租佃关系：第一是地租。一般分为两种：一种是定租额，腾冲等地叫“租种”，由佃户请中证人立约，议定租额，“旱年租额不变，丰收必须加租”，一般租额占总产量的40%—50%，最高占总产量的80%、最低30%；另一种是分租，分配最低为主四佃六，最高为主六佃四，一般的为主佃各半，也有个别的如腾冲龙江土地较肥沃的地区达到主八佃二。其中，虽然以喇嘛寺的租比较轻，但有押金。

此外在土司统治区还有“练田”“屯田”“勋田”等租额：“练田”有永佃权，除每年酌交官租15%以外，尚有余租，或自行垦殖所得的部分可以转售或转租（俗叫“倒水口”）；“屯田”与“勋田”佃户直接与勋爷发生关系，大抵为定租制，丰歉并不加减，普遍主四佃六，虽不收押金，但要请保。

第二是牛租。在已有地主富农的地方，如腾冲、镇康等地，农民牛少，须要租地主的牛，一般每年交牛租20箩（每箩斤数不详）。

第三是房租。如腾冲龙江区住屋亦多为地主所有，如翻修或添盖须得地主同意才行，年纳房屋租或钱或谷，一般的如潞西县法帕寨每户10箩谷子（每箩25市斤）。

第四是押金。一般土司、地主、富农出租的土地少有押金，但昭通区、曲靖区残存的土司和丽江区喇嘛寺出租的田地，部分有永佃权，在租地时付出重额的水礼（用银钱送礼）和押金。

第五是官租。主要的有3种：一种是谷租，每年按总产量征收20%—30%，最高的得征收70%—80%；另一种是烟租，根据土地的好坏、面积，每户征收占总产量的20%—26%；第三种是地租，在山区又叫山租，即住了土司的地盘得向土司上税，有时连房租也拉到一块计算，称房地租，一般的地租每户半开5角。除此以外，有些山区还得向土司上山钱，即人民上山砍柴喝水都给土司出钱，数不固定。

（2）借贷关系：在保山区的潞西、腾冲、镇康，丽江区的德钦、中甸县较为普遍，在纯土司统治区借贷关系较少。根据这几县的情况，借贷种类主要的有两种：一种是借谷，一般都是春借秋还，利息一般50%—100%，最高的200%、最低30%；有的地方如中甸喇嘛放麦也叫“麦债”；另一种是借钱，在中甸又叫“银利债”，月利一般是2—3分，在临时应付急事借钱最高的有加七加八。年利一般的24%—50%。

此外还有放实物债的：如放酥油、放茶叶、放盐、放布，也有个别地区如镇康第四区有的地主“放牛”即“借牛”，耕1箩种的田（出产40—50斤），须付息5箩谷子。土司地主强迫放出，农奴农民被迫要借。

在这些借贷关系中尤以中甸、德钦喇嘛寺放债比较普遍，利也最重。他们放债一般不要抵押，但贫雇农借债要以土地或子女作抵押，如德钦寺附近村庄因欠债被其抄家卖儿女并土地，弄得倾家荡产者很多；又如中甸哈姆谷村共17户人家，没有借归化寺债的只有1

家富农。

（3）税粮负担及苛捐杂费：这些边缘地区的税粮负担有3方面，即对土司署、设治局、喇嘛寺都有负担。第一，对土司署除上官租而外，还得上岗税、官肉、默捐、打街捐、赌捐、落地捐、保路捐等。第二，对伪设治局的负担有行政费、自卫队衣服费、门户税、门牌捐、修路税、烟酒屠宰税、会议招待费等。第三，对喇嘛寺的负担，在喇嘛寺附近的村对喇嘛寺交柴、麦、酥油、茶、吃转饭等。

（4）额外剥削（大部分是属于经济上的）：在边缘地区一般的额外剥削较内地严重，特别是土司、喇嘛寺额外剥削更厉害，如土司家有婚丧等事，农民得送礼；强买、强卖做不等价的生意；还有个别的土司还指使“亲兵”或“保路队”抢劫。喇嘛对农民的额外剥削有修冢费、断冰雹费等。

边缘少数民族中，虽然有的也已提出了土地要求，但由于这个地区经济发展非常不平衡，俨然有各种不同的社会阶段；各民族的要求和觉悟也极不平衡，民族关系比内地存在着更多的隔阂；加上是国防边疆，这些关系就非常错综复杂。因此，目前不仅是土改的问题，而且每一个工作的进行、每一个问题的处理，都要多方面的十分慎重。

附　件

文山县第一区石洞行政村调查

（1951年7月30日）

一、自然情况

石洞行政村东南面多靠山，西、北两面占土地较广。因南盘江蜿蜒文山县境，形成宽约3里、长达数十里的平坝，该村即在其腰间。全村在凹地的最低面，水量充足，土壤肥沃，稻米产量丰富，多上等水田，半山水利不易灌溉，全凭天雨，叫作雷响田，又叫干田；半山以上土壤较肥的地方多种地；由凹地达种地高约20公尺，再向上则多砂砾黏泥混合土，不易耕作，故都是荒地。

全行政村包括3个“自然村”，一是新平坝，二是石洞，三是高末。“自然村”内又分许多村寨：新平坝分新平坝、花庄、水车寨、旧平坝、屯子寨5个村寨；石洞分石洞、小石洞、马厂、老保黑4个村寨；高末分高末、长者、鱼寨、茂地、汤董5个村寨。村寨分散，有达到10里、20里不等。每个村寨又分新旧上下。

全村耕地面积约占总面积30%，除新平坝接壤文山平原及高末顺南盘江占有较广的平坝外，石洞及其他各寨都是半山半坡地区。

各村寨各少数民族有聚居的，也有杂居的。新平坝、水车寨、屯子寨、老保黑、鱼寨等寨为土族聚居；花庄、旧平坝、长者等寨为土、汉两族杂居；小石洞、马厂等村为倮族聚居；高末寨为土、倮两族杂居；石洞、茂地等寨为土、倮、汉3族杂居；汤董寨为土、倮、汉、苗4族杂居。

二、各民族历史情况

（一）土族

土族来这里的传说很多，其中有一种说法是由高丽国来的，根据文山县筑的城墙有260年的历史，是由土族来搬砖运石的，因建筑有功，官族封赠给土族古老钱，准许他们在服装上绣古老钱，至今仍流传下来。这种服装绣的花样和清朝式样相近，因而可判定他们到文山的时间在清朝之先。又由石洞村来看，现今许多土族占有的土地，是自朴拉族手中转移过来的，大约在三四百年前，今仍有朴拉寨旧址的废墟，这说明朴拉族在这块土地上比土族还早。

（二）倮族（汉倮与山倮）

石洞的倮族是由宁安、石屏搬来的，先搬到砚山，后来由砚山搬到马厂，由马厂再搬到石洞。这里的一般倮族已经没有特殊的民族形式，一切已被汉族同化，他们的生活、风俗、习惯、文字都与汉族一样。倮族大多数佃耕土族及文山城区汉族地主的土地，也向土族买了一部分土地。以上所说都是指汉倮。还有一种叫山倮，他们有自己的语言，因住山头故叫山倮。

（三）汉族

汉族共有12户，都是由外地搬来的，远的有四五代，近的有两三代，如庞氏，四川人，由四川到西畴，后在西畴分散，一部分到其他地方去了，庞氏即搬来石洞，现已5代了。另外一家王自荣由八寨搬到平坝，由平坝搬到尧上，搬到长者，再由长者搬到下寨。

（四）苗族

汤董寨有苗族12户，他们是从南林行政村金竹凹塘搬来的，分两批，10多年前搬来一批，八九年前搬来一批。全是佃户，租种文山县城区汉族地主的土地。减退时金竹凹塘苗族中农宋银光说："现在山上地很瘦，每年产量都要减少，无法生活，我们准备在农会上提出，要下石洞开荒或租田盘。"

三、民族关系

（一）汉族与各少数民族的关系

“汉人占街头，土、侬占水头，苗族占山头，瑶子占阱头”，由这句话可以看到各民族土地占有情况及民族之间的一般关系。

汉族地主会聚在城市，民族关系集中表现在城乡关系上。如各少数民族来街上买东西时，汉族即对他们使用侮辱称谓。土族中传着一句话：“土佬留种田，朴拉苗子留种饭，给汉人饿死一半。”

（二）土族与汉族的关系

土族占有河冲地，土地肥沃，物产丰富。除汉族在经济上占统治地位外，土族过去在政治上也有当过乡保长的，可是他们比任何少数民族要直接受汉族的剥削与压迫，在城内地主对土族高利贷的剥削是很厉害的，如城内地主苏景周借给汤董土族白银70两，每年每两银子利息是5斗谷子。由于借贷关系，汉族地主并吞了不少土族土地。在文山县城外沿南盘江一带肥沃的土地，除了城内汉族地主及小土地出租者占有一部分外，其余都是土族自己占有。

（三）朴拉、苗族与土族的关系

朴拉族占有一部分土地，其中也有少数水田；苗族则很少有自己的土地，大半是佃户。他们都与土佬、侬青族毗连。在这4个民族中，土佬、侬青一直比朴拉、苗两族要好，因之他即压迫剥削朴、苗两族，朴、苗极大部分是土、侬族地主的佃户，还有整个村寨的土族对朴、苗族有租佃关系，他们除地租押金剥削外，还得叫佃户每年宰杀猪鸡送给他们，由此造成民族间的仇恨隔阂极深。如南林行政村狮子山土族有一部分公田租与新平坝的朴族，今年减退时朴族集合男女老幼约100人，一齐往新平坝将两边的寨门堵住，不准土族出入，不分界限乱斗、捆绑、吊打，除将地主全部家具及一切零星物品全部拿出，并且将一家雇农马寿禹仅有的一点农具也拿走了，朴拉族说：“贫雇农没有钱，打他们一台也是好的。”土族1户富农则怕因种多田被斗争，所以要求把田交出来；还有1户也是荒着地不敢去种；有的反映：“你们不要来斗我们了，我们佃给你们种的地不要了。”另有一批苗族来石洞上寨减租退押，土族害怕拉他们吊，都跑光了，苗族即乱斗了一台，并且斗了1个贫农戴昌华、1个中农戴昌国。还有金竹凹塘的苗族来向马厂倮族减租退押，打着国旗，男女老幼来了100多人，来寨后倮族都跑光了，苗族即拿米煮饭，大吃了一台才走，走时还将几户贫农、1户中农的东西抬走。像这样的事情已发生过好几次。同时在减租退押中土族上山砍柴或去地耕种，朴族便在路上拦着打，相互辱骂，朴族怕土族暗地来烧他们的房子，在山上放哨，土族十分惶恐，希望能即早解决这个问题。

（四）老佃与新佃

此外由于汉族地主赶走了一批老佃户，又招来一批新佃户，所以有老佃与新佃之分（这种分法与历史上的分法的区别：一是个别的租佃关系，一是执有普山照——一种土地照的少数民族集体的土地占有关系的历史情况）。老佃大多数是土族，以后也有倮族和其他少数民族，而招来的新佃是苗族和朴族。老佃不但有土地的耕种权，而且有土地之占有权；不但占有耕地面积，而且占有土地上供人使用的如树木、其他经济作物及烧石灰等；同时有支配在土地范围内的一切权利。老佃往往欺侮和压迫新佃，新佃搬进来事先得通过老佃，老佃同意即可以订立合同；同时在里面开荒或建造房屋时得请老佃吃饭，所有老佃都须一一请到；以后所开垦的荒地要给他们上租；新佃死了人要埋葬时，也得通过他们，并且要送1箱酒（30斤）、几斤菜作为许可证。

四、土地占有情况

全行政村共有543户2420人，占有土地10930.91亩（田9136.04亩、地1767.87亩），产量2250706.52斤谷。

地主9户，占总户数1.65%，其中土族7户，占总户数1.28%；汉族2户，占总户数0.36%。42人，占总人数1.73%，其中土族29人，占总数1.19%；汉族13人，占总人数0.53%。占有土地356.85亩，占全部占有土地3.27%，其中土族238.25亩，占占有土地2.18%，汉族118.60亩，占占有土地1.08%。占有产量86926.2斤谷，占总产量3.89%，土族57052.8斤，占总产量2.58%；汉族29873.4斤谷，占总产量1.32%。出租土地106.88亩，占本阶层占有土地30%，其中土族出租36.24亩，占本阶层占有土地16.05%，汉族出租70.61亩，占本阶层占有土地59.54%。

富农26户，占总户数4.78%，其中土族23户，占总户数4.23%；倮族3户，占总户数0.55%。172人，占总人数7.10%，其中土族149人，占总人数6.15%；倮族23人，占总人数0.95%。占有土地1650.99亩，占全部占有土地15.14%，其中土族1403.60亩，占占有土地12.87%；倮族247.39亩，占占有土地2.26%。占有产量388476.8斤谷，占总产量3.49%，其中土族344117.6斤，占总产量1.52%；倮族44359.2斤，占总产量1.97%。出租土地146.04亩，占本阶层占有土地13.97%，其中土族出租109.72亩，占本阶层占有土地13.84%；倮族出租36.32亩，占本阶层占有土地14.7%。

佃富农4户（全为土族），占总户数0.73%；21人，占总人数0.86%；占有土地7.13亩，占全部占有土地0.06%；占有产量3510斤，占总产量0.15%；租入土地172.66亩，占本阶层耕种土地96.03%。

中农176户（土族117户、汉族7户、倮族50户、苗族2户），占总户数32.41%；951人（土族621人、汉族37人、倮族279人、苗族14人），占总人数39.29%；占有土地3804.24

亩（土族2446.34亩、汉族114.84亩、倮族1243.06亩），占全部占有土地33.97%；占有产量788276.7斤谷（土族580653.1斤、汉族18958.2斤、倮族188665.4斤），占总产量35.01%；出租土地74.04亩（土族24.36亩、倮族49.72亩）占本阶层占有土地1.95%；租入土地1724.82亩（土族1332.46亩、汉族108.75亩、倮族230.47亩、苗族53.14亩），占本阶层耕种土地（5455.02亩）31.8%。

贫农243户（土族161户、汉族9户、倮族63户、苗族10户），占总户数44.75%；991人（土族621人、汉族44人、倮族273人、苗族53人），占总人数40.94%；占有土地1418.52亩（土族953.4亩、汉族52.31亩、倮族412.8亩），占全部占有土地数3%；占有产量265019.3斤（土族198489.5斤、汉族10113.6斤、倮族58416.2斤），占总产量11.77%；出租土地33.32亩（土族26.22亩、倮族7.1亩），占本阶层占有土地2.35%；租入土地1872.88亩（土族1250.70亩、汉族117.27亩、倮族328.17亩、苗族176.73亩），占本阶层耕种土地（3258.08亩）57.48%。

雇农83户（土族58户、汉族3户、倮族22户），占总户数15.38%；234人（土族167人、汉族12人、倮族55人），占总人数9.66%；占有土地19.81亩（土族16.8亩、汉族1.18亩、倮族1.83亩），占全部占有土地0.17%；占有产量4403.4斤（土族3793.8斤、汉族390斤、倮族219.6斤），占总产量0.19%；租入土地41.93亩（土族28.98亩、倮族12.95亩），占本阶层耕种土地（61.74亩）67.9%。

其他2户（汉族），占总户数0.36%；9人，占总人数0.37%。

客籍田2255.12亩，占全部占有土地24.41%；占有产量669582.3斤，占总产量29.74%。

公学田870.22亩，占全部占有土地7.98%；占有产量22797.36斤，占总产量1.01%。

村公族田114.12亩，占全部占有土地1.04%；占有产量21876.6斤，占总产量0.97%。

五、副业

石洞村土佬族[①]全部以烧石灰为其副业，每年要花5个月的时间来烧石灰，每户每年可烧6000斤左右，收益约50万元。过去只有土佬族经营，别族不能参加。自去年减租退押以后，有部分汉族及倮族也参加烧，但为数甚少。贫雇农许多以此来补偿庄稼收入之不足，地主富农也有雇工经营的。

此外，倮族与汉族还以做小生意为副业，其中主要是经营牛生意。

① 土佬族，本文又作“土族”。——编者

蒙自县新民乡土地情况调查

（1951年8月10日调查）

一、一般情况

蒙自县新民乡原为小东山乡之一部，1951年6月划为小乡。新民乡辖攀枝花、布衣头、小东山、余家寨、新房子、维新村、灰土寨、落龙庄8个自然村（10户以下的自然村包括在大自然村内）。全乡共724户3587人，男1625、女1962。其中：雇农193户，占总户数26.6%；634人，占总人口17.6%。贫农328户，占45.3%；1628人，占454%。中农140户，占19.3%；914人，占25.5%。富农、佃富农39户，占5.4%；345人，占9.6%。地主3户，占0.4%；20人，占0.5%。其他21户，占2.9%；46人，占1.3%。

以民族分，则土佬族644户，占全乡户数88.9%；3161人，占全乡人口88.1%。彝族62户，占全乡户口8.6%；338人，占9.4%。汉族18户，占全乡户口2.5%；88人，占2.5%。

各民族各阶层户口人口情况：土佬族地主1户11人，汉族地主2户9人；土佬族富农34户307人，彝族富农23户29人，汉族富农2户9人；土佬族中农122户808人，彝族中农16户97人，汉族中农2户9人；土佬族贫农290户1415人，彝族贫农32户173人，汉族贫农6户40人；土佬族雇农176户574人，彝族雇农11户39人，汉族雇农6户21人；土佬族其他21户46人。

全乡耕地面积13401.19亩，产量谷5769386斤。荒地面积291.07亩。特殊土地1521.5亩，其中山场100亩、园子43.15亩、果园9亩。

全乡土地共分5种：第一种是水田，有龙潭水可以灌溉，不受雨水影响，可以随时栽种，土质肥沃，每亩产量近600斤。绝大部分水田为地主占有，由富农、中农及少数贫农栽种。第二种是旱田，即一般所谓“雷响田”。旱田靠山脚，缺水分，靠下雨栽秧。通常在四五月来水可以丰收，过了五月再来雨就会歉收。旱田多为贫农耕种，地主、富农、中农、贫雇各占一部分。第三种是旱地，即插在水田当中土质较坏的土地，可种干庄稼（玉麦、白薯、大豆、花生等）。多为地主占有，中农、贫农、雇农耕种。第四种是山地，位置在半山坡，可种干庄稼，产量不如旱地，多为农民占有及耕种。第五种是沙地，是五种土地中最坏的一种，土质劣，石子多。可种干庄稼，但产量极低，每亩产量折合稻谷不到100斤，多为贫雇农占有和耕种。

二、土地占有情况

新民乡的土地占有是非常集中的，这是从抗日战争以后所起的大变化。地主和一部分商人，利用货币贬值，囤积粮食，高利贷放给农民发了财。而农民到期还不清债息，只有典当或出卖土地。还有一些地主在抗日战争期间当过几年乡保长或其他伪官，也拿贪污的钱买了田地。农民失去土地，以攀枝花为例，10多年来，50%左右的农民丧失了全部或大部的田地。现在的土地占有情况，客籍田占有7888.46亩，产量谷3833754斤，占全乡土地的58.9%、产量的66.3%；其中客籍小土地出租者占有近1000亩（未确切统计），其余6000余亩均为客籍汉族地主所有。县公学田858.34亩，占6.4%，产量282159斤，占4.9%。村公族田35.55亩，占0.2%，产量21273斤，占0.3%。本乡地主占有土地133.97亩，占1%，产量72450斤，占1.2%。富农、佃富农占有1470.16亩，占11%，产量604540斤，占10.4%。以上地主、富农、佃富农、小土地出租者、公学田及村公族寺田共占有土地10386.48亩，占77.5%，产量4814176斤，占83.1%。而占户口94.1%、人口89.8%的农民及其他人民只占有土地3014.9亩，产量955210斤，占全乡土地22.4%，占全乡产量17.1%。

全乡每人平均土地3.73亩，产量1608斤。但各阶层每人平均占有土地及产量，地主为6.698亩3622斤，富农为5.049亩2097.5斤，中农为1.899亩684.6斤，贫农为0.71亩180.2斤，雇农为0.14亩34.7斤，其他为0.87亩286.7斤。地主每人占有土地相当于3个半中农、9个半贫农、48个雇农；其占有产量相当于5个中农、20个贫农、105个雇农。富农每人占有土地相当于2个半中农、7个贫农、36个雇农；占有产量相当于3个中农、11个半贫农、60个半雇农。

三、土地改革中的几个问题

（1）全乡耕地共有13400.57亩，产量5769386斤，每人平均3.73亩1608斤。在土地改革中，土地大体上是够分配的。贫雇农的土地要求是可能满足的。

（2）全乡的地主只有3户在乡下，而且都是小地主。客籍地主都住在城里。在土地改革时，农民除了分得土地以外，就分不到地主的房屋、农具和其他财物了。目前农民的农具牲畜是不够用的，全乡只有413个犁、436条耕牛，平均每两户才有1个犁和1条牛。这是一个问题。

（3）全乡的小土地出租者占有相当大的数量。这些小土地出租者大多是在城里做小生意，又在农村有几亩田地。由于目前阶级还没有划得很好，小土地出租者的户口及占有土地还没有精确的统计。估计全乡有小土地出租者100多户，占有土地近1000亩。在土地改革划阶级中，应把客籍户的阶级精确划好。

（4）本乡荒地共291.07亩，其中200亩系公地、地主占有者43亩、富农占有者3亩、中农占有者10.47亩、贫农占有者30.26亩、雇农占有者0.9亩、其他占有者2.14亩、客籍地主占有者1.3亩。在贫雇农要求时，可以没收地主荒田加以分配。

四、地主阶级的封建统治和剥削情况

新民乡的农民在解放以前所受地主阶级的政治压迫和经济剥削是非常严重的。全乡土地的将近一半都是属于侯中奎、周伯齐、黄筱廷、杨维祺、尹国洞几个大地主的。这几个大地主在别的乡也有很多土地，成为全县知名的大地主。在国民党统治时代，每个新到任的县长，都要请他们吃饭，拉拢关系，否则就不能立足。这些大地主也假借官府的撑腰，横行乡里，欺压农民。如大地主黄筱廷，在1937年强迫余家寨农民修建碾房1所，共用人工3000个，每年修沟又需要200个人工。到现在一文未给，有一贫农并因修碾房而成残废。有一雇农李连申，种黄筱廷的8石田，每年上租5石，1948年，李连申上租差了2升米，黄筱廷就撤了他的佃。李连申回去后，马上把2升米背到黄家，他仍不许他租田，李连申又带着小孩到黄家跪了1次，到黄的狗腿蔡学增家跪了两次，都被打回来。他被打回家以后，不到5天就死了，他的两个小孩也饿死，他的老婆哭瞎了眼睛，到现在成了残废。大地主杨维祺在解放前不但剥削农民，还勾结土匪头子黄老六、马宝福等人，抢劫农民。有一农民罗有庭种杨维祺的地，1929年租额1石5斗，1931年就加到3石，到1934年又加租到3石9斗，当时罗有庭表示不种了，杨维祺就勾结土匪烧了罗家的房子，杀死罗有庭的二哥，并抢去农民水牛10余条。大地主尹国洞，本人就是国民党的保安团长（解放后已被枪决），他仗着枪杆子的势力，欺压农民更凶恶。1943年，他在落龙庄栽甘蔗，霸占了龙潭水灌溉他的甘蔗，结果小东山的秧苗得不到水，都被晒死。当时有一农民向他请求，也被拉到队伍上关起。他又命令部下砍了小东山3000多棵树。他的部下在农村里乱打人，他本人也杀死过农民1人。以上所举，只是比较突出的几件事。至于地主打骂农民、强迫农民替地主无偿地服务各种劳役，则在解放前是非常普遍的事情。

该乡农民最痛恨的人，是余家寨的恶霸蔡学增。他本人体现了地主阶级、国民党反动派和土匪在农村中三位一体的统治。蔡学增是个二地主，3代都是大地主黄筱廷家的狗腿子。他本人是国民党特务，当过乡长。在不当乡长的时候，也是乡上的实际统治者，保长的任命都要经过他的同意。他在1927年当过土匪，此后一直和土匪保持联系。解放前勾结土匪抢过余家寨。解放后又拿武器接济惯匪张自全等。他打死过3个农民，强占了4家农民的田。有一农民韦应开种8亩4分田，被蔡学增无理夺佃。韦应开又被他抓去当兵，他的母亲气死，兄弟饿死。蔡学增在余家寨强奸过20多个妇女。他毒死农民高定福，强奸其妻，又把她逼嫁于别村。十几年来，他贪污农民的修沟费和教育费共150多石。至于被他打过的农民，就计算不清了。

农民受地租的剥削是相当重的，全乡农民每年要给地主交租119万多斤，平均每亩交租184斤，占土地正产物量33%。贫农租地主田地，平均每亩要交租347斤，占正产物产量

62%，最高的每亩要交504斤，占正产物量92%。

押金分物押、钱押及加租押3种。物押交谷子，钱押则交钱。农民高怀林租地主赵玉斋田14亩，租额3710斤。租田时先交1060斤谷子，占租额29%。物押、钱押不普遍，估计全乡有物押、钱押的佃户不到10%。最普遍的是加租押。地主租给农民土地以后逐年加租或隔几年加一次租。农民李永安租地主杨维祺的田，原租额是1680斤，1937年开始加租，到解放前，租额加到7000斤，平均每年加租452斤，等于8斗谷子。

高利贷剥削一般是“对本利”，秋收以前农民向地主借1石谷子，秋收后要还2石。三四个月内本利就相等了。农民还不起债就被迫将自己的土地典出去。

劳役剥削的情况也是很严重的。由于绝大多数的地主住在城里，不雇长工，但强迫农民为地主做无偿劳动却是很普遍的。大地主黄筱廷在余家寨修碾房一所，用了3000多工，一文钱未给。农民樊有林租地主黄和氏的田，把3丘田合并起来，共用200人工、10架牛工，也未给工钱。

其他的额外剥削种类很多。有大斗收租，收租时一般都多剥削原租额的1/10。有的地主还把收进的谷子用风扇扇，扇去了很多谷子皮，1石的租谷就变成6斗了。又有所谓“吃新米”，新谷登场时，农民要把谷子碾成米，先送给地主吃，至少送2升。至于地主下乡要农民付车钱，过年过节或遇地主家婚丧事农民还要送礼。

地主通过收租、收押和其他额外剥削，攫取了农民全部劳动所得，农民的生活陷入了极端困苦的境地。例如余家寨的一家贫农，用现在人民币的折价，计算了解放前一年的收支情况，这家贫农在1949年收入486万元，仅是给地主交租、交额外剥削和应付国民党反动政府的杂项摊派，就用了253万元，占总收入的52%。一年的总支出是1418万元，借了932万元的债才能过生活。借债数占总收入的192%。这一家贫农的收支情况是可以代表一般的。一般贫雇农，每年都要缺10个月左右的口粮，佃中农也要缺五六个月的口粮。

五、各阶层对土地改革的意见

全乡贫雇农对土地改革要求最迫切。中农绝大部分是佃耕，也要求土地改革，但思想上还有一些顾虑。他们种的都是较肥沃的土地，担心土改时被分出去。富农分两种，佃富农也要求土改，但比中农顾虑更大；富农则怀疑自己的土地将来会被分出去。余家寨雇农罗天文说：“加紧赶工作，快点土改，收回我们自己的土地。”有的说：“田要回来，自己栽种自己收，就不会饿饭了。”也有的说：“快点分田，我们好增加生产，抗美援朝。”

元江县第四区大羊街乡8个寨的调查

（调查日期：1951年7月）

一、概况

（一）大洋街乡8个寨子的基本情况

这次调查的8个寨属元江四区大羊街乡，这8个寨子是大羊街、阿斯丹、土纽、土纽新寨、大拉戛、小老红白、大老红白及麻栗树。这里居住了3个民族，即汉族、窝尼族、倮倮族。这3个民族是元江县的主要民族。以整个地区来说是杂居区，每一村寨均为聚居。窝尼族分布于土纽、土纽新寨、大拉戛及阿斯丹4个寨子，汉族居住于大羊街，倮倮族居住于大老红白、小老红白及麻栗树3个寨子。窝尼族是这里最早的民族，其次是倮倮族，汉族来到最晚。这里土地绝大部是窝尼族开出来的，一部是倮倮族开出来的。

这8个寨子属于半山半坡地区，东西相距15华里，南北相距6华里。按元江县可分3种地区：一是平坝区，气候炎热，年可两熟，冬季江风很大，一般人认为有瘴气的地方；二是半山地区，气候温和、凉爽，树林很多，每年出一垡谷子，一年间常下雾，下雾时，这里有路的地方完全看不清楚；三是山顶区，气候严寒，冬季常降雪，出产谷子较差。这8个寨子属于第二种地区。土质较平坝坏，较山头好。田可分为3种，即：（1）冲子田，在小冲子里，土质肥沃，水够用，费工本少，多数为一等田，每亩平均产谷子600斤；（2）梯子田，多在山梁子上，多数靠由冲子田里引水灌溉，土质较差，每亩平均产谷420—480斤；（3）雷响田，多在山梁及山头上，靠雨栽种，每亩平均产谷240—300斤。地亦可分为3种，即：（1）园地，一般在山脚和寨子边，土质较好，适合种小菜、玉麦、黄豆等，出产折谷120斤；（2）梯子地，多在梁子上，产量折谷80斤；（3）梁子地，又称火烧地，即将树草焚烧后将土翻松、等雨栽种的旱地，每种2年即须间隙，也有加粪的熟地，产量折谷100斤。

政治情况：解放前政治组织与一般汉人地区无异，也是保甲制度。不过在少数民族聚居区，有“伙头”的设置，相当于甲长的职位。解放后成立了农协会及农协小组。

文化情况：窝尼族只有语言，没有文字。倮倮族有文字，叫作“背马”，但不通俗，都不用，是迷信（宗教）用的文字，世代相传，字体近似象形。汉族文化较高，在汉族聚居的大羊街历来办有小学，1/3的人识汉文。倮倮族在8个寨子中识汉字的仅7人，但一般都会说汉话。窝尼族在全大乡中（81个寨子）识汉字的仅5人，会说汉话的人也少，妇女则95%以上不会说汉话。今年（1951年）才在窝尼寨子中设1所学校，有学生50余人；在倮倮寨子中设一所学校，有学生80余人。

窝尼、倮倮信奉多神教，如山神、门神、木神、火神等。

（二）民族情况

以全区来说，窝尼族人口占6/10，汉人占2/10，倮倮占1/10，摆彝、朴拉占1/10。以8个寨子来说，汉族125户531人、窝尼族48户195人、倮倮族35户161人，共计208户887人。

汉族与少数民族间的关系，主要表现在：

（1）窝尼来此最早，田地绝大部是他们开的，但后来大部给汉族地主、商人用商业、放债等方式剥削与霸占去了。所以少数民族与汉族存在有历史矛盾。

（2）少数民族（除少数地富）100%从事农业劳动为主要生活来源，而90%以上都是佃农（按此处所指或系全区或全乡情况，本8个寨子情况不是这样）。汉族一般不从事农业劳动，而靠出租土地、放债、小生意、手工业为生，对少数民族农民进行地租及其他剥削。

（3）少数民族地主与汉人地主之间：少数民族地主一般比汉人地主小。前者一般不和后者来往，害怕后者敲诈、盘算。一小部分少数民族地主与汉族地主有来往，其中有的是因怕汉人地主来整，不得不拉拢一下；也有的用结亲家互相勾结起来。

（4）汉人地主的田全部出租给少数民族的农民，汉族农民（实际大半是贫民、小商）的田绝大部分也出租给少数民族农民。所以当地少数民族认为汉人除少数贫雇农外，都是剥削人的。

解放以后民族情况起了变化，窝尼、倮倮对党的政策、人民政府军队都极为拥护，他们说："共产党来了，民族矛盾也少了，以前大羊街寨子里都不敢来，今天有事情可以来这里解决了。""共产党、毛主席像如自己的阿爹、阿妈一样。"汉人中农（大半实际不是）顾虑很多，怕升阶级，卖东西装穷；贫雇农（大半应是贫民或小商）对减租退押不感兴趣，因得益少，但对土改抱有很大希望。

二、土地关系

（一）人口、户口

8个寨子共208户887人。其中：地主12户，占5.77%，92人，占10.37%；富农9户，占4.32%，人口63人，占7.10%；半地主式富农2户（其中佃富农1户），占0.96%，14人（佃富农5人），占1.58%；中农39户，占18.84%，184人，占20.78%；贫农71户，占34.13%，326人，占36.75%；雇农44户，占21.15%，121人，占13.64%；小土地出租者8户，占3.84%，22人，占2.48%；其他23户，占11.08%，65人，占7.33%。

汉族125户，占总户口的60.1%；531人，占总人口的59.9%。窝尼族48户，占总户口的23.1%；195人，占总人口的22%。倮倮族35户，占总户口的16.8%；161人，占总人口的18.1%。窝尼族有富农、半地主式富农各1户，共8人，其余都是农民；倮倮族无地富，全部是农民。

（二）土地占有情况

地主占有770.2亩（但据原来调查总结上，在本地出租者仅137.1亩49620斤；其自己经营者仅42.5亩地，产量7002斤），占总田亩的37.32%；富农占有102.5亩，占总田亩的4.97%；半地主式富农占有21.0亩，占总田亩的1.02%；中农占有302.6亩，占总田亩的14.66%；贫农占有320.6亩，占总田亩的15.50%；雇农占有32.4亩，占总田亩的1.55%；小土地出租者占有43.9亩，占总田亩的2.13%；其他阶层占有27亩，占总田亩的1.31%；客籍占有326.1亩（但不明属何阶层占有，是否全部出租在本地，或仅系田在本地界内，亦不明），占总田亩的15.75%；公学田占有117.5亩（但在本地仅出租67.9亩59100斤），占总田亩的5.69%。地主田地占有百分比为37.32%，产量百分比为38.22%；公学田田地占有百分比为5.69%，产量占有百分比为11.8%。可见公学田占有是最好的土地，地主占有也是比较好的土地。

不计地主出租在外地的土地，公学田、客籍田（因不明属何阶层占有，且亦不明是否全部出租在本地，或仅系田在本地界内）则当地每人平均田地1.237亩，产量750.4斤谷子。地主每人平均8.37亩，为中农每人平均的5.08倍，为贫农每人平均的8.54倍，为雇农的31倍。

（三）民族土地关系

汉族占有土地1207.5亩（不包括公学田），占总田亩1688.7亩（不包括客籍田及公学田不出租在本地的部分）的71.5%。汉族每人平均2.274亩；汉族农民每人平均0.903亩，汉族地主每人平均8.37亩，为农民的9.3倍。

窝尼族占有土地242.2亩（不计客籍田），占总田亩1688.7亩的14.3%，每人平均1.242亩。

倮倮族占有土地155亩，占总田亩1688.7亩的9.2%。倮倮族每人平均0.961亩。

（附注：因原来材料，数字交代很不清楚，上述各项数字，作参考则可，作根据不足）

少数民族全部靠农业为主要生活来源。汉族一般不从事农业劳动，以汉人聚居的大羊街来说，125户中仅有3户以农业为主要生活来源，而主要靠收租、放债、做生意、做小手工业为生。对于汉人不从事农业劳动的原因，当地有一句话“倮倮憨，种田；窝尼愚，栽地；汉人灵，读书做生意”。贫苦汉人说他们不盘田的理由是：（1）汉人地主不租田给汉人，因汉人没有少数民族苦得，盘不好田影响他的收入；（2）没有“小买”（永佃权）不得种田（少数民族一般占有永佃权）；（3）缺乏生产工具、工本、劳动力（男人做生意，女人裹小脚）；（4）做生意比盘田容易生活；（5）自己有点田，离得远不便耕种；（6）开荒地3年即被地主霸去，不合算种山地。但少数民族的意见是：（1）“汉人历来轻视劳动，认为劳动没出息”；（2）“汉族历来鼓励剥削，哪个会盘算少数民族，哪个生活就好过，哪个就受汉族地主奖励”；（3）“但是汉族贫雇农，同少数民族农民一样受剥削、受压迫，应多照顾他们”。

汉族地主的土地全部出租给少数民族农民，汉族农民（据原调查总结所说，此处所谓农民一般系划阶级之误，实际大多数并非农民）也出租土地给少数民族农民。据土纽寨租佃关系的调查，该村窝尼族农民租汉族地主土地53.5亩，产量25710斤；租汉族富农土地24.83亩，产量12300斤；租汉族中农土地15亩，产量7260斤；租汉族贫农土地6.33亩，产量2340斤；合计租入汉人土地99.66亩，产量47610斤。又据不完全统计：8个寨子的少数民族租汉族地主土地137.1亩，产量49620斤；租汉人富农土地24.83亩，产量12300斤；租汉人中农土地78.8亩，产量46146斤；租汉人贫农雇农土地的产量1960斤（亩数不详）；合计少数民族租汉人土地的产量共142026斤，占少数民族占有产量245130斤的58%。

（四）土改中必须解决的问题

（1）划分阶级中的问题：当地划分阶级，未正确掌握政策，单纯从生活好坏定阶级，将做生意的划成农民，将许多小土地出租者甚至小地主划成中农，大大妨碍了该地减、退运动，引起农民特别是少数民族农民的不满。

（2）8个寨子中的农民有很多盘的田地很远，例如土纽一寨盘的田有60%在南昏，从土纽到南昏来回1次需时1天。所以他们要求分远田要多分一点才合算。像这种情况，若按原耕基础分田，势必影响生产；若按位置远近分配，又会引起民族间问题，因为按远近分配，就需要村与村间互相调换土地，这里面包括着土地的数量与质量的问题以及其他问题。

（3）永佃权（“小买”）的处理问题，有3种情形：①一般业权属地主，永佃权属佃户；②也有永佃权、业权均属地主；③还有业权属地主，而永佃权属另外的人。

（4）窝尼族占有9架山，为该族之公山，解放前倮倮族在这些山上种玉麦、棉花或葬坟都要给租。

三、剥削情况

（一）租佃情况

1. 租佃制度

可分定租制、不定租制、永佃制3种。

（1）定租制：规定一定的时间，不到时间，业主不得拔佃夺田。

（2）不定租制：没有一定的租约，业主可随便拔佃转租给别人。一般地主往往通过拔佃而加重对农民的剥削，如雇农白寿文租地主王绍孔田1份，原租240斤，后来加到360斤、加到480斤、加到600斤，直到无力缴租时，只好把田交还地主。

（3）永佃制：佃户占有永佃权，所有权属业主，业主不得把土地转租给他人。永佃权当地称为“小买”，业权称为“大买”。

永佃权产生的原因：由于农民，特别是少数民族农民，受地主、奸商的压迫、剥削，生活贫困下来，不得不将自己的土地出卖，但又不愿卖绝，而保留永佃权。其过程一般是先“当”，其后无法缴付钱利或谷利，即进一步将田出典，而自己保有永佃权。这样的卖田，卖价较实价为低，一般只达到50%。当地农民认为“小买”是押金剥削，实质上也是这样。

永佃权（“小买”）可以买卖、出租或典当，出租永佃权也可收一部分租子。这样租佃关系发生3种情况：（1）业主占有所有权及永佃权（“大买”和“小买”）的租佃关系；（2）业主占有所有权，佃户占有永佃权的租佃关系；（3）业主占有所有权、永佃权为另外的人占有的租佃关系。这里农民租入土地的，大多占有永佃权。

2. 租额及名称

（1）包租：包租有两种情形：一种是因田地不好，业主怕佃户盘不好田，影响剥削收入而产生的；一种是因佃户欠业主债，而被迫耕种的。这种形式的租额有高到80%，甚至100%。例如，倮倮族中农白二租汉族地主杨敬德田1份，系因欠债，被迫租种。年产谷子900斤，租额720斤，占80%。种了36年，现在还种着。

（2）分租：佃户劳动力强、田地较好，则采取分租制。一般是对分，也有四六成分的（佃四、主六）。

（3）永佃租：永佃权出租的收租额。例如，贫农白七二租汉族地主王绍孔田两份，其永佃权为另2人占有。年产谷子4200斤，交包租2400斤，谷利540斤；交永佃租600斤，永佃租占产量的14.3%。

兹举小老红白自然村的租佃情况为例：

小老红白村共35户，有22户租入土地（雇农3户、贫农12户、中农7户），与地主分租的有12户，包租的3户，其余7户，交一部永佃租后，再与业主对分，租额占全村产量51%。

（二）借贷情况

债务的剥削是非常普遍的，少数民族中80%以上的人受债利剥削。例如阿斯丹村（窝尼族聚居村），据解放前一年不完全统计，全村负债1000元半开，向地主借者占2/3，向农民借者占1/3，每年付息3000斤，占租额的11%。

债务的种类有烟债、谷债、卖工债、青苗债、驮利债等。

1. 烟债

普通是折实利，栽种新烟时放半开10元，烟熟时，收烟3两，值半开30元，时间仅3个至4个月。

2. 青苗债

折实利，春耕时借，收谷时还，为时2—3个月。借半开1.5元，付谷60斤，值3—4元。

3. 卖工债

银利，利息3—4分。大抵是借钱到外国去卖工回来后赔还，一般冬月去，正、二月回来。

4. 驮利债

到期付不起息，利转本，又生利，有借谷60斤，一年后折成480斤的。

举例：

（1）贫农倪拖蝉，其父借地主杨培启半开6元，借了35年。后赔布2匹，值半开100元，尚欠1.5元，被算成70元。其父去后，借催债将倪拖蝉叫去帮工，每年做工2个月。后又赔猪2条值半开80元，又到倪之娘娘处骗去半开30多元，谷子360斤。其父从法国带回2匹布、1个箱子、1床毯子都被杨半路截去。如今还说差他75元。

（2）贫农陈给沙借大羊街地主杨敬礼半开5元、谷子180斤。20年后，5元半开，付利405元；谷子180斤，付利1800斤。

（三）押金情况

1. 押金种类

（1）红押：红押是这里最普遍的一种押金。其内容即是：除地租外，从佃户所得部分再抽出一成至三成，交给地主，作为红押。多半因佃户没有钱或物件作为押金而产生。

（2）白押：佃户租田时给业主相当于租额数目的钱或物作为押金，并在租约上写明白，此即是白押。

（3）黑押：使了押金而不在租约上写明的即是黑押。

（4）黑白押：使了押金，而在租约上只写明一部，不全部写明。

（以上第二、三、四3种押金在这里不普遍）

（5）人押：或因借钱，无东西作为抵押，便把自己的女儿拿去作押头；或因借了钱，无法偿还时，也发生类似情形。这种押头在这里很普遍。地主往往向佃户贱价收买入押，而把人押又转卖给他人，从中榨取金钱；或者佃户，无力还债时，地主可将人押出嫁，而收取男方的礼银。至今大羊街还有未赎回的人押。

（6）实物押：业主向佃户收取草木或其他特产等，作为押金，即是实物押，如粑粑押、狗押、鸡押、被单押等。

2. 从几个村的押金调查，看押金剥削程度

（1）阿斯丹（窝尼族聚居）：全村16户中，有9户有押金，原押数为12780斤谷子，占租额的42.8%；应退押金数为52350斤谷子，相当于全寨全年的总产量。原押占公粮的396%，应退押金占公粮的1620%。有押土地25.2亩，占租入土地的69.8%。

（2）土纽(窝尼族聚居区)：原押3840斤，占租额67.7%，占公粮的33.8%。应退押金17820斤，占全村总产量的83%，占公粮任务的140%。

土纽共36户，有押户8户，其中中农2户，原押1080斤，应退押金6480斤；贫农6户，原押2760斤，应退押金11340斤。

（3）小老红白村：全村农民历年交给业主的押金总共117930斤，其中交地富及学校田者共54330斤。此即是应退押金数，占公粮任务的162%。有押土地68.8亩，占租入土地的63.2%。应退押金中中农占56%，贫农占44%。

其他尚有很多额外剥削，如代养牲畜、抵长工（即以劳动力还债）、白工（即劳役剥削），以及占霸、骗赖等。

四、窝尼、倮倮两族的风俗习惯

（一）窝尼民族的风俗习惯很多，与汉族、倮倮民族不同

如窝尼族结婚，择对象是自由的，结婚时不请客，只请寨子里几个父老吃一顿饭。嫁时背上1包香斋（糯米饭）到男家去，男家再回以3包香斋而后拿着戥子和礼银去对礼银，傍晚时就接着过来。嫁时女方父母及寨子里每家给1包香斋和1只小鸡，女方父母陪嫁1只母鸡和1窝小鸡（六七只），到生了一个小孩时才陪嫁1件小被子、小被单。他们讨媳妇，天晚才去接，天晚才许走，走时小姑娘们躲着以石头砸媒人，也兴拖，意思是你们把我们的伙伴讨走了。离婚时女方要赔礼银，离婚自由。现在不赔钱了，如果有男子欺着，则妇女会发动来斗他。重婚的很少，只有无小孩时才重婚。

赶大街：窝尼族每年1次。当天鸡叫以前，要在大街上烧1个小猪，“小猪烧得好，今年秧会好”（时间在三月间栽秧前）。烧猪后，男女穿新戴新玩一天，次日开始下田栽秧。

到四月间秧栽完，赶旧马街，青年男女都去，是一个青年男女谈情说爱、自由选择对象的集会（在赶大街后3个街子时，每街2天）。旧马街后就下田去薅秧。五月过下年，大游行1次，青年男子一寨玩耍，吹箫弹弦，女人则在本寨集中等着。到了十月间，秋收后过大年，杀猪杀鸡吃。

栽秧时妇女都把头梳好戴上各式各样装饰品。亲家们互相来帮忙栽，饭是背到田里吃，吃白酒、净蛋。儿媳亲家来帮忙准一天把秧栽完。

盖房子，只要通知一声，本族人都愿来帮忙，要多少工就来多少工，一天把房子盖完都可以，只需待两顿饭，不付工资。倮倮民族也都有这种习惯。

死丧：当事人不招待客人，只宰1条牛，以肉给客人，而客人都拉着牛、羊、猪、鸡来送“人情”。寨子中贴吃账、小菜，并招待；但兴抽签负责。客人可以任意约着其本村的人来吃。来客由全寨人负责招待，当事人不负责。哪一家只要一死人，全寨各家即送死者3斤米。

敬长礼节：妇女或新妇，不能和男的长辈在一处吃饭，长辈来时要起来让位，上楼只能是长辈上去，在路上要长辈上前，在路上遇着长辈要让朝下边。妇女必须将头发披散下

来，但和长辈在田里做活，戴着雨帽，可以不披，不戴雨帽则要披下表示尊敬。

（二）倮倮族的风俗习惯

婚姻：倮倮民族的结婚不自由，多数是父母包办的，但在男女关系上是自由的。自由恋爱的有，不自由恋爱的有，女方在嫁时完全不知道的都有。他们讨媳妇要傍晚去接，天晚时才准走，走时小姑娘们，躲着以石砸媒人。倮倮兴拖，姑娘约走时拖，意思是你们把我们的伙伴讨走了。一般娶亲要礼银，而且很重，过去150—250元半开，要请客，正客吃饭时要敬酒，同时新夫妇要叩头，客人要给新夫妇押钱，第三天要请老丈人。新妇第一次回家时，要给她落花生背回去，分给该寨每家，多少要给一点。

招牛魂：主要是祈祷牛不要生病的意思，多在旧历腊月属牛的日子举行。

火把节：五月七日，全寨于栽秧完毕时，杀1条牛，庆祝生产完毕。当晚青年妇女抬着火把，男人团团站着，姑娘抬着火把转着喊“追蚊子、追蝗虫……”等。之后，大家就跳舞玩耍。

死丧：与汉人同。

五、各民族的几个上层人物

（少数民族地主不住在8个寨子内）

（1）陈沙憨（窝尼族地主）：大羊街乡金竹林寨人，家有7口人，他本人30岁，有两个老婆、两个孩子，父亲母亲均在。找两个长工，1男1女，有田数十份，绝大部分是自耕，出租极少。经常利用小恩小惠，有时借给农民几颗谷米等，因此从表面上看来，他和群众的关系“较好”。他没有当过保甲长。除了雇工经营田地而外，还从事“背马”（跳神）迷信（宗教）职业，他家已从事这项职业两辈，要请他去跳“背马”的，每次要给三四碗米，得半开的时候较少，跳“背马”的收入不大。每年自耕收入292背（每背谷子重60市斤），出地收8背。

（2）钱大有（窝尼族地主）：大羊街乡粗鲁寨子人，是窝尼族中最大的地主，家有10多人，每年出租收入300背，自耕收入200背。请着3个长工，农忙时还请短工，每年约请短工130个。钱对长短工，经常轻视虐待。土红寨陈都斜，帮他家3年，除得3套衣服、7元半开而外，什么也没有得。他本人没有当过保长，但是和大羊街恶霸地主高朝梁、杨敬德、杨敬道往来很密切。兼做大烟生意，每年可以赚1000元的花钱。他有5支枪（十响1支、老五子1对、拉七2支），有3匹马。解放后钱大有和他的儿子企图组织暴动。1949年2月，被区政府逮捕，交出马和枪，即释放。到1951年3月间，镇反时因他继续与地恶勾结，第二次逮捕，两个儿子跑了。

在减退中只搞出洋烟1碗、1盆、半开400元、留声机1架。

（3）白崇德（窝尼族大地主）：大羊街乡妥底寨子人，家里有9口人，每年请两个长工、100个短工。全年自耕收入250背，出租收入250背。白现在50多岁，当过8年的伪保长，和大羊街的地主杨敬道、杨敬礼、杨敬德、妥赊的地主李国宗、浪铁的孙恒幼勾结很久。这几个地主中有好几个是他的亲家，有好几个是他的朋友，特别是与大羊街伪乡长（地主）的关系最密切。也兼做大烟生意，每年可赚1000元半开。当保长时，拉了几十个兵，吃了老百姓500多只鸡，敲磕15000余元半开，为拉兵逼死8条人命，群众非常痛恨。据说他统治的范围，约有30个寨子。1950年5月间，白崇德约李国宗、孙恒幼、牟净章、陈和清，夜中在他家里杀鸡过红，商量组织暴动而逮捕，1951年4月28日在街子上开大会处决了。

六、划分阶级中存在的问题

汉族居住的大羊街为集镇，兄弟民族居住的为一般村庄。在划分阶级时没有注意各个地区的具体情况，及没有掌握划分阶级的正确标准，单纯地从生活上来看，感情用事，再加上地主、富农企图降低成分，挑拨民族间的感情，因此汉族与少数民族之间，在划分阶级上有些意见，特别是兄弟民族，对汉族地区的阶级划分不满意。他们认为“汉族地区的阶级划低了”。最不满意的是中农，说汉族中农的生活比他们的富农生活还好。

据了解大羊街125家中有2户富裕中农、16户中农，这18户很可能有的是小地主、小土地出租者，或富农。例如：

（1）杨同来（原划为富裕中农）：全家4人，出租田每年收入55背（1背60市斤粮食）、放债每年收入利息25背、做生意每年收入30背，全年共收入111.6背（6696市斤）。无人从事农业劳动。

（2）杨思庸（原划为富裕中农）：全家5口人，自耕收入26背（主要是请工）、生意收入20背、出租收入26背、放债每年收入利息4背，总收入87背。家中无人从事农业劳动。

（3）孙士聪（原划为中农）：全家3人，出租田26背、自耕地收入1.6背、自己做纸火手艺每年可收入30背、放债收利每年可收入8背。家中无人从事农业劳动。

（4）谭乔山（原划为中农）：全家4人，租出收入40.6背、放债收入30背、做生意收入30背，全年共收入100.6背。家中有劳动力不劳动。

（5）杨善文（原划为中农）：全家9人，自耕24背（主要的请短工）、做杀猪生意每年收入30背、出租田收入38背，全年共收入105背。家中无人从事农业劳动。

（6）杨松山（原划为中农）：家有12人，租谷及债利收入59.6背、自耕收入7.1背、做生意收入200背，全年共收入266.7背。不从事农业劳动。

（7）王朝先（原划为中农）：总收入29.1背，其中自耕1.1背、放债收租53背、做生意收入25背。全家7口人。不从事农业劳动。

（8）王维先（原划为中农）：租谷收入20背，自耕和做生意12.9背。家有2口人，有两个劳动力，从前在个旧当砂丁，不从事农业劳动。

（9）王藩书（原划为中农）：全家9口人，每年自耕收入2背、放债收利每年35.5背、做生意每年30背，全年总收入67.5背。不从事农业劳动。

从以上各户的情况来看，这18户划成中农是有问题的。但是兄弟民族认为划分阶级应根据生活，即生活不成问题的就是富农，每年生活上缺两个月粮食的户算中农，收入不够吃缺半年的算贫农，收入不够维持两个月的算雇农，也是错误的。如：阿斯丹村的倪志安（窝尼族）家有5口人，佃耕收入82背、自耕收入14.5背、放债收入1.5背，共计收入98背；主要劳动2人，除从事农业劳动外，还兼做木工。剥削与被剥削相抵，自己不剥削别人，就是因为他生活不成问题，故划为佃富农。

由于以上的情况所造成的后果，有两方面。一方面影响了农民减退的经济利益，如贫农倪宝福（窝尼族）租杨善元的田总产量是20背，他今年交租给杨15背（这块田每年租15背，其中红押5背），只剩5背。如按产量三五成交租则只上7.5背即可，如扣去押头5背，则今年只交2.5背。据上述18家“中农”的出租土地总产量计566背（33960斤），如以产量的三五成交租则只须交189背（11866斤），现实交租额283背（16980斤），损失减租利益94背（5114斤）。另一方面是混乱了阶级阵营，大羊街把不是中农的划成中农，致使贫雇农认为中农也剥削人、压迫人，对这些“中农”不满，以致影响了整个中农阶层，有些中农也怕斗争，分他们的田和牛马，因此卖马成了普遍的现象。

新平县第四区振武乡第五联合村社会调查

（1951年7月）

（甲）一般情况

第五联合村包括挖窖、阿尼都、二台坡、小水井、暮味、天生桥、大力气、玉五乡、大黑阱、深沟阱、岔河、营盘寨、马棕山、大窝塘、刺竹阱、高荫寨、三家村、狗头坡、梭比寨等19个自然村，位于红河南岸山区，南距墨江边界20余里，东南至元江边界60里。山高谷深，村落分散，村与村的距离，近的有七八里，远的有五六十里。半山气候较热，湿度大，有瘴毒（如挖窖一带）；高山一带气候则又比较凉爽，无瘴毒。土质以半山较肥，高山较瘦；雨量一般都调和，唯今年有天旱现象，半山的田有很少的一部分没有栽上秧，高山地里的荞子受了损失（因旱长不起来），半山高山都有常流水，田亩的灌溉基本上没有问题。

整个联合村共有卡堕、腊鲁、汉、梭比、糯比、苦葱、窝尼等7种民族。卡堕96户

366人，男172人、女194人，仅分布于挖窖1个自然村；腊鲁共192户1162人，男575人、女587人，分布于天生桥、大黑阱、玉五乡、暮味、大力气、大窝塘、马棕山、三家村、狗头坡、高荫寨、营盘寨、刺竹阱等村；汉族共有72户342人，男175人、女167人，分布于挖窖、二台坡、深沟阱、岔河寨等村；梭比族共21户96人，男48人、女48人，分布于梭比寨；糯比族共6户21人，男10人、女11人，分布于挖窖、小水井；苦葱族共2户11人，男7人、女4人，分布于挖窖、阿尼都；窝尼族共1户3人（男），住挖窖。

聚居的村庄有营盘寨、梭比寨、马棕山、大窝塘、高荫寨、三家村、玉五乡、大力气、深沟阱、岔河、暮味、大黑阱、天生桥、二台坡、阿尼都、小水井等。

杂居的村庄有刺竹阱、狗头坡、挖窖等3个自然村。

挖窖村是以卡堕、汉族杂居为主，另外有糯比6户、窝尼1户。这里有汉族的地主与富农，也有卡堕族的地主与富农，各民族各阶层互相间都发生有土地的关系。

（一）历史概况

挖窖，是整个联合村人口最集中的一个大寨。在160年前，这里居住着几十户土著卡堕民族，清乾隆三十年左右，由石屏县搬来一家张姓汉族，由新平宁河乡也搬来一家张姓彝族，两家都讨了卡堕族女子为妻，因此即渐变为卡堕族的两个大族。挖窖因气候较热，雨量调匀，土地肥沃，成为本乡的产米区。乾隆三十七年，本区扎次普土司，渐渐衰败，把五联合村的所属山场田地全卖给了挖窖农民（卡堕族），石屏籍张姓把外处土地佃与腊鲁族耕种（暮味、天生桥），所以个别的就演变成为地主。相继在清咸丰、嘉庆年间，又有汉族张姓、李姓、萧姓由各地搬来，利用各种手段进行剥削，购了大量土地（阿尼都、小水井、挖窖、大黑阱），腊鲁族、糯比族、苦葱族、卡堕族等为佃民，因此成为本村的两大族（卡堕、汉）和汉族地主的对立。其中尤以张姓最为富有，经营商业（赶着马帮），这时村中人烟稠密，户口在300以上，地方办了学校，卡堕及汉族杂居互相影响，读书的人很多，在卡堕族中，石屏籍卡堕族都有到省会试，是以挖窖当时是本乡政治经济文化中心。

（二）民族摩擦和宗派斗争的形成

挖窖村卡堕族占人口80%，地富就利用这民族矛盾，除了统治压迫佃民腊鲁族、糯比族、苦葱等族以外，并向汉人提出彝多汉少，应该是彝管汉的口号，当时汉人确是因人少，而口服心不服。但卡堕族内部又有隔阂和矛盾，因石屏张姓卡堕族读书人多，而且有地主的当权派，多上层，而新平宁河乡籍的张姓卡堕族则读书人少，多系农民，于是石屏籍的张姓卡堕族即看不起新平宁河乡籍的张姓卡堕族，并且互相间以调戏妇女为报复。卡堕族内部就这样地分为两大界限。

民族和宗派关系：到了1931年更为恶化，汉族地主张本仁之父亲统治剥削佃民比较厉害，佃民都很痛恨（收租及白工、轮鸡等额外剥削），当时因为与腊鲁族何某争葬坟地因而杀死何某，此时正是卡堕族地主当权派张东清为盘龙乡乡长和他的堂叔张仲纯当保长，怂恿了腊鲁族何某的后人和张本仁起诉，借此合伙清了张本仁的家（抄家）。于是形成汉族、腊鲁族、卡堕族的对立，张本仁与张东清互有谋杀行为。1948年，国民党抓兵，张仲纯之子张东富代理其父保长职，勾结暮味伪保长罗天福，大肆在各村各族抓兵派款；张东清与振武乡伪乡长朱太平在挖窖也大肆拉兵，因之各民族更相互仇视和看不起。

（乙）各族各阶层户数人口土地占有情况

全联合村（以下简称全村）共有390户2001人，田地4943.22亩（田1092.68亩、地3850.54亩），512540.5斤产量，每人平均2.46亩田地，256.1斤产量。其中：

（1）地主共有6户，占全村的1.53%；29人，占全村的1.45%；共占有田地600.19亩（田189.16亩、地411.03亩），占全村的12.14%；产量82353斤，占全村的16.07%；每人平均占有20.6亩田地，2839斤产量。其占有田地中自耕的有37.15亩，占其本阶层占有的6.19%；租出的则有563.04亩，占其本阶层占有的93.81%。

这6户地主中：汉族有5户24人，占全村的1.2%；占有田地571.09亩，占全村的11.55%；产量有71178斤，占全村的13.89%；每人平均占有田地23.8亩、2965斤产量。占有田地中自耕的只有26.85亩，占其本阶层占有的4.47%；而出租的则有544.24亩，占其本阶层占有的90.68%。

卡堕族1户5人，占全村的0.25%；占有田地29.1亩，占全村的0.59%；产量有11175斤，占全村的2.18%；每人平均占有田地5.82亩、2287.5斤产量。占有田地中只自耕10.3亩，出租有18.8亩。

（2）富农共有12户，占全村的3.06%；69人，占全村的3.41%；共占有田地785.48亩（田242.83亩、地542.65亩），占全村的15.89%；产量是74838.25斤，占全村的14.6%；每人平均有11.38亩土地、1084.6斤产量。占有田地中自耕有118.64亩，占其本阶层占有的15.1%；出租666.84亩，占其本阶层占有的84.89%。另外租入田地51.12亩，占本阶层耕种的30.11%。

这12户富农中：卡堕族有10户46人，占全村的2.3%；共占有田地733.86亩，占全村的14.34%；产量66505.25斤，占全村的13%；每人平均占有田地15.95亩、1445.8斤产量。占有的田地中只有自耕89.54亩，而租出644.32亩，占其本阶层占有的82.08%。另外租入20.79亩，仅占其本阶层耕种的12.84%。

汉族有1户5人，占全村的0.24%；占有田地26.52亩，每人平均5.3亩、1227斤产量。只自耕4亩，而出租22.52亩。并无租入田地。

腊鲁族1户，有18人，占全村0.9%；占有田地25.1亩，都是自耕；每人平均1.4亩。租入30.33亩田地。

（3）中农共有79户，占全村的20.25%，人口435人，占全村的21.73%；共占有田地

1024.87亩（田281.77亩、地743.1亩），占全村的20.73%；产量是131030.25斤，占全村的25.56%；每人平均2.34亩、310.2斤产量。其占有田地中自耕589.19亩，占其本阶层占有的57.49%；出租435.68亩，占其本阶层占有的42.5%。租入841.26亩，占本阶层耕种的58.8%。

这79户中农中：腊鲁族有34户247人，占全村的12.34%；占有田地577.94亩，产量是64096.5斤；每人平均2.34亩、259.1斤产量。占有田地中自耕333.42亩，出租244.52亩。租入田地580.65亩，占其本阶层耕种的40.59%。

卡堕族31户119人；占有田地202.87亩，产量38166.5斤；每人平均1.71亩、321.07斤。自耕113.72亩，租出89.15亩。租入175.26亩，占其本阶层耕种的12.25%。

汉族11户58人；占有田地221.56斤，产量25793斤；每人平均3.82亩、444.7斤产量。自耕119.55亩，出租102.01亩。租入55.78亩，占其本阶层耕种的3.9%。

梭比族2户10人；占有田地22.5亩，都是自耕；每人平均2.25亩、297.4斤产量。租入田地23.5亩，占其本阶层耕种的1.64%。

糯比族1户1人，没有田地，只是租入6.07亩。

（4）贫农共有246户，占全村的63.09%；人口1299人，占全村的64.92%；共占有田地1226.14亩（田199.45亩、地1026.69亩），占全村的24.8%；产量是142376.78斤，占全村的27.78%；每人平均0.94亩、109斤产量。

这246户贫农中：腊鲁族有141户825人，占全村的41.23%；占有田地487.69亩、产量87233.75斤；每人平均0.59亩、105.7斤产量。

卡堕族有41户165人；占有田地116.3亩、18300斤产量，每人平均0.7亩、111斤产量。

汉族44户218人；占有田地476.65亩、25783.5斤产量；每人平均2.23亩、118.2斤产量。

梭比族14户66人；占有田地136.22亩、10297.53斤产量；每人平均2.06亩、149.5斤产量。

糯比族3户11人；占有田地1.78亩、产量162斤；每人平均0.16亩、14.7斤产量。

苦葱族2户11人；占有地7.8亩、600斤产量；每人平均0.68亩地、54.5斤产量。

窝尼族1户3人，没有田地。

（5）雇农共有45户，占全村的11.53%；人口164人，占全村的8.2%；共占有田地61.5亩（田7.7亩、地53.8亩），占全村的1.24%；产量有4846.5斤，占全村的0.94%；每人平均田地0.37亩、29.55斤产量。

这45户雇农中：腊鲁族有16户72人；只占有地24.35亩、909斤产量；每人平均0.34亩地、产量12.6斤。

卡堕族13户31人；占有田地6.7亩、2421斤产量；每人平均0.22亩、72.3斤产量。

汉族9户32人；占有田地7.7亩、435斤产量；每人平均0.23亩、13.6斤产量。

梭比族5户20人；占有田地22.75亩、1081.5斤产量；每人平均1.13亩、54.07斤产量。

糯比族2户9人，一点田地也没有。

（6）贫民1户（汉族）3人，无田地。

（7）小土地出租者1户(汉族)2人，占有地8.95亩，占全村的0.18%；产量161.4斤，占全村的0.03%；全部出租。每人平均4.97亩、产量85.7斤。

（8）客籍地主共占有田地786.25亩（田108.20亩、地678.05亩），占全村的15.9%；产量有5535.87斤，占全村的10.88%；全部出租。

（9）客籍其他共占有田地429.19亩（田49.72亩、地397.47亩），占全村的8.6%；产量有17153.05斤，占全村的3.34%；全部出租。

（10）村公族田共占有田地20.65亩（田13.85亩、地6.8亩），占全村的0.42%；产量有4245斤，占全村的0.83%；全部出租。

（丙）租佃关系

在营盘寨等8个自然村土地是集中的，最好的田地都为汉族地主所占有，少数民族农民只占有少量质量较坏的土地，而向汉族地主租入大量的土地。另外各族农民之间也发生有租佃关系，而且比较多，通常这种租佃关系是在田地距离太远不便耕种与丧失劳动力两种情况下而发生的。

在挖窖自然村，以汉族占有情况来说土地是集中的。原来土地不是属于汉族，而是属于卡堕及其他民族，汉族搬来以后就利用以高利贷为主的手段进行剥削，因而购置了大量的土地，这是造成土地集中的主因。以卡堕族来说土地是分散的。因为他们从前就在这地方耕作，所有的田和地都属于卡堕族，最后汉族搬来利用以高利贷为主的及其他手段进行剥削，一部分失去了土地，其他的仍保存着，所有土地的占有情况是分散的。在汉族与卡堕族土地占有的集中与分散的情况下所产生的租佃关系就复杂了。卡堕族、苦葱族、糯比族、汉族的农民都有受佃于汉族地主。卡堕族因自己占有土地，但一部分很远，同时自己劳动力来不及，就出租与本族农民或腊鲁族、汉族及其他民族耕种。

地租有不定租、永租、活租、包山租几种。不定租是因为一种叫作轮歇地，所以租额也不一定。活租又叫“飞租”，因一种地土质太坏，种一年荒二三年，故今年向这人租，明年向别人租，谓之“飞租”。永租如挖窖的6家卡堕族（富农4户，中农2户）原有田在暮味，就集体出租与暮味腊鲁族（两处相隔20多里），有永租权（已经有几辈人了）。包山租如刺竹阱农民必须到其丁姓元主所有的一片山林去放牧、打柴、砍火地，每年分2季全寨集体向地主纳租两次，秋季纳半开80元，夏季纳苞谷2.7石，按户分等摊派，每户二三元到七八元不等。地租的形式一般为谷物（苞谷），少数钱租、鸦片租。租额的种类有分租、死租两种。分租和死租租额一般占总产物的25%，地占总产物的10%—20%。死租通常都占总产的50%。在挖窖，田好的租额高，田坏的租额低，如一等田全部在50%；二等田最高50%，最低40%；三等田最高41.1%，最低31.2%；四等田和三等田相差不多；五等田最高25%，最低15%。地一般是10%—33%。因为田好水利方便、土质肥、工本不要太多，所以租额高。田瘦的土质薄弱，距离太远，全为梯田，工本太大，广种薄收，所以租额低。

额外剥削：每年除上租外主要的有义务劳役、烟课、轮鸡、呼啦等。（1）义务劳役经常的是替地主砍1排柴（约重800斤），其他替地主赶马抬轿、办婚丧事、背枪等零工，每年平均20个以上。（2）在种大烟的那一年除上烟租以外还要与地主纳税。（3）轮鸡，每年佃户要向地主交1只鸡。（4）呼啦是卡堕族6家田主（富农4户、中农2户）向腊鲁族佃民剥削的一种名称。每3年腊鲁佃民要办1次呼啦，到时候佃民杀1头猪，准备一切食物，田主们要请他的亲亲戚戚来大吃3天3夜。有一年佃民杀不起猪，要求他们杀羊，但是另添了30碗酒。

（丁）各民族各阶层之间的借贷关系

借贷关系的产生：主要的是由伪政府时苛捐杂税、拉夫拉兵、派款勒索，其次是庄稼无法盘下去而产生的借贷关系。如贫农周万礼于1947年被保长来抓兵，逼得没有办法，只得向潘家寨汉族富农潘长元借半开100元来抵兵，至今此债未清。1942年，卡堕地主张东清（当时是乡长）来拉兵，拿去未验上，而勒索半开50元，所以又向本族农民罗赵乔保借半开50元（年利1石谷子）给张东清。

借贷的情况是比较普遍的，如暮味是腊鲁聚居的村庄，共52户，全是农民，其中有28家欠账的，8家放债的（其中有些是又放账又差账），利息普通都是2分左右。所发生的借贷关系各民族各阶层都有，如：

腊鲁与汉族——李鲁章（贫农）欠六联合村汉族地主赵家兴半开100元，年利4分。周万礼（贫农）欠六联合村汉族富农潘长元半开100元，年利2石；又欠岔河寨汉族中农朱玉昌50元半开，年利1石。

腊鲁与卡堕——周万礼（贫农）欠卡堕地主张东清半开80元，年利1石6斗。

腊鲁与梭比——李文兴（贫农）欠营盘寨梭比陈元福之妻（中农）半开10元，年利2斗。

腊鲁本族间——何正发（贫农）欠本村罗赵乔保半开50元，年利1石。

（戊）在调查土地情况时群众对土地改革的反映

（1）开各族人代会筹委会时，腊鲁族农民鲁文有说："我们虽经过了减租退押清匪反霸，翻身是翻了，就是翻得不好不彻底，要彻底只有分好田地，所以这次把田地调查好分田地就快了。"有的说："这次调查实在的话，毛主席规定政策下来，不单是我们这村的田分得好，其他兄弟民族的也搞得好，这东西老实要紧。"有的说："这次调查就好像盖房子找材料一样啦，材料找得齐全房子盖得好。”

（2）营盘寨、高荫寨等自然村因与汉族地主有了租佃关系，他们的反映说：“即使今年分不成田地，我们也不愿上租了。慢慢地分田不要紧，我们要努力团结，组织群众，很快地建立起我们各族的联合政府，才好分田。只要政府给我们定好政策，我们就搞起来了。”有的说：“我们这些地方办医院办学校最要紧，希望快分田地生活搞好，才有办法搞那些事。”有的反映：山上田少地多，土质又瘦，广种薄收，希望能在坝子里分些田地，但山上农民不敢在漠沙[①]坝盘田（漠沙是一个瘴毒最大的地方），即使调剂耕种也是一个大问题。群众说：“要到漠沙分田先准备棺材去。”

挖窖农民提出：“我们村地主的田，大多数是在坝子，不在村子里，田地多的都是富农，如不拿出来，贫雇农不够分，多的还是要拿出来。”又说：“分时还是好坏都要分点，原来怎个盘田，还是怎个盘，不抖散来分最好啦。”同时又提出典当关系在土改时怎个搞。挖窖卡堕族提出“在分田时卡堕族的要完全集中在一处”，又说“我们村里的田都在坝子里（漠沙），那里的田我们不要了，但是我们这里的也不分出去”。

（己）地主分散田地情况

六联村汉族地主赵发兴（据农民顾必望谈，赵是大地主，嘎沙、摩沙、元江等地均有田地），1946年买得汉族地主普六的田1.2亩、地268.6亩（此份田地在五联合村岔河寨，原属普六租与该寨农民种，赵买得后，仍租给该寨农民，赵于解放前被边纵枪杀，现其长子赵有珍当家）。1949年8月，新平已解放（边纵解放的），赵有珍来岔河，对岔河的人谈说要卖岔河这份田地给他们，岔河的人没有答应，第二次又来，并说是区上准许卖的，又说岔河的不买，则卖给别的比普六可恶的地主要他们吃不消苦头（岔河人反映，普六过去剥削压迫得很厉害）。岔河因惧普六的压迫，无法只好弄钱来买，计720元半开。除7家人未买，余9家人都凑钱买了。买后，他们又分一部分给没出钱的人种，不收租，只说待以后政府叫怎个整就怎个整。现在是贫农13户种着田1.2亩（160斤产量），种地226.1亩（产量8279.5斤）；雇农2户种地4.5亩（产量90斤）；中农1户种地38亩（产量1575斤）。均是赵有珍卖给岔河的。

另据岔河中农顾必望谈，赵有珍不只是出卖这一份田地给岔河，另外又在同时卖了一份给中寨（六联合村，数字不详，有5家买得、11家没买）。1951年2月，中寨余长发、福顺安等人（不明成分）来岔河说，岔河的地要给中寨栽才合（中寨与岔河是两对面，只隔一条河。岔河是汉族聚居，中寨也以汉族为主，余不详）。6月19日余长发等又来量地，意思是要分这里的地去种，未得到解决。

---

① 漠沙，本文又作“摩沙”。——编者

（庚）各民族群众运动的情况

解放后这里民族纠纷和宗派的斗争仍然是存在着。卡堕族地主中，以张东富为一派，张东清为一派；汉族以张本仁为首的一派。在宗派斗争中，汉族派的张本仁不动声色采取旁观态度，张东清与张东富两派互相斗争最激烈，彼此企图谋杀。张东清政治统治比较高明，广泛结交，所以群众说他是“文官办事”（指国民党时），张东富则粗暴成性，人民都怕他杀害骗诈，因而孤立，群众说他是“武官办事”（指国民党时）。另外新平宁河乡籍的中农张元新、张奇良、张洪亮代表一部分中下层。但这一些派系与四区的地主丁绍武、高国安有联系，间接地与新平的大地主李润之、丁澜山有关系。所以在1950年新平全面解放以后，张东富参加暴动，经短期学习后不敢动弹。张洪亮派，因张洪亮在解放后担任本村教师，而为张东清、张本仁所不满（教不好），张东清则直接骂张洪亮不配做教师，同时张洪亮曾被张东清拉兵，所以张洪亮派就靠拢张东富派来打击张东清。在减租退押清匪反霸运动里，张东富被镇压，张东清在押，所以张洪亮就发动群众向政府要求，镇压张东清。而张东清系的杨云（中农，为粮库管理员，张东清的妻弟）也发动群众要清算斗争，不公审不镇压。所以张洪亮又密告杨云包庇地主，转向攻击杨云。张东清镇压以后，张洪亮担任村清退委员会会计，实际就是操纵农会，其派系中李自芬、其兄张炳良也担任了减退委员会的保管，张东富的狗腿杨映芳担任了农会主席。农协会排斥了代替张东清的杨云派，拉拢了代替张东富的这一派系。群众反映说：“我们不知道自己是不是农协会的会员。农协会今天要这个开，明天要那个开，所以我们不晓得。”群众要求（暮味及挖窖）退张东富的剥削账，张洪亮、杨映芳又包庇张东富，帮助其隐瞒转移财产，压制群众，不准群众提意见。同时张东富镇压后，张洪亮又要娶张东富的妻为小老婆。因此张洪亮派又被杨云派攻击。最基层的贫雇农是没有起来，不敢说话。宗派的活动仅只是上层及一部分中层。

阶级斗争里掺杂着宗派的斗争，要想整哪个就整哪个，因而阵营打得很乱。从地主富农一直打击到中农贫农。整个联合村共390户，打了16户，其中地主3户（卡堕族1户、汉族2户）、富农6户（卡堕族4户、汉族2户）、中农3户（卡堕族1户、腊鲁族2户）、贫农4户（卡堕族1户、汉族2户、窝尼族1户），占总户数的24.38%。对所要打击的地主并没有受到应得的打击，在经济上削弱得很少。如地主张东清，只交出家具什物等四五件（毛呢大衣1件、玻璃瓶4个、双毫20个、铁锣锅1口、腌菜瓶10个、猪油1瓶、猪1头、牛6头、骡子12匹等等）。以减租来说，有的1斗减了2升半，有的根本没有减。地主萧之云威吓说：“你们减租有没有减租的政策，你们要减到三成半，我倒要加三成半呢。”所以农民就不敢减了。群众反映说：“地主不管怎个整，总之还是有吃有穿。”地主阶级在政治上没有被打垮，现在地主富农仍暗暗地在活动，支持坏村干来进行活动。张仲纯之子张东福的狗腿杨映芳是联合村的农会主席，张洪亮派来靠拢张东富的这一派，因此明是中层的派系，实际就是上层操纵的。以果实来说，全联合村的果实是操纵集中在挖窖以张洪亮为首一派系的手里，他们廉价售卖，变相贪污，使得腊鲁及各民族农民敢怒而不敢言。腊鲁农民要求把减退果实退回原佃户，而张洪亮派煽动卡堕说，退完后就没有果实了，要当斗争果实来分配，以致造成民族间的分歧。在区政府召开的各村农协主席会议上，布置的是：①清匪追出的骡马及物件等送归区政府；②在减租退押里整出的骡马没有很好饲养，差不多都瘦下来，甚至将死了，所以区政府要各乡将这批骡马组织起来去运粮食做生意，一方面解决了骡马的饲养问题，同时对各村的粮食问题也能解决。但是这个联合村的农协主席杨映芳开会回来向群众宣传的完全与区上布置的精神相反，他告诉老百姓说："区政府黄指导员说了，所有的斗争果实都要上交，一针一线都要交上去，大家不要寒心。"因而就暗暗鼓动了一部分卡堕的贫雇农要把联合村的果实（谷子）拿走，后被区领导上发觉才立刻制止，同时向群众解释说明了这个问题，进一步揭穿了杨映芳破坏民族团结的阴谋，这果实是联合村各族的，他鼓动卡堕族农民把这份果实拿走了，使得各族农民与卡堕族农民更加仇恨，更加分离。

对张东清镇压后，群众还有这样反映：①我们老百姓觉悟不够，保不住他的命，他从前还是有一些好处；②我们村子里要求要杀的只几家人（汉族农民反映卡堕农民这样地说，卡堕农民也这样地说）。

（辛）宗教情况

此地基督教有二三十年的基础，各民族中都有相当数量的教徒，其中推卡堕族教徒最多。去年新平土匪暴动时传教士（外籍）见我党政军人员伤亡，表示高兴。双方负伤，他们都医治。现已不在此地了（离开原因不明），原洋人在坝子的教堂已经为区人民政府使用，教堂家具什物已为政府机关使用。一般信仰比较深的教徒对信仰宗教自由的政策怀疑，如反映说区政府禁止传教。这次调研工作组住在卡堕族富农张仲贤家，他本人过去经常传教，群众称为"耶稣老板"，工作组住在他家里他不敢祈祷。我们发觉后问他，他说政府家不准传，所以我们不敢祈祷。

弥勒县第六区花口乡土地情况调查

（1951年7月18日）

一、自然情况

花口乡（共6个自然村），是第六区平坝，与圭山、西山接壤。水口多为梯田，地区狭小，土壤不佳，黏土多，只能种一季。最高产量每亩1石8斗（合1170斤），一般产量1

石2斗（980斤）。水源全靠龙潭，插秧时节常干歇，但插秧之后，又患水涝，影响收获。中农春天即须买口粮，一般都靠卖工、卖饮食品，妇女打草鞋，秋收前吃杂粮、野菜、水果，生活艰苦。

圭山属路南县，西山属弥勒县第六区，圭山是撒尼族，西山是阿细族居住。距离花口最近的村是5华里的西山布戈村，民族间经济关系密切。少数民族在坝区本乡居住的5户，其中4户在山上还有家。

二、人口

全乡农业户339户1415人，其中少数民族5户，占总户的0.147%。

三、土地占有情况

全乡水田旱地共计1198.140亩，产量550845.2斤。地主占有187.975亩109587斤，占全乡亩积的15.68%、总产量的19.9%。

富农占有85.295亩64248.5斤，占总亩积的7.12%、总产量之11.66%。

中农少数民族占有水田23亩15077斤，占总亩积的1.91%、总产量的2.73%；汉族占有81.19亩90442斤，占总亩积的15.11%、总产量的16.41%。

贫农汉族占有105.32亩37127.7斤，占总亩积的8.8%、总产量的6.74%。

雇农少数民族占有旱地2亩、产量325斤，占总亩积的0.17%、总产量的0.06%；汉族占有8.085亩、2605斤，占总亩积的0.67%、总产量的0.47%。

其他（小商、贫民等）汉族占有土地1.165亩、263斤，占总亩积的0.099%、总产量的0.05%。

客籍田184.14亩、59364斤，占总亩积的16.50%、总产量的11.08%。

公学田351.04亩、140285斤，占总亩积的28.7%、总产量的25.47%。

村公族庙田占54.93亩、29879.1斤，占总亩积的4.58%、总产量5.42%。

自耕加租入土地共1150.48亩、产量565390.4斤。每人平均0.813亩、产量401.95斤。

公学田占相当高的数字，是因为前清乾隆年间，瘟疫流行，本乡弥勒寺和尚，利用机会欺骗群众，发动捐献，农民便把田地捐给寺上，自己反向和尚交租。到民国二年伪县府借兴办教育为名，把寺田收归教育科，此后农民便向教育科上粮。这种田原来地租很轻，每工1升（五六斤），收归教育科后，曾加租3次，第一次加三成、第二次加五成、第三次加八成。原来这种田由于负担轻，地主阶级利用势力承租大量田地转顶出来，赚取大量的顶价，最高时仅1/3亩的田顶价过2石谷子，合卖价的2/3，农民迫于生活，也不能不付出，尤其邻近的少数民族田少，多从这里去顶田，因此，地主的田顶给少数民族的较多。

客籍田的情况如下：

山区汉族地主	11.66亩	13860斤
山区汉族富农	11.83亩	7448.5斤
山区汉族农民	13.84亩	1122.9斤
山区少数民族农民	14.818亩	8752.5斤
坝区汉族地主	103.31亩	32008.5斤
坝区汉族富农	7.76亩	4110斤
坝区汉族农民	23.15亩	6507斤

四、民族间的土地关系

（一）典当关系

民族间的典当关系甚为发达，全乡有典当关系的土地计164.204亩，产量为193060.3斤，为全乡占有土地13.7%。典给少数民族的计130.204亩，为总的典当土地的80%。这是因为农民长期在封建剥削与高利贷盘剥下，交租、交息，渐渐穷困了。再加上这里的龙潭水有间歇性的枯竭，土质也不好，只能种一季稻谷，秋收后便荒着，这种自然条件更是封建剥削增长的机会；另一方面，山区少数民族缺乏水田，土地不够，他们以提高劳动强度，缩减消费，积蓄剩余，以较高的价格典入汉族土地。再加上过去旧社会时，山区种烟，增加少数民族的收入，往年谷子与鸦片的交换率是4两烟换1石谷子，甚至达到1两1石的。因此产生了民族间之典当关系。一般的典价占卖价的50%—70%，也有到100%，甚至超过的。如西山区阿细族中农李学林典入坝区农民8工田，原典价8石，后逐年增加到18石，这种田卖价只能到2石。

（二）租佃关系

民族间的租佃关系共40818亩，占整个乡租佃关系的7.4%。坝区农民租入山区地主（少数民族）的2.67亩，租入山区富农的1亩，租入山区农民（撒尼、阿细）的37.25亩。

少数民族出租给汉人农民的很少，因为他们多是自耕，而且耕种时期由山区雇请工人，有的因为住处太远，下山盘田，往返不方便而出租的，部分是3年前西山起义，不能下来照顾才租出的。

全部租佃无押金，无租约（所谓滑租），凭口约，随时可以抽佃，地租平分。由于少数民族渴望土地，汉族地主多愿把田租给他们，租额可以提高到80%，又有额外剥削及年节礼物。

（三）实典倒租

全乡共5家，全为山区农民（阿细、撒尼），共7亩，都是典入后即租给原田主的。

（四）插花田

全乡插花田共767.256亩，相当于全乡总耕地面积的2/3，全部都是西山区、圭山区少数民族自耕，或租入弥勒县教育科田地，这些土地原是汉族农民租入的公学田，历年来转顶出去。以本乡柏枝枯为例，1911年以前少数民族的插花田只占全村的1%，但到了1912年以后便到80%。现全村土地面积计463.66亩，其中少数民族的插花田便占361.16亩，为全村总土地面积的77.9%；本村地主、农民只占102.5亩，为全村总土地面积的22.1%。

五、目前有关民族间的土地问题

（一）拔佃

今年春耕后，山区少数民族拔佃甚多，共26亩。如马廷荣租西山区可邑阿细族农民13工田，头天掼谷子，第二天就拔回去；李运周的4工田租可邑毕文光（阿细，中农）的，今春已挖好、犁好准备撒秧时拔回去，工本也没有赔；现在继续保持租佃关系的也说秋收后拔回。拔佃的原因，综合起来有以下几种：

①少数民族怕土改。②因为减了少数民族的租，如花口乡花口村农民李应周租毕文光（阿细族，中农）的1份田，原租0.75石，今年减了0.225石；租西山区（阿细族地主）的原交1.1石，减租后，只交0.875石。这样也使得少数民族认为既然减租，当然也会土改，分他们的土地。③坝区部分农民在游击战争时期不交租，现在也不交，如柏枝枯农民张家防8工田是实典倒租，原典4.5石，3年未交租，算成9石，现在也交不出。④山上汉人地主带头拔佃，如圭山区汉族地主傅家荣拔大龙铺贫农张怀清2工，圭山戈西汉族地主杨树芬拔中农赵福田的6工。拔佃后现在保持租佃关系的只有14.818亩，全是农民出租的。⑤山上负担轻，拔回去在山上交粮，如锅西地主廖家林，全年总收入14石，交粮只2石（每石650斤）。

（二）地主阶级操纵的土地纠纷

由于民族区域的接壤，地主阶级常常利用民族矛盾来掩饰阶级矛盾，特别是山上的汉人地主，把优待少数民族的政策，当作护身符，玩弄、欺骗农民，在农村改革逐渐展开的时候，更是屡见不鲜。例如花口地主杨永禄把4工田当给西山少数民族地主梅照昌，当价7.5石谷子；去年杨永禄又典给小商人杨国周，把梅家当价还清了，纸退回来，但又未破头（即批废）。今年减退时杨永禄便利用这一点向农会说，应由梅家退，但农会认为不合，把纸留下，恰好交在妇女委员朱梅氏手中保管。朱梅氏是梅照昌的妹子，嫁在坝区的，朱梅氏即将纸交给他哥哥，同时便去霸田，双方遂起交涉。梅在山区便鼓动少数民族说，他受汉人欺侮，要大家来帮忙，杨永禄也在村农民中散布说，少数民族占着优待政策不讲理，引起农民对梅不满。事实上双方都是各有企图、各钻空子。

六、土改中应当解决的问题

（1）以前面土地情况来看，本乡耕地不足，为了满足农民土地之要求，应尽量缩减分田人口。本乡花口村70余户中有166人可以依靠集镇维持生活，如小商崇保成兄弟二人，一个母亲，每月可赚2.3斗米，每年可收益6石，但开销只要4.8石（伙食、衣服）。像这种情形的不分田共有142人。又如只够维持生活之一部分者，如刘志得家里4人，每年卖豆腐、晌午或驮煤炭，够半年的生活，可分给部分土地暂以2人计。像这种情形的有48人，以24人计入分田人口。他们可以在小集镇中，尤其土改后农民购买力提高了，这种小手工业、小商贩是有办法活下去的。这样本乡分田人口可以由1306人减至1140人。

（2）依据民族政策，把少数民族租入的、典入的土地划出去归他们分配，则全乡可分配土地为959.95亩，产量450115.7斤（分田人口的占有和应没收征收的土地），则每人可分得0.85亩，为乡每人平均数的104.5%；产量394.8斤，为乡每人平均数的98.2%。

（3）还可考虑将山上汉人地主在坝区出租的土地11.26亩没收，则每人平均可分0.86亩，为乡每人平均数的106.9%；产量406.4斤，为乡每人平均数的107%。

（4）如果再将山区典入坝区的土地154.73亩、79546斤以典价折卖价收回一半77.165亩、39773斤，则每人可分得土地0.928亩，为乡每人平均土地的114%；产量441.3斤，为全乡每人平均产量的109.7%（这里维持1个中农的生活，每年须650斤谷）。

但是依据山区少数民族的生活调查，他们典进的田地，对他们的生活是必需的。而在坝区农民已典出数年或数十年，很久没有这份土地的收入，这不是他们生活来源的一部分，所以这一措施是没有更大的实际意义的。

（5）各阶层对土改的反应：因为这个乡与少数民族的土地关系比较复杂，所以提到土改就会涉及到典当、租佃及插花田等问题。如贫农杨安祥说："今后分田要工口挨产量掺搭分，产量要在掼谷子前后评才评得实在，大家才不吃亏。少数民族的插花田，我们不敢要，要也要不到，田尾人走，他们也是农民，一家人，不分他们的。"雇农余文亮说："今后分田要是不够吃时，只要好好地劳动饿不死的，我们这里能够有水，肥料多就好了，最好能分个山给我们。"对于拔佃的问题，如被拔佃户中农马廷荣说："人家少数民族政府规定得有政策，我们也不敢怎个的。"中农李树荣说："少数民族租给我们的田还是给我们盘着，我们照样上租，等分得田时再赔还他们。"李应周认为："少数民族不赔我的挖工，不讲理。"雇农杨绍昌说："田不够分时把地主、富农移出去，免得他们在我们村子里，不老实。"因为本乡在今年春天将地主（依照他们原划的，这次我们检查出有很多不合标准）自耕、租入的田匀出给无地、少地户，所以大家对土改的要求情绪不高。而没有匀得田的人如贫农傅大妈说："认不得怎个整，别个说我们有，没有分给我们，以后土改时也认不得咯能分得几工？"一般农民都说："土改要看政府怎个整，你们工作同志下来帮助我们搞就好了。”

少数民族农民岳桂林（中农）说：“以后土改时在山上的在山上分，在坝子里的在坝子分，口粮在哪点，哪点分，我们也不分他们的田，他们在山上也不愿下来分（因为他家有一部分在山上），他们租教育科的田还是由他们分，山上生活还是老实苦哩。”

地主杨永明一家有10多个人，现在就没有饭吃了，在匀田时他说农民不得了，“搞小土改”。

弥勒县第六区土地调查

（1951年7月18日）

一、一般情况

全区共有12个乡，大小自然村80个，是平坝地区，土地肥沃集中。西北与路南圭山区及本县西山区接壤，东与泸西县接壤，南与本县县城接壤。因地邻少数民族区，所以民族间的土地关系复杂。

全区共有5578户，男女共计25367人。其中少数民族464户2144人，占总户数的7.9%，占总人口的8.4%。

地主190户，占3.4%；1251人，占4.9%。富农195户，占3.5%；1254人，占4.9%。佃富农60户，占1.07%；441人，占1.73%。中农2142户，占38.4%；10674人，占42.07%。贫农1825户，占32.7%；7895人，占31.1%。雇农1118户，占20.04%；3737人，占14.7%。小土地出租者34户，占0.6%；74人，占0.28%。其他14户，占0.29%；41人，占0.32%。

二、土地占有情况

全区共占有田地29029.33亩，产量12407878.2斤。

少数民族地主占有111.87亩，产量55827斤，占总亩积的0.38%，占总产量的0.40%；汉人地主占有5103.34亩，产量2761744.5斤，占总亩积的17.57%，占总产量的20.59%。

少数民族富农占有79.27亩，产量72048斤，占总亩积的0.26%，占总产量的0.54%；汉人富农占有2077.34亩，产量1079354.5斤，占总亩积的7.12%，占总产量的8.05%。

少数民族佃富农占有108.31亩，产量80188斤，占总亩积的0.3%，占总产量的0.59%；汉人佃富农占有150.77亩，产量71466.5斤，占总亩积的0.55%，占总产量的0.53%。

少数民族中农占有493.12亩，产量245374.5斤，占总亩积的1.7%，占总产量的

1.83%；汉人中农占有5710.56亩，产量2422055.2斤，占总亩积的19.6%，占总产量的16.06%。

少数民族贫农占有199.51亩，产量103019.5斤，占总亩积的0.68%，占总产量的0.87%；汉人贫农占有2035.95亩，产量1382894.5斤，占总亩积的7.01%，占总产量的10.31%。

少数民族雇农占有14.05亩，产量6167.5斤，占总亩积的0.04%，占总产量的0.046%；汉人雇农占有228.01亩，产量81026.5斤，占总亩积的0.75%，占总产量的0.74%。

汉人小土地出租者占有214.96亩，产量109338.5斤，占总亩积的0.72%，占总产量的0.81%。

汉人其他占有1.16亩，产量263斤，占总亩积的0.0001%，占总产量的0.00002%。

客籍田占有9076.45亩，产量3217161.7斤，占总亩积的31.23%，占总产量的23.99%（其中客籍地主占有6840亩，产量28370.45斤，占总亩积的23.9%，占总产量的21.8%）。

公学田占有2859.32亩，产量1612918斤，占总亩积的13.22%，占总产量的12.29%。

村公族学田占有561.34亩，产量10703018斤，占总亩积的1.94%，占总产量的0.79%。

全区耕地面积29029.33亩，产量20091499.9斤；每人平均田地1.145亩，产量791.3斤。

全区占有土地加上山区插花田地（别区插花田地不在上述占有田地数内），共有30461.02亩，产量20758160.72斤。山区少数民族和汉族各阶层在本区占有土地1431.74亩，产量666660.82斤，占全区总土地面积的4.7%，占总产量的2.1%。少数民族占有1403.46亩，产量648182.82斤；汉族占有土地28.27亩，产量18472斤。少数民族地主和汉族地主占有34.6亩，产量23612斤。

有些乡农民土地占有非常少，大半集中在客籍田及公学田，如花口乡的土地占有情况可以看出：全乡共有水田旱地1198.14亩，产量550845.2斤。客籍田占有184.14亩59364斤，占总亩积的16.5%，占总产量的11.08%。公学田占有351.04亩140285斤，占总亩积的28.7%，占总产量的25.47%。村公族庙田占有54.93亩29879.1斤，占总亩积的4.58%，占总产量的5.42%。

公学田所以多是因为前清乾隆年间，瘟疫流行，本乡弥勒寺和尚利用这机会欺骗群众发动捐献，农民便把田地捐给寺上，自己反向和尚交租。到民国二年，伪县府借兴办教育为名，把寺田收归教育科，此后农民便向教育科上粮。这种田原来地租很轻，每工1升（五六斤），收归教育科后，曾加租3次，第一次增加三成，第二次加五成，第三次加八成。原来这份田由于负担轻，地主阶级利用势力承租大量田地转顶出来，赚取大量的顶价，最高时每1/3亩顶价达2石谷子，合卖价的2/3。农民为了生活也不得不付出，尤其邻近的少数民族更多付给，因此地主的田，顶给少数民族的较多。

另外这个区的插花田比较多，全区少数民族插花田共1431.74亩，产量666660.82斤，占总面积的4.7%，占全区总产量的3.1%，如花口乡表现的最突出，全乡插花田共768.256亩，相当于全乡总耕地面积的66.6%（详见花口乡调查）。

楚雄县吕合乡土地关系调查

（1951年8月14日调查）

一、一般情况

吕合乡在楚雄西北面，是楚雄、镇南、牟定3县交界的一个小坝子。离楚雄县城60里，镇南县城30里，牟定县城70里。全乡共8个村子（吕合街、周家冲、白石盘、管家屯、张旗屯、土官村、中屯村），531户2524人。回汉杂居（全乡回族126户，占户口23.8%，673人，占人口26.7%），回族分布在吕合街（44户）、马家庄（58户）、周家冲（17户）3个村子。在滇缅公路未修通时，是楚雄通往滇西的必经要道，吕合街是来往商旅停宿的马站。气候温和，水利有紫甸河的灌溉。主要农作物是稻谷。副业主要是烧酒和养蚕，解放前酒户有50余家，但最近因酒精及蚕丝滞销，经营的人也不多。

二、民族关系

解放以后，由于我们执行了民族政策，民族关系有了显著的改进。回汉族农民都认识了过去民族间的仇恨和纠纷是地主恶霸的挑拨利用。对我们贷放籽种、尊重兄弟民族的风俗习惯，在回族中有极好的反映。回族的援藏民工回来以后，得了纪念章，每人还领得了七八十万人民币的工钱，群众反映说："认得是这样好，我们都去了，一个冬腊月间我们样事都没有干得。"在参军、交粮中，回族农民也表现得很积极，马家庄49户贫农中，参军就有4人。马明桂在看到了土改法中酌予保留清真寺产的条例以后说："过去特务造谣说，共产党来了要吃猪肉，不准信教，没收清真寺产。来了并不这样，毛主席真是我们的老爸爸！"

三、土地占有情况

（一）全乡汉回族各阶层户口人数

全乡汉回族合计531户2524人（男1202人、女1322人），每户平均人口5人。其中：

地主35户，占6.59%，224人，占8.88%，每户平均人口6人。

富农16户，占3.2%，113人，占4.48%，每户平均人口7人。

中农140户，占26.36%，773人，占30.67%，每户平均人口6人。

贫农180户，占33.9%，834人，占33.05%，每户平均人口5人。

雇农56户，占10.54%，161人，占6.34%，每户平均人口3人。

小土地出租（经营）者19户，占3.76%，86人，占3.41%，每户平均人口5人。

其他85户，占15.65%，333人，占13.17%，每户平均人口4人。

内汉族各阶层共405户，占全乡户数76.2%，1851人，占全乡人口73.3%，每户平均人口5人。

汉族：

地主21户，占汉族户数5.18%，118人，占汉族人口6.37%。

富农15户，占汉族户数3.7%，105人，占汉族人口5.68%。

中农110户，占汉族户数27.1%，592人，占汉族人口31.98%。

贫农126户，占汉族户数31.1%，572人，占汉族人口30.9%。

雇农50户，占汉族户数12.3%，142人，占汉族人口7.68%。

小土地出租（经营）者15户，占汉族户数3.7%，64人，占汉族人口3.45%。

其他68户，占汉族户数16.89%，258人，占汉族人口13.94%。

回族各阶层共126户，占全乡户数23.8%，673人，占全乡人口26.7%，每户平均人口5人。

回族：

地主14户，占回族户数11%，106人，占回族人口15.75%。

富农1户，占回族户数0.79%，8人，占回族人口1.19%。

中农30户，占回族户数23.8%，181人，占回族人口26.89%。

贫农54户，占回族户数42.8%，262人，占回族人口38.95%。

雇农6户，占回族户数4.76%，19人，占回族人口2.83%。

小土地出租（经营）者4户，占回族户数3.17%，22人，占回族人口3.27%。

其他17户，占回族户数13.5%，75人，占回族人口11.12%。

（二）全乡汉回族耕种土地

全乡水田旱地共七等，田五等，地两等。甲等田每亩产量稻谷810斤以上，乙等田每亩648斤以上，丙等田486斤以上，丁等田324斤以上，戊等田162斤以上。甲等地每亩产量稻谷81斤以上，乙等地81斤以下。

全乡耕地面积合计3808.87亩，产量合计稻谷2274014.32斤，每人平均土地1.51亩，每人平均产量（稻谷）900斤。其中：

汉族耕种土地2785.63亩，产量（稻谷）1681951.46斤，每人平均耕地面积1.503亩，每人平均产量（稻谷）908斤。

回族耕种土地1023.24亩，产量（稻谷）592062.86斤，每人平均耕地面积1.52亩，每人平均产量（稻谷）879斤。

（三）全乡汉回族各阶层占有土地

全乡土地4471.4亩，产量2634097.6斤谷。每人平均土地1.771亩，产量1043.6斤。

汉回族各阶层占有土地3194.652亩，占全乡土地71.6%；产量（稻谷）1910498.92斤，占全乡产量72.04%；每人平均占有田地1.26亩，产量753斤（稻谷）。其中：

地主土地1258.9亩，占28%；产量850374.3斤，占32.1%；每人平均5.95亩，3796斤。

富农土地383.8亩，占8.5%；产量206195.2斤，占7.8%；每人平均3.397亩，1834.7斤。

中农土地941.93亩，占21.6%；产量541371.8斤，占20.5%；每人平均1.22亩，700.3斤。

贫农土地421.7亩，占9.4%；产量193195.1斤，占7.3%；每人平均0.503亩，234斤。

雇农土地7.7亩，占0.1%；产量2241.2斤，占0.1%；每人平均0.047亩，13.9斤。

小土地出租（经营）者土地99.27亩，占2.3%；产量64136.8斤，占2.4%；每人平均1.232亩，745.7斤。

其他土地81.4亩，占1.7%；产量43984.6斤，占1.6%；每人平均0.243亩，134斤。

汉族：

地主占有428.48亩，占汉族占有土地20.93%，产量289713.2斤，占23.95%，每人平均3.63亩，2455斤。

富农占有361.44亩，占汉族占有土地17.66%，产量1986137斤，占16.42%，每人平均3.44亩，1891.5斤。

中农占有797.725亩，占汉族占有土地38.97%，产量471778.63斤，占39.07%，每人平均1.38亩，798斤。

贫农占有340.8亩，占汉族占有土地16.64%，产量165541.55斤，占13.69%，每人平均0.599亩，289斤。

雇农占有6.53亩，占汉族占有土地03.2%，产量2165.6斤，占0.17%，每人平均0.043亩，15斤。

小土地出租（经营）者占有76.27亩，占汉族占有土地3.73%，产量54357斤，占4.49%，每人平均1.19亩，848斤。

其他占有35.87亩，占汉族占有土地1.75%，产量26879.7斤，占2.21%，每人平均约0.137亩，104斤。

合计占有2047.122亩，产量1209049.38斤，每人平均占有土地1.1亩，产量稻谷

653斤。

回族：

地主占有830.39亩，占回族占有土地72.34%，产量560661.06斤，占80.97%，每人平均7.83亩，5289斤。

富农占有22.3亩，占回族占有土地1.94%，产量7581.5斤，占1.09%，每人平均2.79亩，947.6斤。

中农占有144.21亩，占回族占有土地12.56%，产量69593.18斤，占10.05%，每人平均0.797亩，384.5斤。

贫农占有80.9亩，占回族占有土地7.05%，产量27653.5斤，占4%，每人平均0.307亩，105.5斤。

雇农占有1.17亩，占回族占有土地0.1%，产量75.6斤，占0.01%，每人平均0.06亩，4斤。

小土地出租（经营）者占有23亩，占回族占有土地2%，产量9779.8斤，占1.41%，每人平均1.043亩，444.5斤。

其他占有45.53亩，占回族占有土地4%，产量17104.9斤，占2.47%，每人平均0.607亩，228斤。

合计占有1147.53亩，产量692449.54斤，每人平均占有土地1.7亩，产量（稻谷）1028.9斤。

（四）全乡公学田及村公学族寺庙田

全乡公学田及村公学族寺庙田共共1276.75亩，占全乡土地总数28.4%（清真寺田地31.83亩），占全乡总数0.84%，产量73558.68斤，占全乡产量总数27.7%。

（五）全乡汉回族有地户

全乡汉回族有地户323户，占全乡户数60%；1740人，占全乡人口68%。其中汉族251户1282人、回族72户458人。无地户208户，占全乡户数40%；784人，占全乡人口32%。其中汉族154户569人、回族54户215人。

（六）本乡汉回族土地耕种及占有关系的几个特点

（1）汉族统治者对回族压迫，直接就是一个土地问题。全乡公田的比例极大，占耕地面积33.52%，而这些公田都是在过去杜变后没收回族的。据楚雄县志所载，光绪十七年（公元1889年）[①]“夏知府”提归各寺庙，1913年又提归学款的“叛产”共2158.8亩，而楚雄全县回族被没收的田地尚不止此数（据吕合街马家巷五苏马明桂讲是4403亩）。

① 公元1889年，当为“公元1891年”。原文如此。——编者

回族在失去土地后，不得不经商，租种公田，或经过数道剥削与“军公后裔”转租、专卖、转典公田耕种。长期地忍受着无地少地的痛苦，直到今天问题仍很突出，全乡回族无地户54户，占回族户数40.8%；215人，占回族人口61.2%。由此可见，由于云南过去特殊的历史情况所造成，对回族来说，民族压迫的本身，直接就是一个土地问题。而剥夺回族的土地，也是过去汉族统治者压迫回族的主要手段。

（2）全乡在经济上回族地主占优势。从回汉族地主占有田地的比较中，全乡14户回族地主占有的土地几乎超过21户汉族地主占有土地的一倍，所以从全乡来说，回族地主在经济上比汉族地主占优势。另一方面，也说明了在杜变以后七八十年的时间中，回族中的一部分人，因为经商赚了钱后，又重新集中了大量土地。

（3）从土地占有情况来看，回族内部的阶级分化已经非常明显。占本乡回族户口仅11%的回族地主就占回族占有土地72.34%（每人平均7.83亩）。而占户数70.56%的回族农民只占回族占有土地19.6%（每人平均0.5亩）。所以在经济上回族内部已经有了非常尖锐的阶级对立。一般回族贫雇农，只有3条出路：第一，给本族地主赶马当雇工。第二，自己经营小生意，贩米、贩盐，跑小街子。第三，当小偷、土匪。而以第一种出路为最多，马家庄31户贫雇农中给地主当过雇工的即有23户，受回族地主残酷的剥削。

（七）租佃制度

本乡租佃制度有下列几种：

（1）永租——杜变后汉族统治阶级没收回族的田地，又以公田形式租给回汉族农民，有永佃权。认租不认人，佃权可以买卖、典当。租额较轻，只占正产物1/5到1/3。

（2）定租——事先立约，订有一定年限。本乡地主好田多半采用定租制，租额一般都超过50%，有高达70%者。

（3）分租——不立约，收获时由地主派人来下田对分（包括大、小春），本乡地主坏田大都分租。

（4）实典倒租——农民田地出典后，又向典主租入耕种，叫实典倒租，租额与普通一样。

历史上尚有堡租（供来往官员夫役用费）、铺租（供来往官员食宿用费）、火把租（供来往官员照明及给官府送信用）、槽马租（供来往官员马料用）等。此份公田800多亩，国民党统治时期归伪省政府财政厅管理，1945年出卖，大部落入汉族地主恶霸之手。

四、土地之租佃使用情况

（一）自耕情况

全乡汉回族各阶层自耕土地共1796.5亩，占全乡耕地面积47%；产量1021776.26斤，占全乡总产量45%。

汉族自耕土地1430.9亩，产量828515.88斤。

回族自耕土地366.60亩，产量193260.38斤。

（二）租出情况

全乡汉回族各阶层及公有田出租土地共2578.67亩，占全乡耕地面积67%；产量1548317.04斤，占全乡总产量68%。

汉族出租土地1213.04亩，产量332365.2斤。

回族出租土地（包括清真寺）2578.67亩，产量512313.56斤。

（三）租入情况

全乡汉回族各阶层租入土地共1959.94亩，产量1216467.96斤。

汉族租入土地1317.58亩，占全乡租入土地67%；产量825875.68斤，占67.8%。

回族租入土地642.36亩，占全乡租入土地33%；产量390592.28斤，占32.2%。

（四）土地之租佃关系的特点

回族地主出租土地共619.3亩，而其中590.7亩出租汉族农民，占其出租总数96%；出租本族农民仅28.6亩，占其出租总数4%。

汉族地主出租土地共321.7亩，而其中298亩出租本族农民，占其出租总数93%；出租本族其他阶层19亩，占其出租总数5.5%；出租回族农民仅4.7亩，占其出租总数1.5%。

回族农民出租土地78亩，其中75.3亩出租汉族农民，占其出租总数96%。

公学田出租回族553.98亩，占其出租总数62%，占回族租入土地总数86%，占回族耕种土地总数54%。

从以上情况看，回族地主与本族农民之间直接的土地上的剥削很少。其土地绝大部分出租汉族（主要是为了便于剥削，但特殊的历史情况也是原因之一，当地汉族农民卖田给回族地主有卖田不卖佃的习惯）。公田无押头，公田租额本来就很低，仅占正产物28%，而回族农民多租种公田，因此其受地租剥削，一般地较汉族农民之租种地主田地者所受的地租剥削为轻。

五、土改中有关政策的若干问题

（一）没收封建地主阶级的田地及公学田分配给无地少地的农民，可以满足回汉族农民对土地的要求

全乡在土改中应没收征收田地共1975.41亩，产量1178954.08斤（清真寺产不在内），加上应得土地户占有田地共2808.75亩，产量1406625.66斤。全乡应得土地户共443户，2070人。每人平均可分得土地1.357亩，每人平均产量（稻谷）697斤。而根据我们了解，维持1户中农的生活水平，每人平均需要田地5—6工（约合2亩）。所以在回汉族杂居地区，没收封建地主阶级的田地和公学田分配给无地少地农民，是可以满足回汉族农民对土地的要求的。但问题在于将来在土改中进行抽补田地的时候，不只是农民内部的问题，而且是一个民族与民族的问题。例如回族中农（多半是佃中农）每人平均耕种土地1.953亩，土改中难免不抽出一部分。而照现在原耕基础抽补调整，则回族农民大部是分得公学田，汉族农民除分得绝大部分汉族地主的田以外，还将分得绝大部分回族地主的田。

（二）划阶级

（1）本乡有所谓“平回有功”的“军公后裔”4家（李亮功、张洪有、苟坤明、张绍祥），杜变后租得大量公田，后来多半转卖（转卖佃权）、转典、转租给回族，每工卖价约值1石，折稻谷540斤；典价5斗，折稻谷270斤。这些“后裔”，在10多年前已破落，参加农业劳动，回族对这些人由于过去民族压迫的结果，要求划为二道地主，退还买价，算剥削账。而按其本人现在占有土地及劳动情况来看，应划为贫农或其他成分。

例一：吕合街“军公”李开贵“后裔”李亮功，过去租有教育公田27亩左右，10多年前已陆续卖给回族，现本人仅佃耕5.3亩，6人吃饭，2人劳动，主要生活来源靠烤酒、开店，应划为小商。

例二：白石盘“苟军公后裔”苟坤明，过去也租有教育公田约30亩，10多年前已陆续卖给回族，现本人仅佃耕4亩，6人吃饭，4人劳动。每年实收稻谷2953斤，上租842斤，所余仅够吃四五个月，其他全靠帮工，应划为贫农。

（2）回族中有一部分人因经商或替地主经营商业（管账），出租或雇人耕种土地，不超过小土地出租者的最高标准数，应按其所从事的职业及主要收入决定其成分或划为小土地出租者，但现在群众意见，多半认为这些人“生活好，不劳动”，是“二水老板”，把他们划为地主。

（3）回族中有一大部分农民，耕种土地很少，其收入主要不靠农业，而是靠小生意、赶马贩米、贩盐、小手工业、农村副业、卖工等非常零碎，生活相当于贫农。例如马家庄回族农民马春凤，6口人，3人劳动，半劳动1人。租种教育公田3亩，自耕1亩，田地收入共稻谷2068斤。每年卖工120个，收入稻谷324斤（当地工资极低），小生意收入稻谷486斤，赶马贩米贩盐收入1512斤，农村副业（养鸡、养鹅等）收入1134斤，小手工业（缝衣、做鞋底）收入不定。共约收入5524斤，折米约3600斤。这些人虽其农业收入只占全部收入的小部分，但仍应划为农民成分。

回族中有一部分人自己并不占有土地，或仅占有少量土地，生活来源主要靠帮本族地主赶马经营生意，有时自己也附带参加少量资本。不从事农业劳动，或从事时间很少。这些人受回族地主的剥削，有的甚至因此丧失生命，与回族地主有一定仇恨，是地主的雇工。在解放初期，多半被误认为地主的“狗腿”。

（三）没收征收问题

（1）马帮：回族地主大多拥有马帮，经营生意或其他商业运输，在减退当中大多数已被地主分散（转移、出卖），或由农民协会交农民寄养，对城乡物资交流影响颇大。

（2）民族服装及民族性宗教性的用品：在本乡减退反霸所得胜利果实中，发现有回族礼拜时穿着服装（如礼帽、白头巾等）及民族性宗教性的用品（如回族用的手壶、洗脸手巾、阿文经典、书籍、唱片、字画、旗帜等），在土改中为尊重兄弟民族的宗教自由及风俗习惯，应明文规定不得没收及破坏。

（3）有买卖、典当关系的公学田：本乡公学田因租额很低，在农民中过去存在有买卖典当等复杂关系，甚至有转卖转典数道手者。在将来土改中，征收分配时，对现耕农民，应给予适当照顾。

（4）清真寺产：本乡有回族清真寺3所，均附设阿文学校，计学生98人。占有田地95.5工，占全乡耕地总数0.84%。收入供学校经费。本乡回民，包括贫雇农在内，均要求在土改中给予保留。

（四）联合斗争问题

吕合乡是已经开展了减租退押运动的乡。该乡在联合斗争回族地主时，由于事先通过有回族农民参加的民族代表会决定了斗争对象，由回族农民代表举手通过，签名盖章，斗争时回族贫雇农参加了主席团掌握斗争，所以回族农民参加斗争积极，结果也很圆满。反之，有的汉族村子擅自把回族地主拉起斗争，事先不通过回族农民，甚至斗争时也无回族农民参加，结果就引起回族各阶层的不满，回族地主也没有被打垮。……由此可见，在回汉民族杂居地区，无论是现在的减租退押，以及将来土改中联合斗争回族地主时，决定斗争对象、斗争方式，组织联合斗争领导机构，掌握斗争，以及斗争后如何处理，均须充分与回族农民讨论，共同行动，并经一定上级机关批准，斗争中对民族的风俗习惯、民族礼节、言语、宗教，也应特别尊重。

六、回汉族各阶层对土地改革的反映及意见

回汉族农民，尤其是贫雇农，对土地都有迫切的要求。马家庄农民说：“我们村前的田，没有一丘是回族的。”周家冲回族贫农马恩光说：“我们望土改就像望星星、月亮一样。”（回族是把星、月当作他们的标帜）贫农马佑安说：“土改才有办法，不改有力无处使。”吕合街贫农马成安说：“我们无田无地，多少年来，穷怕了，饿怕了，希望赶快土改！”汉族农民要求把过去回族地主所占买占霸的田地，全部归还。白土城雇农赵焯说：“土改时希望把镇南卖给马家庄回族地主的田地，全部分回来。毛主席说‘土地还老家’，我们的田地该回老家了！”

回族的佃中农（占回族中农47%，租种公学田243.76亩，占其耕种土地68.8%）要求土改。他们的顾虑是怕把自己耕种的田地抽出去，或者希望抽给回族少地农民。吕合街马家巷中农马明厚说："马家巷都是买二地主的公田栽，抽时由回族来抽，不要汉人来掺杂。"也有的中农想把自己的远田（有一部分是迁移后出租的）换点近处的好田。中农马思仁说："我自己几工田是苦来的，在远处够不着盘，希望土改时换点接近的好田。"

由于历年来民族的隔阂，农民也有以下的反映：镇南白土城的汉族农民要求（是在调查组7月21日举行的农民座谈会上40余个农民提出的）"县归县，州归州"，即镇南县属的田地完全分给镇南，包括回族农民在镇南境内自耕或佃耕的田地。会上农民说："马家庄的贫雇农过去都把脚抬在我们头上，抵得小地主……土改时他们的田都要改回来。""马家庄那些贫雇农压制我们很恼火，土改不管哪个盘的都要改回来。"吕合乡的回族地主则提出"回族人的田地、房屋、牛马分给回族"，及"收回杜文秀起义后被没收的回族田地"的口号。例如马家庄回族地主马伯良的父亲说："我们租在外首（指镇南白土城）的田地拿回来分给回族农民。"吕合街回族地主马兆麟说："我租在外首（指镇南石鼓村）的田，希望土改时拿回来自己栽，栽不了分给回族农民。"而部分农民在他们的挑拨煽动下，也说（中农马明厚）："马鸿义（回族地主）的房子分给回族，他在镇南还寄养着15条牛、30只羊，也分给回族养。"贫农马春荣说："把地主租给镇南王庄梅、白土城的田分还给我们一部分。"又如吕合街马家巷"五苏"（是回族联合会的首长，该会实际为回族地主掌握，"五苏"与地主有密切联系）马明桂说："回族在楚雄县上五村下五村（上五村指保山村、塔浦村、马石铺、落苴、万家坝；下五村指吕合街、钱粮桥、马家庄、周家冲、龙脚湾）有4403亩上上则田，200多亩荒田，单吕合街马家巷就有36666亩、清真寺学田100多亩。到今天毛主席洪恩光照，各位同教都很感激。我们先辈过了百多年苦日子，想起来心痛，希望把过去被没收的土地收回。"有的地主甚至说："我们不实行什么土改，只要把我们过去被没收的田地退还给我们就得了。"因此马家庄回族中农马明龙也说："杜公起义后我们田被收夺作为栖仙寺香火田，光绪四年要求归还未准，土改中把这份田地拿回来。"贫农樊顺益说："我们田不够分，把过去栖仙寺霸去的田分一部分回来。"

江川县第二区光山乡土地情况调查

一、一般情况

（一）自然情况

光山乡属第二区，是山区，有大小11个自然村，分布在光山区周围，现划为7个行政村，成立7个农协会，即李家营、光山村、旧村、下麦冲、大小阿斗、大小香柏甸村、大小石河及扬子石河等村。境内原有森林很多，解放前因遭地主恶霸勾结伪官府故意滥伐，至今所剩无几。土壤一般含碱质重，贫瘠，水源奇缺。地形除光山村有七八百工田勉强能称平坝外，其他各村均为梯田。水田主要产稻谷，下垡以小麦为主（极少部分），旱地以洋芋为主产。

（二）特点

（1）全乡都是西康迁来的倮倮族（据他们说，祖先系来自北方，祭祖时都北向跪拜），大部分已汉化，语言亦用汉文。

（2）全乡土地比较分散，无地主。

（3）田地自耕的多，佃耕田都是客籍地主的。

（4）贫雇农负债的很多，因解放前国民党摊派款粮，无力负担，只得向地主富农高利箩借。

（三）文化教育情况

全乡有小学1所，学生30名，各村识字的很少。语言文字均采用汉文，据说该乡有90余年不用彝文彝语。现乡上要求政府能赶快多办学校，使200名左右学龄儿童有入学机会。

（四）干部情况

该乡解放前参加地下工作的很多，后因召桥事件，有30余名同志牺牲，现乡干部3人，均有两年斗争历史（其中有坝忠厚、李朝贵过去由潘冀天同志发展入党，后因潘死即失去关系）。该乡群众运动一般正常。

（五）政治情况

该乡主要是受邻乡地主徐鸿钧、侯伯鲁（住侯子沟村）的统治压迫。徐鸿钧在当伪乡长时，在该乡摊派军米与骡马贷金达22万斤谷子，强奸妇女有十几个。侯伯鲁放高利贷兼并农民土地有130工。邓学泽在当伪督学时，在该乡砍伐山林7座。

二、经济情况

（一）土地占有情况

全乡共有408户1634人，每户平均4人，占有土地6618工，产量388.312斤谷，每人平均3.98亩，产量231.65斤。

富农7户，占总户数1.71%；43人，占总人数2.63%；占有土地420工，占总土地数6.34%；产量23543斤，占总产量6.06%。

中农125户，占总户数30.64%；499人，占总人数30.54%；占有土地2855.15工，占总土地数43.14%；产量186959斤，占总产量48.11%。

贫农254户，占总户数62.54%；1026人，占总人数62.79%；占有土地2638.5工，占总土地数39.71%；产量152836斤，占总产量39.35%。

雇农22户，占总户数5.39%；66人，占总人数4.04%。

客籍地主占有土地425工，占总土地数6.42%；产量14290斤，占总产量3.67%。

客籍其他占有土地253工，占总土地数3.97%；产量8601斤，占总产量2.21%。

公学田占有土地26工，占总土地数0.40%；产量2132斤，占总产量0.54%。

（二）租佃关系

全乡富农出租土地131.5工，占该阶层占有土地31.3%；中农出租土地117工，占该阶层占有土地3.11%；贫农出租土地55.5工，占该阶层占有土地0.21%。中农租入土地365工，占该阶层耕种土地1.76%；贫农租入土地381.5工，占该阶层耕种土地12.86%。

租额最高为产量的90%；如侯子沟侯廷栋地主出租54工田，产量每工为2斗，租额每工1斗8升。一般为产量的50%，如中渔村中农武春阳出租3工田，产量每工为1斗，租额每工5升。最低为产量的31%，如李茂唐富农出租8工田，租额4斗，产量为1石3斗。

（三）押金

1.种类

全乡使押的出租土地约占全部出租土地19%，一般是地主所使。

（1）钱押：如地主侯伯鲁出租11工田，使钱65元，折合谷3石7升。

（2）谷押：如地主唐树林出租11工田，押金为3石3斗谷子。

（3）活押：如坝正贵租地主侯伯鲁10工田，先是钱押，到1932年即除交租外，还交4斗谷作为押金。

2.押金与租额的比较

押金最高为每工3斗，占最高租额的166.66%，占最低租额的600%；最低为2斗8升，占最高租额的155.55%，占最低租额的560%。

（四）额外剥削

（1）帮白工。

（2）送租：佃户每年必须将租子送到地主家里，不给工钱伙食。如果谷子稍有不干净，即令其挑回去重整。

（3）送礼：如地主徐鸿钧儿子过生日，要佃户每家送1斗糯谷。

（4）送柴草：佃户若差地主的租子、债务或利息，地主即令佃户送柴草来补偿。

云南省土地改革实施办法

云南人民出版社1951年11月再版

云南省土地改革实施办法

云南省人民政府布告

兹为贯彻执行《中华人民共和国土地改革法》，经本府制定《云南省土地改革实施办法》，报经西南军政委员会批准，特公布之。

此布

主　席　陈　赓

副主席　周保中　张　冲　龚自知

公元1951年11月1日

第一条　为执行《中华人民共和国土地改革法》，在全省范围内实施土地改革，“废除地主阶级封建剥削的土地所有制，实行农民的土地所有制，借以解放农村生产力，发展农业生产，为新中国的工业化开辟道路”，特遵照《中华人民共和国土地改革法》第三十九条之规定，依据本省情况，制定本办法。

第二条　在执行《土地改革法》第二条时，按以下规定处理：

一、地主所有的土地，包括田、地、山及与此相连的塘、井、堤、坝等水利，和各种在农村的林木、茶山、果园、菜园、竹园、花圃及其相连的庄房、厕所等，均予没收分配。个别地主家庭中有人常年参加主要农业劳动者，其自己耕种部分土地，可于适当抽补后，基本上予以保留。

没收土地时，须随带没收地主所有的肥料。

二、地主所有使用于农业耕作及出租给农民而以收租金为目的与属于高利贷性质交农民代为喂养的或由地主与农民合养而属于地主部分的牛、马、驴、骡等耕畜及地主乘骑的马、驴、骡等乘畜，均予没收分配；但属于运输业、手工业、作坊或经营畜牧，以贩卖为目的者，应予保留。

没收耕畜、乘畜时，须随带没收地主所有的耕畜、乘畜饲料。其他家禽家畜，如鸡、鸭、猪、羊、狗等，不属于耕畜范围。

三、凡地主所有的使用或租借给农民使用于农业生产之工具，如犁、耙、锄、镰、水车、风箱、碓、簏、掼盆、梿械、车架、耕畜套、箩、筐、箕、口袋、仓、囤、晒垫以及其他各种农业生产工具均应没收分配。但抽水机等进步的农业生产设备及碾米机、织布机、磨坊、粉坊、酱房、酒房、豆腐坊、糖坊、油坊、窑、烤棚等工商业副业性质者，仍予保留。原属地主封建剥削垄断水路之水碾，应没收后由农民协会或当地人民政府管理之。碾、磨可视需要分给得地较少的一户或数户农民，以资调剂。

四、多余的粮食系指就地主所有粮食中扣除应减租退押粮、应缴公粮后，及按当地一般农民生活水准留给地主全家依靠农业收入生活的人口至下季收获以前所需口粮以外所余的粮食。“粮食”包括食用作物（主粮杂粮）及各种农业经济作物及山林特产（如茶叶、烟叶、棉花、麻、蓝靛、菜蔬、水果、桐子、菜子、甘蔗、花生及田地上副产之一般药材等），计算时均折合主要粮食，除按上述规定扣除其自己必需者外，一律没收分配。

三七等药材，松香、漆、木耳、木棉等带有技术性之作物，不予没收。

五、多余的房屋是指地主原住房屋中，除按一般农民水平，留下够其全家居住以外的所有在农村中的房屋（包括其在场镇中非直接使用于工商业或出租使用于工商业的房屋在内），分配时，一般采先留后分的办法。随房没收的家具，由农民协会适当调整后分配。

没收地主的房屋中有不适于农民居住者（如别墅等），应留作当地公用，或由专员公署另定处理办法，不予分配。

地主为建筑房屋并非直接使用于工商业的砖、瓦、木、石等及其所有的小块菜地、住宅四周树木、谷场、牛栏、猪圈等，一并没收分配。

第三条　在征收祠堂、庙宇、寺院、教堂、学校和团体在农村中的土地及其他公地时，应注意：

一、征收其在农村中的土地（包括田、地、山）时，其与土地相关的塘、井、堤、坝等水利和各种在农村的林木、茶山、果园、菜园、竹园、花圃及其相连的庄房、厕所等，均应征收依法处理外，其他财产不动。

二、学校所有的操场、苗圃、农场及附属于学校、孤儿院、养老院、医院、寺庙或教堂内的小块园地及名胜古迹本身所占用的土地不予征收。

三、征收族地（为祭祀而设之清明会等田产）应注意本族农民意见，并适当照顾本族无地少地的农民的需要，至于是否酌留少量祭田，可由当地农民协会会同本族农民自行协议处理。

四、对依靠土地收入以维持费用的学校、孤儿院、养老院、医院等在征收其土地后，其经费困难时，一般得由当地人民政府就地方经费中给以补助解决；不足者可由政府设法给以适当补助。非必要的事业，应根据广大群众意见及各界人民代表会议之决定，分别裁并。

五、公用义冢土地可不分配。

六、公荒与公山之不宜分配者，征收后应归政府管理经营；其分给群众所有者，应组织群众封山造林，不得任意开垦荒山及砍伐树木。

第四条　在执行《土地改革法》第四条时，按以下规定处理：

一、“地主兼营的工商业”，系指地主在城市街镇及在农村中所兼营的一切工商业；其“直接用于经营工商业的土地和财产”，系指直接用于经营工商业的各项建筑物和这些建筑物所占的地基，以及资金、机器、工具、原料和各种产品、商品等，此等土地和财产均须切实保护，不得侵犯；但其种植工业原料的土地及收获物不在此限。

二、工商业家在农村中使用机器耕种，或有其他进步设备的农业土地，由原经营者继续经营，不得分散，但地主兼营的工商业家，其土地所有权得经省人民政府批准，收归国有。

三、工商业家在农村中出租或雇人耕种的土地，家中无人参加主要农业劳动者，土地应予征收分配；征收后，其以土地收入为生的在乡人口得酌情分给土地。如工商业家的土地系完全自耕，或虽雇人耕种但家中有人参加主要劳动者，可根据其在农村的家庭人口、土地情况，按照《划分农村阶级成分的决定》另定其家庭成分，并按照其成分确定待遇。

四、工商业家在农村中随土地租给佃户居住的房屋，或原由农民居住而非用于商业之房屋，均予征收分配；但其在农村的其他财产和合法经营，均予保留。

五、工商业家已开始建筑工厂的厂基，予以保留，但本办法公布前尚未开始建厂之土地，仍应征收。

第五条　对小土地出租者，应按下列规定处理：

一、革命军人及烈士家属出租的少量土地，其每人平均所有土地数量稍多于当地每人平均土地数百分之二百者，可予照顾。

民兵、民工、地方干部与积极分子为革命工作而死难者，其家属均应与烈士家属享受同样待遇。

二、工人及贫苦职员、教师、自由职业者等出租的小量土地，其数量虽超过当地每人平均土地数百分之二百，但其超过之数甚微，而当地土地已足够分配时，经农民同意，其超过部分可不予抽动分配。如当地土地不足分配，或超过部分较多时，则应向其说明理由，采取协商办法，取得本人同意，得酌量征收其超过部分。

三、对依靠出租小量土地为生的鳏、寡、孤、独、残废人等，其每人平均所有土地数量超过当地每人平均土地数百分之二百，但本人生活确属困难，且在土地情况允许的条件下，其稍多于当地每人平均土地数百分之二百的土地，亦得酌予保留。

四、小土地出租者出租土地的数量虽不超过当地每人平均土地数百分之二百，但其职业收入甚丰，足以正常维持生活，在本人同意下亦可征收其土地之一部或全部。

五、小土地出租者出租给农民耕种的土地，如本人生活确属困难，要求抽回自己耕种时，得由双方协议，经区农协批准后，始得抽回一部或全部自耕。

第六条　在执行对待富农的政策时，应严格遵照《土地改革法》第六条之规定办理：

一、富农所有自耕和雇人耕种的土地及其他财产，应切实保护，不得侵犯。

二、富农所有之出租的小量土地，一般应予保留；但在土地不足分配情况下，即贫雇农还不能分得当地每人平均土地数百分之八十左右的土地时，可呈经省人民政府批准，分别征收此项小量出租土地的一部分或全部。但须留给原富农以足够当地中农水平之土地。

三、征收半地主式富农的出租土地时，如其自耕或雇人耕种的土地在当地中农水平以下者，应留给相当于当地一般中农平均土地数的土地。

四、征收富农出租的土地（包括田、地、山）时，与此相连的塘、井、堤、坝等水利和各种林木、茶山、果园、菜园、竹园、花圃及其相连的庄房、厕所，亦得一并征收。

第七条　出外谋生之农民及其他劳动人民之土地，应予保留。但如该业主确已死亡无人继承，或在外确已分得土地者，得由农民协会加以分配。

第八条　对于所有应予没收、征收之土地及其他财产，在当地解放后，以出卖、出典、赠送或其他方式转移分散者，应按《土地改革法》第八条的规定，一律宣布无效，计入应分配土地数目之内，并按下列规定处理：

一、勒令地主如数退出其转移分散土地财产所得之一切代价，不足时由法庭判决将其依法不应没收的其他财产，变价抵还。确系无法全部赔偿者，经乡农民代表会议或代表大会评议，得酌情准其少赔、分期赔或免赔。

二、此项土地应尽可能分给原耕农民，如承买、承典农民业已耕种时，可分给承买、承典人，但不得超过其应分土地的数额。

三、地主分散之土地，因被抽出分配，而使承买、承典的农民蒙受损失时，由地主退出之代价中补偿之。

四、富农已分散之土地，一般作为有效。如所分散土地属于应征部分，则按本条一、二、三项办法酌情处理之。

第九条　原区、乡行政区域一般不动，但如有“插花地”、“飞地”等情况者，经当地农民同意，得由县人民政府报请专员公署批准后，另行划分。

第十条　土地之分配与其他生产资料之分配，应分开进行，分配土地时，先将全部应没收、征收的土地与应分得土地户的原有土地相加计算，求出每人应分土地之标准，然后在各户原耕基础上，按抽多补少、抽肥补瘦的原则进行；分配其他生产资料时，应根据没收、征收得来之生产资料多寡及农民对这些生产资料的缺乏程度，采取适当调剂填补原则进行，不缺不补，少缺少补，多缺多补。

第十一条　在原耕基础上分配土地时，如农民自有土地加租入土地超过当地每人平均土地数者，应留给等于当地每人平均数的土地，而将超过部分之租入土地抽出分配，但不得抽出自有土地。如其自有土地加租入土地只超过新得地户每人平均土地之水平而不及当地每人平均土地数者，则不抽不补。如不及新得地户每人平均土地之水平者，则补足之。

在原耕基础上分配土地时，原耕农民租入土地之有田面权者，其田面权价格，在抗日战争前者，得依抗日战争前的价格计算；在抗日战争以后者，按当时物价计算。

第十二条　在分配土地时，有关人口的若干问题，补充规定如下：

一、分配土地时，应首先分配给无地或少地的贫雇农；部分中农所有的土地，不足新得地户之水平者，亦得补足之，并可酌量分给其他生产资料。

二、城市失业工人要求回乡分土地者，应先向工会或其他人民团体及城市人民政府申请，经上述机关审查并尽可能征得原籍县人民政府同意后，再批准正式介绍回乡分地；贫苦的失业教师、自由职业者及其他贫苦人民，自身能从事农业劳动，并在当地土地情况允许的条件下，得依据《土地改革法》第十三条第六项之规定办理。

三、凡场镇商贩，其商业收入足以维持生活者，不予分地。其商业收入不足以维持生活者，在其能够并愿意从事农业劳动下，可分给一部分土地和其他生产资料。失业贫民应与农民同样分得一份土地和其他生产资料。

场镇上从事农业经营为主，因其农业收入不足以维持生活而兼营小手工业或小商贩者，应与其他农民同样分得一份土地和其他生产资料。

四、本地干部，在分地时，与当地农民分得同样一份土地和其他生产资料。不得多分多得或变相地多分多得。

五、在分配土地时，外来农民已在当地安家生产者，及地主家庭雇来、买来的仆役、丫头，其本人愿意就地安家生产者，应分给与本地农民同样的一份土地及其他生产资料。两地耕种的农民，只能在一处分地，原则上应回原籍分地，如本人要求在外地分地时，应在取得原籍县、区人民政府的证明后，始得分给土地和其他生产资料。其在原籍所有之土地，应交由原籍农协统一分配。

六、水上居民及渔民收入不足维持生活，而愿在农村落户从事农业生产者，在当地土地情况允许的条件下，得酌情分给土地和其他生产资料。

七、犯人被处死刑及无期徒刑者，其本人不分给土地；被判处有期徒刑者，本人应分给土地，视刑期长短，或直接分给其家庭耕种，或暂由当地乡政府经营，以低租租给或借给有劳动力耕种的贫苦农民，待其徒刑期满发还之。

八、《土地改革法》第十三条第八项所称“卖国贼”、“战争罪犯”，应由省人民政府层转中央人民政府政务院批准确定；“汉奸”、“罪大恶极的反革命分子”，应由专员公署报请省人民政府确定；“坚决破坏土地改革的犯罪分子”，应由县人民政府报请专员公署批准确定。

九、青年学生和知识分子中，出身于地主家庭，因土地改革而致学习费用发生困难的大、中学生，应由各地人民政府酌情分别采取减低学费、组织工读、适当增加人民助学金名额等办法，使其能继续学习；对大、中学失学青年及失业知识分子，应依照政务院指示，给以学习和工作机会。

第十三条　在执行《土地改革法》第十四条以乡为单位，酌留小量土地时，须经乡农民代表会议或农民代表大会之决定。

第十四条　关于若干特殊土地问题的补充规定：

一、地主所有使用机器耕种或有其他进步设备的农场，其土地所有权经省人民政府批准，得收归国有，但可由原经营户继续经营；非地主成分对上述农场之投资不予没收。

二、没收地主的果、茶、桐、桑及其他树木，零星者即随地随房分配。成林成园之果园、茶山、桐山、桑园等，应依据《土地改革法》第十六条规定，折合分配给原经营人或有此耕作经验的农民经营。带技术性的桐山、大果园、大桑田等，由原经营者继续经营，不得分散，其所有权依据《土地改革法》第十六条及第十九条之规定处理。

三、各地原有山林、竹林及林木均应切实保护。村庄周围的护庄林木，由本村农民协会及人民共同保护；公益树林由本村人民政府负责管理，禁止乱砍乱伐，禁止砍山开地。

四、江、河、湖、沼等水面及滩之所有权，原由地主及其他私人霸占者，一律收归国有；过去因霸占水面及滩而取得的各种封建剥削和特权，亦一律废除。

五、《土地改革法》第二十条所指“坟墓及坟场上的树木”，限于地主之坟墓本身及与坟墓相连的小块坟场及其上的树木，但坟场旁的大块土地及土地上之树木不在此列。

六、场镇村庄内之空地废址，原属地主所有或公产可以利用建筑房屋者，应分给缺乏房屋地基的贫苦农民，作建造房屋之用。

七、名胜古迹、历史文物应妥为保护，按中央人民政府政务院有关此项问题的规定办理。

八、凡在减租、反霸中已被没收而尚未分配之土地财产，应在土地改革中统一分配。过去恶霸以土地作为赔偿物分给农民者，均得认为有效；个别分配不合理为广大群众所不满者，得酌情加以调整。

九、关于典当土地的处理：

甲、所有应没收、征收的土地中，属于农民出典之土地，应尽先分给应分土地之原出典户，如原出典户因而所得土地过多者，得抽出一部分配给其他农民；但抽出部分一般以相当于原出典户典出土地时所得之典价为限。

乙、应没收、征收的土地中，在解放前已典出者，依当地习惯，将相当于典价之部分土地，留给承典户，其余土地，抽出统一分配。如承典户是应分土地的农民，且承典之土地数目加其自有之土地，不超过当地每人平均土地数者，可全部归承典户所有。如不及新得地户所分得土地之水平者，还应补足之。

丙、按本条甲、乙两项处理了的典当土地，其典当契约作废。

丁、其他的典当土地不加变动，其契约继续有效，为分配时计算方便起见，得依当地习惯，将此项土地按一定比例分别在出典与承典双方名下各计算一部。

十、为供水利、交通、工矿等建设之需要，按《土地改革法》第十八条、第二十六条及省以上人民政府之规定，在江、河、堤、坝两侧和公路、铁路或其路基、路线两侧及指定的地区留出土地，不予分配。铁路留用土地的办法，应按中央人民政府政务院颁布的《铁路留用土地办法》执行。为水利、公路、工矿建设留用土地的办法，另定之。

十一、凡解放后开垦之荒地，不得没收分配，仍归原垦者耕种，其地权原属地主及公有时，即为原垦者所有，原属其他农民者，仍为原主所有，但原垦者得在五年内免交租谷。

第十五条　凡经乡农民代表大会通过，呈请县人民政府批准，认为土地改革业已完成的乡，即应颁发土地房产所有证；以前的土地契约，一律作废，统由政府收回，在农民协会监督下，以乡为单位，当众销毁。

第十六条　地主及游民分子，于分得土地后五年内，不准出卖、出典及出租土地。对其他人不加限制。但地主及游民分子在土地改革后，经过劳动改造，依靠自己劳动发家致富，因而发生地多劳力不足之情形者，同样允许其出卖、出典及出租土地和雇人耕种。

第十七条　土地经分配并确定产权之后，即不再变动，生不再分，死不抽回，并承认一切土地所有者自由经营、买卖及出租土地的权利。得地户如有死亡者，所分得土地及其他生产资料，其配偶及子女有依法继承之权。

尊重妇女的土地所有权，凡未婚妇女、离婚妇女、寡妇出嫁时，其所分得之土地，由本人自行处理，他人不得干涉。

第十八条　划分阶级成分时，应严格执行《土地改革法》第三十一条的规定。首先应划定明朗而易划之成分，然后慎重研究情节复杂的成分；如有争执，应报请上级指示，或经人民法庭裁判确定。

第十九条　土地改革期间，一切措施均应从有利于生产着眼，土地改革果实须投入生产，不得浪费、损坏或贪污。严禁地主破坏生产资料。凡土地改革业已完成之地区，即应全力组织生产，达到发展农业生产的目的。

第二十条　土地改革时期，农产品按照谁种谁收的原则，由原种户继续耕种，收获完毕，由原耕户向得地户交租。凡耕地尚未下种，由新得地户接种者，原耕户在土地上已付出部分劳力和资本时（如耕田、上肥、蓄冬水等），应按等价原则给予补偿。

第二十一条　为保证土地改革的正确实施，各级政府应加强对土地改革工作的领导；一切派往农村参加土地改革工作的干部与人民政府工作人员，均应参加当地农民协会；提倡民主作风，切实保障人民的民主权利，并严格遵守下列纪律：

一、坚决执行人民政府的土地改革法令，不得违犯，不得包庇地主。

二、廉洁奉公，不得贪污果实，不得接受贿赂。

三、一切重要问题，均经过农民代表会议或农民代表大会、农民大会决定，倾听群众意见和批评，不得欺压人民，不得个人决定，不得包办代替强迫推行。

四、依照法律手续办事，不得乱捕、乱罚、乱打、乱杀，不得使用各种肉刑和变相肉刑。

五、坚决服从上级指示，不得阳奉阴违。

六、严格执行请示报告制度，不得虚报情况，不得各自为政。

第二十二条　本条例不适用于边缘少数民族地区。内地的少数民族聚居区及杂居区，如确已具备土地改革条件，经当地各民族代表会议通过，由专署呈请省人民政府批准后实行。

第二十三条　关于华侨土地，依据政务院颁布《土地改革中对华侨土地财产的处理办法》，并按下列原则处理：

一、保护华侨劳动人民（工人、职员、小商贩、自由职业者等）的小量出租土地，其不超过当地每人平均土地数之百分之二百者（例如当地每人平均为二亩，本户每人平均土地不超过四亩者），均保留不动。超过此标准者，亦得酌情予以照顾。

二、华侨家庭之属于地主成分，如其土地确系由国外从事劳动或工商业经营所得购置者，除没收其土地外，其房屋、家具、耕畜、农具、粮食等，均予保留不动。在没收土地时，可留给其每人（包括国内外人口）相当于当地农民所得的土地数，在土地较多的地区可保留相当于全乡平均水平的土地。

三、华侨家庭之属于富农成分者，如当地确定征收富农小量出租土地时，得视其国内外人口多少，酌情照顾（例如其出租土地不超过其自耕自营土地百分之二十至三十者，可不征收）。

四、本省个别地区曾进行调剂耕地，其有影响华侨家庭生活者，应在土地改革时予以适当补偿。

五、无地少地及缺乏其他生产资料，没有固定侨汇足以维持生活的贫苦华侨家属，有劳动力并愿意从事农业生产者，应分给与农民同样的一份土地及其他生产资料。但有其他职业足以维持生活之全部或一部分者，可不分或少分。

土地改革时间，因失业或受迫害归国的华侨，不再出国者，适用本条规定。

六、华侨捐款举办的公益事业，除征收其土地外，其他财产一律不动。对依靠该项土地收入以维持费用的事业，其土地被征收后，当地人民政府应另筹妥善维持办法。

《土地改革法》第二十六条所指小量土地，仍依该条规定，不加分配。

七、计算保留与分给土地时，国外人口应与国内家庭人口并入计算，但视其生活来源与当地土地情况，得少分或不分。

八、应否取得华侨待遇，须依下列规定：

甲、华侨归国从事其他职业或有其他剥削收入，为其主要生活来源已满三年者，应取得其新成分，土地改革时按新成分待遇。如属应没收、征收土地者，其房屋及其他财产如非由后来封建剥削而来的，仍照华侨身份，予以照顾。未满三年者，仍按华侨待遇。

乙、华侨出国前，其家庭为地主、工商业家或其他剥削阶级，现仍保持此等地位者，其家庭仍按原属阶级待遇。

丙、华侨在国外参加重要反革命活动及叛国行为有据者，土地改革时均不得享受华侨待遇，并按其原来成分及具体情节，依法处理之。其家属未参加其罪行者，按其阶级成分待遇。

丁、战犯、恶霸、反革命分子逃亡海外者，不得视为华侨。

第二十四条　在土地改革完成以前，为保证土地改革的秩序及保护人民的财产，严禁一切非法的宰杀耕畜、砍伐树木，并严禁荒芜土地，破坏农具、水利、建筑物、农作物或其他物品，违者依据《土地改革法》第三十三条之规定和《西南区惩治不法地主条例》[1]惩治办理。

第二十五条　本区土地改革除本办法已有规定者外，依照《土地改革法》及中央和西南区有关土地改革的各项规定处理。

第二十六条　本办法不适用于依据《城市郊区土地改革条例》进行土地改革的城市郊区，城市郊区土地改革实施细则，另行规定。

第二十七条　本办法经西南军政委员会批准后公布施行。

---

① 该条例的全称为《西南区惩治不法地主暂行条例》，1950年12月13日公布施行。——编者

关于执行《云南省土地改革实施办法》的补充规定
中共云南省委秘书处印发
1951年11月5日

关于执行《云南省土地改革实施办法》的补充规定

第一条　为正确执行《云南省土地改革实施办法》，根据本省实际情况，特作本补充规定。

第二条　在执行《实施办法》第二条第五项及第十四条第六项时，应注意：

一、没收地主在场镇中非直接用于工商业或出租使用于工商业的房屋时，须附带没收地主非直接或出租使用于工商业的空地、废墟，此项房屋、空地、废墟，如有适于农民需要，而农民缺乏房、地要求分配时，经专署批准后分配。否则不予分配，由人民政府管理之。

二、地主在小城市中非直接使用或出租使用于工商业的房屋，应予没收，由当地人民政府管理，不予分配。

第三条　在执行《实施办法》第三条时，应注意：农村中祠堂、庙宇、寺院、教堂、学校和团体所有之大量房屋，原由农民居住者，是否征收分配，由当地农民协会或本族农民决定，呈报县人民政府批准后执行。

第四条　在执行《实施办法》第六条第二项时，保留富农所有之出租的小量土地，系指在当地土地足以分配的情况下，即贫雇农可以分得当地每人平均土地数百分之八十左右土地时，经县人民政府批准后，可不予征收分配。一般地区，土地不足分配时，即可征收富农出租土地分配，分配此项土地时，应予原富农留给当地中农水平之土地。

第五条　在执行《实施办法》第八条时，凡游击战争中，游击根据地内地主以出卖出典方式分散之土地，农民不要求追究时一般认为有效，但如此项土地系地主以高价强迫农民承买，农民吃亏太大，因而农民要求处理时，得由区以上人民政府调处，责令地主酌情赔偿农民损失。

第六条　在执行《实施办法》第十条时，所有没收、征收之秧田应按得地户之需要量进行分配，不敷分配时应分给可作秧田之水田，或在本乡内进行调剂。

第七条　在执行《实施办法》第十二条第三项时，应注意：

一、城市的季节性工人家居乡村者，本人及其家属与农民同样分得一份田地。由市人民政府登记批准后，发给证明，寄回家中凭证分田，本人可不亲自回乡。

二、一般失业工人如已回乡者，照《土地改革法》第十三条第六项处理，如尚在城市的失业工人及其家属之有农业生产能力要求下乡分田者，经工会同意和证明后，由市人民政府配合各专署根据各地土地情况，统一登记介绍，统一分拨之。

三、贫苦的失业教师、自由职业者及城市贫民之有农业生产能力必须下乡分田者，应由市人民政府统一审查登记，并通知所属县人民政府和征得同意后统一介绍之。

失业教师及自由职业者应由市人民政府酌情给予工作机会。

第八条　在执行《实施办法》第十二条第三项时，街镇商贩及贫民，其收入不足维持生活，必须分田而又能从事农业劳动者，须由当地人民政府审查登记，经县人民政府批准后，统一分拨分给一部分土地及其他生产资料。

第九条　在执行《实施办法》第十四条第四项时，原属政府管理的水塘、堤、坝、渠等水利，由县人民政府负责管理。原属一乡或村所有而为地主操纵或霸占者，应组织乡、村管理机构，实行民主管理。上述水利中之副产如鱼、藕等，亦归各级管理机构及当地人民共同保护经营，收入充作地方公益之用。

第十条　在执行《实施办法》第十四条第六项时，集镇内的大量公房、公地基及集镇内的公学田，为发展商业，不予分配，原系出租者仍维持原租赁、租佃关系。

第十一条　在执行《实施办法》第十四条第八项时，应注意：

一、凡属地主企图缓和斗争，破坏土地改革而操纵之假土改，一律宣布无效，并遵照《西南区惩治不法地主暂行条例》惩办其首恶。所有应予没收征收之土地及其他财产，均照《土地改革法》及本省《实施办法》所规定各条办理。农民因假土改而致土地及其他财产被侵犯者，必须如数原物退还。

二、在减租退押反霸中以调整佃权、匀田等方式将地主、富农及农民自有之土地分配者，按以下原则处理：

甲、凡分配不合理，为广大群众所不满者，应加以调整。

乙、富农所有的土地以上述方式分出者，按《实施办法》第六条及本《补充规定》第四条处理之。

丙、农民所有之土地及租入之土地以上述方式分出者，坚决退还。

第十二条　在执行《实施办法》第十四条第九项时，应注意：

一、典当土地包括田、地、山林及其他特殊土地。

二、减租退押中处理的典当土地与《实施办法》第十四条第九项所规定相违背者，应按《实施办法》第十四条第九项处理。因处理典当而侵犯农民利益者，应如数补偿。

第十三条　在执行《实施办法》第十四条第十一项时，属于没收征收的可垦而尚无人开垦的荒地，应予分配。

第十四条　在执行《实施办法》第二十条时，凡土地改革以前，农民在租入土地上种植之经济作物，分田时除应照顾原耕基础外，如此项种植经济作物之田地甚多，应由新得地户保证原耕农民之一定数量的收获，或一定时期内向原耕农民交租，或补偿原耕农民之工本。

县人民政府实施土地改革布告

（土字第一号）

中共云南省委办公室

1951年12月14日

县人民政府实施土地改革布告

（土字第一号）

××县委：

兹将《县人民政府实施土地改革布告》发给你们，希根据你县具体情况增改发布，该布告仅供参用。

此致

布礼！

中共云南省委办公室

12月14日

尊重人民政府法令，本县实施土地改革。
废除封建剥削制度，彻底消灭地主阶级。
此乃翻天覆地大事，大家务必办到彻底。
毛主席共产党领导，全体农民团结努力。
贫农雇农受苦最深，事事带头处处积极。
中农也要一齐翻身，搞好土改大家有益。
富农不要尾着地主，靠拢农民才算中立。
土地改革共分四步，第一加强农民组织。
认真搞好人民武装，保卫土改展劲有力。
监视地主分散破坏，全体农民个个负责。

第二准备划分阶级，揭发地主阶级罪恶。
豺狗不能划入羊群，团结自己分清敌我。
严厉惩办违法地主，要他赔偿农民损失。
第三进行没收征收，广泛动员订出纪律。
按照法令彻底没收，不能欠少一点一滴。
第四公平合理分配，民主团结分配果实。

土地改革中对华侨土地财产的处理办法

云南省人民政府训令

兹奉西南军政委员会1951年2月10日民令〔51〕字第0056号训令："接中央人民政府政务院秘厅1950年11月9日政行申字第179号函为《土地改革中对华侨土地财产的处理办法》已经中央人民政府政务院于1950年11月6日制定，请查收公布施行一案，兹决定《土地改革中对华侨土地财产的处理办法》，在我区公布施行。特抄送该办法一份，希即知照，并转行所属遵照为要。"兹将上项办法抄发，希你府（署）转发所属遵办。

第一条　根据《中华人民共和国土地改革法》第二十四条制定本办法。

第二条　土地改革中对于华侨土地财产之处理事项本办法已有规定者，遵照本办法规定处理之；本办法未有规定者，遵照《土地改革法》及大行政区和省人民政府关于土地改革的法令规定处理之。

第三条　凡中国人民连续在国外侨居从事各种事业满一年以上者，本人及其家属（直系亲属）在国内的土地财产称之为华侨土地财产，在土地改革中得适用本办法处理之。但有下列情形之一者，本人及其家属的土地财产不适用本办法：

甲、土地改革实施前已归国满三年以上者。

乙、香港、澳门的中国公民。

丙、出国留学生。

丁、出国旅行、考察的人员。

戊、政府派往国外的公务人员。

己、逃亡海外的战犯、恶霸地主和反革命分子。

第四条　华侨及其家属在农村中占有并出租大量土地（包括其父亲属托管的土地在内），构成兼地主成分者，其土地房屋及其他财产依下列办法处理之：

甲、本人出国前家庭原系地主者，其在农村中的土地及其他财产按《土地改革法》第二条的规定处理。但除原由农民居住的房屋外，其他房屋不动。

乙、本人原系劳动人民、出国后上升为地主者，除其在村中的土地按《土地改革法》第二条的规定处理、房屋按本条甲项处理外，其他财产一律保留不动。

第五条　华侨工商业家在农村中的土地财产按《土地改革法》第四条的规定处理。

第六条　华侨及其家属在农村中出租小量土地者，均按《土地改革法》第五条的规定处理。如本人出国前原系劳动人民，其出租土地虽超过当地每人平均土地数百分之二百，其超过部分的出租土地亦得酌情照顾，不予征收。

第七条　华侨及其家属在农村中占有大量土地，部分出租、部分自耕和雇人耕种构成半地主式富农成分者，按《土地改革法》第六条关于半地主式富农的规定征收其出租土地。如只占有小量土地、部分自耕或雇人耕种、部分出租者，其出租部分虽超过自耕、雇人耕种部分，仍应照本办法第六条的规定处理，不应认为半地主。

第八条　居住国内农村中的华侨家属，无地少地及缺乏其他生产资料者，一般应分给与农民一样的一份土地及其他生产资料。如有经常的侨汇收入，且因缺少劳动力而不能也不愿意从事农业生产者，可按具体情况少分或不分。

第九条　经证明确系华侨革命烈士，其家属住农村者，应同样享受《土地改革法》对烈士家属所规定的优惠待遇。

第十条　华侨及其在国内农村中居住的家属之阶级成分，统一按中央人民政府政务院《关于划分农村阶级成分决定》划分之。

第十一条　本办法经中央人民政府政务院制定，由有关大行政区政府（军政委员会）公布施行。华侨较多地区的省人民政府，得根据本办法拟订补充实施办法，经大行政区人民政府批准施行。

云南第一批土地改革经验总结
（学习材料之七）
云南人民出版社1952年2月5日初版

云南第一批土地改革经验总结

（学习材料之七）

编辑大意

一、《学习材料》是为了帮助工作干部及各阶层人民进行学习而编辑出版的。

二、《学习材料》是依据本省一时期工作中心或每一阶段的国际问题和国内事件，汇集有关文件，供学习或参考资料。

三、希望各级工作干部及各阶层人民把自己需要的学习材料和对于《学习材料》的意见，随时提给我们，以便研究，改进编辑工作。

云南人民出版社编辑部

目录

放手发动群众，打倒地主阶级

——于一川同志在省农协筹委会第二期土地改革训练班上报告的一部分

我首先向大家介绍一下昆明、呈贡等五个县土地改革运动的问题和经验，这些对于今后全省土地改革运动的开展是很重要的。

昆明、呈贡、宜良、曲靖、晋宁五个县是我省第一批进行土地改革的地区。由于大部分干部缺乏直接经验，所以运动开始时，是在摸索中和不断地发现及克服各种偏向中前进的。首先碰到的是束手束脚的和平土地改革倾向，其次是不深入发动群众走过场的形式主义作风。在逐步地克服了这些错误倾向之后，运动才猛烈而正常地开展起来。

下面我把这五个县土地改革运动中的主要问题和经验说明一下子，供给参加第二批土地改革运动的同志们参考。

一、目前运动中的主要危险倾向，是束手束脚的和平土地改革倾向

在这五个县土地改革运动开始时，碰到的第一个问题是束手束脚的和平土地改革倾向。主要表现是：第一，对于地主阶级的疯狂破坏熟视无睹，或者是表示束手无策，不敢领导群众进行坚决的斗争，镇压敌人的破坏和抗拒。第二是静止地宣传政策，不把宣传工作和对敌人的斗争以及扩大整顿群众的队伍相结合，而且在宣传政策中更多地着重了宣传保存富农经济、保护工商业等，没有大力地宣传消灭封建，以鼓动群众的革命热气；不懂得正为了贫雇农，依靠贫雇农和彻底消灭封建剥削制度才是我们政策的最重要点。第三是严重的包办代替作风。这样就使得土地改革毫无生气，不像个群众革命、群众运动的样子。

为什么产生这种倾向？我们认为主要有三个原因：第一个原因是对情况估计不正确，过低估计了地主阶级的抵抗，过高地估计了群众的发动程度，这样就必然会发生轻敌麻痹思想。必须理解：消灭地主阶级是要经过一系列的艰苦斗争的。减租退押运动结合镇压反革命和反恶霸确实给了敌人一个很严厉的打击，地主阶级在大部工作较好的地区，确实已经不再是政治上的统治者了，农民开始把政权拿到自己手里。应该承认这一些。但是当作一个社会阶级讲，地主阶级还是存在的，还并没有消灭。在土地改革的面前，他们必然尽一切可能，拼命抵抗，从各方面破坏，以便多保存一点，好作为反动复辟的资本。不这样理解，以为经过减租退押以后，地主阶级就可以老实了，就必然会产生轻敌思想，就必然

会对敌人的破坏熟视无睹。另外，经过减租退押运动，群众是有所发动，做得较好的地区，农民是已经组成了一支政治队伍，但由于运动的性质和时间的限制，群众发动的广度和深度都是有限制的，农会的组织一般只占全人口的百分二十五左右，贫雇农中间，还有一个相当大的落后层，一般占贫雇农的百分之四十左右，而且群众的斗争锻炼不足，觉悟程度不够，如果以为不继续进行艰苦深入的工作，以减租退押组织起来的群众队伍，就可以担当土地改革的任务，是错误的。正是因为过低地估计了敌人，过高地估计了自己的工作基础，所以才发生轻敌麻痹思想，发生和平土地改革倾向。第二个原因是指导思想落后于客观运动情况的发展。当今年三、四月间，由于基层组织严重不纯，运动发生相当程度混乱的时候，指导上收缩一下子，强调政策界限，强调深度，是完全正确的。但目前的情况已大为变化。在经过了深入减租退押运动的地区，基层组织已基本上达到纯洁，已经初步树立了贫雇农领导骨干，我们的干部大部分已具有了较明确的政策、策略观念。在这样一个基础上，必须大大放手，不放手是错误的，情况已经变了，仍然依照过去的精神指导，就必然显得是束手束脚。第三个原因是我们的干部虽然经过减租退押运动的锻炼，有很大进步，但是群众路线的思想和作风并不巩固熟练，碰到了新的情况、新的问题，就又一时迷惘起来。因为以上这些思想没有在干部中求得很好的解决，所以运动一开始，产生了和平土地改革的倾向。

经过一再指出和教育，在这五个县已经基本上解决了这个问题，运动已经开始正常发展起来。但是今后仍应警惕此种倾向，特别是第二批开始进行土地改革的地区，一开始就应该严格注意防止此种倾向的发生，应该教育干部正确地估计情况，防止轻敌麻痹，深入发动群众，鼓动群众革命斗争的热气，坚决粉碎地主阶级对于土地改革的破坏和抵抗。

二、坚决领导群众进行斗争，彻底消灭地主阶级

土地改革是要“消灭封建剥削制度”，就是要把地主作为一个阶级予以彻底消灭。怎样才算是彻底消灭地主阶级？应该有几个标准：第一是在政治上彻底打倒，他们不只不能直接掌握政权，而且不能间接操纵和影响，把封建的反动宗派组织摧毁，把地主阶级变成被统治者，要他们像过去农民害怕地主一样地害怕农民。第二是在经济上彻底消灭，应该没收的东西必须全部没收出来，用赔偿罚款的办法，惩治那些违法地主，要他们用底财来赔偿农民的损失。对于地主阶级，只有当他们没有本钱时，他们才肯停止反动活动，好好地劳动改造。第三是打倒封建思想（这当然不是短期所能办到），提高农民的觉悟，把落后群众发动起来，消灭地主阶级的活动余地。做到了这些，就应该算是把地主阶级彻底打倒了。

我们要彻底打倒他，他当然要拼命地反抗，这就必然是一场激烈的斗争。地主阶级的主要企图是千方百计地想多保存一点，作为他们反动复辟的本钱。为了这种目的，他们就要进行政治上、经济上的破坏，尽量地分散隐瞒财产，抵赖阶级，或者是装出一副可怜的

样子来软化群众，甚至有的实行自杀，以死抗拒。我们必须坚决领导群众，打破敌人各式各样的破坏抵抗，才能取得胜利，这种斗争是极为复杂的，包括着政治的、经济的、思想的各种斗争。但是必须明确：在土地改革当中，最尖锐的是经济斗争，其他的斗争是围绕着经济斗争，为了取得经济斗争的胜利而进行的。因为地主阶级要企图在经济上多保留一点，经济上斗争不彻底，他们将来在政治上复辟就有本钱。因此，在土地改革中，必须集中力量在经济上消灭他们个彻底。当然，这并不是说其他斗争可以放松，相反，政治上的反革命分子必须镇压，漏网的恶霸必须打倒，群众的思想觉悟必须提高，群众必须在思想上和地主阶级分家。

怎样才能打倒敌人，取得胜利？基本上是深入发动群众，特别是发动群众中的落后层。其次是结成一个广泛的反封建统一战线，特别要注意取得城市工人阶级的援助，工商资本家的同情，因为城市是地主阶级的一个大“防空洞”，他们把大批的财产分散隐瞒在城市中。另外是分别对待，以便分化地主阶级，应该坚决镇压那些敢于违法抗拒土地改革的分子，对于那些投降守法的分子应示以宽大，对开明者应表示欢迎。只有认真做了这些工作，才能取得胜利。

对地主阶级的斗争，应该贯串土地改革全部过程，而没收征收时是斗争的最高潮。在土地改革准备阶段应该结合宣传政策，整顿队伍，鼓励群众斗争热气，打击地主的违法活动，镇压漏网的恶霸分子和反革命分子。在划阶级时，除去继续打击地主的违法外，应努力发动群众暴露敌人，揭发他们的丑恶，揭发他们的剥削和寄生性质。在没收时再用最大的努力打破地主的隐瞒分散，把应没收的没收出来。各地的经验证明：只有当着地主的财产没收掉了，地主才算泄了气。贯串整个过程，要严密地管制地主，特别是在农民分配土地的时候，要加以更严密的管制，防止地主阶级钻空子，挑拨农民内部的团结。

至于斗争方式，可以在合法斗争的范围之内，采取多样的形式，全乡斗争，分村斗争，大规模的斗争和分散的斗争结合起来，把说理斗争、人民法院、示威、展览等方式结合起来。只有根据情况，把各种斗争方式运用起来，才能打倒敌人。

三、关键在于深入广泛地发动群众，特别是贫雇农中的落后层

贯串着土地改革全部过程的最基本问题，是深入广泛地发动群众。群众的觉悟程度和组织程度如何，是能否取得胜利的基本依靠，也是检查土地改革是否成功的主要标准。在土地改革中，我们要组织一支什么样的群众队伍呢？主要应该有三个标帜：第一是在原来的觉悟基础上提高一步。在思想上和地主阶级分家，鄙视剥削，以劳动为光荣，拥护党的政策，跟着毛主席走。第二是扩大农会的组织，加强群众的组织性。在土地改革过程中，农协会员一般应扩大到全人口的百分之四十到五十，人民武装自卫队伍应扩大到全人口的百分之五到百分之七，而且群众能够在自己的组织领导下活动起来，乡的各种组织应起作用，农协小组会能讨论问题，每个乡里有为群众所拥护的群众领袖。第三是发动了贫雇农

中的落后层。把贫雇农中整个阶层都发动起来，在农村中树立起坚强的贫雇农领导骨干。

当然，上述三个标帜是我们在土地改革中组织群众的努力目标，不是一开始就可以具备这些条件的，而是贯串土地改革过程争取做到这些。这样就需要我们努力，首先是把群众的热气鼓动起来，在群众斗争的热潮中，去不断地提高群众的觉悟，不断地扩大群众的队伍，随着土地改革运动的发展，使群众的队伍一天天壮大起来。

这里有一个最重要的问题，是发动贫雇农中的落后层。在一般经过深入减租退押地区的情况大体是这样的：贫雇农积极分子占贫雇农成年人口的百分之十左右，中间分子占百分之五十到六十，落后分子占百分之三十到四十。这就表明在贫雇农中还有一层是落后的，他们思想上还不觉悟，还和地主阶级对立不起来，还不积极参加斗争。这一落后层的存在，就是地主阶级活动的地盘，就是地主阶级还有力量的基础，他们那里是地主分散隐瞒财产的地方，是地主制造和散布谣言的对象。经验证明：只有努力把落后层发动起来，才可以取得和地主阶级斗争的胜利，才可以把地主分散隐瞒的财产搞出来，才可以消灭地主阶级政治活动的余地。因此，在土地改革中，发动落后层便成为深入广泛发动群众打倒敌人的决定性问题。

他们之所以落后，是有很多原因的。但总的看来，是两方面的原因所造成的：第一是每个人都有自己的情况和原因，有的是受地主的欺骗太深，敌人还在控制他，不许他参加斗争；有的是因为本身有缺点，如当过小偷，吸过大烟等，积极分子讨厌他；当然还有其他的原因。第二是我们的乡、村干部和积极分子还不懂得如何联系广大群众。他们对于落后分子不是去积极提高，而是打击他，这样也就造成一部分落后分子对积极分子有意见，因而比较长期地落后下去。根据上述这些情况，可以看出，发动落后层是一个艰苦的工作，一方面要靠大的运动浪潮去带动他们；另外就是要教育积极分子具体研究他们每个人的情况，去分别发动。“哪把钥匙开哪把锁”，针对着每一个人的情况去进行工作。经验证明：只要是结合着运动去进行细致的工作，落后分子是可以发动起来的。如呈贡城郊乡，在开始土地改革时，有三十个落后分子，到划定阶级就只剩十个了。再经过一段努力，就可以全部发动起来。

这里有一个重要的问题，是积极分子和落后分子的关系问题。由于我们过去对积极分子的教育不够，积极分子对落后分子的态度不正确，所以有很多落后分子是对乡、村干部和积极分子有意见的。如果处理不得当，把落后分子发动起来之后，他们中间所产生的新积极分子可能会和旧积极分子闹不团结。如果是那样，就很不好。因此，在发动落后分子中间，必须严格注意这一问题。主要有两点：第一是教育乡、村干部和积极分子正确地对待落后分子，并且通过他们去发动落后分子；第二是如果有意见时，就要用批评与自我批评的办法加以解决，不能脱离和不通过现在的积极分子去发动落后分子，如晋宁县专门召开落后分子代表会的方法是不妥当的。要做到把落后分子发动起来，并且达到农民的团结，才是正确的。

再重复一次，贯串全部土地改革最重要的问题是如何深入广泛发动群众的问题，是如何把贫雇农全部发动起来，并使之成为农村中的领导骨干的问题。而发动群众，又必须和对敌人的斗争密切结合，打不倒敌人，群众不能在斗争中得到一定的现实利益，是不能把群众充分发动起来的。因此，就必须注意在运动中，放手让群众在政策范围内得到最大利益，把地主阶级分散隐瞒的财产没收到手。

四、反对代替包办，放手让群众自己行动

作风问题，仍然是一个大问题。我们有些干部，还不善于在运动中鼓动群众的热气，发挥群众的智慧和创造能力，放手让群众自己来干。他们还不相信群众，怕群众把自己的事情做坏，因而实在舍不得放手，总是自己先主观地制成一幅图案，摆布群众照此办事。他自己不懂为什么要土地改革，硬要群众拿三天时间去讨论为什么土地改革，群众已经不耐烦了，他还是硬要如此。群众要斗争，他硬说还没有跑完龙套。这种作风如不加以克服，是不能够把群众发动起来，形成热火朝天的群众革命运动的。

一进入土地改革，我们干部的任务，首先是用我们政策的威力把群众的热气鼓动出来。一旦群众的热气起来，就引导群众如何去壮大自己的队伍，如何去同敌人作斗争，并在斗争中逐步交代党的政策。群众是在斗争中去懂得党的政策的，不是在讲堂上去学习党的政策的。不这样做，静止地专门拿出一段时间来想把党的全部政策，一下子让群众全部弄明白，是错误的。

我们应该以党的政策精神教育群众，让群众按党的政策行动。但这并不是要把许多琐碎的政策条文去束缚群众的手脚。如划阶级，只要我们讲清楚几个基本的概念（如剥削、劳动、土地占有等），群众在划阶级的斗争中就可以学会。我们是去做群众的参谋，不是要我们去做教书先生。这一点必须清楚。

应该善于运用群众自己的组织。现在群众已有自己的组织了，一切都应该通过群众自己的组织领导去做。我们的干部主要是协助乡、村的干部和组织。他们看不到的问题，我们看到了，可以提醒他们；他们不懂的事情，我们应该告诉他们；他们有缺点或错误，应该引导他们进行批评与自我批评；他们有为难的事情，应该撑腰。只有这样做，才能使群众在自己的组织领导下行动起来。应该时刻记住：干部的作用是领导，而不是包办。

群众自己行动起来，可能不完全秩序井然，这是不用怕的。一阵暴风雨的大革命，是免不了有点乱的。群众按照我们头脑里的主观秩序行动是不可能的。而且只要群众自己起来，大乱是不会有的。群众会把自己的事情安排得好。我们要的秩序，正好是群众压倒和统治敌人的秩序，而不是其他。

总之，放手让群众自己行动起来，这就是我们的要求。

原文载1951年10月22日《云南日报》

如何在土地改革每一步骤贯彻对地主阶级展开斗争

郑　石

我们之所以强调在土地改革每一步骤都要反对和平倾向，就是因为要消灭一个异常反动、残酷的地主阶级，除了群众的革命主义之外，决不能企图用其他改良主义的、妥协的办法。从最近昆明、呈贡等县土地改革中，以及其他正在准备土地改革的地区，毫无例外地发现地主阶级从政治上、经济上的疯狂破坏，说明只要我们一刻忽视了对地主阶级展开斗争，就立即有发生和平倾向的危险。经验告诉我们，必须明确地认识和掌握以下几个主要问题：

第一，地主阶级的抵抗和破坏是各方面的；坚持征服他们的抵抗和破坏，也必须是各方面的，持续不懈的。

在这问题上，昆明、呈贡等县的经验首先说明：土地改革每一步一定有斗争。只要坚持不懈地一步紧似一步发动群众向地主阶级进攻，才可能最后打倒它。在准备阶段，如果不镇压漏网的反革命分子，不斗倒漏网的恶霸，不惩罚违法、破坏的地主，不把地主阶级管制起来，也就是一开始即丧失对地主阶级的警惕，一开始不把他们造谣、闹鬼、放火、闹土匪、搞暗杀、分散财物、破坏生产等等无法无天的活动镇压下去，就不可能造成群众革命的声势；即使减租退押中起来了一批生龙活虎的积极分子，临到现在进行这反封建的“歼灭战”时，也会感到孤立无援而迷茫失措。这些县，许多乡开始土地改革一星期就走了这弯路。而有的乡，尽管减租退押做得不很好，但一开始就做对了，群众运动就一步紧接一步。在划阶级中，中心是地主抵赖阶级与农民揭发地主阶级剥削性、寄生性、反动性，去划清敌我界限的斗争。这一斗争，也是多方面的，不但要算经济上的剥削账，而且要算政治上的压迫、谋害、霸占、贪污等账，尤其对恶霸地主、顽抗地主“揭底”、“揭短”、“翻发家史”，对地主阶级暴露最彻底，对其打击最重，则对农民教育也最大。而且必须结合惩治违法，才能使地主阶级理屈词穷，俯首服罪；使农民扬眉吐气，得到实际利益。例如宜良古城乡恶霸地主李占科抵赖阶级，经过群众斗争，迫使他供认拐骗霸占的起家丑史，大斗收租、放高利贷盘算农民田地和当人贩子的血腥剥削，最后写下供状，在二十五年内总共剥削农民八千余石，低头承认是恶霸大地主。有的地方划阶级时，虽不是干部包办地划，虽是面对面地划，但只限于一般地算算剥削，算算劳动，虽把地主阶级划服了，但农民未出气，劲头还是不够的。在没收中，会普遍发生“走过场”的偏向：分散的财产、粮食未追出，违法罚款未赔出，就马虎了事，以致许多地方不得不重新彻底没收。没收阶段是农民从经济上剥夺地主阶级反动本钱的斗争，是土地改革斗争的最激烈阶段，是群众动员得最广泛的阶段，也是地主阶级生拖死赖，甚至动武抵抗，花样最多的阶段。一般都持续到半月以上，是土地改革中为时最长的阶段。晋宁南隅乡不法地主孙竹生在减租退押中，一贯伪装开明，到土地改革没收前夕，暗中将大量财产四处分散，顽抗不交罚款，又以服毒来威胁农民，企图逃避斗争。后来，全乡农民集中力量、又发动了被他收买利用的农民、铁匠和亲戚朋友，经过数次斗争和分化，最后搞出他所有分散隐藏的财产。在分配阶段和分配以后，每每由于干部和群众只集中注意农民内部问题，而疏忽了对地主阶级的警惕；地主阶级公开、暗地反攻，已屡见不鲜。如：挑拨农民内部纠纷，收买个别落后群众，乘机纵火，甚至暗害积极分子等等。尤其当农民内部还不够巩固，稍一松气，地主阶级钻空子反攻是十分现实的。以上说明：决不能企图一次斗争解决问题。地主阶级的破坏和抵抗是持续的，因此斗争也必须是自始至终坚持不渝的。

其次，从上述总的轮廓不难看出：土地改革每一阶段有其不同的斗争内容，而贯串着整个土地改革的中心是经济斗争；其主要的内容是反违法、反分散、反隐藏、反破坏。经济上消灭地主阶级不彻底，土地改革在政治上、思想上的胜利也不易取得巩固的保证。最近已有一些乡，没收不彻底，分配以后地主阶级不但不老实接受劳动改造，而且乘隙携款逃跑，搞土匪，搞暗杀，或者收买个别落后群众。这一情况，应引起我们注意。有的地方，开始时注意了管制地主，注意了反破坏、反违法斗争，但往后逐渐松懈起来，使地主阶级的活动取得许多空隙。经验证明：经济斗争的高潮表现在没收阶段，但围绕着经济斗争的反违法、反破坏、反隐藏、反分散斗争，和管制地主阶级，是每一阶段都不能放松的。

再次，经验证明：自始至终在干部、群众中，反对自满麻痹情绪，是坚持彻底打倒地主阶级的重要环节。干部中，甚至在一些群众中，对敌人估计过低，对群众条件估计过高，不但表现在开始时对减租退押基础的估计上，所以这一步克服了和平倾向，下一步又可能再产生。准备阶段斗争起来了，划阶级时又很容易斯斯文文。划阶级时不但注意了暴露地主阶级，而且结合了反违法和管制地主，但到没收时又很可能认为“差不多了”，急于去分田。只要存在着认为“地主阶级整得差不多了”的思想，运动的每一步都不可能彻底，最后必致消灭封建不能彻底。

第二，要从各方面去发动群众打倒地主阶级，斗争方式必须多样化。

群众在这方面的创造说明：正因为地主阶级的破坏花样是多样的，群众征服其种种破坏的方式也是多样的；正因为群众不是在一个样式里生活的，所以群众斗争的方式也必然是多样的。综合这几个县的斗争方式，有如下的规律：大斗争与小斗争相结合，集中的斗争与分散的斗争相结合，高级的斗争与低级的斗争相结合。这样综错配合，就造成群众运动的宏大规模和步步深入。

各县都应用了全区性的，几个乡的，全乡性的斗争会（有的叫联合斗争），尤其在土地改革开始，这种声势浩大的群众行动是十分必要的。有的地方还组织示威，展览“地主之家”与“农民之家”。但这种斗争会不应当是唯一的方式。许多地方做得深入的，大斗争鼓动了群众示威之后，即分村甚至分小组的斗争，就使运动更加深入，村村农民都与地主对立起来。除了较大的斗争会之外的“斗争次数”是无法统计的。划阶级中面对面地揭发是斗争；一个小组内追某一地主分散的财产是斗争；没收时发现违法、不老实，即当场惩罚是斗争；强迫地主跟着农民下田做活，一面管制，一面暴露的“田上斗争”也是斗争；农民的集体控诉和个别诉苦，也是一种斗争。群众种种分散的、自发的斗争，势必随着发动程度而多起来的，领导的任务就在于把这种自发的、低级的斗争，引导到有组织的、高级的斗争上去。尤其到没收最紧张时，斗争就更要高级。群众说：“斗得多了，地主抵抗办法也提高了；我们也要提高，才斗得垮他！”这就要深入地发动群众落后层，分化地主阶级，并结合人民法庭，才能打破地主阶级的顽抗。各县对于这方面的成功经验很多。昆明二区珥琮乡地主李成数次顽抗不缴罚款，后来发动了他的长工李发，证实他埋藏着金银首饰，他才全数认赔。曲靖戴家屯地主刘玉邦的女人，起初也是不赔，把他小儿子分化了出来，摸清底细，才缴出财物。宜良有的乡在没收中，发动一连串的斗争，由大斗到小斗，由白天到夜晚，有的控诉、设法，有的谈判分化，有的罚违法追尾欠，有的送交人民法庭审判，使为首的恶霸大地主俯首听命，其他的不法地主也不敢顽抗。有的地方未及时注意这样引导，就容易发展至非法斗争，而运动仍陷于僵局。有的地方只承认“斗争会”是斗争，就不去推动和组织群众分村的、分组的、随时随地的大大小小的分散斗争，运动也就缺乏生气勃勃的广泛深入的群众性。有的同志，只承认集体的一定形式的控诉会，而不承认个别的、因时因地的诉苦是斗争，也每每限制了群众的自觉行动。

斗争方式的多样化，根本问题还是认真地充分发动群众。群众自己行动起来了，就有无限的创造；在此基础上，领导任务是帮助他们提高，如果离开这个前提，就会是形式主义地发动群众。

第三，在群众斗争的前提下，坚持扩大农村反封建统一战线和区别对待地主阶级。

善于组织和广大农村反封建统一战线，尤其是取得城镇工人群众和工商业者的支持与同情，将有助于彻底消灭封建。例如昆明县的西庄、官渡和宜良县的古城等地，农民的反对地主阶级与工人、贫农及其他街镇人民反恶霸斗争相结合，而且争取了工商业者赞助，地主阶级的“防空洞”即被揭发。昆明县二区各界人民代表会上，在一些代表的带头下，乡村中一些地主自动交出赔款。

在群众斗争的威力下，坚持区别对待地主阶级，有助于减少一些抵抗。如昆明有的乡，认真发动了贫雇农落后层，掌握了材料，征服了顽抗地主拖赖不赔群众损失之后，其他地主自动坦白认赔，即取得群众谅解，从而打破整个地主阶级的顽抗。晋宁有的乡，对一个地主家庭中的各种人加以不同对待，宽待其守法的，打击其顽固的，也便于使斗争取得胜利。但有的地方，对所有地主仍不加以区别对待，一律同样打击，增加运动的阻力，这对群众还是不利的。

原文载1951年11月27日《云南日报》

土地改革中贯彻深入广泛发动群众的几个问题

郑　石

昆明、呈贡等县土地改革的经验说明："贯彻土地改革全部过程的最基本问题，是深入广泛地发动群众。"而要系统地解决这个基本问题，应当自始至终从下述几方面明确起来。

一、坚持在斗争中一层一层地发动

在斗争中发动群众，在斗争中提高群众的觉悟性和加强群众的组织性，这是对发动群众必须明确的根本观点；而随着斗争的逐步展开和逐步深入，一层一层地把群众发动起来，这是群众发动的一般规律。这几个县的经验提供了如下一些情况：

首先，把群众充分发动起来，是运动中不断努力的结果。群众的思想发动和组织发动是逐步的，因为斗争是逐步深入、逐步激烈的。斗争展开和深入一步，群众就发动了一层。一般地，在土地改革的准备阶段，只要造成群众的声势（例如结合大张旗鼓镇压反革命，惩治不法地主的违法破坏，结合追租追押等），群众知道了土地改革大翻身，敢于起来管制地主阶级，思想条件就具备了；至于组织程度，主要乡村领导成分基本上是纯洁的，群众有了一层发动（一般乡是发动了人口的百分之二十至三十，积极分子每乡有一、二十人至四、五十人）；这样就可以进入划阶级，这时在浩大声势下号召入农会，组织可以扩大一些，但为数一般不大。在划阶级中，面对面斗争，群众与地主阶级分清了界限；再加上要惩罚和斗倒一些违法、破坏、抵赖的地主，就开始提出有计划地发动落后层的任务。这时群众思想发动深入一步，组织扩大和牢固也提高一步，一般乡都可组织至人口的百分之三十五到四十左右。在划农民内部时可以做到清除混入农民队伍甚至农会领导中的地主或其代理人和游民分子。如昆明西庄乡即在此时清除一些流氓的农会小组长，晋宁小寨乡即清除混入农协为委员的反革命富农。在轰轰烈烈的斗争最高潮的没收征收中，群众普遍地最后与地主阶级划断联系，发动和组织起来也最广，一般乡都可达到人口的百分之四十三至四十六，做得好的可以基本上没有落后层；但完全解决了落后层的问题则多在分配以后。认识这一规律，对于每一步贯彻发动群众是很重要的。有些明明是减租退押时的落后乡，如宜良的古城乡、昆明的西庄乡，虽然本来基础不好，开始就从树立贫雇领导骨干、整顿组织做起，一面发动斗争，一面扩大和巩固组织，发动的人口就由百分之二十几到三十几、到四十几，而且半月左右即成为先进乡。反之，有的乡离开斗争，总想把群众思想发动好，组织好、扩大好队伍，再去行动，必然走弯路，先进乡也要变成落后乡。如昆明的龙马乡，宣传了二十多天才转入划阶级，静止地“发动”，群众基础再好也动不起来。也有的乡，不把发动群众作为一个过程，而只作成某一时期的任务，也要走弯路。这每每表现在：划完阶级就认为发动“差不多”了，没收时弄得无声无息；解决了彻底没收，分配时又只是几个干部在满头大汗地弄数目字，群众冷在一旁。至于分配以后，群众每易产生松劲思想，情绪很易低落。这是由于一方面对群众的思想教育（警惕地主反攻和指出爱国生产、社会主义前途）不够及时，一方面在紧张斗争的高潮，组织工作事实上不可能做得太细致。因此，这时的健全和扩大组织，健全民主制度等工作是要专门进行的。宜良、呈贡、曲靖等地现在正在这样做。以上说明：群众不是静止地去教育、组织，而是在斗争中提高，斗争中组织；不能希图一次发动了事，必须是一步一步、一层一层地发动起来。

其次是组织形式问题：农代会、贫雇农代表会及其主席团、乡农协委员会、农协小组会这四种组织，是肯定不能缺少的。贫雇农代表会及其主席团，有些地方开始时曾取消了，结果还是恢复起来而且运用得更系统化，才能把土地改革顺利进行下去。也有的乡，开始时不建立农协委员会这个土地改革的合法执行机关，企图只用代表会去执行土地改革这一高度复杂的斗争的组织任务，也行不通。至于农协小组会，减租退押一般都不健全，也很难健全，在准备阶段和划阶级中，一定要健全起来，这是解决土地改革中深入斗争和民主决定问题的极其重要的组织。除了这些基本组织之外，多方面去采取各种各样的临时性组织，去吸收多方面的群众，尤其是培养、锻炼积极分子，也是极必要的。例如，在没收中，各地都成立各种各样的没收组织，有的以自然村为单位，组织一揽子的没收小组，有的以地段或没收对象为单位，有的则依照各种分工来组织各种大组、小组，如没收田地、房屋、农具、耕畜、粮食、追地契、管制地主都有专门组织。在分配时，也同样根据运动内容组织各种分配的组织。这样善于运用各种斗争形式去组织群众，使绝大部分群众都直接卷入实际运动，在浩大声势中，结合个别突击发动落后层，群众就可以一层一层地发动起来。

再次是应当明确怎样才叫把群众发动起来？于一川同志报告中指出要从思想觉悟提高、组织程度加强、落后层发动起来这三方面去检查。这里是把思想觉悟提高放在第一位的，这是群众队伍组织性、战斗性的基础。对于一个一个农民来说，是否已发动起来，应当主要看他阶级觉悟是否提高，是否与地主阶级分清了界限，是否自觉地参加斗争，是否还上地主阶级拉拢欺骗的当。例如有的贫雇农，尽管他不是逢会必到，但思想已经从“地主剥削我的劳动力，我剥削地主的工钱”觉悟到“地主的骨头都是农民血汗”，从“我家地主对我很好”觉悟到“我家地主一天统治我三回”（威胁三回），而且去揭发地主的防空洞，这就不能说没有发动。至于进一步提高，懂得团结，懂得跟着共产党、毛主席走，那是进一步教育的结果。有些地方，不这样看，只把他是否经常来开会或者是否逢会必说话，作为是否发动的标准，这是不妥当的。事实上，有的常来开会，但不见得觉悟了；而有的不常来开会，是有其生活、生产的困难，但思想上并不见得一定落后。用说话多少去作标准，用衡量积极分子的尺度去衡量一般群众，也是不妥当的。何况我们有的同志，不懂得群众是在各种各样方式中生活、劳动、斗争的，因此不懂得工作方式、组织方式必须多样化，才能更好地发动群众；只知道以开会（甚至是开大会）、讲话来要求群众，这样显然是从自己主观出发，而不是从群众实际出发。

二、关于发动贫雇农中的落后层

贫雇农中的落后层，基本上是两种类型：一批是过去减租退押运动性质和时间以及工作深度限制，必然存在着的。大体上有三种人：一是长期被地主威胁、愚弄的，如老长工、丫头、老佃户，这些人过去生死掌握在地主手里，特别不敢动；有的妇女由于生活特殊困苦，长期疏远了运动，思想上也长久处于蒙昧状态。二是与地主有远亲近邻关系的，其中除了一部分认为“早不见晚见，怕难为情”，“一个老祖公的，不好得罪”，与地主撕不破脸皮外，更多的是地主有意地分化农民，如宜良许多乡都发现，甚至三分之一的贫雇农都藏有地主的东西，一家农民藏了一双小孩子的鞋子，或者一把铜尺，就“不好说话”了。三是本身有些缺点，如吹大烟、偷过点东西、群众舆论不好，也每为群众所疏远。以上这类人，或者是思想特殊落后，或者是虽有些阶级觉悟，但有其特殊原因始终未卷入运动。另一批则是被干部或积极分子打击过的，其中部分是主观扩大游民层，被戴上“流氓”、“狗腿子”的帽子，例如划阶级时不看劳动，把吹大烟、“手不干净”、“好赌钱”、“男女关系乱”的贫雇农划为“流氓”，把替地主藏过点东西的农民看作“狗腿子”，因而不许入农会或开除了农会会员资格。又一部分是过去的农会干部、代表、积极分子，有点贪污或庇护地主等毛病，在整顿组织中，被工作干部不加区别地一律打击下去，昆明有的村一半贫雇农都被“送到区政府改造”过，因此别的许多贫雇农怕“工作同志送去改造”，也不敢起来。所以，问题不在于贫雇农落后层的大小，而最怕干部主观制造落后层，最怕没有阶级观点去对待落后分子。

发动落后层，首先要针对具体人的具体思想情况，去打破顾虑，提高其觉悟。如有的长工、丫头怕地主报复，有的老头子觉得无儿继后而悲观，也有的是相信“穷是命定”，有的怕说出藏地主东西不得入农会。经过启发、谈心，分别给以撑腰，说明“女儿分了田也当男”，算了地主剥削账，提出“不上地主当”的口号，不但发动了，而且往往有的立即变为积极分子。这是艰苦深入的思想工作，群众叫做“哪把钥匙开哪把锁”，“抓住伤心的地方去发动”，“号（摸）准他的脉”。第二，必须通过积极分子去发动，通过发动起来的立即去发动还未发动的。如晋宁南隅乡就是积极分子一人包“带起”一人至三人，再由“带起”的再去“带”，四天即发动三十人。但积极分子排斥、打击落后分子的思想是要耐心说服的。有的同志怕做艰苦的说服积极分子的工作，企图不通过他们去发动落后层，既发动不好，发动了一部分也每易造成群众中的不团结。第三，在串连的基础上，应当结合大刀阔斧的鼓动、教育，不少乡每每这样在贫雇农大会、斗争大会、没收征收的大行动或家庭会等，整批地把落后分子发动起来。

怎样才算解决了落后层的问题？做得好的乡，在分配以后，甚至有的在没收以后，就做到贫雇农成年人中没有落后分子。一般组织工作做得不大细致的乡，在分配之后还有百分之十甚至更多贫雇农成年人还待发动，这些乡分配之后还要完成这个工作。固然，不可能完全做到一个落后分子也没有，个别年纪太大的老倌、老妈妈，始终未卷入运动是难免的；贫雇农的青壮年都发动起来是主要的。当落后分子只是个别的，已经不成为一层了，一般是贫雇农成年人百分之九十以上发动起来，这可以说基本上解决了反封建斗争中的落后层问题。

在发动落后层上，现在要克服的，主要仍是打击落后分子的做法。有的地方，单纯为了“搞地主阶级的防空洞”，去挤、去逼落后层，甚至“不报出就处罚”，以对待敌人的态度去对待阶级弟兄，这是极端错误和不容许的。

三、发动青年、妇女问题

在这方面，较成熟的经验是：强调青年、妇女与一般农民一起发动，同时也强调进行必要的特殊的工作。在统一的农会组织活动之下，对青年、妇女有其特殊的活动是必要的。呈贡、晋宁、昆明等县在县、乡农代会之后，专门召开青年、妇女的代表会，证明是有好处的。尤其是青年男女农民，回去后绝大部分都成为生龙活虎的积极分子。除了代表会之外，有些乡必要时以村为单位开青年、妇女的大会成小组会，专门进行动员，对加强反封建斗争的力量是有好处的。例如管制地主、没收、分配、突击秋收、优待军烈属等行动，特别动员青年之后就做得更好。对妇女，尤其诉苦时，单独在他们自己的大会、小会中进行，更可打消很多顾虑，思想发动可更深入。过去一些地方，青年、妇女工作脱离中心任务、脱离农会的统一组织，以致产生“抢会员”，工作互相牵制的现象是不对的；但现在有些地方只强调一起发动，而不注意青年、妇女的特殊作用和加以特殊的发动，也是不足。事实上，有些乡分配以后落后层还很大，主要是这一工作不够活跃，尤其是妇女发动不够。这在群众中很大的一层，是必须设法发动起来的。

原文载1951年12月1日《云南日报》

要善于运用群众化的鼓动口号

郑　石

党中央规定的“依靠贫农、雇农，团结中农，中立富农，有步骤地有分别地消灭封建剥削制度，发展农业生产”的土地改革的总路线，是我们实行土地改革的最基本的口号。为了实现这个基本口号，根据我省的情况和第一批土地改革地区的经验，我们也有了一些带有全省范围的指导性的重要口号。例如：我们强调“放手发动群众，打倒地主阶级”，为贯串土地改革全部过程的基本问题；强调“反对和平土改”，强调“深入广泛地发动群众，特别是提高积极分子，发动贫雇农落后层”；强调“贯彻反违法、反分散、反隐瞒、反破坏的斗争，去惩办地主阶级”；强调彻底没收等等，已成为各地土地改革实际工作中具体指导上的有力口号。但是，在每个乡，只有这类基本口号和一般性的口号还是不够的。必须在每一个步骤，每一个行动中，根据当时当地群众的思想、要求，运用一些更具体的、更切合当时当地情况的、生动有力的临时鼓动口号，去具体地指导群众行动，去一步一步地引导群众实现基本口号，去取得土地改革的胜利。

这些生动有力的临时的鼓动口号的特点，就是适合于群众的具体要求，符合于党的政策，其本身又多是具备了群众的形式（如口语化），很容易为群众所接受的。它体现了从群众中来反映着群众的要求、情绪、语言的，经过用党的政策去衡量、选择、提高，又回到群众中坚持下去的领导方法；它体现了我们在土地改革中对群众思想领导——进行强有力的生动活泼的宣传鼓动工作的重要方式。现在，在各地进行土地改革中，创造了不少这样的生动有力的临时鼓动口号。凡是群众发动得比较好的，工作做得比较深入的乡，这些创造就更多和更好。根据我们初步搜集和研究，举一些例子如下：

在一般地宣传土地改革的正义性、合理合法性，启发农民阶级觉悟，号召农民起来斗争时，有这些口号：

“铁树开了花，田地回老家”；

“土地回老家，合理又合法”；

“田地是农民开，今天要算回来”。

号召农民齐心团结扩大组织的口号如：

“单丝不成线，独木不成桥，农民要翻身，大家心一条”；

“家人一条心，黄土变成金；农民一条心，团结大翻身”等等。

在划分阶级号召农民分清敌我时，有这些口号：

“天下乌鸦一般黑，地主阶级一娘生”；
“白豺狗，黑豺狗，都是豺狗；白羊黑羊，都是羊；农民和地主，敌我要分明”；
“豺狗和羊不能混，山猫狸莫划入羊群”。

清除队伍中的游民分子的口号有：
“清水一边流，混水一边淌”。

揭发地主利用宗族、亲戚去欺骗农民的阴谋的口号有：
“只有阶级管得住，地主不看你亲是疏”；
“地主阶级，六亲不认；劳动农民，天下一家”。

结合爱国主义、抗美援朝的口号有：
“美帝、蒋匪、恶霸、地主、特务，鸭子巴掌一把连”；
“前方打美帝，后方刨蒋根”；
“地主阶级是蒋介石的须须根”；
“前方抗美援朝把大门，后方消灭封建挖美、蒋根”等等。

发动群众中落后层的口号有：
“以苦连苦，以心连心”；
“苦引苦，心贴心”；
“抓住心痛处去发动”；
“哪把钥匙开哪把锁，钥匙跟锁走”；
“号（摸）准他的脉，哪样病吃哪样药”。

有些地方打通了积极分子的思想后，为了不刺激落后层，提出“发动新会员”和“新老会员团结一心”的口号。

发动妇女的口号如：
“千根头发挽个髻，苦根就在地主那里”；
“土地回老家，打倒恶霸地主，娃娃保得住，聪明还伶俐”等。

发动青年的口号有：
“向老的问苦，好出千年气”；
“消灭地主阶级，青年才有前途，老的走五十步，我们要走一百步”；
“青年事事要当先，管制地主需要认真”。

发动老年人的口号有：
“拿回田地老来红”；
“七十要当家，八十要管事，分田翻身靠自己”等等。

反分散、反隐瞒、反破坏、反违法、追罚赔、找漏网恶霸的口号有：
“翻开他底牌看看，个个地主没人样”；
“抓他的短处，揭他的底”；
“抠他的疮疤，拿他的七寸”；
“大船烂了三百钉，草鞋烂了四股筋，没有什么干地主，切莫受他的欺骗”；
“打破砂锅问到底”；
“刺棵里找小猫狸”；
“枪打出头鸟，谁敢破坏斗争谁”；
“农民个个都发动，恶霸插翅也难飞”。

号召农民自报分藏地主的财物的口号有：
“自报有功，不报上当”；
“早报早光荣，和地主阶级割断联系”；
“地主分散有罪，农民保存无过，自报光荣，检举地主的有功”等。

分配时的口号有：
“评的公，订的公，分的公”；
“分配要认真，分好了打倒敌人，莫乱自家人”；
“大公无私，公平合理，互让互助，照顾需要”；
“干部起模范，公平又认真”；
“干部不多分，也不少分”；
“男女平等，女的同样分一份”等。
“翻身不忘毛主席，永远跟着共党”；
“分了田地，增产爱国，抗美援朝，保护胜利”等等。

在民族杂居区，要响亮提出“各族农民是一家”的口号，这是在阶级团结的基础上真正达到民族团结的口号。

政策性的口号是不能随便创造的，但像这类具体的临时行动的鼓动口号，应当创造，而且越生动、越丰富越好。这是善于集中群众的要求，根据群众的形式，去具体地实现党的政策的表现。同时，这些口号，每每是经过思想提高之后，从群众中提出来的，也是群众用自己的语言去体现党的政策的表现。因此，工作同志必须深入群众，了解群众的思想情绪和要求，事事和群众商量，就能发现群众中许多聪明的创造。有时候一个鼓动口号是从某一个小组、某一个乡提出来的，它适合于全乡、全县，就可以把它普及起来成为大家的口号。有时候，群众自己提出的口号难免粗糙或不够完整，就要根据当时当地的情况，用党的政策去衡量一下，加以适当修改、补充和提高，使之完整起来，成为在一定时间一定任务的行动指导。

原文载1951年12月28日《云南日报》

关于土地改革进行的步骤问题

中共宜良地委委员　邵风

宜良县的土地改革工作，在结束分配土地后，县委召开了全县扩大干部会议，总结了这一阶段的工作经验。经过总结，在关于土地改革进行的步骤问题上，有如下的几个体会，现提出以供共同研究。

结合镇压反革命，大张旗鼓宣布土改

第一，土地改革政策的宣传教育，也就是土地改革的准备阶段。这一阶段是不可缺少的，而且是非常重要的。它是决定土地改革胜败的一个阶段；若搞得不好，即会产生“和平土改”。

宜良县展开土地改革时，由于领导思想对土地改革是一场激烈的系统的阶级斗争认识不足，对土地改革进行的大体步骤思想也不够明确，全县土地改革又是在减租退押运动进行得比较彻底的基础上展开的，因此干部思想上产生了麻痹轻敌，满足于减租退押的成绩，过高地估计了农民发动的程度，以为土地改革只是分分田。正由于存在着这些不正确的思想，在开始土地改革的最初，便把步骤误为“走过场”，认为宣传土地改革政策就是宣传政策而已，未能把宣传土地改革政策与镇压反革命、打击地主阶级的违法破坏，和整顿与扩大农民队伍结合起来，因而对地主阶级的疯狂破坏熟视无睹，甚至有的同志见到地主阶级拆毁房屋、弄死耕畜，还不认为是破坏行为，出现了“和平土改”的倾向。经省委及时指出，加以纠正，才使运动得到正常的发展。

经过宜良县的土地改革，我们深刻地体会到：领导思想必须明确土地改革是一场激烈的系统的阶级斗争，是从政治上、经济上消灭地主阶级，实行农村人民民主专政，而不是单纯的分配土地的问题。要把地主阶级从政治上、经济上彻底打倒，使农民从政治上、经济上得到翻身，这就不是一件容易的事情，不能存在着丝毫麻痹轻敌的思想。这样，土地改革一开始，就必须采用各种各样的形式，大张旗鼓地宣传，造成一个土地改革的声势，把群众鼓动起来，使土地改革政策的基本点家喻户晓。这里主要的是：深入、全面地发动群众，团结与中立一切可能团结与中立的人，整顿与扩大农民的队伍，向地主阶级展开政治攻势，严格地管制地主阶级。领导上必须领导群众，坚决地打击与惩办违法破坏的地主，镇压反革命分子的破坏活动，打击减租退押中漏网的恶霸地主；并及时地在农民中揭发地主阶级的一切阴谋罪恶，以教育提高农民，进行一系列的斗争。这就必须大胆放手发动群众，鼓动群众，以自己的威力打垮地主。对顽抗到底的地主，通过人民法庭审判，判刑治罪。不能包办代替，或借口政策去束缚群众的行动。在群众斗争方式上，要采取多种多样的方式，大会斗争、小会斗争、区乡联合斗争或一个村分散斗争。只有这样，才能使土地改革的声势浩大，运动全面展开，逐渐地深入，才能打下地主阶级的气焰，树立农村人民民主专政。只有这样，才能出现真正的农民革命运动。

发动群众，开展斗争，划清地主与农民界限

第二，划分阶级。第一阶段主要是教育农民分清敌友我界限，进一步提高农民的阶级觉悟，巩固扩大农民的队伍，团结农村中百分之九十以上的人口，孤立打击地主阶级。所以说：正确地划分阶级，是正确地执行土地改革政策的前提。因此，必须很好地教育干部及群众，明白划分阶级政策的基本点，使其不错划一个地主，也不漏划一个地主。只要注意教育农民分清地主与富农的界限、富农与中农的界限以及小土地出租（经营）者与地主的界限，这样就不至于划错。

在划分阶级中，必须明确划分阶级的本身就是一场尖锐的阶级斗争，是随着前一阶段的宣传进一步深入的发展。因此，在划分阶级中，必须贯彻进一步的发动群众，尤其是发动贫雇农中的落后层。具体做法应是揭发地主阶级的剥削花样、罪恶事实及其在土地改革中的破坏行为，在农民小组里展开充分的讨论，在讨论中贯彻算剥削账，揭地主阶级的发家史、比劳动，以树立劳动光荣、剥削耻辱的思想，进一步明确土地改革的合法性与正义性。在讨论中，要展开诉苦运动，小会诉，大会诉，这样才能揭发地主阶级的罪恶，提高农民的觉悟，使农民划清地主与农民的界限、剥削与被剥削的界限，从思想上真正与地主阶级分家。同时，还要运用各种形式向地主阶级展开反违法、反破坏及追赔罚款等斗争，这是在划阶级中的重要环节。在划阶级中，不发动群众，不向地主阶级展开斗争，静止地去划分阶级都是错误的。这样，就会影响土地改革的顺利进行。

宜良县最初进入划分阶级时，由于领导思想对发动贫雇农中的落后层思想不够明确，虽然在运动中亦展开了诉苦运动及向地主阶级展开了斗争，但地主阶级的剥削花样、罪恶事实、发家丑史揭发得不够，因而一部分农民仍没有觉悟起来，地主还有可能对他们施以小恩小惠，给地主藏东西，分化农民内部，扩大地主阶级的活动基地。这一部分落后农民，大多是妇女及在地主家多年的长帮工、丫头。如二区伏虎乡一个在地主家帮工二十多

年的老雇农说地主没有罪恶，地主养活他一辈子。后经艰苦地教育发动，揭发了地主阶级罪恶、剥削花样，进行了谁养活谁的教育，他才觉醒起来。另外，有的农民不是仇恨整个地主阶级，而是直接受哪个地主的压迫、剥削，才恨哪个。如有的农民说，某地主好，某地主不好，因此影响了运动的全面开展。其次在划分阶级中，干部向群众交代划阶级政策的基本点不明确，或是包办代替，发生了个别划错阶级的及漏划部分地主的现象。县委发现这一情况，在干部中又反复地进行了教育，又复查了划分阶级，才纠正了以上的缺点。

没收与征收是土地改革斗争的最高潮

第三，没收与征收。这一阶段是土地改革中最紧张的一个阶段，也是土地改革中农民向地主阶级展开斗争的最高潮。在没收中，农民要以自己的有组织的力量，在共产党的正确政策领导下，理直气壮地向地主阶级进行没收。而地主阶级企图挣扎，多保存一点财产，以为将来复辟资本，就想尽了各种办法，进行分散、隐瞒、破坏、对抗。农民要取得胜利，就必须向地主阶级展开最激烈的斗争，粉碎地主阶级的各种阴谋花样。为此，我们必须再进一步地发动群众，尤其是发动贫雇农中的落后层，使每个农民都敢于起来，向地主阶级进行面对面的斗争。群众发动得越充分，落后层的数量越小以至于没有，斗争就越激烈，没收才能更顺利更彻底，地主阶级才能从经济上被消灭。

在这一阶段，领导上必须头脑清醒，防止干部与群众的自满松劲思想。

宜良县在进入没收征收阶段时，有的干部思想麻痹，认为群众发动得很充分，满足于一部分群众表面的行动，认为地主阶级在政治上已经被打倒了，只要宣布了没收政策，地主阶级即会老老实实地开出应被没收的财产清单来，而忘记了检查贫雇农中的落后层，忘记了地主阶级必然要拼命反抗的反动本质。由于这些不正确的思想障碍着，有的干部即不认真地发动群众，检查地主阶级所开的应被没收的财产清单，而相信了地主的自报。由于干部存在这种思想，便直接影响到群众产生了急于分配果实的思想，放松了发动落后层，放松了向地主阶级开展斗争。县委发现了这一现象，立即召开了干部会议，指出了没收工作的重要与艰苦，并提出运动的基本关键在于彻底发动贫雇农中的落后层。会后各乡贯彻了县委指示，发动落后层，并以地主阶级利用未发动起来的农民来隐藏分散财产的事实，鼓动农民的斗争情绪，进一步巩固农民的团结，向地主阶级展开了斗争，才使运动激烈地展开。这又说明了：没收阶段极为紧张，领导上绝不能松动；否则还要出现“和平土改”的局面。

“一面斗争，一面分配”，加强农民内部的团结民主教育

第四，分配。土地改革中的分配阶段，是农民内部的问题，是个非常细致的教育组织工作，是进一步发动农民加强团结的一个重要环节。若做不好，会引起农民内部的纠纷，

地主阶级就会钻空子，趁机挑拨。因此，在分配中，必须很好地教育乡村干部、积极分子要大公无私，不要贪图小利，要与农民一样地分得一份，不多分，也不少分，充分发扬民主。同时，还必须教育农民不要麻痹，防止地主阶级从中挑拨，继续向地主开展斗争。

宜良县在分配中，掌握了打击地主这一重要环节。县委提出的口号是："一面斗争，一面分配。"在开始进行分配时，以乡为单位，召开了农代会，由代表充分地讨论分配的原则，并检查地主阶级打击的程度，群众发动的情况，使代表明确在分配中不忘斗争，在分配中不忘发动落后层，切实掌握"一面斗争，一面分配"的办法，加强管制地主阶级。代表思想明确后，各乡在分配中仍继续向地主进行斗争，就使分配工作很顺利地结束。对农民内部提出的口号是："大公无私，公平合理，照顾需要，团结互让。"由于在分配中掌握了"一面斗争，一面分配"的办法，同时反复教育了乡村干部、积极分子，贯彻了内部团结的方针，充分发扬民主，因此分配的结果很好，群众满意，达到了团结的目的，并管制了地主阶级。

总之，土地改革的诸步骤，是紧密联系的，并非是阶段论。而土地改革的整个过程，是发动群众与地主阶级开展斗争的过程。因此，土地改革的每一个步骤，都必须是放手发动群众，让群众自己起来向地主阶级进行斗争，并在每个步骤里均必须结合镇压反革命、进行抗美援朝的爱国主义教育。只有这样，才能充分地把群众发动起来，打倒地主阶级。只要领导上在每个步骤都注意充分发动群众，打倒地主阶级，就可以防止"和平土改"的出现。

原文载1951年12月14日《云南日报》

宜良县土地改革总结

中共宜良县委会

（1951年11月24日）

宜良县共有五十四个乡，一个镇，今年春耕和秋收前已有第四区八个乡做了土地改革实验，其余四十六个乡于九月初展开土地改革，至十一月初结束。这四十六个乡、一个镇共有二五〇八九户，一一七〇四八人。其中地主一六六八户，占百分之六点六；富农六二三户，占百分之二点四；中农五二八七户，占百分之二十一；贫农八九八三户，雇农三四二五户，共占百分之四九点四；小土地出租（经营）者八三一户，占百分之三点三；其他四二七二户，占百分之一七点三。

这些乡镇的土地改革绝大多数是在三个月减租退押、清匪反霸、镇压反革命和两个月的减租退押复查的基础上进行的。两个多月的土地改革运动，由于注意了对群众（特别是贫雇农落后层）的充分发动，自始至终贯串了对地主阶级开展严重的斗争，因此运动是比较猛烈的。群众觉悟有了更进一步的提高，落后层已经很小，有些乡已基本上消除了落后层。群众组织已在运动中得到扩大，一般组织到人口的百分之四十几，高至百分之五十。每个乡都涌现了六十至八十个积极分子，多的有一百人。现全县约有积极分子四千人。有八个乡可于十一月底建立起青年团支部。对地主阶级在政治上通过反违法、反破坏、反隐瞒、反分散、算剥削账、揭发家史，在每个步骤中予以极沉重的打击，仅七区就打垮了在减租退押中未打垮的地主一九〇人（共有地主三三四户）；结合人民法庭镇压了一批最顽抗的恶霸、不法地主和反革命分子，破获了若干反革命组织。共搞出枪支七十二支。在经济上，全县共没收征收了土地五三九五八亩，房屋一〇三六九间，耕畜二六三九头，农具二六九五〇件及家具等。根据几个乡的材料：全县一般的莲华乡农民每人分得土地〇点八至一亩，产量（谷子）九八〇斤至一三六〇斤（附表如后）。三区土地较多，五星乡每人平均分到土地一点八亩，产量（谷子）一九五三斤，该乡哈喇乡每村[1]分得二点〇七亩，产量（谷子）二一〇〇斤；福谊乡每人分得二三一〇斤。房屋莲华乡农民分房户一八〇户，平均每户分得一点六间；五星乡一般每一分房户分到五间。搞出地主违法赔款约折合人民币七十亿元（其中黄金六五〇两），解决了农民生产和生活的困难。

从群众的发动程度和对地主阶级的打击来看，四十六个乡中群众发动充分，地主阶级已打垮的乡有二十个，约占百分之四十三；群众基本上发动起来，而落后层发动不够，地主阶级基本上打垮的乡有二十二个，约占百分之四十七；尚有百分之十的乡（四个乡）群众发动很差，或者没有发动，地主阶级未打垮。

两个多月的工作中取得了以下的几个经验：

（一）在土地改革中每一步要坚决依靠贫雇农，大胆放手从思想上发动群众，艰苦深入地发动落后层，组织坚强的农民队伍，建立反对封建的统一战线，才能保证土地改革的胜利。

减租退押复查群众有了发动，开始树立雇贫农骨干，产生了一批积极分子，在土地改革中必须进一步贯彻发动群众和依靠雇贫农这一关键问题，从组织上扩大反封建队伍，其中首要问题是坚决依靠雇贫农和发动雇贫农。要做到这点，只有从思想上重视和认识发动雇贫农落后层的重要性和必要性，必须组成以雇贫农为骨干团结中农的反封建队伍，这是减租退押、土地改革一直到土地改革后发展农业生产的根本问题。在一系列的反封建斗争中，在发动群众的问题上必须经过这样的几个步骤：

第一，深入访苦访贫扩大串连，从小到大，一直扩大到群众的全部，这是发动群众的发展规律，也是一个极细致的组织工作。其办法主要是通过揭发地主阶级的历史罪恶，开展诉苦，提高群众阶级觉悟，使群众认识穷的根本，要求向地主阶级开展斗争。

第二，在群众觉悟和要求下对地主开展斗争，管制地主，通过斗争和自己亲身的经

① 该乡哈喇乡每村，疑为“该乡哈喇村每人”之误。——编者

验再提高，使其认识天下大势，认识自己的力量，从个人的仇恨，提高到阶级仇恨，从拉兵、派遣、挨打、挨骂等伸冤性要求提高到消灭整个封建制度的要求。

第三，有了觉悟，敢于斗争，敢于向敌人专政，而要求组织起来，扩大力量，掌握农会、政策、武装三把刀子。

我们在土地改革开始一下手，首先召开了县的农民代表会议，宣布土地改革，区乡村分别召开了各种会议，采用各种各样形式大张旗鼓地开展宣传，鼓动群众，造成土地改革的空气，使政策基本点做到家喻户晓，开展诉苦，激发群众的斗争情绪和土地要求，使群众敢于起来向一切敢于破坏土地改革的地主阶级作斗争。在此基础上，各乡召开农民代表会，成立乡的各种组织，整顿和扩大组织，向敌人开火，农民队伍随着运动的发展逐步扩大和巩固。

有了自己的队伍和领导骨干，认识到无土地的痛苦，群众就要要求实行土地改革消灭封建地主阶级。群众运动发展至此虽显得轰轰烈烈，看来似乎声气浩大，但必须认识只是发动了群众中的先进和中间，必然还有一批很大落后层没有发动起来。我县古城乡全乡有三六五五人，在土地改革准备阶段群众发动得已经很好，但农协会员只有七一一人，仅占全乡人口的百分之一九点四四（该乡是一个小街镇，成分复杂，农民较少）。到划阶级结束后经过整理扩大队伍，全乡会员人数增至一〇九八人，也只占全乡人口百分之三〇点〇三。又如五星乡全乡五二〇户，二二三二人，到复查阶段为止群众已经发动，斗争也有力，但仍只有会员九四四人，占全乡人口百分之四二点三。全乡还有未发动起来的农民一三九人，占全乡人口百分之六点二二。有些工作做得差一些的乡落后层更大。如金梅乡的调查，全乡六〇〇户，就有落后层八六人，平均每四户即有一个落后的。因此发动落后层就成为土地改革中划阶级阶段和没收以前运动的中心问题，这个工作必须在没收前做好，这是决定土地改革胜利的关键。哪个乡这样做了土地改革的胜利就有保证。莲华乡这一工作做得好，结果地主阶级打垮了，地主阶级在土地改革开始分散、毒死的马一十九匹也全部追赔回来了，地主底财搞得也多；西村乡发动了一个丫头，就搞出黄金六两四钱，有一个妇女自结婚之后二十余年未出过前门，通过启发引苦提高了觉悟，积极参加斗争。所以发动落后层是彻底打垮地主阶级的保证，否则哪个乡不发动落后层或者做得不好，地主阶级就不可能打垮，也就可能产生和平土改。我们在没收前虽注意了这一工作，但由于满足于现状，对发动落后层认识不足，结果走了弯路，把这一工作到没收后才开展起来。所谓要从政治上、经济上贯彻狠的方针就要大力发动落后层，否则是狠不下去的。

根据五星乡的调查，落后层大体有以下几种类型：一、与地主有亲戚关系，未割断联系；二、受地主利诱，替地主保留点小东西；三、本身有缺点如吹大烟、偷小菜，农民瞧不起，地主趁空收买；四、老太婆、老大爹以为自己年老无用，可以不参加活动；五、讨地主姑娘为老婆的；六、旧干部原品质不好被清洗者或贪污者；七、对现有干部不满有意见（极个别的）。发动落后层有四条：一、要抓住落后层的心疼处；二、打破顾虑，解除困难；三、哪把钥匙开哪把锁，钥匙要跟锁走；四、有重点的发动妇女。在处理落后层给地主保存一小点东西这一问题上必须慎重。五区提出“分散有罪，保存无过，拿出光荣，检举有功，用了申明，不作追赔”这一口号是可以的。必须教育干部认识落后层其所以落后的原因，认识地主阶级的阴谋诡计，不能将落后层与“防空洞”混篇一谈。一区在这个问题上未搞清，为搞“防空洞”打击了落后层。经过多次检查反复贯彻教育（如七区每召开区乡代表会都把发动落后层当成会议中心），全县经半月时间即发动了二五〇〇人，搞出地主底财近十亿元人民币。干部经过一段深入工作以后，有很大提高。有个新参加工作的同志说：“我参加土地改革什么也没有学到，学到了一条——发动落后层。”

（二）必须自始至终贯彻强有力的斗争，从各方面运用各种办法向地主阶级进攻，达到彻底消灭封建势力，满足农民要求，建立人民民主专政。

土地改革开始，由于领导上对前段运动估计过高，满足于土地改革开始镇压了两批反革命和地主恶霸分子，将敌人估计过低，思想麻痹，造成地主阶级一时的疯狂破坏，造谣生事，威胁农民。莲华乡一个乡自土地改革开始在准备阶段，地主既分散、变卖驮马二十九匹之多；地主段项章将房子的瓦片拆掉，把墙推倒；地主段素将耕牛赶到悬崖上滚死两条；中乐乡地主袁信趁农民开会放火烧村干的房子。地主破坏层出不穷。干部则仍然存有自满情绪，不敢放手让群众起来斗争，使运动初期存有和平土改的危险倾向。县委接省委指示，根据这一严重情况，强烈地提出反对约束放手发动群众的口号，并从组织上成立起名副其实的县、区人民法庭，及时镇压了一批破坏土地改革的地主恶霸分子和反革命分子，纠正了干部的自满情绪和右倾思想，才压下敌人的气焰。土地改革中每一步的斗争内容是：

1. 土地改革开始准备阶段主要是鼓动群众起来，造成土地改革的声势，向地主阶级开展反破坏、反造谣、反分散、反违法、追赔减租退押尾欠的斗争，给地主阶级一个措手不及的下马威。你敢于破坏我就敢于斗你；你敢于违法我就敢于罚你。把地主阶级的气焰坚决地打下去，运用各种各样的人民专政的工具把地主阶级镇压下去。而绝对不能单纯宣传政策，宣传工作不能与坚决斗争结合起来，一切就成为说空话。我们自从纠正了和平的偏向后，处理了一批破坏土地改革的违法地主，镇压了一批反革命，工作才转入顺利前进。

2. 划阶级阶段是斗争更深入、更尖锐、更明显的阶段，是更进一步地从根本上揭发地主阶级各种罪恶，打击整个地主阶级，使农民从思想上、组织上彻底划清阶级界限，分清敌我。必须对一切企图抵赖阶级的地主作无情的斗争，从而消灭地主威风，树立农民正气。同时有力地结合追赔罚款，搞地主底财。古城乡地主杨开培经群众揭发了他的历史罪恶，仍然说自己有劳动，群众就问他：“你说你有劳动，我们问你，使牛怎个使？”“割谷子哪样叫一边倒？哪样叫雪花盖顶？”杨开培无话可说，只得低头认罪，签名划押，承认自己是地主，承认赔偿罚款。中乐乡在划阶级斗争时，将地主收租的大斗和普通斗一起拿到会场上，命令地主自己量，看看大多少，再以此算他几十年的剥削账，问地主这样叫什么？地主只得叩头求饶，承认这叫“大斗剥削”。通过揭发地主历史上的剥削罪恶，挖老根，用生动的事实教育群众，提高群众觉悟，开展进一步的违法斗争。

3. 没收阶段是最后消灭地主阶级，斗争最激烈的阶段，斗争内容更丰富充实，对地主阶级的一切违法、破坏、分散、隐瞒、拉拢收买、威胁、欺骗等都是斗争内容。要做好没收，首要问题在于深入艰苦地发动落后层和正确地处理“防空洞”。只有发动了落后层，通过落后层起来斗争地主，揭发地主阶级的阴谋诡计，揭发地主阶级企图分化农民内部的罪恶，和通过落后层发动落后层，才能使得地主阶级的阵地从根本上摧毁。这是政治和经济的双重收获。特别是要注意发动落后层政治收获是主要的，同时没收也才不致落空，对地主阶级深埋、隐藏、分散的反动资本才能搞得出来，否则只是形式主义的没收，一定搞得不彻底。发动落后层在没收前必须做好，这是保证从经济上、政治上彻底消灭地主阶级的一个根本问题。西村乡经过代表摸了地主的底，找出地主不垮的原因，发动了一个落后分子，带动了十二户报出地主分散到他们家的东西，并且积极参加斗争，揭露地主阶级的阴谋，使斗争获得胜利。中营乡发动了傅高氏掌握了材料，斗出地主李玉珍小板四三一个。这些具体事实，大大教育了干部。我县由于领导上对发动落后层这一问题开始体会不够，因此在没收前做得不好，使没收也不彻底，后省委指示，开展彻底没收，才贯彻了这一工作，不仅使运动前进了一步，而在经济上也取得很大收获，搞出约计人民币二十多亿元（全县斗争果实连粮食共七十多亿元）。

4. 分配阶段是彻底发动群众与彻底消灭地主阶级阶段。必须教育干部和积极分子，加强农民团结，检查群众发动的程度，特别是落后层的发动，进一步摸地主的底，算地主的账，一面分配，一面斗争。坚决不能放弃斗争，和平地分田，这样才能保证做到不让地主喘一口气，不致使农民在分田时地主有空可钻，挑拨农民内部团结。其斗争内容主要是继续追赔减租退押尾欠、历次罚款，和丈量土地中的出租田小、自耕田大的老账和公粮。狗街乡地主马瑞义自耕田两工一块量得十五工，出租田一块两工量得只有一工半，用这样的具体事实教育了农民，地主自耕田大逃避负担，出租田小超额剥削农民，认识地主阶级的残酷的剥削方式。并算老账、追赔额外租子和两年少负担的公粮。左所乡农民白天生产，晚上斗争，讨论分田。农民替地主割谷时发现地主田里草多，就以破坏生产、破坏了毛主席的号召来斗争地主，追赔损失。

但由于工作上先松后急，使运动发展粗糙。总括起来大体有如下几种斗争方式：

1. 依靠贫雇农，以贫雇农为骨干，团结其他劳动人民，组成强大的反封建队伍，通过深入艰苦发动落后层，掌握人证物证，理、法、证结合，以违法罚款为斗争焦点，大会小会，大斗小斗，运用策略分化瓦解，坚持斗争到底。

2. 只抬枪弄棒，开口要金银，斗争方式简单，不讲求策略，结果东西未搞出来，群众受到损失。

3. 形式主义的斗争，斗争走过场，几个积极分子跳舞，与地主讲价钱；或是干部想好一套套群众，包办代替；有的干部则认为不斗争别人会说自己立场不稳，为了怕戴大帽子而斗一下，或者用非刑来代替“狠”。

根据两个月的体会，在运动中除了深入发动群众（特别是落后层）外，还必须应用策略。主要是集中力量打击大地主和一部分中地主，分化小地主，使大地主更加孤立。争取工商业者、富农和小土地出租者中立，不靠拢地主，不当地主“防空洞”。同时区别对待地主家庭中的一些人。

（三）领导问题

1. 领导上必须强调放手让群众自己行动，坚决反对约束群众手脚的作法。要做到地主政治上不敢破坏，经济上搞得彻底，就必须是地主敢于不老实就斗，敢于违法就罚，只有在放手让群众起来斗争的前提下，只有在狠的基础上，才谈得到策略和区别对待，否则是空的，是“叩头主义”。全县土地改革开始，只见地主破坏，不见群众反破坏，后来县委得省委指示，及时纠正，强烈提出“放手让群众斗争，反对约束群众手脚”后，运动才展开。尤其在运动之初，不能片面地强调说理说法，群众起来出点小偏差不要紧，问题是在于群众不起来；只有群众暴风骤雨地起来开展斗争，那才是革命的秩序。

运动中对地主的区别对待是做得不够的。

其次是当群众行动起来以后，就必须加强党的领导，没有党的领导，就没有好的运动。全县在强调了放手、反对约束的右的倾向后，有些地方由于党的领导没有加强，而又产生粗糙的做法。

在斗争方式上，要大斗小斗相结合，运用各种办法，正面进攻，侧背迂回，四面包围，内外夹攻；但这些办法都是要在发动群众的基础上才是可能的。

2. 工作结合问题：运动中我们深深体会到必须以土地改革为中心，紧密结合镇压反革命、抗美援朝去进行，运动规模才宏大，更有力有利。这是土地改革胜利的政治保证。

土地改革中结合镇压反革命是人民民主专政。土地改革中必须及时镇压一批不法地主和反革命分子，才能压住敌人气焰，使敌人规规矩矩，服从人民，保障人民民主专政。做不好的地方，反革命分子抬头，农民就不敢起来斗争。一、三、七区破获了反革命组织，查获发电机等。六区在斗争中搞了一个逃亡在外三、四年的汉奸。五区施家嘴全村只三户未入一贯道，在运动中觉悟提高后都退了道。但由于思想麻痹，对地主的反动组织搞得不够。

土地改革运动中不加强抗美援朝工作，就缺乏政治性，没有政治收获。群众自然地把反封建斗争和反帝斗争结合起来，但我们有些干部认为结合不起来。有的群众抱怨和批评工作干部不让抗美援朝，不告诉他订爱国公约和捐献飞机大炮。群众纷纷缴捐献款，有的超过一倍，有的认为缴少了对不起志愿军，大大提高群众政治觉悟。现全县已超额完成高射炮一门。在土地改革中把反帝反封建结合起来，不但不妨碍中心工作，相反正有力地推动了中心工作。

3. 组织力量问题：组织力量，使用力量，这是保证工作胜利的一环。宜良县主要掌握了两个问题：

（1）充分运用农代会。由上到下，由县到乡，工作主要依靠农代会，在乡依靠乡农代会、贫雇农代表会、贫雇农主席团，在县上县委亲自掌握县农代会。每个步骤每个环节都通过代表会，由上而下的发现问题，再由上而下的召开各级农代会贯彻，由下而上地集中群众意见和思想要求，由上而下的执行决议。由于干部不足，只有很好地运用农代会，这是最好的群众路线的领导方法。因为这样领导上直接与群众见面，直接向群众的代表交代政策和传达经验，保证了党的政策正确的实现和党的正确领导。

（2）县委领导到乡，深入群众发现问题，取得经验，由下而上加以集中，经县委研究作出决议，再由上而下地贯彻。县上只留一个县委负责掌握全盘情况，各区都有一个县委亲自掌握，每区又选择一个重点乡，每乡又选择一个重点村，县委亲自动手，执行县委决议，创造经验，发现问题，交流经验。这样做县委的领导就会正确地贯彻到乡，运动就紧而稳，由于县委亲自领导就不会出大问题。

（郑戚整理）

宜良县四十六个乡一个镇土地改革中几项重要果实统计表（附表一）

项目 \ 区别		一	二	三	匡远镇	五	六	七	合计
没收	田（亩）	2560	4812	11880	2526	3753	1795.2	6131	33475.2
	地（亩）	1452	1134.8	1904.8	104	655.2	120.8	393.4	5765
	房屋（间）	2390	1225	2335	1839	542	515	1523	10369
	耕畜（头）	346	305	948	13	295	282	450	2639
	农具（件）	2386	2412	5064.5	1384	1861	2679	11164	26950.5
	多余粮食（斤）	701750	288190	1381030	237720	695730	201390	641130	4146940
	家具（件）	24981	9335	16574	63276	16210	14531	19729	164636
征收	田（亩）	2609	2165.5	1720	907	1367.7	1254.7	1886.2	11910.1
	地（亩）	402.5	684.7	730	43	700.3	177.2	113.5	2851.2

宜良县四十六个乡一个镇土改中搞出地主底财统计表（附表二）

名称 \ 区别	一	二	三	五	六	七	匡远镇	合计
黄金	21.82	4.61	6.5	7.8	0.8	35.75	570.8	648.08两
白银	472.4	428.2	725.3	216	242	711	442.3	3237.2两
大头	662	246	521	262	149	1081	11307	14228元

续表

区别 名称	一	二	三	五	六	七	匡远镇	合计
半开	4441	3408	2610	1421	2981	1428	1633	17985个
人民币	90504200	18039200	65560000	19258000	19685200	9304300	253862100	482213000元
稻谷	50610	17150	14700	17220	9170	23800	85330	217980斤
杂粮	74.6	6.2	2.6	3.5	14.5	2.1	0.12	103.62石
大米	1690	4900	1000	2600	6500	4200	1250	22140斤
大烟	596.5	196.2	448.8	79	92	267.5	9433	11113两
枪支	16	14	4	6	7	11	13	71支
注：1. 此项果实衣物及其他杂物未统计在内； 2. 向外籍地主搞回的果实未计在内。								

宜良县四十六个乡一个镇阶级统计表（附表三）

区别 项目	一	二	三	五	六	七	匡远镇	合计
乡数	11	8	8	8	4	7		46乡1镇
总户数	5632	3418	3767	2908	1916	3956	3501	25089户
总人口	24399	14660	16358	13509	17190	16368	14524	117008人
地主	385	208	274	127	90	334	250	1668户
富农	164	102	125	65	33	103	31	623户
中农	1341	880	919	625	499	827	196	5287户
贫农	2256	1634	1429	1111	869	1435	249	8983户
雇农	830	382	676	465	247	663	162	3425户
小土地出租（经营）者	165	103	110	64	44	59	286	831户
其他	482	109	234	451	134	535	2372	4272户

宜良县莲华乡土改前后土地占有情况统计表（附表四）

	项目＼阶层	雇农	贫农	中农	富农	地主	小土地出租（经营）者	其他	客籍	公学田	寺族田	合计
土改前	户数	57	268	106	13	53	8	74				
	占有土地（亩）	11	207	372.2	114.5	861	37.8	43.8	463	88.8	62.2	2261.3
	占有产量（斤）	9100	119700	241500	75250	587650	19670	25200	349860	35420	33110	1496460
土改后	占有土地（亩）	166.2	674.8	4676		157.3		167.8				
	占有产量（斤）	209160	1158780	571760		172760		210140				
	每人平均土地（亩）	0.91	0.97	099		0.59		0.92				
	每人平均产量（斤）	1148	1071	1204		651		1155				

宜良县莲华乡土改后房屋耕畜占有情况表（附表五）

项目＼阶层	房屋				耕畜		
	分房户	分得房屋（间）			分得户	牛（头）	马骡（头）
		瓦	草	共计			
雇农	52	86	4	90	34	16	17
贫农	121	179	12	191	108	46	56
中农	17	13		13	2		2
其他	21	27	3	30	4		5
合计	201	305	19	324	148	62	80

注：白莲寺村公处留房屋16间公用。

晋宁县土地改革初步总结

中共晋宁县委会

（1951年12月10日）

一、一般情况

我县在土地改革开始前，抽调县、区、乡干部三十七人到省学习土地改革，回来后，县委召开了全县干部会议，总结减租退押，整顿干部思想作风，编了土改工作队。

九月八号，土改工作队到小寨、南圩两乡做重点试验。最初，由于干部不敢大张旗鼓宣传土地改革政策，引起各阶层的顾虑。同时工作队干部认为小寨的群众基础“比老区还好”，没有意识到落后层的存在；群众则认为本村地主没有钱，不如整外乡地主好；还有的认为地主李锡存在减租退押时拿出一石谷子修了寺门，他是个开明地主；更有的认为地主在减租退押中已被打垮。总之群众对本村地主恨不起来，而干部则存在盲目自满情绪与和平土改的倾向。经过县委召开干部会议，扭转了这种思想，坚持深入发动贫雇落后层后，干部在访贫问苦和个别串连中，始发现贫雇农不相信土地改革，认为土地改革是“政府哄我们”，“土地是地主的祖业”，个别贫雇农则说：“地主剥削我的劳动力，我剥削地主的钱。”摸出贫雇落后的原因，采用“哪把钥匙开哪把锁”的方式去串连，并召开贫雇会、青年、妇女会等，结合宣传政策，揭发地主罪恶和发家史，以提高农民的阶级觉悟，更提出“斗不垮本村地主不斗外村地主”的口号。这时县委更召开了县农代会、妇代会、青代会，举办了区乡干部训练班，通过这一系列会议，介绍了小寨工作经验教训，强调放手发动群众，彻底打倒地主阶级。并在运动中紧密地结合了抗美援朝、镇压反革命，小寨、南隅、东隅三乡土地改革完成后，发动了贫雇落后层百分之九十八，其他三十个乡也发动落后层百分之九十点五，涌现积极分子二四二九人，并培养骨干一一七二人，计三十三个乡共搞出斗争果实折合人民币十四亿六千三百二十五万元，没收田地共一六五六一点四一五亩，征收田地四二八八点六〇五亩，没收牛二一六头、马一九六匹，家具、农具、什物等若干，分配给无地少地的农民。全县最高每人分得产量一一七二斤，最低分得产量五百斤。经过土地改革运动，农民觉悟大大提高，大家修订爱国公约增产节约计划，努力发展生产，同时对共产党、毛主席表示热烈拥护，对建设新中国充满信心。

二、土地改革过程中的几个具体步骤及注意的问题

（一）大张旗鼓宣传政策、发动贫雇农、整顿组织，准备土地改革

开始宣传土地改革时，贫雇农有“分田倒分，斗地主不斗”的思想，中农表现“事不关己”的态度，富农怕斗，地主阶级则分散、隐瞒财产，饿瘦、饿死耕畜，拆毁房屋，造谣破坏；群众怕乡干部“号召”（吓唬的意思），乡干部怕区干部随意更换。小寨乡开始土地改革时，干部单纯了解情况，不敢大张旗鼓地宣传土地改革政策，因此群众思想很混乱，其中较突出和较普遍的是“敲敲锣七天可以完成土地改革”的“和平土改”思想。县委针对这些情况，首先扭转干部思想，接受小寨声势不大的教训，立即争取主动，对仍然造谣破坏、威胁群众的恶霸、反革命分子（主要是群众害怕的）先通过群众管制起来，接着进行示威游行，这样压下了反动气焰，树立了群众的正气。再分别召开贫雇积极分子会、座谈会、小组会、代表会、农代会、农民大会等，证明土地改革的正义性，并结合诉苦，提高群众觉悟，澄清了个别贫雇农“打乱平分”、“分富农的田”及个别中农怕“分自己的田”、“怕抽自己的田”的混乱思想。另外，分别召集地主会、富农会、小土地出租者会，命令地主守法低头，要富农和小土地出租者同情和支持农民的土地改革。并组织宣传员，利用土广播、黑板报等宣传土地改革和抗美援朝。这时并整顿了农协小组，成立了贫雇主席团，群众积极起来了。如馒头山代表，带了伙食住下学习，刘天福代表说：“回家带一升米，把政策学好，养给老婆割去。”在宣传政策中，干部对小寨群众发动程度估计太高，忽略了贫雇落后层的发动，但经领导上指出后，深入了解还有几种人未发动起来：（1）受苦深而顾虑大，看不见农民的力量；（2）家庭纠纷，生活困难，整天忙生活，或有某种缺点（如做过小偷），被人轻视；（3）受干部和积极分子打击压制不敢起来；（4）个别农民认为田地是地主祖业，帮地主干活，“地主剥削我的劳力，我剥削地主的钱”。讨论出这几种人的名单后，采取干部包干的办法，以苦引苦，个别串连，或开小型座谈会，去从思想上发动这些人。如小寨李侯氏被发动了，她便向地主说：“我和你不是一家人，以后你不要来找我”，开会早到并勇敢发言。这时领导上一方面带头检讨，引导乡干、积极分子向贫雇农反省自己以前埋怨他们“落后”、“顽固”，用强迫命令“站岗开会”“罚灯油”等办法发动他们的不对；一方面启动群众向干部展开批评，以前受乡干打击不敢说话压抑很久的意见都提了出来，并教育乡干部积极分子，虚心接受批评，改善干部与群众的关系。在深入发动贫雇落后层中，培养工作深入、作风民主的干部，作为干部会上教育启发其他干部的标帜。如杨禹厚同志，是一个老雇工出身，因为他具备了强烈的贫雇感情，在进行访贫问苦中很有成绩，他初去访问贫农谢世聪老大爹，先前不理，后来就吵骂起来，给谢世聪装烟也被拒绝，尾着去筛刀豆也不理睬，后来经过他再三地用以苦引苦的方法，谢大爹才觉悟过来，表示决心斗地主，并说出谢宝善在抗日胜利时出卖数十头肥猪换存金子的事，从此积极参加斗争，并每晚催家人煮饭，以免误了开会。小寨、南隅、东隅

等三十三个乡，宣传政策结合发动贫雇，逐渐达到发动落后层，扭转了“和平土改”的倾向。

在大张旗鼓宣传土地改革政策时，紧接着县委召集了县和乡的农代会、青代会、妇代会，并分别召开了各阶层会议，强调充分发动群众，打倒地主阶级；同时，会上介绍了小寨、南隅土地改革中斗争的经过及关键问题，在此基础上，群众行动起来，查队伍、查封建、查刀把子，着手整顿组织，准备斗争，小寨、南隅、东隅三乡在发动群众检举反革命紧密地结合着清理案犯开展监狱坦白中，发现小寨乡民兵队长李自强和乡农协文书李自明勾结地主李锡存，掌握农民协会和民兵，借合法身份进行反革命活动；南隅乡能马荣在土改工作队到乡时，跑去告诉一个地主说：“现在要开始分田地，你赶快把田契执照整掉。”地主便将全部执照纸契烧了，并大量分散、隐瞒财产，破坏土地改革；东隅乡农协会主席晏志，勾结恶霸地主张绍禹进行反革命活动，压制群众，破坏农协；二区金砂乡组织情况极混乱，部分组织严重不纯，在减租退押中多占果实，群众极为不满，村与村间也因此闹不团结；团山村在划阶级中，划出金焕（“开明地主”）是“县反共委员”，准备破坏土地改革，组织暗杀队、放火队、放毒队。在三十三个土地改革乡中，有百分之九十以上的农协文书、统计组、识字组都被坏分子掌握，农协领导权，有百分之六十被地主收买，包庇地主。如晋宁镇全部老乡干包庇地主，民兵领导成分百分之九十以上的不纯，多是兵油子、伪保长、伪军排长、特务长等掌权，地主、富农、胁从分子、反革命分子家属及抽大烟的以读报组为名和农民混在一起学习，暗地进行活动。了解了以上情况后，就以个别串连和代表会的方式发动贫雇农，并依靠他们来进一步摸清农民组织情况，在逐步启发、提高群众觉悟的基础上，来整顿思想，整编农协小组，扩大农民队伍。对旧有乡干部组织，则分别对待。如对中农经审查后无政治问题的，则吸收入农会，他们在这段工作中很积极并反映：“以前被打入冷宫，今天见了太阳，我应好好干了。”对胁从分子及反革命分子家属也分别对待，如原为老实农民，被匪特威胁而干的，现在又自动坦白了，就可以摘去“胁从分子”的帽子。这样分别处理后，对他们起了一定的分化作用，初步整顿了混乱的组织，并奠定了今后加强反封建小组活动的基础。其他三十个乡，经过发动群众整顿组织后，农民代表和部分农民都说：“过去我们认为地主阶级在减租退押中已经打垮，反革命分子已镇压完了，农协和民兵里无啥问题啦，经过这次检举和镇压反革命后才知道美蒋和地主阶级还在挣扎，要是他们与六街（土匪曾在此组织过暴动）搞起来，我们的坟头草早有一人长了。”从而大家关心了自己的组织，清洗了破坏和捣乱分子，并慎密地通过检查，选出了保卫自己忠实可靠的人民武装。民兵在思想上打消了“当民兵不好，当代表好”、“当民兵苦”的不正确思想，进而认识到当民兵的光荣，每个民兵都说：“我们要听毛主席的话，按毛主席的政策办事，站稳立场，不包庇地主，严格管制地主，并强迫地主在劳动中改造。”他们在土地改革的准备阶段中，就注意到对地主阶级的严格管制，镇压了反革命分子，斗倒了漏网的恶霸，惩罚了违法破坏的地主。

（二）划阶级，展开斗争，狠整地主，进一步整顿组织；开好各种会议，交代政策，发动贫雇落后层

划阶级是先划地主，后划富农，最后划农民内部。在方法上：先在贫雇农会上学划，后在农代会上划，统一后再集体划。这样，群众认识一致、劲头也大。划阶级以政治斗争为主，结合经济斗争。最初，地主抵赖阶级，而农民即揭发地主阶级的剥削、寄生、反动等罪恶，去划清敌我界限，从政治上划倒地主阶级。如南隅乡首先开各阶层会议，交代划分阶级政策后，即发动农民向地主阶级开展斗争，地主曾庆祥女人说："田是我公公买的，我是'代理'地主"；地主李谢成说："我才当了五年地主，是'新鲜'地主"；地主孙李氏抵赖她有劳动力；地主孙竹生自己不报阶级，还说："群众说我哪样就哪样"，经群众指出他的不劳动，靠收租谷，请长短工过活，才承认他是地主。在划地主李康时，群众纷纷诉苦，如李刘氏说："我租你十工田，已经二十三年了，上你租，还要给你上粮，有时收成丑，你到三月间把豆子、麦子全部给拿去，可怜我一家子就剩得点风箱头，没有吃的，一家不合，两口子打架就是为了你，一年到头还要帮你的白工，不然你就要拨田来逼迫。"李康承认了剥削，群众又追他的反革命罪行，结果他供出："在解放后与匪首郭玉銮等勾结，组织'反共委员会'，自任匪'反共救国军滇中师参谋长'，同伪县长艾鉴钟秘密运收音机、枪支等物，准备破坏电线、交通，攻占区政府、农会、仓库。"这时群众情绪极为愤怒，六百余群众把李康拉到城里举行示威游行，显示了农民壮大的声势。小寨乡在划阶级中，扭转了和平的思想后，展开了热火朝天的斗争，一个地主抵赖阶级，认为自己有劳动，不承认是地主，新庄一位老大娘愤恨地拖着地主的手跑了一里地，累得地主满身大汗说："怪不得劳动还要出汗。"妇女们伸出手来比说："你的手像藕芽一样，我们帮你，手都苦起老茧来了。"农民用自己的智慧斗得地主低头服气。又如东圩乡在划阶级结合斗争中干部深入访贫问苦，培养苦主，在贫雇小会上组织酝酿斗争，群众纷纷表示战斗决心，有的说："斗不垮，我们搬着席子住到庙里来斗"；有的说："斗不垮，不在菜园上住"；有的表示："斗不垮，不当农协会员，不当代表"；有的先一日就炒豆子、磨包谷、买盐巴，准备长期战斗；有的互相勉励："家有一条心，黄土变成金"，"有理说到阎王殿，无理寸步也难行。"这说明农民认识了唯有团结一致，运用合法武器，才能战胜敌人。全乡在斗恶霸地主谢张氏时，采取边划、边斗、边罚款，远隔在十华里以外的大石洞、馒头山群众，也背米来住着斗，瞎子任朝云、疯子杨天宝都积极控诉，暴露了敌人的罪恶，教育了自己。贫雇农在斗争中发动到百分之七十五以上，涌现出大批积极分子。在此基础上展开分村划地主、斗地主，斗争中青年、妇女很积极，石头冲青年周凤英发动一落后老倌，查出恶霸和尚人所不知的隐蔽洞（没有东西），老倌要求斗，哑巴和尚也比手斗，各村都斗得热火朝天，搞出小板八十元，大米三千斤。放出在押的地主张绍禹，因畏惧群众打死他，自到公安局投案。从政治上彻底打垮地主阶级后，并结合了解政治情况，及时逮捕残余反革命分子，凤凰山村土匪王培仁（中农）操纵村政权

说："凤凰山田瘦，土改没啥改场"，"哪个反映情况，要拿大石头来压"，因之该村贫雇不敢讲话；大沟边村干张成才曾任匪排长，把持村政权，强奸妇女，压制群众。政治情况摸清后，逮捕了反革命分子多人，把群众情绪提高了。各乡在划阶级中发现了很多反革命的新材料。

划富农时出现了三种划法；第一是让群众动手，就是先通过代表计算长短工剥削量，然后找出典型户，一面讲解划的关键，一面演算如何计算剥削量，这样做的结果，不但使群众懂得政策，掌握了方法，更重要的是提高了群众的觉悟，如有的说："啊！我以前认不得哪样叫长短工剥削，这会儿算算，一个短工要剥削八斤十两米，老是太伤心"，也教育了富农认识自己的封建剥削丑恶。这是全县普遍的划法。第二是个别乡包办划，干部不懂政策，乱划。第三是个别乡在计算剥削方面，发生不从实际出发或单看生活的偏向。

总之，在划阶级中要紧密结合斗争，还要有意识地发动落后层，了解地主情况。

（三）没收征收是从经济上消灭地主阶级，是群众运动的高潮，要结合抗美援朝，镇压反革命

阶级划完后，即转入没收征收工作，在没收开始，首先来个没收征收示威游行大会（先斗后示威、先示威后斗都行）。没收阶段是农民从经济上剥夺地主阶级反动资本的斗争，是土地改革斗争激烈阶段，是群众动员得最广泛的阶段，这时地主阶级生拖、死赖，花样也最多。如南隅乡不法地主孙竹生，在减租退押时，以表面伪装开明，暗中进行收买农民的活动来逃避斗争，在土改前一个月，孙以招姑爷为名，欺骗中农张志上门，意图降低成分，大门上贴上"拥护政府政策，欢迎土地改革"作幌子，暗将财产分散到北城、张家院等亲戚处，一部分财物埋藏家中。但是干部思想麻痹、主观，认为"南门地主不敢做哪样了"，"减租退押中已搞得差不多，现在没啥搞场"。经发现"和平土改"倾向后，及时纠正教育干部，认识"土地改革是一系列的严重的阶级斗争"，必须大胆放手让广大群众行动起来，在贫雇会、代表会、农民会上，坚决撑群众的腰，全乡集中火力进行反破坏、反隐瞒斗争。在斗争孙竹生时，他抵赖说："我是'守法'地主，'开明'地主"，群众愤恨地抵问说："你在一九四九年公粮为哪样要隐瞒税银十六块？"群众纷纷开展诉苦，在人证物证下，孙竹生理屈词穷，俯首认罪，承认是不法地主。群众要他赔偿罚款，他又说："要等秋收才赔偿"，于是小路讲出了在解放前后给他赶马车分散到昆明的粮食款项，孙学礼指出了他卖美烟的款，孙及其妻无话可讲，报出了隐藏在家的一百多元大板。其次在狠整的基础上坚决地发动落后层，对孙的家庭进行分化，首先对其新上门姑爷进行教育，说明他是农民成分，不要受地主利用欺骗，张志便在斗争会上出来与孙对质，说出了孙分散在他家的二百六十个小板；并动员教育孙的女儿，指出青年知识分子的前途，不应包庇地主家庭，其女儿也讲出了一部分分散到张家院的衣物、人民币十四万元。另外召开了与孙有关系的亲戚朋友会，城北亲戚处交出三百元大板外，又交出人民币三百二十万元，老媒人交出人民币八十万元，吴铁匠交出缅桂花一盆、棉裤一条，李润昌

妻交出鞋棉等物。这样做，孤立了敌人，克服了非刑吊打的倾向，又提高了群众的斗争情绪。

在没收征收阶段中，紧密结合修订爱国公约，加强了群众反帝反封建的认识。贫农匡天佑通过修订爱国公约，家庭和睦起来，他父亲说出了地主谢张氏有银老锭。在接近落后农民中，发现群众顾虑很深，如贫农任四说："我一世可就怕俞尚斌了。"据此追查出组织不纯，不法地主俞荣隐瞒成分混入统计组，流氓俞尚斌混入农协，前者以"见老喊老，见小喊小"伪善面目，麻痹群众，后者以砍杀威胁群众，阻止了运动的深入。通过斗争，整顿组织，壮大了农民队伍。并密切地结合镇压反革命，小寨斗垮李锡存，人民法院下乡判处了顽抗的不法地主李兰，解除了群众的思想顾虑，使运动广泛深入正常地向前发展。总之，在没收过程中，先找突出的罪大恶极的地主边斗边没收，集中火力搞垮一个，其余地主看着斗，采用运用策略，边斗边收，边收边斗。同时还强调对给地主藏东西的落后群众及"防空洞"提出适当口号来，如处理不好就会失败，现大部分乡运用很好，交出很多东西。城镇、草村运用不好，形成僵局，后来转变了。

没收征收完毕，即转入评产查田工作。

（四）交代政策，发扬民主进行分配

产量评定之后，就大力宣传分配政策。南隅乡先后在贫雇农小会、农协小组会、乡农代会上，交代了分配政策的基本点，从发展生产出发，提出"劳动力多的多分，劳动力少的少分"，"在原耕基础上照顾原佃户"，并强调"天下农民是一家"的道理，反对任何平均主义和救济观点。经统计组将自然平均数和分配数算出后，即交群众讨论，首先在各居民小组抽出应抽的田地及评出应补的数字，然后集中全乡共抽出多少田地，各村各组应补数字，经乡农代会上决定调剂到村，结果农民均感满意。东隅乡在分配时，佃中农叫苦，怕抽田；个别代表及代表家属有居功思想，企图多分，说"人家不来开会也分这多，我们日日开会，还要发动群众，也是分这多"；部分人对老倌老妈存有救济观点，要多照顾；还有部分群众，看到富裕中农每人平均产量多，想升阶级，想抽他们田和多余房子分，但进行政策教育后，也说服制止。分配中充分民主讨论，自觉自愿抽补，特别注意照顾佃中农，并注意"好搭丑"、"山田搭豆田"、"火田搭菜地"、"秧田缺水田补"；步骤是"先抽、后分、再补"，结果人人都说："毛主席像活菩萨一样，随时想起他，就不能忘记生产。"通过分配，适当满足贫雇要求，进一步发动了贫雇农。对其他果实的分配，出现了三种错误思想：第一是过去领导分配果实犯过小错误的，这次不敢领导，说"斗地主好斗，分果实难分"；第二是麻痹、主观主义，觉得无问题；第三是急躁求快。领导思想坚持了紧讨论、慢分田，与急躁思想作斗争，并批判了其他错误思想，群众能发表意见与检查果实的分配是否公平，感到很满意，不满意的只是个别人。分配的方法步骤采取先分田地及房屋、农具，再分人民币、粮食，最后分零碎什物家具衣服；先分迁移户，后分缺房户、缺农具户，牛、耙、犁看具体情况机动调剂，基本上掌握缺啥补啥，自报公议，民主评定。分配中，随时不能放松对地主的严格管制和斗争，如在分配中举行追罚款斗争大会、小斗、分片斗等，南隅乡分配中斗争了地主，教育了农民，巩固胜利果实。分配确定后，分得田的农民纷纷制竹牌插标，雇农金钟佐不等宣布，就一个人悄悄把签插到田里，贫农张倪氏竹标写着“感谢恩人毛主席”。

（五）从下而上发动群众，总结土改，整顿健全组织，开庆祝胜利大会，响应毛主席号召，订爱国生产、增产节约计划

我县土改自九月八日工作队下乡至十二月十日止，计三月又二天；已完成三十三个乡。为了防止群众“土改成，工作完”的松动思想，与鼓舞群众生产热情，在庆祝胜利大会前，组织了讨论：土改以后如何办？谁给我们带来土改胜利？再度强调了党在农村的总路线，进行生产教育。各乡以学习小寨修订爱国公约的典型，结合订增产爱国计划，号召严格管制地主，响应毛主席号召，增产节约，继续支援志愿军。各户也正在热烈地检查修订自己的公约。现已有六个乡订完。同时为了巩固人民民主专政，宣传了建乡建镇，成立农协，并审查增选代表。完成了土改的三十三个乡，均召开了乡农代会，会上首先发扬民主，检讨批评了干部作风，在干部虚心讨论、表示接受后，代表情绪很高；续则进行了农民要掌握“三把刀”的教育，指出人民民主专政的武器一定要掌握在农民手里。经过审查领导，再次整顿了组织。开了家庭会，着手普遍修订爱国增产计划；宣传合作社，修订爱国公约加上保证入股的一条，并选出乡合作社管委会，进行收股，一部分人已交了款，群众对合作的反映是便宜方便。庆祝土改胜利时，青年妇女着新衣，打锣鼓，扭秧歌，喜气一团。东隅群众感谢小寨调田，向小寨献了旗，从这里加强天下农民是一家教育，并强调“向小寨学习”，使今后工作有了努力的方向。在会上总结了土改工作，明确了今后工作，尤其是警惕地主的反攻，严格管制地主，强迫地主劳动改造。各乡庆祝胜利会后，举行示威游行。群众反映：“翻身第一感谢毛主席，第二要农民一家团结。”

选出的乡农协委员及主任、乡长、副乡长、政府委员，个别乡在团结中农上做得不够，选出的人百分之百为贫雇农，事后已增选中农参加领导。土改完成的三十三个乡，都正式成立了乡政府、乡农协、乡人民武装中队部，整顿固定了宣传员，小寨、南隅二乡并建立了青年团支部。

三、在整个运动中领导思想明确掌握的几个关键问题

（一）领导上首先掌握的几个思想问题

1. 干部思想（包括老乡干）

省委指示不经过学习训练的干部不能参加土改，证明即是经过训练的干部，还要在运动中不断地及时地从具体工作中整顿思想、观点、立场和作风，不断检查总结工作，予以教育提高。特别注意干部几个思想：（1）干部喜欢大轰，但大轰后就忘了深入细致的坚

苦工作；（2）注意干部在运动中稍有一点成绩，就很容易产生自满，没有成绩就向困难低头；（3）注意干部的片面和单打一思想，如在运动的每一个步骤贯彻斗争问题，放手问题，发动落后层问题，培养干部问题，运用策略分别对待问题，以及结合镇压反革命、抗美援朝等，必须在每次会中坚决加以贯彻（区乡干部一起贯彻）；（4）临时观点，特别在没收征收后分配时要注意。

2. 群众思想

领导上必须掌握群众在每一阶段的思想顾虑及要求，否则工作就被动，譬如落后层不敢动就是因为有顾虑，不解除他的顾虑他就不敢动。

3. 敌人思想

在整个运动中，必须很好掌握和研究敌人思想变化情况，所谓“知己知彼，百战百胜”。如在开始时，地主经验不多，经过斗争一段，他就总结经验，研究群众思想，如段七一个地主，经斗争后，回家开家庭会时说：“我看今天群众情绪软溜溜的，我就不承认。”因此领导上必须掌握敌人情况，及时总结提高斗争方法和斗争策略，如果还是老一套是搞不垮地主的。还要注意地主准备假斗争（特别落后村），如城镇及方家营，开始不了解情况，地主用他收买的“防空洞”斗争他，看形式是激烈的，就是不拿东西，后来发现是假的，转变后搞出东西来。还有一个最大的顾虑是怕拿出东西来也是死（特别枪支不敢拿出），就坚决不拿，这就要分别对待，很好运用策略。

（二）从始至终坚决强调贯彻发动落后层及青年、妇女，是整垮地主的关键

发动落后层不是一下子或一个斗争，开一个会就发动起来的，而是在整个运动中，每个阶段中，每个斗争中，一层一层地发动起来的。领导上必须明确认识这是一个深入艰苦的工作，也是一个艰苦的思想斗争，要和干部以及积极分子对待落后层的不正确的看法和态度作斗争。如果我们干部没有强烈的贫雇情感，就不能好地发动落后层。根据我们这段的经验证明：要发动落后层，首先要了解他们落后的原因，再用“以苦引苦”、“哪把钥匙开哪把锁”的办法去发动；还要开展民主运动（整个运动中要开展三次），来解决新老积极分子关系问题，这个问题解决不好，落后层就发动不好，即全发动好了将来还会被老干部压制下去；另外在发动落后层时，特别要强调全家发动。在运动中要强调发动青年、妇女，事实证明，青年、妇女发动好了，整个运动的声势更为激烈，劲头更大。

（三）放手问题，也就是在整个运动中强调贯彻相信群众，让群众自己行动，同时具体帮助解决“不相信群众”的思想问题

根据这段的体会，领导上单纯的批评是解决不了问题，还必须找出根源，并具体帮助解决问题。譬如反对包办代替和放任自流，就要强调指出包办和自流的本质是不相信群众的问题，反包办还必须加强党的领导。另外，领导上要从实际工作中找出典型，打通干部思想。

（四）在整个运动中，要强调贯彻依靠贫雇，团结中农，扩大农村反封建统一战线

这是在整个运动中坚决强调的问题，如果掌握不好，群众队伍不能扩大，运动没有劲头，会造成和平土改。同时地主阶级也不能分化，造成更顽强。对地主阶级要注意分别对待，孤立打击少数罪大恶极的，对地主阶级内部，要分化瓦解，利用矛盾，各个攻破。

另外，对给地主藏东西的问题要特别慎重，要和地主严格分开，不能当敌人看待，要适当提出口号，主要是教育启发，让其觉悟自动报出，不能用斗争、管押、打击的办法对待。

四、整个土改运动中各种工作的结合问题

关于结合问题，主要是领导思想明确，头脑清醒。在整个运动中，从两方面来注意掌握：

（一）整个运动的步骤环节上的结合问题

首先明确：从始到终必须坚决贯彻斗争（如在划阶级、没收征收、分配），特别在分配中如不斗争，群众情绪一低落，地主就会钻空子。在没收征收开始时，就应当抓紧组织清丈组，不然会拖长时间。统计工作也要跟上，否则要拖长时间。

（二）与其他工作的结合问题

领导思想上必须抓紧运动的每一环节，结合镇压反革命和抗美援朝。结合好了，就会造成有强烈政治性的群众运动。如小寨乡开始时，结合得不好，使运动劲头不大，拖长了时间，后来接受教训，逮捕、管制、镇压了一些反革命分子，才把反革命的气焰打下去，把群众情绪调动起来，特别是带动了一批落后层。

在整个土改过程中，领导上应强调土地改革、抗美援朝、镇压反革命是“三位一体”，指出农村封建势力的后台是蒋介石、美帝国主义，今天土改是消灭地主阶级，消灭封建制度，也就是把美蒋的根根去掉，这也是抗美援朝。根据这段的体会，结合好的群众劲头就大。如我县在土改中，提出三种不同的修订爱国公约：一类乡是开始土改的通过修订爱国公约，把群众劲头提起来；二类乡土改已完成的，修订增产节约、爱国生产计划，消除干部群众松气思想，提高生产情绪：三类乡通过“复查地主，整顿组织，发动贫雇，迎接土改”的口号订爱国公约。这样收效很大。另外，在每个工作环节上，紧密结合镇压一批反革命，才能把全部材料摸出来（不镇压反革命分子，群众不敢反映意见），我们在土改开始后已搞出两次大暴动的组织，现各区各乡整个反动组织及人物都搞清楚了。

五、土改后的工作

1. 响应毛主席号召修订增产节约的爱国公约。现已订好的小寨、南隅、东隅、十里、石碑等五个乡要组织检查：其他二十八个乡典型户已修订出，现要大力发动教育群众达到每户、每乡都修订完。

全县修订完后，要从抗美援朝分会、区乡宣传委员会组织检查组（要广泛，不单干部参加），每乡最少组织两至三个。区与区、乡与乡、村与村、组与组、户与户、人与人挑起竞赛，提出互相检查、互相批评，造成群众性的检查运动。最后通过总结表模大会，提高群众觉悟。

2. 开办乡村干部培训班，十二月二十日开始，分三期，每期十天，一百二十人。

3. 开办人民武装干部训练班。

4. 开办宣传员训练班。

5. 开办青年团员训练班。

6. 开办治安人员训练班（特别乡治安委员）。

7. 开农代大会，正式成立县农协、区农协，建立领导系统。

8. 召开各界人民代表会，成立协商委员会。

9. 办冬学（在检查公约中强调）。

10. 增产节约，特别强调副业生产（在检查公约中强调）及修沟、打塘、积肥、节约备荒。

郑戚　整理

曲靖县龙海区土地改革初步总结

中共曲靖县龙海区委会

经过减租退押和复查运动，龙海区贫雇阶层的群众发动占其本阶层总人口的百分之六十以上，在这一系列的运动锻炼中，贫雇骨干已初步树立起来。地主的武装（土匪）被解除了，反动地主（少数漏网除外）基本上已镇压，地主阶级在政治上是受到了严重的打击，但经济上则搞得很不够（从减租退押到复查仅搞出四十多亿元），尤其是对大地主搞的不够，如高乃勋其本人虽被镇压，但其家庭经济则根本未动。由于在减租退押中镇压了一大批地主，干部和群众则产生了和平麻痹思想，认为地主阶级在复查中查老实了，经济搞光了，过高地估计自己，过低地估计敌人，因此，对地主阶级管制不严，对发动群众狠整地主阶级松了劲，以致在复查后地主阶级违法、破坏疯狂一时，而未得到应有的打击。群众的组织在复查中已经整顿了，本质上比较纯洁，但某些乡由于整顿组织时没有很好掌握分别对待的方针，乃造成部分乡村干部怕复查的思想，因此，工作积极性不够。一般干部曾经过两次整风学习及减租、退押、清匪、反霸等群众运动的锻炼，在各方面都有所提高，但对完整的群众观点、群众路线还不够明确，仍有包办代替或放任自流现象，对政策的认识与掌握仍有动摇，因此，对发动群众则束手束脚，对敌人的疯狂破坏则有些麻痹。

根据以上情况，我们宣布土地改革后，首先深入下去，了解各阶层的反映，结合其思想情况，说明旧的土地制度的不合理，土地从何处来？为什么要土地改革？依靠谁来土地改革？为了广泛深入地宣传，即以乡为单位召开各种会议（贫雇农代表会、农代会、妇女会、青年会、儿童会、富农会以及召集地主训话等），用诉苦、对比、回忆、算剥削账等办法来启发农民的阶级觉悟，交代土地改革政策的基本点；根据不同的会议，确定不同的内容，然后在群众中收集他们自己受苦受难的生动材料，在村的各种会议上来教育农民，这样收效很大。划阶级中我们提出“从羊群里赶走山猫狸”的口号，说明为哪样要划阶级、怎样划，使农民从思想上分清敌我。在交代政策中着重讲明劳动与剥削，以树立农民“劳动光荣，剥削耻辱”的思想。采用边讲边划结合斗争的办法，首先把地主划出来。为了防止地主的顽抗、拖赖，在划阶级之前则先摸清地主的“底”，以便划阶级时能及时揭发其发家史及破坏花样。然后划富农、小土地出租者及工商业者，最后划农民内部。划阶级结束后转入没收征收，这时地主阶级破坏、分散、隐瞒最厉害，想尽办法企图多保留一点东西。我们一方面命令地主开列财产清单，一方面发动落后层，划断地主的后路，向违法地主展开斗争，并结合人民法庭镇压反革命、严惩顽抗地主。各村在农协领导下成立田地股、房屋家具股、耕畜农具股等没收组织，充分动员全乡农民参加到这些组织中去，形成农民没收征收的浩大声势。在分配中则着重向农民进行“团结斗出来，团结分下去”的教育，同时让农民自己研究出在分配中如何继续斗争和管制地主，以免地主乘机进行破坏。至于典当、抽田等问题，亦在分配中给以适当的解决。

龙海区经过土地改革后，群众发动面积逐渐扩大，全区分为三种类型村：一等类型村（地主阶级已打垮，贫雇领导骨干已树立，落后层大体上发动起来）约占百分之五四点九九，没有发动的落后层约占成年人口的百分之一至四。二等类型村（地主阶级已基本上打垮，贫雇领导骨干已初步树立起来，但不巩固）约占百分之三一点六四，未发动的落后层约占成年人口的百分之五或六。如小坡村一〇五户五六〇人，成年人口一百七十多，未发动的有十人。三等类型村约占百分之一三点三七，地主阶级基本上打垮、贫雇农有所发动，但落后层发动得较差；组织上从现有情况看没有地主富农所操纵，村内有积极分子，但未形成领导骨干，个别村为中农所掌握。总之，落后层已基本发动起来了。从农民的组织上看，根据六个乡的统计，土地改革后的农会会员占成年人口的百分之二点三，民兵占成年人口的百分之一点三。从思想上来看，宗族思想突破了，一般都能参加斗争，斗不下的情况不多。现在检查起来，龙海区最大的缺点是土地改革中没有结合整顿与扩大组织，斗争积极的农民没能及时吸收到农会中来，因此，土地改革后的农会会员和减租退押复查时相差甚小，或者是光清洗不吸收。这主要是由于我们对整顿与扩大农民队伍的重要性没有认识或认识不够。目前土地改革结束的乡，则正在这方面来补课（按：我们确定以乡为基层单位，检查土地改革结果亦应以乡为单位，才便于说明问题。因为：由于运动发展不平衡，一个乡内存在少数或个别较差的村是必然的。如果一个乡内多数村庄都很差，这个乡就可能夹生。故龙海区还应照此标准摸一摸）。

在土地改革中经过一系列的斗争，地主在农村中的基地因落后层的发动已逐渐缩小甚至没有了，政治威信被打下了，政权已掌握在农民手中。经济上根据十八个乡的统计，共没收征收土地一〇三五二点〇二亩，耕畜三五五头，斗出底财浮财近五亿元及农具、家具若干。土地改革中斗争一大批违法地主，又结合镇压了几个顽抗的地主，交群众管制的一九一人，畏罪自杀的十多个。从以上情况来看，对地主阶级的政治斗争较好，而经济斗争则相差很远，龙海区在土地改革中平均每乡只搞出二千六百万元，很不彻底，这是复查中的大问题。

土地改革中执行政策方面，基本上是正确的，在分配中有个别乡侵犯了中农利益，已在征粮中给以补救，在整个运动中基本上是依靠了贫雇农，但仍有个别村依靠贫雇农的思想不牢固，因此，形成土地改革后贫雇骨干没有树立起来的现象。

一、土地改革中两个基本环节

（一）充分发动群众，特别是发动落后层

发动群众不能抱着任务观点，否则就要走弯路，我们有些乡单纯地为了完成任务而发动群众，结果群众发动得不充分，地主的经济搞不彻底，这个教训是应该接受的。贫雇农（特别是落后层）不发动，地主在农村就有活动的余地，为了彻底消灭地主阶级，必须把发动群众，特别是落户层，贯串到土地改革的每一阶段中去。

要发动落后层，首先应研究其落后的原因，根据我们的经验，落后的原因有：（1）受地主的欺骗压迫深而造成命运苦八字坏等落后思想；（2）受地主的控制，不准他参加斗争；（3）宗族思想打不开，如与地主同姓或有亲戚关系，难以破除情面与他斗争；（4）因为带着缠手的孩子，或者生活困难忙着讨生活；（5）怕斗不垮地主的变天思想；（6）本身有小毛病，被人瞧不起，或受干部与积极分子的打击而形成。其次，要解决乡村干部、积极分子与落后层的关系问题。有些乡村干部和积极分子对落后分子往往采取讨厌、埋怨甚至打击的态度，有的竟因为落后分子不参加开会和斗争，就以罚油、罚扫地等办法来强迫他们，因此，落后分子对积极分子和乡村干部亦有意见，这是发动落后层最大的障碍。要解决这个问题，必须用对比、回忆等办法，使积极分子回忆自己

的思想转变过程，是不是一开始就这样积极？使他们对落后层有个正确的认识，并使他们了解发动落后层的重要，不发动落后层，地主打不倒，翻身不牢靠。在这同时，我们领导干部，首先要检查自己对落后层的态度，因为我们的一举一动对落后分子有很大影响，自己的思想正确了，也就容易打通乡村干部和积极分子的思想。

发动落后层，一般是运用召开代表会，研究落后层名单及其思想情况，然后具体分工，个别串连，或者通过斗争、总结、表扬等来发动，或者运用已发动的去发动未发动的，总之是哪把钥匙开哪把锁。为了减少落后层的顾虑，有的乡还提出保证。如余家屯乡提出四条：报出不斗争；自报的光荣；保证可以入农会；保证同样分得果实。由于落后层的发动，给地主阶级进一步的打击，尤其是经济上的打击。如黄泥坝的张云斗被发动起来以后，不惟自己斗争积极，同时在斗争地主张云庭时，他竟串连了十一人，组成摸底核心小组，一晚上摸到张云庭藏在火墙里的三百块大头。牛街子因发动了落后层，了解了情况，搞出地主阮金得的三十三两黄金。

发动群众必须加强青年和妇女工作。青年是运动中的骨干分子，把青年发动起来，运动才显得有生气；妇女占人口的一半，在落后层中妇女也占大多数，要想真正消灭落后层，必须加强妇女工作才行。

在发动群众中干部一定要深入，同时要坚决依靠贫雇农，大胆放手让群众自己起来干，不能包办代替。这次我们有些三等类型乡，群众虽发动的不好，也发现了积极分子，但由于我们工作中的包办，没有很好培养积极分子，发挥积极分子的作用，因此，我们工作干部走后，工作就必然垮台，这个惨痛的教训，应该接受。

（二）狠狠打击地主阶级

第一，要狠狠打击地主阶级，首先要解决干部的思想问题：

1. 麻痹轻敌的思想，龙海区在减租退押时，对地主阶级搞得比较猛烈，因此以为地主阶级被搞垮了，老实了，没有什么搞场了。如牛街子土地改革开始召集地主训话时竟说："减租退押时有吊打的事发生，这回倒好了。"而没有注意向地主阶级开展反分散、反违法、反破坏的斗争，所以这时地主普遍装穷叫苦，分散财产，威胁收买村干，主动向群众反攻，而没有很好给以镇压，直到接了省委的指示后，才纠正过来。

2. 大胆放手发动群众，依靠群众来消灭地主阶级的思想要明确。因在减租退押时搞得较猛烈，干部思想上有顾虑，怕犯错误，怕搞乱，不敢放手让群众起来行动，而是束手束脚谨小慎微地拿政策去束缚群众，不敢大胆发动群众；同时因为时间短促（秋收季节已到），任务繁重，提出减少不必要的会议，竟连贫雇农会议也不开了，因此在划阶级时群众有顾虑，不敢反映真实情况。余家屯和牛街子的贫雇农就提出："为什么不先开个贫雇农会来商量商量呢？"事实证明，凡是大胆发动群众的斗争就胜利，如黄泥坝乡召开贫雇农代表会，讨论如何斗地主，有人就提出来要把落后层发动起来，于是大家分工去发动，以前农民张光祥的妈，向来不开会，并给地主张光荣藏东西，但经个别串连发动后她就自动交出替地主所藏的东西。下河头村，培养了吴光明在大会上自报给地主所藏的东西，并揭出地主破坏土地改革的花样，当场表扬了他，许多人都来自报，就连地主张怀德的狗腿子宋成狗也报出他给地主所藏的马一匹、槽一个、灯一盏（以前群众都不知道的）。这样把群众发动起来后，就没有斗不垮的地主。

第二，要狠狠打击地主阶级，就要了解地主的思想、特点、家庭及社会关系，然后决定斗争的办法，分化、瓦解、斗争、谈判可以结合起来进行。余家屯、黄泥坝、戴家屯等乡，在斗争前都与群众研究出斗争对象来，算他的剥削账，调查研究搜集他的罪恶事实，通过群众的控诉，揭发地主的罪恶以及违法事实，使地主无法狡赖，低头认罪、认罚。如戴家屯斗争地主刘玉邦之妻时，她抵死不交出东西，但了解她最喜爱她的小儿子，她藏的东西她小儿子都知道，于便召集青年会，向她小儿子进行教育："你年纪还轻，不要和你妈一样顽固，东西交出来，你将来还要和农民在一起过到社会主义。"她儿子就说："是呢！我还不是要和你们一齐过社会主义。"结果交出了两箱子约值二百万元的东西。又如地主戴福友，在减租退押被斗时顽抗不交款，曾拒绝说："只要再有一文钱，就承认枪毙。"大家了解他还有钱，如果正面地对他进行斗争，他一定不敢承认。他有一个儿子参加工作，于是群众首先给他讲明政策："只要你能赔偿农民的损失，不但不枪毙你，你和你儿子两个都还能分到一份土地，安稳地过日子。"这样他就自动交出大头二百个、半开三百元和银子七个（每个重十两），并且说："我以前思想不通，想留着这些钱养老，这回只要原谅我，我很愿意交出来。"有些爱面子，怕斗争而愿意守法的，则令其在大会上自动交款，如对地主张子贞即用欢迎守法的办法，交出一亿元的赔款。另外对地主的底财一定要摸得清楚，在斗争时群众心中有数，罚要适可而止。如城关区在斗争地主杨国卿时，因为他怕斗争，当群众控诉后，他就自动承认罚款三千万元，但群众心中无数，仍在下面喊"不行，跪下"，结果越斗越顽抗，一文也不承认，最后经谈判才承认了三百万元。又如庄家屯，斗争地主高学俊的小老婆时，她已承认了五两金子、六个"拖拉"、一个链子、两个戒指，但对她没有很好动员，只是威胁，结果一样也未交出就自杀了。这都说明我们掌握不了地主的底财和思想情况，斗争就会失败。

第三，总结斗争、研究分析与摸底相结合。每次斗争后要总结经验，分析研究地主的情况，并进一步摸底，准备下一步的斗争，我们不能老停留在减租退押的水平上，正如农民所说的："我们经过减租退押斗争，觉悟提高了，但地主也在斗争中学得了一套应付农民的办法。"否则，就不能狠狠打在地主阶级头上。例如余家乡屯在斗争地主丁树昌时，群众普遍反映："减租退押时搞光了，没有什么搞场了。"但当总结以往的斗争，并介绍了别处的经验，进一步算一算丁树昌的收入账，扭转了大家认为"搞空了"的思想，即向他展开了反违法的斗争，因事实确凿，丁树昌承认了罚款，带民兵回家去取，但到家后他走来走去神情不定，而不拿出钱来，经民兵再三催促才从床头拿出十四个大头、十二个半开和几个毫洋就说没有了。回来后民兵说出丁树昌拿钱时的情况，大家即进一步研究分析，认为丁树昌是在耍花样，一定还有东西未拿出，于是继续进行斗争，结果丁树昌在夹墙中又取出价值二百余万元的东西。

第四，要把地主阶级打得狠，建立与扩大反封建的统一战线，也是十分必要的。如小城镇的工人、店员、职员、城市贫民等，必须组织他们参加斗争，斗争的浮财，应分给这些劳动人民一部分，作为他们生产的资本。对工商业家，可以召开座谈会，号召他们支持土地改革，不给地主当“防空洞”。对学生则教育他们靠拢农民，对个别学生则号召他们自动报出给地富家庭或亲戚朋友分散的物资。一切斗争先以控诉揭出地主的罪恶，从政治上把地主阶级打下去，争取社会上大多数人的同情，再搞他的违法罚款，这样运动就猛烈而且群众性大。

郑戚　整理

晋宁小寨乡土地改革的情况及基本经验

中共晋宁县委会

晋宁县小寨乡土地改革运动于九月八日开始，至十月二十七日结束，历时五十天。

经过这次运动，已进一步提高了群众的觉悟，加强了群众的组织性，并基本上充分发动了群众。全乡农民户数百分之百（七户反革命分子家属除外），成年人口百分之九十八以上均投入了斗争。斗争中涌现了五十八名新的农民积极分子，培养了十个新的贫雇农骨干，现全乡（连减租退押运动中培养的）共有积极分子一二一人，占全乡农民成年人口四分之一弱，贫雇农骨干三十九人。健全了十八个农协小组，占全乡二十五个农协小组百分之七十二。在运动中，又结合镇压反革命，清洗和处理了长期潜伏在农协和民兵领导机构中的反革命分子，进一步巩固了农村的人民民主专政。在经济上，基本上满足了农民的土地要求，平均每人分得土地一点七四亩，产量稻谷八六二斤。全乡另有没收地主的剩余粮食及斗争果实折合稻谷三九三六八斤，准备结合土地改革后巩固胜利，普遍修订爱国公约及爱国生产计划的工作，分配给农民。

但严重的缺点是全乡三户较大的地主中，尚有一户（李兰）政治上、经济上都打击得不够，距离彻底消灭地主阶级的要求尚远；同时整个运动的发展，领导被动，走了多次弯路。

一、运动发展概况

小寨乡土地改革运动，是分划分阶级、没收征收、分配三个阶段进行的。

九月七日，工作队到乡后，即以三天的时间，召开各种会议，宣布开始土地改革，了解各阶层(主要是贫雇农）对土地改革的要求和意见，并根据农协组织的混乱情况，重新编配了农协小组和贫雇农小组。但因干部束手束脚，仅单纯了解情况，不敢大张旗鼓地宣传土地改革政策，认为政策只能由县委交代；因此，群众思想极其混乱，其中突出和普遍的是“敲敲锣，七天可以完成土地改革”的“和平土改”思想。后经召开各阶层会议和乡农代会、青年座谈会、妇代会等，正式交代土地改革政策，重点是交代划阶级政策，发动农民诉苦算账，认识土地改革的正义性，到准备划分阶级，才初步扭转了“和平土改”的混乱情况。十六日起，即一面结合斗争，揭发地主阶级的罪恶，一面划分阶级。斗争是激烈的，一部分过去未发动起来的群众，在热火朝天的斗争中，被带动起来了，其中且涌现出一批新的积极分子。

九月二十日划完阶级，二十一日起转入没收征收工作。但开始时，干部有“地主在划阶级中都斗过了”的松动思想，一部分群众亦因农忙季节将届，有“急于分田”思想，但普遍的是对本村地主恨不起来。因此，以四天的时间，一面做没收征收的组织准备工作，一面则大力扭转这些思想。通过回忆地主历史，揭发本村地主罪恶，算地主剥削账等，来提高群众的斗志，并提出“不斗垮本村地主不斗外村地主”的口号。二十五日起，开了三天没收征收大会，一面斗争，一面进行没收征收，群众情绪空前高涨。但由于事前对地主的顽抗估计不足，斗争前缺乏准备，斗争方式简单，因此，第一天斗地主李锡存时即出现了“认账不拿钱”的僵局。经当天检查，及时提出了“正确运用策略，利用矛盾，分化敌人”后，第二天的斗争会才提高了一步，迫使地主交出部分违法罚款。二十八日，则结合斗争，没收城内地主的东西，并举行示威游行。

九月二十九日，开始转入分配阶段时，曾用一天的时间，干部深入下去检查了前段斗争，当时，发现了两个主要问题：一是对地主打击得不够，地主应被没收的东西，未搞出来；二是每个农协小组尚有二三个未发动起来的群众，这些人没有发动起来的原因，大都是过去曾受乡干部或积极分子的打击。据此，决定把分配阶段分成两段进行：前段是以大力发动未发动起来的群众，做好充分准备，继续对地主阶级开展斗争，结合进行评产、查田工作；后段则正式分配果实。同时针对一部分群众未发动起来的原因，于召开乡农代会布置工作前，通过审查代表，发动群众对乡干部及积极分子开展批评，教育他们联系群众。但因事前酝酿不够，效果欠佳。农代会后，除一部分代表负责评产查田工作外，其余代表及干部则分成小组，采取包干办法，负责深入串连发动未发动起来的贫雇农和培养苦主，做斗争前的准备工作。

在深入串连未发动起来的贫雇农的过程中，又发现了两个问题：一是乡干部积极分子和群众间的隔阂很深，一部分乡干部因作风不民主，压制群众，且减租退押中分果实时自私自利，深为群众所不满。代表会前的批评会，不但不解决问题，反而增加了部分群众的顾虑。二是农协及民兵领导成分不纯，农协委员中有长期潜伏、伪装积极的反革命分子李自明（当过伪保长及伪军排长），民兵小组长以上全为兵痞、流氓所直接掌握。研究后，乃决定先将李自明扣押，并动员他坦白，以便斗争地主李锡存（反革命分子、匪营指导员、与李自明一起开过多次反动会议）时对质。这就保证了九日斗争大会的胜利。

九日开了斗争大会，斗垮了地主、反革命分子李锡存。十日人民法院又下乡，判处了顽抗的违法地主李兰。从十一日起，即转入分配土地的工作，结合开展民主运动，作为继续广泛深入发动群众的主要内容。并在酝酿民主运动中，更多地了解到组织不纯情况，发动群众自下而上地整顿农协及民兵组织。但此段工作，由于强调了分配果实是农民内部问题，同时注重了对农民进行生产教育及前途教育，且因土地改革运动接近尾声，领导和干部又产生了麻痹自满情绪，忽略了对敌斗争，以致敌人（主要是暗藏的反革命分子）在分配土地的第一榜贴出后，借口对原耕佃户照顾不够，在群众中散布不满情绪，制造纠纷。后经及时揭发敌人阴谋，端正政策，同时结合整顿组织，逮捕了反革命分子，运动就得以顺利发展，以致胜利结束分配工作。

二、三个主要问题，一个基本经验

从运动的发展过程看，小寨的工作是走弯路的，以致延长了运动的时间（原计划一个月），使群众后来情绪疲沓。从领导上检查，除放手问题自始至终解决得不够好以外，主要存在下面三个问题。

1. 从运动开始至划阶级这一段准备工作，是和平发展的。具体表现为：一是在宣传政策时，没有大张旗鼓地宣传消灭地主阶级，以致在结合斗争划阶级后，干部和群众即产生松气情绪；二是对地主阶级发动群众严加管制，但对隐蔽的敌人，失掉警惕，以致把整顿与扩大农民队伍工作，单纯变为“扩大队伍”和“和平整编”的工作；三是对地主阶级开展斗争时，对地主阶级的顽抗估计不足，认为“城内地主拉来小寨，没有一个不被斗垮”，没有明确认识土地改革中阶级斗争的严重性与复杂性，因而斗争前不做必要的准备，不很好研究敌情，同时没有及早替没收征收阶段的斗争高潮做好思想上、组织上的准备工作。

2. 对运动的领导是十分被动的，即不能预见运动中可能发生的问题，而形成“头痛医头，脚痛医脚”。如没收征收后，发现地主未斗垮，调过头来，结合评产查田，再组织力量准备再斗地主；再发现组织不纯和干部有脱离群众的倾向，便结合分配果实予以解决。这就紊乱了整个工作步骤，吃回头草，是运动发展缓慢的主要原因。

3. 没有于运动初即对乡干部及积极分子进行民主作风和联系群众的教育，同时也没有警惕乡干部因过去教育不够，可能会发生脱离群众的倾向。事实证明，乡干部作风不民主，脱离群众，就是充分发动群众的主要障碍。这个问题，后来虽结合分配、开展群众性的民主运动得以解决，但如能及早注意、发现和解决，则将会更好地充分发动群众，加速运动的发展。

产生上面这三个问题的原因，主要是过高估计运动的基础，小寨乡以前是全县先进乡之一，群众经过减租退押运动及抗美援朝订爱国公约，是有一定的发动，过去工作中亦培养了一批优秀的乡干部，他们在过去各项工作中和土地改革中是有成绩的，这首先应肯定下来。但由于只看见了小寨乡好的一面，而忽略了可能仍存在的若干缺点和问题，而过高估计小寨群众的发动程度与组织程度，认为“小寨比老区还好”，同时也过低估计敌人力量。事实上，小寨乡虽是先进乡，但在减租退押中对本乡地主打击不够，贫雇农中有相当的数量还没有发动，组织不纯，干部民主作风不够等，但这不能归咎于群众，而是过去工作做得不够。而且，这些缺点与问题，在土地改革运动中，深入发现与解决之后，就使小寨乡的工作更加牢固。经验证明：盲目自满，过高地估计运动的基础，运动开始时不深入研究发现问题，就一定会轻敌麻痹，丧失对敌人的警惕，而产生“和平土改”的倾向；同时，由于不全面地正确地认识运动的基础，就一定不能预见运动中可能产生的问题，而使领导陷于被动，工作走弯路，使运动不能正常发展。这就是小寨乡土地改革运动的一条基本经验。

原文载1951年12月2日《云南日报》

坚决依靠贫雇农，步步深入发动群众

——呈贡城郊乡顺利完成分配土地

呈贡城郊乡，包括城内、大古城两个大自然村。全乡一千一百零三户，四千五百七十九人，农业人口四千零六十二人，共占有田地四〇二四点三工。其中地主五十二户，每人平均占有六点六工；富农十七户，每人平均占有五点五工；中农四〇四户，人平均占有二点八工；贫农三二六户，每人平均占有〇点八工；雇农五十二户，每人平均占有〇点〇七工；小土地出租者十九户，每人平均占有五工；其他二三三户，每人平均占有〇点五八工。

城郊乡经过减租退押、镇压反革命、抗美援朝等一系列的群众运动，地主阶级在政治上受到了打击，农民在经济上获得了五亿多元的斗争胜利果实，除租、押应归私人部分外、其余百分之九十分配给贫雇农，解决了贫雇农一部生活、生产上的困难。群众有了较广泛深入的发动，农协会员共有一二五〇人，占全乡人口的百分之三五；在运动中涌现了二十八个骨干（其中雇农六人，贫农二十人，中农二人），积极分子一〇八人；乡农民代表大会、乡农协、乡政府、乡贫雇农代表会、人民武装自卫队中队部等组织均已建立；以贫雇农为骨干、团结中农的农民队伍已基本上树立。

宣布开始土改，地主疯狂破坏

在群众迫切要求土地的情况下，正式宣布了土地改革。一宣布土地改革，地主阶级就更加疯狂地进行各种破坏活动。如地主赵秉汉，假装开明守法，带领地主呼口号：“各位干部万岁！”“各位会员万岁！”企图以此麻痹群众，而家内东西却搬得一空二净；地主杨舒等分散田五工；潘少红有枪不交；杨永寿烧掉坐椅；杨诚偷听农协小组开会；张小庭威胁群众说：“等我儿子回来，感你们的恩！”当时，各阶层人民对土地改革的看法各有不同：贫雇农积极要求分田，但有的思想要打乱平分；富农对保存富农经济的政策表示怀疑；小土地出租者怕土地改革后生活难维持。总之，对消灭地主阶级的思想不够强烈，对地主阶级的疯狂破坏，没有开展斗争，“和平土改”的思想较重。

根据这些思想情况及地主的破坏花样，乃召开了贫雇主席团会、贫雇农大会、农代会等一系列会议，交代土地改革政策的基本精神，发动农民讨论土地改革的正义性，土地是哪里来的，统一了农民思想。随即转向检查地主阶级打垮了没有，群众发动得如何。检查结果：地主还在造谣破坏，贫雇农还未很好发动起来，对地主阶级仇恨不够。当时，代表都提出：保证要把贫雇农都发动起来，坚决地消灭地主阶级。经过代表串连，农协小组座谈，群众思想集中到先划清地主阶级。农民说：“清水一边淌，混水一边流，头发胡子不能一把抓。”“羊圈里不能留狼，狼圈里不能留羊，刀尖要对准地主阶级！”自卫队监视了地主，准备进行划阶级，向地主阶级开展斗争。

划分阶级，分清敌我，结合反违法和镇压反革命

在划阶级中，采取大小斗争相结合的方式，农民以自己劳动知识来使地主不得不承认剥削，揭露地主的丑相。开始划时，地主普遍抵赖阶级；或承认是地主，不承认剥削；更不肯说出自己的罪恶。地主杨连清说：“我过去教书，从事脑力劳动。”地主赵秉汉说：“土改就改吧，我倒是愿意，就是不要给我地主帽子戴。”地主杨兴说：“我请工、送饭、养猪，是有劳动，超过四个月，是富农。”群众越划越愤恨，劲头也越大，提出“算总账”的口号，追到地主是怎个发家的。经过发动群众斗争，地主李景阳承认自己吃住都靠收租，是剥削起家；地主杨连清、李华等也先后低头承认自己贩卖人口、高利盘剥等罪恶。乡农协会又召集了二千五百多人的大会，当众公布他们的地主阶级成分。会上，又迫使四个人人痛恨的地主，供出剥削残害农民的罪行和发家史，群众情绪极为高涨，叫地主带上了剥削农民的大斗、大秤，举行示威大游行。

从划阶级的斗争中，地主阶级的气焰已经压下去了，群众觉悟也有了进一步的提高。但是地主阶级的违法罚款还是没有缴出来，贫雇农还有一部分没有发动起来。经过贫雇农主席团的研究，首先召开了贫雇农代表会，检查群众发动情形和地主被打击的程度。发现

全乡还有二十多个贫雇农未发动，主要是他们生活无靠，整天在外生活，又没有注意去发动他们；此外还有些老的或在家看门的。而地主阶级不但不缴违法罚款，反而大肆分散隐藏财产。接着开了贫雇农大会和农代会，进一步放手让群众开展斗争。从斗争中不断启发教育群众，深入发动贫雇农落后层，广泛地进行摸底，利用地主之间的矛盾，家庭的矛盾，继续组织斗争，并充分运用政权、武装，迫使地主缴出了一部分违法罚款。

结合在划阶级的斗争中，又追查了地主张小庭的造谣。从追谣中，又追出了反革命分子张寿昌（张小庭之子）反革命活动的线索。动员被骗的农民讲出了张的罪行后，又开了全乡二千五百多人的斗争大会，使反革命分子在群众的威力下，不得不据实供出历次阴谋纵火、暗杀、勾结“一贯道”散布谣言、组织暴动、攻打县人民政府的阴谋计划。与张同谋的地主恶霸分子杨永清、杨永康和“一贯道”“前人”王正祥之妻等犯，也在群众斗争与充分的人证物证下，一一承认反革命活动的事实。他们在签字画押时，显得面如土色，情愿受罚和交出分散的财产，要求留命。通过这次斗争，群众的政治觉悟又有了提高，农民们说：“地主不缴罚款，原来就是留着反动本钱，好组织人来杀我们！”进一步认识了地主、反革命分子都是与蒋介石反动派、老美通气的，要求彻底消灭地主阶级。

没收征收，追出地主反动本钱

经过划分阶级的激烈斗争，迫使地主交出一部分违法罚款后，紧接着代表们在农协小组座谈讨论了没收、征收，研究出没收办法。全乡除全体农民以外，又把知识分子都组织起来，分成若干小组，进行登记没收。宣布没收的一天，农民都锁上门来参加大会。在没收大会上，自卫队监视着地主进入会场，农民要他们双手拿着契纸，交给农民，并对地主进行了严厉的讯问。大会后，又举行了游行，到田里插好没收牌。第二天，即分组进行没收，清点家具、房屋、耕畜、农具等。清点中，农民看到地主家那样多的东西和财产，就回想到自己的受穷情况。有的说：“我们几十户，也没有地主一户的东西多！”有的组在没收时，发现地主又将财物全部分散，当场就展开斗争，有的并当场将地主送交自卫队管押。缺点是有的组见到地主把东西分散了，并没有开展斗争，个别的还可怜地主。

没收完毕，又召开了贫雇农代表会，研究征收问题。然后召集富农、小土地出租者及工商业者，征得他们意见，征收了他们依法应予征收的土地。

没收征收结果：没收田地二六三六工，征收公、学、族、寺田一二七七工，富农、小土地出租者及其他四三七工，合计田地四三五一工。其他有果园四十七个，瓦房一八四间，草房十二间，厕所五十四个，耕牛十头，马十四匹，粮食（包括今年秋收）一六四二八三斤谷（其他生产资料不在内）。

正确执行分配政策，教育农民管制地主

在分配前，各阶层的思想情况也是不同的：个别乡干部想分些好田；有些贫雇农只想分近田、中等田；佃中农怕抽出好田；小商贩、小手工业者都想分一份。而地主又大肆挑拨两村农民，如地主张怀玉说："古城的田地多，田地好，城里老山地，屙屎不生蛆！"根据这些情况，又开了贫雇农代表会、大会、农代会，交代分配政策，贯彻团结教育，防止地主钻空子。另外加强生产政策教育和前途教育，解除顾虑，动员生产；教育干部大公无私。

分配方法是经农协小组评定，通过后出榜确定。分配结果：全乡每人平均二点七六工，六三四斤谷产量；雇农每人平均二点五四工，产量六五六斤；贫农每人平均二点三三工，产量五三五斤；中农每人平均三点一四工，产量六八四斤；富农每人平均仍占三点九七工，产量九三二斤：小土地出租者每人平均仍有三点一工，产量九九一斤。地主也分得一份田地。

为了防止地主反攻，农民对地主实行了严格的管制，白天强迫他们下田劳动，晚上将地主集中到一块，训话、追罚款。这时，逃跑在外的不法地主李荣，回来企图放火烧农民协会，杀害干部。他的阴谋未成，在夜间被农民捕获。广大群众极为愤恨，全乡立即开了斗争大会，将他送交人民法院，判处死刑。

经过这些事实的教育，农民分得土地后，积极要求巩固自卫队，很多农民自动拿起枪来，保卫胜利果实。他们说："以前认为有扁担就可以了，现在知道了，一定要拿起枪来看管地主！"群众对毛主席、共产党也倍加热爱，大家说："毛主席进了家，土地已还了家！"全乡已有五百多户人家，挂上毛主席、斯大林的画像。这时，又及时解决了贫雇农的秋种问题，群众生产情绪高涨。在运动中，加强了共产党、青年团的教育，并进行了建团工作。目前工作是进一步巩固组织，继续管制地主，追地主未缴清的罚款，修订爱国公约，保证完成捐献和秋征，准备组织生产。

郑研　整理

原文载1951年12月12日《云南日报》

全省地委书记联席会议关于内地山区土地改革若干问题的决议（草案）

全省土地改革运动已逐渐深入内地山区。如何正确分析认识山区社会、政治、经济各方面的复杂情况，并根据这些情况的特点，结合半年多以来全省在平坝地区实行土地改革的经验，从思想上、政策上和具体工作上解决山区土地改革中一系列的新的问题，是当前指导上的严重任务。会议经深入讨论，认为对内地山区土地改革，必须明确以下几个主要问题：

（一）必须肯定内地山区社会情况与平坝地区有基本上的一致性，同时具体情况也有特殊性。即是：内地山区社会形态与平坝农村是一致的，基本上都是封建社会。虽然由于山区社会经济发展缓慢、落后，存在着各种程度不同的封建领主制度（土司制度）的残余和奴隶制度的残余，但其基本的和主要的阶级对立是地主与农民的对立。这就是山区必须和可能实行土地改革的基本前提。但又由于具体情况的差别，内地山区也存在着不同于平坝地区的很多特殊性。表现在自然条件上是异常分散：山高路远，地广人稀，交通不便。表现在社会情况上是异常落后：由于长期的残酷的超经济剥削和野蛮的政治统治，以致生产被严重破坏，生产力极端低下，群众生活极端艰苦，群众思想所受的欺骗、蒙蔽也极深。表现在民族关系上是异常复杂：主要是历史上各少数民族和汉族的相互矛盾，也存在着少数民族之间的相互矛盾。以上这些分散、落后、复杂情况，加上绝大部分山区未进行减租退押或进行得极不彻底，群众基础很差。这就决定在山区实行土地改革必然要解决许多特殊困难和复杂问题。只强调山区情况的特殊性，不认识与平坝地区的一致性，或者只强调基本的一致性，忽视其特殊性，都是错误的。

（二）从上述基本情况出发，对山区土地改革，必须明确以下几个基本观念：

一是必须肯定：山区必须实行土地改革，才能达到发展生产力。企图在内地山区不经过任何社会改革而可以直接发展生产，企图不改变山区的生产关系而可以解放山区的生产力，这是错误的。

二是必须肯定：在山区实行土地改革，毫无例外地要坚决执行“依靠贫农、雇农，团结中农，有步骤有区别地消灭封建剥削制度，发展农业生产”的总政策总路线，不允许有与此抵触的任何另外路线。

三是必须肯定：在坚决执行中央的总政策总路线之下，应根据山区的特殊情况，补充若干适合于山区特殊情况的具体政策，才可以实际解决山区土改的问题。

四是必须肯定：山区彻底实行土改，对巩固党在农村的整个阵地，巩固整个人民民主专政，有着极其重要的意义。因此必须十分重视山区土地改革工作，只许做得彻底，不许做得马虎，只许做好，不许做坏。

（三）基于山区一些特殊情况，为了切合山区实际情况，应从政策上和具体做法上明确以下几方面的问题：

第一，山区生产长期被破坏，经济特别落后，群众根本没有生产兴趣，基本上是由于山区长期处于反动势力野蛮残酷的统治掠夺的结果。山区封建统治则集中表现为恶霸、土匪、反革命分子三位一体的野蛮统治和掠夺，故彻底进行清匪、反霸、镇压反革命，是山区土改的决定性步骤。必须强调从政治上彻底打倒封建势力。

甲、关于清匪问题：

首先，必须明确认识，土匪是上述封建势力三位一体统治的主体，因此，彻底清匪是打击反动统治的重要任务。同时，土匪与各族人民的矛盾是基本的矛盾，因此清匪乃是各族人民共同的迫切要求，必须认真彻底进行这一工作。

其次，由于内地山区土匪基本上是残余散匪和漏网土匪骨干分子，但清匪首先是遇到百分之七八十群众被裹挟的情况，故少数零星股匪仍须以武装包干剿灭外，主要是依靠政策，依靠群众清匪。为此，必须采取以下明确的清匪政策：一是分清匪、民，发动群众摘取土匪帽子，争取百分之七八十被迫替土匪扛枪、做工、站岗放哨等群众。二是分清主、从，宽大争取可以争取的胁从分子和民愤不大的一般匪众，孤立匪首，并依靠群众，采取专案专办的办法专门捕捉匪首。三是争取家属，凡未直接参与抢掠、杀人的土匪家属，亦摘除土匪帽子，系农民成分之家属得参加农会，追赃只追现赃，不涉及家属的财产。必须坚决执行政策，以达到争取群众大多数，瓦解匪众，孤立匪首。

乙、关于反霸问题：必须正确区分恶霸、流氓、狗腿、家属（略）。

第二，关于少数民族工作，除基本上仍应贯彻谨慎掌握政策，放手发动群众的方针以外，应明确几点：

甲、鉴于第一、第二批土改经验，土改中由于阶级斗争尖锐，打击目标明显，只要干部头脑清醒，民族团结一般无大问题。土改结果也基本解决了民族团结，但不等于不再存在民族问题。土改后随着阶级斗争形势变化，民族问题每易从而引起。因此，为巩固民族团结，必须随着土改后期，建立民族的区域自治，解决这问题的关键在于土改一开始即注意有计划地培养适应于民族区域自治需要的少数民族干部。

乙、帮助少数民族逐步发展生产，提高其生活，是今后长期的艰巨任务。土改中必须结合全盘考虑此问题。从历史情况和目前客观条件以及少数民族的呼声的实际出发，肯定主要是就地发展、逐步发展的方针，少数必须和可以放坝区分田安家者做个别处理。

丙、内地残余的土司制度，应在土改中通过本民族群众的斗争予以取消（实际取消，不予宣布）；对土司本人则执行区别对待政策；除已叛变为匪、坚决与人民作对者或已镇压或已逃亡外，一般应当“养起来”，给以生活上的出路。

丁、宗教问题应区分三类情况分别对待：

一是一般的纯迷信多神教、拜物教，是群众性的落后的表现，主要是从斗争中提高群众政治觉悟，而不应正面反对；在某些活动妨害土改时，亦应启发和与群众商量解决。

二是与某一民族结合成为民族构成的主要因素的特定宗教，如回教、喇嘛教，不得提出反宗教，对其中若干足以影响土改、障碍群众觉悟的教义教条，只在进行阶级教育、提高群众觉悟之下，由群众自觉自愿地解决。

三是对于为帝国主义侵略工具的天主教、耶稣教，应随着发动群众，宣布宗教不得干涉土改，并在土改地区、土改区间停止一切宗教活动，否则以违法论。至于在城市及非土改之边缘地区，则举行三自革新运动。

第三，关于土地改革一般政策问题：

甲、划分阶级成分若干问题：

1. 必须防止不是生产关系，而是按政治条件、超经济剥削等不正确的标准来划分阶级，以免提升阶级，如恶霸本人是恶霸就划为恶霸，不因其家庭成分不同而改变，亦不因其系恶霸而改变其家庭成分。

2. 山区群众多系出卖劳动力为其生活主要来源，如靠卖柴烧炭等维持生活都应划为贫农。

3. “娃子”“丫头”等人即划为“娃子”“丫头”，不必另划成分，分配时可照雇工待遇。必须解放他们，恢复人身自由，帮助安家立业。

4. 土司兼蓄奴隶的地主，应划为地主。

乙、没收征收问题：

5. 封建领主（土司）土地全部没收，农民有永佃权者，分配时适当照顾原耕及原佃农民。

6. 地主之不属于工商业之牛群、羊群应予没收分配，但羊群不能分散，仍应雇人集中放牧；属于工商业的地主的马帮、驮牛不予没收。

7. 坚持对少数民族地主、富农执行较宽的政策，富农坚决不动。

丙、分配问题：

主要是分配山林问题，必须结合将来发展山区农业生产作通盘考虑。为此必须执行如下方针：

1. 山区土地力求固定，以便群众对土地加工。对轮种地、歇种地，应予固定，已烧的火耕地宜于种植者划为耕地分配，不宜于种植者划为造林区。

2. 山林的分配尽量私有，以便于护林育林。除大森林收归国有外，有经济价值的山林，如茶山、竹山及一般林材，应分给私人所有。可以貌植造林的土地不应分给私人所有，一般荒山、柴山等，原则上应具体划归村公有，乡面积小时可酌归乡公有。

3. 由于山区发展农业生产需要资本很大，而山区本身斗争果实很少，故除将来要考虑大力投资扶助外，土改中应自平坝地区调整一些胜利果实援助山区解决生产困难。

4. 为坚决保护山林，必须对种种人工的破坏山林的行为，随着生产发展，在三五年内，由逐步限制到最后禁止。各地应根据具体情况，和群众商量，拟定具体公约，发动群众护林育林，防洪蓄水。

丁、山区工作方法的若干问题：

1. 坚持先轰开后深入的做法。越是落后的山区，越要有浩大革命声势去鼓动群众，而且山区更分散、更落后，更需要轰开之后踏踏实实地深入串连，把发动群众做得更为踏实些。

2. 肯定划小乡，一般是千人左右划一乡，特别分散的地区可以五百人甚至更少，划乡应结合民族区域自治全盘考虑。

3. 在地区分散、不易召开大会的情况下，应当少开群众大会，乡的代表会议是起决定作用的活动方式。此外应多用小组活动，多用干部巡回检查帮助的方式。

4. 分配仍应以乡为单位作统一调整，然后由村分到户。

5. 为了对发动群众有所帮助，工作队可能时可酌带山区人民需要的日常必需品如医药、黄烟、针线等，可组织医务人员上山。

6. 山区分散，情况复杂，必须慎重挑选精干的工作队，经过认真训练，保证独立工作，保证贯彻政策。

1952年5月18日
摘自边疆土改参考资料
中共思茅地委办公室翻印

全省地委书记联席会议
关于边疆地区改革问题的决议（草案）

关于边疆缓冲地区土地改革问题，去年8月省委扩大干部会议，曾就边疆的特点和为了对敌斗争、加强民族团结、巩固国防的基本精神作了原则的决定。为了具体指导边疆缓冲地区今后的土地改革，必须进一步从方针、政策、地区划分等方面，作出若干具体明确的规定。此次地委书记联席会议，分析了边疆情况特点和研究了边疆缓冲地区土地改革和与之有关的一些主要问题，作出如下的决议。

一、边疆基本情况和缓冲地区实行土地改革的基本方针

（一）边疆的基本情况是：处在国防要地，直接受帝国主义与蒋匪帮残余的威胁。边疆各族人民与帝国主义和蒋匪残余的矛盾，仍是目前边疆社会诸矛盾中压倒一切的主要矛盾，由此产生不同于内地的更其尖锐的阶级关系和更其复杂的民族关系、内外关系等特殊情况。表现为：土地改革的阻力比内地大，地主与富农都有“变天”思想，地主阶级更为顽强，疯狂地抵抗土地改革，要打倒封建阶级必须经过更艰苦复杂的斗争；农民有迫切的土地要求，同时也急迫地要求在比较安定的环境下的土地改革，顾虑比内地为大，所以发动群众必须进行比内地更为艰苦踏实的工作。此外，由于接着暂不进行社会改革的许多少数民族地区，以及毗连国境，土地改革每一措施对内外关系都有极其显著的影响。这些基本情况的特点，是考虑边疆缓冲地区土地改革问题的基本依据。

（二）基于上述情况，在边疆缓冲地区进行土地改革，应明确以下几个主要指导思想。首先必须肯定一切有利于对敌斗争，而不得妨害对敌斗争。第二是土地改革的本身，应着重考虑如何可以减少阻力，达到更顺利地打倒敌人，发动群众。第三是在彻底完成土地改革的前提下，力求减少对外（对边缘少数民族地区和对国外）震荡。以上这些观点，其基本出发点就是充分运用策略去分化和孤立敌人，就是从群众的现实觉悟水平出发，就是更广泛的群众的现实利益和长远利益的一致。土地改革是否成功，亦即是否符合于最大

多数群众的利益，必须以是否达到上述要求为标准。

（三）为此，在边疆缓冲地区实行土地改革的方针是：必须肯定执行一套比较温和的政策（完全约束在严格执行《中华人民共和国土地改革法》）和更利于取得广泛的社会同情的斗争方式（完全约束在严格执行说理说法斗争，严厉禁绝非刑吊打）。只有严格执行此一方针，才能达到有利于对敌斗争和减少阻力，减少对外震荡，正确地完成土地改革的目的。这是积极的、对敌人进攻的方针。边疆地区的领导上，必须积极提高干部，提高群众，为保证彻底贯彻这个正确方针而斗争。

二、边缘缓冲地区土地改革的若干政策问题

为了正确实现上述方针，必须围绕土地改革，规定全盘的对敌斗争的比较完整、系统的政策。因此，必须广泛宣传和认真执行以下边缘缓冲地区土地改革的八项政策，并建议由省人民政府明令公告，以达到更广泛地团结群众，瓦解敌人。

（一）边疆缓冲地区实行土改时，只没收地主的土地、房屋、耕畜、农具以及多余粮食，不追底财，不分浮财。

（二）剿匪追赃时只追现存赃物，反霸赔偿时只按实际霸占、敲诈酌情合理赔偿，不节外生枝，不算细账。

（三）镇压反革命中，严惩现行破坏分子，从宽处理自动坦白的有历史罪恶分子，并不得牵连家属。

（四）逃亡地主回家认真悔过，遵守政府法令，服从群众监督，老实从事生产者，除与农民同样分得一份土地及其他生产资料外，对其过去违法行为免予治罪。

（五）欢迎被反动派胁迫逃亡在外的各阶层劳动人民和其他人士回家分田和从事生产。

（六）土地改革中对华侨地主及少数民族地主从宽待遇，坚决不动少数民族富农出租土地和小土地出租者的土地。

（七）国民党残匪之流散人员自动归来者，在土地改革中加以照顾，给以生活出路。这些人员之自动立功者，应当予以奖励。

（八）土地改革中，严格执行说理说法斗争，不许非刑或变相肉刑。

以上规定，适用于缓冲地区，不适用于内地。

三、关于缓冲地区的规定

以下地区是内地土改地区与暂不实行社会改革的少数民族地区之间的缓冲区，必须严格执行缓冲区的土地改革方针和政策：（略）

边疆缓冲地区的土地改革，不仅是边疆地区本身的问题，尤其还是关系到整个对敌斗

争的重大问题，必须做好，不得做坏。而执行上述边疆缓冲地区土地改革的方针、政策，是更高级的更复杂细致的对敌人的斗争，必须更好地提高干部的策略思想，培养干部从实际出发和更为细致踏实的作风。边缘各级领导上必须严肃地处理这一工作。

安宁县第二区秧田冲村减租情况调查

（一）一般情况

共15户122人，皆为苗族。皆为佃户，租入公田及外村田，以阶层而言，皆为中农以下成分。

以政治情况而言，过去受异族歧视，受外村地主的压迫，故阶层间的矛盾极为明显。经过去地下党及人民政府的不断教育，并执行了正确的民族政策，因此全村群众的阶级觉悟逐渐提高了。例如去冬的减租运动，本村就响应了地下党的号召，以集体的行动对抗外村地主的压迫，因此这次减租运动是最自动的、最彻底的。

佃户除交租外，田赋或公粮是由地主负担，佃户负担牛工、种子及一切生产费用，过去负担门户、苛杂等项甚重。

（二）租佃关系

1.本村15户皆为佃户，自有土地185.5工，合93亩，占耕地面积38%；租入公田及外村田352.5工，合176亩，占耕地面积62%。

2.租额：租额最高者每工租米2斗（100斤），占正产86%，占总收入的75.7%；最低者占总收入的25%，平均租额占总收入的32.5%。过去减租一律减去总租额的25%，减租后，地主一般的收租在正产35%以下，但有少数超过此数。

3.一般都没有押租，也不互（换）租约，公学田与私田同样处理。

除正式地租外地主对佃户还有以下剥削：

1.收租额租的伙食——每次都以上等伙食招待，一次约米20斤。

2.收租额租的旅费——如财政局的田派人下来一次要旅费25斤米。

3.尖斗实斗收租——收租要量尖斗，要用脚把斗踩一下装实在，故实际收租要多收一成以上。

（三）减租情况

1. 过去减租是地下党领导的，宣传减低租额25%交租，但发动群众的工作做得不够。

2. 减租后，地主强迫收租，或者有夺佃情形，本村由于群众团结，集体行动，故已彻底实行减租，但有少数由于主佃双方僵持而致田地荒芜的情形。

3. 群众对减租的反映，一致认为是合于情理，应坚决实行。

4. 去年的减租经验，主要的是要发动群众、组织并依靠群众，减租政策才能彻底执行，否则只是有名无实，政策落空。

（四）典当关系

本村只有典当一起——李升典田2工给李完彩，典价4.5半开。年限已超过10年，因典出户无力收回，实际已等于卖田，地权及使用权皆已归典主，而典出户无意收回该田。

（五）借贷关系

1. 借贷关系种类最普遍者如谷米借贷及货币借贷。

2. 利息最高者为1万元，每月3000元，复利计算，欠一年不付息，本息共约23万元；最低者为年息加三成，一般为加五成利息。

3. 现在农村的借贷关系，由于地下党领导过减息，加上一般人民对政策的不明了，以致农村借贷关系处于停顿状态，旧有借贷一般多无力或有意不偿还，新的借贷关系更极少发生。

4. 群众对借贷关系一般认为不再受严重的剥削是好的，但由于借贷的停顿，故要求政府能发放农贷。

5. 秋后减租中应宣传自由借贷政策，但是要由政府明确规定最高利息额。

（六）雇佣关系情况

本村无长工及半长工，只是在农忙时由外村请短工。短工工资每日除伙食外另给米2斤或3斤，因此这种工资很难能养活人。

（七）其他一般情况的了解

少数民族的村庄，除在思想教育上宣传并执行少数民族政策外，在政治上也常能给他们特殊的照顾，因此，在这村或其他少数民族村庄，一般群众的觉悟程度是较高的。他们在思想上大多数已认识到，现在已从各方面获得了平等、解放，已初步地树立了做主人的观念。本村农会有会员15人，主任1人，一般情绪是很高的，如此次实行集体交粮。

（八）应注意思想问题

1. 群众对地主恶霸的行为是具有相当的仇恨的，但由于政府的政策及群众的部分觉悟、恶霸行为是较前有基本上的转变，群众在思想上便存在着宽恕的观念，并存在着反霸清算主要是政府的事的思想，故对于反霸清算的要求现在是不高的，因此在减租中要掌握打破依赖政府的思想关键。

2. 本区因土质瘦薄，荒田荒地较多，因此只要有劳动力都可以开荒进行生产，所以一般来说，贫雇农无田种的也很少，但由于此种客观原因，导致较好的田地集中在地富方面，而一般贫雇农租田也只能租到土质较差的田地，因此在思想上都有根据土质好坏调整佃权的要求。

对于这种思想情况的处理，原则上是应该有适当的调整佃权，但在广大群众尚未充分发动之前必须慎重考虑，首先对特殊情况酌情予以个别的解决。

3. 本村没有押租押佃及长工短工，在全区来说这种情况也是很少的，因此群众在思想上对此种要求是不太明确的。

4. 关于借贷问题，由于一般群众在思想上痛恨过去的债利剥削，因此形成了过左的情绪，对于售借不再履行偿本付息手续，以致造成有钱有谷者不敢出借的停顿状态，这就违反了大多数人民的利益，要纠正这种偏向，应宣传并保障自由借贷，纠正群众的过左情绪。

5. 秋后减租应如何着手——本区由于过去地下党领导过减租运动，不少村子已经彻底执行了政策，因此秋后减租是具有了一定的群众基础，在着手时应充分发挥已有的群众基本力量，应择过去执行减租较有成绩的村子作为重点去发动群众推行政策，创造经验，推广全面。

附加：本村有已开垦过的熟荒田约100工至150工（50亩至70亩），占耕田1/7。其荒芜原因：

（1）主要的是由于土质瘠薄、肥料缺乏，因此已耕地隔年耕种，轮流荒芜。

（2）缺少水分——水源的影响很大，如今年雨水较多，可以多开种荒田，扩大耕种面积。

（3）地主企图加租、佃户拒绝栽种而荒芜者，如本村此种情况者有10余工田。

群众的意见及要求：

（1）兴修水利——如本村有一沟坝，如能修好，则百多工田可以不靠天落雨即可耕种，并可对其他村子产生有利影响。但因群众无力兴修，故希望政府能予以有力的帮助。

（2）制定开荒——对于荒芜之田地，群众希望由政府指定人开垦。

全村土地分布情况表

	全村所有	村公产占有	县公产占有	外村租来	统计	备注
上则田						田地面积皆以工数为单位，每2工约合1亩
中则田	16.5			36.5	53	
下则田	142	28	92	179	441	
山地	27			17	44	
合计	185.5	28	92	232.5	538	

租佃调查表

佃户姓名	家庭人口		自耕田地								
	男	女	中则		下则		山地		合计		
			工数	产量	工数	产量	工数	产量	工数	产量	税银
沙父	6	4	2	200	20	1000			22	1200	6.95
沙彩	4	5	1	75	16	900	3	150	20	1125	2.45
沙存亩	5	5	6	600	16	1100			22	1700	9.40
沙存良	4	1	1	100	21	1050			22	1150	1.40
沙存春	9	9	4	450	23	1150	15	375	42	1975	5.65
沙存珠	1	4	0.5	50	65	320	2	100	90	470	0.80
沙本贵	4	4	2	200	4	200	4	250	10	650	3.40
沙富	3	2			8	380	3	150	11	530	0.50
毕文彬	5	8									
毕文富	1	2									
毕文学	4	4			05	50			05	50	0.10
李浩	3	3			2	150			2	150	1.30
李升	3	4			7	420			7	420	4.15
李光彩	8	5			18	1125			18	1125	5.54
李国忝	1	1									
合计	61	61	16.5	1675	142	7845	27	1025	1855	10545	41.64

续表

佃户姓名	家庭人口		租入土地													
			中则				下则				山地		合计			
	男	女	工数	产量	税银	每工租数	工数	产量	税银	每工租数	工数	产量	工数	产量	税银	租额
沙父	6	4	1	100	0.52	25	15	570	3.75	6.5			16	670	4.27	122.5
沙彩	4	5	1	100	0.25	12.5	18	1200	2.75	7.9			19	1300	3.00	153.5
沙存亩	5	5	5	520	1.47	25	10	260	1.32	10			15	780	2.79	225
沙存良	4	1	2.5	250	0.65	25	4	375	1.05	12.5			9.5	625	1.70	155
沙存春	9	9	9	850	2.75	22.5	31	1540	4.90	12			40	2390	7.65	574.5
沙存珠	1	4	1.5	140	0.65	25	9	420	1.35	18.5			10.5	560	1.91	204
沙本贵	4	4	3	375	1.76	95	20	1000	2.85	21			23	1375	4.61	705
沙富	3	2	2.5	310	1.10	100	22	1300	2.95	15.5			24.5	1590	4.05	611
毕文彬	5	8	1	125	0.75	75	42	2500	5.75	17.5	6	700	49	3325	6.50	810
毕文富	1	2					7	400	0.90	10	5	450	12	850	0.90	70
毕文学	4	4	4	400	1.50	27	24	1400	2.80	24			28	1800	4.30	684
李浩	3	3					17	1100	2.50	18.5	21	150	19	1250	2.50	314
李升	3	4	3	320	2.10	50	21	1500	3.20	22			24	1820	5.30	612
李光彩	8	5	3	300	1.80	50	38	1940	5.60	17	4	350	47	2590	7.40	790
李国黍	1	1					18	1080	5.00	12			18	1080	5.00	216
合计	61	61	360	3790	15.21		299	16585	46.67		14	1650	3525	22005	61.88	7252.5

备注：
（1）亩积约2工合1亩。
（2）产量、租额均折成大米数。

地主经济概况调查表

出租业主姓名	人口			自耕田		出租田			出租地		统计		
	男	女	合计	工数	产量	工数	产量	租额	工数	产量	总收入	总税银	总工数
李兆庚	3	4	7	17	1500	60.5	4330	2510	2	150	4010	9.55	77.5
李兆奎	1	3	4	13	1050	18.5	1195	4875	5	450	1537.5	10.95	31.5

续表

出租业主姓名	人口			自耕田		出租田			出租地		统计		
	男	女	合计	工数	产量	工数	产量	租额	工数	产量	总收入	总税银	总工数
李兆林	11	9	20	105	8250	70.5	4184	2275			107525	45.13	175.5
天主堂						30	1400	525	6	700	525	4.17	36
邑头村公田						48	3260	835	4	350	835	8.25	52
本村水利田						28	1586	350			350	4.05	28
财政局田						92	4500	550			550	16.25	92
合计													

备注：此户系上禄脿村一部分田租与本村，故附带调查。

土改准备阶段工作简报

峨山县委会报告

1952年3月31日

土改准备阶段工作简报

我县8个乡的土地改革自3月11日正式铺开，到今天已有18天，一般说来群众情绪还好，运动发展正常。21日，县委召开小组长会议，认真分析各乡的基本情况，大约可分为两种类型：（1）减退较彻底，群众发动较充分，地主阶级受到一定打击，反革命组织大体上是摧垮了，以贫雇农为领导的农民队伍初步形成，如土官乡。（2）减退不彻底，群众发动较差，地主阶级、反革命分子镇压不够，乡村组织不纯，或受反革命分子掌握，或直接由反革命分子掌握，农民优势未树立起来，如桂峰等7个乡。按省委指示确定，第一类典型乡可以转入划阶级，第二类坚决执行补①镇压反革命、②整顿农民队伍、③树立贫雇农领导骨干的3课。27日，又召开农代会，典型报告，互相交流经验，总结准备阶段的工作，布置下一段划分阶级。根据目前情况，有5个乡可以进入划阶级，有3个乡的准备阶段还须延长数日。现将几个问题检查工作布置如下：

（一）贯彻大张旗鼓镇压反革命，把群众轰起来，造成土改热潮

12日，召开7000多人的大会，宣布土改，公审枪毙10名反革命地霸分子，宣判一批反革命分子的徒刑，联合斗争全县性的恶霸反革命分子周九如、赵玉珂、梁广兴，举行游行大示威，同时发动群众管制了107名反革命及地霸分子，进行分乡斗争，打下地主阶级的气焰，并破获了一部分反革命组织。通过轰，群众看见自己伟大的力量，鼓起斗争情绪，纷纷反映：“早就说土改，这次是真的改了。”“政府真是比天平还平，该杀的杀，该关的关，全都合了。”“土改是要干了，以前斗地主，10天半个月才斗1天，这次要天天斗。”“我们老爹苦了几辈子也苦不得一块田埂，这次土改要好好地起来干，把地主管起来，不管不行。”结合展开民主运动，对干部展开批评，进一步提高群众情绪，其中尤以城关镇对大张旗鼓方面做得更圆满些，镇压反革命结合得更紧，轰得更好。

（二）紧紧结合深入串连，发动贫雇农扎正根子

一般的都注意了这个问题，但贯彻得不够，没有专人专责来研究这一工作，缺乏总结提高，有些流于形式。如土官乡把发动落后层喊得很响，但做得不够，贫雇见了干部就问："×同志，你来串连我嘛！"有个代表字芝芬去串连贫雇农时说："大嫂，布置我来串连你。毛主席领导好，得分田，分果实，你要起来！"其中做得较好的有城关镇，从一开始就注意了深入串连工作，指定专人负责，串连的人首先认识了串连的重要性，一定决心下苦功夫，研究对象，摸着心思，摸着苦处，用闲款的方式引苦诉苦，提高阶级觉悟，把他发动起来。经过几天努力，由两个人串连到16个人，又扩大串连到68人，通过串连发现一批善于联系群众的骨干分子。如赵大妈今年有50多岁，靠帮人磨谷子为生，当了贫雇主席团，白天晚上都要开会，晚上到12点钟过后才回家，第二天天不亮就起来磨谷子，磨完6斗谷（约484斤）天才亮。这样忙，还串连起两个贫雇农，用李蒙氏去发动董周氏。董周氏是70多岁的老人，在太阳底下补衣裳，李蒙氏走上去说："大嬷，70多岁了还看见补衣裳？""我们这些苦人，不补咋个整？""唉！我们当真是苦够了，李四（伪镇长，恶霸）那个背时鬼啊！三番五次地抓我家的去当兵。""提起抓兵的事，吃这些人的肉也不甘心，从我儿子抓到我孙子。孙子被抓了去，死在东北，把我急咳血。""人没去的时候说免门户款，人去了就一样不管了。""以前那些恶霸，专打我们穷人的主意。幸亏毛主席领导我们才好过些，也得开开会商量自己的事情。""斗争这些恶霸时，我硬去斗争，你们莫嫌我老！"现在这个老大娘已经发动起来，天天参加开会。其他的典型例子很多。

（三）运用策略，分别对待

过去干部思想上对这一点非常不明确，虽然上级屡次强调策略问题，但干部认为是可做可不做，对政策、策略一贯是执行得较差，在减退中普遍发生吊打现象，对待中小地主、对顽固与守法的分别对待不够，犯关门主义，因此造成地主及反革命分子的思想顾虑很多。经过上级再次强调，必须贯彻策略政策，干部思想上比过去重视了，非刑吊打已经禁止，只有在个别的斗争反革命分子时还发生跪石子的现象。分别对待喊得响，但具体兑现不够，经验证明分别对待兑现一点就有一点成绩。城关镇斗争反革命分子陈觉先时，陈觉先非常顽固，不肯坦白，叫反革命分子徐正凯出来对质。当初徐很不敢说，害怕，我们逼他说一句，他才说一句，吞吞吐吐，陈觉先在人证对质时还是不有坦白。在这种情况下，群众把陈觉先的绳子绑紧，把徐正凯的绳子解开，让"坦白从宽、抗拒从严"的政策通过具体事实体现出来，徐正凯马上活跃了，对质说："×时在×地开会，我任纵队军需主任，我坦白了，群众把我的绳子解开，你任什么赶快坦白，坦白才是唯一的出路。"陈觉先要求把绳子解松点，群众叫他只要坦白就解松绳子。在这种情况下，陈觉先才承认是

反革命，这样才对群众的影响很大，群众纷纷反映“徐正凯坦白了就将绳子松开，陈觉先这个杂种真是顽固”。因为兑现了分别对待的政策，对某些人的思想起了波动，解除了顾虑，所以截至目前，有地主董郭氏、赵闰国等，自动交出金子约30两、半开17940元、洋烟1452两、美造十三拉1支、盒子枪1支、拉七1支、大枪1支共4支及一部分物件，除枪支衣物外，约值8785.5万元。少数胁从分子也自动坦白。通过具体事实，干部体会到，只有充分运用高度的策略性，并将政策交给广大群众，为群众掌握，才能团结多数，消灭地主阶级，肃清反革命分子。

（四）深入思想发动

根据我县具体情况，1950年特务、恶霸、地主组织反革命暴动是村村都有，活动面很广，农民上当参加或被迫的不在少数，地主分散财产也很严重。县委针对这一情况，提出当前深入思想发动的主要内容有二：（1）发动上当户自报，响亮地提出“反隐瞒、反分散、反破坏”及“分散有罪、隐藏无过、自报光荣、吃了用了不追”的口号。城关镇在这方面也做出成绩，方法是大张旗鼓将政策交给群众，解除思想顾虑，进行阶级教育，让群众展开讨论，分析情况摸底，组织突击队，个别突破，现已有20多家上当户自报。土官乡有3家“上当户”自报。在“上当户”自报后，召开群众大会，给“上当户”戴上大红花。但这只是开始，现进一步提出“东西报尽、去掉心病”的口号。（2）充分交代政策，号召胁从分子坦白，彻底扫除受反革命的思想影响，凡确系常年劳动的农民，历史清白，没有做过坏事，一律宣布无罪，摘掉帽子，这样以便争取广大群众，孤立反革命的首要分子。

经过这次农代会，用具体事实交流了大张旗鼓、深入串连、运用策略几个主要问题的具体经验，教育了干部，提高了代表，一般收效还好，同时县委也更进一步地体会到了一系列的运用农代会的重要。

峨山县第一、二区土改复查工作总结报告

1953年1月7日

峨山县第一、二区土改复查工作总结报告

峨山县第一、二区共22个乡2个镇，39077人，于9月27日铺开土官、白锦、登云等3个乡的试点工作，其余21个乡镇于10月23日全部铺开，至12月20日止先后结束。

一、土改后的基本情况

在土改中群众发动得较为充分，复查工作队下乡后一般地对原有组织做了初步分析，计有土官、甸尾等7个乡第一类型乡，新和、登云等14个第二类型乡，第三类型乡计有大白邑等3个。

第一类型乡由于经过清反、减退、土改等一系列的反封建斗争，群众得了充分的发动，农协会员平均已发展到总人口的50%，地主阶级反动势力受到较彻底的打击。如土官乡在减退、土改中先后计枪决了地霸王家政等5人、特务反革命分子5人，搞出斗争果实1亿余元，发展了农协会员800多人，占全乡人口的53%强；培养出骨干28人、积极分子约200人，骨干比较坚强，乡村组织也较为纯洁。

第二类型乡封建反动势力在改革运动中受到了有力的打击，群众基础较次于土官等第一类型乡。如登云乡发展了农协会员650人，占总人口的43%强；骨干36人，积极分子182人，骨干稍软，群众基本上得到发动。

第三类型乡群众基础差，反动势力也打击得极不彻底。如大白邑乡共有地主18户，现逃亡的就有17人。大地主马盈三解放前勾结反动势力统治农民，解放后即利用段开明掌握操纵村政权，1950年为首勾结匪特梁广训等阴谋暴动，1951年减退时畏罪逃跑，土改中估计可搞出黄金千余两、枪支17支，结果只搞出两只金手镯、枪7支。群众发动也极不充分，骨干少而弱，全乡共发展了农协会员273人，占全乡人口的36.9%；骨干6人，积极分子39人。

总的来看，除第三类型乡外，土地改革工作基本上是做得成功的，地主阶级在政治上、经济上受到了严重的打击，群众发动得也较为充分广泛，基本上贯彻了党的政策、方针、路线，树立了农村人民民主专政，达到了民族团结的目的。但在土改中由于干部全面

体会上级指示精神不足，对敌斗争运用策略不够，以及土改后期干部存在赶时间、赶任务的不良倾向，加之大部分山区未进行系统的减退运动，土改中群众思想发动得不够深入充分，在土改后存在以下几个问题：

（一）民族问题

在土改中基本上贯彻了省委的指示，一切从民族团结出发，达到民族团结，但由于县领导上对民族问题认识不足，土改干部将民族工作一般化，虽解决了一部分民族隔阂，但解决得不够彻底，甚至个别干部认为民族问题已不复存在了，因此留下（尾巴）民族内部及民族之间历史上的隔阂未得到彻底解决。如土官乡水尾村（窝尼族）与青云村（彝族，已汉化）在复查中处理遗留问题时，因分两村之间的山林，坏分子李文光利用狭隘的民族观念，挑拨发生争执。李在分山时说“我们少数民族向来是不会说话”，“以前为这座山告状我挨关了9个月，出了多少力才争得，要不然这座山早被青云村占去了。这次非要这座山不行”（其实是在解放前李与青云村恶霸龙尽忠互相挑拨两村群众诉讼，从中渔利）。于是群众选他当上了分山委员，不通过工作组即暗中分了这座山。全村会说汉话、彝话，工作组到村布置工作，群众全说窝尼话，连会说彝话的同志也听不懂，因此造成了两村在分山时互不相让的局面（后由县委指明叫李文光反省，问题才获得解决）。其他如白锦乡青台坡西河村也有类似纠纷。

（二）生产问题

由于土改时正值夏种秋收季节，加上干部对土改为了发展生产的目的不明确，以致土改中未能很好地结合生产。如二区云甸乡等乡，谷子已枯黄，落在田里发芽，干部不唯不组织群众抢收，农民到田里工作，反拉着说：“你为哪样不去开会？”普遍形成农民怕开会耽误生产的局面。

（三）遗留问题

在分配阶段由于时间短促，干部产生赶时间的倾向，各乡留下不同程度的遗留问题，部分山林未分到户，有的果实尚未分完。如二区甸尾乡部分山林未分配到户，一区土官、大白邑等乡均遗留着斗争果实2000万元以上，部分山林旷地亦未进行分配。

（四）思想问题

除个别一类型乡村，一般群众只经过仅仅80天的时间，锻炼不够，思想不够巩固，加之在对待旧村干时干部运用策略不够，未经群众酝酿讨论便加以清洗，由于上述情况及问题的存在，土改后群众普遍产生松劲麻痹思想，干部产生换班思想。土官乡乡长郭万才说：“我们这里是重点乡，地主反革命整得差不多了，全靠一二个地主，有这样多的群众他跳也跳不起来，不要管制了。”又有的反映说：“不要开会啦！只要把毛主席分给我们的田盘好，改善生活就行了。”有的是觉悟低，没有与地主阶级从思想上分开家，如大白邑乡雇农普王明将分得的果实卖掉买烧鸭、牛肉干巴给地主沐用恩吃。又如甸尾乡贫农申范氏对地主王云生之妻说：“你面善我人软，单管制你，别的地主恶我不敢管。”而地主则以公开、隐蔽、软硬等方式向农民进行疯狂的进攻。如一区土官乡地主王阮氏造谣说：“山区有几个地方已经暴动了，陈朝义（匪首，早已击毙）没有死，又来了！”地主王延寿之妻准备好毒药企图毒害农民，厂上乡地主靳飞武之母公开在土房上烧香祷告说：“老天爷保佑我的衣服、田地哪天回来，哪个分了我的东西要现眼现报。”大白邑乡地主则企图放火烧农民的草堆，也有的地主用美人计向农民进行软化，总的来看地主阶级的破坏是应有尽有的。

二、复查工作

县委根据省委指示，认为必须正确分析土改后的情况，明确复查目的是为了进一步巩固农村人民民主专政，彻底扫荡残余敌人，扫除生产障碍，转向大生产运动，大力彻底揭发地主阶级或软或硬的一切阴谋破坏活动，进一步提高干群的思想觉悟，克服松劲麻痹换班思想，树立对敌的强烈专政观点，认真处理土改中的一切遗留问题，做到承上启下，为开展大生产运动打下良好的基础。

为此，于1952年9月27日铺开土官、白锦、登云3个乡的试点复查工作。10月8日，集中土改干部进行整训，贯彻省委、地委的复查方针政策、指示精神，强调必须正确分析敌我情况，坚决依靠原有组织，由外到内向地主阶级展开强烈的政治斗争，加强民族团结，紧密结合生产的做法，10月23日先后铺开其他21个乡，至12月23日结束（包括试点乡在内），历时83天。运动进行情况如下：

（一）依靠原有组织，进一步发动群众，从政治上入手对敌开展斗争

召开各种会议，大力广泛宣传复查政策，了解干群思想，安定情绪，进行摸底。工作组下乡，先后召开了乡长乡委员、代表、组长、团员、民兵、农林等一系列的会议，表明来意，宣布复查，发现干群中普遍存在松劲麻痹换班思想，对生产特别顾虑，同时在各阶层思想上对复查工作存在着不同的顾虑，部分贫雇农怕自己果实分得多会退出来，有的中农怕升阶级，如白锦乡农协组长龙周氏对中农普玉仙之母说：“你怕升阶级凑成地主，10年后就可以改变成分。”吓得她几晚上睡不着觉。一般地主富农则相当恐惧，大部分群众顾虑生产，怕在土改中谷子枯黄了不能收割，复查队来了认为要停下生产来开会。又有部分群众则认为，复查队来了只是插插田里的小国旗，查查田地、房屋分得咯合，斗争果实分得咯公平。有的群众因为分配果实时对村干不满，如甸尾乡农民反映说：“分配委员自私，好东西都被他们分了，这次复查要好好地整一下才行。”

根据以上情况，各乡分别召开了一系列的会议，进一步全面交代复查政策的意义与

目的（大力揭发八自领地主王和恩于复查队来后，将东西拖到田里埋藏，被青年发现去追究，被王用镰刀行凶砍伤。甸中镇地主方万春威胁群众说："土改队在是你们的天下，土改队走后是我的天下，要磨刀杀他几个才行。"），用这些活生生的事实教育，扭转了群众的松劲麻痹以及纠缠于内部问题的思想。

甸尾乡乡委员陈桂英说："委员垮、代表垮、群众垮、工作也垮了让地主动起来，我们就要吃大亏。"团员普玉英说："地主随时望着我们，我们松，地主就活动，还是不能麻痹，要不然这个家就当不稳，从今天起我们要发动青年，严格管制地主，搜集地主的破坏材料斗争地主，搞好复查工作。"在干群鼓起劲头的基础上，依靠原有组织，让群众进行讨论酝酿，找出斗争对象，准备斗争，同时召开富农地主等会议，进行孤立瓦解敌人。

（二）查阶级、查翻身，向地主阶级展开激烈的斗争

在群众思想普遍获得提高的基础上，各乡分别向地主阶级展开斗争，每乡一般斗1至2人（土官乡斗争了地主王延寿之妻，由玉溪拿回毒药准备毒害农民反动行为后），群众对地主阶级的反动本质有了进一步的认识，反映说："若不是复查队来，我们哪天死在她手里还认不得。"老人对小孩嘱咐说："乜乜（老人称小孩的口语）在外不能吃冷水。"第二区甸中镇等11个乡联合斗争了地主李庭楷向农民要回石缸、衣服的违法行为，并当场结合镇压了匪霸朱万翠、石文有。各乡继续结合斗争，大力普遍揭发地主阶级的破坏活动，群众觉悟获得了进一步的提高，纷纷表示说："这回不能再大意，地主是死不甘心的。"同时并结合人民法院，分别处理了该管该放的守法与顽固的地主，订立守法公约，表明态度，有个别中小地主还检举了大地主的违法行为，并摘去了一批胁从分子的帽子，有力地打击孤立了顽固地主，在此基础上交代查阶级、划阶级的政策，强调主要是查混进农民内部的敌人（漏网地主），不是重划阶级。通过召开乡委员会，找出问题较大户，再由群众讨论证实，最后由乡代会慎重审查通过"更正"。据不完全统计，甸中等11乡查出半地主式富农错划为富农者1户、贫农错划为中农的35户、中农错划为贫农的15户、富农错划为中农的4户、雇农错划为贫农的7户。

（三）展开群众性的民主运动，加强民族团结，处理遗留问题，整顿组织（在群众明确了内部必须团结一致的基础上，以加强民族团结、民主团结为核心，通过自上而下运用典型解决顾虑，层层推动）

1. 民主运动

主要是解决干部与群众的关系问题，发扬民主。

乡干思想在运动开始前很混乱，怕清洗、怕斗争、怕报复、怕坐监、怕进劳改队、怕丢面子。土官乡乡委员陈凤云说："让他们提提，提清洗掉我也不想再干了。"登云乡副乡长说："上台容易下台难，要被斗争才会下台。"白锦乡乡委员说："事情不发生都说我好，事情一发生就说我是坏分子，要清洗掉。我有小儿岁女，关监就恼火了。"个别的认为自己的问题不大，产生自满，不做深刻检讨。土官乡乡长郭万才说：“提意见解疙瘩，越解越紧。”有的认为提了也不解决问题，有的则说干部在土改中出了很多力，很辛苦，怕把干部提垮了，又有部分群众因果实分得不满，想趁机报复出气。根据上述思想情况，分别召开乡委员会、代表会、会员大会，进行思想动员，交代民主运动的意义与政策，并通过典型暴露思想，解除思想顾虑，自上而下带头检讨，自下而上酝酿讨论提意见。棚租坝乡乡长孙成华在区代表会议上暴露说：“以前在修公路时经过两天的民主运动，曾在大会上反省过，听见这次要搞10多天民主运动，怕被群众拉来斗争，回家又没有脸见女人，就害怕，想跳塘子自杀。”接着镜湖乡农协主任继续暴露出“他到玉溪卖米时听到玉溪在复查工作中关起了40个人来，心里也害怕关监”。经过典型暴露、批判思想、肯定干部成绩、解决顾虑、统一思想后，首先以乡为单位召开代表、委员、大小组长、民兵中小队长、青年团员等联席会，由乡长工作组带头检讨，开展运动，继而开展到村、户，运动中情绪极为高涨。如二区青龙寨村群众开到深夜1点钟还未散会，反映说：“我们从来没有开过这样好的会。”有的村提了干部的缺点，又提了干部的成绩，干群关系进一步达到团结。其次，中农与贫雇农之间，因大部中农未分得果实，对贫雇农不满。有的反映说：“斗争时要中农，分果实就没有中农的份。”白锦乡蔡树之母说：“斗地主我们到处摸底，分果实群众同意分给我一顶小娃娃的帽子，但分配委员又不给我。”部分贫雇农也有排斥中农的现象，贫雇农与中农之间的不团结显然存在。经过中农算算政治翻身账，体会到自己的利益比贫雇农多，反映说：“以后我们不再与贫雇农计较了，贫雇农困难多。”在贫雇农方面经过“专题”讨论不应排斥中农的问题后，思想上也明确了，今后要好好团结中农。但有的工作干部对坚决依靠贫雇农团结中农体会不足，单纯迁就中农。土官乡工作干部在处理遗留斗争果实币2000多万元时，提出“团结中农，这是最后一次分斗争果实”，于是中农气焰上升，说“合了，以前天天满足贫雇农的要求，填坑补缺，我们中农没有利益”。有的说：“中贫雇农是一家，拿分果实来看，还不是一家啊！”

2. 民族团结问题

由于土改解决得不够踏实彻底，在紧张激烈的阶级斗争的局面下忽视了历史上存在的隔阂。运动中又复出现了，大多是由于地主阶级的挑拨，因争执山产、水利、玩小姑娘等纠纷产生（前述土官乡水尾村与青云村在处理分山林时为坏分子李文光操纵即是一例）。二区青龙寨与玉美村（均彝族）的青年因玩小姑娘发生械斗，青龙寨青年打死打伤玉美寨青年各1人，在民主运动中即有意识地发动群众进行辩论追根，结果追出是在两村地主挑拨下产生的，双方农民互派代表检讨说：“以前的事是地主搞出来的，现在我们不要计较了，以后大家要互相来往了。”各乡类似其他的隔阂都这样做了有意的解决，但部分乡尚解决得不彻底。

综合上述各点，民主运动基本上是成功的，部分乡干在运动后比以前积极（二区棚租坝乡乡长孙成华以前工作不主动，经群众提了意见后，便主动找工作干部代表，到各村布置工作）。但由于民主运动是为了进一步提高干群觉悟，纯洁内部组织体会不够，运动一般未深入到户，部分乡工作干部单纯鼓动群众提意见，政治性不强，形成极端民主化，为坏分子钻了空子。大白邑乡不纯分子马中良提乡委员马兆云与地主反革命分子分不开家，受了地主1000万元的贿（结果只查出马兆云贪污200万元），要把马兆云关起来送劳改队，吓得马不见工作干部的面，工作干部找他就跑。白锦乡不纯分子王朝吕因分不到果实不满，提意见说“工作干部是为地主恶霸办事的”。有的则说“青年积极分子是反动派的爪牙”，以致邪气上升，运动末期又未展开群众性的鉴定干部，将不正确的意见加以适当的解释或否定，致使部分干部思想上产生抵触消极。二区宝岩乡乡长胡光才对工作组发脾气说：“群众给我提的意见多得可以挑得两稻箩，你们不挨我分析，你们是搞哪样？我就是认不得错在哪里。”有的干部在运动后不敢大胆负责，凡事只是说“大家商量”。

3.处理遗留问题

由于土改分配阶段中工作干部未认真进行到底，遗留下部分山林旷地果实，复查中对群众思想教育团结互让不够，时间拖得较长，弄到区上才得到解决。有的在分配果实中，因工作干部对解决贫雇农生产上困难的观点不明确，产生平均主义思想，中贫雇农间发生争执。二区云甸乡小甸中，中贫雇农间争果实，反映说“分得一文半文也要”。

4.民族民主建政

乡村组织大部分在原有基础上进行调查，建政工作较草率。一区建了12个乡政府、1个镇政府，未结合具体内容运用民主形式进行建政；二区据甸尾11个乡的统计清洗了9人，提拔积极分子为乡干的27人，建立了自治乡人民政府7个、联合乡政府3个。两区民兵中队在土改中已建立了24个（除个别清洗退队外，一般未动，但组织涣散，现正在整训中）。据二区甸尾11个乡的统计，共发展民兵754人，占全区人口4.2%；治保会两区共建立16个。

（四）查田定产，颁发土地证，动员大生产

经过土改后，一般群众对查田定产工作顾虑较少，但部分农民由于狭隘自私观点，想降低产量。个别地区在征粮评产中产量定高了，因此查田定产工作掌握在土改定产的基础上，一般不动，个别调查。二区镜湖村在1951年定产中，由于工作干部强迫包办，将产量定高了，负担也比较重，群众不满，连会也不来开。经查田定产工作，大力宣传保护土地所有制，说明实事求是，查实田亩，定实产量，该村产量降低到实际产量，群众反映：“这回合了，以后我们也有心肠了。”但部分地区，事先未召开贫雇会，因此中农、富农叫产量高，以致产量定了将近10天定不下去，后依靠了贫雇农，定产工作迅速获得解决。

其次发证工作：县由有关各部门组成发证委员会，掌握审查通过批准，区、乡由农民派出代表组成，进行宣传工作，展开对国民党反动政府旧执照的控诉。金牛乡贫农吴陶先的母亲流着泪说：“我以前只有3工田，被大恶霸吴允亮（乡长）在执照上写成5工，年年坑我，想起来真是挖苦人，现在毛主席领导，5工田改成了3工。”有的妇女控诉说：“以前执照上只有1个男人的名字，偷出去卖掉赌钱家里人也认不得，现在的土地证可不

行啦！证上全家人的名字都写在上面，要卖田也得开家庭会议哩！”白锦乡一个中农算账说：“以前在国民党领执照时有17工，卖掉了3工田请国民党清丈官的客，现在我的14工田只要35斤米就可以领得一张土地证，只要我在一丘田里多下一点功夫就可以了。”群众对发证是迫切需要的，通过发证工作鼓动了群众生产情绪。一区在发证时，石泉乡向土官乡提出挑战，以全乡实际行动保证增产二成，并保证全乡在两天内完成公粮任务，群众情绪极为高涨（土官乡乡长郭万才当青年团员开小组会时说，你们开会不要紧，不要忘记脱离生产中心工作）。

（五）结合工作

1.建团工作

复查中结合召开了青年代表会议及青年大会，进行团的教育。两区共发展团员629名，连土改中共发展了团员1006名，占二区青年总数18%强。建立了24个支部（但由于控制不严，个别团员入团后又要求退出，有先入团的与后入团的闹不团结，说“我们已经干够了，这回让给你们干了”。有的后补团员认为后补不是团员，反映说：“我们半个团员干哪样？”主要由于团的组织和教育不够，目前已办了两期团训班，学员共714名）。

2.生产工作

由于贯彻上级党委对复查工作自始至终必须结合生产工作的指示，两区在复查中基本是结合了生产。据不完全统计，在复查中共修挖水沟243条，新大坝塘6个，修了老坝塘11个，尚拟修建14个，共挖坝塘288个。个别乡不仅结合了农业生产，且结合了副产，一区福泉乡除结合了农业生产外，且通过贸易合作社收购发展了农民手工业品篾箩等，因此，复查工作发展一直比较正常，各项结合工作如征粮等皆能迅速完成任务，但个别乡还有的结合不够密切（同时结合复查两区已建立基层社分销处4个，发展社员13500名，股金1亿6000余万元）。

（六）总的几点体会

1.必须正确分析土改后的情况：明确复查目的是进一步巩固农村人民民主专政，结合镇反（特别是第三类型乡），大白邑乡由于工作干部对该村土改后成绩估计过低，认为三类型乡还算不上，要算为五类型乡，同时对该乡地主阶级反动势力打击得极不彻底，认识不足，农民与地主从思想上分不开家的根源弄不清，因此，发现了特务线索也不加追究，对逃亡地主也不发动群众进行追捕，镇反也未结合上，在复查中虽斗了三四个地主，但根本问题仍未获得解决，农民从思想上仍与地主分不开家。

2.土改复查是细致的思想工作，与土改的做法均有所不同。二区工作干部由于思想水平仍停留在土改阶段，宣布复查开始，召开了11个乡的联合斗争，大会镇压了两个反革命分子，干部下乡后发现群众埋头生产，开会来的人少，摸不出地主的破坏活动事实，思想上只是产生苦闷，工作深不下去。

3. 为了彻底扫荡残余敌人顽强抵抗，树立农民群众对敌的强烈专政观点，必须以政治为主展开斗争，大力揭发其破坏活动，为此，县委即于9月29日铺开了土官等3个乡的试点工作，进行摸底，挖出了地主企图放毒事件后，该乡群众立即转变了麻痹思想。教育干部复查开始对地主阶级必须从政治入手，揭发地主破坏活动，始能扭转群众松劲麻痹思想，相反个别乡对此点领会不足，使工作受到不小的损失。厂上乡厂上村干部×××一下手对地主斗争即追经济，致使地主乱咬农民为上当户，个别农民被咬得在会上哭，有的则要地主证明他不是上当户。混乱了自己的阵营，使该村复查工作未能达到预期的目的。

4. 在指导方法上必须是点面结合。两个区的复查在第一、二阶段由于县委掌握了土官等3个乡的试点工作，同时也推动了其他乡的工作，使其他乡的第一、二阶段工作做得较为踏实。及至第三阶段时，由于县委精力分散，重点形成不重，两区复查工作在后半阶段呈现疲沓现象，以致抓不稳复查中心工作，使征粮、禁毒等工作未能结合中心工作进行，反而打乱了中心工作。

以上适否，请示！

新平县第一批土改乡 41 个乡没收工作总结

（一）开展四查，打下没收工作的基础

我乡4个片41个乡除掉坡头、双河、弥勒、西牛4个乡以外，均已开始没收征收。

这些乡的没收工作是在划完阶级、敌我分明、农民更加团结、地主进一步孤立起来的情况下进行的；同时在划分阶级结束后，通过总结划阶级的工作展开了全面性的四查运动，因而更摸清了我们的工作底盘，发现乡组织仍有不纯现象：他拉乡农协副主席邱发亮是个惯匪，土改开始混入乡农协会，干部一直没有发觉；代表龙朝云包庇地主，当群众斗争地主王子谷时，他威胁群众不准斗争："不要斗得太狠了，一个村子的人早不见晚见，要往后面想想。"昌沅乡查出乡农协主席是个兵痞；代表杜普氏窝藏反革命分子，包庇地主，暗地里与在逃匪首王法元通消息，隐瞒枪支、子弹不交；瓦白果乡查出7个通匪的反革命分子。各乡的组织情况都差不多。

通过展开全面性的四查运动，群众的阶级觉悟与政治认识有了进一步的提高，没收工作就在这个运动中整理了队伍、纯洁内部的良好基础上展开。

（二）没收征收的准备工作

为了使没收征收工作有秩序、有计划、有组织地进行，各乡事前均分别召开青年、老年、妇女等一系列会议，自上而下大力宣传没收征收政策，用回忆、对比、诉苦等方式分析地主财产是哪里来的，我们的财产哪里去了。经过反复交代政策，充分进行讨论，群众均认识了没收征收是向地主拿回自己的血汗，收回自己的土地，反映说："三年田地八百主，今天田地还原主。"青年、民兵认识了地主的剥削罪行，提出保证：要好好看守地主，监视他分散财物，不准他乱说乱动。接着以乡为单位召开了乡的农民代表会议，讨论了没收征收政策，研究了没收的办法，做出了决议，并订出了没收中的纪律，成立了没收征收委员会。乡农代会后，代表回村，进一步具体地将代表会议精神、决议贯彻下去，在群众中作了充分讨论。群众讨论决议时有的思想不通，昌沅乡普李氏

说："想起以前我们受压迫、剥削所过的穷苦日子来，地主的小娃都要把他没收来碰死掉。"他拉乡普凤英说："想起地主对我们的压迫，硬是样样东西也不留给他，把尿罐、屎罐也要拿回来，叫他背柴、拾松毛吃饭。"经说服后，大家都能提出保证：遵守纪律、执行政策、贯彻决议。

（三）做好准备工作，进入具体行动

在群众明白政策后，接着召开全乡群众大会，命令地主开列清单，交出田照、契约等。采取分别对待政策，结合开展斗争，人民法庭及时为群众撑腰：他拉乡公审了人人痛恨的大惯匪高永昌，宣判了一批土匪、恶霸（有杀、关、管、放、罚），充分发挥了镇压与分化的作用，掀起了群众斗争信心，展开了反分散、反破坏、反隐瞒的斗争，各乡在具体组织没收中均提出响亮的口号，组织游行，造成群众声势，使地主阶级感到压力，使农民认识自己的力量，带动了一批落后分子卷入斗争。如古城、昌沅、磨皮、他拉在没收中都发动几千人游行，喊出"铁树开了花，土地回老家""千年穷根一刀断，农民从此把身翻""各族农民团结一条心，除掉地主阶级的总根根"等响亮口号，古城乡组织了2500多人游行示威，打着锣鼓，抬着红旗，喊着口号，连七八十岁的老大爹、老大妈也被卷进群众游行队伍里来，落后层基本上消灭，古城一个乡涌现出积极分子100余人。磨皮乡从距城80里路以外地方背着烧柴、干粮翻过高山小路进城来没收，每个人都面露笑容，兴奋异常，群众反映："这是我们一生的第一次大喜事"，"这是自古以来没有过的大喜日子，我们要好好记住这一天，告诉自己的子女，世世代代传下去，永远感谢共产党、毛主席"。由于事前充分的准备，一般都广泛地发动了群众，男女老少一齐动手，具体分工向地主阶级进行没收，白鹤、桃孔、石头、费贾、昌沅都是在同一天进城没收，锣鼓喧天轰动全城，声势浩大，按时完成没收工作。

（四）地主的花样

在没收中地主阶级想尽各种办法进行破坏、对抗，归纳起来，其破坏花样有这样几种：

1. 隐瞒分散财物、破坏、对抗：城关镇地主王立贤将半开950元、卡宾子弹61发、拉七子弹30余发埋在床底下，把人民币30万元补在媳妇的裤裆内；太平乡一地主在交田照时不交田照，把田照丢进水沟里；地主丁润山婆娘在开列清单时进行顽抗，写臭裹脚1双；地主方寿康写狗1只；亚尼乡地主苏学义把蚊帐撕烂并屙些屎在上面。

2. 殷勤招待软化农民：在群众没收时主动地出门迎接，口口声声赞成土地改革，就是不拿东西。地主王植槐在没收时叫他姑娘拿烟、倒茶、买瓜子、花生招待没收小组。

3. 装穷叫苦：在没收时哭哭啼啼，要求多留一点。如古城乡地主喻黄氏在没收时趴在地上点头磕脑，对去没收的农民说："请你们多留我点东西，不看大人看小孩呀！"并使她的小孩来要东西，抓着农民的衣服不放。

4.收买群众藏东西：二区大寨乡有一个村子13户，其中有12户给地主藏了东西。

5.用变天思想恐吓群众：地主王植槐在没收完毕时，叫没收小组给他一张条子。在没收中，地主是普遍地进行破坏、抵抗，最突出的是被杀了的地主，他认为不能再杀第二个。石头乡地主普增强婆娘经斗争后反映："东西么，死都不交。"

（五）鼓起群众劲头，揭穿地主花样，顺利完成没收任务

从整个没收中来看：地主阶级虽然想尽种种办法进行分散、破坏，这些花样都被农民一一揭穿了。古城乡地主王国明女人将金镯1双埋在花生地里，将大烟1包藏在大门头上夹墙内，将半开、金戒指丢进尿罐里，都经过农民调查后给挖了出来。古城乡地主杨卢氏窝藏了1年多的老母道头子杨张氏也被农民从地洞里拖了出来，并搜查出大拉七1支、手榴弹4个、子弹10多发。

新甸乡地主杨开福把金银藏在新化乡他姨妈胡自兴家，群众斗争时开始不认，经把他的儿媳分化出来、指明前途后即当面揭发杨开福分散财物的罪行，使其哑口无言，只好交出东西。该乡9家地主有6家自动报出分散隐藏的财物。这样做，狠狠地打击了最顽固的大地主，海外乡李有华女人经过诉苦教育提高觉悟后，积极搜索老母道的活动，看见堂主李有科女人赶街买芭蕉，料定是做供献，根据这个线索，民兵周朝清、周朝良即积极跟踪调查，在8月21日夜间闻见房里有香面香，周朝清踢开门进去，捕获将要下洞的老母道头子许存孝，供出在迷池莫普兆玉家首地洞里躲藏曾杀我4个工作同志的匪首计春荣，又在普在先家搞出老母道头子艾存保、普世昌及逃亡有两年多的地霸、匪首、反动会道门头子陈谨、许尧臣，这些吃人害人的反动家伙就此纷纷落入人民法网。

在没收中采取边没收、边斗争的办法，结果共没收田地83110工，折合产量15932573斤；没收房屋3221间，农具3672件，耕畜牛、马、骡等905头，搞出大小枪361支，子弹18852粒，斗争果实人民币6亿余元，大烟2000多斤（以上系不完全统计）。

（六）存在的问题

干部单纯经济观点及个别乡还有非法斗争：没收征收开始时，有的干部反映："征收没收了，这回我们可以搞经济了。"对山区土改以政治斗争为主的认识是不明确的，由于掌握材料不够，地主普遍狡赖、顽抗，特别是镇压了的地主，把一切罪恶都推在死人身上，加上干部执行政策不坚决，运用策略不够，因而有个别乡有变相吊打现象。他拉乡没收开始，地主畏罪自杀者就有5人；费贾乡进城没收搞不出经济，即将一地主婆娘带到半路上将其衣服扒光，仅留下汗裤。

所以要把没收工作搞彻底，必须很好运用策略，这并不是说不搞经济，因为经济果实的取得是政治斗争胜利的结果，离开了胜利的政治斗争，经济上也不会搞彻底。

现在各乡还有大批隐藏枪支未搞出，这是一场艰巨的工作，必须认真执行区别对待政策，要从政治上、思想上深入地发动群众。古城、海外、迷池莫3乡从没收中发动群众，从地洞里搞出反动会道门头子，并搞出枪支、子弹，这个经验好，值得大家学习。

楚雄区第二批土地改革初步总结向省委的报告
（楚雄地委文件第一八八号）
楚雄地委
1952年5月13日

楚雄区第二批土地改革初步总结向省委的报告

一、土改发展情况

（一）我区土改自1951年11月12日土改重点试验开始，广通、双柏、盐丰、大姚等县，大部注意与做到了充分发动群众，召开贫雇农代表会，建立贫雇农主席团，整顿扩大组织，进行游行示威，召开农代会及各种代表会议（青代、妇代），交代政策，讨论制定决议和行动计划，结合镇压反革命、反违法及破坏、分散、隐藏与罚款斗争，一般做到有步骤、有计划地进行。但在县委领导思想上，不敢铺开，不敢放手，较长时间把行动停留在点上，其主要原因是：对土改的准备工作要求过高，企图在准备阶段在经济上把地主全部搞光，群众全部发动起来；再而领导上束手束脚，怕大轰起来搞乱了，怕铺开领导不过来，除广通县外都没有按照省委扩干会土改原计划执行。地委对此及时地指示各县重点取得第一阶段初步试验，一定按计划铺开，12月下旬各县在面上铺开。有的头脑不清醒，感到领导不过来，工作组深入不下去，有的就形成赶时间草率从事，不深入摸底。禄丰大凹、横山二乡，初期没有结合镇压反革命，走了1个月的弯路，一直到发现问题所在，大张旗鼓镇压反革命后，才把群众发动起来。总的是工作队（组）对土地改革达到什么目的不明确，认为不整顿不纯组织也可以完成土改；不深入发动群众，扎正根子，培养干部，树立贫雇农领导骨干，建立健全组织，充分运用群众组织活动，也可以完成土改，以及干部严重包办代替、用非法斗争、吊打肉刑代替了发动群众所致。

（二）自年关整训干部，省委提出土改的3个关键，1月21日，地委召开县书会议解决这一问题。在面上都实行了补课或从头做起，克服了赶时间赶任务的偏向；在工作上明确了从镇反、反霸入手和深入细致发动群众，加强县委的领导问题，才注意了发动群众，培养群众领袖，基本上纠正了非法斗争、非刑吊打和不区别对待地主的做法。3月上旬，地委召开县书联席会议，再次贯彻了省委地委补课指示，才彻底解决了这一问题。四五月份运动发展是正常的，特别明确了土改目的，大多数领导头脑清醒了，进行了系统的补课，初步整顿了工作队，贯彻了总路线、总政策。

（三）二三月由于三反打虎紧张地进行，地委县委曾一度对土改抓得不紧，在政策上发生了偏差，对划阶级的标准不明确，有提高和降低成分、牟定县委擅自规定征收富农自耕或雇人耕种的土地严重的无组织无纪律的事件发生。自3月上旬地委县书会议将领导重心转向领导土改，对上述一度发生的错误已迅速果断地纠正过来。

二、土改前后基本情况

（一）土地占有情况：土地改革后，农村土地关系起了根本的变化，消灭了地主阶级依借土地残酷剥削压迫农民的不合理土地制度，贫雇农分得了土地，都喜气洋洋，在田里插上了牌子，有的写“不有毛主席，哪有这丘田”“田地回老家，合理又合法”“分了田和地，生产好使大力气”等等。根据楚雄、广通、禄丰、镇南、盐兴、牟定6县821个乡材料的统计，土改前各阶级占有的土地是：地主每人占有4.77亩，产量2132.6市斤；富农每人占有2.4亩，产量1089.4市斤；中农每人占有1.55亩，产量549.7市斤；贫农每人占有1.02亩，产量234.5市斤；雇农每人占有0.33亩，产量127.8市斤。

土改后占有情况是：地主每人占有1.12亩（每人自然平均数1.73亩的64.6%），产量438市斤（占每人自然平均数678市斤的64.6%）；富农每人占有2.16亩（占每人自然平均数的124.8%），产量856.1市斤（占每人自然平均数的126%）；中农每人占有1.94亩（占每人自然平均数的112.1%），产量732.8市斤（占每人自然平均数的106.6%）；贫农每人占有1.57亩（占每人自然平均数的90.7%），产量648.8市斤（占每人自然平均数的95.6%）；雇农每人占有1.53亩（占每人自然平均数的88.4%），产量669.9市斤（占每人自然平均数的99.4%）。

从上面数字看，贫雇农每人都分得了一份土地，且是好田好地。在满足贫雇农的土地要求上，一般是做到了，但在个别乡（如牟定石羊乡），因为擅自征收了富农自耕或雇人耕种的土地，在纠正后又没有适当地补给贫雇农，因而贫雇农分田不多。如土改前每人占有0.53亩，产量290.65市斤，土改后每人占有0.87亩（占每人自然平均数1.37亩的63.5%），产量503市斤（占每人自然平均数729市斤的69%）；土改前贫农每人占有0.94亩，产量481市斤，土改后每人占有1.05亩（占每人自然平均数的76.6%），产量533市斤（占每人自然平均数的74.4%）。这样的乡还必须在复查时纠正，才能满足贫雇农的土地要求。

有的乡（如盐兴，或山区）因土地少而瘦，收成不好，分田后必须提倡副业及增加单位面积产量，才能解决贫雇农生活上的困难。中农分田后，一般都超过了当地自然平均数，这说明坚决在政治上团结中农，在经济上不侵犯中农利益的政策，在对下中农也做了适当补给土地。富农在征收出租部分以外，一般仍超过当地自然平均数，高于贫雇农每人占有土地数。如楚雄土改区，每人占有土地占当地自然平均数的118.8%；禄丰县土改后，每人占有土地占当地自然平均数的123%；地主每人分得一份土地，强迫其劳动改造。从这121个乡的分配看，是执行了党中央的总路线总政策，消灭了封建的土地制度。

（二）消灭地主情况：

甲、政治上：我区土地改革接受了省委第一批土改的经验教训，在省委的明确指示下，从始至终防止了和平土改倾向，大张旗鼓、雷厉风行地结合了镇压反革命，游行示威，张贴布告，给地主阶级“下马威”以严重打击。全区自土改开始到现在为止，共杀了五方面的敌人787人，判死刑缓期执行的235人；捕获并及时镇压了敌人从各方面破坏土改的阴谋，计防火28起，放毒1起，暗杀13起，暴乱（均未遂）5起（以上是县材料）；捕到在逃或漏网的反革命分子及不法地主167人（三县材料）。这样大大解除了群众顾虑，鼓足了群众斗争热情，猛烈地展开了向地主阶级说理说法的斗争，人证物证俱全，揭露了地主阶级发家史、罪恶史、破坏、造谣、组织土匪种种反革命罪行，迫使其向农民低头认罪，交出了反动本钱及枪支武器。据4个县不完全的统计，共搞出枪支206支、子弹20610发、手榴弹77枚、刺刀24把、炸药35桶。

乙、经济上：在政治斗争取得胜利后，各乡都转入了以经济斗争为中心的反分散、反破坏、反违法的斗争。如禄丰县老雅关乡在充分发动群众（特别是贫雇农的落后层）的基础上，召开了4个乡的联合斗争大会，展开了斗争，贯彻了区别对待，主动放松小地主，集中火力斗争大地主恶霸沙王氏、高孙氏、周黄氏、周翟氏4户，运用人民法庭处以罚款，限期交清。由于这样，迫使其他6户地主自动投降，承认罚款，按期交清，这样搞出了3000余万元人民币。根据广通、禄丰等5个县117个乡的统计，共搞出黄金584.53两（每乡平均5两）、白银7617两（每乡平均65.11两）、大头37572元（每乡平均319.4元）、半开75169元（每乡平均642.5元）、人民币14.37亿元（每乡平均1221万余元）。如将黄金、白银等均折以人民币计算，共合人民币25.21亿元（每乡平均2150余万元），以大米计共折合3152余万斤（每乡平均269500市斤）；每户地主平均交出190余万元，最多交出1.6亿元，最少交出15000元。根据广通、楚雄、禄丰、镇南、牟定、盐兴6个县133个乡的统计：共征收、没收了田地150820亩（每乡平均1134亩）、房子16212间（每乡平均121.8间）、耕畜5904条（每乡平均44.4条）、农具27198件（每乡平均204.5件）、粮食8599628市斤（每乡平均64659市斤）。

农民在分得上面这些胜利果实后，一般都组织投入了生产，但各地仍有贪污浪费现象发生。如楚雄县43个乡，共有果实15亿元，投入生产的13.963亿元，浪费了4330万元（占果实总数的2.88%）。浪费的原因，一是干部不重视组织农民群众将果实投入生产这一工作，如禄丰县宝泉乡雇工范其宏分得人民币14万元、谷米一部分，大吃大喝，一顿羊肉就去了5万元，又吃了一顿糯米饭用去6万元。另外则是不合理分配胜利果实，按户评级、按人分果实或者是单纯地从“穷”出发，而不从劳动、从生产、从需要、从坚决满足贫雇农出发，以致让游民分子钻了空子，形成果实的浪费。

在分配田地、房屋、耕畜、农具、粮食等（方面），根据禄丰县3个乡的统计：雇农每户平均分田4.29亩、产量4796.5市斤，房屋1.33间，农具1.42件，耕畜0.57条，粮食336市斤；贫农每户平均分田3.94亩、产量2901市斤，房屋0.61间，农具0.36件，耕畜0.35条，粮食1815市斤；中农每户分田4亩、产量3400市斤，房屋0.3间，农具0.45件，耕畜0.053条，粮食53.7市斤；地主每户分田6.5亩、产量3702市斤。

根据楚雄县39个乡的统计：雇农每户平均分田4.21亩、产量1763.6市斤，房屋1.09间，农具1.1件，耕畜0.56条，粮食129.24市斤；贫农每户平均分田3.7亩、产量1166.03市斤，房屋0.6间，农具0.4件，耕畜0.27条，粮食70.49市斤；中农每户平均分田2.4亩、产量823市斤，房屋0.1间，农具0.33件，耕畜0.02条，粮食6市斤；地主每户平均分田10亩、产量3702市斤。

从上面这些统计看，按户计算，地主分到的田都较之贫雇农多（因地主每户人口多，而贫农人口少），照人计算则不及贫雇农。另一方面，在坚决满足贫雇农要求、解决贫雇农生产资料的困难是做得不够的，特别是口粮、肥料，如禄丰县独瓦房乡176家新得户在分得胜利果实后，有80家买了口粮，有54家买猪积粪。至于其他乡，缺乏口粮仍是一严重问题。

（三）发动群众及乡村组织情况：根据广通、楚雄、禄丰、镇南、牟定5县143个乡的不完全统计，共培养了乡村干部5527人，其中妇女1409人，青年999人；从成分上来看，雇农707人，贫农4169人，中农792人。

农协会员：土改前共有60466人，占总人口24.35%；土改后100756人，占总人口42.08%。

民兵组织：土改前共有9572人，占总人口3.8%；土改后有10119人，占总人口4.4%。武器土改前有枪1692支，刀468把；土改后有枪1743支，刀486把。

根据楚雄、禄丰、广通、镇南4县已完成土改乡的情况，大致可分为下面3种类型：

第一种类型有27个，占完成土改乡的18.9%。这些乡均已充分发动了群众，落后层基本消灭，贫雇农领导骨干已树立并巩固起来，地主阶级已从政治上、经济上打垮，反革命分子已镇压彻底，各种组织已建立和健全，并发现和培养了一两个群众领袖，人民民主专政已基本巩固。这类乡群众发动成年人口的70%—90%，如楚雄二区东华乡，全乡人口2119人，农协会员有1081人，占全乡人口的51%，占全乡成年人口1187人的90%。除少数残疾者外，应该发动的都发动起来了。积极分子288人，占农协会员总数的28%。全乡共有贫雇农小组37个、农村小组28个。全乡农协委员12个，其中已培养出群众领袖1个，一般还能领导，小事找贫雇农主席团商量，大事召开农代会解决。村一级干部虽有5个社会关系不好，但斗争中表现很积极。地主阶级已从政治上、经济上打垮。

第二类乡有95个，占已完成土改乡的69%。这些乡贫雇农发动得不够充分，还有一部分落后层；贫雇农领导骨干虽已树立，但表现软弱；地主阶级从政治上、经济上仅受到一定打击，特别是大地主拿出来的金银少；反革命镇压不够彻底，各种组织均不健全，人民民主专政还有问题。如楚雄二区莲花乡群众没有一类乡发动得充分，落后层很大，占农协会员的将近10%；群众领袖也有，但较软弱；还有落后死角村；大地主（反革命分子）杨以庄自镇压后，一样东西未搞出；逃亡匪首亦未捉到；村干部中还有被地主收买的。

第三类型乡共16个，占已完成土改乡的12.3%。这类乡，贫雇农领导未树立，地主未彻底打倒，镇反极不彻底，乡村基层组织或仍为地主阶级或明或暗地操纵，或为其他不纯分子操纵。如楚雄三区日落乡，群众仅发动到全乡人口的25%，副乡长兼农协会主席是二流子，正乡长觉悟还低，大小组长及大小组还摸不清是否是贫雇农，地主阶级反革命分子打击极不够，全乡地主14户仅搞出人民币100万元及谷子20石。

（四）干部力量：根据双柏、禄丰、盐兴、镇南、牟定、永仁、广通7个县的统计共1877人，其中包括省的工作队共365人（仅禄丰、广通、镇南3县统计）、县级工作队共637人（双柏、禄丰、镇南、牟定、广通5县统计），其他县级机关调下乡做土改的除禄丰有25人；乡一级干部据镇南、牟定、盐兴3县统计共305人；干部成分根据双柏、禄丰、盐兴、镇南、永仁、广通6县统计，知识分子干部共577人，农民干部共102人，其他工人、部队的干部据禄丰、盐兴、广通3县统计16人，新干部据上面7县统计共1856人，老干部共21人，参加土改的仅镇南有民主人士1人，参加土改的教员据盐兴、镇南2县统计共361人，参加土改的学生禄丰县有15人。

三、几点体会

（一）土改的准备阶段，必须从访贫问苦，扎正根子，扩大串连，召开贫雇农座谈会、代表会，树立贫雇农领导骨干，整顿扩大组织，先轰开后深入，从反霸、镇压反革命、发动群众控诉、诉苦、游行示威，壮大农民声势力量，提高群众觉悟，向地主阶级展开斗争，同时必须做好匪民工作。广通东营乡楚雄六区发动了群众控诉反革命匪首，孤立了匪首，解除了农民顾虑，这一部分农民才发动起来大胆斗争。注意发动雇工、使女、老佃户，这是一个很艰苦的工作，除串连他们外，还必须干部和他们吃住一起，耐心教育，发动诉苦，提高觉悟，才能向地主展开斗争，楚雄箐乡、广通东营乡、大姚黄海屯乡都做出了很大成绩。

建立健全乡及自然村组织，充分运用组织活动，注意培养干部，肯定贫雇农主席团为土改领导骨干并召开各种代表会。大姚施永屯乡做得较好，干部很少发现包办，并培养了乡干大小组长，楚雄三区初期对此不明便走了弯路。

（二）划阶级是发动群众的一个重要步骤，只有明确这一点才能从思想上发动起群众展开诉苦算剥削账，追穷根，和地主阶级从思想上划清界限，提高农民的政策思想及阶级仇恨、阶级觉悟，交代到阶级的基本点即能防止提高或降低成分偏向发生。在此基础上必须进一步扩大组织、整顿组织，控诉反革命地主阶级发家史、剥削史、血债等罪恶，达到更进一步发动群众。划阶级结束必须经过代表会审查工作队严格批准手续，才不会发生问题，同时必须教育干部，纠正不正确的错误思想（如自定标准、提高或降低成分等），这也是做好划阶级的一个重要问题。

（三）没收征收中的发动群众必须清楚交代政策，肯定先搞底财，在运动中必须做好正确解决农民替地主隐藏财产的问题，才能达到农民和地主阶级彻底分家，随后进一步彻底征收没收。楚雄二区莲花乡莲者村农民和地主隐藏财产占户口64%，经过耐心发动，交出后才敢向地主大胆斗争。

（四）县委领导——一般均运用了县农代会、妇代会、青代会、工作组组长队长联席会、扩干会，县委重点试验指导面，县委亲自下乡检查，召开片农代会、扩干会、派检查组检查等方式，同时在每个关节上召开县农代会、扩干会，贯彻上级指示，介绍经验，在运动中作用很大，弯路走得较少。但牟定等县关节上县委没有重点，也不能取得自己的亲身经验，或放松领导，上下心中无数，结果运动不能正常发展，这一问题还得彻底解决。同时在领导上的另一个重要关键问题，即是对工作队的组织搭配，以及在运动中的整顿教育，经过几个月来的摸索体会，这一问题越发显得关系重大突出而重要。

四、今后的工作计划

根据省委今后工作安排计划和我区具体情况，对1952年度工作提出如下意见：

（一）5月下旬召开县书会议，总结第二批土改，传达省委土改指示和复查指示，具体布置第三批土改和复查工作，及整顿工作队、进行逐级三反等工作。根据第二批土改进度情况，禄丰、广通、盐兴、镇南、姚安、盐丰、永仁、牟定8县在5月底结束和告一段落，6月份工作队集中到县整顿，总结土改，布置下一步工作。楚雄大姚第二批土改在6月15日结束和告一段落，故整顿工作队、总结土改、布置下步工作向后拖半个月。双柏县除地委干校进行的11个乡外，其他在5月下旬结束，6月份工作队集中、总结土改、布置下步工作。

（二）第三批土改，双柏、姚安、镇南、牟定、大姚、永仁6县尚有148个乡（双柏18个乡、姚安44个乡、镇南35个乡、牟定2个乡、大姚23个乡、永仁27个乡）自7月上旬或中旬开始，到11月底结束。为保证完成土改计划，地委并抽专区工作队一部帮助姚安、永仁、镇南3县，双柏、大姚、姚安3县由本县组织力量完成。盐兴土改已结束，1952年即进行复查。继续进行元永、黑井两镇的民主改革，训练乡干积极分子进行组织建设，进一步深入镇压反革命，大力领导生产。

（三）复查：我区禄丰、广通、楚雄、盐丰4县土改已完成，广通已在9个乡试验了复查。根据主客观情况，我们计划1952年下半年在上述4县举行复查，而楚雄只能在平坝子4个区进行，其他7个县放到1952年进行。

（四）整训工作队：地委在6月份集中力量加强这一工作的领导，我们认为这是做好第三批土改和1952年复查的关键。在整顿方针上主要是通过总结，结合实际提高思想，对组织不纯和作风严重不纯者也要结合组织的处理。

（五）秋征如何结合土改进行，以后另报。

楚雄地委

1952年5月13日

武定专区减租退押运动总结

武定地委梁家、李天柱

1951年8月19日

武定专区减租退押运动总结

省委：

兹将我区减租退押运动初步检查总结报告如下：

一、减租退押运动经过概述

我区的减租退押运动，从去年八九月间的干部整风、召开专区农代会、成立专区农协筹委就开始了运动的思想准备、组织准备，做了动员布置。在这近1年的时间内，运动的发展可分4个时期。

（一）第一个时期是结合评产、挤黑、征粮、发动群众，展开反抢租、反夺佃的斗争，进行减租退押的宣传酝酿时期

去年9月专区农代会后，10月、11月，各县赓续召开了县、区、乡农代会和各县的人代会，广泛地宣传了减租退押。全区参加各级农代会的人数共14000多人，有些县还召开了短期的农民积极分子训练班（但参加这些代表会及训练班的人很多，成分不纯）。由于宣传工作较为广泛，所以各地的代表回去后，都不断地进行了星星点点的农民自发斗争，主要是枪换肩、反抢租和反夺佃，地主阶级则顽强对抗，这个斗争一开始就表现较为激烈。由于当时领导对运动的盲目性很大，又没有集中统一领导与深入发现问题、解决问题，各县一般都采取分散区乡领导的办法，以致斗争步骤极不一致。如武定县的反抢租和枪换肩，在少数民族聚居区内也无计划地普遍进行，引起民族关系的一度紧张；禄劝县第二区中屏乡的农民曾把一个土司“母老虎”（夷族）在街上打了一顿，把田地、家产封起来，实行“土改”。减退有的是二五减，有的是三五减，政策执行极不一致，但租子多扣在农民手里。一般说来，当时的群众运动检查起来是“官办”的多，由上而下地硬搬一套“如法炮制”，教条硬套，形式主义，所以只有一般的减租退押声势，都无深入细致的组织与发动，因而自发起来的反抢租、反夺佃斗争不能持久。另一方面，都助长了一批勇敢

分子的邪气，农会是多数的组织起来了，但农会组织也是“官办”的多，故不少一部分成为给后来的基层组织不纯留下了一个根基。

（二）第二个时期是进入征粮并开始做减退重点试验时期

1950年底，各县已先后全部展开了征粮工作。1951年1月，除武定、禄劝两县外，都开始做减退的典型试验。检查这个时期的工作，主要存在着右的倾向，这表现在：对反封建阶级斗争的严重性、复杂性与艰苦性认识不足，没有充分地发动群众进行斗争，强调团结中农比强调发动贫农厉害，强调分化瓦解敌人比强调组织与巩固农民队伍厉害，强调地主阶级的“开明带头”比强调放手发动群众展开说理说法斗争厉害，使运动带着和平的倾向。如1月间富民县奎南乡和禄劝县卡宜乡的重点减退试验，在这两个乡的重点试验中大体上都分为两个阶段进行的。第一个阶段是调查研究、宣传组织、动员力量，第二个阶段是分别召开农民与地主会议，然后召开“佃东减租会议”，进行减退。这两个乡的试验，他们都大体上进行了较深入的调查工作和宣传酝酿工作，在减租退押中，也得到了一定的经济收获，但都没有注意深入发动贫雇农、依靠贫雇农，而是开始就强调分化敌人，“突破几家比较开明的地主带头退押”。虽然县委领导在理论上承认减退是一个尖锐的阶级斗争，但实际上都没有深入发动群众，尤其是深入发动贫雇农，进行这尖锐的阶级斗争，而使这种减退斗争带有一种和平的倾向，群众在思想上、政治上不够巩固。当时干部一般的工作作风是严重的包办代替和单打一，在征粮与评产、挤黑中，地主的气焰仍很嚣张，破坏评产，抢租夺佃，分散财物，放毒放火，群众要求斗争，有些干部却说：“评好产，交完了公粮再斗争。”加上当时对反革命分子宽大无边的偏向，使这个斗争——开始进行减退的群众斗争，显得软弱无力，运动迟滞不前，不能有力地打破地主阶级的顽抗。在组织上则因为没有发动与树立贫雇农骨干而为中农掌握，许多地方实际上是地主操纵把持，大大增加了贫雇农的疑虑。

（三）第三个时期是强大的镇压反革命的群众运动使减退运动轰起的时期

2月，传达了省委地书会议的精神，并在克服了干部中优柔寡断的情绪之后，3月的中下旬，在武定区全面地展开了镇压反革命运动，如像一阵暴风雨，其劲头之猛烈，大有无坚不摧之势。群众的猛烈劲头曾一度冲破了干部的包办“圈子”，也确实一度冲开了地主的顽抗，给地主重重的一击，运动广泛地轰了起来。检查这个时期的运动，普遍存在着盲目“左”倾情绪（当时有地富思想的干部也用极“左”的行动出现），其主要表现在：在政策执行上，否定了减退是运动的主流，否定了斗争的策略运用，扩大了打击面，并打击了富农和部分中农，侵犯了工商业；在斗争方法上，是不加区别的斗、打、罚、杀，由于组织不纯，普遍使用封建的落后的种种肉刑；在干部思想上，则昏庸、不清醒，放弃了党的领导，无政府无纪律的状态也普遍发生，造成了若干地区的混乱。

这一时期，在武定区群运中是重要的一段，使地主阶级第一次受到了较沉重的打击，鼓舞了群众的革命情绪，使运动的面在一个很短的时间内迅速地波及扩大，但由于领导对运动缺乏经验，盲目性严重，主观条件又弱，在这一“轰”之下，基层组织的严重不纯普遍而明显地暴露了，运动表现了瘫痪状态。

（四）第四个时期是减租退押运动逐渐纳入正轨时期

4月贯彻了省委地书会议的精神后，明确了政策界限和党的领导，明确了运动的主流，强调了依靠贫雇农，发动贫雇农，树立贫雇农骨干，强调了放手发动群众，系统地运用农代会，使领导和干部从现实的教训中渐渐地清醒过来，大体上停止了运动的混乱现象。5月以后，在省委多次明确的指示下面，各级领导重新考虑减租退押运动的开展问题。5月中旬，各县召开了县农代会，县委在县农代会中进一步体会了省委指示运动的关键在于进一步发动贫雇农的正确性，若干地区重新掀起在实践中体会并掌握了运动的主流，进一步深入发动贫雇农，经过思想启发和觉悟提高，经过串连酝酿成立了贫雇农主席团；团结了中农，召开了小乡农代会，整顿了组织，使运动获得新的发展。如武定县的西和乡，就是在明确了运动的主流，掌握了运动的关键而把贫雇农发动起来，发动了群众，进行减租退押斗争的。安宁大定乡也是在6月间县委深入到乡去发现问题、解决问题，从而使减退运动获得了真正的展开。因而自5月以后，武定区的减租退押群众运动才纳入正轨，然而这期间运动的进展很慢。各县的重点，在发动贫雇农、树立贫雇农骨干的工作上，只有一些不完整的经验，还未形成有效地开展运动的自己的一套实在办法。

到目前为止，全区207个乡中完成减退的有35个乡，其中在进行复查的21个乡，正在进行的83个乡，未开展的89个乡（其中包括有群众自流搞的69个乡在内）。

6月地委提出了适当收缩群众运动，强调县委亲自掌握几个乡为重点，现在有掌握进行开展的51个乡。

据不完全统计，全区减退反霸斗争果实约2527万斤谷子，折人民币合121.6308亿元，占1950年公粮（连加派数在内）的78.9%。

以上是武定区减租退押运动经过的概述，1年来回顾一下，我们在运动中仅仅走了一小步，但从运动中的弯路及错误的教训中来看，它在干部的思想经历中，却是不小的一步了。

二、对1年来减租退押运动过程中几个问题的检讨

（一）在政策执行方面

由于领导经验缺乏，干部普遍阶级观点不明确，由于对上级的政策指示，缺乏从实践中去深刻体会，这1年来对政策的执行表现着左右摇摆、严重的片面性和盲目性。如去年9月宣传减退专区农代会开过后，农民政治情绪很高，地主阶级阴谋破坏，我们曾过早地召开全区的士绅座谈会。当时的认识以为在农民开始行动前，召开全区的座谈会，可以减少

运动的阻力，麻痹地主阶级，并且错误地认为“稳定地主阶级的震动”，但事实证明，在群众还没有发动起来的时候，没有想到如何深入一步去发动群众进行斗争，却想到如何去减少地主的震动和阻力，结果麻痹不了地主，仅给地主用上级开会的名义来麻痹了群众，使农民发生怀疑顾虑而增加若干困难和若干程度的阻力。事后省委曾经指出，但当时开会回去的地主，拿着“曾到专署开会”的招牌吓唬群众、阻碍运动的情况已经发现，我们亦感到这个会开得不适时宜，但未提高到政策上来了解，故仍缺乏明确的认识。

在全区来说，干部在执行政策方面更是模糊的，一般都存在严重的盲目性与片面性。如在发动群众斗争中，最初就强调了团结中农，而忽略了最基本是发动贫雇农与依靠贫雇农，后来我们干部“为了发动贫雇农”，又故意地排斥中农。在镇反时不讲策略，乱打乱斗的现象非常严重，一般对党的政策的认识，只是死啃条文而不根据群众觉悟程度与急迫要求，逐步去实现党的政策，而是将党的政策与群众的行动对立起来，不是包办代替就是放任自流，并且盲目地与上级的政策指示对抗。1年的经验证明：没有明确的阶级观点，没有深入群众，不是从实践中来体会，是不能正确掌握党的政策的。

（二）在发动群众斗争的方法方面

主要表现是不相信群众，强迫命令，包办代替，不愿艰苦地深入工作，而只是喜欢场面热闹的大轰大擒。如元谋一个干部在农代会上强迫交代农民代表串连的任务，指定每个代表要串连多少人，并对农民代表说“串连的目的在于贫雇农能在大会上讲话”，并规定不讲话的贫雇农不准分配斗争果实。这样就严重地脱离群众，使贫雇农不能很好地发动起来。

在运动中，对依靠少数脱离群众的干部还是依靠广大群众的问题仍未很好解决，很多干部是走“村干路线”而不是走群众路线，主要原因是不相信群众，不愿深入地接近群众，从思想上深入地发动群众，向地主阶级开展面对面的斗争，适当满足贫雇农的经济要求，而是喜欢强迫命令。

（三）在干部思想方面

这1年来，由于领导没有亲自钻下去，深入掌握重点，发现问题，解决问题，创造一套比较完整的系统的经验来指导运动，教育干部，因此，干部对反封建斗争的严重性和艰苦性认识不足，因而常常产生盲目自满情绪，在执行政策上的片面性使运动走了弯路。经验证明：凡是干部存在自满情绪的时候，就会盲目对抗或不虚心去研究上级的指示，就会脱离群众，工作就会受到顿挫。相反，凡在运动中停滞或遭到挫折的时候，就能进一步体会了上级指示的正确性，使自己和运动都获得进一步的发展；凡是干部的自满情绪受到现实教训的时候，就能虚心一些，就能深入一步地去发现问题、解决问题。这一年来，我们干部对于反封建斗争的艰苦性，是逐步认识、逐步清醒过来的。特别是在4月会议以后，各县深入重点，亲自检查了一两个乡的工作，发现了基层组织严重不纯和贫雇农阶层的严重思想顾虑以后，才从领导开始比较清醒地认识了运动的艰苦性。但目前下面干部认识仍不够明确，特别是怕艰苦的思想和片面性未克服，强迫命令的恶劣作风仍未纠正，认为加强领导必须包办代替，大胆放手必须放任自流，成为运动深入发展的严重障碍。

（四）在领导问题方面

主要是缺乏群众观点，不能做到“领导与群众相结合，一般号召与具体领导相结合”，尤其是地委没有认真深入地掌握重点，自己从实践中取得经验来指导全区的运动，领导上一向只是承认“干部少而弱”，而不承认如何给干部以具体的思想指导，来逐步解决“干部少而弱”的问题。

1年来，县委还未能很好解决如何将运动的领导集中到县委手里来的问题，仍然是分散主义的领导方法，因而运动还没有正确地由点到面，逐步推开。最近各县都较深刻地感到，当前的群众运动必须县委深入到乡，从重点中亲自摸索一套实际的经验来指导运动，一点一点，然后一块一块地完成减租退押运动，为土改准备好条件。这是很大的进步。

三、深入减租退押运动准备土改问题

经过1年的减租退押群众运动，地主阶级是受到一定的打击，群众已经过了一定的斗争锻炼，但运动的发展极不平衡，5月以后，真正减租退押群众运动，才星星点点地逐步展开。据统计，207个乡中，真正发动了贫雇农，初步树立起贫雇骨干的只有27个乡，目前地主阶级在农村的统治还未受到根本的打击，许多地方地主杀掉了威风还在。如罗次最近特务和地主造谣闹鬼，有的已被枪毙的地主坟头上，农民还偷偷地去上供，并对着坟头说：“不是我斗你，是工作同志叫我斗你，不要怪我。”这种情形，充分说明了在思想上充分地发动群众不够，在政治上彻底打垮地主阶级，不是轰了一下，简单粗糙，用斗、打、杀的办法就可以把封建摧垮的。加上今天大多数工作干部在阶级观点上的模糊，在政策掌握上的模糊，或摇摆不定，作风上的包办代替、恩赐、命令，要把武定区的减租退押运动深入贯彻，还是非常艰苦的工作。因此，我们认为要把运动认真地向前推进一步，根据这一年的经验，必须认真解决下面几个问题：

1. 坚持县委重点深入到乡去，解决如何在思想上充分发动贫雇农，依靠贫雇农，团结中农，如何在运动中把贫雇农阶层有效地组织起来，系统地运用农代会，如何点面结合的问题。只有认真地发动贫雇农，扎正了根子，整顿了组织，斗争对准地主阶级，才有可能稳步地推开，才能真正地把封建统治打垮，进行土改。另一方面，对干部则加以适当控制，加强领导，加强请示汇报制度。

2. 目前老一套的分散领导办法还未完全纠正过来，未能建立乡的战斗单位，仍习惯于以村为单位解决问题，一套有效的适用组织形式仍未完全解决。

1年来证明：运动翻来覆去，轰起来又消沉下去或表现停滞状态，而真正获得正确的发展，还是在适当收缩以后，县委直接掌握了领导才一步一步地将运动推开。只有县委直接掌握了领导，“一个阵地一个阵地地夺取”，认真发动了群众，打垮了地主阶级的统治，才能使运动正常地发展。1年来证明：只有少走弯路，运动才能迅速。

3. 必须抓紧对干部的教育。加强思想领导与具体经验指导相结合的领导方法，尤其是后者做好了，前者教育内容也更为丰富和收效。现在许多干部从去年派下乡搞征粮工作，一直没有对他们进行有计划、有系统的教育和帮助，今天检查起来，不少干部是保持1949年征粮时的工作水平，而在下面搞实际工作的却是他们，这个问题不解决，是无法使运动进一步开展的。只有开会作报告讲政策，而缺乏正确的经验的指示，还是解决不了问题，元谋县委从去年到现在开了18次干部会议，对干部的思想领导一般来说算抓紧了，但干部对如何发动贫雇农、如何深入群众仍然思想不明确和缺乏办法，表现急躁苦闷。因此，必须克服过去分兵把口、分散经营的开展方式，必须适当地集中干部，必须有力地集中在县委领导下，才能使干部获得提高，运动获得较迅速的发展。

对于农民干部1年来提拔了不少，但结果大多数都变成了所谓“坏分子”而撤换了（其中确有一部分是坏分子），有的村干撤换了六七次，现在还是“坏分子”，这就扩大了“坏分子”，增加了阻力，使积极分子怕当干部。造成这种现象的原因，除了群众未发动、封建势力未打垮以外，主要是干部的立场观点模糊，包办代替，孤立地“提拔培养”所致。另一方面，也有把群众的自发性看作“乱搞”“违反政策”“不听指挥”而加以“坏分子”的头衔加以惩办。对提拔的农民干部教育不够或要求过高，轰起来以后让他们自生自灭，因此一年来虽然提拔了七八百人（乡级以上）农民干部，但真正能起作用的不多，而且一部分变成了“坏分子”，使农民的队伍和运动不能巩固下来。因此，今后如何在群众中加强对农民干部的培养教育，并且在群众的监督下巩固这些干部，成为今后扩大组织、巩固运动、准备土改的重要问题。

4. 地委必须在实践中确实取得指导运动的经验。过去运动常走弯路或具有了某些正确的经验而未能及时加以总结，对运动不能摸底，心中无数，就使得领导的盲目性与片面性未能完全克服。从武定县西和乡和最近地委掌握的重点乡的情况看来，认真地深入群众，坚持正确的工作方法，把贫雇农发动起来，展开减退斗争，约1个月就可以解决，而1年来我们仅走了这一小步，干部思想不能及时提高，与地委这种官僚主义的空空洞洞的领导方法是分不开的。因此，今后地委必须坚持直接掌握几个乡（一个区）的领导经验，并能及时总结，才能使运动有效地深入发展和推进。

5. 在重新发动群众与复查当中，彻底从政治上、经济上有分别有策略地打击地主阶级，组织和整顿农民队伍，建立农民民主专政，是我区在今后运动中的中心问题。

四、少数民族工作问题

武定、禄劝两县的少数民族较多，据最近较确调查，武定占54%、禄劝占34%，两县少数民族人口共有143440余人。经验证明：任何一种工作如果不考虑到民族问题，工作就做不好，而且要发生毛病，易犯错误。去年9月减退，没有考虑到民族问题，结果引起一度民族关系的紧张。今年3月镇压反革命运动轰起，也曾因为民族问题没有周到考虑，没有在少数民族区中多进行民族工作，现在武定北部和凉山的民族又显出极不稳定，加上匪特利用我们这个弱点，6月间武定县二区倮倮族，曾抬着毛主席的像在山区中游行集会，提出“倮倮族要独立”，分散后的小会中，又提出“如汉人要搞我们，就起来干”，特务从中挑拨民族关系。因此，任何一件工作，都必须深入细致地去考虑少数民族地区如何进行，不能搞这样准搞哪样，不这样搞又如何搞，都必须具体明确，否则，执行起来势必出毛病。

在武定区的少数民族工作问题，是去年9月才逐步提出来的。以往由于没有经验，故一直都没有把民族问题考虑进去，只是在减退运动开始后，发现混乱时，才被提了出来。但提出来时，只是强调了在少数民族区内坚决不搞斗争，但搞什么却不明确；只知道搞民族团结，但如何搞民族团结工作，又不明确，使许多干部在思想上不通，认为不搞减退就没有什么搞场，采取不理态度，放任自流，造成了不少混乱和损失。当时提出的在少数民族区中进行文化、卫生、贸易等工作，由于领导上没有实际去解决干部思想上和经济上的问题，所以领导上提出在少数民族地区搞文化、卫生、贸易等工作时，干部反映说：“唉！这些只是提出来，讲讲就算了！”甚至把这个政策当成一个笑话，但实际并不是这些做法不对，而是我们没有认真贯彻。如武定县五区金沙江边少数民族地区，由于我们贸易公司去收购麻布，维持麻布的价格就解决了那里许多少数民族的生活问题，获得很好的反应。

根据我们的经验，要搞好少数民族地区工作，要注意几个主要的问题：

1. 必须坚持省委提出的“先一步后一步”的方针，我们从武定、禄劝的民主建政的经验看来，充分证明了把少数民族地区的民族团结、民主建政推前一步，把社会改革推后一步的正确，政府有了他们本民族的人参加，就反映“这回我们方便了”“易通气了”，因而在打消民族间的隔阂和顾虑起了很大的作用，对政策的执行也易于正确，也才使民族团结有了较巩固的政治内容。

2. 在少数民族地区中结合抗美援朝展开三自运动，加强爱国主义教育，强调爱祖国、爱共产党、爱毛主席，是在思想上发动少数民族最有力的办法。因为今天在少数民族地区中教徒很多，过去帝国主义特务曾长期利用宗教进行活动，认真解决了这个问题，就能逐步消灭帝国主义利用宗教在少数民族中造成的政治影响，而少数民族中的头子大多数又是宗教徒，做好这件工作，能把少数民族在思想上逐步发动，从而提高他们的政治觉悟。武定洒普山就是进行了这个工作，现在洒普山苗族订出的爱国公约也订得比较好。[1]

3. 对少数民族地区工作，必须领导上严格控制，抓紧请示报告和批准制度，这条就是切实执行谨慎稳重原则的保证。现根据武定县3区少数民族反映：就是因为我们干部在下面搞得很乱，而要求“政府要搞哪样政策最好都交上级批准”和“预先告诉我们”，因此少数民族是迫切要求清楚党的政策和拥护我们在政策执行上严格批准制度的。

4. 必须注意对少数民族干部的培养。现在少数民族地区执行政策中“一视同仁”的做法，把汉人地区的一套办法搬进去，实际是一种大民族主义思想的表现，这种情形，与我们今天在少数民族地区工作中的负责干部缺乏其本族干部而绝大部分是汉族干部有关。因此，今天通过各族民主联合政府来大量培养少数民族工作干部（这里面当然也要注意反对狭隘民族主义思想），是准备将来进一步地进行社会改革的必然条件。

以上的初步总结报告，当否，请示。

武定地委梁家、李天柱

1951年8月19日

附注：

（1）材料来源：中共武定地委会

（2）总结报告时间：1951 年 8 月 19 日

（3）抄写时间：1959 年 5 月 21 日于楚雄州人委会

① 参见《武定洒普山少数民族地区展开抗美援朝运动的经验》一文，《云南民族工作参考资料》第一辑，云南省人民政府民族事务委员会编印，1951 年。——编者

禄劝县山区土改所划缓冲区及进行工作的方针向地委的报告

一、基本情况

禄劝三、四区北部隔金沙江与会理、巧家两县交界，据初步了解情况，会理、巧家两县境，有大小梁山族，依据省委地委指示，为了减少震动，减少对沿边少数民族地区的震荡，根据现在初步了解情况，决定三区炭山、托木册、打车、普福、倮左、撒马基6个乡，四区新村、鲁基、皎平3个乡，邻近金沙江南岸，划为缓冲区。

托木册乡靠金沙江与普渡河汇合处，与巧家县毗连，江对岸有基多街，有渡口，这边的人常去那边赶基多街，那边的人很少过来。土改开始以后，已经把渡船封掉。据说基多去年3月曾搞镇反，有土匪叛变，经部队剿灭，镇压匪首两个。

炭山乡对岸有黄草坪街，有渡口在炭山乡小平坝村对岸。这边群众常过去赶街，是属于会理二区汤塔乡。该乡有4家地主，去年3月搞镇反，5月搞减退，4家地主中3家被斗，斗后镇压了两个，一个现在关在区上。并于镇反时，镇压了两个反革命分子，清了一下匪，匪首现在有些扣在区上，有些扣在乡上。与汤塔乡邻近的一个乡有梁山族，该乡雨南村是梁山族聚居，其他村杂居，离江边约1天路。据群众反映说："梁山族地主都不动，汉族彝族都搞了。"优待少数民族，现在是搞生产护林工作。炭山乡恶霸张应彩，在土改开始前曾公开威胁群众说："要过去搬梁山过来抢人。"

打车、普福、倮左、撒马基对面属会理县境，又说是巧家，早年渡口现在已经查封掉（情况不易了解，两边不通气，据说是在搞减退以前倮左有渡口，因在解放前互相掳掠过1次，渡船就整烂掉）。江对岸木树易、土家畔、大锡棚等，是梁山族聚居中心区，离江边四五天路。

新村、鲁基、皎平对岸与会理毗连，靠江五六十里地区都土改掉（汉族、彝族坝子地区土改了，山梁子没有土改），据群众反映，土改时也追底财与对产主非刑吊打。

四区背阴山点羊槽乡有杂居梁山族，原是住江那边，受不住江对岸梁山族内部"马头”压迫，逃过江来，现与那边有联系，相互通婚。

根据省委边疆地区土地改革问题决议的精神，和省委地委指示，在禄劝、巧家接近大小凉山地区，划为缓冲区与坚决执行缓冲区的政策。地委指示“原则上发动群众，防止和平土改，斗争一样处理不同”，根据初步了解情况，决定托木册等9个乡暂划为缓冲区，除坚决执行指示外，并拟定对该项地区进行工作的具体意见。

1. 没收地主五大财产，底财在保证禁绝非刑吊打，进行说理说法的斗争，尽可能地把底财搞出来。浮财看情况搞出主要的一部分，用反霸赔偿、违法赔款搞出来，掌握适可而止，底财不一定搞清楚。对兄弟民族地主尽量放宽，坚决不动兄弟民族富农与小土地出租者的土地。中小地主的底财，一般可以不搞。

2. 斗争上一样揭发控诉，揭发面要宽，打击要有重点。

3. 清匪要坚决彻底，打击面要小，对地主、恶霸、土匪、富农、反革命的枪一定要搞出来，但必须高度运用策略思想；农民内部的枪支一律不动；对搞富农的枪支，方法上要特别和缓。

4. 抓紧时间，提前结束划阶级阶段，贯彻从政治上打击地主阶级，与充分发动群众，特别是发动贫雇农，解决骨干问题。没收征收阶段，时间不要长，准备7天就转分配。

5. 总之，要充分发动群众，特别是发动各民族贫雇农，贯彻山区土改的政治性，认真执行省委指示山区土改“解决政治要坚决彻底，执行政策要严肃慎重”。必须具有高度的政策策略思想，争取大多数，使震荡面小，减少土地改革的阻力，更有力地消灭地主阶级，中心解决山区政治问题，使人民得安定下来。

以上是否有当，请予指示。

禄劝地委
9月2日

蒙化县委对第一、二批土改乡运动的总结

文件来源：蒙化县委档案室

文件日期：1952年8月29日

抄件日期：1959年1月28日

蒙化县委对第一、二批土改乡运动的总结

全县第一、二批土地改革，包括4个区74个乡33569户，占全县总户数68.7%；162600人，占全县总人口61.6%，于今年2月初先后宣布开展土地改革，直到7月底，除一个民族聚居乡及蒙城、城郊等3个乡，其他71个乡全部完成土改分配土地的工作，同时全县果实互相做了调剂，各民族更加团结……

一、原来工作基础及运动发展情况

全县第一批土地改革乡是33个，占全县120个乡的27.5%；有81681人，占全县总人口235732人的34.6%。以上乡包括全县4个区所有的平坝子区，内有民族聚居乡两个，杂居乡6个，于1月底2月初正式开始。第二批乡是41个乡，占全县120个乡的34.16%；计有80925人，占全县总人口的34.3%。以上这些乡包括土改4个区的全部，都系山区，于第一批土改乡初步进入划阶级（3月27日）时抽配力量，于4月初正式铺开。以上这些乡虽然在减退中搞出了减退果实50多亿、枪支500多支、大烟13万两，杀掉地霸反革命224名（内有减退前24名），但还非常不够。这些乡一般的情况是减退不彻底（第一批乡）或极不彻底（第二批乡），表现在地主阶级统治集团没有打垮，他们还在随时造谣破坏，有组织地进行活动；贫雇农阶层没有发动，虽然有的组织了一下，而是有名无实的空架子，当家不做主，不少乡是地主代言人“文书”把持操纵，一般的都是中农当选，领导机构不健全，群众思想发动不够，阶级斗争尚未展开，多是一村一伙地进行活动，会议是一档子的形式，力量分散，群众声势不大，发展既不统一，又不平衡（下略）。

因此今天检查土改，全县74个乡，仅第一批运动的情况，可分为这样几种类型：

第一种比较好的乡，都是组织健全纯洁，领导骨干较强，小组活动经常，并能抽出一些骨干也没有大的影响，群众发动在80%以上，镇反比较彻底。这种乡有自由、磐石、大仓、南涧等17个乡，占33个乡的50%。

第二种一般的乡，即是乡组织纯洁，领导骨干较强，群众发动在70%以上，镇反不够彻底，非杀不可的还有，但群众尚能管制。这种乡有和平、营盘、同仁等5个乡，占33个乡的15%。

第三种很差的乡，即是乡的组织基本不纯，个别乡严重不纯，贫雇农领导骨干尚未取政，群众发动面在50%以上，落后层数量很大，地霸反革命自杀数字过多，反革命个别镇压或原封不动，土改后还继续进行破坏活动。这种乡有安乐、古城等6个乡，占33个乡的18%（第二批情况更差）。以上情况，第一种工作队走后仍然能领导本乡工作，并建立团的组织，群众顾虑少，干劲大。遗留问题多的乡为第二、三种乡，要进一步进行巩固，特别是第三种乡有二分之一要从头做起，认真补课，以求巩固和准备下步运动……（下略）

根据这段运动的检查存在问题的分析及较好乡点滴经验，要使这运动贯彻得好，应该是：

1.首先不断克服干部的右倾思想，使干部不仅认识了地主阶级肯定有底财，必须指出来，还必须要明确如何才能搞得出来，搞得彻底，随时警惕地主阶级的反动本质。为此必须是连串的没收征收斗争高潮，才能解决问题，又必须是在群众的压力下进行区别对待，解决问题，这样是可以将地主阶级的抵抗打破与消灭的。永福乡运动中能坚持干大的，就解决了些问题。事实证明，地主阶级的消灭决不是一次可以消灭，必须一连串地组织几个斗争才能解决问题。它的经验是第一次痛打大地主，有意识以解决中小地主为主要奋斗目标，第二次组织中小地主，围歼大地主，第三次没收征收打扫战场，并要抓紧第一次斗争发现问题，总结经验，抓住小组活动发动落后层，区别对待，准备第二次战斗。第三次斗争没收征收将要结束时，应警惕地主花样，教育农民使其有斗争思想，以免转入分配产生太平思想，同时征收没收、四反斗争中，除经常了解分析敌人情况外，并要随着运动不断地了解、纯洁自己队伍，巩固扩大自己力量。

2.充分发动群众特别是落后层，这是打破地主阶级在“四反”中顽抗抵赖的重要关键。第一批磐石乡的经验证明；首先工作队要端正对落后层的态度，帮助骨干积极分子分析落后层的具体情况，分工进行思想发动，这样在5天内发动了3160多人，其中又能发动串连别人的有52人。因此在发动落后层方面要明确这样几个问题：首先明确解决干部群众对落后层的正确认识“不仅要钱，主要是要人”，因而又是一个重大的政治任务；同时也要明确他为什么落后，是自己的觉悟差，还是敌人的阴谋陷害，工作队认真分析哪些是落后层。根据磐石乡的分析是：①大会几次检讨的贫农徐大本；②受过当众批评的人；③受苦最深，穿衣最烂；④中农阶层；⑤干部积极分子的家属（如上塔村民兵副中队长吴朝南女人，苦深未诉）；⑥被地主阴谋陷害藏东西的，磐石村阿香是贫农，藏地主两件衣服，几次斗争不敢参加。研究对落后层的发动办法要：①从自己阶级兄弟关心他、体贴他；②由新发动的落后层去发动落后层；③带领他参加斗争会；④分工包干发动。

3.执行政策运动策略，组织反封建统一战线，这是“四反”斗争胜利的主要一环（是党的政策），绝不是可有可无，而又必须是提得适当，我们在运动中对这点做得非常不够。

以上划阶级、征收、没收当中主要问题是干部的右倾思想。右倾思想的表现是：不去充分深入地发动群众，不去彻底坚决消灭敌人，不去认真研究上级指示、贯彻党的政策。经验证明：凡是在这方面明确些的运动发展就比较正常，它在坚决彻底消灭敌人的思想指导下执行区别对待，使运动逐步深入，最后取得胜利，反而有的乡在这段运动中工作队头脑不清醒，既不研究上级指示，也不了解自己情况，只凭自己主观地盲目硬斗，这种做法表面上看来是左的行动（自称坚决、立场稳），实质上是右的思想，真正立场稳是要充分发动依靠群众，正确执行贯彻党的政策，因此永福乡不要富农靠拢群众，站好不动，是不对的。其次，不少的乡在这次运动中以贫雇农为主来充分运用社会力量，组成反封建的统一战线，共同来消灭地主阶级是不够的，这主要是工作队思想上不明确。

蒙化县委对第二批山区土改乡运动总结

文件来源：蒙化县委档案室

文件日期：1952年8月30日

抄件日期：1959年1月29日

蒙化县委对第二批山区土改乡运动总结

我县第二批山区土改，是在去年3月27日展开的，计有41个乡，有80925人，运动于7月27日基本胜利结束，历时4个月。开展工作时，领导上缺乏山区土改经验，对情况估计不足，在运动中由于省委地委的正确指导方针及在工作中的摸索，对问题才逐步明确起来。工作队虽在坝区搞了一段扎根串连的工作，得到了一些经验教训，对依靠贫雇农观点比较明确，而对山区工作的艰苦性复杂性重要性则缺乏正确认识，因此工作中处理基本问题时大多是碰到问题才解决问题，有的是碰见问题而看不见问题，任其自流，形成运动被动吃力，拖长了时间。但总的发展情况还是比较稳当和踏实的，当中取得了不少的经验，也还存在着一些问题。

一、对山区工作的认识问题（从略）

（一）工作基础情况

一般地区是搞过减退，轰了一阵，多少也有一些影响，但少部分地区工作队没来到过，党的政策未和群众很好见面，或完全没有见面，一个共同情况是：阶级界限及政策界限极其混乱不清，组织严重不纯，群众没有发动，顾虑很大。

1.阶级界限混乱

贫雇农被坏干部及工作队斗争，乐秋乡在复查时，在瓦五村把藏地主东西的贫雇农捆吊了4人，关起11人；青云乡地主胡沛林以贫农身份躲在农民内部。

2.政策界限不清

地主富农不分，一样斗争管制。如三区“地富”口号流行，恶霸与狗腿、二流不分，匪首与匪众不分，反革命主谋与被迫不分。

3.组织严重不纯

最好的是中农当，很多乡是敌人或地主代理人仍旧把持操纵。如文华乡掌握政权的是当过土匪的军官的文书；青云乡文书是地主胡沛林掌握，减退时要一家送他1斤酒、1斤肉，蒙蔽群众，取回执照逃避斗争。

总之，群众没有发动，顾虑很大，如青云乡群众热爱为“红灯笼”的查副区长被谋杀后，群众不敢来开会。

（二）封建势力情况

山区的社会、政治、经济形态，与平坝地区有其基本上的一致性，都是封建社会，但在具体情况也有其特殊不同，其主要特点是：自然条件更加分散，文华乡周围五六十里，人烟稀少，如青云乡江边村，一家家排列在江边，山高路远，交通不便。社会情况更为残酷，山区长期的政治不安定，山区与平坝地区恶霸、匪首、反革命分子勾结作恶，表现在：

1. 政治的野蛮统治

解放前，地主阶级的土匪、恶霸、反革命三位一体，以国民党、三青团、哥老会等反动组织，并通过国民党统治农民的乡、镇、保、甲制度，利用其他一贯政治特权，如青云乡23户地主中，有乡长5人、保长8人。其次学董、团首、仓长、校长、乡民代表等都为地主一把全拿，对农民进行派款、拉兵、霸占、抢劫、强奸、无故敲磕、勒索、欺骗、诬赖、凭空转卖房头、盗卖妇女、抢劫耕畜、农具等种种压迫。如青云乡恶霸闭德明当乡长时，抓闭定高的兵，送到蒙化城验不上回来，仍关在乡公所，威胁拿钱赎人。闭定高无法筹备，就将其妻儿出卖了来赔，赔了还将脚打断，伤重致死。一年之中各种苛捐杂税就有21种之多。霸占的如青云乡闭定廷，有铺山照，长10里、宽10里，农民打着个麂子都是他的。强奸的如拥翠乡杨廷兴，推请栽秧工把别人的妻子叫保丁叫来，强奸一夜放回。抢劫的如青云乡地主褚定康，勾结惯匪盘踞五台、上水槽等要道，抢劫来往行商，群众买点盐巴吃都提心吊胆，如此长久过着不稳定的生活。群众称这些人为“顺江王”“土皇帝”“坐地虎”“山老虎”，并说：“老子住在深山老阱，豹子老虎都不怕，就怕你这个大恶霸。”

最近（解放前），地主阶级乘机暴动，企图夺取政权，以地主张灼生为首组织冒牌武装，强迫农民参加，继续进行派款、抢劫、俘虏，造成农民生命财产的重大损失。

2. 经济上的超经济剥削

剥削方式存在着极其残酷的超经济剥削，但基本上表现为地主通过土地占有剥削农民。如青云乡闭盛田收租达200石以上，其收租之外主要是以封建势力来巩固其超经济剥削，以超经济的剥削加强政治上的统治地位。其超经济剥削的名目繁多，利息有“日夜生毛”“牛打滚”“街息”“季息”“三还息”，到时不还就拆房子，关起来，甚至毒打吊死。礼物有米、酒、鸡、柴、野味、糖、茶、挂面等年礼、节礼、婚丧嫁娶礼，另外还有派工、四季工、抬滑竿、挑水、吹鼓手等无偿劳动，很多恶霸还常以恶毒的手段强迫拆毁农民的房子。

地主阶级在政治上骇人听闻的野蛮统治及经济上残酷的超经济剥削，造成了：

（1）生活疾苦：吃的是“眼泪泡粑粑”，一件蓑衣晚上睡觉当被、白天当衣、下雨遮雨。新虎乡1000人的大会上，有70多人无衣裳穿。

（2）生产落后：怕拉兵、土匪抢或受不住种种苛派，东跑西散，生产被破坏，情绪极端低下，有的致残致废。

（3）文化落后：农民内部读过小学的都很少，找一个乡文书都很困难。

（三）民族情况

山区民族复杂，大部分是民族杂居和聚居，计有土、苗、民家、回、汉等民族，其中以土族为最多，如青云乡土族占全乡总人口的95%，一般的乡如拥翠乡土族占全乡总人口的39%。表现在风俗习惯、语言、信仰、生活各有不同，由于地主阶级挑拨及国民党大汉族主义统治的影响，各少数民族间及少数民族与汉族间，曾发生分裂与纠纷，造成历史隔阂。例如不团结，文华乡的土族农民恨山那边的弥渡人及山这边的蒙化人，其实就是恨地主阶级，因长期的被歧视，称少数民族“苗子”“倮倮”“土老”就愤恨，同时也有民族自卑心理，现在有些地方对他们的名称加个“土”字不愿意，而喜欢称少数民族。

二、运动中的几个主要问题

（一）清匪反霸、镇压反革命问题

山区土改必须强调政治性，强调从政治上彻底摧毁封建势力，强调在运动中从头到尾彻底清匪反霸，镇压反革命，这样才能满足山区群众在政治上的迫切要求。将群众发动起来，消灭敌人，也才能结束山区长期的政治上不稳定的状态，这是搞好山区土改的决定性的基本关键问题。

我们在运动中大多数的乡都贯彻了上级“先轰开后深入”的方针，强调以镇反、反霸轰开轰透、打开局面入手，造成宏大的、地动山摇的革命声势，把偏僻分散的山区广大群众动员到运动中来，打下地主阶级当权派的政治威风。大部分乡达到以后，马上就召开群众大会，宣布土改轰开。如位西点8个乡结合镇反宣布土改，鼓起了群众的劲头，减少群众顾虑，造下干部乘势深入、访贫问苦、扎正根子、展开串连的有利条件。在串连的基础上产生乡贫雇主席团，领导开展一系列的剧烈的反霸斗争。如拥翠点结合面上的8个乡，镇压当权派、绰号“山虎”“坐地虎”的恶霸地主蔡秀山（哥老会帅大爷，现行犯），到会人数15000多，吃冷水170挑。镇压后群众反映：青天扫开，法庭下乡。“捂了几十年的豆芽，今天抬头了。”在坝区斗争中紧密深入收集镇反材料，打下镇反基础。而一般乡都打得稳、准、狠，如青云乡镇压反革命，由法庭撑腰杀了其中的7个，这些都是罪大恶极、不杀不足以平民愤的地主阶级当权派，这种运动声势大有气魄，地主阶级当权派受到严重的打击，农民都能站起来当家做主，扩大了农民队伍，夺取了政权。关于清匪，如二区中心乡有土匪40多人，其中捕起来8人（镇压了4人）。在土匪恐慌时，因及时交代了政策，摘去帽子，安定了匪众，他们反而起来收集匪首的材料。但是少数乡如文华乡，由于阶级观念模糊，政策界限极不明确，失掉领导，又不分析山区特殊情况，故在进行扎根串连、清匪反霸、镇压反革命中，没有掌握政策，清匪不清民，不分主从，不说明首恶必办、胁从不问、立功受奖的政策，更没有实行争取家属去团结群众、瓦解匪众、孤立匪首的政策，对于那些在匪首统治被迫买菜煮饭的群众一律当土匪看待，有14人被迫跟土匪去了一次，也当成土匪。

而在反霸斗争中，没有区别恶霸、狗腿、游民，工作队提出来“大坏蛋、小坏蛋、反革命一起管制”不讲策略的口号，其结果是越管制越跑、越跑越管制，因此群众顾虑很大，打击毫无策略，因此跑了10多人，自杀了27人，管制了290多人，敌人打不狠，甚至没有打着，我们的弟兄在混乱中被整得逃亡、残废、自杀，不得安心生产，反而被管制了，不该死的也死了。大部分群众晚上不敢去开会，白天不敢去生产，怕被逃亡地主杀害。敌人有空子可钻，造成惶恐状态，违反了党的政策，严重地损害了人民利益。这个教训应引起我们的重视，检查起来我们是痛心的。大家认为要从头做起，而从头做起也弥补不上贫雇农的损失，因此在清匪反霸、镇反中，开始应坚持针对地主阶级当权派，打击面不能大，随着运动的深入，应严格掌握好阶级界限及政策界限，以免混乱。随着反霸斗争深入，群众顾虑逐步打消。在依靠群众的基础上，应重视抓紧及时收集有关镇反材料，呈准上级批准；能镇反结合运动，打下敌人的反动气焰，才能保证强烈的政治性。

（二）民族问题

我们必须重视民族问题，必须明确从民族团结出发、达到民族团结的目的，必须坚决贯彻坚定地掌握政策、放手发动群众的方针，尊重各族风俗习惯和宗教信仰，一切问题决定于各族内部大多数群众有觉悟，自觉自愿和自己起来行动的政策下，贯彻放手发动群众的方针，坚决依靠贫雇农，尤其是有意识、有计划地培养各族领袖。我们在这段运动中，对民族问题普遍是重视不够。初开始工作时，总认为没有什么民族问题，说土族已经被汉化了，民族已经团结了。少数乡长在工作中碰到了民族问题，才引起注意，如拥翠乡在访贫问苦及反霸斗争中，群众常常提到以前大恶霸说我们倮倮“不能当公事”。司可苴村叶姓（土族）、杨姓（汉族），由于地主阶级的操纵，霸占土族的土地，土族不恨地主恶霸而恨杨姓农民，后将他们所恨的人枪毙了，将罪恶引到了地主阶级的头上，提高了阶级觉悟，两姓方才开始团结。安定乡在调整干部时，新干部说“我们今天土族也得当乡长了”，因提到“土”字就引起土族群众不满而大闹。工作队拿着民族政策不敢交代，造成混乱，结果仍是交代了党的政策，才解决了问题。总之，我们必须肯定，民族问题是存在的，但根本上应该认识到，关键还是农民与地主阶级的矛盾，从充分支持政策提高阶级觉悟，是解决民族问题的正确办法。另外，地区分散，离领导远，难以照顾，应加强民族干部，如少数民族说“各地的土筑各处的墙”，才能巩固我们的工人阶级在农村的领导。

（三）土改运动结合生产及山区生产问题

彻底从政治上稳定下来，恢复与提高群众生产情绪，这是山区生产的第一步。山区生产由于长期被破坏而陷于停顿状态，必须待我们努力，帮助群众解决生产困难及在工作中关心群众生产。这就是运动中要贯彻宣传全面生产政策，打消各阶层生产顾虑，安定生产情绪。因山区生产季节特别长，几乎一年四季都有生产工作，这是山区群众很现实的迫切利益。如果不结合生产，就是不关心群众利益，也就会严重脱离群众，结果群众不能发动，生产也搞不好。同时要解决这个问题，只要与群众商量即可解决，我们在运动中是通过实际，才比较明白的。有些乡在反霸阶段中群众情绪由高到低的时候，不去了解群众思想情况，反而说群众思想落后，结果还是与群众商量，提高了群众所拥护的是“生产土改两不误”，使运动与生产互相结合。反之，有的乡群众看见“只比苞谷长得高”的时候，更要主观地白天斗争、晚上斗争，耽搁生产的时间，而群众思想未有解决，敌人也斗不垮。因此，一切活动应以结合群众生产为原则，少做大会活动，但大会要解决问题，应系统地运用代表大会，加强小组活动，才能充分发动群众，而干部生产也应该有意识地帮助群众解决。在分配时，必须从有利于生产和解决贫雇农生产出发，因山区土地分散、贫瘠，生产特别落后，分配必须照顾生产习惯，山区生产要一下子改变提高是不可能的，但又不能迁就落后。耕地力求固定下来，否则一方面乱开荒烧地，不几年就成光山了。另一方面，农业产量不能提高，就必须重视山林、牛马牲畜的分配，所以应考虑如何分配才能便于将来山区的生产提高问题。（略）

蒙化县委对第三批土改运动的综合报告

文件来源：巍山县委档案室

文件日期：1952年10月18日

抄写时间：1959年1月28日

蒙化县委对第三批土改运动的综合报告

我县第三批土改59个乡（山区）是从9月3日点上开始，到10月初为1个月，已经进行反霸总结；面上是9月17日开始。现将这些乡的运动发展情况和存在的问题综合汇报如下：

一、第三批土改59个乡的基本情况

1. 59个乡包括五、六两个区，共有15904户73113人。其中民族聚居乡20个，有5233户25096人；杂居乡有39个，10511户48017人。以上均系山区。

2. 59个乡分为4个点（五区永宁、凤岭，六区保平、宝华）、4个片，每区两个点取得直接经验，走前一步指导面上，关键问题是点上召开组长扩大会议及代表会亲自交代，点上由县委或县委指定专人强干部参加，亲自深入帮助取得自己经验，发现与解决问题，流动组重点照顾。

3. 运动进展从开始到10月初，点上一个月总结反霸（较慢），面上当着轰开时有些劲头。

二、面上铺开前的准备工作

除进行1个月的工作队整训外，着重地又总结了4个点运动轰开的经验，土改全面展开。

永宁、凤岭、保平、宝华4个点工作队到乡时基本情况是：

1. 乡的组织不纯，如五区永宁乡地主阶级让旧干部在村中设意见箱，农民有意见可投入箱内，可是工作队来了，不准乱告人。又如宝华乡富农恶霸王朝丁组织16人为镇反收集材料，他任小组长。

2.群众思想上对政策不了解，有的愿土改，迫切要求镇反、反霸，但不敢说；有的要求生产，有的怕土改打乱分（佃中农）。

3.敌人在拼命地分散财物、收买干部农民等活动，如富民乡敌人胡××放火烧房子。

根据这一情况，工作队同志都很着急，只怕轰不开或不好轰，所以4个乡有3种做法：

第一种是宝华乡工作队下去初步了解情况，迅速召开全乡群众大会，大张旗鼓地交代，为什么要土改，改谁的不改谁的，并说明农村总路线。工作队检讨表明坚决依靠贫雇农，统一全乡领导，向敢于进行破坏的敌人坚决镇压，指出敌人的出路，号召管制地主，检举反革命。此后敌人不敢公开活动，贫雇农马上反映要捕最大的6个地主，接着大会又进行逮捕，群众劲头更大，工作队很快就深入下去。

第二种是永宁、凤岭政策不敢和群众见面，如凤岭第一次宣布土改，不敢要地主参加，特别是大地主；又如永宁乡是地富都（不）要参加，怕他们了解了政策不好办，认为他们参加没有用，结果宣布后敌人仍在活动，群众劲头不大。

第三种是保平乡工作队下去不敢很快轰开，小手小脚地分头摸情况，思想上认为要轰一次就轰好和捕杀一批人，同时还有半个月才能轰开的老经验，认为8天轰开就够紧的了，而不是从实际出发，对坚持先轰开后深入思想上未肯定，因而运动吃力，同志们急躁苦闷。

以上问题经过汇报、讨论、总结后，工作队同志思想上一般的都进一步明确了，以上轰开问题中主要应克服工作上的不放手与思想上的经验主义等。

三、面上运动展开半月（9月17日至10月初）取得的成绩和存在问题

1.轰得即时，进展有规模、有声势，从上到下，紧密地组织了县、区点、片乡的宣布土改运动大会开始，3天至5天内召开宣布土改大会××次，参加群众××人；痛击敌人气焰，共杀××人、捕××人。工作队随即交代了土改的正义性，及清匪反霸、镇压反革命的精神政策，鼓舞了群众的劲头，然后工作队检讨表态（依靠贫雇）及统一全乡领导。如宝华点12个乡有5842人参加轰开大会；新平乡的群众反映：镇压得好！就是少了！有的连忙商量对被捕人犯的斗争办法；有的埋怨天气不好（当天下雨）。当时还收到有报告材料，有的说这些人以前被旧干部包庇着；有的说：“这回可整得实在了。”富民乡群众反映说：“今天要说话了，土改好比消灭树上的刺耳草。”德安乡土族老人拍着胸口叫：“今天土地要回家啦！”新乐乡回族群众反映说：过去地主恶霸整伤了我们，签名盖章要求逮捕其中的4个。

根据以上情况检查，仅五区共31个乡就有11个乡轰得很好，12个乡轰得不透，有两个乡未有轰开，其主要原因是：

（1）工作队对轰的目的不明确，认为杀人捕人才能轰，絮江乡工作队单纯从人来得多就认为是轰开了。

（2）对轰的收效不检查，有的埋住头死搬一套，有的认为轰过一次就完了，所以虽然轰了几次，而对敌我思想情况还摸不实在，更谈不上补充解决的问题了，形成为轰而轰，不是轰开深入访贫问苦、扎根子，形成和下段工作脱节。

2.工作队艰苦深入认真扎根，运动在轰起的时候研究了地委防止自满的指示，强调了根子是队伍的基础，扎根是工作队的责任，又必须在访贫问苦中选择根子，否则运动将走弯路。根据这次检查根子的成分多是雇农，如保平乡工作队在访贫问苦中选择的6个根子中，就有雇农4个，汉族2人、土族4人，永保乡都是雇工。取得扎根串连的经验，除省委指示一齐扎根、共同诉苦、互相串连、大家启发外，要访贫问苦、发现选择对象、群众审查、工作队分析、个别谈话、串连中考验；在串连方面，根子诉苦、认识力量、启发串连、帮助选择、共同审查，具体分析串连对象，紧密结合交代政策，否则只有先严，不能后宽，要边串、边诉、边斗、边巩固，这样串连得又快又准确。目前也有的乡连根子也扎不下（如宝台乡工作队说根子不好肯定是因为家里有牛）和单纯地约伴拉夫乱窜的两种现象。

3.反复交代各种政策，认真组织反霸斗争，思想上提高阶级觉悟，组织上分清敌我。根据运动展开情况，群众迫切要求镇反、反霸、清匪问题及表现有些民族隔阂的不满情绪，但工作队只交代一般的政策，思想上仍不够明确，表现在：

（1）对清匪方面：工作队下乡后，一般地作了交代，有的捕了匪首，群众反映很好，虽然我们工作深入不够，由于政策和群众见面，已起一定的作用。如永保、凤岭乡工作队专心研究清匪政策，交代后工作队又组织群众讨论，摸出了16个土匪，组织其中8个匪众诉苦追根。如匪众阎炳礼伤心地检讨自己，感谢党的政策，并检举动员出惯匪康应昌的枪支。又如正义乡的匪众李光太说："今天我才放心。"又保平乡何正华说，过去背上土匪帽子，失败啦！摘帽子后积极斗争过去匪霸：你整我做不成人！同时群众在讨论土匪界限时分得很清，如保平乡贫雇农将其分为主着干、抢着干、跟着干、迫着干，他们说，匪首与匪不同，自愿与不自愿不同。他们提出匪首6人、骨干4人、匪众15人、匪民23人，一次摘帽；保华乡农民提出，今天主要是干大头头和二把手。总之，这些乡的体会是：全面交代政策，分别指出罪恶、指出出路，依靠群众性的摸底，分类排队处理，及对被处理的要教育提高，有行动表现后边宣传边摸底边处理。有的乡做得不够，敌人更加活跃，小的土匪恐慌不安，群众顾虑，工作队苦恼着急，其原因是：指出不能和群众见面，有3怕——怕敌人乱（个别的匪首骨干）、怕敌人自杀、怕敌人起来干。所以思想上一直要等到划分个人成分时才交代。一种是只交代摘帽子，不敢说匪首惯匪罪大该判；有的只交代与根子和贫雇农，而不交代给群众，甚至有的主观地在大会上摘掉30个土匪的帽子，给群众增加了新顾虑，模糊党的政策。这种右倾思想表现得普遍突出，严重地影响了清匪政策的贯彻执行，给运动阻碍很大，形成有的自杀和逃跑（个别乡）。

（2）对民族方面：一般地说，工作队除注意到风俗习惯外，思想上都不够重视。大体有这几种思想：一种是没有什么、汉化了，本乡占少数或多数人家不承认是少数民族，团结就没有隔阂；一种是不敢提，因为原来有问题，一提就引起，或先不提待划阶级思想觉悟后再提为宜。这是一种消极错误的思想，其原因：对党的民族政策认识、体会、理解不够，有着大民族主义的统治思想，表现在以上的说法，对存在的民族情况认识不足。如我县少数民族共有8种，占全县总人口的37%，土族为多数，占据在五、六两区，今天表现多在民族村本位宗派上，如保平村是土汉杂居，黄草坝分上、中、下村，李艰斋（大地霸）住上村，中村说过去上村欺压我们中村，下村说中村整伤我下村，外村阿底五（土族）说黄草坝是狗出来都咬人，同时下村土族农民说：今天得共产党领导，上村地霸倒是有点低头。以上说明问题的严重而又复杂。根据这种情况及工作队思想，在组长会上专门检查研究，大家认为即使原来问题不多，如果不加重视，新的问题仍会发生，民族政策不易贯彻，必须从思想上、工作上重视起来。

经过这段运动，感觉到这样几点：

甲、尊重民族风俗习惯，主动自觉地从思想上到工作上认真解决。

乙、大量交代党的民族政策，了解民族历史隔阂，随时发现解决问题。

丙、反复的阶级教育，分清敌我，如清匪解决了阶级问题，清匪明确彻底。

丁、解决民族问题，首先提高骨干“有基础”，运动中一齐互相串连，就是从头打下团结的基础。

戊、交代民族政策和斗争中的实例，与现实教育相结合。

己、认真耐心培养民族干部：

A.工作中、生活中的思想教育；

B.干部对象必须正派；

C.工作上具体帮助和事先商量、帮助总结。

（3）对反霸方面：群众劲头很大，要求迫切，但从工作队的思想来看，主要是不放手，表现在反霸前就怕非刑、怕乱，硬是交代说理说法，结果斗争中群众害怕犯了政策。同时还表现了斗争中的形式主义，走过场，有头无尾，缺乏以现实事例的思想提高，一直斗的情况多。工作队工作不包办，让主席团群众领导是对的，但失去工作队的作用（缺乏帮助发现问题），使斗争收效不大，这种偏向也应纠正。

元江县土地改革运动

元江县地处边疆靠近土司区边缘（非土改区），全县属于缓冲地带。

基本情况

1.地区辽阔分散，山高路远，地广人稀。幅员南北长81公里、东西宽78公里，面积447平方公里，崇山峻岭，道路崎岖，交通极为不便。全县62个乡镇，除红河街小城镇、大水平片、武山片、因远片、甘庄等17个乡镇系平坝河谷地区比较集中以外，其余大部属于边僻山区，远者片乡间距百余里，乡村相距40里，大部未通电话。

2.阶级关系尖锐，民族关系复杂。38个乡包括11196户46330人口，计地主466户、半地主或富农18户、富农373户、中农2272户、贫农4815户、雇农2905户、小土地出租（经营）154户、其他193户。土地甚为集中，阶级对立尖锐，如咪里地主李和才收租3000余石，土地纵横百余里。据滏垤片8个乡的统计，地富平均每人占有土地19.5亩，农民平均每人仅占有土地1.412亩。农民受封建压迫丧失土地，若干村农民全为佃户（如三苏民族全无土地，靠刀耕火种度日），极大部分村庄全为地主“小家”，如大黑浦全为墨江计大地主之“小家”。地主阶级利用其政治上的特权进行残酷的超经济剥削，其剥削方式除地租、山租、水租、扁米、火雀租以外，还有各式各样的押金、白工、派款、拉兵、收烟课、高利贷、代养牲畜、人头税、送礼、抢劫、赌铁盘剥，剥削面约占农民人口90%以上。加之连年遭灾，受到严重摧残的群众生活痛苦不堪。

由于民族复杂，语言隔阂，全县民族40多种，均聚居或杂居各乡，为大部分汉族地主及少数民族地主所统治。由于反动派及各区民族地霸历史上长期压迫统治、挑拨破坏，造成各族人民的互相歧视与隔阂不团结的现象。

3.封建统治野蛮残酷，对敌斗争尖锐复杂。反动地主恶霸、土匪、反革命分子三位一体，长期进行政治上的野蛮统治，封建势力较内地更为雄厚，解放前方方有霸、乡乡有王，有“十八强诸侯”之称，明官暗匪，普遍搞反革命组织。解放后，经反霸剿匪等一系列斗争，敌人在局部地区受到严重的削弱，但基本势力仍顽强存在。1950年公开武装叛乱，猖獗一时，镇反后，转入隐蔽活动。江内地区股匪虽已肃清，江外地区是境内尚存。倪学善等股匪与帝国主义来回窜，烧杀抢掳无所不为。公开及隐蔽的匪徒、地霸大肆进行造谣破坏，如“美国已占领全部朝鲜”“蒙自被炸，屏边被占”“石屏土改乱杀了一批人，元江也要乱杀了”，挑拨民族团结，利用民族矛盾组织“彝族团结委员会”，用反间计打击民兵模范，杀害积极分子干部，仅南溪一寨前后就杀了11人。

4. 工作基础薄弱。经过解放后镇反、清匪、反霸等运动，群众初步有所发动，但绝大部分地区未进行减退复查，缺乏较充分的思想发动，部分农村基层统治权或明或暗，直接或间接操之于地主阶级或其代理人之手。如庀白乡恶霸黄应来混入农协当村长，匪首李国荣当农会主席，韩家庄乡副乡长是青白会的团政委，小平街正副乡长通联土匪，挑拨民族团结，该片胁从占青壮年的60%以上。江外边界部分乡以及江内邻近红河（非土改县区）地区，历来受帝国主义及匪特威胁，群众受党的教育很少，如其中有4个乡未征过粮，6个乡有土匪骚扰，有的乡从来没有到过工作队，群众迷信较深，被胁迫诱骗、扛过枪的、参加过几天暴动的、当过几天土匪的、参加过反动党团及会道门的很多，部分群众还存在变天思想，一般有依靠工作队分田、依靠部队的思想。再由于解放前及解放初期年年遭受虫、匪、旱、兽、风等灾害，造成边区生产的破坏，农民生活贫困，造成了偷窃、吹烟等社会问题。十四五岁的小孩普遍偷窃、吹烟，虽有政府的救济和生产救灾等工作，生产生活尚未基本好转。如他杞乡70%以上的农民靠野菜充饥，洼垤12岁的小姑娘未穿过裤子，18岁的青年未吃过3年苞谷，生活痛苦不堪，故农民有迫切的土改要求。同时也急迫要求肃清匪患在比较安定的环境下进行土地改革，有的群众反映：“工作队不来我们也要土改”，有的反映：“土匪不剿清，分给土地不敢要。”

根据以上情况，土改运动中正确执行以下工作指导方针：

1. 充分估计情况的特殊性、工作的艰苦复杂性及工作的有利条件，坚决执行《中华人民共和国土地改革法》和省委《边缘缓冲区土地改革的八项政策》，一切工作从有利于对敌斗争、减少土改阻力与内外震荡出发，从边区最大多数群众的最高利益出发，充分发动群众，坚决清匪反霸、镇压反革命，从政治上彻底消灭封建势力。在做法上和速度上，都必须依据城镇腹心和边僻地区不同情况分析布置工作。

2. 防止一般化地对待工作和主观急躁情绪，强调深入发现问题，一切工作应从实际出发，要做得要好要快，防止赶时间、走过场。

3. 自始至终贯彻从民族团结出发、达到民族团结的方针。

4. 重视各项工作与中心工作紧密结合，开始即注意“全盘扎根子，从头培养，逐步巩固”，工作中坚持统一布置、重点创造经验的领导方法。

5. 重视生产，土改紧密与生产结合，领导群众生产自救，贯彻“尽可能地满足和固定下来就地发展”的方针，认真做好分配工作。

运动的几点经验

1. 从群众的现实觉悟水平出发，开展群众性的诉苦挖根运动，从而掀起群众性的清匪反霸、镇反斗争。山区封建统治较内地更为野蛮残酷，群众觉悟较内地为低。工作队初到，宣传政策、访贫问苦、开展诉苦，但群众思想混乱、顾虑，不大敢接近工作队，苦诉不起来。一般诉远不诉近，诉死不诉活，诉小不诉大，个别积极分子反映“苦倒是有，到山背后方才敢诉”。诉苦流于形式，群众觉悟提不高，干部苦恼。经过一段时间摸索，县委领导思想逐步明确，吸收先进乡的经验，通过劳动服务，大力撑腰，及时逮捕，培养典型干部，以苦引苦，激发人人诉苦、村村诉苦、大会诉苦、小会诉苦，典型挖根，从点到面，在大多数乡的范围内形成广泛的群众性的诉苦挖根运动，群众觉悟逐步提高，运动局面逐步轰开，群众纷纷要求清匪反霸、镇压反革命。如保罗乡群众有顾虑，不敢诉苦，后经干部在大会撑腰说：“诉出恶霸来政府就抓，地霸不打垮我们坚决不回家，我忙也要和你们在一起。”工作组长亲自到唐明寨以苦引苦，发动群众诉苦，哭声震动，重点突破，全面展开。群众要求逮捕该乡血债累累的大恶霸李希文等3人，经批准逮捕交群众斗争，全乡运动最先铺开。

2. 坚决满足边区群众政治上翻身的要求，运动中坚持逐步发动、逐步镇压，从政治上彻底摧毁封建势力。从清匪反霸、镇反入手，从政治上彻底摧毁敌人。如韩家寨片遭匪患蹂躏，群众顾虑土匪，不敢接近工作同志，会开不起来，苦诉不起来，匪首杨春荣回来杀鸡吃肉也不敢反映。后经组织武工队，宣传政策，发动群众，大力剿匪，击毙大匪首李华，群众顾虑逐步消除，情绪高涨，全片运动僵局打开。他杞乡与都堵乡召开1500人的大会，公审大恶霸吕祖孟、李双成后，群众反映“天亮了，杀得好，饿着肚子也有精神”。青龙片召开了公审大会，斗争镇压了“白骨堆如山、肠肚满街淌”的罪大恶极的大恶霸地主刘士纯，大大地振奋人心。在运动轰开以后，领导保持头脑清醒，坚持思想发动，造成广泛的群众运动。斗争中重视了事前展开贫雇活动，组织力量收集地霸统治压迫农民的证据，在斗争中当场拿出血衣、绳子，露出枪伤。揭露反革命匪首余小寿斩草除根杀尽共产党烈军属的阴谋罪证后，余犯面如土色，浑身发抖，承认有杀头之罪。群众愤激，咬牙切齿仇恨，逐步提高，认识到这些人不杀掉，我们哪里活得了！韩家寨乡计算出地主解放后3年的剥削血债可建筑50个韩家寨，买1万多条牛，群众回忆自己所受的苦放声大哭，使人人痛恨地霸，纷纷起来斗争。在每一阶段都着重揭露了美帝、法帝、蒋匪特务的破坏行为，使群众认识了“帝国主义是各民族农民的公敌”“地霸、匪特、帝国主义是鸭子巴掌一把连”，斗争内容更丰富。群众逼缴出地霸、反革命的枪支和统治人民的工具，如刑具、伪徽章、伪委任状。他克乡即逼出枪80支，反映说“不把地主阶级的反动根子挖掉，农民江山不巩固”，“要把匪恶镇压掉，分得土地才牢靠”。由于坚持思想发动群众，有的乡斗争了6个钟头收不了场，有的乡宣布5次不散会，有的群众包着干粮从百里外赶来参加斗争，运动是猛烈的，情绪是饱满的。

3.坚决执行缓冲区土改的八项政策，在减少运动阻力和内外震荡、有利对敌斗争的原则下，顺利地消灭敌人。开始部分干部思想对宣传八项政策未得彻底解决，碰到具体群众的问题不敢向群众宣传。第一种是怕“泼冷水群众发动不起来”，不敢全面宣传政策，只讲一些无关紧要的事。如只宣传“没收五大生产资料”，不宣传不追底财、不分底财；只宣传严惩现行破坏分子，不宣传从宽处理自动坦白的有历史罪恶分子；不敢宣传清匪只追现存赃物。第二种是借口不懂政策，怕宣传错掉，只是逐句背诵条文，不结合具体情况分析交代。第三种是不敢向敌人宣传，害怕敌人知道了威风打不垮。

经反复分析缓冲区为什么要执行八项政策，逐步扫清了干部的思想障碍，提高了干部的政策策略思想，才大力展开八项政策的宣传。

最初在农代会上交代八项政策时，他们听得很起劲，后来在各乡各点传达讨论时情绪很热烈。如阿乃乡贫农杨小四、杨保妹，中农白乔英等讨论到第二条“剿匪追赃只追现存赃物”“赔偿按照实际霸占或敲诈勒索数进行合理赔偿”及第四条、第五条时，他们兴奋地异口同声地说：“这样做就合了毛主席的政策，真正和我们想的一样。”只是在定征收少数民族富农的出租土地一节有些想不通，讨论时多数人表示沉默。后来他们反映说：“富农的出租土地不征收嘛，好不是和我们贫雇中农一样了？我们还没过着他们那份生活呢！”这种思想直到划阶级时强调了劳动光荣、剥削最可耻时才算逐渐消除。

同时宣传“只没收五大生产资料，不追底财，不分浮财”，粉碎敌人“土改队来了要抄家灭门”的谣言，安定了各阶层情绪。群众反映说：“我们不搞底财，不搞浮财，国内外的敌人都不会造谣了。”“地主是不甘心拿出底财来的，我们一逼地主，就会被敌人收买去为匪为盗，增加我们的麻烦。”有的说：“底财浮财不要都可，主要把吃人害人的地主阶级消灭掉我们才会翻身。”

经过一系列的斗争后，群众对八项政策有了进一步的认识。分组讨论时，杨小四小组就说：“去年镇反时，多数人都被抓了起来，群众又害怕、又顾虑。这回照着八项政策整，又有秩序，人又不惊动，并且大家都喜欢，所以斗争起来也有劲。”杨金奎小组说：“这回有八项政策，浑水和清水分开了。斗争时又没有吊打，地主恶霸心服口服，不像去年乱吊打，整到后来，地主还是口服心不服的。”

干岔乡和尼白乡的群众在领会政策精神后，地主拿出黄金白银，群众拒绝不要。又如宣传了“严惩现行破坏分子，从宽处理自动坦白的有历史罪恶分子，并不得牵连家属”的政策以后，有力地瓦解了反动集团，孤立了首恶分子，减少了运动阻力。大哨乡恶霸地主张老五与瞿光计狼狈为奸，血债累累，作恶多端，民愤很大，经群众要求将二人扣掉，夜里瞿企图挖墙逃跑，但张老五接受了政策后，知道还有自新之路，即在屋中大叫“瞿光计要逃跑了”！结果瞿犯潜逃未遂。卡腊乡一个当过两年保长的李中能，过去做过一些恶，因不明政策逃跑上山，不敢回来，他妻子知道政策后才把他动员回来。

八项政策在地主阶级中起了一定的分化作用，如小地主刘成山听后回去与他母亲说："过去我认为地主阶级只有死路一条，土改关活不下去了，今天听了政策后，我才晓得只要守法就有生路，这回要小心，不要乱说话犯错误，只要分得一根扁担都得了。"

又如土匪胁从分子刘奎元、尧光祥等，初时见工作队很害怕，不知怎样讲，怕关，不敢承认是匪徒，不敢反映情况，后经工作队宣传了八项政策，并找他们个别谈话，引导诉苦挖根，打破他们的顾虑后，他们都积极参加了斗争，控诉首恶罪行，开会来得很早，并要求摘掉帽子。摘掉帽后，他们更积极，收集敌情，主动向工作队同志汇报，并说："共产党真是有眼睛，我干着活计都比以前更有力气。"通过他们在邓耳乡争取了40多个土匪胁从。

总之，八项政策交代后，不管在农民内部与敌人中都起了一定的作用，但今后还需要继续不断地反复地交代，使农民更进一步地认识，在敌人中更好地分化与瓦解敌人。

4. 正确执行清匪政策，坚持肃清土匪。

（有专题）

5. 必须从民族团结出发达到民族团结。

（有专题）

6. 紧密结合生产开展救灾工作。

（略）

经过土地改革，政权、农协、武装3把刀子已基本掌握在以贫雇农为核心的人手里，农协会员等人民武装经过整顿已基本纯洁并扩大了，计58个乡发展农协会员32966人，41个乡发展民兵武装4359人，建立了37个团支部，发展团员447人；征收没收土地××亩，计产量××斤；平均每户分到××亩，每人分到××亩；产量××斤，每人××斤；55个乡计没收征收房子308所，另外3000间；55个乡耕畜6829头、农具5124件、粮食850339斤。内地调剂果实人民币87000万元、布匹103匹。

土改复查

土改结束以后，先后于1952年12月及1953年1月至2月间分批开展61个乡、1个城镇的土改复查运动。从完成土改任务看，一类型乡10个，这些乡贯彻缓冲区的土改政策及消灭封建与发动群众都比较彻底，已培养各民族干部，并经教育锻炼有一定的领导能力和工作能力，遗留问题不多，已完成土改任务。二类乡47个，已基本完成土改任务，但一般干部培养较差，较第一类较弱，且由于政策贯彻不够，或在执行中有偏差，对敌人分化瓦解做得不够，消灭封建不够彻底，边远偏僻乡还有个别的落后村组，遗留问题不少。第三类乡5个，多半是工作赶任务，或政策执行有偏向，一般群众敌我界限划不清，还未完成土改任务。

总的是土改后农村已出现了欣欣向荣的气象，广大农民在分到土地后生产积极性空前高涨，但许多问题在紧张的运动过程中不及时解决或未暴露，故仍遗留问题不少，造成发展生产新的障碍。复查中掌握下面几点：

1.彻底消灭残敌。事先根据敌人反攻破坏的事实做了正确的分析，指出土改中主观努力不够，部分干部作风不够深入，八项政策执行贯彻不够，因而多数乡镇反不彻底。同时由于客观上地主阶级还遗留反动资本、进行活动，以及由于地处边陲内外关系复杂，敌人便于活动，因而变天思想很严重，指出了对残敌斗争的艰苦性，有效地防止和克服了干部认为“仅是残余敌人没有搞场”的消极右倾情绪；指出了必须十分策略地分化瓦解孤立残敌，一般乡都采取了“揭发令其坦白，订立规约”的方式，搞出了敌人“盼望蒋介石回来”、企图谋杀、放毒破坏农民运动的阴谋反动思想，群众觉悟进一步提高，激发了长期强烈对敌专政的要求。并根据大中小地主进行排队，分清守法、基本守法、严重违法而对地主阶级予以打击，并分别免于管制、一般管制和严厉管制（管制面都不超过20%）。经过这样做以后，一般地主皆感到“自己有出路”，逐步安定守法，在劳动中改造自己。外逃犯亦纷纷归来，向农民低头认罪，如龙潭片回来了11人，第一号的恶霸亦归来，大大减少了运动阻力。又如复查刚开始，滏垤片65户地主普遍都有破坏行为，但经区别对待后，多数都规规矩矩，从事劳动。另外清匪工作也取得很大成绩。

2.依靠原有组织，加强培养民族干部。首先从实际出发，肯定乡干成绩入手，依靠原有干部，充分运用其组织机构（乡农协委员会、小组、大组及代表会等）加强提高原有干部。主要是：一放手让他们做事，坚持事前商量、事后总结提高、教育走群众路线的工作方法，懂得运用组织分工负责，依靠群众做好工作。甘庄、明程、青龙等乡经过这样做后，干部知道如何做，为什么要这样做，从不懂到懂，从没有信心而加强了信心，在工作中也加强了与群众的联系。二是加强党的教育、前途教育、爱国教育，指出努力方向，认识个人利益与革命利益的一致性。三是耐心进行思想互助，掌握思想情况，反复交代政策，不断打消顾虑，在民族团结中干部觉悟提高了，都带头检讨，并带动了大家。四是采取师傅带徒弟的办法，领导直接培养，层层带动。另一方面，重视培养民族干部，只有培养了各民族农民自己的群众领袖，才能进一步加强民族团结。如明程乡已经培养出了三苏族的群众领袖杨国恩，三苏族觉得自己当了家了，在与彝族争执问题时他们反映：“我们当了家，不应该太自私了”，并主动与彝族互让，加强了两个民族的团结。群众反映“干部是我们各民族的，大家应该爱护”。同时注意克服少数民族的自卑心，一般是搞好民族感情、肯定成绩、热情帮助、具体指导，再是体贴和适当解决干部的生产生活困难。运动初对乡干的实际困难不够重视，对乡干要的多给的少，表现在兼职过多，有的身兼七八种职务，开会过多，没有时间参加生产，家庭困难无法解决，故强调体贴乡干困难，一般乡干兼一职，最多不过二职。运用多种组织机构推动工作，精简会议时间，规定乡干有一定时间参加生产。对乡干眼前的困难生活，发动自由借贷和生产互助。经这样做后，乡干的工作积极性普遍提高了。

3. 进一步加强各民族农民的紧密团结。

4. 紧密结合生产，直接领导群众转入大生产运动。首先解决领导问题，明确复查的直接目的就是为了大生产运动扫除障碍，教育干部重视生产，自始至终建立强烈的生产观点，加强对生产的领导。其次是深入广泛地宣传生产十大政策，发动群众生产自救。再是重视银行、贸易、合作等有关部门的领导工作，使其业务服务于生产。

元江土改的经过和政策

根据县委简报整理

元江土改的经过和政策

第一批38个土改乡于1952年7月下旬开展工作（10月结束），工作队通过访贫问苦展开诉苦挖根运动，广泛宣传政策，展开清匪、反霸、镇反斗争以及扎根串连、摘帽子等工作。第二批26个乡及1个城镇的土改运动于11月初旬开展（12月下旬结束），一般也经过访贫问苦做好事、摸底了解情况、搞好民族感情，初步立下脚跟，从而广泛宣传政策，开展群众性的诉苦挖根运动，激发了广大群众对土地的要求以及清匪、反霸、镇反的要求。在这好的基础上，大多数的乡先后开展了片、乡、村的群众性的清匪、反霸、镇反的斗争，并结合斗争扎正各种根子，扩大串连，处理群众性的胁从问题等工作，都初步组成了以贫雇农为核心领导的农民队伍。

在这一阶段中，大多数干部都能正确地执行县委指示，在扎根串连中一般都贯彻了“先严后宽”的原则，通过审查培养扎正根子，并采取了“具体商量、提名审查、分头串连”以及在各民族中“分头扎根、互相串连、一起诉苦、共同提高”的方式，坚持通过串连从思想上提高各族农民的觉悟，同时坚持了“全盘扎根、统一布置、重点创造经验”的方法。

县委在土改过程中先后指示狠抓下列几个问题：

一、必须加强工作队的思想领导与具体指导，严格执行奖惩制度

（略）

二、必须坚持逐步发动，逐步镇压与准、稳、狠的原则，深入贯彻镇反工作，加强土改政治性

运动通过镇反、清匪、反霸斗争局面轰开了以后，部分乡在转入划分阶级后坚持了逐步发动、逐步镇压与准、稳、狠的原则，在整个运动中贯彻了宏大规模的声势与深入细致的思想发动和组织工作相结合的方针，进一步打击敌人，运动基本上是正常的。如洼垤乡

在划阶级中查出漏网大恶霸杨火山（原来群众以为他死掉），深入发动群众镇压了恶霸地主方金德（第一次镇压坏分子，利用落后群众要求不要镇压他，结果没有镇压），大大消除了顾虑，鼓舞了群众斗争情绪。龙潭乡没收开始，结合镇压了两个恶霸反革命首恶，造成了浩大的没收声势，群众兴趣在于清匪、反霸、镇反，反映：“要把首恶镇压掉，分得田地才牢靠，底财浮财不打紧。”部分乡干部对上述精神体会不足，使镇反、反霸不能深入贯彻，以致运动缺乏强烈的政治声势（略）。

三、必须贯彻深入细致的组织工作与思想发动，克服干部包办代替、形式主义的工作作风

部分的乡通过划阶级和没收征收工作，放手发动组织群众，壮大了农民队伍，提高了群众觉悟，扩大了积极层，加强了小组活动。如滢埡在划阶级中3个乡串连了500人（全片摘掉300多顶胁从分子帽子），培养了骨干12人，贫雇农已发动到占成年人口的73%以上，较大部分的小组都能活动。青龙片已扎301个根子，摘了87顶帽子，串连了3760人（占全片总人口的25%），并取得了培养干部的经验。蓬扯片在斗争中涌现了262个积极分子（占农协会员16%），阿乃乡已基本消灭了落后层。但总的情况都是组织工作赶不上运动的要求……领导必须深入检查群众的觉悟程度和组织程度，大力克服干部的包办代替与形式主义，紧密结合斗争，深入广泛发动组织群众，在做法上必须坚持“提高先进、扩大积极、发动落后”的方针，对于走了过场的乡应坚持在运动中补课。

四、必须放手宣传政策，正确执行政策

自县委指示放手宣传政策以后，经验证明缓冲区的土改政策是完全适合于我县情况的。自土改开始至今，部分乡重复广泛宣传并执行了八项政策，已收到良好的效果，这主要表现在安定了各阶层情绪，并争取逃亡回来的胁从分子31人（其中包括地主、匪众、小匪首），孤立了首恶分子。山区群众热烈拥护八项政策，纷纷反映：“毛主席的政策条条有眼睛”，“早有这样的政策，土匪早瓦解了”。但从总的情况来说，还应大力提高干部政策思想，放手宣传（略）。

五、重视民族团结问题，有意识地发现并解决民族团结问题

经过这一段的工作，在各民族中放手进行了阶级教育，各民族对党对人民政府的政策有了一些接受和体会，思想觉悟大大提高了，知道了各民族共同的敌人是谁，有了空前未有的团结。如滢埡片他已、上南播互相闹过械，一寨和一寨互不往来，这次划阶级当中诉苦追根后，知道了敌人是哪些，如何打击，结果两村就团结起来了，晚上上一寨到下一寨

开会，互相送行，互相送酸菜吃。又如蓬扯片奂乃深的核桃树，互相帮助生产开荒，群众情绪很高。又如龙潭乡，斗地主时各民族自发地呼出了各兄弟民族团结，这对我们的工作来说是一个很大的收获（略）。

六、必须放手摘掉群众性的胁从分子的帽子，壮大农民队伍，孤立分化敌人

经过1个多月的准备工作，大力地宣传政策，展开清匪、反霸、镇反斗争，运动已轰开了。主要的而且必须解决的问题，是一个团结农村大多数、打击极少数、取得全面胜利的问题。由于我县为边缘山区，原来均为土匪、地主、恶霸统治的地区，加之解放后匪特的挑拨破坏活动，农民被迫或被骗参加土匪或反动组织的很多，如青龙片锅落垤乡90%的人都被迫背过枪，因远乡反共大同盟的组织牵涉到200多人。这些问题如不很好地解决，会孤立了自己，壮大了敌人，所以摘帽子问题在元江来说是有它极其重大的特殊意义的。对这个问题，在工作队中大部分同志是已经明确了它的意义，在斗争中随着群众的觉悟摘去了土匪反动帽子（初步统计已有60多次），壮大了农民队伍，增加了战斗力，群众普遍拥护。如韩家寨充分地交代了政策，展开群众性的讨论，结合斗争诉苦、控诉、追匪，然后摘去了土匪帽子，群众反映："地主恶霸把我们拉进屎塘，毛主席把我们拖出来，把我们身上洗得干干净净。摘了帽子好啦！他们也放心，我们也放心。"摘帽子的家属反映："毛主席天大的恩情啦！怎样来报答？"这样，安定了各阶层的情绪，减少了土改阻力，集中力量打击敌人。但有个别干部思想模糊，对摘帽子认识不足（略）。

七、必须坚持思想划倒地主阶级，防止走过场的现象发生

划阶级是在8月底9月初开始重点试划的，一般是达到了省委地委指示准备阶段的条件下（贫雇农发动到贫雇成年人口的50%以上，农协会员占全乡总人口的30%）开始的。9月初各区就由点到面展开，从反霸的基础上转入了划阶级的斗争，运动深入了一步。

在划阶级当中，大部分乡由于已充分交代政策，充分做好准备工作，因此，我们掌握了划阶级的标准和武器（土地、劳动、剥削，斗、扣、算、诉），培养了苦主，掌握了人证物证，充分做好思想和组织准备，动员群众，鼓起群众劲头，向地主展开划阶级的斗争。如因远乡，为了充分做好准备工作，各村召开了青年、妇女、老人会、家庭会，广泛地宣传政策，进行了诉苦追根、翻地主底牌的运动，鼓起斗争劲头，在青年会上交代了青年团的条件，号召大家在斗争中争取入团，作了前途教育，于是在划地主时，青年就到外乡去发动地主的使女；三甲街的青年特别为划阶级搭好了一个台子。妇女也积极地参加斗争，并说："一根草一颗水珠，男女各分一份田。妇女要翻身，大家来斗争。"在老人会上，主要提出克服"黄土埋栽眼眉毛"不愿多管闲事的思想，并提出"老人出主意、青年

出力气、斗垮地主分田地”的口号。各村老人会的情绪都很高，每村都在会上搜集了一些地主的材料。如邑甲冲杨旦家婍说出了3家地主的发家史，直接参加斗争张庄政，揭发他是换一个哑巴银子起家的丑史。二甲冲的老人把地主光绪年间的剥削账都算出来了。由于这样，群众有了充分的发动，所以在划地主时每划必垮，都被抠得汗流浃背。大部分乡经过划地主阶级以后，思想觉悟提高了，在思想上已和地主阶级分了家，普遍知道地主阶级剥削的残酷性和不劳而食的寄生性。经过划内部后，农民对劳动光荣的思想更加明确树立起来了，以后天黑了还在田里工作；如有的农民，划了阶级敌我界限更明确了，如管制地主较前严格（略）。

在划阶级中，县委于第二批土改时特作如下布置：

关于划阶级的步骤、方法、目的及要求，除执行县委第一批工作布置外，做如下补充：

（1）（略）。

（2）在开始转入划阶级工作之前，必须结合准备工作进行三查（一查封建，二查队伍，三查政策），重点在于查漏网地主恶霸，把贫雇农思想觉悟提高一步，把劲头鼓起来，锋芒集中向地主阶级，从而大力处理胁从问题，并扩大农民队伍。

（3）在思想发动上，要把群众从反霸水平的程度，提高到分清敌我，划清界限，仇恨整个地主阶级，做到农民思想上与地主分家，重视及解决民族团结问题。方法是充分揭开地主的丑恶，揭穿地主、恶霸、反革命分子挑拨破坏民族团结的阴谋、花样及其破坏方式，消除民族隔阂，结合划阶级把农民思想逐步提高到认识帝国主义是边疆各民族的共同敌人，是地主阶级、反革命分子的后台老板，而进一步交代八项政策的3个指导思想：“有利于对敌斗争、减少土改阻力、减少对内外的震荡。”

（4）在组织上，贯彻“提高先进、发动落后”的方针，注意扩大巩固积极分子，培养干部，健全与加强小组活动（而特别是要抓紧贫雇小组），进一步树立与巩固贫雇农的领导优势，这一点领导上不能忽视原则，会很容易给中农篡夺领导权。在划阶级中，把各种代表会议成立起来，系列地运用各种代表会的组织，加强对乡一级组织机构的领导，结合整顿组织，适当处理旧干，整顿发展民兵。

（5）慎重划分阶级，坚决执行政务院划分阶级的决定，坝子里要注意防止主观缩小贫雇农阶层，扩大中农、富农及其他阶层。

（6）在不影响中心工作的情况下，可结合划内部做好评产工作。

（7）小土地出租者为一般占有土地在15亩左右。

八、必须充分发动群众，造成浩大的没收声势，全歼敌人

县委根据缓冲区的情况，对没收征收工作做了下面布置：

（1）认真：没收征收是土改斗争最紧张的阶段，是农民更有组织、有准备地消灭地

主阶级的一次歼灭战，如果没收阶段无声无息地走了过场，不能更深入更广泛地从思想上、组织上把群众发动起来，相反地认为“天下太平，可以分田”，产生松劲自满的情绪，而对敌人缺乏更进一步的有效地从政治上、经济上（五大生产资料）、思想上、组织上、武装上消灭，这就不能算为彻底的。

（2）没收内容：

①彻底没收地主阶级的五大生产资料（田地、房屋、耕畜、农具、多余粮食），不追底财，不分浮财。

②追令地主阶级交出一切明的暗藏的武器，顽抗者坚决斗争（富农交代中立政策，限期交出）。

③追缴地主用以剥削统治人民的一切工具（如契约、大印、木刻、国民党委任状、大秤、小斗、算盘、账簿等）。

（3）具体要求：

①（略）。

②（略）。

③加强巩固民族团结。

龙潭区龙潭乡、哈罗乡根据这个精神进行了没收征收，形成了没收征收的高潮。首先是充分交代政策，座谈没收征收的正义性，广泛发动群众，鼓起了群众的斗争劲头，如龙潭乡在各种会议上交代了政策后，反复讨论，回忆对比、诉苦、控诉。在青代会上控诉后，青年痛哭不止，情绪十分高涨，并提出“没收不彻底、翻身不牢靠”的口号，充分地讨论了没收哪样、谁来没收、地主不给没收怎样办。经过了代表讨论后，反复交代，根据群众意见作出了几条决议：

（1）大力宣传没收征收的正义性与合法性，使个个认得“房子是农民盖，田地是农民开，牛马农具和粮食，没收征收理应该”。

（2）坚决要回命根子（五大生产资料），挖掉地主根（契约等），澄开封建剥削，扫除翻身对头（清匪、反霸、镇反），同时必须彻底没收，哪个破坏，坚决斗垮。

（3）彻底搞光反动武器，提出口号：“地主恶霸藏枪有罪，自动交出者免罪。农民藏枪（地主的）无罪，自报光荣，检举有功。”

（4）发动广大群众参加没收征收斗争，提出“千年枯树开红花，万年田地回老家，各族农民齐动手，男女老少来参加”。

九、第二批土改县委召开的第三次区长会议各项工作决议

关于分配与结束问题：

（1）在什么基础上转入分配。已培养了各民族的领导骨干，贫雇领导坚强，落后层基本消灭，农协组织健全，封建势力打垮，公开的敌人也受到较为严重的打击，清理案

犯也基本告一段落；积极分子达到农协会员30%，各种组织至少有2/3能单独活动，民族团结问题也初步得到解决，掌握有关的材料，也求得在分配中继续解决，即可转入分配。

（2）分配中应注意的问题。充分交代政策：①农民团结互让；②干部大公无私；③方法坚决依靠贫雇农，适当照顾中农，充分发挥民主；④分配公平合理；⑤目的要达到有利生产；⑥最后人人满意。

（3）健全农协组织。

（4）结束问题。

12月下旬第二批分别结束。

元江县委第二批缓冲区土改运动初步总结报告
中共元江县委
1953年1月2日

元江县委第二批缓冲区土改运动初步总结报告

11月初自我县开展了第二批缓冲区27个乡又1个城镇4万余人地区的土改运动，截至12月底，已有20个乡按县委原计划胜利结束，尚有7个乡又1个城镇因情况特殊，须延长时间方能完成土改任务，预计1月中旬以前，可全部结束。

土改情况[①]

这一批土改是在总结第一批土改经验，工作队经过整训的基础上开展的，在工作指导上，已较前提高了一步。主要是：

（1）运动初期，县委即分别根据城镇、平坝、腹心、边沿、非土改地区的情况以及其不同的工作基础，作了不同的力量调配以及工作入手和不同的工作任务的布置，因而使领导保持头脑清醒，保证了运动平稳而有秩序地进行。

（2）自始至终抓紧了干部的思想领导，开始即有意识地着重分析缓冲区的特点，纠正干部由于取得一些土改经验，拒绝艰苦深入而“一般化”“概念化”地对待新的情况的倾向，并不断地指出和解决了一些新的问题，在运动中不断地有效地防止和克服了干部因受时间和形势任务紧迫而产生赶时间、走过场的形式主义的工作作风，因而干部对缓冲区的工作进一步有了深刻的体会，多数乡思想工作和组织工作皆较上一批主动和做得细致。

（3）同时由于开始即采取了“全盘扎根、统一布置、重点创造经验”的工作方法，使各项工作与中心工作紧密结合，并有效地推动了中心工作。

（4）在对敌斗争中干部在总结第一批的教训后，政策策略思想已较前明确，一般对敌打击控制较“严”，打击较“准”。因此，总的说来，这一批运动的指导已较前大部分运动提高一步，发展较上一批更快、更平稳和更正常一些。

从群众的发动和组织看，已在各土改乡健全与建立了一支坚强的农民队伍。根据20个乡的统计，已发展农协会员13061人（占上述土改乡总人口26785人的48%强，占农民成年

① 本标题为编者所加。——编者

人口15743人的82.1%弱）。贫雇农已发动到占成年人口××人的××%；发展了民兵武装2681人（占上述土改乡青壮年人口的××%）；发展了青年团员198人（欠3个乡），并建立了团支部16个。在群众发动的基础上，各乡普遍健全与建立了乡农代乡农协委员会、武装中队部、治安保卫委员会（重点）以及妇代会、妇代委员会、宣传网（重点）等组织，同时在运动中并培养了各民族区一级干部××人，乡一级干部××人，摘掉胁从分子帽子981顶，从而奠定了农村人民民主专政。

从对敌斗争来看，由于抓紧了搜山剿匪、缉拿逃犯、彻底反霸、大力镇压反革命等几个重要环节，和正确地执行缓冲区的土改政策，已给予敌人较严重的打击，大部分乡公开的敌人已打击得较为彻底，并取得政治上基本安定下来的胜利。从清匪成绩看，全县计原有土匪155人，半年来共计打死土匪22人（其中骨干分子××人），俘虏4人，自新68人，现尚存残匪50余人。并枪决暴乱匪、惯匪、恶霸、反革命首恶、现行犯20名，判处缓刑6名，判徒刑的46名，捕59名。计搞出敌人武器长短枪××支，弹药××发。目前土改乡尚有在外逃犯25名（二批土改中逃犯40名，已抓回并争取回来15名）。打击面占土改乡地主户口的10%。运动中没收征收土地16570.65亩（17个乡的统计），房屋244所1521间（17个乡的统计）、耕畜5365头（17个乡的统计）、农具1493件（17个乡的统计），多余粮食138254斤（17个乡的统计），以及部分山林和内地调剂给的果实2.2亿元、布38匹，以及救济粮85000斤，分别分配给无田少地缺乏生产资料的农民，分配额最高的乡平均每人可分到土地产量800斤至1200斤（这样的乡有6个），一般的每人平均可分到土地产量400斤至800斤（有2个乡），每人平均可分到土地产量200斤至400斤（6个乡），最少每人平均可分到土地产量30斤至200斤的乡有8个，并普遍分配了山林（未精确统计），消灭了封建土地所有制，基本上把山区生产固定下来，为今后发展山区生产打下了有力的基础。

总的说来，运动的收获很大，从各乡运动发展看，根据各片已结束的20个土改乡作的结论：第一类型乡计有7个（即营盘、锅底、路同、莫郎、平昌、东峨、大水坪乡），其特点是群众发动较充分而细致，政策执行较完整，对敌人打击得较彻底，领导骨干有系统的培养，并较坚强，农村人民民主专政已基本巩固。第二类型的乡计有11个（即南昏、者党、牛街、底霞、浪子、武山、渔塘、曼线、那整、者戛、曼费等乡），基本上已完成土改任务，其特点是骨干较弱，工作较粗糙，遗留问题不少。第三类型乡有两个（即小羊街、那诺乡），土改任务还未基本完成，需在今后继续大力补课。

但我们的努力是不够的，就整个运动来说，仍存在不少缺点：首先是领导干部初期对强调控制"准"的精神领会不足，怕犯错误，产生消极右倾情绪，其具体表现是在镇反、反霸中搜集材料不积极，执行政策只是片面地讲宽大，片面地讲"减少震荡"，以致部分乡捕杀不及时，犯人乘机逃跑，压力不大，土改政治性不强，群众顾虑未予消除，敌人乘机活动破坏。加之清匪工作不够主动积极，初期对敌人存在幻想，消极等待敌人投降，且敌情掌握不够，工作较盲目，以致未给予土匪一定打击，对群众撑腰不够。少数遭匪患的乡工作尚难巩固，并拖延了运动时间（如未结束5个乡情况）。其次对部分边沿（接近非土改地区）的乡的复杂情况估计不够充分，在指导上不够具体，力量配备仍不够适当，以致工作陷入被动。如哈斯片3个乡干部对工作入手不够明确，存在主观急躁情绪，未能耐心发动群众，搞好民族感情，加之正确宣传并执行政策做得不够，群众情绪不安，曾逃跑惯匪、恶霸和胁从分子26名（部分已争取和捕回），增加了运动阻力。又如从开始领导对生产重视不够，缺乏系统调查和具体指导，以致生产问题解决仍一般化。部分乡由于政策宣传不够，群众顾虑未予消除，以致发生比较普遍的荒田荒地怠耕现象（如猪街片、小羊街片部分乡）。再其次如解决民族问题领导总结提高的工作做得不够，部分干部对以民族团结为核心的指导思想不够明确，仍一般化地对待民族问题，甚至少数乡感到“民族问题不突出”（大水坪片、武山片及路同片、猪街片部分乡），或已发现民族间的争执，并未及时解决（如南昏、那诺乡）。以上情况致使运动或多或少地受到损失，今后必须在复查中补足。

工作中的几点体会

（一）加强边沿暂不进行土改地区的政治工作，减少内外震荡，缓和阶级矛盾

为了减少非土改县（红河）的震荡，我们在红河县境与土改乡之间区划出10余个小乡暂不土改，这些非土改的地区，内受内地土改的震荡，外受红河地霸、匪特的威胁，民族阶级关系异常尖锐复杂，具体表现在群众迫切要求土改，摧毁封建势力，求得政治上、经济上的彻底解放。如有的地区还不等工作队到即砍好电线杆准备安置电话，并自动搜集旧乡干（多系坏分子）材料，以及监视管制地主等活动，而地主、恶霸、匪特感到慌乱（减退时已逃跑地霸、惯匪69人到红河、赖州及越南等地），乘群众不明政策，分散破坏财产，造谣威胁，并利用民族与民族、乡与乡、县与县的隔阂，制造纠纷，企图转移农民斗争视线。如红河部分匪特除制造土匪经常出没扰乱我边沿地区外，并在红河造谣“土改要改过来了，那边的农民要没收这边的土地”，唆使地主夺佃、收租；土改开始后，又唆使坏人到我新山头地区强奸我修沟妇女（未遂），将我县7岁小姑娘蹂躏至垂死，我县民愤恨已极，双方矛盾已成一触即发之势。土改开始，我们即有意识地抽调了一批工作队骨干，与部分武工队组成“非土改地区工作队”，展开政治工作，初期经过召开各种会议，通过分析边区情况，指出对敌斗争的重要性以及提出土改应具备的条件，经过讨论酝酿，肯定暂不进行土改，初步安定了各阶层的情绪，从而把视线转移到“对敌斗争、清匪肃特、民族团结、生产救灾”等工作。同时，为了加强与红河县的团结，特别召开了两县各民族各界团结代表大会，双方出席代表270余人。会议开了6天，经过学习形势，以及摆民族团结的现象，一致通过具体事实挖出蒋匪特务、美法帝破坏民族团结的根根，群众情绪热烈高涨，进一步加强了两县民族团结，一致提出要求清匪、肃特，加强民族团结搞好生产，并做出决议执行。基本上缓和了尖锐的阶级关系，并保证了土改顺利进行。

（二）继续不断地加强干部的思想领导和具体指导，提高干部的积极性，保证踏踏实实地完成土改任务

从开始各片领导为了有效地加强干部的思想领导，曾采取了集中干部检查和领导深入系统检查重点的方式，进行检查工作队思想作风，一般都经过1次至3次，和抽查了1个至2个乡，逐步克服了干部不安于山区工作的混乱思想以及基本上纠正了干部赶时间、走过场的形式主义作风，提高了干部工作积极性和工作的效率。其主要的经验是：

（1）认真领会上级指示精神，下定决心立即执行。如小羊街片和路同片在第二次片长会议以后，认真领会上级精神，立即集中工作队深入检查思想作风；武山片决心很大，第一次检查，由于工作队思想掌握不够，认为问题不大，结果不彻底，第二次集中检查仍不彻底，直至检查了3次，收到良好的结果，干部积极性普遍提高，运动逐步深入。相反地，如猪街片对上级指示精神领会不足，片长回片后传达了县委决议，认为问题不大，未认真检查工作，以致思想混乱，形式主义作风未得到克服，运动迟迟未能深入。

（2）领导带头检查，组织保证，充分发扬民主。

（3）从上至下、从个人至乡订出决心计划，巩固检查成果。

（4）重点检查，具体指导。大水坪片系统检查了落后的曼莱乡，指出存在的主要问题为：情况分析不够，工作盲目性很大，该乡工作基础较差，镇反不彻底，组织不纯，民族阶级关系较平坝复杂，系第三类型的乡，而工作初期领导只作一般平坝乡的布置，故工作走了弯路，并根据实际情况从头布置工作。又经重点检查了大水坪乡干部“一般化”的表现，指出：①交代政策不收集反映，不结合群众思想情况，只作一般交代。②培养干部搬内地经验，对民族干部的特点不做系统了解和创造培养新的经验。③各项工作结合，专职干部只叫开会，缺乏深入创造典型经验，或分别教育。④一般号召多，具体指导少。⑤对平坝摆衣民族解放后物质生活有了改善、需要学习文化，未给予适当满足，仍以山区群众一般对待等，使干部思想认识逐步提高了，保证了踏踏实实地完成土改任务。

（三）从做好事入手，搞好民族情感，立下脚跟，开展工作

部分边沿乡工作基础很差，群众长期受封建的统治、剥削及灾患蹂躏，生活非常疾苦，且部分系工作空白点，教育很少，觉悟很低。如浪子乡，工作队到乡，小孩子吓得哭，认为是国民党乡丁来了。群众对毛主席、朱总司令只晓得是“肥肥胖胖的”“头大大的”，说毛主席是“毛老板”，朱总司令是“朱老板”。发救济粮不敢要，不敢接近工作队，拒绝工作队进家，且大多数不会讲公众话，诉苦只会跟着哭一场。一般皆从做好事入手，如送礼品、发救济粮、劳动互助、拨款盖房、修沟打坝，使其知道“毛主席是救命的大恩人”，扩大党的政治影响，从而逐步搞好情感，立下脚跟，并物色翻译员，通过翻译员逐步贯彻党的政策，深入访贫问苦，找好各民族依靠对象，耐心启发群众觉悟，开展工作。相反地少数乡（如哈斯）干部对情况估计不足，干部主观急躁，还未立稳脚跟即强迫

民族行动，群众顾虑未予消除，坏人畏罪潜逃，群众情绪不安，工作队10余日尚未立下脚跟，运动出现僵局。

（四）正确区别对待旧干部

这批土改由于工作基础薄弱，大部分地区组织不纯，或直接间接地掌握在敌人的手里。工作队下乡后，旧干非常恐慌，事先并做了布置，普遍进行包围工作队，请吃饭献殷勤，企图以蒙蔽工作队耳目。路同村旧干受了敌人的利用，于土改前便同地霸召开4次会议，组织“攻守同盟”。乡长李者娘说：“哪个说着寨中事情，就杀哪个。”土改中，仍然召开秘密会议，并公开压制群众。龟池乡旧干部不参加，群众不敢来开会，因此群众顾虑重重，不敢反映情况，形成了很大的阻力。根据以上情况，工作队区别对待了旧干部，使运动得到了开展。工作队自有了上一批土改的经验，“坚决跳出旧干部圈子”一般比较明确，一般运动开始就注意了这个问题，下乡后发现旧干公开恐吓群众不准反映情况，并召开秘密会议，于是便召开乡村的旧干会议，分别交代政策，肯定了多数干部是好的。过去工作中有一定成绩，个别历史上作过恶对不起人民的只要坦白认错、好好守法，可以从宽处理，但若违法破坏、压制群众、阻碍土改定要严格法办；个别思想作风不纯贪污果实，或受敌人的收买、软化，包庇敌人，压制威胁群众，主要是缺乏工作同志及上级的帮助与领导，阶级觉悟不高，但只要好好靠拢人民，认识到过去的错误，决心改正是可得到人民的宽大与原谅，但若过去不对或上了敌人的当，就疑神疑鬼、错上加错，继续靠拢敌人或再受敌人利用造谣破坏、压制群众，这样群众就不能原谅，必然遭到群众的反对。历史工作都好，群众拥护的仍然可以当干部，共产党的政策是为贫雇农、依靠贫雇农，永远不变的，以后仍要继续大胆起来干，过去不懂政策是工作同志的责任，宣传不够，今天知道了政策，就应该好好起来干，若再上了坏人的挑拨造谣，在土改中起了不好的作用，那真是“好头插在刺丛里”。经过交代政策后，如路同乡杨实斗暴露了当了3年保丁，吊打过3个老百姓，拉过1条牛，及解放后的许多贪污、压制群众、参加开秘密会议等事实，并立誓要好好靠拢人民积极工作，立功赎罪。其他经纷纷检讨了自己的错误及在土改中压制群众的情形后，有的说“毛主席的政策真好，个个都有走的路”，交代政策后均表现很好，并纷纷反映了敌情，使阻力变成了动力。

但在个别乡，由于坚决跳出旧干圈子或区别对待的思想不够明确，如龟池乡运动初期仍利用旧干翻译，使群众不敢反映情况，运动迟迟不前，部分乡单纯地一脚踢开，未很好划清区别对待，发挥政策威力，使旧干为坏人所利用，形成运动的阻力，影响了工作的顺利开展。

（五）生产问题及解决意见

（1）我县平坝乡，多系摆衣民族居住，田地多而肥，生产上普遍存在不注意精耕细作及不积肥的现象，田地种下去就不管，致增产要解决的问题是：

①提倡精耕细作、大量积肥。

②养家畜，要引导于有利生产（如平坝中牛很多，每乡达1000条，但多数黄牛养着不吃、不耕，也不积肥，对生产无大的益处；养鸡养猪等也无计算，有的1只鸡养到三四年不吃，浪费粮食很大）。

③发展经济作物，增加面积产量，如种棉花，要多种，并教育群众不种撒种的办法，而采用点种办法等。其次甘蔗亦可发展。

④培养果树，如香蕉、荔枝等。

（2）我县山区多系高山峻岭，可耕地很少，故群众土改中分配的产量一般很少，不够生活，生产上困难很大，应解决下面问题：

①结合分配山林，将轮歇地固定下来。

②田地少而接近平坝的乡，应由坝子调田分配，但要解决山上有些少数民族群众（如山苏族）不会犁田并且怕下坝种田着瘴气等实际问题和思想问题，应发动坝子的摆衣族教山上兄弟民族犁田及种田经验，并且调田时还要有意识地多调靠近山脚的田及大力进行爱国卫生及医药预防等宣传，减少山上兄弟民族怕气候热、怕生病等顾虑。

③就地发展经济作物，并解决发展经济作物中的困难。如平昌乡街子河村，土地多不能种粮食（只能种萝卜），靠擦萝卜丝及养蜂为生，但擦萝卜丝时若人口少，劳动力差，短期内萝卜擦不完，就会空心，数月生活便无着，土改中注意动员别村群众去协助，解决了困难。又该村蜂蜜虽出产多，因交通不便，故廉价不售（现每斤只售2000元），以后应组织贸易合作社去收购。如莫琅乡因田很少，多数是地。据土改中调查了解，该乡土质很好，可以大量种植棉花等20余种经济作物，才能解决群众的生活困难。

④兴修水利。路同乡兴修水沟17条，可基本解决水的问题；莫琅乡打坝7个，也可解决该乡的水利问题；新乃戛村打坝一个须工300，可增产谷子100多石，并亦可解决该村因争水与旧乃戛村历史上的民族隔阂。

⑤解决农业上的生产困难，一是耕牛，一是农具。因山区农民过去常受土匪抢劫，如同路乡1950年就抢去80多条耕牛，生产受到严重损害，急需银行贷款。

（3）部分少数民族（特别是山苏民族）靠刀耕火种为生，因长期遭害（匪灾、天灾），不善于积累财富（在过去也无法积累），今后应注意加强前途教育，并介绍积累财富、投入生产的具体经验。

以上当否，请予以指示。

景东县第七区土地改革复查总结

1953年10月30日

景东县第七区土地改革复查总结

一、土改后的基本情况

安定区15315人，10个乡的土地改革在上级党委的正确领导下，沿着党的政策路线，经过90天的激烈斗争，敌人在政治上、经济上、思想上均受到了最完全的打击，基本上摧毁了山区封建制度的横暴统治，消灭了地主阶级。各族广大农民真正抬头，在斗争中显示了自己的力量，并掌握了政权，初步树立了农村人民民主专政，在经济上没收和分配了地主阶级的五大财产，各民族间的土地问题获得较良好的解决，各族人民在政治上、思想上与精神上基本达到团结。总的说来，土改是解放以来历次阶级斗争取得胜利最大的一次，成绩是主要的。

在紧张尖锐的斗争中，由于客观情况的部分特殊，主观质量强弱不一，政策贯彻的深度也不一致，其结果对整个土改中的问题是不能圆满处理和彻底解决的。具体地表现在几方面：

敌人在土改后的反动活动。土改队调走了以后，鼠街乡的地主说："这回土改结束了，什么都不怕了，以后搞复查只是整干部了。"望月乡地主李安林妻不让别人知道，就把已分给李文生的1亩6分土地夺回去了。沙拉乡地主何兴羊企图拉垮干部，篡夺政权，准备在七月半约乡长主席宰猪过节，民兵监督他生产，反骂说："你狗眼睛……老子害病（推病）你不会看见？"地主伍士贤公开向大组长索取已没收分配之耕牛，说："你拿去一个人沾不了多少，还是给我来更好些。"在家中大骂积极分子金莲芝："你这些积极分子不消跳，土改时你几个老实把老子整伤心了。"在家里墙上写着"高山头上有高山，能人头上有能人"，心中老实不服。中仓乡有一地主看见分房户搬来后就说："这是搬来给我做儿子的。"波罗乡地主李汗珍把已分给农民的房子上的铁钉公开拿走。全区未摘帽者××人，沙拉乡逃匪3人未归，鼠街乡地主江朝东在土改后冒充我税收人员在南间桥收税3次，带头赌博，不从事劳动改造。

从内部来看，大部群众认为"土改完毕，万事大吉"。民福五分村的干部在土改后都去做生意去了，分村上半个月没有开过一次会，群众大部埋头干生产。古德乡四分村的分村长祁正昌到处与别人说："地主这会儿在土改中老实斗透了，同教牲畜一样教训了，以后再也不敢跳了。"望月乡农民米大昌，土改队走了以后就天天到地主家，吃喝在一块儿，帮地主剃头，嘻嘻哈哈。太和乡杨坡村13户人，为了查田定产不满而一家也不开会。古德乡一农民要求群众把地主老婆改给他做老婆。××乡有××户互相不说话，不相往来。沙拉乡数百亩山林地未处理。乡与乡的隔阂没有彻底解决，鼠街乡农民到古德乡公山上开荒，不经对方许可，古德乡不给开，说："你们就只认得把锄头抬着到处开地种，放牛山都着你们开光了。"鼠街乡说："毛主席领导就是号召我们开荒生产嘛！"中仓与太和两乡干部就是闹意见，互相打击，赌气不修老仓大沟，使田里种不上谷子。

干部部分存在着换班思想，都认为干部当长了"缺点多"，半途止步。民福乡一大组长对群众说："我从解放以来就当干部，这回土改结束了，让孩子们来学习学习吧！"中农干部说："自解放以来就当干部，白纸香油也贴了不少。分起果实来，提漏了也提不到中农头上，这回土改结束，我倒不干了。"古德乡四分村的分村长李双鼎，土改后一律不开会，不满意分配，群众去约他开会，反骂群众："不要叫我分村长，就是你们的烂跛手举坏了（选他当干部）。"沙拉乡乡长李昌福说："土改时工作队回来开会是躲在房里开，不叫我们参加，不知是搞些什么，心中很不好过，自己哪点不对又不提出来，就怕哪天改选，一次提意见后就吃不开了。"

从土改后的整个情况的分析，事实说明了：残余敌人仍然存在，地主阶级作为一个阶级来说是消灭了，但反动的思想还未被彻底征服，仍然向农民进行反攻，破坏农民已取得的各种利益，人民民主专政还未切实巩固，在发展生产的道路上还有若干障碍。从干部到群众，"三十亩地一头牛，一袋草烟热炕头"的止步思想与和平麻痹的"高枕无忧"对敌失去警惕的和平观念，正在不断滋长和发展着。

我们深刻地体会到土改复查的进行对今后发展大生产的重要意义与其必然性，是由改革转入建设的必要的过渡时期，是由改革转入生产的必要步骤。省委指示"承上启下"是完全正确的，应通过土改复查来"稳定农村阶级关系"，创造发展农业生产的客观必然条件。根据我区土改后的情况的分析认识：土改复查不是一个新的改革，而是一个"更深入细致更高级的政治斗争"，必须依靠已树立起来的政权去向敌人专政，彻底扫荡残敌，巩固已取得的政权，从而彻底解决农民内部的问题。

二、整个复查运动情况

在县委的统一领导下，我区工作队下乡，在整个7月份领导各族广大农民战胜了各种自然灾害、保住丰收的基础上，8月初全面铺开了10个乡的土改复查斗争。利目乡乡长说："我们乡只有1户破落地主，遗留问题也没有，不有什么查场。"青云乡农民说："我们乡上没有地主，不消搞复查都可以了"，"倒是查一下田地的产量就好了"。鼠街乡部分农民要求在复查中重新划阶级、重新分土地，有的说："搞起复查，区政府、乡政府的大门都要着挤不下。"有的认为产量高了，"这次复查要好好地说他一台"。总括起来，群众对待土改复查的认识是各式各样的，是不完全正确的，特别是干部害怕民主运动，"怕干三反"，有部分干部抱着"未出兵先找败路"的态度老早就求改选，免得在民主运动中吃"家伙"，落了水，不光荣。总之干部的决心不大。

在上述情况下，各乡首先以干部会的形式，从总结土改、7月份抗灾工作着手，通过总结提高了干部，严肃地从政治上、阶级上批判了各种不正确的错误的思想，肯定成绩，在干部思想初步统一的基础上，大力贯彻土改复查的目的、性质和政策，目的在于提高干部与加强原有组织，通过他们去带领群众与展开复查斗争。

在运动中，从头至尾都执行了党的政策、路线，坚持了"由外而内"的方针，"一切从有利于生产出发"。各乡在一段中充分应用了政策法令的威力，向残余敌人特别是最凶恶的敌人进行了坚决斗争，全区打击了违法大地主××户，占全区地主总数的百分之××；严格管制13人，占地主总人口的百分之××。人民法庭宣布管制的五方面敌人共××人，依法逮捕1人；摘去土改中未摘帽的69人，解除管制的五方面敌人92人。复查中释放回家者××人。结合了"三整镇反判定"工作，进一步贯彻了镇反政策，对敌区别对待，做到最大限度地分化瓦解敌人。在此阶段中，特别注意了三类乡的政治斗争，沙拉乡在复查回忆对比提高干群、重新整顿队伍的基础上，打击违法地富××人，组织群众进行了猛烈的斗争，并逮捕土改时逃跑的匪首伍仕才，基本上改变了三类乡所谓"空白点"的面貌。

在民主运动中，在重视提高干部、彻底解决农民内部问题，特别是进一步解决各民族的团结问题的总意图下，特别重视兄弟民族干部的"三比"教育，各族广大群众都从"爱护自己的干部出发"，广泛地提了意见，群众表示痛快，基本上密切了干群关系，干部在工作上、领导群众方面，已受到广大群众的监督和热烈支持，干部与群众间出现了新气象。更重要的是干部明确了长期为人民服务的观点，第一次正确地认识了自己所担负的任务及其政治意义。古德乡主席罗承林，在群众尖锐的批评、广泛提意见后，经过艰苦的思想斗争，最后虚心地接受了群众的意见，在代表会上表示了态度，"决心在群众的帮助下，今后工作中努力学习，争取加入光荣伟大的中国共产党，一辈子革命到底"。大部分的干部不但没有"垮"，相反地更坚定了。在联系群众与工作作风上，与复查前有显然的不同，特别是干部的领导威信更加提高了。

在解决家与家、户与户的团结问题上，发挥了群众的力量，更重要的是做好典型示范工作，把一切问题提高到阶级上、生产上来认识，打破了所谓"清官难断家务事"的说法。鼠街乡与青云、望月、古德之间的山林纠纷问题已得到彻底解决，民族问题除沙拉乡着重解决以外，一般乡对土改中已订立的民族公约进行了检查。

经过民族民主建政，全区乡一级干部××人，落选××人，降级××人，清洗××人，留用××人，新提拔××人，现共有××人。并成立了自保会、妇女代表会及委员会，健全了各种组织，招耕、农协、民兵各乡在建政后都发展到应达到的数字。如古德乡原有会员565人，建政后发展为622人，达到了50%强。全区原有会员4794人，现有××人，增加××人（占百分之××）。通过民主建政，进一步提高了干部的数量和质量，同时在建政中发展了团员××人，建立了××个团支部（原有计划××个），进一步巩固了党在农村中的阵地。青年团已经成了广大青年群众的努力方向，特别是通过复查，广大青年的觉悟进一步提高，“团”已成为广大青年完成各项任务的动力。

在贯彻处理遗留问题时，基本上贯彻了“一切从有利于生产出发”的精神，沙拉乡处理了山林山地400多亩、遗留问题100多件。由于反复地交代了政策原则，充分地运用了干部依靠了群众的智慧，各乡的遗留问题得到迅速圆满的解决。查田定产坚持了“重点抽查”，增减未超过40个。在三段中着重地重视了发证的政治思想工作，领导上的意图主要使群众从阶级上来认识旧执照的本质，从而启发农民对发证的自觉要求，通过发证进一步稳定农民的生产情绪。各乡在这一工作中有较明确的认识，古德乡采取了农协小组会上互相款、大组会典型控诉，效果很大。在控诉中注意了两个思想，即：农民的保守思想意识及现实主义。为此以典型诉苦为主，大力宣传土地证的意义，经过群众性的控诉，群众迫切地要求发证，古德四分村提出“加紧突击秋收，迎接土地证”的口号，在10天内将全分村包麦全部收完。在控诉的同时抓紧了填证工作的加速进行，到27日为止，9个乡已全部发证，10月底已全部结束全区土改复查。

总的来说，我区土改复查在上级党委的正确领导下，全体工作队（41人）与各民族自己优秀干部团结各族广大人民群众，贯彻和执行了党的政策，经过90天艰苦细致的斗争，胜利地完成了这一历史任务，为今后农业生产的无限发展与促进国家工业化提供了可能性。从斗争的各方面来看收获是大的，而最主要的是基本上达到了分化残敌，尤其是群众的觉悟有了进一步的提高，群众的觉悟是不能用钱买到的。

从复查的性质和目的来检查我区土改复查是正常的。

三、几个主要问题及其经验教训

（一）对敌斗争问题

我区工作队在7月下旬即转入土改复查的具体准备，掌握了土改后敌人活动情况，在斗争前对敌人残遗有了较正确的分析认识，区别出本人与家属、违法事实大小、多少、轻重，并且意识到经过土改斗争的敌人，在应付斗争上是有一定的狡猾性，用土改时的老一套斗争方式已不能彻底扫荡土改后的残遗敌人，必须根据国家的政策法令，通过已树立起来的政权去压服残敌。执行了“由外而内”的方针，具体做法上，首先由上而下地贯彻回忆对比，提高群众觉悟，初步统一思想，各乡对这一点做得较深入踏实，通过回忆对比来组织反违法斗争，发动群众开展检举揭发残遗敌人的违法破坏事实，抓紧发动落后层。古德乡发动了60岁的一个妇女落后层，在反违法斗争中，当面检举了地主罗允齐家妈妈，把地主斗得发抖。地主做梦也梦不到同他最知心的这位60多岁的老人家会翻他的底牌！别的地主听了之后也被吓住了。在他们认为最同他们相好、他们唯一的同情者也已经来检举他们无法隐瞒的一切违法事实了，结果只得一一地坦白了违法事实。望月乡农民斗争了李安林老婆，群众都异口同声地说她把李文生的土地夺回去，是违反了生产十大政策第一条，斗她破坏生产十大政策。沙拉乡在斗争中挖了违法地主伍士贤的“根”，要叫他说出写在墙上的“高山头上有高山，能人头上有能人”是什么意思，（问他）你心上咋个想着些？追得地主直冒大汗。斗争了违法事实为什么向农民要回耕牛？古德乡雇农罗允宽检举了地主杨友金家妈土改后骂贫雇农说：“你们贫雇农有得起什么田产房屋，你们有得起的只是我胯子下面夹着的这两块皮。”农民对这些揭发的材料，听了之后非常气愤，要求彻底斗，打破土锅问（纹）到底。在反违法斗争的同时，10个乡划漏网地主6户（沙拉查出3户），沙拉乡斗争了漏网地主李芸法，该乡在打开复查局面时采取了分片的组织群众斗争。

通过总结阶段的政治斗争实践，对干部群众给予了又一次教育，从实际中彻底批判和清除了和平麻痹、失去阶级警惕的坏思想。各乡农民通过这一阶段的斗争实践，共同的感觉是：“不搞复查的话分得田地都不把稳。”有的说：“什么叫困山木头心不干，这回得亲眼见到了。”望月乡农民说：“我们以前曾想着土改结束，地主阶级消灭了，地主就跳不起来，这回复查才晓得地主阶级是净汤油，表面上望着是垮了，实实在在他心上还是不满意着农民。以后不管到哪一天都要防着，简直不能大意！”中仓乡农民在总结斗争时说：“今后对地主一点也不能放松，你放松他1寸，他就跳起来1尺。若果我们只是闷头干生产，一个也不管地主的话，我们在地里使多少力气，还不够地主轻轻地破坏一台，就后悔赶不及了。”特别是干部从这一阶段中亲自看到了自己的麻痹思想的害处，事实严厉地批判了他们“高枕无忧”的麻痹思想，从干部到群众基本上树立了长期对敌专政和巩固专政的持久思想。

我们体会到：要把一段政治斗争搞得圆满与否，关键在于回忆对比是否深入。若回忆对比做得踏实，违法地主才能被斗倒，坚决贯彻区别对待才能最大限度地瓦解敌人。古德乡在斗争违法大地主后，号召一般违法和基本守法户写降书、当众反省，部分中小地主到处请人写降书。古德乡一小地主在写降书时，家里人叫他吃饭了，他说：“吃饭是小事，写降书是大事，我要写好了才吃。”

贯彻三查必须从群众觉悟出发，因为工作队下乡，群众知道复查队来了，有的怕升阶级，怕已分得的土地还要变动，特别是雇农、中农更怕升阶级，所以查阶级查得对与不对，必须在充分交代政策、群众自觉的基础上进行，而且查出的阶级，特别是漏网地主为什么划成这样、道理在哪点、与各方面合不合，否则就会无形中加深群众的思想顾虑，达不到应有的目的。古德乡划出漏网地主1户（藏在雇农内），经群众充分讨论，分析了漏网地主的经济情况，再召开富农座谈会来研究，让其他富农互相对比，有的说："罗承忠家来比我们这几家的劳动，就一家都不像他家，他3代人都没有使过锄头把，不合同我们富农在一起。"通过富农座谈会划出漏网地主，这样富农也没有顾虑，而更重要的是消除了各阶层"怕升阶级"的认识，达到了真正的"稳定农村阶级关系"。

（二）依靠原有组织问题

由于各乡指导思想上对"复查不是一个新的改革"有较明确的认识，依靠原有组织是自然地进行，没有偏差。方法上是工作队来之后，先了解了干部思想，以不同形式帮助他们打通思想，总结工作，提高他们，加强教育，让他们去带领群众搞好复查。实际上工作队也认识到搞复查是为了进一步地培养和提高干部，为此，干部（乡一级）与工作队统一分工合作，以干部为主为先，工作队在执行政策上多起作用。乡长常玉成说："工作队来了，我们的工作认不得搞，只消在拢同工作队商量研究一下，心上就明白了。"在民主运动中经过提意见后，副主席罗朝良说："若果我不来乡政府干大米饭的话，就不会搞得这么多缺点。"主席罗承林对他说："我解放前帮人家拉马都够不上，这下子我们不当干部，还要谁来当？"代表罗允学对各位代表说："干部是我们选出来的，搞民主运动是为了帮助干部，他们的缺点不提，以后对农民有损失，像一支枪一样，随时不擦就打不响。"通过民主运动，提高了干部的观点与才能，在积极方面的表现是巩固了集体领导与根据群众觉悟程度出发来干好工作有了具体明确的认识，一般说来基本上明确了干部不站在群众头上，也不能落在群众后边，应站在各个斗争的最前面，带领群众一起前进，"领导群众决不是统治群众"的观点是大大地加强了。

（三）消灭三类乡问题

我区三类乡两个（即鼠街、沙拉）、三类组12个（大组），以沙拉乡看其特点在于：敌人没有打垮，群众发动差，在土改中斗争很混乱。工作组王淑清不经请示上级便自动扣了3人（不是首要首恶），已捕伍仕才等3人在斗争中逃跑，群众顾虑大。另方面群众没有较充分发动，有好些老百姓自解放到现在还没有见过工作同志是咋个样。在土改中从头至尾都形成赶任务，干部较软弱，工作歇得下去拿不上来，土改后是地主阶级反抗破坏最突出的一个乡，从土改来看，基本上是半夹生状态。

一般三类组其特点在于：骨干较弱无能，毫无群众威信，群众不有全面发动，落后层较多。造成三类组的原因是干部没有培养好，在工作中政策贯彻得不透或有偏差。如古德乡三类组五大组，全组有富农3户，中农与贫雇农一样多，土改时工作队发动群众说：“大家起来搞土改，将来好分田分地分斗争果。”单纯从经济上去发动群众，放弃了政治发动，结果群众在政治上就落了空。土改后群众认为：有两家富农也划不出一家地主来，东西也分不得，土改不土改还是一样。工作队一走整个大组就垮了台，太和乡四大组因为查田定产不满，大部群众不满。

从三类乡的情况来分析，其主要特点在于群众发动不充分，干部软弱无力，个别不够纯。根据这些情况，我们特别重视了这一问题，首先对三类乡、组配备较强的力量，着重从政治上思想上发动群众，特别是落后层，在一段中大力补课。沙拉、鼠街两乡痛击残敌，鼠街乡打击了违法地主4人、漏网1人；沙拉乡打击了违法地主3户、漏网地主3户，并以政治瓦解其家属，争取回土改逃跑之匪首伍仕才等3人及1951年逃跑之地霸杨正林。除此以外，着重地注意了培养和提高骨干和农民领袖，巩固他们的领导，以及乡干部对三类组的具体领导。

四、点滴经验的体会

（1）处理遗留问题在于干部明确政策、原则，事前充分酝酿，大胆应用干部，充分发挥群众智慧，才能彻底迅速地解决问题；工作队不能事务主义。望月乡由于采取了上述方法，在一晚上解决遗留问题30余件，群众很满意。古德乡亦在4天内处理了将近百余件。

（2）解决户与户、家与家的隔阂，应充分运用典型，加以分析，这样给予群众最深刻的教育，解决一家来影响其他，就能全部打通。

（3）思想工作的深入与否是每个工作的先决条件，我区一段中的回忆对比教育与二段中的三比教育，及三段中的控照工作都重视了上述问题。

（4）培养干部唯一的方法，就是总结工作后集体分析研究工作，同时加强政治思想教育，脱离上述任何一项都不能得到圆满效果。

五、土改复查后的基本情况与存在的问题

目前我区土改复查基本结束，除沙拉乡外已全部发证，并转入了动员大生产。工作队大部调往文龙，其中较特殊的情况是大部干部觉得很孤单，“参谋长不在身边了”，因而有些苦闷（少部分的干部较正常），工作上总觉得很不顺手。在转入生产后最重大的问

题，是干部转弯问题，其中又是思想作风问题为主要，多数的干部仍想以土改的老一套作风去领导生产。

目前存在的问题，主要是生产上的问题：

第一，干部中存在着极严重的领导生产的自发等待思想，突出地表现在对互助合作的领导是右倾，对生产上的问题发现不出来。

第二，生产政策贯彻不够，尚不能深入人心。

第三，老仓大沟水利团结用水，还没有订出具体的管理办法。

其他就是个别的乡干部的团结问题还需继续加强。另外是收费及修正部分的土地证错乱。

这些问题是在今后大生产中必须继续解决的。

安定分队

中共第七区委

1953年10月30日

（曲靖）目前运动情况和应当解决的几个问题

目前我区群运大体上分4种情况：

（一）正在进行复查（土改）的地区共77个乡（曲靖75个乡、宣威2个乡在试验），计人口152931人。进度上有两种情况：一是查田定产已结束，正在填土地证或正在进行查田定产；一是查田阶段基本结束，正在转入民族团结、民主建政。复查工作的进行是从查敌人入手，发动群众向敌人展开以政治为主的斗争，对逃亡和漏网的反革命分子、地主已经捉回一部分进行镇压（判各种刑），对漏网地主在经济上进行了没收，对于地主在土改后违法乱纪不老实均分别展开了斗争，施行管制与判刑，对守法的地主均做到了分别处理。提高了干部和积极分子的为群众服务的思想，干群关系、群众与群众之间的关系（宗派、宗族之间、男与女之间）都得到了改善和解决，树立了当家做主的思想。复查前一类型乡占24.5%，现已增至42.2%；二类型乡由54.5%增至57.6%，三类型乡已基本消灭。……

分配完土地或本月二十五六号即分配完土地的地区，共有339个乡（马龙47个、宣威142个、沾益44个、平彝43个、嵩明19个、寻甸1个），人口604802人。

目前正开展土改的地区有361个乡（平彝96个、沾益62个、嵩明56个、寻甸48个、宣威99个），人口589000人。从人口来讲，略少于已完成土改的地区，但从乡的数目来看，比已完成区多，因此是地县领导的重心。这批土改的地区除嵩明两个区是平坝（寻甸也有两个区基本上算平坝）外，其他都是山区，情况与平坝区有所不同。

这些不同特点，从自然条件上看：山高路远、交通不便、地区辽阔、人口分散。

从封建势力上看：虽然有些地主比平坝较少些，但恶霸地主反革命的封建势力强大，统治残酷，活动嚣张，过去未得到镇压，不少地区是匪窝（如平彝的东山区是小毛牛的根据地，宣威的格宜区等，寻甸的一、二区的一部分等）。地主阶级破坏土改早已有准备，大量地分散隐蔽财产，收买农民，甚至搞假土改。乡村组织直接或间接地被地主所操纵。平坝地区土改时有一部分地主恶霸逃跑到山区隐蔽。

从群众基础来看：由于过去减退不彻底或没有减退，有的地区的群众从来没见过我们的干部（我们的干部到即逃跑的），因此农民得到党的教育很少，顾虑多，变天思想严

① 此文仅摘录原稿第（一）部分。——编者

重。同时过去土匪暴乱，有少数的农民被迫参加，由于对我们的政策不了解，顾虑很大。

从民族问题上看：少数民族大多是在山区，由于历史上反动统治阶级挑拨的原因，民族隔阂较普遍地存在，再加解放后我们有少数干部不遵守民族风俗习惯、坏分子利用宗教和民族隔阂进行挑拨，使得这些地区的民族隔阂仍严重存在。

根据以上情况，这批土改开始即强调坚决贯彻省委认真“补课”的指示，从反霸、镇反入手，从政治上打垮地主阶级统治集团，有股匪活动地区强调派公安部队组织便衣武装，协同工作队和民兵清剿，贯彻省委提出的清匪、反霸、镇反的内容。……

曲靖地委九月县书联席会议关于土改复查工作检查报告

运动情况

我区第一批214个乡的土改复查工作，在9月下旬即可全部结束，第二批369个乡已先后于8月底9月初开始。马龙县剩下的16个乡亦于9月中旬开始。总的来说，运动的整个发展是正常的，取得了不少的成绩。

第一批在提高群众警惕、鼓起劲头、制服残敌活动之后，干部与群众的松劲、麻痹思想得到基本克服，即转入民族团结、民主建政运动，给群众进行了一次人民民主专政的教育。并结合前途教育，进一步提高阶级觉悟，改善干群关系。少数乡解决了中贫雇农间的关系问题，增强了团结，又给群众进行了一次广泛的、深入的新旧社会的回忆对比及爱国主义、共产主义的前途教育。在群众政治觉悟普遍提高、阶级仇恨增强的基础上，查出地主阶级种种阴谋破坏的行为，如放毒、烧房子等罪行，宣威海岱区查出了地主阶级、反革命分子有组织有计划的巨大放毒案件，从而启发了群众对专政的要求，认识到只有团结起来专政好，消灭敌人，打垮地主阶级的反动复辟阴谋，才能保卫胜利果实。……

农民在分得田地之后，感觉没有把握，再加上对生产政策不了解，生产顾虑大。根据这一思想实际，进行教育，对比新旧制度，控诉旧执照，群众无不对旧执照仇恨。通过土地证来源进行党的奋斗史教育，农民回忆到红军长征故事及解放军为人民服务光荣牺牲的事迹，深刻地体会到田地来得不简单，因此说："见了旧执照，就像见着地主一样，就像见着蒋匪一样。""交出旧执照，就是除蒋根；留着旧执照，就是留祸根。""烧掉旧执照，就烧掉穷根栽上富苗。"一致要求发给毛主席的土地证。……

宣威县土地改革运动总结

第一部分　运动发展概况

全县14个区289个乡105149户481469人的土地改革运动，是在减租退押运动取得胜利，从政治上打垮了地主阶级的统治威风，经济上削弱了地主阶级，群众有一定的发动，但运动发展极不平衡的基础上展开的。从1951年12月10日开始，到1952年11月20日全部结束，土改、复查共历时近1年。

土改及土改复查均分3批进行：

一、土地改革自1951年12月4日开始，1952年7月20日结束，历时8个月余

第一批4个区（城、一、二、三），41个乡22256户94051人，45天完成。

第二批6个区（四、五、六、十、十一、十二），143个乡49023户225249人，历时两个月。

第三批3个区（七、八、九），106个乡33870户162167人，历时3个半月。

二、土改复查于1952年7月14日开始，11月20日结束，历时4个月

第一批6个区（城、一、二、三、四、十二），70个乡（其中两个试验乡）35065户155927人，两月完成。

第二批6个区（五、六、七、八、十、十一），176个乡58038户268074人，70天结束。

第三批倘塘区，40个乡，12048户57468人，两个月完成。

第二部分　运动的成绩、土改前后农村的巨大变化

一、彻底消灭了地主阶级

土改前，占全县总户数4.84%的5083户地主，占有全县土地的25.31%，共235912亩，

每人平均即有10.02亩。五区免场乡恶霸大地主魏振家1户即占有土地1400亩，而占全县53.23%的55907户贫农、雇农仅有土地205431亩，占耕地面积的22.04%，每人平均0.9亩。

解放以前，地主阶级统治着整个农村，利用衙门、保甲团队、土匪、祠堂、宗法、庙宇、会门、公私学堂、反动党团，紧紧束缚着农民，敲诈、抢劫、毒害、奸污、吊打、欺骗，无所不为，是农村中的土皇帝。他们私设监狱、私动刑法：西泽区马戛乡地主李佩朝，碉堡就是小监狱；地主阿国彩炭，山洞就是杀人的埋坑洞；全县性的大恶霸李子伦，指使别人及自己亲手杀害的农民达100多人；海岱区地主浦润生，强奸妇女多达40余人，他亲嫂子及侄女都被他奸污；宝山区大恶霸陈兴周，敲诈勒索达半开300多元；大恶霸徐鼎铭，有私枪200多支，其中机枪2挺，完全是敲磕霸占的；得禄区恶霸赵达仁，逼死农民11人，逼100多户农民搬家。

在经济上，地主阶级残酷地剥削农民，以收租、放高利贷、加押金、派款等方式，抢走农民一年辛苦得来的劳动果实。另外，还以“顺头”“捐帮”“四季白工”“老人钱”等方式进行超经济的剥削，种类不下几十种，变化无穷。农民们在地主阶级这只贪婪的吸血鬼几千年的吸食下，一年比一年穷困，一代比一代贫苦，终年不见粮米，几辈人没有穿过一件粗布衣裳，没有一床被窝；卖几个鸡蛋，想买点盐，卖的钱还不够交“款钱”“脚钱”。土地被地主阶级一块一块地霸占去，死了无葬身之地。而地主魏振家，一年收租的谷即达20万斤，全家有房子200多间，过着不劳而食的生活，在农民的白骨上建立起了他的“乐园”，60里外恰得乡的农民，也得带吃的去为他筑碉堡。农民交不起租、押、利，就要遭到死亡的威胁。

农民们也曾进行过无数次的暴动与斗争，但没有党的领导，都失败了。八区得来等乡，过去曾反佃3次，但换得的却是残暴的大屠杀，有13人被杀害、100多人被赶走，解放后还有20多户没有回乡。

解放以后，在党的正确领导下，经过了清匪反霸、合理负担、减租退押等一系列的反封建斗争，农民从地主阶级手里夺回了价值80亿元的生产资料，打倒了地主阶级当权派，但对整个地主阶级的打击是极为不够的，地主阶级仍然对农民实行野蛮的统治与残酷的剥削，不断地向农民进攻，进行各种破坏活动，放火、暗杀、杀死耕畜、分散财粮，打入农协，篡夺领导权，直接间接地操纵把持农民政权。在公审大会上、人民法庭前仍至死顽抗，要“农民在鬼门关等着”，要“子孙长大了报仇”，甚至有喊“蒋介石万岁”的。

在土改及土改复查中，仍继续顽抗，第一批土改宣布后的几天中，即发生地主夺民兵的枪、打死民兵的事件6起；土改后普遍反攻破坏，企图杀害乡村干部、积极分子，几乎每乡都有，全县已有两人被杀害。

经过土改及土改复查，彻底揭发了整个地主阶级的血腥剥削罪恶，从政治上、经济上彻底消灭了地主阶级，使其成了农村的被统治者，向农民低头认罪，承认要“老老实实、劳动改造”。如双龙乡地主王凤英，顽抗不承认阶级，不承认剥削罪行，农民理直气壮地向他斗争，问他：“我一家3人帮你做活，不给工钱，咯是剥削？”“我帮你家盘30多亩土地，一年苦到头，连一双草鞋都不给，还挨你撵掉，算是什么？”“你骗我做干儿子，当了19年苦工，该咋个整？”“你活活害死我的3个娃娃”……一系列的群众斗争，使地主低头认罪，具结签印，承认阶级。

经过土改，全县划出了地主6014户，土改复查中又划出漏网地主843户。同时抓回了逃亡的地主及反革命分子，在复查中即抓回226人，其中有全县性的大恶霸徐鼎铭、恶霸政治匪首陆大奎等。抓回以后，大大鼓舞了群众，夏屯乡在复查中抓回了逃亡地主11人后，群众说：“天亮了！”……

二、充分发动群众

土改以前，虽经一系列的反封建斗争，农民群众有着一定的发动，但极不充分，最好的乡发动面仅占28%，落后层占成年人口的72%，一般的乡则有80%的落后层，发动面仅20%。有近100个乡群众基本上没有发动，政权被地主阶级把持操纵，如有的乡长是漏网地主，农民的宗法思想、命运观点、变天思想等落后意识普遍严重存在，本村的农民不斗本村的地主……由于地主阶级长期统治所造成的民族对立、宗法斗争、家庭不睦普遍严重存在，七区新民乡为挖炭山在大土包、梁子两村地主恶霸操纵下，过去曾发生械斗，互相残杀，两个村共死农民18人，有的老夫老妻30多年只讲过一句话。六区岩上乡汉族叫彝族“死倮倮”，彝族弄个大石狮子咬汉族，汉族又修了个大照壁挡着，彝族又弄了个石猫压着，两族长期的不团结。

土改与复查后，农村面貌焕然一新，农民思想上已完全和地主分家，树立了跟着共产党、毛主席走的坚强信念。首先是通过控诉、追根、算剥削账，揭发地主阶级发展丑史，激发农民对于地主阶级的高度仇恨，树立起劳动光荣、剥削耻辱的思想，认清了自己的力量，由不敢斗争到敢于斗争，由不恨本村本姓地主到敢于面对面地斗争本村本姓地主。盘龙乡雇农浦钟欢，到土改分配阶段，发动起来以后说：“过去我说地主好，现在才认识我不帮他，他吃什么？”……在没收征收中，70%以上的农民都卷入了最后彻底消灭地主阶级的经济斗争高潮。……

县委资料

1959年2月27日摘

昭通地委关于昭通、鲁甸、绥江土改计划报告

省委：

我区昭通、鲁甸、绥江3县准备1951年1月进行土地改革，现将土改计划报告如下：

（一）昭通、鲁甸、绥江3县共179个乡79633户378920人，计划典型试验8个乡（昭通5、鲁甸2、绥江1），共计人口21598人。第一批土改共计35个乡，计昭通19个乡、鲁甸8个乡、绥江8个乡，共计人口80421人。第二批74个乡，计昭通19个乡、鲁甸27个乡、绥江28个乡，共计人口154591人。第三批62个乡，计昭通19个乡、鲁甸31个乡、绥江12个乡，共计人口122310人。

鲁甸从12月20日开始，到1952年1月底结束；昭通1月初开始，2月15日结束；绥江1月初开始，2月10日结束。每县大体40天结束一批。

（二）准备阶段：

1. 地委训练土改干部116人，10月31日开始，11月18日结束，时间19天。计有原区干及工作队干部55人，农民干部65人。以总结减退、学习土改政策及工作方法步骤为主要内容，18日结束，分赴各土改典型乡工作。

2. 典型试验：鲁甸于10月18日开始，昭通11月15日开始，绥江12月初开始，大体12月底结束。典型乡土改结束，再训练第二批干部，展开第一批土改。

3. 典型乡土改力量分配：鲁甸二乡，抽调原区工作干部17人、农民积极分子24人，由县委直接领导进行，预计40天，分4个步骤结束。昭通进行5个小乡，由县抽调27个干部、65个农民，地委工作队及其他县受训干部、青年团、省委受土改训练干部，总共集中120个干部，由地委与县委直接领导，创造经验，预计40天全部结束。绥江典型乡1个，受过土改训练10个干部，由县委亲自领导，预计40天结束。各县在典型土改的同时，抽调周围村农协干部参加，在工作中实验训练。

（三）土改计划的主客观条件：

1. 主观上有这次训练参加典型村土改连农民干部共有180人。典型结束时，地委第二批再训练100人左右，鲁甸再训练一批共90人，昭通征粮结束，再训练100人，绥江训练50人，从省委党校回来地县级干部30人左右，再加地委整党干部中昭通、鲁、绥也可投入土

改50人。3县第一批土改即有600余干部搞35个乡，还可照顾一部第二批乡的准备工作。

2.客观条件：就第一批土改地区工作基础上看，这些地区减退复查已结束，或正在进行减退复查，农民在最近发动面积80%左右（只妇女发动较差，只占40%上下），乡组织已初步建立，贫雇农骨干已初步树立，但不甚巩固，再加一段时间努力，即可创造好土改条件。地主已受到应有的打击，这些村恶霸、反革命分子已处决，减退果实已退在70%以上。如昭通典型试验的5个乡，以吴鼎勋为首的封建集团政治上已被打垮，10月5个乡复查减退，又提出1亿700多万元，农民觉悟提高一步，政策水平亦有提高，群众已迫切要求土改。公粮在这些村于11月底即可入仓完毕，入仓后再有一个准备工作，因此，第一批土改村在这样的主客观条件下，是可以进行的。

…………

昭通地委土改中关于执行省委指示的几点检讨

中共昭通地委文件

1952年9月12日

昭地委

昭通地委土改中关于执行省委指示的几点检讨

抄者按：本文对土改过程中要密切注意民族工作、生产工作等问题以及纠正工作偏向问题作了很好的说明。

9月6日至10日，召集了各县联络组会议，检查和布置了工作，于11日接省委9月9日指示后，地委再开会详细讨论，进一步明确了目前运动的主要问题。现将几个问题检讨于下，并即指示各县贯彻执行。

一、继续贯彻执行清匪、反霸、镇反，掌握山区土改的政治问题

运动一开始，即反霸强调必须掌握山区土改的特殊性与政治性，在运动的各个阶段中坚决贯彻清匪、反霸、镇反，发动群众追捕逃亡地霸、匪首及反革命分子，搜缴现藏枪弹，随着运动的逐步深入暴露和摧毁敌人，由于没有系统总结经验，一般的号召多，结合山区土改系统具体的布置少。有些县的领导对山区土改的认识还停留在概念上，以致运动一轰开后，部分干部不能保持头脑清醒，盲目乐观，满足于初步的成就，经验主义更阻碍了继续深入下去发现问题，形成部分地区产生形式主义的严重倾向。9月10日指示了各县以后，现又指示各县必须在划分阶级及征收中继续轰透，彻底摧毁和暴露明显的敌人。对敌人的隐蔽组织线索亦须掌握控制，解决山区的政治问题，并提出各县委须具体分析全县情况，实事求是明确掌握有多少乡有经济搞头，这些乡政治上和经济上都必须彻底。经济上没有搞头的地区，以政治斗争结合搞好生产为主。健全各种组织，巩固人民民主专政。这段时间可以长一些，务求彻底，纠正不经实际出发硬搬平坝经验的主观空想，“经济斗争高潮”、“彻底搞好没收征收”流于形式的做法。从地委到县委坚决克服盲目乐观的思想。

二、民族工作问题

省委一再强调必须重视和做好民族工作，但地委长期的重视不够，各级领导的思想未得到彻底解决。过去由于组织不纯，在执行民族政策上曾发生过些偏差，但总结教训也不够，曾被迫做了些点滴工作，仍没有很好地进行认真研究总结经验，深入检查也做得不够。如指示昭通、鲁甸等县土改后在民族区域实行民族区域自治及联合政府，没有做。各县关于民族问题报告很少，地委也未很好监督检查，大部分干部亦认为“民族问题不大”“少数民族人数少”“已经汉化”等不正确思想，忽略了历史上反动的统治阶级所造成的隔阂，尤其是满足于各族群众积极地参加运动，更产生麻痹自满情绪，实际上不承认有民族问题，甚至不宣传民族政策。有的干部认为“苗族好，彝族坏”，不从阶级观点出发。目前培养苗族、回族干部较多，但彝族干部很少，这就具体说明了对彝族认识的偏向。

因此，在土改中要做好民族工作，首先要解决领导和干部的思想问题，要各县委进行检查。致以教育干部，对错误思想进行彻底批判，使其重视民族工作。尊重少数民族的风俗习惯，纠正在群众言谈中鄙视少数民族的称呼。并在群众中普遍进行民族团结教育，深入了解少数民族群众的生活思想情况，帮助解决困难，扎少数民族根子，按人口比例吸收一定数量的少数民族参加各种组织领导工作，如代表会、主席团等。更重要的是认真培养少数民族干部及其领袖，是做好民族工作的关键，并须教育干部在各民族中进行民族团结的教育，经常检查及总结民族工作的经验教训，对错杀了的少数民族问题应做处理，其家属应抚恤和照顾。逃亡过江的少数民族当中的农民一定要争取回家分土地，逃亡地主也要争取回来劳动改造。

三、生产问题

土改中紧密结合生产在部分地区未被重视，单打一的工作方式必然严重脱离群众，须及时纠正，大力发动群众保护秋收、组织打猎、防洪及抢收，并做好秋种准备工作，具体帮助解决籽种、肥料及农具问题。根据实际情况适当组织临时性的互助组，开会不能妨碍生产，少开大会，应有计划地开一次会布置几天的工作，对土改、生产结合得好的干部给予表扬，通报批判不重视生产的坏干部。在生产中急需加强防洪工作，坚持做到土改、生产两不误。

四、领导问题

地县委今后重要的是掌握和总结山区土改的几个关键问题，做到及时发现问题，系统地总结山区工作经验，克服当前普遍存在的形式主义和盲目乐观思想。地委为了及时了解掌握情况发现问题，加强配备了联络组，定期半月汇报一次。县委应深入检查一个点、一个乡，研究和贯彻省委地委的指示工作，认真分析研究，具体指导工作，总结经验教训，系统具体指导全面工作。整训工作队，除彝良外，其他地方各县均已抽调整训。培养提高干部，对农民干部主要是帮助掌握政策及系统地运用组织力量，各县准备再训练两次。

昭地委

9月12日

昭通地区关于民族杂居区土改问题的指示和报告

我区永善、巧家二县沿金沙江一带地区，隔江与西康凉山纯少数民族地区接壤，相连若干个乡又是民族聚居或杂居乡，历史上民族隔阂深，彼此互相敌对仇视。如1943年永善江对岸彝族韩姓过江做生意，为务基保长黄富学所杀，彝族即约人过江杀了几个汉族农民，抓走了3人。1943年汉人又杀了3个做生意的彝族，引起彝族过江杀了汉族农民10多人。江对岸土司不断指使土匪过江抢劫，今春还过江抢走5个农民及几条耕牛。另一方面，解放以后，尤其在1951年减退镇反时期，由于乡村组织不纯，执行民族政策偏差混乱，如永善四区锦屏乡一保长当村长，镇反时点名杀了11个人；六区大毛乡彝族贫雇农都被退过押，有的倒给地主退押金；并且彝族农民普遍未参加农会，减退未分到果实，因而引起彝族恐惧，稣田坝43户彝族农民逃过江对岸雷波去。由于减退镇反造下的恶劣影响，土改开始时，彝族恐慌，怕杀彝族，怕不分给田地，坏人趁机钻空子，民族杂居区普遍谣传“兴汉灭彝”“杀鸡不杀蛋，杀彝不杀汉”。而凉山区亦有一定震动，沿江街子经常有十几个彝族打听消息，四区政府门前经常有彝族看我们的行动。

巧家县民族问题，大体与永善相似。根据以上情况，在这些地区实行土改，进行消灭地主阶级的斗争，必更复杂艰苦，且必须考虑对金沙江西岸的影响。因此，地委根据省委指示，于8月4日指示永、巧二县委，在沿江一带划出一部分缓冲区，执行较温和的政策，以减少阻力，顺利打倒敌人，发动群众，搞好民族团结，在彻底完成土改的前提下，减少对凉山纯少数民族的震动，并报省委指导。根据永善的具体情况，划出几个缓冲区，贯彻以下几点：

1. 不搞彝族地主的底财，斗争时是先汉后彝，要斗争彝族地主时，先经过本民族诉苦先斗，再联合斗争。

2. 加强扎彝族贫雇农的根子，通过扎根串连彝族农民，并注意培养他们的干部。

3. 加强说理说法斗争，严禁非刑吊打，对彝族恶霸、匪首多用判刑、少杀，并坚决不动富农经济。

4. 首先教育汉族农民，打破民族之间隔阂，主动团结少数民族农民。

5. 号召逃亡的少数民族农民回来分田地，并在各种会议上大胆揭发各种谣言。

希永善、巧家县委认真研究缓冲地区，坚决执行较温和的政策及地委结合给省委报告的5项决定外，并希仿照西山、圭山做法办理。其余会、大、盐、彝4县，民族问题虽不如永善、巧家复杂，但亦必须严肃注意，结合实际情况，分析研究，仿照办理。

永善县委关于少数民族杂居区土改问题的报告

地委：

我县第一批土改区内，有5900余人口的少数民族杂居乡，这些民族杂居乡主要是沿江一带的兴隆、锦屏等乡。这些地区，由于国民党的反动统治，造成彝汉之间互相烧杀抢掠、互相仇视，造下了根深蒂固的民族隔阂，虽经3年来的民族工作，解决了和初步搞好了民族团结问题，但仍不够彻底，特别是锦屏、兴隆等乡，至今仍不断发生问题。为了进一步贯彻和执行民族政策，搞好民族关系，在这批土改中，根据地委指示及我县情况研究了民族杂居乡在土改中的做法，现报告如下：

（一）少数民族杂居乡较多的是四区锦屏、兴隆等乡，而问题也多发生在这些乡，故在土改中决定将沿江一带民族杂居较多的乡划为缓冲地区，与汉区分别不同地进行土改。经县委会议研究决定，将四区的锦屏、回龙、青隆、务基、百胜、黄华、今寨、乾田、仁坪、黄坪、兴隆等11个乡划为缓冲地区。这些乡都与四川彝族有密切关系，这样划是否适当，请示。

（二）由于去年镇反极不彻底，有不少汉族地霸、匪首逃至凉山，并在彝区挑拨民族团结，破坏彝汉关系，在凉山大肆造谣破坏，企图卷土重来。彝胞被其包围迷惑，对我方屡次交涉、坚持争取从政治上搞好民族团结的做法更加顾虑，怀疑我们，不敢大胆相信我们的民族政策。因此，我们准备仍以各种方式争取彝胞靠近我们，孤立逃亡的反革命分子，进一步消灭他们，故计划在县上开办少数民族训练班，培养和训练少数民族青年干部，求得搞好民族团结，另外准备从贸易上、物资上予以帮助，来从贸易上和他们拉关系。这样做是否可以，请示。

（三）关于缓冲地区的几个问题请示

1. 缓冲地区的汉族地主在进行经济斗争中挖底财是否可以放宽一些，以免影响彝族地主。

2. 除列为缓冲地区以外其他的内地的民族杂居乡的彝族中小地主，经县委研究也不挖底财（因这些内地彝族地主与其他地区也有联系）。

地委指示：

1. 缓冲区非少数民族地主，仍需搞底财，不过方式上采用违法罚款来搞。

2. 除缓冲地区以外，其他地区仍需搞底财，以彻底消灭封建。

昭通地委关于巧家县划缓冲区的报告

文件时间：1952年9月17日

材料来源：楚雄地委存

云南省委秘书处抄转

1959年4月25日抄

昭通地委关于巧家县划缓冲区的报告

省委：

我区永善、巧家沿金沙江一带地区，隔江与西康凉山纯少数民族区域接壤，毗连的几个乡村又系少数民族杂居区，民族关系错综复杂，历史上民族隔阂很深，解放后民族关系曾一度陷于紧张混乱，彝汉敌对。因此，在这些地方实行土改，必更艰苦复杂，故根据省委指示，于8月4日指示巧、永两县工委在沿江一带民族聚居或杂居乡村划出一部分地区作为缓冲区，并于同日报告省委。永善县委接地委指示后，乃于8月11日将这4区与凉山区彝族有密切关系的锦屏、回龙、青隆、务基、百胜、黄华、金寨、乾田、仁坪、黄坪、兴龙等11个乡划为缓冲区，以执行较缓和的土改政策（前已报告省委）。现又接巧家县委关于划分缓冲区的报告，兹将划分情况转报如后：

一、巧家县沿金沙江一带与少数民族关系较密切的地区有一、六两区。现第一区划为缓冲地区的有棉沙、鱼坝两乡，共长40华里、宽15华里。鱼坝乡有107户631人，其中彝族地主2户11人、苗族3户15人、汉族102户605人。棉沙乡有246户1175人，其中苗族16户56人、汉族230户114人。

第六区划为缓冲地区的有流栏、老街、大山、拖姑、思哥、白河等6个乡及海口乡的一部分，长80余华里、宽约5里。共有1136户5558人，其中彝族6户26人、仲族5户25人、苗族9户46人、回族1户2人。

二、关于缓冲区的政策与具体做法：

1.不搞彝族地主的底财，斗争时先汉后彝，要斗彝族地主须先经彝族农民诉苦先斗，再联合斗争。

2.强调扎彝族贫雇根子，通过根子串连彝族农民，注意培养彝族干部。

3.说理说法斗争，严禁非刑吊打，对彝族恶霸、匪首判处徒刑，少杀。并坚决不动富农经济。

4. 首先教育汉族农民，打破农民之间的隔阂，主动团结少数民族农民。
5. 号召逃亡的少数民族农民回来分土地，并在各种会议上大力揭发各种反动谣言。
以上当否，请示。

昭通地委

昭通地委就缓冲地区实行土改的几项具体政策的指示

永善、巧家县委：

（一）永、巧二县靠金沙江一带地区，与西岸凉山纯少数民族区域仅一江之隔，两面毗连地区若干乡系民族聚居或杂居，民族关系错综复杂。由于长期封建统治，造成历史上封建隔阂很深。解放后凉山工作迄未开展，党的政策未为少数民族所了解，永善则又由于龙匪奎坦欺骗凉山彝族过河至我境内叛乱，烧、杀、抢、掠，为我部队与汉、苗群众剿灭，一度民族关系紧张。接着1951年初减退镇反，又因领导未严格控制，区乡内部组织不纯，坏分子破坏，执行政策有偏差，曾发生不少问题，引起彝族疑惧和逃亡，民族关系更其混乱、紧张。巧家镇反、减退时期，亦因执行政策有偏差，发生类似事件，后虽经1951年下半年坚决贯彻执行党的民族政策、通过召开民族代表会、主动争取团结少数民族、消灭民族仇视等一系列工作，民族紧张关系逐渐缓和，两岸彝汉之间虽又有往来，但迄今问题并未完全解决，大批匪特、恶霸、反革命分子仍隐藏凉山纯少数民族区，继续进行破坏活动，造谣煽惑少数民族并与我敌对，民族矛盾仍尖锐存在。

因此，在这些地区实行土地改革，进行消灭封建阶级的斗争，必更艰苦复杂，且地区毗连，仅一水之隔，彼此交往错综复杂。凉山少数民族对我区经济依赖性很大，非过江出售土产、购买布匹和盐巴不可，而永善境内彝族大地主、恶霸多系凉山移居者，与凉山有亲戚关系，故我们的一切措施对西岸纯少数民族区必有显著影响，所以省委指示我们，根据实际情况，考虑在与凉山纯少数民族毗连边境少数民族聚居或杂居的乡村，如永善四区之回龙、务基、白胜、兴龙等乡，巧家第六区靠金沙江的一些乡村，划出一定的缓冲地区来。

（二）在这些缓冲地区实行土改的方针是：必须肯定实行一套比较温和的政策，即完全约束在严格执行《中华人民共和国土地改革法》和利于取得广泛的社会同情的斗争方式，完全约束在严格执行说理说法斗争，严厉禁绝非刑吊打，这样才有利于对隐藏凉山匪特的斗争，土改本身才可减少阻力，以便顺利打倒敌人，发动群众，并能在彻底完成土改的前提下减少对岸纯少数民族地区的震动。

在毗邻纯少数民族的缓冲地区土改的具体政策问题，应坚决广泛地宣传和认真执行省委所规定的政策，以达到更广泛地团结群众，瓦解敌人，正确地完成土地改革的目的。

根据省委指示的几项具体政策如下：

1. 缓冲地区土改，只没收地主的土地、房屋、耕畜、农具以及多余粮食，不追底财，不分浮财；给彝族地主要多留点东西；彝族富农经济坚决不动，出租的、多余的土地均不征收；不征收小土地出租者的土地。

2. 剿匪追赃时，只追现存赃物；反霸赔偿时，只按实际霸占、敲诈酌情合理赔偿，不节外生枝，不算细账；属于少数民族中群众私有的枪弹可以不收缴，凡属于匪首、地主的枪弹必须坚决收缴。

3. 镇反革命中，严惩现行破坏分子，从宽处理自动坦白的有历史罪恶的分子，并不得牵连家属，少判死刑和劳动改造。

4. 欢迎被胁迫逃至纯少数民族区域的各阶层劳动人民及其他人士回家分田、生产。

5. 逃亡纯少数民族区地主回家，认真悔过，遵守政府法令，服从群众监督从事生产者，除与农民同样分得一份土地及其他生产资料外，对过去违法行为免予治罪。

6. 严格执行说理说法斗争，不许非刑或变相肉刑。

希永善、巧家二县委根据你县实际情况，划出缓冲地区，并将其具体情况如地理情况与纯少数民族区域关系、民族聚居或杂居情况、民族之间的关系、各族各阶层概况、过去工作基础等报告地委研究批准，按照缓冲地区土改方针政策进行土改。

昭通地委

1952年8月

昭通县5个土改典型村土改进行简况、存在问题和解决办法

中共昭通地委文件

1952年1月5日

昭通县5个土改典型村 土改进行简况、存在问题和解决办法

抄写者按：本文无题，主要内容是说明昭通县5个土改典型村土改进行简况、存在问题和解决办法。

△△**县委：**

现将昭通县土改典型村情况介绍你们参考：

一、昭通濛泉第一、二、三、四、八等5个村土改典型试验现已进入征收没收阶段。从土改条件来看，干部一般作风是比较深入的，在深入减租退押运动中，贫雇阶层有进一步的发动，5个村贫雇骨干已形成，约有××人，地主阶级在减退复查中一再受到应有打击，威风被打垮。在前一段征粮中，群众在迅速完成公粮、进行土地改革的号召下，积极评产挤黑，展开对地富隐瞒拖抗的斗争，短期突击超额完成了征粮任务，进入土改。

二、进行土改中，从群众发动来说是够的，通过系统应用各种会议，结合访苦串连，深入发动落后层，群众是发动了起来，具体表现在5个村在宣传政策、划分阶级时均展开了对地主阶级的斗争，群众到会斗争的很多，每天连续斗争不觉厌倦；在斗争中发言很普遍，骨干分子多，斗争会场由农民骨干分子掌握，而且掌握得很好。如某村斗争会上，见已形成僵局，农民骨干分子马上宣布休会，把地主带开，与农民研究了斗争方法后才又继续斗争，斗垮了地主。

斗争中追出地主很多底财，如濛泉第一村追出金圈5对……（抄者注："……"非抄者删节，系照原文抄录）

三、但濛泉区土改典型试验就目前看来，仍是和平土改局面，具体表现在：

1. 运动不猛烈，斗争劲头不足。有的地主在斗争会上还笑眯眯的，一般地主均不怕农民，农民反映说"地主软绵绵的"，斗争往往在出现僵局后和平下来。

2. 反革命分子活动厉害，夜晚装鬼，吓得农民夜间不敢出来开会。第八村袍哥组织“德叙公”开秘密会，阴谋活动；有的村农民积极分子住房被烧，但这些反革命活动未受到镇压，甚至有两个村为反革命分子破坏捣乱，形成宗派斗争，这一村把那一村的农民划为富农，那一村则准备把这一村的中农提升为地富。

3. 干部与农民对消灭地主阶级这一基本目的不明确，不懂得应在消灭地主阶级这一总的口号下进行追索经济。土改中经济斗争诚然是中心，但形成单纯追索经济，于是政治斗争很不够，没有从政治上彻底揭露地主阶级罪恶，所以地主普遍不怕农民，甚至耍花样、拖赖，有一地主还以伪装上吊1分钟来威胁农民。

4. 政策束缚了群众：群众对政策懂得很多，怕犯错误，斗争时单纯强调说理说法，不强调消灭地主阶级。如某村斗争会，有一农民诉苦很伤心，对地主很想打几下，而其他农民则制止说：“我们要说理说法。”这主要是干部思想问题：各干部在交代没收征收政策时，对如何区别对待、如何照顾工商业、如何讲究界限策略问题交代得很多、很清楚，但绝不提“坚决消灭地主阶级”这一政策基本点。某一干部布置斗争时，对农民干部及骨干分子一样都不交代，仅交代说“你们要注意某几个勇敢分子”，这样群众为政策所束缚，运动显得无劲头。

5. 农民思想发动不够，表现在有的农民对斗争本村地主积极，斗外村地主就不积极，有的则相反，包庇本村、本族地主。

6. 城中地主普遍钻我保护工商业空子，如一工商业兼地主被斗争处罚50万（？），但不拿钱，而说：“如准我动工商业，我可交500万（？）。”群众对他没有办法。城乡联络委员会开会，工商界委员强调说政府坚决保护工商业，但他们绝不说割封建尾巴。

从以上这些情况看，昭通典型村土改是平平静静的，运动不猛烈，劲头不足，是和平土改局面。

四、形成和平土改的原因在于：

1. 土改与镇反没有结合上，人民法庭没有给农民撑腰，该杀的未杀，该捕的未捕，于是反革命分子活跃。

2. 对地主阶级政治斗争不够，没有从政治上彻底揭露地主阶级罪恶，于是地主不怕农民，农民感到无法对付。

3. 没有贯彻思想上发动群众，使农民从思想上与地主阶级分家，没有从个人仇恨提高到阶级仇恨。

4. 干部对政策基本精神不够明确（这也是立场观点问题），对群众不是交代政策的基本点，使政策成为群众斗争的武器，相反倒把政策束缚了群众运动。

5. 城市工作配合不够，没有做到支援农村土改的任务，相反使地主钻我保护工商业的空子。

五、解决办法

1. 解决干部政策思想问题，明确政策的基本精神，放手发动群众，消灭地主阶级，不在政策细枝末节上束缚群众运动。

2. 贯彻从思想上发动群众，以实际事例启发群众，从思想上与地主阶级分家，进一步提高阶级教育。

3. 人民法庭下乡，结合土改，给农民撑腰，镇压反革命分子，该杀者杀，该捕者捕，该管制者管制。

4. 展开对地主阶级政治斗争，从政治上彻底揭露地主阶级罪恶，坚决惩治违法活动。

5. 做好城市工作，支援农村土改：解决城乡联络委员会不割封建尾巴思想，开办土改学习班，有意识培养些个开明人士拿出东西割去封建尾巴，给各机关、学校、工商界作动员报告，号召支持农村土改运动。

此致

敬礼

昭地委

元月5日

昭通地委对各县土改的指示

昭通地委

1952年8月9日

1959年1月24日摘

昭通地委对各县土改的指示

△△**县委**：

（一）根据六个县土改汇报，有的地区已经轰开，并结合深入工作，趁轰开所造成的有利形势深入下去，扎下根子，开展访串；但部分地区仍然束手无策，局面未轰开或轰得不够，有的虽初步轰了一下，未趁势深入，以致运动不能深入、正常、健康地向前发展，这种情况必须迅速纠正扭转。

（二）当前运动必须继续大力轰开，造成有利的宏大声势，坚决清匪、反霸、镇反，及时地狠狠地镇压反革命、地主阶级的现行破坏活动，支持群众斗争。已轰地区，必须抓紧指导深入下去，主要是及时总结轰开、深入下去的经验，以推动其他区，在深入中必须明确掌握一些关键性的问题，即：（1）深入中各乡必须继续轰透，彻底解决问题。（2）依靠贫雇农观点问题，及运用贫雇农主席团、代表会等组织问题。（3）分别对待原有组织问题。（4）孤立打击匪首，瓦解争取逃众，发动群众摘去被裹胁群众土匪帽子问题。

（三）各县今后汇报及电话汇报，除一般情况外，应着重如何继续贯彻大力轰开、轰开后深入的经验、深入中掌握几个关键的经验及做法。

昭通地委关于会泽等 6 县土改工作总结

（本报告写于1952年12月17日）

昭通地委关于会泽等 6 县土改工作总结

会泽、巧家、永善、盐津、大关、彝良等6县土改共933个乡，人口133.8万，自7月25号左右先后展开，分两批交错进行。除永善须在12月15日结束外，其余均在12月10日以前全部结束，历时共4个半月。第一批一般历时60天至80天，第二批缩短为50天至75天。

本期土改，绝大部分是山区，极为分散。一般乡纵横二三十里，少数较集中的乡亦达一二十里左右。过去封建统治异常残酷野蛮和根深蒂固，土匪、恶霸、地主、乡保政权、反革命分子等几位一体统治农民。解放后各县敌人组织暴动叛乱，进行各种反革命活动极为普遍。每县反革命组织名称多至二三十种，每个乡都有一两套组织，而且牵连很广，被迫参加的群众很多，有的乡竟达农民成年人口的80%。6县除盐津外，一般都是民族杂居，少数民族人数不多，分布很广，隔阂很深。永善、巧家两县与凉山毗连，关系密切。

解放以来，虽经过一系列的反封建斗争，取得了一定的成绩，但因减退极不彻底，或未经减退乃至有空白地区，镇反极不彻底，组织绝大多数为敌人所直接间接掌握，甚至有旧的统治者直接出面统治农民。土改开始，特别是第二批，敌人早有准备，比较普遍地采取明暗相结合的方式进行各种破坏活动：一面用造谣、破坏、装鬼叫、装狼叫、放火、放毒、暗杀来威胁农民和积极分子，甚至顽抗到以死硬拼。如巧家第二批土改中，地主公开挖战壕、筑炮眼，在斗争会上打苦主、打主席团，民兵往捕地霸钱少成时，钱竟放枪夺民兵刀子，钱妻还把大拉八枪给他去打民兵。另一方面，则收买农民，制造上当户，伪装落后层或积极分子，搞假诉苦，包围干部，篡夺政权，搞假土改。如会泽岔河、荒田等乡，土改队未下乡前，地主、恶霸便已召集群众开会，威胁群众不许反映真实情况，工作队来假装诉苦，并分别布置一批人充当积极分子与落后层。这种情况，各县发现的都不少，因此，对敌斗争异常尖锐复杂。

由于工作基础薄弱，党的政策未能很好贯彻，山区群众顾虑较大，但因受苦很深，生活极度贫困，特别是受周围土改的影响，翻身要求迫切。因此，斗争猛烈，运动轰起很快，政治性极强。

地委在省委指示下，根据本区具体情况，始终贯彻山区土改的政治性、搞好民族团结与密切结合生产等3个主要关键，土改后期并反复提出深入检查发动群众、彻底镇压反革命、消灭三类乡的口号，因此，土改结果，一般均已达到发动群众、培养骨干、封建等3个目的（抄者注：原文照抄“……封建等”3个目的，不对，疑有脱漏）。一类乡占20%左右，二类乡占20%左右，三类乡约占70%，群众发动面一般在80%以上。

一、从头到尾贯彻山区土改的政治性

6县土改，接受了上批土改的经验，正确地估计了原有基础。运动一开始，地委便强调从清匪、反霸、镇压反革命做起，坚决轰开轰透，始终掌握坚决贯彻政治斗争、区别对待与严格控制等3个原则，不断反对左右摇摆。因此，一般轰得较透，对敌斗争比较做到了稳、准、狠，消灭封建势力也比上批土改较为彻底，对敌人的隐蔽组织亦控制了一些线索，但底还摸得不深。

土改开始，各县都捕、斗、杀了一批，从县到乡层层轰开。如会泽宣布土改时，召开了4万余人的群众大会，处理了112个案件，在划阶级中又着重交代清匪、反霸、镇压反革命的政策，强调划出隐藏下去的匪首、恶霸、反革命分子和外地逃来的匪霸，因而一般乡都划出了隐藏敌人。没收征收中，响亮提出“政治经济一齐彻底”的口号，强调实事求是地分析有无底财可搞，纠正硬搬平坝经验、盲目希图造成“经济斗争高潮”的想法。分配中继续贯彻斗争，分配结束，案件便基本上处理完结，解除了群众怕土改后“放虎还山”的顾虑，大大加强了群众的斗争信心，并进一步暴露与打击了敌人。整个运动中，则始终贯彻收缴敌人武器、追捕逃亡等工作。据不完全的统计，6县共捕××人、杀××人、处死缓刑××人、无期徒刑××人、有期徒刑××人、管制××人、教育释放××人。会泽、永善、巧家3县不完全的统计，缴获步马枪共260支，机关炮1门，会泽、彝良、巧家3县不完全统计，共捕回逃亡139人。

根据分清主从、分清匪民、争取胁从、孤立首恶的原则，集中打击了主要敌人，斗争面不宽，一般未斗家属。如巧家65个乡，一、二阶段中共斗争了313人，斗了848次，斗出血债7万余条。一般均召开了反属座谈会，巧家还召开了家属代表会，争取回来一批逃亡分子。各县都大量摘掉劳动农民的帽子，据会泽一批4个区，彝良、巧家、盐津二批乡共268个（村）的统计，共摘帽子11926人。第一批有些干部错误地要农民交出反动组织作为摘帽子的交换条件，形成变相的坦白运动，结果会泽有14个农民畏惧自杀，或者摘了些端公、保长之类非政治帽子；有的又对“小队长”“杀手”之类名义较大的农民帽子不敢摘，这些现象，在第二批土改中都得到了纠正。会泽、巧家过去在镇反中错杀误杀者亦作了处理，计会泽23人、巧家41人，对其家属政治上做了安慰，经济上予以抚恤。轻罪而杀与胁迫为匪的群众打死在战场上的，亦召开了家属座谈会，进行了追根。如巧家尹武乡最初这些家属都说“解放军良心黑”，经诉苦挖根后，提高了觉悟，认识到“我们的人是着反革命害死的”。以上工作的结果，争取了大批农民归队与瓦解了胁从，分清了敌我，解除了群众的顾虑以后，控诉出了主要敌人，控制了反革命的线索，如大关翠屏乡在摘帽子中控诉出“坛主”12人。

镇反问题，地委进行了严格控制，认真执行了请示报告制度，大关、盐津等县一度出现的乱捕乱斗现象，迅速得到纠正。特别是一般干部，政策分不清而又有以多杀多捕刺激群众的想法，严格控制的结果，避免了混乱，使运动正常发展。对隐蔽组织的破案，地委也做了严格控制，事实证明，少数无组织无纪律随便破案的乡，现在都搞得异常被动。

正确执行上列3个原则，并克服了左右摇摆的现象，如开始的束手束脚、不敢斗争，轰开后，又要求多捕多杀，强调全面执行政策以后，一度又产生了镇反的消极情绪、不敢斗了，地委不断与这些思想进行了斗争，使一些错误思想和做法，刚露头便及时纠正，使镇反能约束在政策范围之内，一般乡的斗争都做到了说理说法，非刑吊打只是个别现象。

二、深入发动群众与组织问题

各县分析了原有基础之后，一般对从头做起都比较明确，在轰开后，都能结合深入下去，发动与组织群众。由于占多数的农民干部与农民思想感情有天然联系，准备阶段做到较快较好。苦一般诉得透，造成了诉苦高潮，揭发了地主阶级的罪恶，提高了农民觉悟。扎根串连都采取了适合运动高潮的形式，在各种会上发现苦深的贫雇农，跟踪下去，从劳动接近，进行了解，用干部审查与群众审查相结合的方式扎下了根子。串连采取分批串连的办法，一般分4批或3批进行，先严后宽，根子讨论名单把最好的贫雇农首先串连进来，二、三批结合摘帽子，扩大串连，把90%以上的贫雇农组成了队伍，最后一批串连中农。为了适应山区分散情况，根子都扎得多，使运动能比较平衡地发展。

发动落后层，主要是突出落后村与发动妇女问题。落后村多半是比较偏僻的自然村，过去没有工作或较为复杂，在准备阶段即使轰得最好的山区乡也有落后村，在划阶级中即组织力量进行突击。山区妇女有遮不住羞、跋山涉水、夜晚不能带娃娃出门等困难，较平坝更难发动。因此，各阶段中都重视了发动妇女工作，县、区、乡都召开过妇代会，或开家庭会，宣传妇女的土地财产与独立人格权，打通干部与积极分子思想，并随时注意加强妇女的组织活动。

加强小组活动是山区发动群众的主要方法之一，根据山区分散的特点，小组以三五家为宜。为了加强贫雇核心领导，山区贫雇农主席团都加以扩大，并在运动中不断吸收新的积极分子参加领导核心，各县都强调培养骨干与群众领袖，做到“大小山包都有领袖”。如会泽八区共有农协会员18981人、骨干分子694人、领袖169人、积极分子4432人、中间分子11122人、落后层1997人，全区共972个小组，一类组408个、二类组350个、三类组208个。

总的说来，一般依靠贫雇农的观点都比较明确，区别对待原有组织做得较好。但是，团结中农有形式主义的偏向，系统运用农协不够。土改后，由于农民干部政策水平较低，对在运动中不断出现的农民思想解决得较差，对乡村干部的培养也不够。

三、民族工作

土改开始，地县委对民族工作都不够明确，经省委指出后，才引起重视。实际上，长期的封建统治造成民族隔阂很深，而昭通区的特点又是彝族地主统治各族农民，解放后汉族对彝族的报复主义抬头，加之组织不纯，党的民族政策未能正确贯彻，形成对彝族的报复，模糊了阶级意识。目前看来，解决民族问题的主要关键在于克服干部的大汉族主义思想，如认为“少数民族不多，已经汉化了”“苗族好，彝族坏”“没啥问题”等错误思想。

土改中，由于正确贯彻了省委的指示，基本上做到了从民族团结出发达到民族团结。扎根串连中一般执行了“分头扎根、互相串连、一起诉苦、共同提高”的方针；分配中少数民族地主的浮财分给多数民族农民（抄写者认为“多数民族”应为“各族”之误）；整个土改中，都在各族农民代表会、座谈会、民族训练班上大力宣传政策，各族农民一般都能互相尊重风俗习惯，“倮倮”“蛮子”“干毛回子”“猪儿子”“苗子”“死汉人”等侮辱民族的称呼已基本绝迹。会泽有的乡汉族乡干与农民不慎说了“少数民族解到”“蛮子”等话，都公开做了检讨。各县在运动中都认真培养了少数民族干部，如巧家已培养出少数民族骨干535人、领袖55人。会泽4个区1269个主席团中有少数民族164人，占13%（少数民族占总人口5.9%）。永善第四区彝族占总人口5.9%、苗族占3.2%，而全区234个乡政委员中，彝族有24人，占10.2%；苗族19人，占8%。其中，彝族有乡长3人、副乡长5人，苗族有乡长1人、副乡长2人。337个贫雇农主席团中，彝族16人，占5%弱；苗族35人，占10%强。262个农协委员中，彝族10人，占4%弱；苗族24人，占9%强。235个团员中，彝族38人，占11%强；苗族14人，占5.9%。12个支部41个支委中，彝、苗族各6人（占14.6%强）。20个正副书记中，彝族书记1人、苗族书记2人、副书记1人。

主要缺点是，一般干部思想上还存在着大汉族主义的残余，因而执行政策不够坚决；永、巧两县在执行缓冲区政策上有些偏差；从阶级教育出发，提高各族农民觉悟亦做得不够平衡。

四、生产工作

本期土改与秋收秋种交错进行，本年秋收时节，连日梅雨，农作物受到损害很大。当时干部单打一的思想很严重，认为“土改是长远利益，生产是暂时利益”，或者跟着农民叫没有办法，说：“洋芋地头要烂，收回来亦要烂，干脆不收。”野兽损害庄稼，干部亦不管。

地委根据这种情况，响亮提出“山区土改应以政治结合生产为中心”的口号，用具体事实教育干部只有从领导生产中才有可能把广大群众发动到政治斗争中来，并宣布了必要的纪律保证。强调大力交代谁种谁收等生产政策与负担政策，荒山、山林都已分配到户，满足了贫雇农的要求。积极组织临时变工互助、抢收抢种、打兽和冬耕、积肥等。如会泽、巧家两县共组织变工互助组3800个，参加的劳动力78000人；如盐津去年下种约共500余石，今年为720石，比去年增加了40%；巧家74个乡去年下种62.5石，今年下种102石，增加63%强。积肥也有所增加，如彝良坡脚乡去年积肥619200斤，今年为756920斤。打兽方面，会泽等县7个乡的统计，共打死各种野兽652只。

土改中，农民生产情绪很高，迫切要求组织起来，因而各乡都出现了几个到几十个自发的临时变工互助组，有的还采取了评工记分。但领导落后于群众。

五、领导问题

6县土改能顺利发展，6月县书联席会议，系统总结上批土改经验教训，整训了所有参加土改的干部是其关键。各县并在土改中不断整训工作队，如会泽每队整训工作队均在3次以上，因而执行政策偏差较少，并培养了大批干部，单会泽1县即已培养了14个农民干部当点长，组长达百人以上。这样，基本上解决了今后干部的困难。

地委在运动中始终掌握克服干部对镇反问题上的左右摇摆情绪，以及对运动的盲目自满情绪、形式主义的危险倾向。如开始认为原有基础不错，运动轰开和扎下根子扩大串连以后又产生了“差不多”的思想，以及二批土改时，认为有了经验问题不大等错误思想。地委掌握了联络组与各县经常保持电话联络，及时发现问题指导运动。因此，虽在地区极为分散的情况下，进度、执行政策与做法上都能基本一致。

各县县委虽然任务繁重，对土改中心亦抓得很紧，并经常召开县区各种代表会（特别是区的代表会较多），直接联系群众，并培养干部，直接交代政策，解决了干部少而弱的困难，如巧家初步统计，县区各种代表会共在50次以上。

缺点是县委深入重点做得较差，不能看远一步，使运动中存在的大量问题，不能冒头时及时解决。

六、今后的问题

本期土改存在的主要问题是：

1. 过去基础薄弱，土改时间短，骨干锻炼不够，都比较软，二类乡多，二类乡中有三类村，因此，巩固比较困难，会泽现已发现两个乡产生回生现象。特别是二批土改虽做得更细致些，但基础更差更难巩固。

2. 一批分配遗留问题较多。

3. 民族工作需要继续贯彻。

4. 镇反发展不平衡，必须继续消灭残敌。

因此，结合征粮继续进行巩固是十分重要的工作。

昭通地委

1952年12月17日

巧家县土改工作总结

解放前，巧家全乡为龙纯曾、陆盖凡、陆绍堂、陆邦培、龙春林、安似灏等彝族大地主及袁缉熙、严柏林、杨勋伯等汉族大地主所统治。彝族地主占有全县土地80%以上，他们互相割据，独霸一方，争权夺利，仅1949年龙纯曾与陆盖凡械斗，死伤农民即在数百。彝族农民中的男青壮年90%以上都为彝族地主背过枪。五区龙纯曾霸占了全区土地，连国民党的公粮也上给他；六区被陆盖凡、安自召占有90%以上；四区陆绍堂收租5000多石；一区为袁缉熙、严柏林、杨勋伯等占有。彝、汉大地主不仅在经济上对农民进行残酷剥削，在政治上的统治也异常黑暗野蛮，私设公堂、监狱，任意将农民处死，有的拥有武装数百至千余，经常迫使农民从事他们争权夺利的械斗。龙纯曾、陆盖凡长期械斗，农民死者数以千计；地主还规定强迫农民买枪买子弹，多的凡3户1支，少的10多户1支，再者1村1支等，并规定农民得随时听命去为地主从事械斗、当炮灰。地主阶级豢养着大批的狗腿、管庄、流氓打手，纠集大批亡命匪徒组成手枪队、廿响排、大刀队、卡宾队等，国民党的乡保甲长都是他们的狗腿、管庄、代理人，龙纯曾1人就有24个大管庄，这些人形成很大的统治集团，对农民进行着血腥的统治。他们狼狈为奸，无所不为，强奸妇女，敲诈勒索，龙纯曾强奸的妇女达200多人，他还享有“初夜权”。龙春林（黑彝地主）每喝醉酒后，叫他的娃子白彝、干彝及小黑彝站着，供他用枪“打靶”，先后打伤9人、打残废者3人、打死1人；并叫他的狗腿去烧农民的房子作乐，他在旁边哈哈大笑。农民在他们的践踏下，忍受着水深火热的苦难。解放前的农民有4怕：一怕地主打冤家，二怕狗腿、管庄、十响队，三怕病魔，四怕野兽……

以上摘自1952年12月《土改工作总结》

巧家县土改分第一、二批进行，第一批于1952年7月25日开展工作，到10月初结束。第一批土改的有118个乡。第二批84个乡，自9月下旬至12月5日，全县基本结束土改。城区3个乡未直接进行土改。1953年2月至6月进行了土改复查，解决了土改中解决得不彻底的问题。

土改中的民族工作

全县土改时土改地区（城区3个乡未直接土改，户口未统计）的民族人口户数是：

彝族：1548户6594人。

苗族：992户3618人。

仲族：173户795人。

回族：29户176人。

少数民族共2240户11183人，约占全县土改地区总人口229213人的5%。在彝、苗、仲、回、汉等5种民族中，除汉族是多数外，以彝族为最多，占少数民族人口总数的59%；苗族占32.3%，仲族占7.1%，回族占1.6%。彝族除极少数聚居在几个自然村中，如六区东坪乡的营盘（小地名）和四区小营乡、羊棚乡等地有数十户外，一般是10户到20户，少的只有二三户与汉族及其他民族杂居。

在土改进行中，民族工作是当时的一项重要内容。首先，在沿江的五、六两区的14个乡及一区的两个乡划为缓冲区，执行缓和政策，以减少和避免对四川凉山地区的震动和影响。

进行具体工作时，在每一运动的关键上，县、区、乡都召开了民族代表会，通过各民族代表贯彻政策，以乡为单位经常用各种形式召开民族座谈会，了解情况和贯彻政策。在扎根时有意识地扎下各族根子，互相串连，通过诉苦提高阶级觉悟，组织联合斗争，在斗争中先通过本民族群众，及让本族苦主先斗，通过斗争一步步加强团结。在各种组织机构的领导成分中都注意吸收一定民族成分，在运动中注意培养民族干部，全县培养少数民族干部525人，乡长、主席55人。如三区平地营点，汉、彝、仲3族杂居，彝、汉两族非常隔阂，土改队到乡后在各种会议上广泛宣传民族政策，教育汉族农民要尊重彝、仲族风俗习惯，不叫喊有伤民族感情的话。扎根串连时，各族贫雇中农扎下根子，互相展开串连，认识了天下农民是一家，地霸安似灏是各族人民的公敌，并摘了少数民族农民中有“帽子”（有的农民被迫跟着地主武装当过土匪，镇反时有土匪的名义）的人的“帽子”，让其参加农会。斗争安似灏之前，召开了少数民族座谈会，彝族农民自动串连汉族苦主去联合斗争。在斗争中，彝、仲族农民都被选参加了贫雇主席团，少数民族农民的顾虑打消了，3族农民达到了空前未有的团结。又在该乡斗争大狗腿黄光荣时，有少数民族选出的乡干部在主席台上掌握会场，下面一个彝族老大妈兴奋地说：“我看见我们少数民族有了干部，我才敢说话……”10月初，组织了彝族逃亡家属到江外宣传党的政策，动员农民返回分田分地，有的还个别去动员，单五区1个点就有5家回来的。

为解决少数民族贫雇农民在生产及生活上的困难，除在分配中照顾满足贫雇农要求外，并认真贷放了1.5亿元的少数民族生产贷款（全县土改地区贷款7.9369亿元），兄弟民族皆用以购买农具、耕畜、猪羊、用具等，解决了一部分生产生活资料缺乏的困难。如四区羊棚38家彝族农民，原有的犁、锄、镰刀、牛等生产工具全被掳光，其中有14户贫困得连砂锅都没有，全用柴火烧洋芋吃，土改中贷给该乡700万元；三区杨梅山共20家彝族农民，贷款450万元。分配果实中，彝族贫雇农都分得百万元以上的果实。

抄自1952年12月10日《巧家土改工作总结》

昭通地委关于土改复查与生产工作情况报告

我区11个县的农村工作，自1月底2月初会泽、鲁甸等8个县及昭通县一个区先后开始了土改复查。到目前为止，大关、盐津、彝良、绥江等4个县及昭通区共359个乡、555050人口的地区已先后结束转上生产，会泽、巧家、鲁甸、永善4县第一批445个乡624826人口的地区亦于4月底结束，第二批240个乡375865人口地区亦将在5月10号至20号基本结束。镇、威两县土改，威信全县土改52个乡及镇雄第一批129个乡共382180人口的地区先后划完阶级转上没收征收与分配，在本月底至5月10号可大体结束；镇雄二批83个乡156332人口的地区估计要5月底才能完成分配。昭通县除炎山、城区两个区外，其余5个区79个乡189065人口的地区则于去冬完成改革工作，正式转上生产。

3个月来，除昭通大部分区正式以生产为中心展开工作外，各县复查土改运动均贯彻了省委地委的指示精神，明确运动的方针、目的、政策、步骤和方法，正确分析原有基础，并在运动中不断反对形式主义、走过场的倾向，领导并深入下去掌握重点及时创造经验指导全面，因此复查土改均做得比较扎实并取得了不少的经验。同时运动也紧密结合了生产，不仅做到了复查土改不妨碍生产，并且有力地发挥了群众生产积极性，解决了群众许多问题，为春耕播种及今后生产建设奠下了坚固基础。

在此期间，地委掌握情况贯彻中央及省委指示，各县领导对当前由改革转上生产的环节亦紧紧掌握，由县到乡，由干部会、代表会到群众贯彻生产中心，组织领导干部学习中央文件及省委指示。地委县委分别组织了生产办公室和检查组以掌握情况和指导工作。

但当前工作处于由改革转向生产，许多干部习惯于改革工作的工作方法，缺乏领导生产的经验，虽初步学习了文件，开始稳下来，但还没有钻进去，对农村经济的特点、小农经济的特性认识很差。因此，存在着缺乏细致深入的工作作风、盲目冒进情绪。群众则怕升阶级、增产增加负担的顾虑，部分群众还有平纯依赖政府救济的思想，均未彻底解决，且历受封建统治残酷剥削，生活贫困，生产技术落后，虽解放3年来有了根本改善，但对生产仍是极大问题。

此外，在民族问题和土改遗留问题亦尚需继续解决。

一、土改工作

镇雄、威信两县土改工作，由于接受了两批土改的经验教训，领导头脑比较清醒，一开始就正确地分析了情况，肯定过去虽做过不少工作，但工作基础极为薄弱，封建势力根深蒂固，对敌打击极为不狠，群众发动很差，基层组织严重不纯，而地主阶级早有准备，反攻破坏的花样更多。因此决定从头做起，始终贯彻山区土改的政治性，坚持“先轰开，后深入”的做法。运动中，领导又不断注意克服干部盲目乐观情绪和漂浮的工作作风，强调“在深入中贯彻轰透”。总的说来，两县土改虽小的问题不少，但运动大体发展正常，弯路不大，基本上达到消灭地主阶级，农民夺取了政权，也培养了大批乡村基层干部，确立了农村人民民主专政。两县土改还紧密结合了生产，不但做到了土改不妨碍生产，而且互相推动。

主要问题是，由于干部多系农民，贯彻政策很差，策略观点亦不明确，加上干部在大转弯的总形势下，思想波动很大，不愿做艰苦深入的工作，表现在对敌打击上，一方面是镇反不够彻底，赶不上运动的要求，敌人的反动凶焰始终未能彻底打下；另一方面则是扩大了打击面。如威信平均每乡斗争面均在20人以上，结果放松了主要敌人，不能有力地分化瓦解敌人，甚至引起部分胁从的不安。此外，在系统运用组织力量、培养干部上也做得较差，因此，巩固土改的胜利是比较困难的工作。

二、土改复查工作

8县土改复查工作，由于注意了实事求是分析原有基础，抓紧了扫荡残敌，进一步培养提高干部，发动群众和扫清生产障碍，直接把群众组织动员到大生产上去等主要问题，并坚持了提高先进带动落后、层层推开的方针，因此做得比较踏实，取得了一些经验，进一步巩固了农村人民民主专政，并为农村经济大建设创造了良好的条件。但在民族工作上，由于作风漂浮和大汉族主义思想残余作祟，只有个别重点乡深入下去发现与解决了些民族问题，大多数却停留在流于形式的民族座谈会与空洞的交代民族政策上，工作队还认为没问题了。

（一）扫荡残敌问题

8个县在土改中，消灭地主阶级比较彻底，漏网的不多，但残敌在土改后乘干、群松动麻痹的空隙进行反动破坏，却很普遍，强夺土地房屋，砍伐树木，向农民索取分配了的财物，收买干部积极分子，用腐化手段搞垮干部，制造农民内部不团结等，各县均一再发现。少数乡竟发生放火、放毒、杀害区乡干部的严重事件。

各县从县到乡均在各种会上通过回忆地主阶级的压迫剥削，与揭发残敌在土改后的反攻破坏事实，教育干群克服松劲麻痹思想，并认真传达了5次公安会议的决议，划清5方面敌人的界限。转入查阶级、查翻身以后，各县又认真纠正了干部主观要求查漏网大恶霸、查血淋淋的反动事实等空想，这样很快地把群众向内的混乱思想转向敌人。在斗争中，一般都从政治上打击了2人至5人，放松基本守法的中小地主过关，结合摘掉一批帽子，缩小管制面，纠正以前全家管制、大小地主都管、地主游民一律管的混乱现象。如盐津、大关两县原管制4285人，占总人口1.8%，整顿后管制494人，占0.21%。

有少数乡，工作队政策思想模糊，又不实事求是分析情况，走了弯路。如大关部分乡空想查血债累累的漏网恶霸，忽视残敌反攻破坏，使运动拖长一月以上，引起当过保甲长的和有帽子的农民不安，也拖冷了群众情绪。其他个别乡有斗游民或者逼死胁从分子或迷信妇女等现象。

（二）进一步培养与提高干部问题

各县对进一步培养提高干部比较明确，县上历次召开工作队会议，均吸收乡长、主席参加，并强调乡上必须依靠原有组织进行工作，巧家县还规定乡长或主席担任工作组长。

工作队培养提高干部的做法是，首先克服干部的松动麻痹思想，然后在民主运动中，让广大群众来肯定干部的工作成绩，提高工作信心，再正确地分析批判缺点，着重解决主要干部的主要思想障碍。工作队并认真进行了党史、党员八项标准和社会主义前途教育。这样做的结果，大关寿山乡原来工作拖沓的主席经常主动找工作组研究工作，原来积极的乡长更加积极，病了发高热也要坚持工作。鲁甸营盘乡经过民主运动后，18个乡委员中有14个都大大提高了，工作积极起来。盐津县委还在全县区乡干部会上总结了模范乡干李全安等的成绩，树立旗帜教育干部，在民主建政中，工作队又进一步树立干部为人民服务的观念，帮助干部具体分工，减少干部不必要的兼职，并适当照顾干部生产与生活上的困难。

缺点是，少数乡不肯定干部或肯定得不具体，如盐津、永善两县有些乡只提缺点，不提优点，有的乡还发展为斗争干部，结果严重地打击了干部的积极性，许多干部不愿干了。个别乡工作队培养干部不通过群众，甚至强迫群众选群众不拥护的人来当干部。鲁甸翠屏乡集中干部学习了8天，使干部生产受很大影响。

（三）扫除生产障碍与组织动员大生产问题

各县对贫雇中农间的隔阂、侵犯中农利益、村与村间不团结、土改分配的遗留问题等妨碍生产的问题都认真做了处理，并认真交代与贯彻了生产政策、负担政策，安定各阶层的生产情绪。

民主运动中，反映出贫雇农向中农借债不还，用烂农具不赔，借耕牛使用不爱护，有些乡“动员”中农送地或分了中农的出租土地，永善四角乡分了中贫农的土地在百户以上。针对这些现象，各县认真交代了保护中农利益与借贷自由政策，对过去违反政策的现象在群众中做了分析认识并依法做了补偿。这样大大地加强了贫雇中农在生产上的团结互助。绥江、盐津许多乡这样做后，自由借贷便展开了。

村与村之间不团结问题也做了解决，如鲁甸兰箧乡三大组和五大组历来的用水纠纷，经过追根回忆过去地主制造纠纷的共同苦处，共同研究了合理用水的办法后，两组都有水用，团结起来了。

各县对土改中荒山山林未分配到户、果实积压、贫雇农未分到土地或分后界线不明、耕牛未分到户、典当问题未处理妥善等现象，都做了处理。鲁甸对地主扫地出门、游民不分地等问题也结合解决了，并强迫地主订立劳动守法的公约。

各县都认真宣传了生产政策和负担政策，并检查了过去执行政策的情况。如鲁甸、箐门、沿闸、仙人洞等乡在第三阶段中都纠正了几户错订等则的土地（改良耕作技术和土地加工后提高了等则），绥江全面检查了1952年秋征中执行负担减免政策的情况，并重点做了补偿，这样都大大鼓舞了群众的生产积极性，有力地推动了春耕生产。为了进一步把群众组织到大生产中去，各县在转入第三阶段后，均连续召开了干部会、生产代表会，有的还开了互助组长会，都反复交代了生产十大政策，传达省委和中央关于春耕生产的指示，组织学习互助合作决议的基本精神。

缺点是，有些县在第三阶段中没有全力贯彻组织动员大生产工作，把主要精力集中在查田调产上，部分乡因而引起群众思想混乱，产生盲目提高或降低产量的现象，发现后虽做了纠正，但影响了群众的生产积极性。

三、生产工作

由于地委自去年秋收秋种时起即对生产反复强调，今年1月的地委扩干会上又将此问题列入中心讨论，并做了具体布置，以后即不断总结经验，认真纠正各级领导忽视生产或不愿艰苦深入下去领导生产的漂浮作风，强调稳下来钻进去，最近又指示各县领导干部认真学习生产政策、中央及省委指定必学的有关生产的文件，因此各县对生产工作都很重视。除昭通县已全力转向生产工作外，其他各县均结合复查土改认真领导生产工作，发挥了农民的积极性，取得了较大的成绩和不少经验。目前全区已种完早熟作物及稻秧，部分地区并已开始点播苞谷，一般则正加强和检查春耕生产准备，先后转入紧张的春耕播种生产运动。

（一）春耕准备工作

首先是水利方面，截至3月底，根据鲁甸、会泽、盐津、彝良4县的统计，已修河道、沟渠、水塘、堤坝等大小工程1677件，做了土石工200583工，增加了灌溉面积26107.71亩，并保证了44437亩田地的灌溉。又如绥江光在3月份内即新修、培修了堰沟61条、堰塘13口，挖凿了土石方35660个，增加灌溉和保证灌溉5072.5亩。

其次是冬耕，一般比往年提早了1个至3个月。昭通县往年春节时，平坝地区翻土只60%，最多80%，山区一般不犁，而今年春节前平坝完成了80%至95%，山区普遍达到了80%。盐津、彝良、绥江等县山区均改变了播种前才翻土的习惯，于3月底落雨时基本结束冬耕。

再次是在积肥方面，数量普遍增加，各县报告虽缺乏全面数字，但据部分县区报告看，如巧家4月3日报告，一区15个乡统计，清粪增加了20%、干粪增加了23%，能在施用前达到增肥30%。并在施用量上实地有了增加，各县重点乡如鲁甸箐门、昭通新田等则普遍超过了50%。

就农具、籽种准备也做了许多工作，具体解决了农民的困难。

在这些准备工作中，主要经验是，从关心群众生活、从群众迫切要求出发是做好工作的关键问题。鲁甸一区沿甸乡从土改开始群众即要求兴修5条堤埂，开一条渠，直到开始复查，讨论出大家有益的修堤办法，不但提前时间完成工作，且节约人工1/5（原计划2000工，只1610工完工）。营盘乡从抢救小春而发动兴修水利，昭通四区青岗岭乡、巧家咪土乡均从总结群众生产经验挖了许多蓄水塘。有的地区能及时总结群众旧有经验，昭通新田、鲁甸箐门的积油枯泥、瓦灰泥、盐沙石等的经验，推动了昭通、鲁甸、彝良、会泽、威信等各县展开了找积肥门路，创造了找盐沙石、磷灰土、河沙、积扁竹叶、栽肥田草、换老墙土、扫扬尘、烧草木灰、石灰等积肥办法，部分地区并造成了积肥运动。

在此期间，由于鼓起了生产热潮，许多妇女打破了封建统治习俗和迷信思想，学会了使用犁地，有的乡缺乏耕牛而试用了马拉犁。昭通县并进行了除虫工作，取得教育农民和增产工作中的实际成绩。

一般乡开始重视选种换种，重点乡推行了泥水选种、温烫浸种、撒稀秧、苞谷、稻谷的稀株密植先进生产技术。

当前存在的问题是，兴修水利很多没有计划，盲目施工，部分干部急躁强迫，如昭通炎山区某乡没有解决群众实际问题而用斗争赖人（当过狗腿）的办法，想鼓起群众劲头。而在积肥中许多干部只会向群众要数字，都缺乏学习群众经验、为群众解决问题的精神。虽经领导强调指出并介绍给些经验，而在具体做法上，则方法机械，作风仍很少深入，很少发现和解决问题。

（二）春耕生产①

从为了保证复查、土改及春耕生产的顺利进行，地委自去年秋收即指示各县普遍动员了群众大力种植小春，由于以具体事实教育群众，各县小春面积均有扩大，增播了种子很多。今年1月以后很多地区均进行了抗旱保苗、引水灌水、除草、淋粪工作，因此小春长得较好。

① 本标题为编者所加。——编者

去年12月结合发给救济粮组织了群众副业生产，今春又借出了生产贷款，各县又处理分配果实帮助贫苦农民解决缺粮问题，并普遍宣传和开展自由借贷，纠正了少部分群众单纯依赖救济思想，如会泽绿萍乡，结合复查订立防荒计划，各县还普种了早熟作物、组织运输等，做好防荒工作。

与此同时，各县并普遍重视了爱国卫生运动，召开卫生会、医生会等，成立卫生组织展开宣传和工作。如昭通单结合春节扫除和农村积肥，即扫除了扬尘及粪草33751挑，除阴沟711丈、拉运阴沟粪802车，灭虱煮衣服32967套、被盖2473床，改良厕所21个，捕鼠25774只，又训练了种痘员210个，动员了11个医生下乡协助种痘工作。群众反映说："这倒是好事。"

由于地势气候悬殊关系，据永善、绥江、盐津3县报告，自4月10号前后落雨连续十余日，小春受冻、受涝，估计将减产三至五成，会泽、巧家、鲁甸等县又普受旱灾，无水和不坚持灌水地区亦将减产，是防荒工作中的一个问题，而各县除重点外，一般对情况反映不够全面，总的数字不多，即如防疫工作各县只掌握一些情况，对具体病情则未分别统计清楚，甚至如巧家有的干部将老病死和小孩伤风咳嗽也报成疫情。

以上几项工作，由于领导重视，贯彻了以生产工作为主结合进行其他，使一切均围绕和服从于生产，则一般得到解决。

（三）互助组织

各县一般颇为重视，普遍号召组织，多是在去年基础上恢复和发展起来。会泽普珠乡由于典型培养了邱中义等一二个互助组，现全乡已参加互助的占全乡劳动力90%以上。昭通白坡乡在李光华、樊玉德两个组的带动下，全乡也成立了31个组，参加人数占全乡劳动力50%，其他各县亦推行了此经验，重点培养典型带动一般。如盐津抓紧培养省劳模代表罗永科，永善也培养省劳模代表蒋永贵，并运用代表会交流经验，鲁甸并结合参观实际介绍经验推动工作。

目前的问题是，一般干部对培养典型认识不够，因此一搞便要求群众普遍组织，要求立即评工记分，叫不评分的不是互助组。同时形式主义、强迫命令的现象在各处出现。如彝良花桥林，干部命令群众一夜组织了42个互助组（占全乡劳动力60%余），第二天即一哄而散。芭蕉乡强迫干部说："不组织起来要追究责任。"还有由于硬灌评工记分，有的组出现了假评分，有的群众说："搞变工组我倒干，搞互助组我就不来。"

近来各县由于基本结束了复查工作，分别领导组织干部在县区学习中央及省委有关生产的政策和文件，检查思想，转变作风，交流经验和研究具体工作。

总的说来，全区各县对生产建设的点滴经验创造甚多，目前唯一是从领导到干部缺乏足够的及时总结经验和提高生产技术，因此，除从理论方面要加强学习政策及上级党委指示提高认识外，还须深入下去向群众学习生产知识，创造和运用经验是当前农村工作干部的首要问题。

四、领导问题

今年1月以来，地委认真贯彻了省委关于转变领导作风的指示；在1月份的扩干会上，着重解决了县领导认为土改后工作少了的歇气思想，明确在土改复查未结束以前工作中心是复查、土改结合生产，结束以后便是以生产为压倒一切的中心。同时强调领导干部要转变作风，深入重点，掌握关键。此后，地委继续贯彻稳下来、钻进去的指示，树立长期领导农业生产和艰苦、深入与细致的工作作风。就4个月的情况看来，各县接受这些指示精神都比较好，从领导到干部，思想作风都逐步有了不少的转变，因而不仅使复查土改工作都做得比较扎实，生产工作也取得了显著的成绩。目前，一般思想情绪已初步安定，也愿意深入下去，搞好生产，并在生产工作上摸索出一些点滴的经验。

复查开始，地委从昭通抽出100个干部到8个县先做复查重点试验，因此各县全面铺开后，尚能保持领导头脑清醒，弯路不大。

各县县委对深入重点创造经验也较重视，县委除留下1人掌握全面以外，都深入重点总结经验来指导全面。地委和各县县委都运用联络组及时发现问题，并经常用电话联络，出工作通讯交流经验等来指导全面的工作。各县还成立了复查生产办公室。

各县在贯彻党委统一领导上也做得比较好，做到了坚持以复查、土改与生产为中心结合各系统工作，由党委统一布置。开始少数乡曾发生过强迫民兵冬训，脱离中心工作，或者各部门干部都强调自己的工作是中心，一个会上各布置一套任务，弄得干部群众疲惫不堪、莫衷一是。这些妨碍生产的现象发现后已及时纠正。

在培养乡村干部上，各县也有了进一步的经验，一般工作队开会都吸收乡干部参加，县委统一交代政策、布置工作。巧家复查中还规定一、二类型乡由乡长或主席担任工作组长，培养领导能力。会泽把区长、区委编为联络组，帮助乡干工作。民主建政中，一般都结合解决了干部兼职过多的问题，开会时间尽可能安排在晚上，以免妨害生产。鲁甸酒房乡还决定乡干部都亲自领导一个互助组，既能创造典型，也不误家庭的生产。

各县在复查生产中都比较重视运用代表会。鲁甸、昭通还采用小型生产代表会，用实地参观培养典型来总结交流农民自己的经验，开展爱国增产竞赛。这样，群众接受也很容易，也解决了领导缺乏生产经验的困难。

目前存在的问题是，领导农业生产是个新问题，没有经验，也缺乏正确的认识，因此工作中盲目性很大。又由于对农村社会经济的性质缺乏认真的分析，也未深入了解各阶层的思想情况，因而一般号召多，具体指导少。或者是要求过高，急躁冒进乃至强迫命令，不是认为生产好搞，就是在碰了钉子后消极苦闷，个别乡还有生产干部工作搞不开而开小差的现象。

在深入重点总结经验上，有些县做得很不及时，尤其看不见点滴的经验。如鲁甸县委重点沿闸乡在培养干部、统一领导和结合生产都做得比较好，但从未认真总结过。大关在第一阶段中大走弯路，不及时总结教训，使面上也跟着走了1月左右的弯路。有些区干部每天帮互助组埋头做活，既不做教育工作也不注意总结经验、发现问题解决问题，不知道深入是为了什么。这些现象都说明了有些县区领导对深入重点的作用不明确，因而有些重点就没有起到重点的作用。

培养干部上，有些乡存在着严重的包办代替不相信群众的做法。如鲁甸三区有的乡在建政中，工作干部主观提出代表和乡长、主席的选举名单，要群众选举，引起群众不满。

为了搞好今后的生产工作，地委认为必须继续强调树立干部艰苦深入、细致的工作作风，继续要求干部稳下来、钻进去，克服主观、急躁冒进情绪，虚心向群众学习生产知识，从实际出发，学会领导生产。

昭通地委

1953年4月28日

彝良毛坪乡二村一大组的民族关系在土改后是怎样解决的

彝良毛坪乡二村一大组有58户，苗族47户、汉族11户。土改前汉、苗两族农民互相看不起，隔阂较深。土改时工作组对民族工作不重视，不但没有解决旧的隔阂，相反又产生了新隔阂。土改前这个村的村长是苗族中农，是个知识分子，在苗族中较有威信，土改中他因被改选掉而不满意，认为工作组不听苗族只听汉族的话，汉族农民报复他，对贫雇农当领导不满。汉族有个贫农和一个中农有私仇，土改中要把这个中农划为地主，群众不同意，而多是苗族群众，他就说苗族包庇地主，这引起苗族农民极大不满。复查开始后，这个组开不起会来，到的人很少。工作组干部了解到情况后，决定召开苗族知识分子会、干部会，交代民族政策，解除民族隔阂。决定邀请以前当过村长的那个中农和听从他领导的4个干部开座谈会（苗族知识分子）。他很抵触不愿去，经过耐心动员才去开会。他和其他人提了问题，干部都耐心地进行解答，进行有关民族政策的教育，经过讨论后他们的成见逐步消除。

接着大组又召开干部会和小组会，通过回忆对比，交代民族政策和复查政策。有两个苗族说："多数民族不好（汉族），地主叫他们当夫就推给我们；地主抽我们的地给他们种。石头做不得枕，汉人做不得伴。"于是工作组干部让大家讨论：多数民族农民受不受压迫，是不是都不好？并逐步揭露地主把租给两族农民的土地抽来抽去，制造民族纠纷。这样使大家认识到，两族农民都同样是受压迫的。许多人都发言做了检讨，表示今后要团结起来，不上地主的当了。在这个会酝酿成熟的基础上召开了大组会，到会的比以前多。会上农民发言说，两族农民都是受压迫的，天下农民是一家，要团结起来才搞得好工作。许多人表示，今后要次次来开会了，要求和汉族合起来开会。两个民族的隔阂通过这次会后基本上消除了。苗族农民说："毛主席的政策真是好，样样事情都为我们着想。"

盐津县土改中苗族情况调查报告

1953年1月30日

盐津县土改中苗族情况调查报告

一、自然情况与分布情况

我县境内少数民族都是苗族，较多的又是花苗。他们大多数是从彝良、威宁搬来，住在边远的高山陡坡上，为聚居的生基乡。全乡有147户，共684人，男334人、女350人。分布在5个村，即生基、花秋、核桃、坛罐、坪头，位于四、五区的山埂上，长80里、宽30里。登在生基乡的高处，只见一坡荒芜的野草，根本望不见一家人和一块熟地，全乡完全是起伏的山地，坡度非常大，从北甲的确头到生基坪直直的有30里的上坡，到冬天整天是阴雨绵绵、冰雪冻结、雾气笼罩，少数民族数千年来即居于此。

二、生活及经济情况

少数民族因常年居于深谷中，经济条件很差，生活非常痛苦，加上解放前地主阶级残酷的剥削和反动政府的野蛮统治，所以追得他们无法生存，东逃西奔，对生产非常不安心，迁来迁去，最后就只好迁到深山老林中来住。苗族群众说："过去做官的有权有势的都是多数民族，种地主的地，种好了就要加租额。开始时我们还有牛有羊卖了加租，可是后来卖完了没法再加，所以我们只有搬住高山，去把荒开，并且都是住在高山的埂子上，一有啥事我们就搬着跑。"由此可见他们是怎样过活的。他们历来就没有盖过铺盖，甚至很多老年人连看都没有看见过好的人家有1床被毯或1张羊皮或1床棕衣。他们到热天倒在地上就睡了，冷天终夜坐在火炉边。解放前全乡有一半以上的人家不够吃，不吃油盐，到青黄不接时有的甚至从春天开始便以山菜来充饥。住的房子大部分是草屋，一到冬天屋内积满了滑泥和冰雪。穿的完全是妇女绩麻来织的麻布衣服，过去根本没有得过棉衣和棉布的衣服穿。他们说："解放前我们连找一点棉布来作引子都找不到。"这完全是过着自耕自给的艰苦日子。

他们在苦难的日子里，收成不好，不说穿啥，连一点籽种来接根都没有，那时他们求神拜神，加大利都借不到1升粮食。数千年来少数民族即过着这种苦难的生活。从1947年到1950年，年年都遭天灾人祸，苞谷一种起便被虫吃光掉，种多少着多少，严重的一颗也没留。这时农民生活无着，但地主的租子却一粒也不能少，逼得农民无法，只有逃往贵州等地去避难。

三、风俗习惯

少数民族常居高山野谷，生活极简朴，性情非常直爽，可是由于他们久居山林，故胆子较小。少数民族极为热情，只要你去到他家，他便端上一碗炒面给你吃，你一接过来就吃掉，他会非常高兴，因此接近少数民族时，态度一定要和蔼。

苗族妇女头上一般都结有两个揪揪，这是代表瓦房的两个小花头，以作为他们原来住瓦房的纪念。男女穿的衣裤也都有纪念过去住在平原生活的象征。

四、土改中的情况

通过划阶级，农民普遍反映说："现在分清羊子和吃人的老虎了，分清了敌人和自己人，找到了穷苦的根源和仇人，大家都高兴地说我们苗家也有了这一天了！""毛主席的话硬是亮透了，照遍我们苗家的深山野谷和我们每个苗族的心。他老人家虽然在北京，可是心都在我们苗家住的高山上。在国民党社会里，把我们苗家撵到这深山野谷中来，你走到哪里，连3岁的小娃娃一见到我们都要喊着骂'苗子苗疙瘩，屙屎种荞子。荞子不结子，饿死苗子两口子'。没有拿我们当人看待，哪点儿还有你去北京见毛主席的份？今天在毛主席的领导下，把我们少数民族看得像宝贝一样，到北京到苏联、住民族学院、救济贷款、把我们迁到二半山去，照顾得我们无微不至，我们心里真是说不出来。"

当他们分到土地时，普遍地都这样说："毛主席的恩情硬是说不完，我们祖祖代代都是东跑西躲地过着苦难的日子。俗话说'老鸦没有树桩，苗家没有地方'，不是毛主席来，我们苗家永辈子也翻不了身，永辈子也没有地方。你再奔到天南海北把所有的土地开出来了，也是地主的。"

会泽普珠点在土改复查中深入发现问题、加强民族团结

工作组根据了解到的情况，明确指出：各族间存在着严重的民族隔阂，并反复强调加强民族团结的重要性，号召干部回去认真发动群众，搞好民族团结。

经彝族干部积极发动后，4个彝族老人也来开会了。彝族提出了解放前保甲长专整彝族，还说在土改中坏分子诬蔑彝族农民6人参加过反革命组织……

从暴露出来的问题看，是属于历史上的隔阂和解放后敌人造谣破坏搞的，都领导群众追根到敌人头上，指出地主阶级伪乡保政权同样压迫乃至杀害农民，反革命分子同样造谣威吓汉族等，提高了各族农民的阶级觉悟，对敌人更加仇恨。属于内部问题的，则在各族农民认识有所提高的基础上，召开团结会加以解决，促成了各民族的团结。

通过团结会，各乡农民群众纷纷提出了“我们都是阶级弟兄，要团结起来反对地主阶级，反对美帝国主义。团结一条心，黄土变成金”的口号，决心在今后要团结起来搞好生产。民族问题解决后，群众更加热爱毛主席和共产党，普遍反映：“毛主席硬是好呀，啥子问题都要解决好。”“几百朝皇帝都是压迫我们的，只有毛主席是我们的大恩人。我们回、汉、彝、苗就像4块大石头，以后要镶得稳稳的才好。”

彝族卡朗普长的夫人兴奋地谈起以前工农红军路过她家，买她12个鸡蛋给了两块银圆，她谈起现在的事情和那时一样好。她还问道：“那些同志不晓得到哪里去了？”

丽江县一区白沙乡（原兴民、乐园二乡）土改调查材料

（一）土地改革

国民党统治时期，白沙农民受着国民党反动派、地主阶级的统治和美帝国主义的压迫，人民生活极其困难。全社729户（其中地主40户、富农23户、中农257户、贫农409户）仅有粮食2153173斤，每人平均只有633斤，且各阶层占有粮食悬殊极大。据忠义42户的调查，贫农6户仅有粮食5999斤，每人平均只有250斤；中农13户占有粮食56561斤，每人平均有粮808斤；富农5户占有粮食23423斤，每人平均有粮901斤；地主17户占有粮食171755斤，每人平均占有2021斤，等于贫农的8倍多。全社除204户外，524户农民皆缺口粮，293户只有半年口粮，174户则缺七八个月，58户仅有一二个月口粮，生活极其困难。穷苦农民几年买不上一件布，以蓑衣当“三用”：下雨穿它，天冷穿它，晚上盖它。许多农民在饥寒交迫、朝不保夕的困难环境中，度过了很长的时间，在黑暗的岁月里，盼望着光明的到来，特别是在红军长征过此以后，思念的心理更加迫切。

1948年滇西北地下组织有了发展，农民眼看到光明的日子即将到来，但是反动组织社团的活动也越加猖狂，社会秩序极不安宁，农民所受的痛苦也越加厉害，真是过着黎明前的黑暗生活。

1949年，丽江地下组织有了发展，组织知识青年参加“民青”，组织农民参加“农抗”，灌输革命的思想，进行抗兵、抗粮、抗税“三抗”活动。人民的力量逐渐扩大了，在“五一节”时进行了示威游行，反对反动统治，积极要求解放，推翻旧统治，建立新政权。

1949年7月1日，丽江的反动统治者，在人民声势浩大的压力下，被迫下台，宣布了解放。

解放后，白沙农民首先清算了乡保长，使他们吐退贪污款项，摧毁了统治人民的保甲制度。为了减轻人民负担，接着进行了减租运动，实行三七五减租（原1石租，只交3斗7

升5）。但是当时白沙的组织还操纵在地富手里，地主和国光、木自荣、和定国等不但没有执行政策，相反地宣传加租加息，不能很好地贯彻党的政策。

1950年初，解放大军进入丽江以后，积极扶持农民，壮农民之声势，灭地主的威风。

1950年秋，县里开办了农训班，叫贫雇农参加学习，贯彻党的阶级路线，进行阶级教育，培养一批农代积极分子。到年底相继召开了县农代、区农代、村农代，大量吸收贫雇骨干分子，采用诉苦、串连、扎根的办法进行教育，挖穷根，给他们知道地主不劳动有吃有穿、农民一年辛苦到头无衣无食的原因，给他们看清地主是吸农民血、吃农民肉的豺狼，只有消灭地主阶级，消灭封建土地所有制，才能解放生产力，改善农民生活的道理。在这种情况下，白沙地主、反革命头子木承圣（当时是副县长，后被镇压）利用县农代木明高、区农代木即高进行活动，打听有无对他诉苦情况，并竭力阻止对他进行诉苦，千方百计想挽救垂死的命运，继续统治人民。

贫雇农民在党的不断教育下，通过实际经验知道了“天下农民是一家，天下老鸦一般黑”“大家一条心，黄土变成金”“田地是农民开的，应该归还农民”的道理。

开过农代会以后，农民的觉悟提高了，积极要求推翻压在农民头上的大石头——地主、恶霸。

1951年初，党为了大力发动农民向地主阶级开火，党委决定停止农村支部（解放后发展党支部、青年团，都由地富掌握）活动，大力组织农代协会，扩大农民组织力量。白沙由5月6日发展了163个会员，到5月23日发展到273个，同时组织了民兵，准备进行减租退押、清匪反霸。

在这个时期内，敌人的活动亦很厉害。白沙大恶霸地主和绍林说：“我们还有许多人在美国、在台湾，你们这小撮认为解放了就这样搞，恐怕不行吧！”地主反革命分子木承圣、木自荣等进行抢租夺佃，地主木焕斗、木自荣、木壬林等出卖骡子及故意迫害牲畜（放在外面不招呼给狼吃，不进行饲养给牲畜瘦死，或给牲畜跌死），破坏生产，破坏社会秩序。

党为了惩罚土豪劣绅、不法地主，发动了贫雇农通过诉苦、控诉，揭发他们的滔天罪行，使农民有仇报仇，有怨报怨，打下土豪劣绅、地主恶霸的威风，树立农民的声势。经过一段时间的讨论，揭发了许多恶霸地主、土豪劣绅的罪恶，1天1夜逮捕了60多个（包括城里的在白沙有罪恶的），掀起了轰轰烈烈的减租退押、清匪反霸运动。这是一场非常尖锐而复杂的阶级斗争。

典型恶霸和绍林，是白沙的大绅士，白沙全乡都要听他的话，受他的支配。他不但进行收租、雇长短工剥削，而且为了雇长工不给工资，诬告与儿媳为奸，指使乡保长殴打成疾，驱逐回家。靠自己威势，白使农民和顺先兄弟、杨洋秀兄弟、和庭贞兄弟等砍木料、打土墼、建房子，立墓碑也使白工。农民有点小事也要从中挑拨进行压榨，诬阿妹给女儿骗取钱财，指使儿子和善宝、和善炳打死阿妹，罪恶滔天，民愤极深。土匪头子和顺恩，专门抢人、杀人，使人民生命财产受到损失，社会秩序极不安宁。恶霸地主和泽民、和吉林、和士顺等在1948—1949年组织雪山社、文峰社，胡作非为，迫使善良青壮年加入其组织，任意宰杀农民牲畜，强奸妇女，无法无天，解放后，从事反革命活动，继续压迫人民，民愤不可遏止。为了安定社会秩序，打下土改基础，白沙农民在党的领导下，向他们进行了不调和的斗争。

在初期的斗争中，有些农民还有顾虑，因为长期受了他们的统治，虽然仇恨很深，但心里还有恐惧。但在党的坚强领导下，组织了农民力量，首先集中力量向大老虎和绍林等进行斗争，打下大恶霸的威风以后，其他恶霸地主也下了威风，贫雇农民逐渐壮了胆子，逐渐形成压倒一切的声势。因仇恨在心，树立了坚决和恶霸进行斗争的决心，不管是亲戚，或是同胞，只要是有罪恶的，就进行了斗争，白天斗、黑夜斗，乡上斗、村里斗，走不动四肢绑起抬着走（如和绍林、和顺恩），终于斗垮了。

但是这些恶霸还是想方设法垂死挣扎。有一天晚上，给恶霸地主出来小便，地主木焕斗想乘机逃脱人民的法网，不听指挥溜了出去，干部和学惠抱病在床，听到喊叫声，抱着大刀赶出来，而木焕斗猛扑过来，想捏住和学惠的下身（生殖器）使他致命，然和学惠能及时反击未上当，即时拉回关住，因未得逞，而不甘心，不愿在农民手下亡命，不顾制止，头碰墙石而死。

为了彻底打垮地主恶霸，不但要政治上打垮他，而且也要在经济上打垮他，因此除政治上揭发他们的罪行，进行斗争打下他们的威风，还要在经济上给他们赔偿人民的生命财产，进行减租退押，算剥削账，使他们吐出来。为了处理恶霸地主的罪行，以平民愤，巩固人民政权，组织了人民法庭，根据他们的罪状，结合农民的要求，遵照国家法令，进行审判。白沙在减退中处死刑的有罪大恶极、民愤极深的和泽民等6名罪犯，判处徒刑的有6名，关过1月以上的有43名，斗过的有81名，管制的有21名，自杀的有5名。

在清匪反霸、减租退押中，虽然打垮了一批土豪劣绅，在经济上也削弱了一些力量，但是要消灭封建剥削制度，还应该加强组织、发展农民的力量，进行土地改革。为了搞好这个工作，党派了大批干部（16人）到白沙来进行工作，一方面发动农民群众，扩大农民骨干队伍，一方面积极启发农民向敌人进行斗争。在斗争中培养骨干积极分子，发展农民协会，组织贫雇农主席团，发展民兵。到1952年2月25日，农协会员发展了6期，共计1729人，其中男有810人、女有919人，雇农22人、贫农1044人、中农663人。民兵317人，其中雇农5人、贫农218人、中农94人。通过实际斗争，农民的觉悟提高了，积极要求进行土地改革，消灭封建剥削制度。

为了搞好土改工作，农民协会在党的领导下，坚决根据“依靠贫雇农，团结中农，中立富农，消灭地主阶级”的政策，遵照中央关于分析农村阶级的指示，进行划分阶级，属于地主阶级的在群众中进行斗争，算剥削账，揭发地主阶级的丑恶发家史，使他们在群众中承认自己的阶级成分；属于恶霸富农也在群众中进行斗争，使他们承认自己的阶级；属于一般富农则在划分阶级中在旁旁听，并在群众中承认自己的阶级。农民内部，采用自报公议的方式，根据家庭实际情况，确定了阶级成分。

在农村中划分阶级，是一场很尖锐的阶级斗争，敌人在其中进行了破坏。土改工作中混进了地主分子和锡强（白沙人，原先只当中农，复查中又划为地主），他想方设法地包庇地主段文祺、段文虎，说“养花、酿酒（附带）也要算劳动”，故初时只把段氏划为富农，地主段氏就向他磕头致谢。群众反映说：“段家不划为地主，白沙就没有地主了。”包庇和立良（和立强叔父，复查中划为地主）说：“他不算剥削，当作积极分子。”他知道他的剥削情况，就千方百计把自己的家庭划为中农。有一天工作队到东文去，他就跑回新文给群众说：“我虽然承认中农成分不低，但我愿意承认中农。”在农村政权中竭力安排剥削阶级亲信，使乡长、征收委员、县民代表、文峰社要人和光东当村长，国民党连长和渭贤当村干事，排斥和打击农民积极分子。村政权中和作祯（农民）识几个字，和锡强就调他到财经训练班学习，土改中又拉回来关了110天，说他对农民有压力。和作杰（中农）被拉去斗争，殴打成疾（因为他在1950年反对木承圣等征收公粮不合理，对地主斗得狠些）。这个事实说明了敌人不但在外面会进行破坏，而且混在里面也会进行破坏。

土改时白沙社（原为兴民、乐园两乡，但一直是联合办公，土改也是统一土改）为733户，其中雇农8户、贫农395户、中农254户、富农24户、地主50户、二流划为1户、小土地出租1户。白沙大地主大部分都是木土司的后裔，收租多半在外地（因为白沙土薄产量低），他们有的收租二三百石，一般收四五十石，他们在外区有猫租、有扫把租、有绳租等，还有领主残余势力。虽然白沙土地贫瘠，地主经济不够典型，但土地占有情况还是极不合理，阻碍着生产力的发展，必须进行土地改革。兹将白沙土改前各阶层土地、牲畜、房屋占有情况列表如下（出租部分在外地不包括在内）：

阶层		雇农	贫农	中农	富农	地主	二流	小土地出租	合计
户口		8	395	245	24	50	1	1	733
人口	男	17	938	648	67	116	4		1790
	女	10	917	793	83	151	2	1	1957
	小计	27	1855	1441	150	267	6	1	3747
	%	0.72	49.5	38.47	4.00	7.13	0.16	0.02	
劳动力	男	6	426	277	30	48	2		789
	女	4	478	397	37	74	1		991
	小计	10	904	674	67	122	3		1780
自耕	亩积		6425.0	9196.93	743.91	852.508	9.62	2.51	17230.48
	产量		564212	819970	115993	145642	471	623	1646911

续表

阶层		雇农	贫农	中农	富农	地主	二流	小土地出租	合计
佃耕	亩积	29.56	2438.49	501.22	2.8		3.0		2975.07
	产量	2492	341212	67304	560		780		412348
出租	亩积		44.87	240.72	183.27	550.79			1019.75
	产量		2325	27056	13389	101267			144037
占有	产量		566537	847026	129382	246909	471	623	1790948
	%		31.63	47.29	7.28	13.79	0.02	0.03	
牲畜	牛	13	825	597	47	55	3		
	马	1	313	372	36	46			
	骡		41	83	9	23			
	猪	6	693	474	57	40			
房屋	平房		191	161	23	60			
	楼房		369	405	45	96	1		

从上表内可以看出，土地占有情况还是很不平衡的。占总人口49.5%的贫农只占有产量31.63%，只占总人口7.13%的地主就占有产量13.79%。如有包括在外地的土地则悬殊太大了。如忠义村的情况，贫农每人占有产量仅有250斤，地主则占有2021斤（其中还未包括地主出租部分50.45亩分苗产量），等于贫农8倍多，这种情况必须改变。

在土改过程中，地主阶级想方设法地进行反抗、分散财产（经民兵搜查回来的有223件）、杀害牲畜、破坏庄稼、不施肥、不好好撒种、不泡田等等做最后的挣扎。

土地改革是一个把封建土地所有制变为农民土地所有制的深刻的社会变革，是一场尖锐的阶级斗争。为了顺利进行土地改革，消灭封建剥削制度，不但经济上没收了地主的土地财产，而且在政治上打下了地主的势力，按他们的罪行，依法处死了和定国等9名罪犯，判了11名徒刑，关了1个月以上的有26名，斗过的有43名，管制的有13名，自杀的有5名。

在减租退押、土地改革当中，农民得到的果实有金2两、银128两、币1.5亿元、牛55条、马46匹、骡23匹、猪46口、平房276间、楼房554间、树木30棵、鸡230只、粮食17万斤。依照多缺多补、少缺少补、不缺不补及抽多补少、抽肥补瘦的分配原则进行了分配。在分配过程中，农协会尽量发动农民开展讨论，以团结互助的精神做了一些适当的谦让和照顾。雇农大哥因受剥削最深，生活最困难，故在现有果实的基础上衣服、被褥、用具都分给了一套比较齐全、质量较好的，土地、牲畜亦同样。在这次分配果实和土地当中，得到果实的有雇农9户、贫农295户、中农226户。这是一场很大的变革，农民的思想也得到了提高，有的由对土改抱着怀疑的受到深刻的教育。他们反映说："过去我们认为土改这辈子是不可能的，恐怕子孙辈才能进行。现在认识了共产党说到做到，只有跟着共产党走，才有幸福的日子。"

党在1953年初为了很好贯彻土地改革的目的，消灭封建剥削，发展农业生产，进行了复查。它的目的就是，结束土改中的遗留问题，从反封建斗争转入生产建设，这是一个必要的阶段。复查主要的内容是，认真地把农村人民政权巩固起来，使农民理直气壮，在农村中当家做主，另一方面立即动员组织生产，使农民不歇气地从土改斗争中转入生产斗争。

复查工作队到白沙以后，按照党的政策，第一步查阶级。查有漏网地富者又进行补划，把土改中原划为富农的杨布先、段寿诚等又划为地主，原划为中农的和锡强、和立良又划为地主，把原划为地主的木春、木青等又划为富农。把留下的机动田等又进行了分配，并教育干部和群众，用回忆反翻、分田情况，用实际例子教育他们克服麻痹松劲思想，提高对敌人的警惕，重点惩办不法地主，巩固土地改革成果。第二步就进行了民族团结、民主建政，用批评与自我批评的方法，解决群众内部的问题，主要解决干部和群众的关系问题、贫雇农与中农的团结问题。一方面教育贫雇主动地去团结中农，另一方面注意教育中农，提高政治觉悟，消除他们的一些不满情绪，教育他们在今后积极和贫雇农一道团结生产。在这同时给群众推选出代表，实行民主建政，选举了乡政委员会23人（男18人、女5人），其中雇农2人、贫农17人、中农4人，把原来的行政村改为人民委员。第三步进行了查田、定产（只进行个别抽丈），发给土地证，发动农民进行大生产。从此"铁树开了花，土地回老家"，农民成了土地的主人，在党的领导下，进入大生产运动。今将土改后各阶层土地占有情况列表如下：

阶层	户口	人口				劳动力			土地			说明
		男	女	小计	%	全	半	小计	亩积	产量	%	
雇农	11	25	19	44	1.19	15	5	20	126.91	21052	1.14	每人2.88亩，产量478斤
贫农	400	925	918	1843	49.83	777	210	987	8638.404	832664	45.14	每人4.06亩，产量451斤
中农	254	660	784	1444	39.04	575	200	775	8535.313	862011	46.72	每人5.9亩，产量517斤
富农	24	59	80	139	3.37	52	13	65	638.245	90022	4.88	每人4.5亩，产量647斤
地主	48	92	135	227	6.13	88	19	107	223.497	38581	2.09	每人0.98亩，产量169斤
小土地出租	1		1	1	0.02				2.51	652	0.03	
合计	738	1761	1937	3698		1507	447	1954	18164.879	1844922		
说明	此表内喇嘛未在内											

丽江白沙乡土改前后各阶层农具占有情况表

村名	阶层	户口	人口		劳动力		锄头		镰刀		犁头		砍刀	
			男	女	男	女	前	后	前	后	前	后	前	后
木都村	贫农	34	88	63	53	47	90	112	70	99	49	49	45	46
	中农	23	67	69	36	31	60	70	60	68	29	31	33	35
	富农	3	8	9	4	6	8	7	8	9	3	3	4	4
	地主	6	14	20	7	12		6		10				
向阳村	贫农	43	101	110	55	69	98	128	86	119	44	49	46	49
	中农	19	61	70	35	45	74	80	53	68	32	34	21	30
	富农	1	5	7	2	2	4	4	4	3	2	2	2	2
	地主	2	6	5	5	3		5		3				2
岩脚村	贫农	18	49	42	25	23	29	40	28	41	26	16	14	17
	中农	15	34	39	21	26	39	53	35	37	14	25	17	20
	雇农	6	15	6	8	4	8	13	7	14	1	2	2	6
	富农	4	15	8	7	5	10	11	11	11	4	4	5	8
	地主	5	7	14	4	7		3		4				1
兴民村	贫农	14	32	30										
兴都村	贫农	12	29	26	17	18	26	48	24	31	14	16	18	22
	中农	12	32	25	19	19	41	51	33	35	29	30	24	27
	地主	2	5	6	3	1		4		4				3
三元村	贫农	64	133	138	81	71	79	155	94	140	18	38	95	88
	雇农	2	4	3	1	2	2	5	1	3			2	4
	中农	51	106	142	60	83	107	141	88	118	31	34	75	87
	富农	5	11	20	8	9	15	17	13	15	7	8	8	13
	地主	15	35	48	22	22		41		37				33
东中村	贫农	14	31	30	20	23	29	44	27	41	19	22	23	23
	中农	11	38	46	18	23	37	42	38	54	22	23	15	15
	地主	1	1	5	0	1								
丰乐村	贫农	26	67	50	26	38	64	84	62	84	25	26	22	29
	中农	15	44	52	20	28	51	56	35	42	27	27	29	32
	地主	1	2	2	2	2	2	2	1	2	1	2	1	2
新喜村	贫农	31	78	66	36	39	69	92	57	68	30	33	39	42
	中农	18	44	63	24	32	55	59	45	53	24	26	26	32
	富农	2	5	6	2	2	7	8	7	7	4	4	4	4
	地主	1	1	3	1	0.5		2		2				

续表

村名	阶层	户口	人口		劳动力		锄头		镰刀		犁头		砍刀	
			男	女	男	女	前	后	前	后	前	后	前	后
玉龙村	贫农	65	169	167	94	79	93	187	138	153	82	84	77	82
	中农	21	55	53	21	26	57	58	44	46	33	34	22	22
	富农	1	3	8	2	3	4	5	3	3	2	2	2	3
	地主	3	6	3	2	2		3		4		1		3

村名	阶层	弯刀		钉耙		犁架		斧头		条锄		牲畜（土改前后）			
		前	后	前	后	前	后	前	后	前	后	牛	马	骡	猪
木都村	贫农	30	34	6	12	46	46	66	66	24	29	51		30	34（前）
												51		33	43（后）
	中农	19	19	5	5	30	37	38	40			48			24
												40	37	26	43
	富农		1	1	1	2	2	4	4	1	1	4	3		2
												7	4		23
	地主														
向阳村	贫农	23	27	6	7	32	32	51	65	8	19	37	51	9	169
												46	63	11	199
	中农	15	15	13	15	23	27	33	41	12	14	26	40	9	139
												32	40	18	173
	富农	1	1			1	1	2	2			2	1	1	13
												3	1	1	15
	地主								2		1				2
岩脚村	贫农	2	6	2	5	15	16	18	20	5	6	50	5	2	23
												136	18		29
	中农	5	7	5	5	12	12	17	19	9	9	22	10	4	20
												28	16	4	24
	雇农		2			1	1	6	8	2	3	2			
												11	7	1	10
	富农	2	2	2	2	2	2	5	7	4	4	6	1		6
												9	3	1	7
	地主											7	2		5
													1		
兴民村	贫农														
兴都村	贫农	2	3	1	2	4	6	14	11	2	6	26	9	3	53
												29	9	4	29
	中农	6	7	6	7	14	14	21	22	12	14	20	14	5	48
												20	13	6	36
	地主								3						

续表

村名	阶层	弯刀		钉耙		犁架		斧头		条锄		牲畜（土改前后）			
		前	后	前	后	前	后	前	后	前	后	牛	马	骡	猪
三元村	贫农	7	19	2	7	13	21	51	70	11	31	28	19	1	70（前）
												70	68	3	108（后）
	雇农	1	1					1	2		2				1
												2	2		4
	中农	16	18	11	16	16	22	76	62	26	46	42	41	0	90
												56	56	40	107
	富农	3	3	2	2	4	5	7	7	4	4	7	5	1	7
												6	4	1	13
	地主								16						20
东中村	贫农	9	14		1	15	15	20	23	6	11	35	11		19
												33	16	2	24
	中农	10	10	1	2	19	19	21	21	10	11	32	24	7	20
												35	17	4	34
	地主														
丰乐村	贫农	9	12	2	2	17	21	31	37	6	8	43	27	7	51
												40	41	7	37
	中农	5	7	6	6	16	18	27	30	9	10	26	39	11	49
												26	35	31	45
	地主						2	1							2
新喜村	贫农	8	15	1	2	23	20	37	43	10	13	58	51		73
												60	24	1	66
	中农	6	6			10	19	20	24	8	8	37	19	4	40
												47	21	6	42
	富农	1	2			4	4	3	4	1	2	5	4		3
												1	1		5
	地主		1						2						2
玉龙村	贫农	16	24	4	5	49	48	93	101	30	47	140	49	1	155
												193	50	11	173
	中农	12	10	5	4	16	16	30	31	18	19	56	23	5	63
												62	28	6	59
	富农	1	1	1	1	1	1	2	2	2	2	3	4		5
												3	2		4
	地主								1						

白沙乡土改前土地情况表（1952年）

白沙乡支部

阶层		贫农	雇农	中农	富农	地主	二流	合计
户口		395	8	254	24	50	1	732
%		53.9	1.09	34.7	3.27	6.77	0.136	
人口	男	938	17	648	67	115	4	1789
	女	936	10	793	83	151	2	1975
	小计	1874	27	1441	150	266	6	3764
劳动力	男	421	8	279	26	35	2	771
	女	474	4	418	31	58	1	986
	小计	895	12	697	57	93	3	1757
自耕地	亩积	6424.779		8696.895	743.9	852.5	9.62	16726.694
	每户平均	16.265		34.672	30.995	17.05	9.62	
	产量	564212.96		791227.38	175993.4	122186.18	471	1654090.92
	每人平均							
佃耕地	亩积	2428.389	29.56	559.39	3.8		3	3024.139
	产量	168529.564	1511.02	61254.72	1020		780	233095.3

白沙乡土改前牲畜、农具统计表（1952年）

白沙乡支部

阶层		地主	富农	中农	贫农	雇农	二流	合计
农具	锄头	84	49	521	577	10		1241
	镰刀	59	46	431	586	8		1130
	犁头	10	23	261	307	1		602
	砍刀	32	25	265	379	4		705
	弯刀	6	8	594	106	1		215
	钉耙	11	6	52	24			93
	犁架	4	14	156	214	1		389
	斧头	27	23	320	381	7		758
	条锄	12	12	104	102	2		232
牲畜	牛	21	27	309	468	2		827
	马	28	18	210	267	2		425
	骡	11	1	45	53			110
	猪	52	38	493	647	1		1231

注：白沙11个村（新上、兴都、东中、向阳、新文、三元、木都、东文、丰乐、玉龙、忠义）合计。

白沙乡土改后各阶层调查表（1953年）

白沙乡支部

阶层		地主	富农	中农	贫农	雇农	合计
户口		51	24	254	399	9	737
人口	男	92	59	660	925	22	1758
	女	135	80	784	918	15	1932
	小计	227	139	1444	1843	37	3690
劳动力	男	88	52	575	777	15	1507
	女	19	13	200	210	5	447
	小计	107	65	775	987	20	1954
土地	亩积	181.85	638.24	8574.93	8638.36	126.91	18160.39
	产量	38591.43	89847.5	764558.5	798663.33	21051.72	1712712.48
平均亩积	每人	0.81	4.59	5.903	4.98	3.43	
	每户	3.56	26.59	33.76	24.156	14.109	
平均产量	每人	170.006	646.31	537.02	433.34	586.96	
	每户	756.69	3743.6	3447.09	2001.66	2339.08	

白沙乡土改后牲畜、农具调查表（1953年）

白沙乡支部

阶层		地主	富农	中农	贫农	雇农	合计
农具	锄头	69	52	610	890	18	1639
	镰刀	59	48	571	776	17	1471
	犁头	1	23	264	333	2	625
	砍刀	26	34	300	398	10	768
	弯刀	6	10	99	159	3	277
	钉耙	4	6	60	43		113
	犁架		15	184	225	1	425
	斧头	22	26	290	436	10	784
	条锄	8	13	131	170	5	327
牲畜	牛	15	29	355	658	13	1070
	马		15	270	289	9	583
	骡		4	141	112	1	258
	猪	9	67	563	708	14	1361

丽江县第二批土改工作计划

丽江县委在第二批土改计划中，首先对自己的情况有了较正确的分析，认识到二批土改基本上是山区特点，并对自己主观力量也有适当的估计，因而在领导上、做法上、政策上应注意的问题也较明确，这是好的。目前，除在指导思想上还必须把下面两个问题进一步明确起来外，更主要的是如何具体帮助工作队贯彻到工作中。

一、民族问题是二批土改的中心问题

在民族杂居区要防止大民族主义的思想残余，认为我们这里民族问题不大，或只注意大民族，忽视了大民族与小民族以及各小民族中间统治者们造下的历史隔阂，必须在土改开始就有意识地注意，通过每个具体工作，抓住村里每台活的事实，帮助教育各族农民，在提高他们的阶级觉悟中，一步一步地消除民族隔阂，在坚持“从民族团结出发达到民族团结”总的方针下，还必须贯彻省委“分头扎根，互相串连，大家诉苦，共同提高”的方针，防止过高估计农民的阶级觉悟，忽视民族隔阂，同时，在培养各民族的干部中，应在思想上明确：民族干部，不单代表他本民族农民的利益，而一定是代表各族农民利益的。

二、与生产的结合问题

除了注意主动解决贫雇农当前的困难外，从现在起领导上就必须有意识做一二个村系统的生产调查研究，作为长期生产打算的准备，贯彻省委“大力扶持，就地发展”的方针。

壹、二期土改地区主要情况及问题

从地区分散来看：二期土改是在全县7个区范围内进行（四、五、六区全部，三区大部，一、二、七区各一部）。此外，是在接近宁蒗、中甸、维西、兰坪暂不进行社会改革的兄弟民族地区来进行。从最远的乡，距城有300华里，从一个乡最分散的走遍各个自然村直径3天，次些的也要1天到1天半，小自然村有的多到20个至27个，一般的10个左右。最分散的就不能计算自然村，群众都是分布居住在一架山，一架山上一户距一户还有三四华里。

从二批土改地区的民族来看：共有10多种兄弟民族，包括苗、彝、藏、摩西、西番、汉族、民家、傈僳、回族等。山区大部是聚居，一个乡最多到7种民族，平坝27个乡大部是本地（摩西），但也有其他少数民族。此外，民族关系非常复杂，加之历史上地主阶级利用民族情绪，制造民族隔阂相互矛盾，来达到他们政治上的统治和经济上的剥削，所以各族之间有着不同的很深的民族界限、隔阂与仇视。

从封建统治剥削看：封建势力是很雄厚，山区某些情况和平坝不同，主要表现在政治统治压迫的野蛮，超经济残酷的剥削，一般都是四位一体。如五区四美村和海林、邢应科、丰有富等相互勾结，同时勾结巨、鲁甸大恶霸王魏、张志强、和克臣、元美和、元少伯、王纲等（全区性），委派他们当乡保长、民团大队长（剿匪队长），又是大山主，又是匪首或坐地分赃的土匪头子，又是当权派，他们仗着权威，利用职权，剥削、敲磕、勒索、掠夺、抓兵、派款、吊打、上出身税、死人税，随便可以罚款、判刑、杀人，三里一王，五里一霸，生杀予夺（自称土皇帝），农民生死全无保障。在封建剥削上，除了上租加押外，各种超经济的剥削（8斗5年30石），一团茶算得家破人亡。农民杀猪杀鸡得把好的先给他们吃，如猪肝、鸡肝等；看到农民有几斗粮、牛、马、鸡、羊，日子好些，就节外生枝，就要抢去。全村每个人都得帮白工。这种超经济的剥削和野蛮的政治统治，农民生活日渐贫困，生产严重的破坏，群众思想就更处于落后的状态。农民有极迫切的翻身土改的要求，但在这种环境下，顾虑就相当大。

从二期土改地区基础看，89个乡有两种情况：

1.经过减退、反霸的有四区16个乡、五区8个乡、三区4个乡，在这些地区虽进行反霸减退，和由上向下镇压了一批反革命首恶分子，由于没有很好发动群众，镇压得极不彻底，有的应该杀的由于群众有顾虑都放掉了，敌人就利用这个机会，更有准备更加猖狂地进行破坏活动，村政权直接间接用各种新的办法仍然统治着农民，来整农民，虽有几个贫雇农积极分子，由于没有贫雇农队伍和阶层的发动，加之思想觉悟不高，阶级界限不清，被敌人用各种办法利用、收买、打击，有些虽未被敌人利用，在作风上很严重地脱离了群众，群众望之千里，自己是孤立的。

2.61个乡原封未动，根本没有经过减退、反霸，但地主阶级反革命利用农民的这种积极要求，由地主阶级直接领导反革命统一布置，用减退、反霸为名，或更左的口号“共产、土改、反仓”来整农民，造成农民内部严重的混乱。无论中、贫、雇农的猪、羊、牛、马、粮食全部共产，被坏人宰杀吃掉，对农民进行吊打要粮食、东西，追赃产（如五区德良、塔城、依陇、露西等村）逼死农民，批评、打击、造谣、破坏，把关起的恶霸放出来，把农民关进去。查贫雇农的3代历史，说历史不清就被赶走。宣传减租退押说要交租退约，公开夺佃，造成农民的生命财产极大的损失，破坏农民生产积极性，增加了许多新的顾虑。农民反映说："翻身不如不翻身""解放不如不解放""共产党不如国民党"。

从以上两种情况看，基本上地主阶级直接间接操纵村政权，敌人未打倒，群众未发动，阶级力量没有变化，没有完成政治任务。

从参加二期土改的干部来看：约600人，其中部队转业的60人（未参加过群众工作），土改区农民积极分子310人，基干团转业的40人，炮团20人（参加这段群众工作），维西农民80人，干部3人，本县抽出县、区干部51人，学生30多人（参加过土改减退）。每个乡平均6人，组长、点长绝大部分是这次整训中思想作风正派新提拔起来的，每组政策、阶级观点较明确、思想作风较正派的骨干有一二个，但领导能力较差。

总的来说，二批土改基本上是山区特点，地区分散，地主阶级不管在政治上野蛮统治、经济的残酷超经济的剥削、社会民族情况等较平坝要为复杂。由于地主阶级这种极端野蛮残酷的剥削统治，农民生活很苦，生产长期地破坏，要求翻身土改急迫，但顾虑很大，其中大部地区未经减退、反霸，有些进行了减退、反霸。基本情况是：敌人未打倒，群众未发动，仍为地主阶级直接间接操纵村政权，更有准备地疯狂破坏，造成农民内部严重混乱。

贰、根据以上情况，二批土改在领导上、做法上、政策上注意的几个问题

根据山区社会情况，民族关系复杂，居住环境分散，主观力量有的是新的成分多，从领导到工作队都没有山区土改的直接经验，除接受平坝土改的一般经验外，还必须重视山区特殊性、复杂性，在领导上坚决贯彻省委彻底清匪反霸、镇压反革命的强烈的政治性，必须强调从政治上彻底打倒封建统治势力，这是山区土改决定性的问题。因此，在领导上要十分重视山区土改的复杂性，在政策上既要坚决，又要慎重严肃，在政治上要大胆放手，深入艰苦。为此还必须：

1. 二批土改无论哪种地区都没有完成政治任务，地主阶级直接间接地掌握村政权，所以就必须坚持放手地发动群众，认真进行"补课"。除明确镇反是土改的政治内容、在土改的每个阶段坚持贯彻深入镇反外，同时还必须明确准备阶段完成的政治任务，关键在于反恶霸、镇压反革命，从政治上打倒地主阶级当权派，这是山区土改决定性的问题。无例外地坚持先轰开后深入的方针，只有反霸、镇压反革命，经过联村斗争、控诉、公审，宣布土改，抓一批、杀一批，打开局面，造成群众革命的浩大声势（在面上轰、点上轰，每个村更得轰遍），把群众都动员到土改运动中来，从而经扎根串连创造了条件，进一步的串连，扩大串连，从思想上发动群众，发扬过去串连中以苦引苦、以心连心的做法，在运动中扩大积极层，组织贫雇农队伍，树立贫雇农领导骨干，进一步地组织斗争，扩大队伍。坚持边串连边斗争、边组织的做法，反对各种形式主义的做法（过去、现在），提高农民的阶级觉悟，分清阶级界限和政策界限，去解决农民各种思想顾虑，把斗争锋芒引向地主阶级。在发动群众的基础上，建立农民的各种组织，有区别地整顿不纯的组织，以减

少阻力。

轰起来，要保持这个声势，就要使干部保持头脑清醒，要不断地发扬干部依靠群众、联系群众、艰苦深入踏实的工作作风，只有深入踏实地工作，才能使运动正常发展。要接受过去土改中的教训：“镇反”打开局面，或光串连不镇反的和平倾向，结果走了弯路。因此，补课必须认真做好，不能马虎。

2. 在政策问题上县委要严格控制，可捕可不捕的坚决不捕、可杀可不杀的坚决不杀外，还要注意到在各族农民杂居的地区，各族农民还没有觉悟到反本族恶霸、匪首，或者还反对时，坚决不反、不捕、不杀，而要有意识地在反大民族恶霸、当权派、匪首中提高其阶级觉悟，分清阶级界限，打消民族情绪，在各族农民团结的前提下来进行反霸、反当权派和清匪。还要控制恶霸，一般村不能超过总户数的91%，特殊的不超过92%至93%。要严格划清恶霸和狗腿的界限、民匪界限，主次要分开。发动和争取大多数和其家属，孤立恶霸、匪首，以减少阻力，达到更顺利地打倒敌人，发动群众，因此就必须大力宣传首恶必办、胁从不问、立功者奖的政策，斗争中坚持要说理说法，反对吊打、肉刑，并尊重各族的风俗习惯。要达到民族团结，打倒各族的共同敌人，必须在各族农民中扎根子、串连，培养各族干部和骨干，这是在民族复杂地区土改的重要问题。

3. 我们应该树立完成山区土改的信心，只要我们依靠群众，和群众在一起，以无限的热情帮助，他们是会起来自己解放自己的。一切的行动由群众起来大胆无拘无束地来办理自己的翻身大事，参加这个运动，反对任何的强迫命令，在山区更应运用农代会的形式，推动运动。

4. 从农民当前利益出发，这批土改，又正逢上秋收，必须照顾农民。特别是贫雇农，目前生产困难和生活困难，这是我们发动群众的着眼点，干部必须随时注意解决，否则脱离群众。

5. 在现有的工作队情况下，要把山区土改做好，关键在于领导，必须加强山区土改工作队的质量，每个乡选派一二个思想作风正派，政策、阶级观点较明确的骨干到山区进行土改。除县委分工到各区一般指导外，特别重视山区的各村具体领导，具体帮助分析情况，根据各村不同情况研究具体贯彻省委的政策和做法，同时要不断地派巡视组到各村检查，发现问题，总结经验。教育工作队指导各村工作的同时，领导上要重视地主阶级造成农民内部的混乱，根据各村的不同情况，本着“刀锋对敌”的原则，发动群众展开对地主阶级的斗争，在此基础上达到农民团结，提高觉悟，不断消除顾虑，一致对外。

丽江县六区缓冲区土改报告

1953年12月

1960年7月20日抄

丽江县六区缓冲区土改报告

丽江县六区缓冲区土改报告中的几个片段转给你们，其中民族问题、策略思想问题、划阶级划错地主问题各地皆有，望各地在土改后期分配建政当中依此检查为要。

中共丽江地委

1955年12月8日

1.我们回来后，以片为单位召开了民族代表会。我们这片由22日到24日，开了3天。代表105个，共13个民族（过去我们只晓得9族，可见我们工作之不深入及对民族问题之不够重视），其中纳西族28个、汉族22个、西番9个、藏族4个、路鲁族6个、软垮族9个、傈僳族13个、民家族1个、惹西族4个、班西族3个、苗族4个、回族2个、仲家族1个。开始代表们不愿将彼此间的问题掀出来，有的顾虑追到自己的头上——有代表就是过去简直带头动武的，有的顾虑："现在还来提不团结的事情"……经过动员、启发，解除了顾虑，以族分组摆，这一下可说不完啦！历史上的、现在的，简直没有哪个民族不存在与别族的隔阂，有的是血仇，结恨几代。如西番族与纳西族：中罗一个小村的14户西番与格子村纳西，西番说我们先来，山是我们的；纳西说我们先来，山是我们的，为争执山林草场，在械斗中打死了两个西番农民，现在残废的还有一个纳西族农民。一个西番族农民，打官司三十几年，两个村的农民都打穷了。又如纳西族与汉族，汉族是砍柴要上火烟粮，放羊要上草场费，放水每块地出2斤，死人要上新坟粮，做客是纳西族先吃饭……民族间的口骂更是说不完。小民族的仇恨真是十冬腊月喝凉水，一点一滴记在心。开始是不敢说，后是激愤地掀，如班西与苗，竟至将苗族水源断绝的地步。怨气出完后，即追根找原因：是谁造下的？为什么造下的？就没有哪件事不是地主恶霸直接间接地在里面搞，像西番族与纳西族，就是地主徐那么埃与和德父子，在两族的冲突中，就是他们鼓动、组织的，结果是都肥了他们。代表们觉悟到不论山归谁家，农民也沾不上利。拉本纳西族与汉族冲突后打官司，双方包告——地主到了丽江，住到一处，吃在一堆。农民不愿出来打架的每户罚

4000元……这样的例子各族各村都有，觉悟提高后即联村联族，面对面地解决。代表们都反映：“今天才晓得地主恶霸给我们亲兄弟见不得面，地主恶霸就是怕我们亲兄弟团结。我们亲兄弟打起来，给地主恶霸添了油、加了膘，愈想愈恨愈伤心，早些有毛主席就好了。”吃团结酒时，族与族、村与村互贺团结，有因两族冲突不说话的“好朋友”也言好了，很感动人。

最后我们交代了民族政策、区域自治——民族民主建政，情绪很高，反映说要不好好团结、消灭了地主阶级，毛主席给我们的这个宝座——各族联合专政也掌不了。

这次会议对我们教育不小，以前是原则上晓得“民族问题的本质是阶级矛盾，但由于长期的历史关系又成为一个群众性的民族情绪”，现在才开始由具体中认识到。同时，也才算具体严重地认识到在土改中不以民族问题为中心，真叫作不得了。同志们都感到像这样的会以后要多开，可联村联族开。

当然，这还只是开始，要将这次会议所获得解决的问题贯彻到群众中去，就不是一件易事。

2.在定阶级中，有看政治表现的，如果为人作恶，哪儿有劳动就算“附带”，从事别的煮酒做生意，田地不多也是划地主（山区做生意带些高利贷性质，且赚成大）。在农民思想上凡做生意就是“剥削”，如罗美140多户的一个村，要划地主19家；和句麦村，具体地一户一户研究，一个小自然村提出两家，结果有1户不是地主，就在劳动与附带劳动上出问题。我们提出要严肃具体地一户一户研究。

3.政策、策略思想在我们仍是很大的一个问题，26日与大东片研究，他们那里自杀了14个地主；东安片罗美跑了1个地主、1个地主女婿；东安跑了4个地主；培丹死了1个地主。培良点一般同志通过实际工作，对于政策的力量较有些认识，如在划阶级前，农民王尚仙的父亲做过保董，被和如春（专以迷信为业的）吓着：“你爹是保董，吃过人，现在划中农，以后划地主。”他顾虑大极了，遇着工作队，都害怕地躲开。一天隔条沟遇着工作队，解不开，发抖地要求：“我一样没做过，连白沙都不到过……”后经王尚文等农民去发动，主要是交代了政策（镇反政策），顾虑解除后，积极地出来干，斗争了地主和廷柱家。

富农和明亮女人，过去打过农民利清源，划阶级前害怕，拿了半件布来请利清源不要诉她，农民知道后，说她搞破坏，要斗争。一般富农都普遍顾虑，在斗争会上又大张旗鼓地交代了镇反、对富农政策，过去做过些坏事的富农都是竖起耳朵听，在斗争中跟着喊口号、帮腔，十分卖力。对一个搞破坏活动的旧职员（财科员，解放后跟着地主搞），向群众低头认错，农民说“宽大你以后要规规矩矩”，群众感到自己的力量劲头大。争取分化了李绅安的一个狗腿（保长），结果他斗出李许多反动行为。

在政策之略下，削弱了敌人、壮大了自己的事实教育了自己。

维西县一、二、三区缓冲土改调查报告

1960年8月1日整理

维西县一、二、三区缓冲土改调查报告

黑暗的时代，痛苦的生活

维西一、二、三区是围绕维西县城中心地带的山区，是民族杂居区，在这里居住着纳西、汉、傈僳、藏、回、怒、腊马、独龙等12种民族，共7235户35262人。其中傈僳最多，占总人口的53.7%，其次是汉、纳西，最少的是腊马、独龙，只有2户共7人。

这里原是领主经济，但自改土归流后，随着社会经济的发展，阶级分化更加激烈。一些有钱的领主势力不断扩大，把一些小领主并吞，加上邻近地主经济的影响，大领主便仗着权势大肆兼并土地，使得土地愈来愈集中，出现了地主富农，解放前地主经济已代替了领主经济。如当时二区全区共有耕地27483亩（田4034.8亩、地23438.2亩），但占总户口9.82%的139户地富就占有15187亩（田1561亩、地13626亩），占了总耕地面积的55.2%。又如戛而塘上我区3个村，地、富、喇嘛寺共占了总耕地面积的59.6%，其中兰金、寿国两个喇嘛寺76户藏族就有土地1231.5亩，占总耕地面积的4.4%，而占总户口91.8%的广大农民只占总耕地面积的40.33%。这些仅是一般的现象，有的地方更为突出，如皆菊、新尔两个乡，占总户口8.6%的地富就占总耕地面积70%以上，每人平均29亩，而占总户口91.4%的农民只占总耕地面积的30%，每人平均1.4亩。地主抢走了农民的土地，反过来把土地租给农民，用地租对农民进行残酷的剥削。租佃有定租、活租两种形式，但以活租对分为普遍。地租剥削一般占农民收入的30%—60%。农民除了受这样沉重的租佃剥削外，地主还用杂派、雇佣等手段对农民进行超经济的剥削。有的地主雇长工达15人之多，剥削量达长工所创造劳动价值的80%以上。长工终日为地主卖命，得到的代价只是点残汤剩饭、旧衣烂衫。高利贷剥削更是厉害，利息高达100%—300%，农民披星戴月辛苦劳动的果实，就这样绝大部分被地主夺走了。据一、二、三区的统计，仅1949年一年被剥削的粮食就达21万斗、牛220条、羊子1672只、猪1272口、香油130碗、银子280多两、明柴1330背、木板9997块、田219亩、地360多亩。沉重的租子、高额的利息、繁多的杂派，使得农民陷于披麻布、树叶挡露遮羞、吃树皮、草根充饥的悲惨境地。仅记忆这一年被寒冷、饥饿夺走了生命的就有159人。

与地主经济相适应，在政治上国民党乡镇、保甲制度与当地封建势力勾结在一起，形成了国民党、地主、官僚三位一体的统治机构，对农民进行残酷的欺压。据不完全统计，解放前就有45户农民被政治压力搞得家破人亡。解放前各族劳动人民就在这样的人间地狱中挣扎着，满腹的苦楚无处倾吐，只得独自叹息呻吟："农民身上两大挑，地租重利（比）身高，压得喘不过气、直不起腰。""浪荫江的水有尽头，劳动人民的苦哪时才得休？"时时刻刻盼望有朝一日能逃出这人间地狱。

黎明冲破黑暗，共产党带来光明

1949年，维西一、二、三区和其他地区一样得到了解放，劳动人民从此结束了饥寒交迫的和毫无政治权利的生活，做了国家的主人，个个心花怒放、斗志昂扬，在党的领导下建设着自己的家园。

解放后，党为了巩固人民政权、安定社会秩序，为土改铺平道路，及时地领导各族人民开展了一系列的民主运动和恢复发展生产的工作。

1950年，召开了县的各族各界人民代表会议，发动群众开展征粮、剿匪等工作。由于各族人民的配合，解放军用很短的时间迅速完成了肃清蒋贼残匪的任务。征粮中贯彻了党的"合理负担"政策，所以取得了很大成绩，从而支援了解放军进军西藏和国家经济建设。当地的人民不仅在粮食上大力支援了进藏部队，而且还派出千余民工修筑维丽公路，派出500多匹骡马组成运输队，还有10余组民工运输组帮助解决运输困难。各族人民不顾山高路远，跋山涉水、日夜奔波，为西藏的和平解放贡献了力量。随着各项运动的开展，群众进一步发动起来了，与党的关系也更密切了，为各项民主运动的开展扫清了障碍。在这基础上，党进一步领导各族人民组织农训班，召开区乡农民代表会，成立农民协会筹备会，各项工作都坚决贯彻了党的"依靠贫雇农，团结中农，中立富农，有步骤有区别地消灭地主阶级"的阶级路线，初步形成了农民阶级队伍，同时又用扎根串连的方式进一步发动群众。经这一系列深刻细致的工作后，群众已基本被发动，开展减租退押已有条件，于是1951—1952年，先后在一、二、三区进行减租退押、清匪反霸运动。

在清匪反霸、减租退押运动的同时，党又领导各族人民开展了恢复发展生产的工作，建立了民族贸易机构，供应人民生活生产资料，发放救济粮、山区改造费及大量铁制农具，帮助各族人民发展生产。仅1952年一年就发放救济款34000多元，由内地调入粮食500多万斤，加上部队和政府、企业单位的基建增加了各族农民的副业收入15万元，基本解决了贫雇农的困难。另外，兴修水利与自然灾害展开斗争，提高耕作技术，从而使得生产有了发展。如二区的比菊、啊喃多、新尔3个乡，1952年粮食产量就由1950年的896180斤提高到1330323斤，增加了48%。

1950年底，中央访问团带着毛主席对边疆各族人民的关怀来到这边远的山区——维西。这里的人民怀着激动的心情、含着感动的热泪迎接自己的亲人。同时，这里也常派代表到昆明、北京等各大城市参加节日的观礼或参观。经过这些活动，使各族人民由于反动统治者的挑拨而造成的民族纠纷、隔阂逐步解决，各族人民进一步团结在党的周围，共同建设着自己的家乡。经过参观访问，各族人民看到了祖国的伟大可爱，加强了爱国主义的思想情感，所以当1950年美帝无耻地发动侵朝战争时，这里的各族人民和全国各地一样，燃起了愤怒的火焰，都纷纷投入“抗美援朝、保家卫国”运动。各族人民用亲身的事例控诉美帝与蒋匪的滔天罪恶，加深了仇美、蔑美思想。为了打击侵略者，都积极自觉捐献飞机、大炮，踊跃争取参军。在生产上掀起了轰轰烈烈的爱国增产运动，有力地打击了敌人。

正当美帝国主义发动侵朝战争时，隐藏的特务、反革命、不法地主错认为是良机已到，因此猖狂起来，到处挑拨民族关系，散布变天思想，并用“三青团”等反动组织进行反革命活动，放毒纵火，破坏生产，扰乱社会秩序，梦想变天。他们这些反革命勾当，引起各族人民的深切痛恨，纷纷要求政府镇压反革命。当中央《镇压反革命条例》公布以后，就先后在这里展开了镇反运动。运动中强调充分发动群众，照顾民族特点，坚决贯彻中央的指示，镇压与宽大相结合，该关的就关，该杀的就杀。这样不但镇压了反革命活动，提高了群众思想觉悟，安定了社会秩序，而且也博得社会广泛同情，减少了对邻近藏族地区的波动。

经过以上一系列运动，各族人民思想觉悟大大提高，为土改打下了基础。同时在各项运动中涌现出了100多个积极分子，党为了进一步培养他们，把他们送到丽江五区参加土改，在实际的教育培养锻炼下，他们各方面都得到提高，为土改准备了得力的民族干部。

铁树开了花，土地还老家

解放后一系列的工作，为土改做好了各方面的准备。1953年，在当地人民的迫切要求下，党领导维西一、二、三区的各族人民掀起了轰轰烈烈的土改运动。

抽调了一些机关干部和培养起来的那100多个民族干部，组成土改工作队，认真学习党的土改政策，在本地区如何具体贯彻。根据地区情况：地主经济虽占主导，但还保存领主经济的残余，又是山区民族杂居的地方，由于长期受帝国主义、国民党反动派大汉族主义及本民族统治者统治、压迫的结果，社会情况较复杂，封建势力雄厚，历史上造成的民族隔阂还未彻底消除，活佛、土司、地主又多为少数民族，加上周围与直过区贡山县和暂未改革的本县四、五区、彝藏族聚居区接壤，土改的每一措施对内外关系都将发生很大的影响。根据这些具体情况和特点，为了更有利于生产，有利于民族团结及对邻近区的良好影响，因此执行了党的“边远民族杂居区缓冲区土改”的方针，用较为温和的政策，只没收地主阶级的土地、耕畜、农具及多余的房屋、粮食，不追收底财、浮财；地主兼工商业者，只割掉封建尾巴，保护工商业；对富农及小土地经营者，不征收出租的土地；对寺庙土地，只进行适当调查，不改变所有权，仍由农民交租，若因收不到租暂时有困难者，由政府代交租，使能维持正常生活。

斗争方式，对地主强调摆事实、说理说法斗争，对土司不做面对面斗争，只是背靠背地诉苦。改革中不以历史罪恶来判罪，只根据现行活动依法惩办。改革中同样是贯彻党在农村的阶级路线，同时也照顾民族地区特点，一切具体问题的处理，都强调了从民族团结出发达到民族团结的原则。

改革分为两批，首批在接近内地改革区22583人的一、二区进行。1953年1月开始，4月结束，共经3个月。取得成绩、经验后，同年8月至9月共用46天的时间完成了与直过区、暂未改革区相接12780人的三区的改革。

改革的一切具体问题研究好，工作队就分别下乡。当工作队下到村里后，农村立刻沸腾起来，贫雇农欢欣鼓舞，都说：“这场大喜事算盼来啦！”纷纷砍柴、修路、准备开会，向工作队问长问短。工作队也积极展开串连，发动群众，宣传党的缓改政策。开始时，一些贫雇农对缓改政策想不通，他们说“这里与丽江一样，为什么要用两种政策？”“底财、浮财都是农民的血汗，为啥不搞？”“地主阶级是吃人的魔王，应该活剐，为什么要宽大？”等等，表现了他们强烈的阶级仇恨。部分中农则犹豫、观望、随大流，少数的则顾虑重重，怕分他的土地、牲畜。一些地主则怕杀头。根据这些情况，分别召开了大小会议，反复深入地交代政策，宣传改革的必要性、正义性，从而澄清混乱局面，基本统一了农民思想。在这基础上，工作队进一步深入群众，与农民同吃、同住、同劳动，广泛访贫问苦，坚决贯彻党的“分头扎根、互相串连、大家诉苦、共同提高”的方针。边发动群众边进行斗争，通过斗争进一步发动群众。发动面达到成年农民50%以上的就召开贫雇农代表会，组织贫雇农主席团，总结串连经验，进一步进行串连，从而树立了贫雇农优势，然后召开各民族农民代表会，选举农协会主席、委员，建立领导机构，组成了以贫雇农主席团为核心的农民协会，成立妇女会，更加壮大了农民阶级队伍。诉苦教育中，提出“诉尽苦水、挖尽穷根”“有冤申冤、有仇报仇”的口号，用了大会、小会、个别等方式进行诉苦，使各族农民吐尽苦水，挖尽穷根。诉苦中各族农民互相得到启发，共同受到了教育，阶级觉悟进一步提高。如二区工农乡诉苦会上，受尽折磨的傈僳族老大妈——冯田尖的母亲，牵着离散多年刚团聚的儿子，诉说了她苦难的过去，揭露了地主阶级的残暴凶恶。她说：“解放前3年的时候，因欠了点地租，地主就把我的丈夫拉去当长工，使他过着牛马不如的生活，活活把他折磨虐待死了。我悲伤的眼泪还未干，不幸的遭遇又降临，7岁的孩子又被另一个地主抢去卖到了德钦。正在我悲痛若死之时，狼心狗肺的地主却因我无力耕地硬把我撵走。在地主的威逼下，我只得带着仅有的一个两岁的孩子痛苦地离开家乡，到处漂泊乞讨为生。”她的声音打动了无数农民的心，引起了大家的共鸣，许多人流下了悲伤的眼泪。接着她用激动的心情继续说：“今天得到了解放，共产党、毛主席把我从死亡中救出来，我又回到了家乡，被卖到德钦的儿子也脱出了虎口，回到了我身边……”另一个汉族农民而戛乡妇女，在会上也讲了解放前她家不幸的遭遇：解放前借了地主的10元半开，利上滚利，结果一家6人终年劳苦所得都用了还债、交租还不能抵偿。两个姐姐被拉去当长工已是10多年了，还未把账还清。在地主的威逼下，只得卖去赖以为生的3架地来还债，可是万恶的地主又偷偷地改了账册，使得3架地的卖款还不够赔利息。“正在着气愤焦虑的时刻，杀人不眨眼的地主又把家中仅有的一条牛拉走，还把我哥哥也抢去当了长工。过年时家中无粮，借了地主的稻谷1斗，地主翻黑账，又将仅有的3架地抢去做抵偿，弄得我家贫如水洗，一家人不得不东逃西散。还记得我14岁的那年，过年‘有钱人家缝新衣’，我们‘穷人家则缝脚后跟’（用针缝脚上冻开的裂口）。三十晚上还没年饭，无可奈何只得把仅有的一点苞谷种用来做年饭，结果碰上地主来逼租，一脚就把饭踢倒，还骂道：‘看你们吃苞谷饭，为什么不交租？’走时还把唯一的一口铁锅也抬走了。我们全家饿着肚子，打了几双草鞋，到80里路外，换了点粮食，但还没进家就被地主抢走了，逼得我们穷人‘上天无路、入地无门’。”解放前农民苦难的血泪史，真是一言难尽、寸笔难书，正如农民所说：“金沙江水流不尽，千年苦水吐不完。”通过诉苦、追根，农民找到了共同的敌人，认识了过去民族不团结是地主统治者造成的，从而结成了强大的阶级队伍，壮大了反封建斗争力量。

经过上段工作，自己的队伍得到壮大提高，在这基础上，运动转入第二段——划分阶级。根据剥削、劳动、土地占有3把尺子，区分劳动与剥削的界限，用团结划内部，斗争划敌人，即农民内部是自报公议，剥削阶级则是说理斗争。坚持讲事实、摆道理、以理服人的方式，贯彻了“打击少数、争取团结绝大多数”的方针，可划可不划的就坚决不划，以缩小打击面。划汉族、纳西族地主时，各族农民参加；划其他少数民族地主时，则是本民族农民中划分和斗争。由于采取了这样较温和的斗争方式，多数地富也深深感到了党和人民对他们的宽大，表示愿向人民低头改过，重新做人，达到了争取多数、孤立顽固的目的。对部分狡猾抵赖的地主，则展开了坚决的斗争，通过算剥削账，揭露他们丑恶的发家史。如二区汉族地主李德英，来攀天阁时只有1个土罐罐，农民可怜他，给他土地，又给他粮食煮酒，他却用卖酒的钱放高利贷、兼并农民土地成了大地主。抢走农民的土地2400多亩，经常雇工15个以上，每年还雇短工9000多个；一年收租1000多石，收债利500多斗，还杀害过农民6人。全家12人住在高楼大厦中，过着荒淫无耻的寄生生活。但在划阶级时，他垂死挣扎，不但不承认是地主，还积极拉拢与他有密切关系的暂未改革区的藏族头人，企图造成混乱；又用小恩小惠、金钱、美人收买农民。他这些丑恶的形态，更激起了农民无比的愤恨，一致要求开斗争会。党根据情况，领导全区8000人开了公开斗争大会，各族农民用铁的事实揭露他的阴谋诡计，使得这顽固的大地主也不得不低头认罪。算剥削账时，除一家一户算外，有的地方还把地主剥削农民的账集中起来，启发教育农民。如三区七尔村，地富8户，剥削165户农民粮食108800石、马47匹、牛130条、猪437口、鸡470只、香油7270碗、核桃树1240棵、长工23人。

农民内部划阶级，是先通过教育，开好家庭会议，然后自报公议，评定贫、雇、中农，个别有轻微剥削的富裕中农，在不影响团结的情况下，启发他们自动做检讨。

通过划分阶级，农民认识了地主是靠农民养活、而农民是被地主剥削穷的道理，打倒了地主的威风，使地主威信扫地。划分结果，3个区划出地主335户、富农295户，农民高兴地说："现在躲在羊群里的狼被抓出来了。"过去地主自认为"天生成龟、享受是靠福气"的花招被揭开了，"劳动光荣、剥削可耻"已成了社会的舆论。

阶级划定后，接着开展了没收地主的土地、耕畜、农具、多余房屋、粮食，从经济上打垮地主阶级。这是紧接着划分阶级而来的又一场尖锐斗争，是土改运动的最高潮。在各地区召开征收大会，叫地主交出土地契约、账本这些沾满农民血汗的地主对农民进行封建剥削的把柄付之一炬。各族农民兴高采烈欢庆这伟大的胜利，欢呼跳跃，"封建土地罪恶根，千百年来苦透农民从今天把它连根挖，拔了穷根找富根"。有的村组织了实物展览，搞了"天堂与地狱""地主与农民"的对比，从而进一步激发了农民对地主的仇恨。没收结果，一、二两区共没收土地23226亩（田5410.95亩、地17814亩）。其他胜利果实，据二区全区的统计，共收大小牲畜2351头（耕牛266头、马66匹、骡43匹、羊1596只、猪380口）、房屋234间、农具400多件、粮食2万多斤。

征收、没收后，转入分配土地、耕畜等胜利果实。根据"基本满足贫雇农的利益，适当照顾中农利益"和"有利团结、有利生产发展"等基本原则进行分配。分配中各族农民充分发挥了团结友爱精神，坝区农民把胜利果实支援山区，并动员山区傈僳族、西番族农民下坝分田、分房屋。从高山区到半山区、半山区到河谷平坝区，村村寨寨敲锣打鼓，欢庆土地回老家，欢庆农民大翻身。做了3代长工的傈僳族老农民杨茂廷，分到了土地38亩、骡1匹，他感动得热泪直流，买来了毛主席像挂在屋中，朝夕祷告。

通过土改，改变了过去不合理的土地所有制。据二区的统计，改革后地富占有的土地已由改革前的55.29%降为9.89%，农民则由改革前的40.49%提高为90.29%。全区有647户农民分得土地，占农民总户数的51.9%；共3237人，占总人口的50.6%，还有许多农民分到了耕牛、房屋、农具。

随着土改运动的开展，历史上遗留下来的民族隔阂、纠纷随之得到解决，从而巩固加强了民族团结。改革中，先后开了民族团结会，解决民族团结问题，仅二区不完全统计，就解决了100多件纠纷。更主要的是在改革过程中，各族人民找到了共同的敌人和民族不团结的根根，因而出现了各族人民大团结的新型民族关系，团结友爱、互相帮助已成了各族人民间新的风尚。如一区折那乡白帕村（纳西族聚居）与虽背谷村（傈僳族聚居），土改前由于傈僳族种的地多半是向纳西族租的，纳西族的地主经常迫使纳西族农民替他们向傈僳族催租、收利、勒索、抢牲畜、派兵、派款，所以傈僳族农民深恨他们，造成两族不团结。改革初，傈僳族还没找到根，诉苦时都说受白帕村纳西族的压迫剥削，但斗争大地主钱宗时，纳西族农民邀约了傈僳族参加，斗争会上纳西族农民诉了自己的苦，从此傈僳族农民明白了："压迫剥削傈僳族农民的是地主，而不是纳西族农民，农民和我们一样是受苦受难的。"从此两族农民亲如兄弟，分配时纳西族农民拿出大部分果实分给傈僳族，并迎接傈僳族农民下坝分田分房屋；傈僳族农民看到纳西族农民缺耕牛，主动抽出耕牛送给纳西族农民。又如二区迪姑乡的诺谷洛村（纳西族聚居）与迪姑村（西番族聚居），由于地主的挑拨利用，曾为争夺坟地多次打官司，结成了冤家对头。土改中共同诉苦、挖根，大家明白了打官司是地主、统治者制造的结果，打官司的钱大部分落到了地主手里。经过这样，两族人民和好了，在过去械斗的迪姑山上召开了团结会，喝了团结酒，把这山命名为"团结山"。二区托洛村傈僳族原没水田，也没有种过稻，改革分配中，皆菊乡的纳西族主动划给他们水田，分给他们耕畜，还派了栽插能手帮他们种稻谷，把经验和先进生产技术传授给他们，所以傈僳族农民感动地说："过去我们受人欺，连坝子都不敢下，今天我们得到了平等，有了土地、房子，还有纳西族的帮助，这些都是毛主席、共产党带来的……"70多岁的傈僳族老人感叹地说："我活了这么大年纪，民族间这样的团结还没见过，只有共产党领导才能做得到。"

土改运动进一步培养、锻炼了民族干部、积极分子和发动了群众，使农村骨干、积极分子由改革初占成年农民的5%—10%增加到15%—20%，参加各个岗位工作的民族干部仅一、二两个区就达136人，并有100多个优秀青年加入了共青团。群众发动面由改革初的50%增到了80%以上。并且分配后接着进行了社会主义思想教育，把有一定阶级觉悟、能代表人民利益的优秀分子提拔为领导干部。进行民主建政，扩大、整顿民兵组织，使3个区民兵增到了1400多人。在3个区中共建了32个乡，各族农民掌握了枪杆子、印把子，巩固了人民民主专政的基层政权。

土改种下了幸福根，解放了生产力，使农民获得土地、牲畜、农具，所以农民歌唱"共产党领导，铁树开了花，土地还了家"，农民千年万代第一次愉快地劳动在自己的土地上。为了报答党的恩情，各族人民更积极忘我地劳动，在党的"组织起来、爱国增产"的号召下，纷纷投入了防洪抗旱、除虫保苗、兴修水利等运动，保证了生产的丰收。1953年，3个区就出动25000多个工新建扩建大小水利工程40多件，出动了80%以上的劳动力大搞除虫保苗，从而战胜了历年来从未有过的旱虫灾。

这里土改时，还吸收了暂未改革区——本县四、五区的民族头人参加，使他们在改革中受到教育，思想顾虑得到些解除，在实际的面前不得不承认党的政策正确，能根据具体地区采取不同方式，从而对暂未改革区起到了好的影响。

总之，维西一、二、三区的土改，由于坚决贯彻了党的缓改政策和阶级路线、群众路线，所以取得了巨大的成绩，使这地区的面貌得到改变，出现了一片欣欣向荣的景象，各族人民都紧紧地团结在党的周围，用勤劳的双手共同建设着社会主义的大家庭。

（注：此调查报告是在1960年2月5日所写的《维西县一、二、三区缓冲地区改革调查报告》的基础上加以条理。）

维西县一、二、三区缓冲改革材料补充

1960年2月

维西县一、二、三区缓冲改革材料补充

一、维西县缓改第二区土地占有及没收分配等有关数字

1. 全区共1395户7322人（地主70户485人、富农69户433人、中农404户2418人、雇农186户660人、小土地出租3户24人）。

2. 占有：全区当时有耕地面积27483亩（田4034亩，地23439亩），地主、富农占总户数9.82%，但占有总耕地面积的55.2%（15187亩），加之在而戛、塘上、峨石3个小村有兰金和寿国两寺76户喇嘛庄户使用土地1231.5亩，占总耕地面积的4.47%，这样，地、富及喇嘛寺即共占有全区总耕地面积的59.67%，而占总户数91.8%的广大农民共占有40.33%的土地（11064.5亩）。而在农民内部，中农占有7744.8亩（占农民占有数的70%），贫农占有3097.9亩（占农民占有数的28%），在雇农阶级内仅有极少户占有少量土地外，均无土地。

3. 共没收地主土地12498亩（田1261亩，地11233亩），其他耕牛266头、马66匹、骡43匹、羊1596只、猪380头、农具400多件、粮食2万多斤、房屋234间。

4. 全区分到果实户（即分、补到土地户）共647户3237人（其中中农80户459人、贫农398户2059人、雇农169户645人）。全区分、补土地户占总农户的51.9%，占农民人口的50.6%。分配后，地、富占有土地面积2689.84亩，占总耕地面积的9.8%，其他85.72%的土地则为农民所占有，农民平均每人已占有产量，中农522斤、贫农450斤、雇农500斤，从而改变了土地的不合理占有关系。

二、维西县缓改第一区6个乡（新华、新社、胜利、永胜、永兴、保和镇）没收、分配的统计

1. 6个乡共1852户8848人［地主95户506人、富农91户498人、中农483户2685人、贫农784户3726人、雇农222户755人、小土地经营19户93人、其他（小商、小手工者、城市贫民）158户585人］。

2.6个乡共没收土地10446亩（田3224亩，地7222亩），其他耕牛48条、骡马92头、羊275只、房屋612间、粮食4万多斤。

3.分到果实户（即分、补到土地户）822户4267人，其中中农141户750人、贫农510户2810人、雇农171户716人。

三、一、二、三区缓冲土地改革的几点补充

1.第一批一、二两区缓改是1953年2月21号开始，至5月中旬结束，中间历时3个月。

2.土地占有不合理的典型乡例子：

（1）一区11村土改前各阶层占有土地、产量情况：

地主3户20人，土地647亩，产量55945斤，每人平均1998斤；

富农2户16人，土地168.5亩，产量13560斤，每人平均847斤；

中农55户329人，土地4388亩，产量225460斤，每人平均685斤；

贫农163户839人，土地6128亩，产量243839斤，每人平均290斤；

雇农45户154人，土地775亩，产量26170斤，每人平均172斤。

（2）二区10村土改前各阶层土地、产量占有情况：

地主1户7人，土地979亩，产量27242斤，每人平均3892斤；

富农1户6人，土地685亩，产量13341斤，每人平均2223斤；

中农67户339人，土地4391亩，产量223938斤，每人平均689斤；

贫农77户305人，土地2913亩，产量71002斤，每人平均232斤；

雇农11户25人，土地144亩，产量2254斤，每人平均90斤。

3.紧接改革的结束，进行了复查工作，一般是分3个阶段：（1）扫荡敌人，即查阶级、查敌人；（2）处理遗留问题——主要是农民内部问题；（3）查田定产；（4）增进民族团结，调整关系，密切干部与群众的联系。

4.根据政策，少数民族富农出租土地不予征收。经多次座谈，改革中对富农出租土地均未征收。另外，从当时王书记报告记录中谈到没收一、二区土地时，也仅谈到没收了多少土地，未谈及征收。从以上几方面看来，缓改中恐未征收，故所统计材料中尚未作此项统计。

四、维西一、二、三区缓改材料补充（座谈会记录整理）

（一）群众对土改的迫切要求

在1951年、1952年减退、反霸时，各族农民在临近丽江四、五区已开展轰轰烈烈的土地改革影响下，曾纷纷起来请愿申请，要求在维西一、二、三区进行改革，农民说：“我

们这里与丽江一样，农民同样受地主阶级压迫剥削，为什么丽江是实行改革，我们这里还不改革。”当时各区农民曾数次选出代表，向区政府和人民政府请求实行土地改革。1952年底，当抽调在减退时涌现出的100多人农村积极分子前往丽江五区参加土地改革，各族农民欢欣鼓舞，认为这一下一定是可以改革了，因为已派出我们的人去学习土改，学习打垮地主阶级的办法。当这批积极分子在1953年改革前由丽江转回时，农民都说“我们的人回来了，这一下要改革了”，如自己的亲人一样问长问短。丽江土改的胜利消息更加鼓舞了各族农民，对土地改革的要求已是十分强烈。

（二）斗争地主阶级

二区汉族大地主李德英，占有土地约2400亩，经常雇有长工15人以上，每年雇短工9000多个，年收租不下7000多石，一家12口人不劳动，靠剥削过着极其奢侈的生活，并曾杀害农民6人。改革中全区农民曾召开了2000多人的斗争大会，各族农民在大会上用不同的本民族语控诉了李德英的罪恶，边控诉边呼口号：“各族农民团结起来，坚决消灭共同的阶级敌人——地主阶级！”斗争会上，由于农民对地主阶级的深恶痛绝，有些纷纷掀起地上的灰土向地主阶级撒去。地主阶级向农民低头承认罪恶时，由于人多有些看不到地主阶级的丑恶面貌，感到心不甘，然后在台上加上桌子把地主摆得高高的，这样，200多农民都清楚地看到了地主阶级的面貌，更主要的是通过控诉提高了阶级觉悟。如农民在揭发李德英发家史说：“他初到攀天阁只有1个土罐罐、1张烂簸箕，当时农民为了怜悯他，给土地赠粮食，但他反而剥削起农民来。其剥削是最残酷，1杯盐巴或喝1杯茶就要做1个短工，这样靠剥削农民发家。”

（三）二区阿喃多乡改革时串连发动群众情况

首先是找了受苦最深的七八个根子来参加诉苦会，提出“我们要不要翻身，砍掉大树子小树子才能成长，掀掉大石板才能出头”，这样启发了阶级觉悟，认识到起来才能砍掉大树子和掀掉大石板。但在扩大农民队伍时，在根子上又对“人少是不是有力量”做了讨论，认识到要去发动广大群众，因而包干分工串连，以自己的苦引苦。如根子中傈僳族妇女阿咪受苦最深，在解放前她的丈夫托拉被地主诬赖为做贼，活活被地主阶级先用杆棒打个半死不活，又再用枪打死，她一个寡妇拉着4个孩子乞讨度日，受尽了人间的苦难。她以自己的这些苦去串连发展别人，结果阿喃多村16户农民很快被发动起来，纷纷表示不消灭地主阶级决不罢休，汇成了一股坚强的力量，尤其是当她在全村诉苦大会时，她手里牵着被地主阶级杀害的丈夫遗弃下的4个年幼无知的孤儿，义愤填膺控诉了地主阶级的罪恶，坚决表示要为自己的丈夫报仇，要为这4个孩子报仇，要为广大的农民弟兄报仇，不消灭地主阶级决不为人，更加鼓舞了其他农民。当时该村16户农民，白天生产共同在一起，晚上开会老老少少一呼即到，结成了反封建的一条心。该村因受地主阶级压迫剥削，解放前1948年内因无法生活而饿死的就有20多人，这些惨痛事实更加激发了农民的阶级仇恨。经过追根，揭穿了地主的丑恶面貌，过去地主迷惑农民说“土地是‘阿姑马’（菩萨的意思）鞭子一要变成的”，又说什么“地主是钱多人大福气好，农民穷是命里带”。

（四）民族团结事例

阿喃多乡有菖蒲顶、格铺洛（以上两村是傈僳族聚居）、塘上、阿喃多（以上两村是汉族聚居）4个自然村，由于傈僳族土地多为汉族地主出租，但汉族地主经常对傈僳族进行压榨、欺凌，使得傈僳族对汉族十分仇恨，经常械斗。改革中经诉苦挖根，找到民族不团结的根源都是地主造成的，在改革结束时两族农民在一块吃团结饭、喝团结酒，傈僳族农民用本民族最亲切的“双杯达”（即端一碗酒两人同时喝，表示两人一条心）与汉族农民表示了在党的领导下要永远团结，在聚会中汉族农民也一改过去民族隔阂留下的不跳傈僳舞的成见，与傈僳族农民手牵手跳起了傈僳族舞蹈。在舞蹈中曾这样唱道：“不是共产党、毛主席，我们民族怎样在一起？共产党、毛主席撑了我们的腰，牵了我们的手，各族阶级弟兄才得团聚在一起。”“过去阶级弟兄不能相见，是一家人也不得团聚，有了共产党、毛主席，这些已是过去。”男的吹笛弹弦，女的吹着口弦，欢天喜地，真是亲如一家人。七八十岁的老人反映：“几百年的隔阂在共产党领导下消除了，这样好的政策，几个朝代都未见过。”

（五）边疆缓改对暂未改革区的影响

缓改时，由于三区与暂未改革区相连，四区的各族农民（其中以藏族较多）纷纷自动地跑到三区参加，他们说“这是来学习”。由于所见所闻事实对他们的鼓舞，曾不断派出代表向县委要求改革，农民说：“为什么他们在搞改革，我们还在团结。天下乌鸦一般黑，压在我们四区农民头上的土司、地主更是狠心人。”给予了暂未改革区农民极大的鼓舞。

五、关于维西一、三区缓改补充材料

（一）一区三村情况

三村××户××人口，包括××民族；耕地面积××亩，土司占有××亩，达××%；农民××户，占有土地××亩。

一区三村大土司有王生、王伦等，占有土地××亩。

1.剥削形式：地租、白工（每年每户要出工3个至4个）、长工、山租、马粮、逢年过节农民要送礼钱、高利贷等。春耕生产全村农民先种土司土地，种完土司土地节令已过，农民租地种不下去。除经济剥削外，政治压迫更厉害，土司私设法庭、刑具，对农民任意施刑、拷打，派兵、派款，搞武装自卫队。

缓改根据中央政策和省委指示，开始进行扎根串连，发动群众提高觉悟，缓改政策基本和内地同。大土司王生、王伦和德钦、奔子栏土司有密切联系，德钦、奔子栏土司经常到王生、王伦两大土司家探情况。政府对这些土司的斗争较策略一些，注意到对藏区的影响。

2.喇嘛寺院土地：一区喇嘛寺院土地不动，农民租种地由国家负担。喇嘛寺不知道有多少土地，只知道一年收多少租。农民租种较多的土地自己进行内部调查。政府对穷喇嘛给一定补助。喇嘛寺用粮由国家包下。

（二）三区缓改情况

三区接近国外，注意到对外的影响。执行党的政策，发动群众，放手地搞，集中打击当权派。三区的土司、官僚、教派三位一体，对各族人民政治经济压迫剥削残酷，乡保甲制度对农民为所欲为。剥削形式眉目众多，长工、短工、无偿劳役、高利贷等等。大地主有赵玉祖（汉）、李玉章（汉）、木大廖（纳西）、钱文岗（纳西），每人拥有长工5人至10人、短工300人至400人。帝国主义通过天主教、基督教和这些官僚、地主勾结在一起，进行各种压迫和间谍活动。

三区齐罗乡和四区康罗乡隔河相望，三区搞土改，四区各族人民迫切要求土改，互相对唱调子，康罗乡人民要求划归三区，表明四区各族人民迫不及待地要求土改。

改革前三区齐罗乡（傈僳族）生产落后情况：生产力极低下，在28户中没有一把铁制农具，全是木制农具。刀耕火种，撒一葫芦收一瓢，农民没有粮食，多吃山茅野菜、上山打猎、出外卖工度日。加上地主种种盘剥，农民赤贫，生活极苦。

墨江县第一批24个乡土地改革总结

中共墨江县委

原文时间：1952年6月20日

抄录时间：1959年3月1日

墨江县第一批24个乡土地改革总结

墨江县共9个区、83个乡、4条街、140066人，第一批实行土改的联珠、碧溪、涟漪3个区，共24个乡40307人，占全县总人口的28.78%，为民族杂居区。经过清匪反霸，进入1951年的减租退押、镇压反革命运动，严重痛击了地主阶级的反动统治气焰，经济上各种斗争果实折合人民币6.7亿多元，全部分给农民投入生产，初步改善或解决了广大贫雇农生活及生产资料的困难。在减退等一系列的运动中，涌现和培养了一批贫雇农积极分子和群众领袖，依靠贫雇农、团结中农的反封建队伍已形成，为土地改革打下了坚固的基础。今年2月下旬，县委及一部分区工委书记出席地委第五次扩干会回来，于2月27日至3月6日，历时9天，开办土改训练班，抽调区工委书记6人、区工委4人、农民领袖积极分子126人、原农协工作队43人、机关干部24人、原我县参加磨黑团结乡土改工作队队员13人，共216人参加训练，学习土地改革的目的、政策、步骤与方法，为开展全县第一批24个乡的土地改革准备好骨干条件。于3月6日组成24个工作队，分发到24个乡，县委亲自深入掌握桑田、碧连两个重点乡，创造经验指导全面，于3月13日召开群众大会，逮捕漏网恶霸、反革命分子一批，枪毙一批，同时宣布土地改革，村村寨寨张贴布告，运动由此而轰开。

从3月14日起至6月27日止（整训工作队在内），历时105天，24个乡在结合着领导农民搞好春耕生产、抗旱保苗的斗争中，业已胜利地完成了土地改革。在土改之初，通过逮捕镇压漏网恶霸和反革命分子，大张旗鼓地宣传实行土地改革，严重打击了地主阶级的反动气焰，造成了浩大的农民革命声势。在土改每一步骤中，掌握了坚决依靠贫雇、团结中农、中立富农的总路线，紧密结合串连发动贫雇农，培养领袖骨干，树立贫雇农领导优势，发动贫雇农落后层，对地主阶级展开猛烈斗争，做到从政治上彻底打垮地主阶级的残存威风，从经济上彻底消灭了地主阶级，并进一步从政治上、思想上发动了贫雇农。在土改过程中，人民法庭前后巡回10次，共镇压漏网或已扣恶霸和反革命分子××人，判处死刑缓期执行者××人，判处有期徒刑和无期徒刑者××人。经济上搞出地主阶级黄金170745两、半开52008元、银子5417.78两、大头1495元、人民币67647100元、大小枪支28支、子弹2591发、洋烟2124.2两、六〇炮弹12发、毫子2333个、粮食389.72石，共得斗争果实折合人民币4.1653亿元。并没收、征收地主阶级田48844工、地10块、35架牛工，共计产量76163.196石；耕畜691头、农具9651件、房屋2463间、家具80082件，根本地从经济上消灭了地主阶级。24个乡的农民会员从土改前的11022人增至14966人，民兵从2763人增至4591人，并培养了一批贫雇农积极分子和群众领袖。20946人无地少地的贫雇农适当满足了迫切的土地要求，并逐步解决了生活与生产资料的困难，农民的阶级觉悟与政治觉悟大为提高，生产情绪高涨，农村面貌焕然一新。

在这24个乡中，约可分为3种类型：

一、地主阶级在政治上、经济上根本打垮，群众发动充分，骨干已形成且较坚强，土改后贫雇农领袖、骨干中部分虽有松气换班思想，经教育后业已纠正。整个土改过程中在政策执行上偏差不大，虽在划分阶级、没收征收斗争中发生了个别错划阶级或斗争中的一些小偏差，但已得到及时纠正，运动保持发展正常。今后只要能继续严密管制地主，迫使其劳动改造，并从组织上、思想上进一步巩固农民队伍，胜利即可巩固。属此类性质者共有8个乡。

二、地主阶级在经济上受到了沉重打击，但思想上不低头，不怕农民，企图报复，但群众发动较充分，骨干已树立，贫雇农松气换班思想经教育已开始有了好转，但群众的满足止步思想则仍然存在。政策执行上有些小偏差。今后必须在复查阶段中进一步打击地主阶级，认真从组织上、思想上提高农民队伍的质量，土改胜利成果即可巩固。属此类性质者共有11个乡。

三、地主阶级在政治上、经济上未打垮，群众发动差，骨干不坚强，有些夹生现象。在土改中执行政策偏差较大，土改后群众队伍有些涣散，落后层尚未消灭，地主还在暗地造谣破坏，群众满足止步思想较为严重。今后在不妨碍生产的原则下尚需进行补课——主要补彻底打垮地主阶级、充分发动群众的课，否则胜利即难以巩固。属此类性质者共有5个乡。

在整个土改过程中，由于干部工作队未搞过土改的生手或新招收参加、根本未做过工作的知识分子与农民积极分子，总的说政策观念是不强的，所以，在执行政策上出现了：

一、打击面与区别对待地、有策略地消灭地主阶级的问题，总的说是太宽了。24个乡地主472户，不分大、中、小的一齐斗争，一样没收，小孩衣服、破瓶烂罐也没收了；进行没收征收，非刑吊打普遍出现，被打成残废人，甚至工作队长周达泉、饶云庆亲自下手打人。

二、民族问题重视不够，工作形式对杂居地区太一般化，有些特殊问题未通过民族形式解决（我们在当时觉得成立了各民族的联合政府，故对省委“对民族杂居区实行土改的规定”执行上有偏差），在斗争中也未很好区别对待，在没收中把四家兄弟民族地主的浮财也没收了，以致有的兄弟民族地主害怕而自杀了。

三、划分阶级主要是中立与打击界限之间，把中立对象划成为打击对象，涟漪区平均每乡把小土地出租者划为地主的均有1户，碧溪区错划为地主11户，其中9户都是小土地出租者。由于划错了阶级，所以在没收征收中执行政策有偏差（经检查后已退回），使我们体会与取得了下列主要经验与教训：

（一）坚决镇压漏网恶霸与反革命分子，彻底打垮地主阶级当权派，有领导、有计划、有区别地对待地主阶级。在民族杂居区特别注意掌握民族问题，通过民族形式展开猛烈的斗争，并贯穿在整个土改过程中，才可以使农民在政治上翻透身，避免防止和平土改，从政治上、经济上彻底打倒地主阶级。

1.通过检举、控诉、公审、处决罪大恶极、血债累累的漏网或已扣恶霸和反革命分子，大张旗鼓地宣布进行土改，是更高地激发农民阶级仇恨与斗志、向地主阶级展开猛烈斗争的有效办法。

24个乡宣布全面进入土地改革时，首先结合贯彻镇反，在复查、减退、镇反摸底的基础上召开了1万余人的群众大会，经群众检举、控诉、揭发了：①以李子民为首组织的“反共委员会”，逮捕分队长以上党羽××名；②“复兴党”，逮捕了主要负责人××名；③以联珠区茶园乡张德林及涟漪区双龙乡张发清为首组织暴动的富中农首要分子，逮捕了××名。并同时公审处决了恶霸6名后，群众高呼“农民翻身万岁！”“毛主席万岁！”斗争劲头十足，大大地激发了阶级觉悟与斗志，严重痛击了地主阶级和反革命分子的疯狂破坏，造成了浩大的群众革命声势。

2.各乡深入反封建斗争，结合查违法、查发家史、总结血债以至没收征收，先政治后经济，群众斗争结合运用人民法庭，全面暴露敌人，向地主阶级全面展开进攻，从政治上、经济上彻底打倒地主阶级。

经公审大会轰开局面后，各土改乡即以反违法为中心内容，全面开展向地主阶级的猛烈进攻，放手让群众起来，向地主阶级开火，检举地主不法行为，狠狠打击地主阶级。在划分阶级阶段中结合诉苦、算剥削、查地主阶级的发家史、总结血债等，全面暴露敌人。如桑田农民控诉揭发了地主阶级的发家史，群众悲愤万状、咬牙切齿，斗争劲头十足。分村分组贯彻划分地主阶级的斗争，群众斗争结合运用人民法庭，分批分乡镇压漏网恶霸，地主阶级的政治威风已经基本打垮。在群众斗争热情空前高涨、阶级觉悟随之提高、落后层逐渐发动起来的情况下，即转入了没收征收斗争，进入了反封建斗争的最高潮。

3.在斗争已经猛烈展开、坚决贯彻镇反的基础上，即可乘胜追击，扩大战果，在群众中喊出响亮的“坚决战斗到底、反对右倾止步”的口号，在群众声势猛烈的斗争中充分掌握地主的思想、特点、家庭及民族、社会关系、顽固、守法与大、中、小，然后决定斗争的办法，分化、瓦解、斗争，召集地主开会宣布没收，结束一批，逮捕法办一批，赶下乡交农民管制一批，谈判一批，指明出路，交代政策。会后两天内地主便交出了半开1万多元、金子40多两。在猛烈的没收、征收的战斗声势下，应即时召集一般守法及中小地主训话，指明前途，要他们规规矩矩地缴械投降。新发乡在白天没收大战后，下午召集地主训话，会后交出了半开5000多元，金子4两多。

分化地主家属。碧溪棲马乡地主黄文义，将他强迫与其结婚做小老婆的农民妇女划为农民成分，经启发教育后控诉了黄家对她的压迫罪行，并抵出了黄文义藏在离寨子5里路以外山沟石洞里的11两黄金。召集地主子女座谈会，交代政策，发动他们报出家中财产。联珠区高宝珍（地主儿童）经教育后报出了母亲藏在柜子下面的金子2两多。

4. 斗争锋芒必须始终对准恶霸、地主，坚持合法斗争，区别对待地主阶级。民族杂居区则要缓和些，斗争兄弟民族地主，充分运用民族民主讨论，举手通过。由于民族自己主持斗争，坚决防止不加区别和不分民族地区的一般打，增加运动阻力。如桑田、碧连、菜园等乡（全是汉族地主），斗争掌握对准恶霸、地主、大地主，中、小地主经训话后自动交出底财，虽不彻底，但也可有意识地放松一时。相反地如碧胜、联合等乡，开初对地主不加区别地一样斗争，甚至连十七八岁的小孩也斗了；联合乡的农民几乎要搞贫民的金手镯，两户小土地出租者自杀（两人）；癸能、永溪乡（民族杂居区）不加区别，非刑吊打，不运用民族形式，致使兄弟民族地主害怕自杀，经济上既无多大收获，政治上反丧失社会同情，容易引起民族隔阂；碧胜乡对地主不加区别一般斗，结果未打垮，反而结成一团。农民说："地主斗成皮条了，底财也搞不出来。"

（二）贯穿土地改革每一个步骤，充分发动群众，组织坚强的农民队伍，从实际情况出发，在不同地区采取不同做法，随着运动的逐步深入，一批一批、一层一层把群众完全发动起来，并在每一个斗争过程中紧密结合渗透着阶级教育与政策教育，并通过检查、总结不断予以提高，将各族农民中一批贫雇农积极分子培养成为群众领袖，树立与巩固贫雇农领导优势。

1. 在土改中每一步要坚决依靠贫雇农，大胆放手发动群众，艰苦深入地发展落后层，组织坚强的农民队伍，从组织上扩大反封建队伍。必须组成以贫雇农为骨干、团结中农的反封建队伍，这是减租退押、土地改革一直到土地改革后发展农业生产的根本问题，要达到这一目的，在土改中必须掌握发动群众的经验，结合对实际情况的分析与研究，在不同地区采取不同做法，使群众充分发动起来。

（1）在减租退押、复查中，群众比较有了充分发动，农民队伍业已组成，减退较彻底的桑田、碧连、象鼻、双龙、菜园、章猛、新发、永溪等8个乡，土改开始经过镇压漏网恶霸和反革命分子轰开局面，退以反违法斗争为主，充分运用贫雇农代表会和运用贫雇农代表会的主席团这个核心组织，发挥其领导作用，结合运用各种代表会及个别串连深入发动的方法，把贫雇农落后层完全发动起来，分配前落后层已基本消灭。

（2）其余16个乡，部分是山区，减退多不彻底，群众发动基础较差，农民队伍尚不够扩大与坚固，地主阶级当权派未根本打垮，造谣破坏气焰很高。因此，土改开始则是先摸清情况，掌握一批骨干力量，从逮捕镇压一批漏网恶霸轰开局面，造成热潮，即乘胜深入下去、访贫问苦、扎根串连、逐批扩大、形成核心、组成队伍，进入划分阶级。经诉苦算剥削，揭发地主阶级的历史罪恶，提高群众阶级觉悟，再杀一批恶霸，群众情绪逐渐高昂，运动生气日益饱满，随着运动逐渐深入，经教育提高先进部分，才把落后层发动起来。

2.县委领导保持直接联系群众，系统召开乡农代会，县委亲自交代政策，进行阶级教育和政策教育，是发动群众组织运动高潮与掌握运动高潮的中心环节。

24个乡，县委亲自到乡，直接掌握分批分乡前后系统地召开了农代会，使运动造成了全面的高潮，结合以乡为单位系统运用乡农代会、贫雇农代表会，掌握使用贫雇农主席团，贯彻其决议。

3.群众的发动是工作的结果而不是工作的开端，因此必须随着运动逐步发展，紧密结合斗争，一批一层把群众完全发动起来，而不可能划出一段时间，静止地把群众完全串连发动起来之后，才去开展斗争。桑田重点乡全乡农民共有1128人，土改开始时已发动678人，发动面达60%。通过划分阶级发动220人，没收征收时再发动280人，分配结束落后分子还有24人，发动面增至97.8%强。以上事实充分说明，群众是在运动中和斗争中逐步发动起来的，任何企图将群众完全发动好再去开展斗争的想法和做法都是完全错误的。

4.必须结合斗争，不断扩大、纯洁、坚强和巩固农民队伍，并在每一斗争过程中，紧密结合、渗透着阶级教育与政治政策教育、民族团结教育，不断提高群众阶级觉悟与政治觉悟。

在斗争中群众一批批地发动起来之后，便应随时将发动起来的群众吸收到农协会中来，不断扩大农民队伍。桑田乡划分阶级结束，检阅了农民队伍，并将刚发动起来的农民84人吸收参加农协会；碧连乡在划分阶级中，将在斗争中表现积极、联系群众、阶级觉悟与政治觉悟高的积极分子提拔到贫雇农领导集团中来，将那些混入领导集团或农民队伍的不纯分子清洗出去，不断纯洁和巩固基层组织。大部分乡已重视，按照这样做了，效果很好，工作队离开后工作依然做得很好，经常向县农协会作报告。

5.把贫雇农落后层完全发动起来，是发动群众是否充分的标志，是能否胜利完成土改，从政治上、经济上彻底打倒地主阶级的重要关键。

如何发动落后层，我们在这阶段中的经验是：

（1）解决干部与群众的思想问题。桑田开始发动落后层时，工作队思想与落后层格格不入，将发动落后层看作是教小学生，使落后层感到悲观，说“我落后就落后”。通过这一失败教训，检查干部对落后层的态度，教育干部依靠贫雇农的阶级观念，从思想上关怀他们；之所以落后，是被地主阶级压迫剥削、解放后继续利诱所致，并教育认识不发动落后层地主阶级就打不垮。干部思想正确了，就容易针对其落后的各种不同原因采用“哪把钥匙开哪把锁”的方法，耐心进行教育发动。

（2）运用召开代表会，研究落后层名单及其思想情况，然后具体分工，个别串连，或者通过斗争、总结、表扬等来发动，或者运用已发动的带动未发动的。为了首先解除落后层的思想顾虑，大多是落后层被地主利诱、欺哄，所以怕戴“包庇地主”的帽子，所以就应在群众中提出“地主分散有罪，农民隐藏无过，检举有功，自报光荣”的口号。还有的是过去有些缺点，出身好、觉悟不高的贫雇农，应摘去“死落后”“立场不稳”“历史不清白”等帽子，号召其积极参加斗争地主，并在斗争的声势下通过诉苦启发阶级觉悟。或有意识地吸收一部分落后层参加代表会，通过积极分子帮助，鼓励他们大胆发言；通过个别访苦、引苦，提高其觉悟。

6. 培养教育干部，巩固胜利果实，将以优秀的贫雇农积极分子为骨干的领导集团纯洁、坚强，把群众领袖培养起来，成为巩固农村人民民主专政的柱石。在发动群众过程中，将一批一贯劳动、受苦深、与地主阶级有血海深仇、作风正派、斗争坚决的贫雇农选拔到领导集团中来（这里应适当选拔培养包括各民族农民的领袖），不断给以教育提高，使其培养成为群众领袖。

桑田、碧连、菜园等乡在整个土改过程中对干部的培养是：

（1）凡事通过群众自己的组织去进行，提高乡政、农协干部的威信，培养其独立工作能力。每次会议之前，帮他们分析情况、研究办法，决定后，放手让其大胆进行工作。工作中帮助发现问题、解决问题，结束后帮助总结经验，以提高政治思想水平。

（2）对乡政、农协干部进行团结积极分子、联系群众发扬民主作风的教育。在乡政、农协、民兵中实行分工负责，并须虚心接受群众批评，有事和群众商量，这样做的结果很好，农协会的威信甚高。桑田乡乡长马连相威望极高，一个号召群众便积极行动起来；相反地如碧胜乡，由于不重视培养村干部和群众领袖，工作队包办一切，结果工作队一走便垮了台。乡干召集开会，群众不来参加，说：“政策早就听工作同志讲过了，哪个耐烦去开会？”这就是很好的经验教训。

（3）小组是群众活动的基本单位，小组长培养得好，小组活动即可加强，因此除注意乡一级干部外，并须培养小组长。

（4）对乡干部的培养教育，除政治上、思想上提高外，帮助解决实际困难是一个重大问题。由于紧张的工作，生产受了影响，吃了早饭无晚饭，生了病也无钱医治，除发动群众互助外，政府适当照顾也是必要的。这次我们将土改的24个乡的乡经费，在土改期间按每乡乡干数每人增发大米20斤，作为乡干补助费，效果很好。

（三）土改与生产完全可以结合进行。墨江县第一批24个乡土改适逢春耕生产季节，4月初因天旱不雨，是进入“抗旱保苗”的群众运动的开始。在“土改、生产两不误”的要求下，即在“白天生产，晚上分田”的口号下，大力进行爱国增产教育，结合宣传生产政策进行生产抗旱，同时进行土改分田。只要群众充分发动起来，土改进行得有秩序，是完全可以的。群众可以组织起来斗地主，也可以组织起来搞生产，同时完成土地改革也不误生产。我们的做法是：

1. 土改的根本目的是为了解放农村生产力，发展农业生产，在运动中宣传生产政策，教育农民响应毛主席“增产节约”的号召，掀起“爱国增产”热潮，订出具体切实的爱国增产节约计划。农民说：“保证今年分得来土地，就要使产量增加。”

2. 工作队白天领导农民生产，抗旱、挖沟、堵坝，晚上领导开会、讨论、没收、征收或分配；农民白天带上地主一齐领导，晚上进行斗争谈判，迫使地主缴械投降。这样不仅不误生产，而且是工作队深入群众与农民工作，生活在一起，从农民的实际生活中教育提高，打好关系，筑成坚强的与我一条心，同心合力努力干。菜园、碧连两乡，县委就亲自参加农民挖沟、堵坝，农民大受感动，说：“共产党、人民政府这样关心我们穷人，我们定要团结起来好好干，永远听共产党、毛主席的话。”不仅是加强了管制地主，而且是强迫地主低头认罪、缴械投降。联珠区地主怕下乡劳动，迫使交出了底财。

（四）认真教育提高工作队，加强具体领导，通过检查，总结工作，提高工作队的政治思想水平，是胜利完成土改的重要关键。

工作队是土改的基本队伍，是领导与群众之间的重要桥梁。土改是依靠工作队去发动群众起来进行的，土改工作队水平的高低，思想作风的纯洁与否，是能否正确执行政策、顺利完成土改的极其重要的因素。我们在土改中教育提高工作队的办法是：

1. 开办土改训练班，进行土改目的、工作队在土改中的立场、阶级路线、政策、步骤、方法等教育。

2. 建立定期的会议、汇报制度，加强上下联系。县委直接掌握重点，并经常巡回各乡，通过检查工作，发现问题，纠正偏向，总结经验，提高政治思想水平。

3. 掌握材料，集中整训，通过检查工作，找出优缺点，为什么好？为什么坏？结合思想作风，查动机来历，处理一批，适当表扬个别好的。经第一批整顿发现并处理了地主阶级指使混入进行破坏者5名；思想作风恶劣、腐化堕落者，经批判后调动回避者13名；不起作用、顾虑家庭而回家者11名，并通过检查总结工作，提高政策思想水平，下去在工作中有了很大进步。

4. 召开农代会，县委亲自交代政策、布置工作，工作队干部列席参加会议，发扬民主作风，让代表批评与建议，以培养工作队联系群众、虚心听取群众意见的民主作风。

5. 具体规定工作队的任务是：

（1）学习政策，用党的政策去发动群众，教育群众在党的政策指导下行动起来。

（2）调查研究了解情况，一切工作从实际出发。

（3）联系群众，发扬民主作风，时刻警惕包办代替。

（4）扎正根子，发现骨干，培养群众领袖。

表一　墨江县24个乡土改前人口、土地情况调查统计表

		雇农	贫农	中农	贫民	手工工人	商人	自由职业	债利生活者	小土地出租者	富农	地主	客籍	公学、族、寺庙等田	合计
户数		2380	2621	1271	242	20	135	6	13	171	172	424	14		7571
占总户%		31.4	34.6	16.8	3.2	0.3	1.8	0.1	0.1	2.3	2.3	5.6	1.5		
人口	男	4084	6396	3664	310	43	283	11	29	213	535	973			16541
	女	4350	6698	3960	391	52	319	10	29	296	616	1169			17890
	合计	8434	13094	7624	701	95	602	21	58	509	1151	2142			34431
每户平均人口		3.5	5	6	3	4.3	4.5	3.5	4.5	3	6.7	5.1			
占总人口%		24.5	38.1	22.1	2	0.3	1.7	0.1	0.2	1.4	3.4	6.2			
占有土地	工	1383.73	7410.3	13976.3	193.91	42.7	309.2	1	54.25	1752.1	4983.05	18102.73	16847.6	9130.91	74187.78
	%	1.9	10	18.8	0.3	0.1	0.4		0.1	2.3	6.7	24.4	22.7	12.3	
	石	2633.34	8885.7	1905.9	309.65	62.23	489.79	1.4	99.2	3645.4	7235.73	36262.78	32865.66	15161.57	126703.523
	%	2.1	7	15	0.2	0.1	0.4		0.1	2.9	5.7	28.6	25.9	12	
每人平均工数		0.16	0.57	1.83	0.28	0.47	0.51	0.05	0.93	3.44	4.33	8.83			
每人平均石数		0.31	0.68	2.5	0.44	0.66	0.88	0.07	1.71	7.16	6.29	16.93			
备注															

表二　墨江县24个乡土改后人口、土地情况调查统计表

		雇农	贫农	中农	贫民	手工工人	商人	自由职业	债利生活者	小土地出租者	富农	地主	客籍	合计
户数		2929	2665	1265	255	30	138	12	15	207	217	515	88	8336
占总户%		35.1	32	15.2	3.1	0.3	1.7	0.1	0.1	2.5	2.6	6.2	1.1	
人口	男	4100	7000	3412	353	57	286	14	35	185	573	838		16863
	女	4297	6823	3939	435	55	315	15	35	269	517	898		17580
	合计	8379	13823	7351	788	122	601	29	70	454	1090	1736		34443
每户平均人口		2.8	5.2	5.8	3.1	4.1	4.4	2.4	4.7	2.2	5	3.7		
占总人口%		24.3	40.1	21.3	2.3	0.4	1.7	0.1	0.2	1.3	3.3	5		
占有土地	工	17633	23529.3	16410	1314	200.5	981	41	112.7	1750.5	4651	3002	1991	71616
	%	24.6	32.8	22.9	1.8	0.3	1.4	0.1	0.2	2.5	6.5	4.1	2.8	
	石	29908.748	39763.09	26605.46	2636.43	406.25	1673.57	59	191.67	2806.61	6388.41	4414.15	2852.53	117735.92
	%	25.4	33.8	22.7	2.2	0.3	1.4	0.1	0.2	2.4	5.4	3.7	2.4	
每人平均工数		2.10	1.7	2.23	1.67	1.64	2.78	2.51	1.61	3.86	4.61	1.73		
每人平均石数		3.63	2.88	3.62	3.35	3.33	2.78	2.03	2.74	6.3	5.86	2.43		
备注														

表三 墨江县24个乡没收征收统计表

		没收者		征收者		合计
		地主	债利生活者	公学、族、寺庙等田	客籍	
户数		343				
土地	工数	37476.95	15	4812.12		42313.07
	石数	634700.35	30.1	9350.096		72850.631
特殊土地	地基	88				88
	园圃	717				717
	竹篷	791				791
牲畜	耕牛	4895				4895
农具	犁	154				154
	耙	32				32
	镰刀	389				389
	槓槽	25				25
	谷篮	97				97
	风箱	4				4
	磊子	41				41
	锄	998				998
	其他用具	19741				19741
多余粮食	谷子	377.05				377.05
	杂粮	145.135				145.135
房子	瓦房	2234		28		2262
	草房	30.5				30.5
牛马猪圈		47				47
碓房		38				38
酒房		4				4
碾子		2				2
棉花子		33.5斤				33.5斤
砖瓦		87976				87976

续表

	没收者		征收者		合计
	地主	债利生活者	公学、族、寺庙等田	客籍	
木料	6459另2堆				6459另2堆
稻草	600				600
家具	51595				51595
备考	楼马、新联、菜园3乡没有工数		乌猛、楼马、新联、菜园4乡没有工数		

表四　墨江县24个乡土地分配统计表

	分田户数			分田人口			分得田地		分田后占有数		每人平均	
	共有户	分田户	分田户占总数%	共有人口	分田人口	分田人口占总人口%	工数	石数	工数	石数	工数	石数
雇农	2929	2433	82.8	8379	7967	95.7	13235	28705.34	17633	29908.7	2.1	3.63
贫农	2665	2496	93.7	13823	12239	88.5	20886.45	22660.88	23529	39376	1.7	2.88
中农	1265	765	60.5	7351	4548	61.9	9808.75	14518.1	16410	26605.4	2.23	3.62
贫民	255	239	96.1	788	718	91.1	1035.5	2846.66	1314	2939.14	1.67	3.55
手工工人	30	25	83.3	122	90	74.4	198	373.7	200.5	406.25	1.64	3.33
商人	138	118	85.5	601	337	56.1	511.4	852.88	981	1673.57	2.78	2.78
自由职业者	12	9	75	29	22	76.3	32	51.2	41	59	2.51	2.03
债利剥削者	15	6	40	70	32	45.7	34.35	84.9	112.7	191.671	1.61	2.74
小土地出租者	207	56	27.1	454	126	27.8	58	160.45	1750.5	2860.61	3.86	6.3
富农	217	84	38.7	1090	219	20.1	422	1037.2	4651	6388.41	4.61	5.86
地主	215	400	77.6	1736	1415	81.5	3002	44141.15	3002	4414.15	1.73	2.43
车路旁占有							82.5	237.5				
农场							5	9	5	9		

续表

	分田户数			分田人口			分得田地		分田后占有数		每人平均	
	共有户	分田户	分田户占总数%	共有人口	分田人口	分田人口占总人口%	工数	石数	工数	石数	工数	石数
乡上保留							969	2192.77	1991	2852.53		
迷信职业	2	1		4	1		2	3	10	17		
合计	7250	6622		34497	24114		50281.95	78147.73				

表五　墨江县24个乡房屋、畜力分配统计表

	房屋								牲畜						
	全乡户数		分房户			分得数			分得户			分配情况			
	原有房户	原无房户	共有户	分房户占共有%	分房户	瓦房	草房	合计	共有户	分得户	分得户占%	牛	骡马	驴	合计
雇农	2646	281	2929	9.5	277	207	75	282	2929	722	24.7	468.5	3.5		472
贫农	2496	169	2665	4.6	122	212.5	94	306.5	2665	297	11.1%	122.5	10		132.5
中农	1251	14	1265	1.2	15	33	15	48	1266	10	0.8	5.5	0.5		6
贫民	238	17	255	6.3	16	33.5	11	44.5	255						
小商	132	6	138	2.9	4	4.5		4.5	138						
乡中保留						204.5	19	223.5					23		23
其他（包括贫民、小商在内）		269			249	193.5	10	203.5		34		22.5			22.5
合计		756			783	788.5	224	1012.5		1063		619	37		656

和平协商土地改革（一）

云南边疆几个主要民族的社会经济基本情况
中国共产党云南省第二次代表会议参考文件之一
大会秘书处印
1954年3月27日

云南边疆几个主要民族的社会经济基本情况

边疆未土改区，包括西双版纳、德宏、红河3个已成立的自治区和即将成立的怒江自治区，以及9个县1个区；主要民族有傣（39万）、哈尼（29万）、拉祜（12.4万）、卡瓦（14.4万）、傈僳（13.5万）、景颇（9万）、凉山彝（7万）、藏（5万）、汉（29.3万）等族，共约200万人，山区半山区约150万人，坝区约50万人。其中汉族和内地土改前相同，已是封建的地主经济。其他各民族的社会经济发展极不平衡，除藏、彝、卡瓦等族（详后）外，各民族从土地所有制性质和阶级分化程度看，大体可分为两大类型：傣、哈尼、拉祜等族在发展面貌和程度上虽有所不同，基本上已进入封建社会。其他景颇、傈僳和人口较少的各少数民族，虽基本上已进入私有制社会，但还夹杂着不同程度的原始经济成分。

壹、第一类型：傣、拉祜、哈尼等族，占边疆人口42%

一、傣族

（甲）西双版纳的傣族（人口约15万）

原为一完整的土司区，有大小21土司。1912年名义上“改土归流”，至国民党侵入，土司制度被打乱，解放后又有削弱和变化。但土司的统治基础——封建领主土地所有制基本未动；土司掌握着分配土地、征收官租、劳役、杂捐、罚款、分封头人和宗教等特权。乡村基层政权仍掌握在大小头人手里（约占总人口1/10）。统一的武装力量已丧失，分散的武装仍多。其土地和阶级关系，根据西双版纳景洪戛董行政村20个寨子的初步调查，有4种类型的土地：（1）要上官租的“波郎田”，即领主分给家臣的土地，约占全部耕地36%；（2）村寨内部现职头人多分得的“薪俸田”，约占3%；（3）“不上官租”的“寨公田”，约占49%（西双版纳全区约占60%至70%）；（4）分田时不并入分配的“私有田”，约占8%；还有一小部分新近开垦，3年以后才上官租的生地。此外，其他寨子还有为数较多的土司世袭的私田，比例不详。上述各种土地，除（2）（4）两类及土司世袭私田中直接经营部分外，其散布在各村者，一般为按户平均使用。该行政村每户耕种12亩至20亩之间（包括某些村寨集体租入外寨土地作为“份地”分种部分）；各寨“份地”虽有多寡，寨内各户大体平衡。某些村寨现职头人多得一份“薪俸田”，约为农民“份地”1/2至两倍；也有部分因缺少劳畜力不愿接受“份地”的无田户，形成村寨内部土地享有的悬殊。总的是占户数3.97%的富农享有耕地6.21%；占户数66.5%的中农，享有耕地78.05%（户数较解放前增加10%左右）；占户数29.97%的农村无产和半无产阶层，享有耕地15.73%（户数较解放前减少10%左右）。其比值为富农1.56，中农1.18，无产及半无产阶层0.52。由此可见，这里的土地是为农民分散使用的。

至领主对农民的官租及劳役等项剥削，据该行政村15个寨子的统计，解放前约占正产收入12%，解放后由于减租及增产，相对缩小为5%。所以单从现象或数字上看，不易理解这种生产关系束缚生产力发展的内在联系，必须从带有根本性质的土地所有制来着眼，特别是要弄清将近半数的“寨公田”和8%的“私有田”的所有性质，才能说明问题。

所谓“寨公田”，可能是由“氏族公社”蜕化而来的区域性的“农民公社”的土地实质上已为领主所领有，并利用公社的躯壳对居民进行其劳动编制，使“村社”负责管理农民履行一切封建义务，因而成为一种“按连环保原则向农民征收赋税的一种便宜工具”（《联共党史简要读本》，解放社版，第31页）。目前勐捧、勐海尚有部分领主指挥、监督农奴“助耕”自己的“庄园”，掠夺其全部生产品。农奴之所以能维持最低生活，进行再生产的凭借，就是这份“王土”以内的“寨公田”。“农民的‘份地’在这种经济中好像是实物工资（用适合于现代概念的话来讲），或者是保证地主以劳动人手的手段。农民在自己份地上的‘私人’经济，是地主经济的条件，其目的不是给农民‘保证’生活资料，而是给地主‘保证’劳动人手。”（列宁：《俄国资本主义的发展》，解放社版，第161页）

目前大部分地区已由劳役地租进入实物地租，但属于劳役地租经济范畴的“份地”制仍然保存下来。土司世袭私田和“波郎田”已经计“纳”（面积单位，也是负担单位，4纳约合1亩）课租，让“直接生产者在自己所开辟的土地上生产全部生产品，而把全部剩余生产品以实物形式交给地主”（同上书，第148页）。

值得注意的是按户分配“寨公田”时，必须同时分配“土司田”和“波郎田”，接受交官租、服劳役（如为领主盖房屋、养大象、砍柴、割草等）和门户摊派等负担，版纳景洪曼晃寨至今仍称“寨公田”为“白工田”；曼暖典一户农民迁居时，除退还份地外，并按“规矩”留下超过官租负担数6倍的谷子作为接种“份地”者应当代出的门户。

由此可见，村寨内部的分田，不是为了平均使用，而是为了平均负担。解放前由于负担太重，只有强迫分田的例子，而无争着种田的例子。故“寨公田”和土司“波郎田”一样，都是以作为贡赋单位的“纳”来计算的（“西双版纳”直译为“十二千田”，是以前贡赋钱粮的计算单位），它和以籽种挑数来计算的“私田”“园地”等显有不同。又在同时享有“波郎田”与“寨公田”的村寨内，当“波郎田”不够分配时，常由“寨公田”范围内划出一块面积相当的“份地”抵充前者，二者之间已无明显的界限。显然看出“寨公田”的真正所有主及其封建剥削的本质。

定居较晚的村寨，由于已到了实物地租阶段，即所有“份地”都要上官租，正式撤销了“庄园”和“寨公田”的界限。至此，领主已无须直接经营，逐渐与土地脱节，形成“认租不认田”“认租不认人”，因而就留下一个空隙：在“王土”之内出现了“私田”，但其私有权仍有限制，不能买卖，迁移时就丧失所有权。

由此可见，该区尽管有若干“公社”的历史沉淀，但早已变质成为不折不扣的封建领主土地所有制。曼暖典老叭曾说：“一草一木都是人家宣慰的。”这是合乎实际的。

由这种土地制度带来一系列阻碍生产力发展的因素，可从下面各点看出：

第一，农民对土地只有使用权，而无私有权（这里农民对土地的占有权也不稳定，这是和德宏傣族不同的地方），因而极大地限制了生产积极性。“新的生产力所需要的是在生产中能表现出某种自动性，愿意劳动，对劳动感兴趣的生产者”（斯大林：《列宁主义问题》，外文版，第728页），这里虽然发展到让农民“具有为耕种土地并从自己收成中拿出一部分实物缴给封建主所必须的某种劳动兴趣”（引同上）的实物地租阶段，但由于从劳役地租保留下来的“份地”，依然带有“实物工资”的性质，农民不能私有，因而这种“劳动兴趣”也就受了限制，其结果是：一方面某些村寨的“份地”经常在变动（一般是每年开分田会一次，有新户就调整，富寨一般变动尚不大，缺乏机动田的穷寨子，常常要打乱重分），生产情绪更受影响；当我工作队动员开水沟时，受益户表示：“今年倒好，明年不知谁来种！”动员加工施肥时，也反映：“我又种不长，白给人家盘！”另一方面，由于土地不准许买卖，农村内部积累起来的资金，除了添补一些必要耕牛外，在生产上缺乏投放对象和兴趣，大多数用于宗教和生活浪费，目前有一部分资金则转化为商业资本（该行政村资本在100万到1亿的有83户，约占总户数10%）。

第二，这种土地制度还带来一种佃权不甚稳定的租佃剥削关系，并极大地限制了佃农的生产积极性。如上所述，由于地租形式的发展，逐渐取消了“不上官租”的份地，以及户口增加，外部移民的结果，形成村寨之间耕地享有不平衡的现象。如该行政村富寨每户平均有耕地106纳，穷寨只有16纳，因而产生两种租佃形式：一种是全寨租佃，以村寨为单位集体建立租佃关系，承租寨租入后，就把它当作“份地”按户分种，佃权尚较稳定，租率亦较轻（约占产量15%）。由于集体出租，租子归公，从形式上看似属于群众性的，但租子实际为头人掌握，除用于宗教开支等浪费外，尚有不少贪污情况，实质上是阶级剥削。另一种是单户出租，由两个村寨农业户自己建立租佃关系。村寨内部的互相租佃则很少见，因富寨无人要，穷寨租不到；但因“份地”有远近，富寨内的农业户出租自己远田，佃入邻村近田的情况则是有的。单户出租的特点是：佃权不稳定，村寨内部调整时必须拔佃；因劳畜力缺乏出租者，情况改变，随时拔佃自耕，租额也较高，多为对分。这类租佃关系，由于占有不平衡，为进行剥削出租者，其阶级性自很明显，但有一部分无产及半无产农民因缺乏劳畜力而出租的，则应区别对待。

根据该行政村17个寨子的统计，全部租佃面约占耕地面积20%（解放前为13%），其中全寨租佃占60%，单户租佃占40%（解放前为15%）。在单户出租土地中，富农出租占22%，中农占30%，无产和半无产农民占48%，比解放前略有增加。

第三，富农经济带有显著的封建剥削性质：该区在解放前富农经济已有相当发展。大多数富农都是头人，他们凭借政治特权，有的可以多分1倍的土地，占有牲畜农具比其他阶层多1倍至2倍，加上农村中已形成一批“具有份地的雇农、日工”，“一定数量的乡村雇农，尤其是日工的形成是富农存在的必要条件”（《俄国资本主义的发展》，第150、151页），因之，无耕牛的农民、贫民以及经济力量薄弱的农民，却不得不把“份地”出租，而自己则去受人雇用，去当雇农。同时，这里以村寨为单位的具有强制性的“原始互助”（有的请着不到要罚钱，其结果是“互而不助”或者是“助而不互”），更加助长了富农的剥削。解放后，农民首先由国民党的横征暴敛中解放出来，获得空前安定的生产环境，尤其是党和政府的各种帮助，以前因逃避负担而不敢分家的已经分出（分家后可以多得“份地”），不敢分田的也争着要了。由于农民生活有改善，部分中、贫农升为富农、中农（约占20%），一方面稍微减轻了富农的雇工高利贷剥削，另一方面也产生若干农村资本主义的自发势力。

第四，“份地”制虽然形成阶级关系上的“两头小中间大”的特点，多少阻碍了农民的更大分化；但在农民被分给“份地”的情况下，耕畜、农具、劳动力等才是“真正的”所有物，因其占有情况不同，而开始产生农村阶级的两极分化，尤其是此等所有物变化性较大（遇天灾人祸即丧失，反之恢复也较易），也就形成中农以下农民阶层的不稳定性，也多少影响了农民的生产积极性。该区“具有份地的雇农、日工”和贫民，解放前约占总户数37%，解放后占27%（小土地出租者尚未计入）。其生产资料占有：耕地13%，牲畜7%，农具8%。因此，“农民自己也出租许多土地。他们抛弃份地，因为没有耕畜，没有种子，无法来经营经济。现时没有钱，就有土地也全无办法”（列宁：《告农村贫民书》，《列宁文集》第一册，第170页）。由于他们职业很不固定，只有卖长工、季节工和日工，受富农剥削，有的兼营小贩。关于这些人的阶级地位，列宁说：“最正确的方法就是根据他们所有的耕马的数量来分别富中农和无产农民。”（《俄国资本主义的发展》，第167页）当时旧俄的情况虽和这里不尽相同，但在农民没有土地私有权和被分给“份地”的情况下，土地以外生产资料（耕畜、农具等）的占有，往往是决定阶级升降的因素，则是可以肯定的。这些人应是我们在这种地区的依靠对象。

第五，与这种土地所有制相适应并为之服务的宗教制度，也严重地破坏生产。该行政村17个寨子解放前赕佛开支占正产收入的14%。解放后生活改善，骤增至22%。富农、富裕中农个别性赕佛数字更大。一般的宗教开支都带有强制性质，头人及佛爷从中剥削得利。此外，该族男子七八岁时都要送缅寺做三五年的小和尚，而一般宗教节日活动约占每人每年1/3的时间，极大地限制和影响了农民的再生产能力。

总的说来，这里的敌对阶级主要是领主（包括土司大小头人）与农民；由这种土地制度给农民带来经济上的剥削尤其是政治上的压力是很大的，它束缚了农村生产力的发展，限制了农民觉悟的提高。“封建的生产都以土地分给尽可能多数的臣属这件事作为特征的，同其他一切主权者一样，封建领主的权力，不是依存于他的地租折的大小，而是依存于他的臣属的人数。后者又依存于自耕农民的人数”（《资本论》第一卷，人民出版社，第906页）。在封建领主统治下，“被贫困所压迫，被人格依赖和心智愚昧所强制”的小农，不得不陷于“极端低下和墨守陈规的技术状态”（《俄国资本主义的发展，第162页》）之中，这就是该区生产落后（耕作粗放，产量低，每亩平均300斤左右，与其优厚的自然条件不适应）、停滞不进的根本原因。

由历史发展看，它比封建地主经济还落后一步；但这落后的一面——农民尚无土地私有权，习惯上、法律上不许土地买卖集中等，在今天新的条件下，却又提供我党领导农民解决土地问题以至走上集体化道路的某些便利条件，其关键在于改变所有制；同时村社内部分配土地时多少还保留着一些原始民主形式也可以利用和提高，关键在于改变领导权。

（乙）德宏傣族（人口约16万）

除盏西区已无土司外，其他6县尚保持较完整的土司制度和统治机构，拥有较多的武装，各自为政，对山区民族则通过山官制度统治。其特点是：

第一，封建领主的土地所有制在主要地区占统治地位。领主（土司）是土地所有者，农民“因此也就没有土地所有权，虽然对于土地既有私人的也有共同的占有权和使用权”（《资本论》第三卷，人民出版社，第1032页）。由于这一私有权有着复杂而分割的性质，作为直接生产者的土地占有者与土地所有者并存，因为只有在直接生产者把土地拿去耕种时，生产才能进行并才有可能向领主缴纳“官租”和负担一切苛杂甚至劳役。土司下设有属官、老睆、老幸，他们向领主分取一小部分官租（如芒市）或领得一小块封地（如遮放）作为薪俸，负责司理农民对一切封建义务的履行，和土司结成一个政治体系，迫使农民处于服从地位。由于他们大多数是富农，对农民进行高利盘剥，并利用职权霸占土地，有的已成为新兴地主，加上土司私人庄园和某些土地出租，官租以外又出现地租剥削，两者实际上都是领主地主剥削农民剩余生产物的实物地租形式。农村土地出租者虽向领主缴纳官租，但这种负担早已算在地租里转嫁到佃农身上。由于官租、地租、高利贷3种剥削，促使农村阶级分化，出现一批丧失土地的贫农和雇农；说明该区已由封建领主经济向封建地主经济发展。从土地占有和农村阶级分化程度看，各地在发展面貌上都有差别：

一种是以遮放和陇川为代表的地区，土司土地所有权表现显著，保留分配和夺取土地之权，农民只在不抵押、典当、买卖土地和拖欠官租的诸条件下才可以享有世袭的占有权和使用权。其土地形式有3种：“领田”（土司收官租的耕地）占72%至76%；“薪俸田”（封田、头人田，由土司掌握）占10%至22%；“私田”（解放后开荒的，无官租）占7%至

14%。此外还有土司私人“庄园田”（遮放蚌哈寨）和“公用田”（陇川曼胆寨之菩毛田等）。这种地区的情况是：土地占有较分散，中农经济占优势，如陇川曼胆、遮放飞海两寨，共65户334人，富农占户数14%，人口占17%，占土地23%；中农占户数46%，人口占54%，占土地51%；贫农占户数20%，人口占17%，占土地14%；雇农占户数8%，人口占5%；其他占户数12%，人口占7%，占土地12%。遮放遮冒等6寨土地占有较集中，但为数不多。

一种是以芒市为代表的地区，土司土地所有权表现不突出，官租成为一般的“田赋”，土司私人庄园直接参与地租剥削。土地私人占有权和使用权已比较固定，除上官租外，可以自由使用其所占有之土地，已产生低级的抵押和高级的买卖，官租则随土地转移，土地商品化突破了村寨界限而渐形集中，失地农民日多。其中如轩岗坝等地，土地占有较分散，各阶层土地占有比例和遮放、陇川情况大体相同外，其他地区土地日趋集中，富农经济已占优势，地主经济亦有发展，如那目等寨富农户数占6%至8%，人口占10%至11%，占土地27%至33%，余粮占46%，那目一寨无田户即占该寨总户数的49%。富农经济的发展比较突出的原因，除靠近汉族地区受汉族地主掠夺和高利贷剥削外，主要是封建领主从政治上经济上对地主阶级发展的限制。

另一种地区是以盏西为代表的地主经济：该区原属腾冲县，没有土司制度，农民直接受汉、傣族地主剥削，土地高度集中，阶级已极大分化。根据两个寨子的调查，由于民族压迫，形成4种土地形式：“公田”、“屯田”、“练田”和“私田”，“公、屯、练”田为政府直接掠夺，占土地19%；汉族地主占土地30%，加上外寨（傣族和景颇族山官）占土地5%，共为54%，属于本族（傣族）占有46%的土地中的53%土地又为占人口19%的地主、富农所占有；而占人口45%的中农，占土地26%；占人口21%的贫雇农，占土地10%。这里已经形成和解放前内地相类似的地主经济，反映在政治上是地主当权派统治和压榨农民。

第二，主要剥削形式有：

官租和杂派：

除盏西无官租外，其他各土司地区官租占土地产量12%至18%。根据那目畹等稿、弄模、弄坎3个寨子调查：富农上官租占总负担数的24%，占富农产量的11%；中农占总负担数的65%，占中农产量的14%；贫农占总负担数的6%，占贫农产量的18%。看出减免官租得利最多的是富农和中农（占负担总数89%），得利最少的是贫农；但各阶层的负担分配极不合理，富农负担最少，贫农负担最多。

地租：

遮放出租的土地占耕地面积14%至23%，其中地主占34%，富农占11%，中农占10%至17%，小土地出租者占42%至78%。一般为活租制，租率50%，租佃关系尚未固定，54%的出租户和75%的佃耕户，发生租佃关系时间仅1年左右。芒市出租土地占耕地面积28%至31%，租率20%至86%，中、贫农33%以上均佃耕。盏西地主出租土地占耕地面积67%，57%的中农和80%的贫农均为全佃农。地租占中农全部收入的30%，占贫农全部收入的40%。

债利：

遮放上层和富农放债户占总额56%，贫雇农负债占总额65%。债利偿付占贫雇农收入49%（解放前占60%）。芒市地主、富农71%户放债，贫农80%户负债。盏西地主放债占总额56%，中贫农负债占总额50%，债利偿付占中农收入11%，占贫农收入21%。芒市、盏西均可由债利转为租佃抵押土地，遮放、陇川尚未发现有此种情况。

雇工：

富农雇工剥削很严重，那目寨富农劳动力49人，雇工75人，每个长工每年被剥削谷100箩至200箩左右（每箩谷20斤。下同）。

水碓、榨糖坊等多掌握在富农手里。此外耕牛出租多为地主、富农和小土地出租者，每头牛40箩至60箩谷。

宗教负担及消耗：

芒市那目寨每户固定负担2箩谷，遮放飞海寨4至6箩谷；那目寨平均占每户收入5%。临时性的做“帕戛”（佛门弟子）一次需700万元。

第三，生产、生活水平。自然条件优厚，约有50%的荒地尚未经营，土地潜在力很大，但耕作粗放（每个劳动力平均耕作4至8亩），产量低，每亩水稻平均产量200至300斤。盏西老团坡寨每人平均水稻产量为500斤，地主1200斤，富农600斤，中农380斤，贫农180斤。芒市那目寨每人平均产量1800斤，富农4100斤，中农1700斤，小土地出租者900斤，贫农700斤。遮放飞海寨每人平均产量1900斤，富农3200斤，中农1800斤，贫农800斤，雇农260斤（以上计算方法，以各阶层产量，加或减地租、官租、债利的收入和支出数字得出）。地主、富农占总产量52%，50%至70%的粮食掌握在土司、地主、富农手里，中农以下濒于破产边缘，转而种植大烟。造成群众生活极端贫困的原因，除主要是领主、地主、富农三重剥削（官租、地租、债利占贫雇农产量50%以上）外，某些宗教消耗和陋习也相当地影响生产提高（芒市那目寨每年每人有50天宗教活动，浪费劳动力13000工）。

第四，解放后，通过各种政治和生产的工作，包括群众的自发的行动，迫使上层做了某些让步，农村阶级和土地关系发生了一些（非本质的）变化。在工作基础较好地区，稳定边疆工作前变化较大；工作基础薄弱和稳定边疆后变化较小，甚至个别有倒退现象。同时，土地残存公有制的地区变化也较大。首先，官租和各种苛杂减轻8%至25%，主要是中、富农得利。其次，各阶层变化20%左右，部分中农上升为富裕中农和富农。开荒占耕地面积14%，其中富农占开荒面积的40%。再次，租佃关系增多，梁河小陇川解放前租佃关系有8件，解放后增至33件。轩岗坝解放时无田户12户，现为6户，由于村寨熟荒和个别富农分散土地，无田户变为佃中农。小陇川富农3户降为中农，雇农减少7%，中农增高20%，佃中农增加3倍。再其次，拒交官租、地租、债利和夺回抵押土地现象增多，靠近汉族地区尤为突出。遮放欠官租占户数12%至50%，飞海寨不付债本占42%，不付债利占45%。

（丙）缅宁傣族（22920人，其中耿马县16220人、双江3500人、沧源3200人）

主要聚居区在耿马（占全县人口25%），解放后土司外逃，乡村基层政权掌握在大小头人手里，分散武器尚多，仍保持着旧有的土司统治秩序。据4个寨初步了解，其社会经济的特点是：

第一，这里情况介乎德宏和西双版纳之间。与德宏近似的是在土司土地所有制之下，农民享有较稳定的土地使用权和占有权，一般不许买卖和转让。但直到解放前还保持着较多的劳役经济和农民公社躯壳的残余，则又接近西双版纳。其土地占有形式有9种，按性质可分为4类：

（1）由土司、头人直接掌握的有："田头"，系土司分给太爷以下、亲兵以上的家臣每人一份（12至48亩），作为薪俸，直接经营或出租；"私庄"，系土司封给新爷以上的采邑，多至800户，少者20户，进行劳役或实物地租剥削；"私田"，系土司及其官员直接出租的土地。

（2）村寨头人掌握的土地有："公田"，可能系由农民公社共耕蜕化而来的土地，为村寨内部的机动田，分给新来户耕种或抵付门户钱、杂派等开支，目前实际上为头人掌握或直接霸占，约占村寨耕地面积9%至36%；"客田"，地租收入作村寨招待费。

（3）"寺田"，即缅寺土地。

（4）农民占有田（所有权属土司），一种是"百姓田"，土司为保证劳动人手直接分给农民耕种，作为抵付"实物工资"的土地，约占村寨耕地面积48%；一种系供养领主的"差田"，包括"夫马田""洗碗田""放炮田""搓烛条田""打扫厕所田"等，享有这种田的可不出其他杂派；还有一种是"开荒田"，解放前开荒后作为公田，现为农民占有。

以上（1）（2）两类土地约占总耕地面积1/2，直接为上层掌握或霸占。可知这里的地主，其土地来源主要为"田头"、"私庄"、"私田"、"公田"和"客田"等，世袭的家臣便是世袭的地主，村寨头人卸职时则不能继续享有作为"薪俸"的土地，有的下降为富农，说明土地与政治特权紧密结合，领主与其臣属的私人关系，照例总是跟土地联系在一起的。和这种土地占有关系相适应的阶级分化情况是这样的：占户口6%至20%的地主占有耕地面积11%至36%，占户口8%至17%的富农占有耕地面积10%至19%，占户口26%至47%的中农占有耕地面积20%至30%，占户口8%至28%的贫农占有耕地面积2%至30%，雇农占户口7%至33%，贫民占户口14%。这个数字未包括"私庄"、"公田"、"私田"、"客田"和"寺田"等领主及大小头人直接掌握的土地，若加上这些土地，则地主占有土地数量大大超过上数。由此可见，该区地主、富农占户口总数最高为37%（最低为14%），贫、雇农最高为61%（最低为15%），"在中地主和大地主占优势的地方，农村工钱劳动者形成人数最多的阶级"［恩格斯：《德国农民战争》（生活版）第178页］。由于这里的领主对其大小家臣都分封土地，随着地租形式的发展，领主逐渐放弃直接经营，将各种劳役苛派逐步改为一定数量的负担，坐享其成，实物地租代替了劳役经济，这些人也就直接转化成为大小地主，从而形成农村阶级分化上两头逐渐突出的特点，这是和德宏及西双版纳不同的所在。

第二，这里的剥削形式，主要是以实物地租（领主及其“私田”的官租和地租）直接占有农民的剩余生产物；并伴行着“私庄”的劳役地租（约占“私庄”的2/3），直接占有农民（农奴）的剩余劳动，“在实物地租成为地租的支配形态和发展形态的限度内，前一种地租形态（即地租直接在劳动即徭役劳动形态上的付纳的形态）的残余，多少会伴在一起”（《资本论》第三卷，实物地租）①。此外，解放前杂派种类多至50余种，从生老病死、婚丧嫁娶一直到揩屁股的棍子（当草纸用），全部由人民负担。其剥削程度，照马克思的说法，是决定于领主的大小。

解放后，土司外逃，官租和摊派已停收，目前主要剥削有下面几种：

地租：

地主出租土地占出租面积的50%，富农占16%；中农租入土地占租入面积的50%，贫农占19%。租率为产量的20%至30%（解放后为50%以上），定租多，活租少。

高利贷：

放债多为地主和富农，贫农负债最多，有的出现卖儿女为奴，中农次之。年利一般为50%（解放后为100%）。

雇工：

一个长工全年被剥削量折谷约2400斤。还有家庭奴婢收“义子”等无价劳动剥削。

牛租：

地主出租占出租耕牛数50%，富农占25%；中农租入占租入数25%，贫农占53%。每头租金约折谷1200斤。

宗教剥削：

曼抗寨各种宗教杂派占中农总产量的23%，解放后群众赕佛消耗一般较解放前均有增加。缅寺利用群众迷信集中所谓“不吉利”的土地和入寺当和尚者的土地出租（男子幼时必须进缅寺当小和尚数年，有的把土地也带进缅寺），并进行放高利贷、买青苗、经商等各种剥削。

二、哈尼族（28.9万人，红河区24万人）

该族主要聚居在红河、元阳、金平3县。原有大小土司28个（元阳17司、红河8司、金平3司），土司为彝、哈尼、傣等族。解放前后，部分土司外逃或死亡，元阳大部分、金平全部土司制度虽已基本崩溃，但基层政权仍为头人掌握；红河县土司尚保持基本实力，我工作基础薄弱。初步了解其社会经济的特点如下：

第一，地主经济占优势。根据元阳县之麻栗、硐浦、水浦龙3寨调查：共691户3125人，有水田3690.6亩。地主占总户口5.6%（本寨地主占1.7%，外寨地主占3.9%），占有耕

① 此段引文系读书版本。人民出版社版（卷三，第1037页）则译为：“在生产物地租是地租的支配形态和最发展形态的限度内，总或多或少有前一种形态即直接用劳动即用徭役劳动来交付地租的形态的残余，和它陪伴在一起，而不管地主是私人还是国家。”附上供参考。

地面积31.4%（包括外寨地主出租土地占13.11%，其中麻栗寨土司私田占7%，水浦龙寨汉族地主土地占32.7%）；富农占总户数3.9%，占耕地面积19.87%；中农占总户数25.2%，占耕地面积29.2%；贫农占总户数44.2%，占耕地面积15%；雇农占总户数17.5%，占耕地面积0.95%；其他阶层占总户数7.5%，占耕地面积3.58%。看出该区占总户口9.5%的地主、富农，占有耕地面积51.26%；贫、雇农占总户数61.7%，占人口57.8%，仅占耕地面积15.95%。硐浦寨耕牛28头，地主、富农占一半，117户贫雇农只占2头，土地和其他生产资料已相当集中。

又据金平县第五区五恩寨调查，全寨48户246人，有耕牛61头，骡、马36匹，其中地主、富农占总户数16.6%，占总人口21.6%，占耕地面积63.8%，占耕牛总数的39.6%，占骡马总数33.3%；中农占总户数20.8%，占总人口21.6%，占耕地面积31.7%，占耕牛总数27.8%，占骡马总数33.3%；贫、雇农占总户数62.5%，占人口总数57%，占耕地面积4.5%，占耕牛总数32.9%，占骡马总数33.3%。土地、牲畜已高度集中。

再据元阳高吾土司区坝师村调查：全村89户，其中土司1户，占有该村土地总产量42.3%；富农占总户数4.5%，占总产量20.5%；中农占总户数8.9%，占总产量22.5%；贫、雇农占总户数85.4%，占总产量14.7%。这里土地集中更厉害，这种地区在其他土司区还不少。

由于历史上农民多次反抗土司，汉族地主大量侵入，以高利盘剥兼并土地，土司则以超经济强制手段掠夺人民土地，成为自己私田，进行地租剥削，加上土地买卖关系的发展，封建领主的经济形式在解放前即有削弱，实质上已是地主经济占优势。因为领主的土地是由分封和赏赐中得来的，在领主的土地所有形态支配之下，一个地区中土地是属于一个主人所有。但在地主的所有形态支配之下，土地是从巧取豪夺“购买”兼并得来，不是一个地区相连的土地全归一人所有，而是一个地主在不同地区占有土地。这里农民在经济上对于地主的依存比对于领主的依存更为直接。领主虽直接掌握地方的行政权力，同样也对农民握有超经济的强制力，在土司辖区内，人民还要向土司缴纳官租以及各种捐税，负担劳役（红河思陀土司的官租以及各种捐税仍占土司收入的绝大部分，其私田的地租收入虽达16万斤左右，仍不到其总收入的1/3），但无论如何领主对全区的土地所有权已逐步削弱，小自耕农在法律上已获得土地私有权，在人格上也具有一些相对的独立性。这里虽有领主和地主并存，地主土地可以存在于领主辖区之内，地主与领主已经联成一体。

第二，剥削形式，主要是地租、高利贷和雇工3种。

地租：

实物地租占统治地位，租额分活租、定租两种，活租占90%，多系对分；定租占10%，租率50%至60%。硐浦、麻栗寨佃耕面积占30.6%（麻栗寨佃耕面占38.1%），地主出租占全部出租土地的59%，富农出租占9%，中农出租占10%，其他阶层出租占20%。水浦龙寨66%以上的出租土地是贫农佃入，中农佃入25%，其他阶层佃入8%。

高利贷：

有卖青苗、卖青烟、借肉、借半开、牲畜分养、上赊等。放债户主要是地主、富农。硐浦、水浦龙、麻栗3寨，负债户占户口59%，平均每户负债26万元，利息19万元。本利合计占欠债户平均收入24%，占贫雇农收入68%。欠债原因：缺口粮占欠债户42%，婚丧占26%，其他占32%。大部分农民因负债而抵押、出卖土地。

雇工：

雇农占上述3寨总户口17%，雇工剥削较普遍。长工工资每年谷子1080斤，童工减半，短工每天9斤，1个长工为富农每年创造生产物约谷子1380斤。

第三，生产、生活水平。自然条件较优厚，梯田由峡谷开至上半山，土地肥沃，水源在高山，灌溉便利，耕作较精细。由于农民受重重封建剥削，耕牛农具很缺乏，产量仍低（比傣族地区则高），平均每亩产530斤至600斤。各种剥削占中农正产收入34.7%，占贫农51%，占雇农68%。半数户口每年缺粮2至5个月。

第四，解放以后大部分地区官租已废除，劳役负担减少，农民生活已有局部改善，各地群众普遍发生自发的抗租废债运动，阶级关系紧张，硐浦寨拒付债利的占负债总户数55%。由于农民迫切要求土地，上层受内地改革影响，大量分散土地，群众受骗赎田买田，硐浦寨农民赎回土地占全寨耕地面积20%。该寨农民买入土地占全寨耕地面积14%。另一方面，由于生产增加，上层普遍加租，1950年水浦龙全寨出租土地的租额为463石，1951年为494石，1952年为472石，1953年为549石，计增加28%。

三、拉祜族（澜沧县10.1万人，双江、耿马、沧源3县2.2万人）

澜沧县原有18土司、22土目，1948年当地汉族地主与土司发生内讧，主要土司逃亡外国。解放前后，大部分小土司、土目被迫宣布取消土司制度，1951年镇反后，各地农民普遍发生自发性的退田拉田抗租运动，封建土司政治统治已废除，目前该区基本上是封建地主经济，富农中农经济亦有相当发展，内8区土地尤为集中，贫雇农占农村人口60%到70%，中农20%，约占人口7%的地主、富农占有耕地面积40%以上，外8区贫、雇农占农村人口50%以上（雇农约15%），本族地主少，但封建性的富农甚多。2/3地区的基层政权形式上虽有中农参加，实际上是地主当权。初步了解的情况是：

第一，全县土地一部分是由政府接管逃亡土司、地主的私产，一部分为汉、回两族地主占有的土地（大山区汉族地主占地主户数95%），另一部分则是农民占有。坝区和接近坝区土地高度集中，如大山区秦管村64户，地主3户，富农3户，地主、富农占户口9%，占有耕地面积51%，占有产量53%；中农13户，占户口20%，占耕地面积17%；贫农35户，占户口54%，占耕地面积21%；雇农8户，占户口12%。半山区土地占有稍为分散，如大乃孔村59户，地主4户，富农2户，地主、富农占户口10.2%，占有耕地面积23%，占有产量39%；中农26户，占户口44%，占有耕地面积49%；贫农25户，占户口43%，占有耕地面积26%。贫农每人平均有1亩土地。雇农3户，占户口5%，占有耕地面积1%。山区土地占有则较半山区更分散，梯田占耕地面积1/3，旱地占2/3，可以自由开荒，阶级分化也不太显著，每人平均产量仅300斤，缺粮3个月至半年。

第二，地租剥削很重，租额有3种：一种是地主出牛和籽种，佃农经营后，双方平分；一种较普遍的是地主只出籽种，产量地主四成，佃农六成；另一种全是佃户耕种，租率1/3。秦管村地主每人平均收入粮食为贫农的7倍，其中1户回族地主，年收地租32100斤，等于90户贫农的全年收入。高利贷剥削尤为严重突出：一般借谷、卖青，利率50%至100%。汉族、哈尼族地主、商人放猪肉、牛肉、鞋子给该族农民，一双鞋子要还谷子150斤。每条汗裤换谷105斤，每碗酒（4两）换谷15斤。如大山区火牙寨一农民赊买2斤半猪肉，7年后复利合地4亩。耕牛大部分集中在地主、富农手中，农民租牛1头，每年付租谷800至1200斤。富邦区一户哈尼族地主年收入粮食7万斤，其中牛租即占14%。1951年后，若干地区已停止交租交息，农民迫切要求解决土地问题，靠近景谷县的农民，自动到该县参加土改斗争。地主则举行隐蔽活动，分散财产，企图降低阶级成分；自治区建立后，上层稳定，转为合法斗争。少数地主追收旧欠，收回出租土地，雇短工自己经营，出卖耕牛，不租给农民等。

第三，该区自然条件较内地山区优厚，但生产技术落后，尤其祭鬼和酗酒对生产破坏很大。永安区小邦利30余户，1953年祭鬼杀鸡900只，杀猪50余头。该族流行“谷子黄，拉祜狂；谷子绿，拉祜哭”，意即收获时，大家用谷子换酒喝，到栽秧后发生缺粮恐慌。酗酒消耗粮食过去占每户收入粮食50%。如永安区1952年农民收入粮食酗酒耗去24万斤，占该区产量50%。近4年来经过大力教育，1953年降为20%。

贰、第二类型：景颇、傈僳及其他人口较少的少数民族，占边疆人口17%。虽已进入私有社会，但土地占有不甚集中，阶级分化也不明显

一、景颇族（9万人）

德宏境内有景颇、载瓦、茶山、浪速4个支族，载瓦较多。该族被傣族土司统治已数百年，并通过山官实行分割统治。其特点是：

第一，山官以世袭的家长身份，成为山寨的统治者，其职权是分配土地、批准外人入寨、调解纠纷、征收劳役地租并向傣族土司交纳贡税。寨头（亦多为世袭）协助山官处理“公共”事务；魔头司理宗教、祭祀。在山官辖区周围数十至数百平方公里内，耕地被分给作为社会经济单位的各个家族永久使用，已经形成以生产资料私有制为基础的个体经济了。这种私有制形成的根源，主要的一种是经济的交换和剥削关系的产生，另一种则是非经济的原始掠夺和战争（拉事），逐步引起了内部财产分化的增加。

但是公有土地仍占广大部分，荒地准许自由开垦，草地、森林也是公用的；同时，在若干地区，这种被分给的土地所有权仍受到一定限制。首先，山地一般不能自由抵押、转让和买卖。有时坝子里的水田买卖亦须得山官同意。其次，不能超越山官辖区和氏族公

有地开荒或调剂耕地，如迁居即丧失本寨土地所有权。再次，部落氏族残余，如共耕、助耕、集体建屋、换工等较原始的单纯协作（“伙干”）形式，平均分配猎物、祭品和“拉事”劫来的财物，旅行不带口粮“到谁家，吃谁家”等遗俗，尚保存原始的“平等”和“平均”的习惯。

这里家长式家族公社（农民公社）已经是地域的和经济的联系了。它不是介乎氏族社会与阶级社会（奴隶制和封建制）之间的特殊阶段，而是原始社会的残余，因而在社会分裂出阶级之后仍然存在很久，有利于傣族土司的分割统治，“征服者一方面允许被征服者继续保持原来的生产方法，一方面以获得贡物为满足”（见马克思：《政治经济学批判》）。这种农民村社的最大特点，就是出现了“土地所有制的二元主义”，亦即除集体所有制外，还发生了私有制（见马克思：《摩尔根〈古代社会〉一书概要》）。

另一方面，山官占有比群众较多的土地和牲畜，并对群众进行不同程度的剥削。根据潞西县遮放西山40个山官的调查，他们占有土地比群众（每户3.08亩）平均多1倍（每户7亩）至4倍；寨头比群众多1倍（6.5亩），耕牛占有比群众（1头弱）多1倍（2头）。山官占有剩余劳动的主要方式是封建的劳役地租（官工），每户每年出3至5个工，祭鬼杀牲和猎获野兽时送一腿肉，这里农民为山官劳动和为自己劳动，在时间和空间上都被严格地分开着。山官对本族的剥削，占每户全年农业收入的5%左右。对居住在辖区的外族人民，征收官烟、保头费等贡物（变相的地租剥削），占每户全年农业收入的12%左右。少数大山官出租土地给外族，其余依靠地租剥削为主要生活来源的不多。本族内部租佃关系很少，群众间也有借贷关系和个别买卖现象，年利多是借1还2，尚未发现债利生活者。分养牛、猪和牛租剥削现象已发生，下坝或出国卖工和内部临时换工较多。此外，绝大部分山官还未脱离生产劳动，40个山官中，主要劳动25人（内卖工5人），附带劳动11人，不劳动3人（有1人情况不明）。一般说来，山官的剥削还未达到严重阻碍生产力发展的阶级对抗形式。

由此可见，这种不完整的山官制度，一方面是基于家长式家族（农民村社）的宗教和道德的约束力，另一方面也带上较为显著的封建剥削性质，从而形成一种半家长式家族半封建领主的过渡经济形态，它可能还处在家长式家族或不完整的家长奴役制（被傣族统治后失掉了向奴隶制发展的社会条件）向初期封建制的过渡期。与汉族、傣族杂居的部分地区（约占全区20%）已进入封建社会，阶级正在分化，土地呈现集中趋势，但仍带有较浓厚的原始性、部落性。

第二，生产力水平低下和停滞：旱地刀耕火种和少部分水田的粗放经营占统治地位。生产工具落后，男子多吸食大烟、酗酒、性病流行、劳动力弱。该区自然条件比内地山区优厚，由于生产技术很低，水稻产量每亩平均300市斤，旱谷180市斤，水稻生产成本占产量的60%，旱谷占173%，农业与手工业紧密结合，很少从农业分离出来的独立手工业者和独立小商贩。

第三，建立在这种低下的生产水平上的社会经济制度和与之相适应的原始宗教，“这是还处在向多神教发展路程中的对自然与元素的崇拜”（恩格斯：《家族、私有财产及国家的起源》，三联版，第98页），诸如杀牲祭鬼（遮放西山南苗寨7户人，1952年献鬼4次，杀牛6头、猪12头）、买卖婚姻（遮放西山弄丙寨中农木勒拉结婚费折合10098斤稻谷），以及其他带有宗教告诫性质的生产、生活恶习等，成为僵化保守力量，对生产的严重破坏，甚至超过山官的经济剥削。

第四，民族压迫与帝国主义分裂活动造成政治上的外倾与长期的民族纠纷。解放前土司通过山官向群众征收烟捐、门户钱等。山区主要生活必需品（盐、布）依靠外国供应，使用缅币，大烟行销缅甸，出国卖工，充当英帝雇佣兵，部分地区信奉耶稣教、天主教等；帝国主义在政治、经济、文化上的侵略和异族奸商剥削的特点，使该族社会带上了较显著的殖民地性质。

此外，该族至今普遍流行“吃新谷，话旧仇”的“拉事”恶习，其来源是“从氏族制度中曾发生了继承父亲或亲族的仇敌关系乃至友爱关系之义务，同样替代报复杀戮或伤害的赎身罚金也须继承的”。因之，“在保护自己的安全上个人依存于氏族”，“凡侮辱个人的，便算侮辱了全体氏族”（恩格斯：《家族、私有财产及国家的起源》，三联版，第92页）。由这里发展起来的军事民主形成一些冒险的私人团体，从该族社会中分离出一层不完全从事生产，部分依靠抢劫过活的拉事头二流子，和山官、寨头、魔头互相依存，形成该族特有的4种人物。他们虽没有明确的社会政治地位，但有着广阔的群众基础和深刻的社会历史根源。由于长期反抗民族压迫和部落之间的混战，使该族在历史发展中把这种恶习保存下来，造成当地各族人民生产、生活上的长期不安定。

解放以来，通过各项政治工作和生产工作，“拉事”和杀牲祭鬼已显著减少，在1/2以上的工作基础较好地区出现一批积极分子。生产水平较前提高，生活有相当改善，1953年全区耕地面积扩大20%，单位面积产量提高10%。部分地区已出现带有根本面貌的改变，如陇川县下坝生产200余户今年已达到够吃，统购中在全县带头出售余粮。潞西县遮放西山及下坝生产地区已着手重点试办农业生产合作社。

二、傈僳族（边疆13.5万人，其中怒江区10万人）

据了解该族原住澜沧江流域，因受汉族、纳西、民家等族压迫，于300年前后迁入怒江区，统治当地土著怒族、俅族，一度发生家长奴役制经济。1912年汉族统治集团进入该区，利用该族与怒族矛盾，释放奴隶，自此该族即在汉族封建统治之下，向封建社会过渡。但由于该族至今仍向未定界迁徙，未完全定居下来，加上长期民族压迫，因而在民族内部没有形成自己特有的政治统治制度（该区泸水县则早在明朝即由民家族、彝族土司统治，解放后土司被群众斗争，已离开该县）。其社会经济特点是：

第一，土地占有不集中，阶级分化不明显。在汉族统治集团未进入以前，蓄奴经济已甚普遍，如福贡县共泉村没阿自弟兄即有奴娃60余人。奴隶的主要来源是掳掠怒族。这种家长奴役制是初期的“偶然的奴隶制”形态，奴隶主自己和全家直接参加劳动，主奴生活悬殊不大，剥削也有限，奴隶只是主人“单纯的助手”，奴隶劳动还未形成整个经济的基础（见恩格斯：《家族、私有财产及国家的起源》，三联版，第187页）。由于蓄奴经济存在时间不长，加上生活贫困，其在阶级分化上留下来的烙印亦不显著，反之，原始经济的残余则仍保留不少。

一方面，土地私有制早已建立，约占10%至20%的地区，由于接近汉族，土地已呈现集中趋势，如碧江乡第四、五区的一、二、三村等，解放前是兰坪县兔莪土司的领地，土地比较集中，二村尼普鲁自然村26%的户口占有耕地61%。四村11%的户口，占有耕地38%。一村“三六四”（人名）1户占有土地、山林296亩，年收50石苞谷。福贡县第一区之胡德清（保长）、第二区路阿独每人有水田四五十亩，雇用短工经营。他们都是国民党反动派扶植起来的。至于外族商人在该区进行投机剥削，未将大量资金投放于土地经营上，贡山县外商20户90人（解放后已大部逃亡），占有水田214亩，平均每人有水田2.8亩，集中程度不大。本族内部租佃关系很少，债利剥削也不多，碧江县第二区亚谷等6个行政村共1010户，其中放债11户，占1.08%，贷出数字也很少，如“三六四”为全区最大的放债户，其资本仅500元半开。可以看出该区已产生封建性的地租和债利剥削，但所占比例甚小，在当地人民经济生活中尚未起决定作用。

但另一方面，约占80%以上的地区，土地占有不集中，没有地主，富农经济也未形成。无土地的农民，可以通过亲友关系向有多余土地的借种，不付地租。亲友亦有义务采取借地、共耕、开荒等方式帮助解决某些人的无田少地问题。如1940年澜沧江流域饥荒，数百户灾民到怒江区借住、借地，有的到三四年后才走。有土地而缺乏劳动力的，可以通过“瓦刷”（煮酒请客）方式邀请同族人无代价地帮助耕牛，耕牛也可以互相借用。该区山高坡陡，耕牛常坠崖跌死，或遇祭鬼杀牛，可将牛肉按“份”散给村邻，受肉者必须合力出资为失牛户再购1头。此外，任何人均有接纳招待远近来客的义务，去年碧江达落村水灾，那南夫叭出粮救济，本人亦饿饭。该族到未定界卖工、做小贩，路上数百里无人烟，常将所带粮食挂在树上，减轻负重，归途取食，他人看见可取一餐之数，多则不容，但从无盗窃者。这些原始经济和原始民主残余，虽极大地阻碍该族的进取和进步，但其中还保持着若干尚未失掉生命力的因素，可资利用和提高。

第二，生产落后，生活贫困。大部分地区是刀耕火种，水田很少。生产工具缺乏，碧江县第一区3个行政村654户，按劳动力计算，缺锄730把。贡山县第四区（俅族）600户，仅1户有锄。全区每年平均缺粮5个月，有些人到山上挖死老鼠吃。普遍穿麻布衣过冬，以致很多人不得不到未定界淘金卖工度日。该区自然条件虽不如边疆其他地区，但土地潜在力尚未发挥，水稻每亩产量仅200斤，成本占产量80%至100%。1953年贷放农具、提倡施肥后，全区即增产30%。生产落后和贫困的主要原因是长期民族压迫和异族奸商的投机剥削。解放前对政府负担，单门户捐一项，即占每户粮食收入的21%。外族奸商在该处卖酒，放黄连、贝母债，以不等价诈骗交换，剥削当地人民。知子罗外族商人每街煮苞谷1斗得酒60碗，春天赊酒1碗，秋天收苞谷2升，计1200%的利润。最近福贡街外族奸商放债，每街（15天）利率合480%。此外杀牲祭鬼（碧江县每年杀猪3000头、牛200头）、酗酒、买卖婚姻（1个女子的身价要4至5头牛）等恶习，也极大地破坏生产。

第三，帝国主义侵略，造成政治上的外倾。由于汉族统治阶级的长期压迫和挑拨离间，造成当地各族人民之间的深重隔阂，帝国主义乘隙而入，利用耶稣教、天主教进行欺骗麻醉。全区教徒约占人口37%。教会组织带有显著的政权性质，可以派款、判案，如人民政府判决的婚姻诉讼案件，教会不同意，不能执行。目前，部分教徒受未定界帝国主义分子马道明（加拿大籍）、莫尔士（美籍）、杨志英（英籍，在泰国）等操纵指挥，仍未完全与帝国主义割断联系。

三、散居在边沿山区的若干小民族，如崩龙、怒、俅、苦聪、苗、瑶等族，人口约12万人

其情况与景颇、傈僳大同小异，生产更落后，生活更苦。由于“这些少数民族插在稠密的占多数的异民族中间，大抵既没有一定阶级构成，也没有一定的领土……党对于这些民族集团劳动群众的任务，就在于帮助他们享用这种有保证的自由发展的权利”（斯大林：《马克思主义与民族殖民地问题》，第145页）。因此，这些民族当前的主要问题是取消当地人口占多数的大民族对他们的统治剥削，使之定居下来，保证其自由发展。

叁、除上述两大类型外，边疆还有藏、彝、卡瓦等族，占边疆人口12%强

他们都已进入阶级社会，并处于不同的社会发展阶段。藏族近似封建前期的农奴制和政治上的僧侣贵族专政，凉山彝族近似奴隶制，都和西藏、西康各该族的社会经济情况基本类似，不另赘述。卡瓦族在澜沧县约有123000人，沧源、双江两县有33000人。据不完全了解，聚居在沧源、双江一带的，大部分已进入封建社会。其主要聚居区在澜沧县西盟一带，现有5个部落（马散、永别烈、永广、山东、岩城）。百余年前拉祜族李通明侵入该区，受封为土司，在原有部落基础上建立神权统治，并分封了王子、新爷、管事、新官、掌爷、客长等7级头人，对其原有的部落组织变动不大。目前所能了解到的情况有以下几个特点：

第一，该区已进入阶级社会，土地私有制已确立，同时并存着少部分公有地。除外族统治者分封头人外，本族原有：“窝郎”，为世袭的部落酋长，个别有由群众推选的；“竹米”，拥有财富和奴隶最多的人，略似新兴的“有产贵族”；“魔叭”，做鬼看卦的巫师。头人在群众中有传统威信，但无绝对权力，处理重大事件必须通过群众，群众不同意，不能执行，甚至可以罢免头人，还保持着较浓厚的部落民主习惯。头人对群众有轻微的粮款剥削，剽牛祭鬼送一腿肉。大“竹米”和部分头人家内蓄奴，并进行债利剥削（利率20%到100%），奴隶约占人口3%至5%，至多不会超过10%（马散大头人蓄奴10余人，永邦大头人蓄奴20余人，中课大头人有奴隶15户），奴隶来源主要是战争俘虏和负债卖身。奴

隶主多数参加劳动，其社会经济近似家长奴役制（初期的奴隶制形态），并夹杂着若干其他社会经济成分（原始的甚至封建的），奴隶劳动可能还不是整个社会经济的基础。

第二，该族至今还未打破原始部落“以人作祭品的习惯”（恩格斯：《家族、私有财产及国家的起源》，三联版，第155页），播种前必须砍人头、剽牛祭鬼，以人头腐烂尸水拌谷种种下，认为这样做才会丰收，至期各寨男子集合四出寻找人头，常引起民族间和民族内部互相掠夺仇杀。沧源县数十年前，即已停止砍头，大小蛮令一带，解放后经我教育后已停止，西盟亦已减少。此外，全西盟区每年祭鬼剽牛2000头以上，小马散136户人，1952年剽牛100余头，1953年上半年剽70余头。酗酒较其他山区民族严重，估计全西盟区每年约有2000万斤粮消耗于煮酒。

第三，生产水平较景颇、傈僳等族尤为落后。刀耕火种的主要农具是铁、竹尖刀，在火烧过的土地上戳一洞，放进种子，不加掩盖，即等待收获。接近汉族、傣族地区，已能种水田。全区普遍种植大烟，解放前年产80万两，1952年约减少一半。由于生产落后，加上宗教恶习和长期的民族纠纷，人民生活极为贫困，多数人吃不到盐，没有被盖。

我们在该区尚无工作基础，敌人利用民族矛盾，进行挑拨破坏。目前工作仍是疏通关系和团结稳定上层。

肆、根据上述两大类型的初步分析，归纳起来有如下概念

一、第一类型

都已经进入封建社会（在民族杂居区，土地高度集中，主要统治阶级为汉、回地主，在民族聚居区，土地稍较分散，富农多兼头人），当前阻碍生产力发展的主要是封建的土地所有制。在领主土地所有形态支配下，农民（农奴）由不稳定的土地使用权（西双版纳）到较为稳定的土地占有权（德宏）。在地主土地所有形态支配下，少数小自耕农在法律上获得土地私有权，但在外族地主兼并掠夺之下，大部分失去土地，濒于破产。所有各族在封建社会的发展面貌和阶级分化程度上的这些不同特点，是决定与封建斗争时政策和策略的基础，其显著的是：

第一，土司制度是经济的，也是政治的制度（有的并与宗教结合），与民族关系密切联系，是阶级敌人，又是不可缺少的统战对象。由于存在着领主经济和地主经济两种形态，各土司的统治方法也各有不同，有的是直接统治和剥削着全体农民，有的则间接通过其地主、富农来剥削贫苦农民。

第二，富农既是一个参加劳动者，又有政治特权与封建统治势力结合在一起，迫使农民处于从属地位。他们与土司基本利益一致，既有密切联系，又有一定的矛盾（要交纳官租）。

第三，某些地区（西双版纳、德宏等），残存的“土地公有制”（如农民尚无土地私有权、习惯上不许土地买卖、分配土地时多少保留着原始民主形式等）和土地分散情况

（两头小，中间大），虽是封建领主统治的基础，但在新的条件下，可在某种程度上加以利用。

第四，在封建领主统治占优势的地区（如西双版纳），农民只有其土地使用权，土地占有权是不稳定的，因此，在被分与"份地"的情况下，土地以外的生产资料（耕畜、农具、资金等）的占有和变动，往往是决定阶级升降的重要因素，在划分农村阶级时，应予以特别注意。

第五，经过4年来的工作，边疆封建社会有了一定的变化，土司制度已有削弱，土司特权（如私刑、随意奸淫妇女等）和某些经济外的强制（如霸占人民财产、苛派等）也减了一些，有的地区甚至形式上废除了土司的政治统治制度（基层政权仍掌握在那些名存实亡的头人手里），但土司封建的土地所有制根本未动，"经济外的强制在巩固农奴地主的经济权力方面起过作用，但封建制度的基础并不是经济外的强制，而是封建土地所有制"（斯大林：《苏联社会主义经济问题，解放社版，第37页》），看来企图不触动或绕过根本改革而达到完全变化是不可能的；其他次要方面的变化，有利于根本的变化，但没有根本的变化，许多次要的变化不可能解决民族的基本问题（如剥削、民主、宗教、大烟等）。

二、第二类型

都已进入私有社会，并产生不同程度的剥削关系，各民族在发展面貌上虽有差异，但阶级分化不明显，土地占有不集中则是共同的，它和已进入封建社会的各个民族有显著的不同：

第一，当前阻碍各该民族生产力发展的主要因素是：（1）与其落后社会经济制度直接关联的原始宗教和生产、生活恶习（剽牛祭鬼、买卖婚姻以及若干带有宗教告诫性质的劳动习惯等）；（2）民族压迫和民族纠纷（拉事、原始掠夺）；（3）帝国主义政治（分裂破坏）、经济（外货倾销）和文化（传教、办学校）的侵略；（4）异族奸商的剥削。因此，通过区域自治，使他们从现存的落后制度逐步导向民主统一；通过民族团结，逐步停止民族纠纷；加强山区生产改造；加强国营经济，制止帝国主义异族奸商的投机剥削；开展医疗卫生文教工作，削弱杀牲祭鬼及其他生活恶习；以逐步增加社会主义因素，消除民族的落后因素，应是这些地区今后工作的中心任务。

第二，大部分上层人物都参加生产劳动，其生活仅相当于内地中农水平（个别是地主、富农）。他们和本族群众虽有不同程度的阶级矛盾，但保持着生产、生活和精神道德上的密切联系，和已进入封建社会地区的民族上层有很大程度上的不同。因此，对他们一般的应和群众共同生产，共同提高，认真团结改造，以便逐步实现削弱和废除那些与他们直接关联的不利于民族发展的落后制度。

第三，已进入封建社会的当地大民族（主要在坝区）统治集团对他们压迫与剥削是形成长期民族纠纷和民族报复的主要原因，目前这些纠纷有着鲜明的阶级性质，因此，在当地大民族内部封建的土司制度未废除以前，这些民族的基本问题不可能得到解决。

第四，这些民族都或多或少地保存着不同程度的土地公有制和原始部落民主残余，加上长期反抗民族压迫和个体抵御各种自然灾害的生存要求，形成各族劳动人民内部相互间的互助合作习惯，其中还有若干尚未失掉生命力的因素，经过利用改造和提高，可能提供我党领导他们直接地、但却是逐渐地过渡到社会主义的某些有利条件。

至于不能纳入第一、第二类型的藏、彝、卡瓦等族，由于直接关联到西藏、凉山和未定界问题，至今尚未进行更多工作，因之基本情况了解不多，尚需进一步研讨。

1954年3月25日

云南民族地区采取不同政策顺利完成民主改革[①]

孙雨亭

云南民族地区采取不同政策
顺利完成民主改革

云南省民族工作，在党中央领导下，经过全党的努力，由内而外地，并分别内地与边疆的不同情况，采取了一系列不同的工作措施，各少数民族都从其各自不同的发展水平进入社会主义革命的新时期。现在回顾一下6年来走过的道路，从中吸取经验教训，明确今后工作任务，对于进一步巩固和发展我们的胜利，将有重要的意义。

新中国成立之初，在已进入封建地主经济的内地民族区，初步进行了民族团结工作之后，于1951年和汉族一起开始了土地改革。省委根据民族杂居区和介于内地与边疆之间的缓冲区的不同情况，分别采取了不同程度的比较和缓的斗争方法和较宽的具体政策，在运动的规模上适当地作了约束，即是杂居区稍宽于汉族区，而缓冲区又稍宽于杂居区，并坚持了“先汉族后少数民族，先平坝后山区”的基本步骤。[②]执行的结果，不仅达到了消灭封建制度和加强民族团结的基本目的，为开展农业社会主义改造打下了基础，而且有了内地的依托和支持，使我们更好地加强了边疆民族工作。

---

① 该文是孙雨亭（时任云南省委常委、省委边疆工作委员会书记兼省民委党组书记）1956年6月23日在中国共产党云南省第一次代表大会上所作《关于民族工作的报告》的一部分。1956年10月12日《光明日报》曾经刊发，题目为《云南边疆地区是怎样采取和平协商方式进行土地改革的》，后收入《孙雨亭民族工作文集》（民族出版社1992年版）一书，题目为《全省民族地区分别采取不同办法顺利完成民主改革》。云南省民族事务委员会、云南省民族理论学会编辑的《云南民委工作60年》（云南民族出版社2011年版）也收录了此文，题目为《云南民族地区采取不同政策顺利完成民主改革》，内容更加全面，除了和平协商土地改革以外，还谈到了不经过土改逐步过渡到社会主义（“直接过渡”）和在景颇族等“直接过渡”地区建立生产文化站的问题，这些都是《孙雨亭民族工作文集》一书所未有的内容。编者藏有本文刻印稿。本书采用的是《云南民委工作60年》选录的文本。——编者

②1952年6月26日，云南省委上报关于山区及缓冲区土改问题的报告，7月9日，西南局批语云：“兹将云南省委关于山区及缓冲地区土改问题的报告照转如下，我们同意省委的分析。是否有当，请中央复示。”8月10日，中央批复：“7月9日转来云南省委6月26日报告悉。中央同意云南省委关于山区及缓冲地区土地改革的意见和3个决议草案。”这里所说的3个决议草案，是指1952年5月18—19日云南省委召开的地委书记会议做出的《关于内地山区土地改革若干问题的决议》、《关于边疆缓冲区土地改革问题的决议》和《关于整训土地改革工作队的决议》。——编者

在边疆，于1950年完成军事解放之后，即大力进行疏通民族关系，团结民族上层工作。从1952年起，在工作基础较好的地区，开始进行群众生产工作，通过做好事，交朋友，逐步改善了人民的生活和提高了群众的政治觉悟，进行了一些次要方面的改革，加上我党我军在这些地区的控制力量和威信日益增强，从而引起了敌我之间、民族之间和民族内部阶级关系上的一系列新的变化。1953年底中央提出了过渡时期的总路线，并规定了党在民族问题方面的任务，全党更加明确了土地改革是已进入封建社会各民族过渡到社会主义不可逾越的一个革命阶段。1955年采取了和平协商方式①，进行了土地改革。在保证基本消灭封建制度并适当满足农民土地的原则下，对少数民族的领主、地主从政治上、经济上作了适当让步。对民族上层，不降低其政治地位与生活水平。从德宏傣族区及边沿6县（区）土改结果看，这样做，基本上消灭了封建制度和满足了农民的土地要求；发动了群众，建立了以雇农、贫农为核心的基层政权和武装，发展了农村党、团组织，也团结、稳定和改造了民族上层。证明和平协商土改方式是完全适合于边疆民族情况的。

自党的七届六中全会以来，在全国社会主义高潮的影响下，我省民族工作又有了大踏步的前进。内地民族区已完成半社会主义的合作化。边疆的红河、西双版纳、耿马、孟连等地区全面开展土地改革，在已结束土改的地区，紧跟着开展互助合作运动；不再经过土

① 关于云南和平协商土地改革名称的确定，王连芳回忆说：

当时，内地正在反“和平改革”，批判浪潮一浪高过一浪，而边疆的一些干部对团结上层在内心实际上也想不通，许多同志认为边疆改革与内地土改相比，只不过“缓和一些”罢了。为了使边疆改革的特点更加鲜明，便于干部们理解执行，省委在改革名称上很费了一番力气。

记得最后确定是在一次省委常委扩大会上，大家讨论到名称，都闷住了，省委书记谢富治打破沉默说：“敢不敢就明明确确地叫和平土改？”会场上一时怔住了，不知该怎么回答，于一川省长说：“恐怕不太好，我看加上‘协商’两个字，叫‘和平协商土地改革’，以示与内地‘和平土改’有所区别。”于是，省委形成一致意见，于1954年冬，向中央报告关于在边疆民族地区实行和平协商土改的意见，并派我带着报告去北京请示。（王连芳：《云南民族工作回忆》，民族出版社2012年版，第283—284页）

1954年11月16日，云南省委上报了《目前边疆改革问题向中央的报告》。其中谈道：

基于时间地点和条件的不同，边疆改革坚决抛开斗争地主和主要的从下而上发动群众的改革方法，而采取自上而下和平协商解决土地问题的改革方法。鉴于过去我们所提出的“边疆改革采取比较和缓的方法”，往往为干部理解成“不过比较内地改革，略为缓和一点”。因而实际行动不易摆脱内地改革经验的影响，为使边疆改革在指导思想上根本区别于内地改革，省委考虑：有必要明确地提出边疆改革，就叫和平协商改革。改革的地区，就叫“和平协商改革区”。

1955年1月11日，中央批示：

1954年11月16日关于《目前边疆改革问题向中央的报告》收悉。关于云南边疆已基本进入封建尚未进行土地改革的地区，如何进行土地改革的问题，省委所提出的方针、政策，中央认为是正确的。至于改革地区和改革时间的安排，除缓冲区的江城、河口、镇康、双江、大雪山各点及澜沧拉祜族自治区的内4区，可即着手进行外，其余地区的改革何时开始进行，请省委再进行一些调查研究之后考虑决定，并报中央。中央民委工作组不日即可动身到云南，在省委领导下，参加工作。中央。（《中央对云南省委关于在边疆多数地区进行和平协商土改报告的批示》，中共云南省委党史研究室编《云南边疆民族地区民主改革》，云南大学出版社1996年版，第97—104页）——编者

地改革运动的边疆阶级分化尚不明显的民族地区，已开始直接办社的工作；某些更为落后的空白地区，也已继续完成了军事解放，国防建设大为加强。

6年来我省民族工作的成绩是很大的，发展速度是比较快的。这些成绩是在不断地纠正民族工作上的各种错误倾向和不断摸索经验中取得的。主要经验是：

第一，正确处理民族问题与阶级问题的关系。在剥削阶级未消灭以前，民族问题的实质是阶级问题，只有解决了各民族内部的阶级问题，才能导致民族关系的根本变化，不考虑解决阶级问题企图去解决民族问题是不可能的。但由于各民族所处的具体历史条件不同，尤其是民族内部的阶级压迫和外部民族压迫的存在，民族间的阶级矛盾经常表现为民族矛盾。在解决民族内部的阶级问题时，必须根据民族的具体情况，并掌握从民族团结出发达到民族团结的原则；如果只看到阶级问题，忽视民族特点和民族关系也是不对的。根据这一基本原则，我们按照内地与边疆的不同情况，在改革问题上采取了不同的工作步骤和措施。鉴于内地各民族在建国之初都已基本上进入封建地主经济，多数地区并主要受汉族地主统治，当时少数民族的民族解放与消灭封建阶级的要求结合在一起，因此，解决了阶级问题，就可以基本上改变民族关系。省委在肯定内地民族区必须进行土地改革时，曾批判了那种在改革中忽视民族特点的看法和做法。

边疆民族则处于另外一种情况，傣、哈尼等民族都基本上保持着民族自己统治的土司制度，民族隔阂很深，敌我斗争十分尖锐，民族内部的阶级矛盾为民族矛盾所掩盖，民族上层在群众中有着很深的传统影响。这就决定了要解决民族内部的阶级问题，必须有较长时间的准备工作，也就是首先大力团结上层，然后通过上层进行群众生产工作，逐步培养民族内部的新生力量，使民族内部的阶级矛盾逐渐突出，促成土地改革成为“水到渠成”的趋势。但有些同志开始时不完全了解边疆民族工作发展等这一特殊规律，企图急于解决民族内部的阶级问题，忽视了当时实际可能的条件，盲目发动群众，反而造成混乱；而在克服急躁冒进的同时，又不了解边疆每一工作措施都是为了土改准备条件，为各民族过渡到社会主义创造前提的重要意义，因而看不见民族内部新生的积极因素，不敢领导民族前进。

边疆土改不仅需要长期准备，而且必须采取区别于内地的另外一种方式，即自上而下发动群众，与民族上层和平协商的改革方式。但边疆土改不论采取什么形式，实质上还是一场激烈的阶级斗争。因此，必须坚决依靠群众，没有群众的发动，就和平协商不下去；另方面，土改既然是和平协商，就必须做好上层统战工作，才能最大限度减少阻力。开始时，有些同志对于和平协商改革政策的实质，是不完全理解的，突出地表现在发动群众和团结上层关系上，一种是片面地认为和平协商不能发动群众和消灭封建；另一种则认为和平协商是取消阶级斗争，企图依靠行政命令解决问题。但当群众有了广泛的发动，或者发现某些地方顽抗分子的破坏行为时，又容易滋长急躁情绪，企图超越政策界限，放松了统战工作。

第二，无论在内地与边疆，要解决民族内部的阶级问题，保证完成土地改革，必须由民族自己的干部带领本民族群众去进行。在内地土改前，我们曾在各级政权机关中有意识地吸收了民族的代表人物和劳动人民出身的民族干部，特别在土地改革中斗争民族地主时，坚持了由民族干部领导，以本民族群众为主体的原则。在边疆民族区，首先通过推行区域自治政策，团结了民族、宗教上层人士，取得了少数民族对党的信任，打击了帝国主义分子和各民族内部少数败类的分裂活动；从而使我们有可能在民族区实现党的领导，培养了大批劳动人民出身的民族干部，逐步削弱以至代替土司的政治统治；最后通过民族自己内部新成长起来的革命力量，运用这个政权武器进行了土地改革。事实证明，在解决民族内部阶级问题上，凡是认真执行通过民族自己起来行动的原则，就能达到发动群众和进一步加强民族团结的目的；如果忽视这一原则，就会使我们在前进中感到十分吃力和被动，甚至会使反动上层把阶级问题演变成为民族问题。

第三，几年来的工作也证明，人民解放军和人民公安部队在整个民族工作中的作用是很大的，今后在民族区社会主义建设中也将起着更大的作用。建国初期，整个边疆为公开的反革命武装所控制，如果我们没有军队首先完成军事解放，就不可能击破敌人对民族的控制，保卫各民族人民的生命财产和巩固国防，就不可能开展工作；特别是在那些民族上层还掌握武装，并能左右民族的背向的地区，如果没有人民解放军做后盾，也不可能团结他们和稳定群众，达到疏通民族关系的目的。

事实证明：我省民族区尤其是边疆民族工作的开展，都是人民解放军和人民公安部队走在前面，执行了战斗队和工作队的任务。他们在消灭土匪、完成军事解放之后，积极参加了当地民族工作，宣传党的政策，加强了民族团结，而且保卫了边疆土地改革的顺利进行。由于他们的模范行动和艰苦的工作作风，获得了各族人民的极大信任和拥护。最近我军进入小凉山和佤山，击破了彝区反动奴隶主的叛乱，为解放奴隶铺平了道路，并把佤族从敌特控制下解放出来，创造了开辟佤区工作的良好条件。

因此，任何忽视军队在民族工作中的重大作用的观点都是十分错误的。同时，也不应该忘记，我们派遣军队进入民族区是为了把当地人民从敌特控制和反动统治下面解放出来，是为了维护祖国的统一和加强各民族间的团结，任何离开这一根本目的，不做积极政治工作，企图单纯依靠军事力量解决问题，甚至以打为快的做法，也同样是不正确的。今后要求人民解放军和公安部队继续把民族工作作为自己的一项重要政治任务，在各级党委的统一领导下，组织力量，加强具体领导，积极地、经常地进行各方面的工作；同时，对全军进行民族政策的教育，密切军队与群众的联系。十分注意帮助少数民族建立和巩固民族武装，认真培养少数民族出身的官兵，并把这一工作经常化。

总之，几年来我们走过的道路基本上是正确的。但由于我们对中央的方针政策体会不深，具体指导不及时，因而各地在实际工作中，曾有过“左”、右摇摆的偏向。主要是注意了阶级问题，又往往忽视了民族关系和敌我斗争形势；强调了民族特点，又忘记了各族人民的本质要求，在土改准备时期忽视了群众生产工作的政治目的，而在改革时期又放松了团结上层的重要性。一般的规律是：在提出前进时，由于不能把方向道路和当前可行的工作区别开来，往往产生冒进，不得不往后拉一下；而在反对冒进时，又看不见方向道路，容易产生消极等待，停滞不前，以致在工作转弯当中造成人为的紧张关系和步骤紊乱现象。这些教训都是应该很好记取的。边疆土改的胜利，使边境民族关系起了根本转变，为各族劳动人民之间的团结合作奠定了基础。但是，我们前进道路上的问题和困难是很多的。我省少数民族生产水平很低，尤其是内地高寒山区的少数民族生活仍很贫困。边疆许多民族仍停留在十分原始落后的状态，没有自己的文字，90%以上都是文盲。各民族群众在社会主义前进中自然会提出新的要求，无论内地与边疆，历史上遗留下来的民族间先进与落后的事实上的不平等的矛盾已经或正在开始突出起来，成为社会主义时期需要逐步解决的主要问题。

但是，我们有些同志对于民族问题上这一新的情况认识和估计不足，部分同志只看到内地合作化的胜利，错误地认为阶级消灭，民族问题不重要了，一般化地去对待社会主义改造中的民族问题。而另一部分同志又不了解我们注意民族特点的真实意义，正是为了有利于民族发展，达到社会主义的共同目的，仍然停留在“尊重”“照顾”等简单的老观念上（这不是不对了，而是不够了），不敢积极地去解决民族的本质要求。还有的同志甚至对民族内部反革命的破坏缺乏应有的警惕。最近若干地区不断发生少数民族搬家和骚动事件，引起民族关系上的紧张状态。

因此，如何帮助少数民族发展成为社会主义民族，就成为我省当前党在民族问题方面的根本任务了。十分显然，消灭阶级虽然在解决民族问题上前进了一步，而且是大大的一步，但并不等于解决了民族问题，只有在消灭阶级的基础上进一步消灭民族事实上的不平等，把少数民族从落后状态发展成为新型的社会主义民族，才能解决好民族问题。这就要求我们必须采取积极的态度和有效的措施，全面地、长期地帮助少数民族发展经济和文化，并满足其政治要求，最大限度地发挥各族人民的社会主义积极性。当前，必须通过农业社会主义改造和其他方面的工作，帮助他们建立经济中心，尽可能建立一些工业，从当地人民中吸收工人；帮助他们创立与其语言相适应的文字，逐步建立具有社会主义内容和民族形式的文化，吸引他们积极参加社会和政治生活。没有这种诚挚无私的帮助，少数民族过渡到社会主义是不可能的；同时，我们帮助少数民族使他们自己走社会主义的道路，没有少数民族自己的积极行动，过渡到社会主义也是不可能的；没有少数民族的社会主义，汉族人民也是不会得到发展的；也就不能保证各民族在统一的社会主义祖国大家庭中和平团结和友爱合作。这就是我们在社会主义革命时期解决民族问题的基本指导思想和出发点。

关于边疆阶级分化不太明显的民族地区的社会改革问题。主要是指边疆景颇、傈僳和佤等民族地区，共约60万—70万人。近一两年来，我们在考虑和平协商改革的同时，也摸索了这些民族过渡到社会主义的具体道路和形式问题。随着内地社会主义高潮和边疆土改的逐步完成，愈益增加了解决这个问题的迫切性。

据几年来调查证明，这些民族内部都已产生了不同程度的阶级分化和封建剥削的因素。极少数的大山官和大王子已形成世袭，不是完整的民族领袖而变成不完整的封建领主了。群众亦有“不完全的财产私有权”。景颇族山官对本民族群众每年每户征派3—5天的劳役官工（有的征收30—70斤的官租），对附近辖区的汉族、傣族征收官烟和保头税。个别地区已产生了1%—3%的地主、富农占有10%—30%的水田。佤族1万多人的地区已产生了世袭王子，对群众进行各种特权剥削。傈僳族内部也已出现了少数富农。

但阻碍这类地区发展的更重要的因素是这些民族至今仍保持着不同程度的家长氏族残余，农业生产的技术很差，产量很低（阿佤山一般仅能收获种子的七八倍），在主要生产季节里还保存若干原始协作习惯，限制着生产的发展。尤其群众因疾病和其他落后习俗而大量杀牲祭鬼，对生产的破坏很大，这种消耗竟占每年总收入的10%—30%，有的甚至为此倾家荡产。这些民族一般未形成自己的民族统治，景颇族的山官直接隶属傣族土司，大部分是劳动人民。佤族地区大多数的头人尚未形成世袭和绝对的统治权力，仍多是通过原始民主选出的。尤其民族之间与部落之间仍存在着严重的纠纷和械斗。原始氏族的残余成为当前这些民族发展和社会前进的主要障碍。

当然，民族内部的封建剥削因素和山官王子制度，确也阻碍着民族的发展和社会的前进。但因为这些地区土地占有不集中，一般头人剥削的数量也不大，仅只实行土地改革，显然是不能解决这些地区的问题。以景颇族为例，尽管1%—3%的地主、富农占有10%—30%的水田，但绝对数字很少，即使将地主、富农所有的水田全部分给贫困农民，每人分得的产量也不超过80斤。佤、傈僳至今还没有地主，加上这里的山官、王子在广大群众中还有着深厚的传统影响，他们与其他地区的封建领主、地主和上层不同，群众也没有废除和打倒他们的要求。这些民族又大多居住在国境线上，佤、傈僳还处于未定界，内外关系更为复杂，如果把他们作为改革的斗争对象，不仅不能发动群众，对我们也是十分不利的。

因此，我们考虑这些地区可以不再经过土改运动阶段，在一定的工作基础和前提下，采取：坚决依靠贫苦农民，团结一切劳动人民，团结和改造一切与群众有联系的民族公众领袖人物，在国家大力扶持和帮助下，通过互助合作，发展生产，以及加强与生产有关的各方面的工作，逐步提高人民的生活水平和政治觉悟，逐渐克服不利于生产和民族发展的落后因素，逐步过渡到社会主义。①

---

①1957年3月7日至21日，云南省委边委召开边疆直接过渡地区工作座谈会。在会后给云南省委的报告中谈道："参加这次会议的有边疆各有关地、县委领导干部和当地民族干部70人。通过这次会议了解，边疆直接过渡地区共有59万至63万人（德宏13万人、临沧8万人、怒江12万人、蒙自6万人、思茅20万人），目前除蒙自区苦聪族2000人至今仍未与我接触外，其余各地的工作都有了不同程度的进展，其中第一类型地区约有16万人，已有一定的基础，上层基本上放弃了特权和剥削，群众有了初步觉悟，培养了一批积极分子，试办了一些合作社；第二类型地区约有25万人，一般都经过了2年以上的工作，但基础仍较薄弱；第三类型地区约有17万人，绝大部分是去年秋后才开展工作的。总计直接过渡地区共办了240个社，今年绝大部分都增了产，初步显示了优越性。……直接过渡地区各种矛盾错综复杂，但其中主要矛盾肯定不是阶级矛盾而是贫困落后。因此，各地必须继续坚定不移地执行省委的既定方针：'不必再把土地改革当作一个革命运动来进行，应当是团结一切劳动人民，团结和改造与群众有联系公众领袖人物，在国家大力帮助下，通过互助合作的道路，直接过渡到社会主义'。"［《云南省委边委关于召开边疆直接过渡地区工作座谈会给省委的报告》（摘录），1957年3月，载中共云南省委党史研究室编《云南边疆民族地区民主改革》，云南大学出版社1996年版，第172-178页］——编者

但是，不能认为在那些原始经济基础上就可以直接过渡到社会主义社会，必须创造一定的前进条件，这就要求首先在这些地区花一笔钱，疏通民族关系，进行上层工作，调解民族纠纷，解决群众生产生活的迫切困难，从而争取上层靠我，并启发群众的觉悟，促进这些地区的初步变化。在封建剥削和山官特权有所减少的情况下，便可在重点地区直接办社，并加强面上的工作，对上层采取“赎买”政策，逐渐地但又是集中地解决这些地区的主要封建特权剥削，然后全面地开展合作化运动，在合作化运动中逐步地解决遗留问题。企图在封建特权原封不动的情况下，便能直接办社是不可能的，这是必须加以明确的。

经验证明，这条直接办社的道路是可行的。德宏景颇族地区经过几年的民族工作，提高了群众觉悟，培养了300多名民族干部，并团结了民族上层，使其逐步放弃了50%以上的剥削，在此基础上进行了试点办社（迄今为止，已办了72个），发放了农具，兴修了小型水利，解决了群众缺乏口粮和耕牛的困难，并实行了免费医疗和小学免费入学（包括部分学生的食宿包干），加强了卫生工作，使生产文化站所在地逐渐成为经济文化的中心。为此，凡已具备了办社条件的地区（景颇、傈僳等），在重点办社的同时，必须加强面上的工作，尚未具备条件的地区（如佤等），则应积极创造条件。当然，这个工作还是开始，我们还谈不上有什么经验，但只要很好地进行工作，政策对头，认真摸索经验，争取在三五年内基本上实现合作化是可能的。

鉴于这些地区的生产水平更低，还保留着原始协作习惯，不会生产管理更为突出，因此在开始办社时，社的规模尤其不应大，一般10—20户为宜，并发展一些集体经营的单一作物的“互助组”。目前还不宜办民族联合社，在贯彻“按劳取酬”的原则时，目前的经验证明也只能是推行按件包工和采取以时间长短为准的评工记分，不能要求过高。

国家的大力投资，是这类地区能够逐步过渡的极为重要的条件。为此，国家除须大力投资贷款，并加派干部帮助和技术指导外，还必须花一笔钱，无偿地发放农具、口粮和部分耕牛补助费以及学校公办、免费治疗等，这样才能鼓舞其自己努力，激发其生产积极性。

由于这些地区分散落后，至今还没有自己的政治、经济、文化中心，故考虑在景颇族等地区，在每四五个乡的范围内，选择人口比较集中，交通比较方便并有一定发展前途的中心地区，建立生产文化站，使其逐步形成该范围的政治、经济、文化中心。生产文化站是一级党政一元化领导的机构，包括行政、生产、文教、卫生、贸易等各方面工作人员。在文化站所在乡，要求以互助合作、发展生产为中心，加强各方面的工作，全面扶持，做出成绩，树立榜样，培养出一批干部来。同时还要调配相应数量的干部组成工作队，加强面上的工作，以便在文化站所在乡取得经验后，即全面展开互助合作运动。

由于这类地区具体情况各有不同，工作发展也有很大差别，因此，有关各地委应根据自己地区的实际情况，作出具体规划。

云南省德宏傣族景颇族自治区（州）傣族地区和平协商土地改革文件汇编
全国人民代表大会民族委员会办公室编印
1956年3月

云南省德宏傣族景颇族自治区（州）傣族地区和平协商土地改革文件汇编

前言

1955年，云南省德宏傣族景颇族自治区（州），在傣族地区和部分汉族地区，采用和平协商的方式实行了土地改革，稳妥地废除了封建领主制度，发动了群众，改造了基层政权，建立了党团组织，并且在土地改革以后紧接着开展了互助合作运动。现在把有关和平协商土地改革的重要文件和傣族社会的基本情况的调查材料，收集起来编成一本册子，供给内部参考。在编辑的时候，对原来的文件在文字上作了适当的修改。

全国人民代表大会民族委员会办公室
1956年3月

目录①

① 本目录标题与正文标题并不一致。原文如此。——编者

云南省保山地委关于
德宏傣族景颇族自治区（州）傣族地区土地改革的意见

一、基本情况

德宏傣族景颇族自治区（州）包括潞西、瑞丽、陇川、盈江、梁河、莲山等6县和盏西1个区，约有40万人口。其中：傣族15万余人，汉族14万余人，景颇族8万余人，其他阿昌、傈僳等少数民族共2万余人。

全区汉族聚居的4.8万人口的地区已经进行土地改革。景颇族社会经济落后，内部阶级分化不明显，不进行以土地改革为中心的民主改革。傣族地区、阿昌族地区和部分汉族地区，约有25万人口，已进入封建社会，阶级分化明显，均需进行土地改革。

傣族地区的社会经济基本上是封建领主经济，正在向封建地主经济发展。土地属领主——土司所有。土司和其属官畹头所结成的领主集团，在政治上和经济上残酷地压迫和剥削农民。农民向土司缴纳官租杂派和负担劳役。土司属官中有的还直接占有私田，进行地主式的经营。有些地区地主经济已经广泛地发展。

根据各地区发展程度的不同，大体可分为两类地区：

第一类：包括瑞丽县、陇川县和潞西县的遮放区，共约5万人口。分别属于衎景泰、多永安、多英培3个土司管辖。土司制度比较完整。农民向土司领种“份地”，负担各种官租杂派，这些负担解放初一般占农民收入的60%以上。陇川有6个乡现在还保存“村社”的土地分配制度，每年仍有“交田”和“领田”的成规。大部分村寨内部还没有发生土地的租佃关系，至今还没有发生土地典当、抵押和买卖的现象。故农民内部阶级分化不明显，中农比重很大。除领主集团外，地主经济还未形成。农村中的富农只是一些村寨头人，他们利用权势，占有较多的土地，但也不超过农民平均数的2倍至3倍；其户口一般只占农村户口的1%至2%。在领主的压榨下，约10%至25%的农民放弃或失掉“份地”，造成大量的土地荒芜。

第二类：包括莲山县、盈江县、梁河县、盏西区和潞西县的芒市坝，共约13万人，其中傣族8.8万余人。分别属于思鸿升、刀京版、龚绶和方化龙4个土司管辖。这类地区接近汉区，受汉族社会影响较大。农村阶级分化较明显。汉族地主经济早已侵入。领主的经济基础——领主土地所有制已发生动摇。土地可以自由典当、抵押、出租和买卖，但土地买卖大部分是傣族卖给汉族。汉族地主通过商业和高利贷的剥削，集中了相当数量的土地。傣族内部也产生了一些地主，但地主的户数和占有土地的数量比汉族少得多。在土司地主的剥削下，被迫抵押或出卖了自己“份地”的农户约占总农户的20%，少数村寨达到30%至40%。在没有或很少汉族地主的地方，傣族富农经济发展比较突出。这类地区的土司、属官的私田和私庄较多（约有2万亩）。

总之，这两类地区农村阶级分化的程度虽有不同，但是阶级矛盾主要都是农民与封建领主集团之间的矛盾，封建领主土地所有制严重地阻碍着农业生产力的发展。

1954年上半年，大部分地区的农民，开展了反官租的斗争，基本上废除了官租。这就从根本上动摇了封建领主集团的统治基础。但由于土地尚未宣布归农民所有，农民存在许多顾虑：“官租现在不交，将来是否还交”，“官租不交了，土地还是土司的”。无地少地的农民积极要求分配土司领主的私田、私庄和地主的土地。特别是去年下半年宣传酝酿“土地调整”以后，贫雇农民对土地的要求更加迫切了。上层和地主也盼望早日“过关”。中农也表现不安。这种情况任其发展下去，对我极为不利。该区社会秩序基本上安定，民族关系一般还较正常，绝大部分地区建立了基层政权，普遍地组织了联防武装，培养了一批民族干部，各乡涌现了一定数量的积极分子，民族上层经过我们几年来的工作，对党的政策已有了一些认识，对实行土地改革也有了思想准备。土改条件已经基本上成熟。

以上两类地区虽一般具备了上述条件，在程度上却参差不齐。特别是第一类地区，工作基础比较薄弱，积极分子数量仍少，觉悟较低，基层政权和联防武装不够巩固；坝区傣族和山区景颇族的关系亦较复杂。有些寨子还向景颇族山官交纳保头税或直接受其管辖。两个民族间存在着较多的历史性的民族纠纷；同时，由于和缅甸接壤，国内外傣族关系密切。有16个乡在国界上形成交错状态，与国外发生土地租佃和过耕关系，因此，这类地区的土地改革工作比较艰苦和复杂。虽然在这两类地区在改革的方针、政策和总的要求上基本一致，但由于存在着上述若干不同情况，具体要求和做法应当有所不同。

二、根据以上情况和这一时期在芒市和遮放的试点经验，提出改革的任务、要求和政策界限如下

（甲）任务和要求

傣族地区土地改革的主要目的是废除封建领主和地主的土地所有制，基本上完成反封建的革命任务。经过与民族上层自上而下的和平协商，没收土司领主集团的大量私田、私庄和寨公田以及地主的土地，分配给无地少地的农民。公开宣布土地归农民所有，确定农民的土地所有制，废除农民所欠土司和地主的债务。富农的土地一般不动。只有在第二类地区地主很少，富农突出，无地少地农民土地又无法解决的个别地区，为了解决无地少地农民的土地要求，经过地委批准，可征收富农出租的土地和高利贷抵进的土地。在发动群众的基础上改造现有基层政权和巩固提高群众联防武装。在第一类地区，为了更有利于分化孤立土司领主集团，打击面更需要缩小；发动群众的步骤和做法，以及对基层政权和联防武装的整顿上，应更加谨慎和更加缓和。

关于改革口号，原来所提“和平协商，调整土地”经过这一时期在宣传酝酿中对麻痹上层和改变干部搬用汉族地区的土改经验上起了一定的作用，但在农民群众中解释不够，也产生了一些副作用，主要是容易模糊群众阶级界限和引起中农不安。考虑改为“和平协商，废除封建土地所有制，实行农民土地所有制”。为了避免干部和群众因改正口号而误解为改变政策，除在干部中很好进行解释外，对原有“土地调整”的口号对外不作否认，也不再提。

关于在改革中的策略是：“在中国共产党领导下，团结各族劳动人民和其他各阶层人民，团结教育与群众有联系的领袖人物，采取自上而下的和平协商的方法，有步骤有分别地废除封建土地所有制度，逐步地组织起来发展生产”。但必须使干部在思想上明确并在实际工作中坚定地灵活地掌握“依靠贫农、雇农，团结中农，中立富农，有步骤有区别地废除封建土地所有制度”的阶级路线。改革中在农民内部不划阶级，但须注意树立以雇、贫农为主的领导力量和发动整个中农。必须特别指出，傣族地区中农数量较内地更多，一般占户口60%左右，他们的背向决定土改的成败。同时必须明白：他们也是土司领主制度下的主要剥削对象，不废除封建土地所有制，没有土地所有权，他们的生活是贫困的，是

不稳定的，政治上是受压迫的。他们在反官租斗争中得利最大，政治态度是靠拢我们的，是可以发动起来的。因此，要了解他们的思想情况，摸清他们赞助什么、反对什么、要求什么，针对他们的思想，做更多的教育工作，坚决团结他们。

（乙）基本政策

（一）在改革期间，对土司、属官和畹头以上的头人，本长期团结合作的政策，一律保护“过关”，不算旧账，政治上对他们进行适当安置，过去安置不当的须予适当解决。为了纯洁农村基层政权，今后在基层政权中，考虑一般可不再安置头人。为照顾原在农村政权机关担任职务的主要头人（畹头、布胜等），由县的协商委员会予以安置。在改革时，组织他们参加到协商机构中，向他们交代政策，使其赞助或不反对改革，减少阻力。为照顾对外影响，不公开提出废除土司制度。

（二）对于畹头、布胜等的俸禄田一般不动。但如占有土地过多过好，农民土地又不能适当满足时，可抽出一部分。

（三）对汉族地主一般应和傣族地主一样看待，本宽大处理精神，也可不剥夺其政治权利。

（四）对景颇族必须做好安排工作，交代政策，并说明傣族地区实行改革，废除了封建土地所有制，对他们也是有利的。争取他们赞助傣族地区的改革。

景颇族山官租给傣族农民的土地，坚决不动。为了照顾傣族佃农的利益，在分配土地时，可予以适当照顾。景颇族农民租种傣族土地的，可允许其参加分田。对要求下坝分田的景颇族农民，坚决说服其就地发展。

凡属景颇族山官管辖的傣族村寨，必须与山官协商取得同意，再行改革。否则宁可暂缓进行。

（五）对土司地主除没收其土地并废除其高利贷外，对他们的其他财产坚决不动。在没收分配土地的时候，采取先留后分，即留给与农民同等的一份土地。属官和畹头以上大头人，虽属于封建领主集团，但为使其政治上更多的分化靠我，应与土司有所区别。一般应该按其划分的阶级成分待遇，并加以适当照顾。至于土司所经营的菜园、果园、藕池、茶园、小块林园等，坚决予以保留。

（六）在第二类地区，划分富农阶级，应适当地规定控制数字。本着比内地稍宽的精神，有意识地放过一些小富农。这样做对稳定中农情绪有很大的作用。个别乡征收富农出租的土地和高利贷抵进的土地，必须经地委批准。并应留给较多于或相当于当地中农的一份土地。

（七）在原耕基础上分配土地时，原耕农民自有土地不得抽出分配，原耕农民租入的土地抽出分配时，应该使原耕农民分得的土地，适当地稍多于当地无地少地农民在分得土地后所有的土地。以使原耕农民保持相当于当地每人平均土地数的土地为原则。土地分配完毕后，应该颁发土地证（编者注：群众对发土地证不感兴趣，所以后来决定不颁发土地证）。

（八）佛寺田、教堂田及属于公田性质的菩少（女青年）、菩冒（男青年）田，一律不动。但在去年宣传改革以后，有些地主转移给佛寺的土地，应经过与有关方面协商同意后予以分配。

（九）凡牵连国外的租佃、借贷等关系，一律不作处理。

（十）划分阶级成分的时间，从1951年以后至改革以前，在连续3年内其家庭成分不变者，即确定其阶级成分。农民内部一律不划阶级。

在划分阶级成分时，可先由乡农民代表会酝酿提出名单，交区、县协商委员会协商，经本人同意，县人民政府批准。

（十一）改革中对农村原有一切基层组织（基层政权、联防武装、团结生产委员会等）的整顿要十分慎重。对农村基层组织中不纯分子（包括成分不纯和较严重的作风不纯），只要不是反革命或地主富农分子，一般都应予以教育改造，稳步加以整顿。务使基层组织为农民所掌握。在整顿时做到不伤感情，争取个人进步，严禁斗争。

（十二）改革期间，要坚决执行除现行反革命分子外，不捕不杀的既定政策；即使已批准杀者，亦应缓至改革以后执行。但在改革中对于地主或反革命分子的破坏，必须提高警惕，依法予以惩处。各县组织临时人民法庭专门处理此类问题；自治机关应依此精神，制订单行法规。

（十三）土司、属官、地主、富农所藏武器应该一律交归政府，但要坚持说服教育，不追不逼，逐步加以解决。

三、基本做法

（一）改革方案经省委批准后，召开德宏自治区人民代表会议，充分反复酝酿协商，作出决议，制成单行法规。依照法规，进行改革。

（二）改革开始时，必须在干部和各阶层人民中充分做好各项组织准备和思想准备工作。开好干部会、人代会、农代会、协商会，并分别召开上层、地主、富农、山官、佛爷等座谈会，分别交代政策，在此基础上稳步地进行群众工作。

（三）改革期间，自治区、县、区、乡人民代表会议、人民委员会是改革的法定执行机关。自治区、县和区另设立和平协商改革委员会，作为农民与地主协商机关。组成成分中，上层、农民各半（或上层略少于农民），并有党政干部参加。乡可成立农民代表会议，是农民自己的组织，以便有领导地发动群众。上述两个机构均无最后决定权，有关改革中的重大问题，均由上级人民政府或人民代表会议决定。

（四）在做好各方面安排，并坚决贯彻和平协商改革政策的前提下，必须认真地充分地做好群众工作。善于运用农民代表会议，通过宣传教育，回忆对比，扎根串连，划清剥削与劳动的界限，但须防止面对面的诉苦斗争。通过改革的每一具体步骤，从划分阶级直到没收分配，认真提高群众的思想觉悟和组织程度，有计划有意识地培养民族干部和发展一批党员团员。

（五）正确地全面地贯彻和平协商改革政策，认真做好民族上层统战工作。改革中每一工作步骤，甚至每一会议会前会后以至会中，都要向他们打招呼、作交代；始终贯彻协商方法，在协商中对于他们的抵触和反抗，进行教育批评和适当的斗争，也是必要的，但这种斗争要合理合法，有礼有节，真正做到以理服人。此外，对民族上层工作，应指定专人负责，了解情况，弄清他们的底细。

（六）在改革时间上，鉴于过去已有长期准备，可在秋收前完成一批，明春全部结束。

（七）鉴于该区情况复杂，处于边防，社会经济发展不平衡，各地区间甚至一个地区内差别也很大，领导上必须深入工作，具体掌握，多做调查研究工作，保持头脑清醒。对参加改革的工作干部，规定适当的纪律，严格请示报告制度。保证土地改革顺利完成。

1955年7月

云南省德宏傣族景颇族自治区（州）首届第三次各族人民代表会议关于傣族地区和平协商土地改革办法的决议

这次会议听取了关于潞西县10个乡试行和平协商土地改革工作的总结及和平协商土地改革办法的报告，经过与会代表充分讨论，一致同意上述报告和办法。大会认为，根据中华人民共和国宪法的规定结合我区具体情况而制定的和平协商土地改革办法，是适合我区的民族特点并照顾到各阶层的利益的。因此，全体与会代表在闭幕后应积极利用各种集会和各种方式，广泛进行宣传，务使和平协商土地改革政策家喻户晓，借以动员和组织我区各族人民积极参加和平协商土地改革工作，使我区富有历史意义的和平协商土地改革任务，能于今年冬季基本完成。

1955年8月17日

云南省德宏傣族景颇族自治区（州）关于傣族地区和平协商土地改革办法的规定

第一条　根据中华人民共和国宪法第二章第5节第70条的规定和我区情况制定本办法。

第二条　和平协商土地改革应本着依靠各族劳动人民，团结其他各阶层人民和与人民群众有联系的民族公众领袖的精神，采取自上而下和平协商的方法，废除领主、地主阶级封建剥削的土地所有制，实行农民的土地所有制，以解放农村生产力，发展农业生产。

第三条　没收领主、地主的土地归农民所有，并废除领主、地主的特权、杂派、高利贷。领主、地主的土地以外的其他财产一律不动。分配土地时，先留给其与农民同等的一份土地。

1954年6月提出“调整土地”后，领主、地主如以出卖、出典、赠送或其他方式转移分散的土地，一律无效。

领主自己经营的果园、菜园、咖啡园、藕池和小块林园等，予以保留。

解放后，领主、地主自己劳动开垦的荒地不动，并且不计入其应分土地数目内。凡依靠官租维持生活的领主和属官，如生活确有困难者，酌予适当补助。

领主、地主的公民权利一般不予剥夺。

第四条　保护富农所有自耕和雇人耕种的土地及其他财产，不得侵犯。

富农所有出租的小量土地亦予保留不动。但在某些特殊地区经自治区人民政府批准，得征收其出租土地的一部或全部。征收后富农占有的土地，不得低于当地中农水平。富农租入的土地应与其出租土地相抵计算。富农的高利贷、抵押土地和典当土地的处理办法另定之。

第五条　保护中农自有的土地和其他财产，不得侵犯。

农民内部的租佃、债务、抵押和典当关系，均继续有效。

第六条　革命军人、烈士家属、工人、职员、自由职业者、小贩、其他职业者和鳏、寡、孤、独因缺乏劳动力而出租小量土地者，均不得以地主论。其每人平均所有土地数量不超过当地每人平均土地的200%者，均保留不动；超过此标准者，得征收其超过部分的土地。若系鳏、寡、孤、独、残废人等依靠该项土地为生者，其每人平均所有土地数量虽超过200%，亦得酌情予以照顾。

第七条　佛寺、教堂占有土地和其他财产一律不动。
社神地、坟地和“布冒布少田”一律不动。

第八条　寨公田、族田、学田等一律予以征收分配。

第九条　大块荒地除酌量分配部分给无田少田的农民耕种外，一律收归公有。
山林的处理办法另定之。

第十条　公路、河道两旁护路护堤的土地和飞机场占用的土地，不得分配。

第十一条　所有没收征收的土地，均由乡农民代表统一地公平合理地分配给无田少田的农民所有。

所有没收征收的塘堰等水利，可分配者随田分配，不宜分配者得由乡人民政府根据原有习惯予以民主管理。

第十二条　分配土地以乡为单位。在原耕基础上按土地数量、质量和位置远近，用抽补调整方法按人口统一分配。但县人民政府得根据需要与可能在各乡之间作某些必要的调剂。乡与乡之间的交错土地，原属何乡农民耕种，即由该乡农民分配。

第十三条　在原耕基础上分配土地时，原耕农民自有的土地不抽出分配。原耕农民租入应分配的土地抽出分配时，应给原耕农民以适当的照顾。应使原耕农民分得的土地（自有土地者连同其自有土地在内）适当地稍多于当地无田少田农民在分得土地后所有的土地，以使原耕农民保持相当于当地每人平均土地数的土地为原则。

第十四条　在分配土地时，对于只有一口人或两口人而有劳动力的无田少田的贫苦农民，在本乡土地条件允许时，得分给多于一口人或两口人的土地。

第十五条　农村中的手工业工人、小贩、自由职业者及其家属，应酌情分给部分土地，但其职业收入足以经常维持其家庭生活者，得不分给。

第十六条　家居农村的烈士家属（烈士本人得计算在家庭人口之内）、人民解放军的指挥员、战斗员、荣誉军人、复员军人、人民政府和人民团体的工作人员及其家属（包括随军家属在内）均应分配与农民同等的一份土地。

第十七条　外逃人员原则上分给与农民同等的一份土地，由家属代管。

外逃为匪者原则上亦留给土地，由乡人民政府代管，并争取其悔过自新。

第十八条　景颇族在坝区出租之土地，一律不动，其所收之保头税亦不动。

政府扶持景颇族就地发展生产。个别地区确无就地发展之条件，而附近之区又有大块荒地可开垦者，在坝区土地改革结束后，由政府有计划地组织下坝生产。

第十九条　领主所有之武器应一律交归政府，并且酌予适当奖励。地主、富农、属官、农村头人及司署兵所有之武器，应一律交归政府，不得非法分散和转移。

第二十条　为保证和平协商土地改革的顺利进行，至改革期间，各县应组织人民法庭，用巡回审判方法，对于一切违犯、违抗和破坏土地改革法令的罪犯，依法予以审判和处分。严禁乱捕。

第二十一条　划定阶级成分应根据中央人民政府政务院1950年8月4日所颁布的关于划分农村阶级成分的决定和自治区人民政府的补充办法，由乡农民代表会提出，经村寨农民大会讨论，在乡人民政府领导下，由乡农民代表会邀集本人协商。协商后，由乡人民政府报请县人民政府批准。本人或其他人如有不同意见，得于批准后15日内向县人民法庭提出申诉，经县人民法庭判决执行。

第二十二条　在和平协商土地改革期间，县、区应组织协商委员会，协商土地改革各项事宜。乡设立农民代表会及其委员会，执行土地改革的各项事宜。上述两种机构，均在各该级人民政府领导下进行工作。

土地改革工作应由县以上人民政府派干部领导进行。

第二十三条　为保障和平协商土地改革一切措施符合绝大多数人民的利益，各级人民政府应负责切实保障人民的民主权利，农民和其代表在各种会议上有自由批评及弹劾各方各级的一切工作人员的权利，侵犯上述人民权利者，应受法律制裁。

第二十四条　和平协商土地改革完成后，由自治区人民政府发给土地所有证，并承认一切土地所有者自由经营的权利。土地改革以前的土地契约一律作废。

第二十五条　本办法不适用于景颇族和与景颇族社会经济情况相同的其他民族地区。

本办法不适用于土地改革已基本完成的地区。

第二十六条　本办法经自治区人民代表会议通过，报请省人民委员会批准施行。

1955年8月17日

云南省德宏傣族景颇族自治区（州）傣族地区农村债务和土地抵押、典当纠纷处理办法

第一条　为了合理的处理农村债务和土地抵押、典当纠纷，根据我区和平协商土地改革办法第4、第5条的规定制定本办法。

第二条　农民和其他劳动人民所欠领主、地主的债务一律废除。

第三条　农民和其他劳动人民所欠富农的债务，依下列规定处理。

甲、所付利息达到本的3倍者（例如借本百元已付利300元者），本利停付。付利达到本之3倍以上者，其超过部分亦不再追回。付利达到本的1倍半以上不足3倍者，停利还本。付利不足本的1倍半者继续有效。

乙、农民和其他劳动人民如确实无力清偿债务时，得由乡人民政府酌情减免或分期缓还。

丙、凡中途改换新约的债务关系，在另订新约时所欠利息累计在本金之内者，其累计数无效，仍按债权人原借出之本金清理之。

第四条　领主、地主通过高利贷抵押进来之土地，在没收分配时，应尽先分给原债务人。

第五条　领主、地主典与富农之土地，在没收分配时，可根据富农占有土地多寡的实际情况，酌情留给富农部分土地，以补偿典价。

第六条　农民和其他劳动人民典给富农的土地发生纠纷时，采取折田抵价办法处理之。

第七条　富农通过高利贷抵入农民或其他劳动人民的土地，如所收利息已达本之3倍者，其抵押的土地应即退出，并尽先分给原债务人。如所收利息未达本之3倍，而债权债务双方愿折田抵债者，得由乡人民政府依据本办法第三条之规定处理之，其抽出之土地应尽先分给原债务人。

第八条　1954年酝酿和平协商土地改革后，农民向领主、地主和富农抽回抵押和典当的土地，一律有效。但如抽回土地过多者，可说服将过多部分调剂给无田少田的贫苦农民。

第九条　发生连续典当、抵押关系的土地纠纷，原则上争取不计中间处理两头，并依据本办法有关规定处理之。

第十条　农民内部的债务、土地抵押和土地典当关系，根据自治区和平协商土地改革办法第五条规定均继续有效。发生纠纷时，应本团结互让的原则，采取折田抵价或互让的办法协商解决。

第十一条　改革中涉及景颇族或社会经济情况与景颇族相同的其他民族的债务、土地抵押、典当关系一律不动。发生纠纷时按历史习惯处理。

第十二条　本办法自公布之日起施行。

1955年8月17日

云南省德宏傣族景颇族自治区（州）傣族地区划分农村阶级成分的补充办法

一、根据中央人民政府政务院关于划分农村阶级成分的决定和本区的社会经济、阶级结构的特点，制定本补充办法。

自治区各地在划分阶级成分时，均须按照本办法办理，本办法无具体规定者，按中央人民政府政务院关于划分农村阶级成分的决定的一般规定办理之。

二、划分阶级成分时，只划地主、富农、小土地出租者、小土地经营者及债利剥削者，不划雇工、贫农、中农等其他成分。

三、划分阶级成分的时间，从1951年以后至改革以前，在连续3年内其家庭成分不变者，即确定其阶级成分。

四、凡出租或雇工经营小量土地有劳动力不劳动，但生活状况不超过中农水平者，均以小土地出租者或小土地经营者待遇，不以地主论。

五、计算富农之剥削分量时，其包括官租在内的被剥削部分，应与剥削部分相抵除。但为了计算方便起见，确定：

凡经常雇3个长工或有其他剥削（地租、高利贷等），其剥削分量的总和相当于雇请3个长工者，即为富农。

剥削分量达到两个长工以上，但不到3个长工者，不上官租或抵消官租后，其剥削收入仍然超过其总收入25%者，仍为富农。

计算1个长工的被剥削量，各县得根据具体情况研究确定后报请自治区人民政府批准执行。

童工折算长工的方法，由各县人民政府加以规定。

1955年8月17日

云南省德宏傣族景颇族自治区（州）傣族地区和平协商土地改革的步骤和做法

和平协商土地改革共分5个步骤，每一步的做法如下：

一、第一步

（一）目的和要求

通过广泛地交代政策，做好各方面的安排，使政策普遍与各阶层见面，以稳定上层，安定各方面。并初步发动群众和发现积极分子，从而初步掌握情况，为下一步深入发动群众创造条件。时间大体上需要5天至7天。

（二）对上层及有关方面的安排工作

1. 召开上层会，结合思想交代政策。对他们说明旧制度不合理，和平协商土地改革是正义的和必要的；讲清和平协商土地改革政策是很宽大的；指出和平协商改革后的出路和对改革应抱的态度。

2. 县、区召开人民代表会议，结合各阶层思想动态，全面交代政策，以提高认识，稳定各阶层情绪，并作出拥护实行改革的决议及成立协商委员会。初步形成反封建的统一战线，造成有利于和平协商改革的局面。要开好会议必须坚持：

（1）代表要包括各阶层各方面的人物。

（2）把斗争目标集中在封建领主制度上。通过揭发旧制度的不合理，使各阶层认识改革的必要性和正义性。

（3）既要逐步树立群众的优势，又要通过团结达到对上层改造的目的。对群众应适当揭发旧制度的罪恶，全面交代政策，在思想提高的基础上讲清按政策办事。对上层应在认识改革的正义性的基础上说明对他们的照顾。

（4）按照上层人物的影响及代表性大小分别作适当安排，吸收他们参加县、区协商委员会。

3. 召开邻近改革区的景颇族山官会议，安排景颇族山官。根据已有的经验，会议应该注意：

（1）肯定景颇族地区不进行土地改革。

（2）具体算账说明解放以来政府对景颇族的扶持，今后仍然扶持。说明增强团结，不算历史账，以克服要下坝分田的思想。

（3）说明封建领主制度的不合理及傣族农民受压迫的事实，使其同情和赞助改革，并认识傣族废除封建剥削制度后对景颇族也有好处。

（4）交代改革中与景颇族人民有关的条文。

4. 对邻近的未改革区，应派出适当干部领导生产工作，注意对因改革区的影响而产生的某些顾虑和误解，并及时进行解释，及时揭发谣言。

5. 召开佛爷会，讲解形势，进行爱国主义教育，交代在改革中对宗教的政策，消除其顾虑，使其赞助改革。

（三）对群众的宣传政策工作

1. 干部进入村寨，即召开骨干、积极分子会及群众会，说明来意，一般地交代政策，初步掌握各阶层思想动态，初步稳定情绪。

2. 召开各种类型会（贫雇农会、中农会、佃户会、青年会、妇女会、老人会……），根据不同对象的不同思想动态，进一步交代政策，使改革政策迅速与群众见面，以澄清群众中的误解和消除顾虑。并注意解决贫农在生产上生活上的实际困难，初步提高群众觉悟。要交代好政策，必须：

（1）要说明制定政策的意义，政策是为了群众的现实利益和长远利益，是农民翻身的武器。

（2）要全面交代改革的目的和内容。和平协商改革是以分田为中心的从政治上、经济上、思想上推翻封建领主制度的革命。具体说来就是永远废除官租、杂派、特权，实行农民的土地所有制，农民当家做主。使群众懂得只有废除了封建领主制度才能翻身，分的田也才保得住。

（3）讲条文要讲清道理，并紧密结合思想。如保存富农经济问题，不仅要说明不动富农自耕和雇工耕种的土地，而且要使群众懂得保存富农经济是为了更好地团结中农，有利生产和集中力量打垮封建领主制度。对一些坚决主张动富农的人，应针对他们的思想实际，具体说明保存富农经济的原因，使群众既看到现实利益，也看到长远利益。

（4）对不同对象，根据不同的特点，强调不同的内容。如对贫雇农就要强调消灭封建剥削制度，没收领主、地主的土地归农民所有，领主、地主破坏改革者要依法制裁，贫雇农要带头起来干等等；对中农要着重说明中农也受领主制度压迫，实行和平协商土地改革，中农也会得到很大利益。永远废除封建的官租、杂派和特权，取得土地所有权。因此，改革也是自己的事情。同时还说明保护中农的利益。要把政策和各种不同对象的切身利益结合起来，才能达到提高觉悟，初步发动群众的目的。

3.召开各种类型会必须与访贫问苦、个别谈心相结合。在访贫问苦中仍要坚持与群众同吃、同住、同劳动的做法。发动受苦最深的雇贫农。这样就可以与群众——首先是雇贫农逐步建立感情，密切与群众——首先是雇贫农的联系，扎正根子。

4.通过各种会议及个别访问，初步了解各种情况。应注意了解：

（1）户口、人口、土地数字。

（2）原有骨干积极分子的经济地位、历史情况、社会关系及工作表现。

（3）群众中新发现的可以作为积极分子培养的对象。

（4）群众的思想动态、困难和要求。

（5）上层头人的思想动态、经济情况、政治态度、社会关系、与群众的关系。

（6）司兵、土匪等游杂分子情况。这些情况不是脱离工作去专门收集，而是结合前述工作，有意识地收集，逐渐积累，以达到心中有数，有利于工作的开展。

5.召开乡农代会，进一步交代政策，提高阶级觉悟。农代会是组织形式，又是工作方法，应善于运用。要开好农代会，必须：

（1）慎重选举代表，代表不能只限于少数积极分子，要注意广泛地联系群众和新起的积极分子，才有明确的阶级性和广泛的代表性。

（2）做好充分准备，对会议的目的、中心、开的方法均要事先使干部明确，才能思想一致，步调一致。

（3）贯彻思想发动，结合思想交代政策。

（4）注意政策、策略和路线的教育。必须把斗争锋芒集中在领主制度上，必须按政策办事。使群众懂得改革为了谁，依靠谁，团结谁，中立谁，打击谁。使党的政策为群众所掌握，体现党的领导，变成行动的力量。

（5）认真发扬民主。不能把农代会开成报告会、讲演会或传达会；要认真启发代表动脑筋、想办法，开展讨论，有领导地通过代表的各种活动来解决问题，才能体现民主作风和群众路线。

（6）抓紧贯彻会议的精神。农代会不应停留在空泛的讨论上，它本身就是一种群众的行动，也是发动群众、组织群众、领导群众进行斗争的主要形式。因此，要趁热打铁，依靠代表进行串连，便会使运动迅速深入与扩大。

二、第二步

（一）目的和要求

在各阶层情绪稳定、群众有了初步发动的基础上，通过扎根串连、算剥削账的方法，有领导地有控制地全面揭发封建领主制度的罪恶，以划清农民与领主、地主的思想界限，提高群众的阶级觉悟，扩大农民队伍，树立以贫雇农为主体的群众优势，为划分阶级成分创造条件。时间大体上需要15天。

这一步是改革中阶级斗争最尖锐的一步，是整个运动的中心环节，关系整个运动的成败，必须认真做好。

（二）扎根串连

扎根串连是我党几十年来发动群众进行土地改革的宝贵经验之一，而这一工作的好坏关系到占领农村阵地问题。因此不能有丝毫动摇，并须切实做好。具体做法是：

1.干部思想必须明确依靠贫农、团结中农的阶级路线，克服对贫雇农的各种错误的认识，如认为贫雇农“落后”“不会讲话”等等，使干部懂得依靠贫雇农才能扎正根子。

2.强调访贫问苦。干部必须有高度的阶级同情心，艰苦深入，与贫雇农同甘苦、共患难；同吃、同住、同劳动，才能取得贫雇农的信任，从而引导贫雇农起来斗争。

3.坚持思想发动。要通过算剥削账的方法提高群众的阶级觉悟。有的把串连理解为约人来开会，这就是不了解思想发动。只有群众从思想上觉悟起来了，这种串连才有“灵魂”，否则是形式主义。

4.边串连、边提高、边组织，三者结合，不能偏废。通过思想教育，把串连起来的农民组织到农民小组中，才能保证串连一批、巩固一批。

5.注意对原有骨干积极分子进行审查。好的应作为依靠对象，有缺点的帮助改正。对不纯分子应采取适当方式清洗。更重要的要发现和培养新的积极分子。总之，对原有的积极分子既不能一脚踢开，又不能“吃现成饭”。

（三）全面揭发领主制度的罪恶，提高群众的阶级觉悟

经验证明有领导有控制的算剥削账是我区改革中揭发领主制度的罪恶、提高群众觉悟

的主要的行之有效的办法，是通过群众自我教育互相启发的方式，把农民受压迫受剥削的惨痛事实用算账办法集中起来、概括起来，既使农民对封建制度的罪恶有较清楚的认识，也容易激发群众对旧制度的仇恨，从而划清农民与领主、地主的思想界限，提高觉悟。要做好这一工作，必须注意：

1. 在算剥削账，揭发封建领主制度的罪恶时，必须具备以下条件：

（1）政策已交代下去，群众对政策有所了解。

（2）做好了上层工作，对上层适当说明群众一讲过去的真实情况，就会很自然地诉说旧制度的罪恶，这是因为制度不好等，以免引起上层恐慌。

（3）只开小会，不开大会，不面对面揭发。

（4）有坚强领导，涉及具体人的罪恶时，应用启发诱导的办法归结到封建领主制度上去。

2. 斗争目标必须是封建领主制度，具体内容应是封建领主制度对农民政治上的压迫（衙门、监狱、封建特权、抓兵拉夫等）和经济上的剥削（官租、杂派、地租等）以及思想上的统治。这样才能使目标集中在封建领主制度上，才能争取多数，孤立少数。至于雇工剥削、头人的贪污账等则一般不要去算，否则容易转移目标，混乱阵营。

3. 在做法上应坚持下列基本的两条：

（1）运用典型启发，即是用活人活事进行教育。对典型要事前掌握材料；典型事实要有代表性，能博得社会同情；事先要做好充分的准备工作，酝酿成熟。

（2）边算账，边启发，边提高，并进行追根，才能有深刻的思想内容，才能提高群众的阶级觉悟；不会形成为算账而算账，只算账不提高、不追根，不能使群众的觉悟得到应有的提高。

4. 召开农代会是集中算剥削账、揭发领主制度罪恶的好办法。因为有领导强、集中和影响大等许多优点。要善于运用，一定开好（可参照第一步农代会的开法）。

（四）扩大串连面，壮大农民伍

这一运动的中期和后期，便应注意扩大串连面，把广大群众发动起来，组织到农民小组中，运用农民小组进行工作，否则便会孤军冒进，不仅农民队伍不大，反而给封建阶级留下空隙。

1. 首先必须克服干部和积极分子的关门主义思想和飘浮作风。不能想象没有把群众（男、女、老、少）一齐从思想上发动起来并组织起来，能够打垮封建制度的。因此，要教育干部和积极分子懂得“团结绝大多数”的道理，深入下去，克服关门主义，把90%以上的群众发动起来。

2. 对团结中农应有足够的注意。而要团结中农，必须：

（1）使骨干积极分子和贫雇农懂得团结中农的道理。

（2）全面贯彻改革的内容和目的，使中农体会到废除了封建领主制度才能翻身。

（3）领导成分保证中农占1/3。

（4）坚持耐心说服。

（5）照顾中农的经济利益。

3. 根据已有的经验，往往下面一些人容易被关在门外，因此应注意发动他们。

（1）与地主、富农、头人有亲戚关系的农民。

（2）有少量剥削的富裕中农。

（3）有不满情绪，爱说“二话”的农民。

（4）过去当过头人的农民。

（5）与积极分子感情很不好的农民。

（6）生活极端困难，误不起工的贫苦农民。

（7）新婚及多子女的妇女。

4. 大力培养积极分子，树立贫雇农领导核心。每乡每寨都要十分注意培养新的群众领导，形成领导集团，运用组织进行工作。对骨干积极分子不仅注意提高他们的思想觉悟和政策水平，重要的是把他们提拔到领导岗位上来，大胆放手交给工作，并耐心帮助，使他们在工作中得到锻炼和提高。

5. 结合串连，不断发展农民小组的组织。农民小组也应贯彻依靠贫农团结中农的阶级路线，即以贫雇农为骨干，吸收中农参加。在组织时要照顾地区，才能熟习情况，互相从思想上组织上进行帮助。但不应将老人和青年男女和叔伯编在一起，否则便会妨碍小组民主气息和活动。组织起来后须加强领导，充实内容，否则便会流于形式。

6. 组织一定力量，突击落后寨。由于工作发展不平衡，必然有少数落后寨。要找出原因，想出办法，组织力量突击，以改变落后寨的面貌。

（五）对上层的统战工作

1. 每一较大的群众活动前后，向他们打招呼，安定情绪。

2. 经常注意掌握思想情况，反复交代政策，以提高其认识。

3. 注意掌握上层武器情况，培养靠我的分子，以便在适当时机带动其他上层人物，动员他们交出武器。这一工作必须经县委批准，有领导地并严格控制地进行。

三、第三步

（一）目的和要求

通过划分阶级，与地主阶级进行有领导的、局部的、面对面的说理说法的斗争，以进一步划清劳动与剥削的界限，树立群众的优势，锻炼骨干的领导能力，分化上层，打垮地主和农村当权富农的封建威风，并收缴领主、地主和头人的武器。时间大体上要7天至10天。

（二）步骤和做法

1. 首先端正干部和积极分子的思想认识，使他们认识划分阶级是和平协商改革中最尖锐的、具有决定意义的一场斗争。并进行内部初划，注意扭转可能产生的想多划地主富农的思想。要掌握和对证材料。

2. 召开农代会，初步划定阶级。在农代会上首先应讲清阶级的来源；其次应进行劳动光荣、剥削可耻的教育，以进一步激发群众仇恨封建剥削制度；再次交代划分阶级的标准及政策。并由农代主席团提出地主、富农、小土地出租者的初划名单，分组充分酝酿讨论，补充和对证材料，最后大会通过，并组织传达。

3. 一方面召开各种类型的群众会，广泛深入地传达农代会的精神和通过的地主、富农及小土地出租者的名单，组织群众讨论，以进一步提高群众觉悟，划清劳动与剥削的思想界限，造成劳动光荣、剥削可耻的社会舆论。并通过群众讨论，最后对证和修正材料。一方面召集被划户协商阶级。

4. 由乡人民政府将协商结果和群众意见报县人民政府批准后，并在群众中宣布，不服的由法庭判决执行。

（三）协商阶级

这是一场激烈的阶级斗争，关系改革的成败，必须全力以赴，认真做好，不能走过场。根据已有的经验，要做好这一工作，应注意：

1. 必须做好会前的准备工作，有准备地进入战斗。这是开好会议的关键。

（1）干部的思想准备。使干部明确协商会议的目的和要求；提高政策、策略水平，懂得坚持团结大多数，分化瓦解和孤立最少数；强调和平协商，强调发扬民主；既反对急躁冒进的“左”的情绪，也反对缩手缩脚的右的思想。

（2）骨干积极分子的思想准备。通过个别谈话、座谈等方式，摸清骨干积极分子的思想，并针对各种思想顾虑深入一步进行阶级教育，激发阶级仇恨，树立鄙视和藐视阶级敌人的思想，以解除等级观念、惧怕、害羞、顾情面、怕出头等顾虑。在骨干积极分子的阶级仇恨有了新的高涨的时候，应抓紧进行政策、策略教育，从思想上认识和平协商土地改革的意义和协商会议的目的、要求、具体政策和做法，使他们既掌握材料，又能根据政策灵活运用策略。对地主富农在协商时可能玩的花样做充分的估计，对他们要摸底、排队，研究区别对待的办法，使骨干积极分子充满信心，才能进入战斗。

（3）对地主富农进行教育。为使会议减少阻力，使上层不致波动过大，形成僵局，事先对他们进行教育是必要的：

①将会议目的告诉他们，强调和平协商，发扬民主；强调只划清阶级界限，不逼不斗不算旧账。说明这样才能准确地划分阶级，做到实事求是，消除他们怕“政策变”的思想顾虑。

②告诉他们农民对划分他们的阶级成分的理由和事实根据，并征询其意见，使其感到群众威力，无话可说。

③向他们交代划分阶级的具体政策、阶级是从哪里来的，让他们自己衡量自己，造成分化他们的基础。

④摸底排队，分清对象，抓紧靠我分子，争取中间分子，确定重点说理对象。

⑤对他们进行劳动光荣、剥削可耻的教育，根本动摇其封建威风。

⑥做好一批靠我分子的工作，教他们在必要时带头检讨，为协商铺平道路。

（4）充分准备材料。材料充分，证据确凿才能有理有据地打击敌人，才能避免发生追逼或形成僵局，才能避免地主富农钻空子。

2. 会议的进行，大体经过4个过程：

（1）集中动员，分头酝酿，进一步摸清地主富农的底子，配备力量，组织队伍。不能仓促地进行协商。否则就会因为力量强弱不一、互不了解、思想不一致等造成被动。因此应先动员，交代会议的目的要求及政策，然后分别酝酿。对骨干积极分子应注意：

①使他们明确会议的目的要求及大体做法，鼓动他们大胆说理说法。

②交换情况，互相校对补充材料。

③根据以本村骨干积极分子为主对本村地富说理、别村支持的原则，适当配备力量。

④对地富应注意进一步分化孤立顽固分子，布置他们互相揭发；同时抓紧靠我分子在小组中检讨剥削，启发其余的检讨；还要根据地主富农的不同情况及态度，以先易后难的原则排定次序。

（2）大会协商地主。由农民委员会提出，骨干、积极分子补充材料，被划地主承认剥削，低头认罪；对不承认及不低头者进行说理。要逐户进行。会上要防止干部包办代替和放任自流的两种偏向，既不能对地主一开口就打回去，不准发言；也不能听着谬论，不加以驳斥；更不能走过场。要有理、有利、有节地开展说理斗争。

（3）小会协商富农。为了区别对待，团结大多数，仍是由上而下提出名单，说明富农与地主不同，地主不劳动，富农劳动，但要割掉封建尾巴。协商只在小组内进行，对有些可划可不划的可主动不划。这样，有利于分化他们。

（4）协商通过阶级。集中火力打击顽固分子。划的结果应在协商委员会通过，并区别不同对象进行教育，交代政策，指出前途。如仍有个别顽抗抵赖分子则集中力量对他说理说法，打垮封建威风。

（5）传达协商阶级。把地主如何狡辩、顽抗，农民代表如何说理，打垮其封建威风，取得胜利等事实广泛向各寨农民小组传达，再一次地提高群众的觉悟。

3. 几点注意：

（1）坚持和平协商的政策方针，自始至终把锋芒集中在封建领主制度上，争取最大多数，孤立极少数，才能开好和平协商阶级的会议。

（2）保持头脑清醒，既要放手发动群众，又要教育群众接受政策思想；既要稳定上层，又要教育改造上层。

（3）会议的过程是思想斗争的过程，反对为划阶级而划阶级。

（4）不涉及政治压迫，以免引起过分紧张和尖锐对立。

（5）协商必须要有较强的领导掌握，至于在区或在乡协商和规模或大或小，各地可根据情况灵活掌握。

（四）对地主富农及头人的武器，应在掌握材料、摸清情况、酝酿成熟和靠我分子的带头下，争取一次动员交出

这由县委批准确定进行。

四、第四步

（一）目的和要求

在对农民进行团结教育和社会主义前途教育的基础上，按政策规定进行没收、征收和分配土地。通过分配土地的工作，必须进一步提高骨干和积极分子，提高群众的觉悟，以增强农民团结，克服可能产生的松劲麻痹思想，为建党建团创造条件。时间大体上要12天。

（二）步骤和做法

1.查田评产。查田评产是公平合理分配土地的基础，又是贯彻合理负担和计划发展生产的必要条件，不能有所忽视，否则便会走弯路。因此，在进行时必须明确这是艰苦的耐心说服的工作，要依靠群众，发扬民主。干部应该事前心中有数，才能做好。

（1）召开乡农民委员会，进行共产党的领导、天下农民是一家、对阶级敌人要提高警惕等教育。并一般地交代没收征收及分配政策，以提高觉悟。在此基础上交代为什么要查田定产，说明其意义及重要性，从而解决骨干怕报实土地和产量的各种思想顾虑，并具体研究查田评产办法。

（2）分寨召开骨干积极分子会、群众会，传达农民委员会的精神，针对群众可能产生的怕报实产量要多负担、多抽出田、少分田、怕现在不报实会受处罚等思想顾虑，进行深入地动员，说明查实田亩评好产量是贯彻政策、公平合理分配土地的保证，造成实报空气。

（3）在1954年负担公粮查田评产的基础上，首先评实应予没收征收的土地。农民内部的评产采取依靠贫雇农、团结中农、由骨干带头、小组自报、民主评定的办法。经过评实核对后，在群众大会上征求意见，最后定案。进行时应先重点取得经验，然后全面展开。

（4）结合处理典当和抵押的土地问题。查田评产结束，即应迅速组织力量进行统计，确定应分地户口、人口、每人平均数、中农每人平均数、分地户应分土地数等必要数字。

2. 没收征收土地：

（1）对干部进行思想教育，并学习政策，使干部明确没收征收是一场激烈的阶级斗争，克服左右摇摆的思想情绪，掌握政策和策略。

（2）召开农民委员会，说明阶级敌人不甘死亡，必须提高警惕，提高觉悟。并交代没收征收政策，研究没收征收协商会的开法、目的和可能产生的问题。做到思想明确、心中有数，并对证地主、富农、小土地出租者和寨公田等数字。

（3）分别对地主富农及小土地出租者进行教育。对地主教育其服从政府法令，交出土地(契约、账簿)，劳动生产，并指出前途；对富农教育其割掉封建尾巴，努力劳动生产；对小土地出租者说明农民对他们的照顾。目的是使他们在协商时，思想有所准备，情绪有所安定。

（4）召开协商会。首先交代政策，并宣布没收地主土地，令其交田契约、账簿及土地清单，保证劳动守法，不服者可适当组织说理。没收后地主退出，然后与富农、小土地出租者协商征收其出租及多余的土地，并反复交代政策，动员他们劳动守法。

（5）分寨传达协商会情况及没收征收土地的数字，鼓舞农民胜利的信心，教育农民加强团结，提高对阶级敌人的警惕。

3. 分配土地。分配土地在农民看来是“百年大计”的事情，也是关系着是否正确贯彻政策的问题，又是具体细致和复杂的工作，不容许走弯路，必须充分发扬民主，依靠群众做好。

（1）召开农民代表会，说明土地来之不易，是共产党领导农民斗争几十年才得来的。说明内地农民拿斗争果实中的钱给少数民族解决耕牛困难，天下农民是一家，并在此基础上反复交代分配政策，讨论具体做法。指出分得土地是小翻身，发展生产、过渡到社会主义，才是大翻身。深入动员农民团结互让，富村帮穷村。干部公正无私，不多分田或只分好田。这时，还要确定村寨互相调剂的土地数字。

（2）分寨召开骨干积极分子会、贫雇农会、佃户会、妇女会及群众会等，传达农代会的精神，反复交代分配政策及做法；通过社会主义前途教育和团结互让的教育（以内地农民把斗争果实送我们为例），克服农民中的自私自利、斤斤计较等思想，充分酝酿讨论，搞通思想。

（3）根据全乡调剂后的土地情况，做好具体分配的准备工作：

①检查典当、抵押关系是否处理完毕；

②进一步审查、确定分地户的户口和人口；

③检查土地数字是否精确，并计算出各寨分地户每人平均应分土地数（计算时应酌情除去一些照顾原耕的田，以免因照顾原耕户而产生田不够分的现象）；

④干部和积极分子实地勘查、试分，做到心中有数。

（4）分配的原则是“先留后分，先抽后补，肥瘦兼搭，有利生产”。在做法上采取小组自报，民主评议，群众讨论，干部参谋，实地搭配，大会通过，征求意见，出榜定案。首先必须充分民主讨论，逐步搭配，搭配时要贯串团结互让和发展生产的教育，不能机械平分，力求妥善方圆，公平合理；搭配完毕后，由农民互相审查，群众通过，再征求意见，反复讨论，最后修正定案，插标立界。进行时，应先重点取得经验，然后推广。

（5）总结分配工作。向农民进行巩固胜利和社会主义前途教育和发展生产、提高警惕、防止敌人破坏的教育，以避免农民可能产生的麻痹松劲思想。

（三）对农民的思想教育工作

1.干部必须明确这一步的工作是艰苦细致的群众工作，是农民内部耐心教育说服的工作。要解决每一个问题，都必须反复教育说服，打通思想，酝酿成熟，否则便会脱离群众，造成农民内部不团结，甚至造成包办代替、强迫命令的恶果。应十分警惕，认真把思想工作做好做透。

2.不仅要向农民进行天下农民是一家、团结互让的教育，而且要使农民认识党的领导作用和社会主义前途，才能克服自私、眼光短小及松劲麻痹思想，从而达到不斤斤计较、公正无私、提高思想、增强团结、热爱和拥护党、奔社会主义前途、保持饱满的政治热情的目的。在教育的内容上应着重：

（1）党的领导作用，党与农民的关系；

（2）发展生产，走社会主义共同富裕的道路；

（3）加强团结，警惕敌人的破坏活动。

3.做好原佃户的思想工作有十分重要的意义，因此每个环节应单独召开佃户会，教育佃户：

（1）回忆过去没有土地所有权，受高租重利剥削及地主夺佃的苦处；说明改革中分得土地是自己的，并交代照顾原耕的政策。

（2）以算账方式对比分田后，只要精耕细作，努力生产，实际收入会比土改前增加。

（3）说明翻身靠大家、翻身大家翻的道理。

4.在进行教育的方法上应采取：

（1）联系实际，把道理和具体工作及群众的思想结合起来，反对空讲大道理不解决实际问题的做法；

（2）结合大会、小会、座谈、讨论或个别谈话，反复多次进行；

（3）培养典型，现身说法，以带动一般；

（4）利用形象、图片、画报、实物均很有效。

（四）几点注意

1. 必须坚决贯彻政策，首先适当满足雇贫农土地要求，对原佃户应适当照顾，防止绝对平均主义和本位主义及挖肉补疮的做法，以利发展生产，增强团结。

2. 时刻注意运用骨干积极分子进行工作，加强对他们的教育和交给工作方法，防止居功骄傲、自私自利、强迫命令等脱离群众的作风。

3. 分配中统计工作极为重要，应十分重视，要做到准确、及时，否则便会陷于被动。

4. 领导要经常掌握全面情况，心中有数，充分做好准备工作，防止手忙脚乱和束手无策的现象。

5. 注意切实发扬民主，不可包办代替，经常有意识地让骨干分子出头露面，从各方面树立其领导威信，培养其独立工作的能力。

五、第五步

（一）目的和要求

在继续进行社会主义教育的基础上，建立党和团的基层组织，确立无产阶级在农村的领导权，并改造政权，整顿和适当扩大联防武装，从思想上组织上巩固反封建胜利的成果。并结合处理分配遗留问题，填发土地证，组织生产工作，时间大体上要20天。

（二）建党工作

（略）

（三）建团工作

（略）

（四）改造旧政权

土改后的农村政权必须适应农业社会主义改造这一任务的要求。因此，必须保证党的领导，以贫雇农（包括原为贫农的新下中农）为核心组成（贫雇农2/3，中农1/3）。至于农民出身的头人可个别吸收参加，但不能当领导，以使之具有统战形式。

1. 召开各种类型会议，反复说明：

（1）人民代表大会制度是人民当家做主的最好的制度，能保证人民按自己的意志选举能为群众办事的人为各族人民办事；

（2）现在选举是为了实行宪法规定的民主权利，这种民主权利是各族人民在中国共产党、毛主席的领导下奋斗几十年得来的胜利成果，必须珍惜；

（3）担任乡村干部和人民代表是很光荣的，要认真为群众办事，要有民主作风，并受群众监督；

（4）大家积极参加选举。

2.划分选区，一般10至20户为一选区。并审查选民资格。划好选区后，由中国共产党支部、青年团支部、农民委员会联合提出候选人名单，让群众酝酿讨论。选民对候选人名单如有意见时可以修改、个别调换。这样酝酿成熟后，就正式公布候选人名单。

3.召开选举大会进行选举。选举采取举手表决。

4.召开乡人民代表大会，选举乡长、副乡长、乡人民委员会(包括乡长、副乡长在内，名额总数为5至13人)，并通过以生产为中心的工作计划，做出决议。会议组织代表传达。

5.乡人民委员会召开第一次会议，建立工作机制(如民政、调解、武装治安、文教、生产合作等委员会，应视情况逐步建立。每个委员会成员5至7人，由乡人民委员兼主任，吸收本人民代表大会代表和其他适当的人员参加)。并定出工作、会议等必要的制度。

（五）整顿和扩大联防武装

1.广泛宣传，反复向群众说明要保卫胜利果实，巩固胜利，必须掌握好武装，以提高群众和联防队员的阶级觉悟及对敌人的警惕性。

2.在思想教育的基础上进行摸底，掌握情况，弄清每个成员的成分、历史和政治面目。对5个方面反革命分子及地富分子、上层头人和3年以上的旧军人及司兵或本质恶劣多次侵犯群众利益屡教不改者，要以适当方式清洗，尽可能做到不伤感情，一般借其他原因劝其退队。在清洗时要十分慎重，稳步地搞，不能成批清洗。对领导成分也应当调整，以保证贫雇农骨干担任领导。清洗和调整领导成分，均须报县批准。

3.在没有联防队或联防队很少的乡、寨应适当发展，发展队员的条件是：

（1）18岁至30岁，30岁以上表现特别好的可个别吸收；

（2）贫雇成分；

（3）身体健康，没有残废及其他严重疾病；

（4）思想进步，表现积极，有参加联防队的要求。

4.在编制上，根据规定：5至15人为一小队，2至5个小队为一分队，2至5个分队为一中队。每乡一中队，设中队部，设正副中队长、正副分队长、正副小队长。均由选举产生，并经批准。中队并设指导员，由党的正副支书兼任。队长必须是成分好、历史清楚、政治可靠的骨干或积极分子。

5.联防队的武器应掌握在党团员、各队长和基干队员手里，并固定专人保管使用，不准轮流乱拿。

（六）结合处理遗留问题，填发土地证，组织生产，庆祝胜利

1.对分配土地的遗留问题，应抓紧适当处理：

（1）土地上的附着物，如窝铺、秧棚、粪池、小块园地、竹丛及树木等随田分配或按习惯适当处理；

（2）土地上之农作物根据新分得户和原佃户不吃亏的原则适当解决；

（3）对多分、少分或分得太零碎等不公现象合理调整；

（4）对荒地、山林研究出管理办法；

（5）水利灌溉系统适当调整，定出合理水规；

（6）对留的机动田及留与外逃为匪人员的田管起来，并尽先租给原佃户耕种。

2. 对分配内地汉族农民赠送的斗争果实时，应先在群众中进行教育，说明其意义，然后根据填坑补缺的原则分给新分田的贫雇农，购置耕牛及大农具，应保证不浪费。

3. 由乡人民委员会及代表领导群众进行生产，并具体帮助解决困难。组织农民订生产计划。

4. 填发土地证（实际未发土地证，因为傣族群众还没有契约观念）。

5. 召开群众大会，庆祝土改胜利，庆祝乡人民委员会成立，庆祝联防队成立；并教育农民加强团结，努力生产，提高对敌人的警惕，并宣布土地改革胜利结束。

中国共产党德宏傣族景颇族自治区（州）工委关于潞西县傣族区和平协商土地改革试点工作的初步总结

一、运动的基本情况

根据上级的指示，我县在傣族区10个乡4878户27236人的地区，进行了和平协商土改的试验。运动从5月1日开始，于7月10日基本上结束。运动自始至终贯彻了“在党的领导下，坚决依靠贫雇农，与中农及其他劳动人民结成巩固联盟，中立富农，团结改造与民族有联系的民族公众领袖，有计划有区别地以和平协商方式，消灭封建领主剥削制度，发展生产”的党的阶级路线，并贯彻了和平协商改革的各项具体政策。因此，运动的发展基本上是正常的、健康的，做到了稳步前进，没有走大的弯路和发生大的偏差。打击面很小，发动面很广泛。从运动的结果来看，收获是巨大的，成绩是主要的。表现在：

（一）废除了封建领主的土地所有制，实行了农民的土地所有制。10个乡此次共没收征收了水田6550.25箩（1箩约合3市亩），产量306848箩（1箩约合20市斤）。其中包括领主私庄田2349.7箩，占35.87%；地主田1890.4箩，占28.864%；富农出租田907.34箩，占13.855%；小土地出租者超过部分的田144.15箩，占2.20%；寨公田和薪俸田1222.16箩；估18.66%。此外，还没收、征收了旱地、园地115.9箩，产量738箩（此数很不准确），这就适当满足了无田少田的贫苦农民的土地要求。计10个乡共有无田少田的贫苦农民1766户9024人，分得土地6009.34箩，产量281515.9箩。每人平均分田0.67箩（折2亩多），产量31.2箩（折合620余斤）。分田户占农民总户数4055户的43.55%、总人口23324人的38.7%，并永远废除了领主在13516箩土地上的官租剥削（年达620余万斤），领主、地主的高利贷和在政治上经济上的各种特权也最后废除了。

（二）在改革中发动并组织了群众。群众中受到教育的一般均达到成年人口的90%以上；骨干总数494人，占总人口的1.81%，一般较改革前增加1/4到1/3；积极分子总数1189人，占总人口的4.37%，一般较改革前增加1/3到1/2。不仅数量有所增加，质量也有很大提高。他们基本上划清了敌我界限、阶级界限和政策界限。联防武装组织也有了新的发展和提高。在发动群众、提高群众阶级觉悟和政治觉悟的基础上，于改革运动的末期，建立了党和青年团在农村中的基层组织，共计发展党员106名，分别建立了10个党和青年团的乡镇临时支部。这些党、团员共分布在51个村寨，占10个乡村总数97寨的52.6%。最后，又在党、团基层组织建立的基础上，改选了乡政权（其中芒市镇和遮放系新建立），使改革前主要为地、富分子和农村头人组成的乡政权，变成了以贫雇农为领导核心的乡政权，从乡政权中清除了地富分子和农村头人。

（三）团结改造分化了上层。经过改革，绝大部分上层也都得到一定程度的改造，特别是农民成分的头人，有了较为明显的分化，靠我者增多，落后者减少，极少数顽固者更加孤立。

运动中的主要缺点及遗留问题是：

（一）工作发展不平衡，在约1/3的村寨，对群众的发动还不充分或极不充分。这些村寨虽然也有少数骨干和积极分子，但质量不高，贫雇农领导核心基本上未树立，群众优势未形成，工作上不能撒手。少数的村寨甚至未扎正根子。此外，即在许多先进的村寨，对部分中农的发动也还较差。这是我们工作中最大的一个缺点和遗留问题。

（二）在贯彻执行每项具体政策中，存在有下列缺点和遗留问题：

（1）部分村寨在分配土地时，对原佃户的照顾不够，抽得过多，留得太少。

（2）把个别不应动的小土地出租者的土地，也征收了一些。

（3）把个别农民成分头人和司兵过去免交官租的本田，当作薪俸田征收了，并对某些不应抽动的薪俸田也抽了。此外，抽动田时，对少数被抽动户的思想工作，做得不够细致，现在他们还存在一些不满情绪。

（三）在贯彻执行团结改造上层和以和平协商的方式进行土地改革的政策原则方面，少数地区发生过下列两方面的问题：一方面也是主要的方面，就是对一直很嚣张的少数地主分子及农村头人，未在群众运动中，通过和平协商的方式，给以应有的批评教育和必要的说理斗争。这就不但不能打垮他们的封建威风，而且使他们感觉我们对他们没有什么办法，因而更加助长了他们的反动气焰。个别同志甚至企图吸收他们参加农民小组，以为这样，他们才不会进行破坏，表现了严重的右的情绪，结果影响了对群众的发动，又影响了对上层应有的改造。另一方面，由于某些同志思想上存在“左”的情绪，对上层工作重视不够，协商时马马虎虎，斗等方式简单生硬，只希望听他们说“好了好了”；当他们发表不同的意见或发些牢骚时，采取当头一棒打回去的办法，未能做到“掌握思想、对症下药、以理服人”。虽然在形式上常协商座谈，但对他们的教育改造，仍无多大效果。

（四）由于和平协商土地改革对上层在政策上、斗争形式上的某些让步，不可能在这次改革中彻底打垮封建；又由于在改革中我们为了团结多数，孤立和打击极少数，会有意地放过了一批小地主；再加上工作发展不平衡，尚有30%的村寨，本来应该做的事也没有做到。因此，封建阶级还有一部分残余力量，他们正在伺机复辟。所以，土地改革后的阶级斗争仍然是很尖锐的复杂的，需要我们提高警惕，用最大的努力解决遗留问题，巩固土地改革的成果。

产生上述缺点和问题的原因，除了和平协商土地改革本身的局限性外，主要原因是：

（一）区乡领导干部作风不够深入。对“哪里紧张到哪里，指挥员亲自上前线”的原则，贯彻较差。另一方面，对干部的思想领导工作抓得不紧，未能及时端正干部的政策思想，随时解决干部的思想问题。

（二）干部政策水平低。部分同志对运动的政治目的缺乏足够的认识，存在单纯的经济观点；少数同志作风不民主，强迫命令、包办代替的现象比较严重；也有少数同志，由于过高地估计了封建的统治基础，一上战场，就产生了怯战心理，在工作中缺乏足够的信心和决心，不敢大胆发动群众进行斗争。所有这些都影响了对群众的充分发动和对政策的正确贯彻。

（三）少数同志存在严重的资产阶级的个人主义思想。在改革中一直表现怕艰苦，不愿深入群众，与群众同甘苦；或者是不安心，闹恋爱，情绪不安定，精力不集中，严重地影响工作。

（四）一些地主出身的上层子弟，没有下决心在改革中改造自己，却仍然坚持地主立场，个别恶劣者，甚至公开仇视农民，打击破坏农民运动。在干部关系上，还有意挑拨离间，散布民族主义的毒素。

二、运动的发展过程和规律

整个运动分为5个步骤，步和步之间都是紧密相连，前一步给后一步准备条件，后一步都是前一步的继续发展。

第一步

主要的工作任务和内容是：广泛地交代政策，做好各方面的安排，结合初步了解情况。主要的目的是：使和平协商改革的各项政策，普遍地与各阶层见面，达到初步地稳定上层，安定各方面，并发现积极分子，初步地发动群众，掌握情况，为下一步深入发动群众创造前提条件。时间大体上需要5天至7天。

工作开始时的情况是：

（一）在少数工作基础较好的村寨，骨干和积极分子，欢欣鼓舞，情绪很高。贫雇农和大部分中农，都表现了迫切要求改革的心情，说“这下可盼来改革啦”。但他们还不了解政策，斗争目标不明确，盲目性很大。有的想斗争头人出口气，有的想分富农及富裕中农的田，有的想在5天、10天之内，就把田分完。少数富裕中农，由于不了解政策，又听了坏人的谣言，顾虑很大，怕分掉自己的田。地主及农村头人更加紧张，大部分害怕土改，多方探底，少数暗中造谣，威胁骨干和积极分子，恐吓群众。

（二）在大部分工作基础较差的村寨，少数积极分子和贫雇农暗中欢喜，但疑虑很大。怀疑是否“真的搞”，又怕工作队住不长，以后吃亏遭整。中农表现消沉不安，寡言少语。地主及农村头人，大部分表现满不在乎，甚至担心自己“领导不了”“做不好”；少部分十分嚣张，压制群众，不让工作队进村，不让工作同志住在农民家里。

（三）在未改革区，波动也很大。骨干和积极分子埋怨我们为什么不去他们那里。农村头人则纷纷到改革区探听虚实。

（四）在邻近改革区的山区，也有很大震动。特别是景颇族地区，少数景颇族群众骨干和积极分子，也要求在山上改革，分山官的田；部分群众希望能到坝区参加分田；一些山官想乘坝区改革的机会，收回过去被土司霸占的土地。

上述情况说明土地改革开始时，改革区内外的各阶层和各方面，一般对改革都存在许多顾虑和误解。因此，改革的第一步工作，必须首先广泛地交代和平协商土地改革的政策，做好各方面的安排。

要安排各个方面：

（一）领主、地主和农村头人方面；

（二）宗教方面；

（三）群众方面；

（四）邻近未改革区方面；

（五）与改革区邻近的山区方面。

在安排的次序上，一般的应该是自上而下、自内而外。对山区景颇族方面的安排工作，是应该特别重视的。根据遮放区对景颇族的安排工作情况来看，必须特别注意：

（一）肯定景颇族地区不进行土地改革；

（二）坚决说明不算历史账，有困难政府帮助；

（三）说明傣族地区土地改革的必要性和正义性；

（四）废除封建领主制度，景颇族也将得到很大利益，应该同情与支持坝区傣族农民进行改革；

（五）讲清土地改革政策中与景颇族有关的条文。

交代土地改革政策时，首先，要强调反复地和广泛地宣传政策，要求基本上做到家喻户晓；其次，应强调不同的对象，作不同重点的交代；第三，还应强调必须结合具体情况，进行具体交代，防止空洞的说教式的宣传。交代政策的方法，主要的应该采取召开各种大小不同类型的会议进行，可以迅速地广泛地使政策与各阶层见面，很快地解除各阶层人民的顾虑和误解。并应贯彻根据对象，认真准备，大力动员。

经过各方面的妥善安排和政策的广泛交代后，便初步地解决了政策界限不清、斗争目标不明的问题，骨干和积极分子的“左”的情绪有所克服，造成了和平协商土地改革的局面。大部分上层开始稳定下来。这就使我们获得了深入发动群众的前提条件。

第二步

主要的工作任务和内容是：有领导地有控制地坚决地彻底地揭发封建领主制度的罪恶，算剥削账，借以提高群众的阶级觉悟，并相应地组织农民队伍。主要的目的是激发农民反封建革命的自觉性，组织农民的反封建队伍，从而树立贫雇农的领导核心，树立农民的基本优势。因此，这一步是整个运动的中心环节，关乎着运动的成败。这一步的阶级斗争最尖锐、最紧张也最复杂，搞得好即可基本上分化上层，打垮其封建威风。时间大体上需要半个月。

在揭发封建领主制度的罪恶和算剥削账时，要注意：

（一）不仅斗争目标要明确，态度要坚决，而且还须有组织控制。斗争目标必须是也只能是封建领主剥削制度。只有这样，才能缩小打击面，扩大发动面，团结绝大多数。也只有这样，才能符合目前农村阶级斗争的规律，反映广大农民的迫切要求。这里，最容易发生的问题是：由于不了解运动的全面内容，有单纯的经济观点，致使斗争目标转移到富农和农村头人的身上。因此，领导必须头脑清醒，提高警惕，否则是很危险的。其次，斗争目标明确后，态度必须坚决。事实证明，对封建领主制度的罪恶，揭发得越彻底、越深刻，就越能发动群众，越能分化和争取上层。有些同志怕这样会引起农村阶级关系紧张，因而不敢大胆地启发农民揭露和认识封建领主剥削制度罪恶的思想认识是不对的。第三，还必须有组织控制：

（1）不面对面控诉；

（2）不大会控诉；

（3）尽量避免涉及农村头人，如有涉及，即应主动加以诱导，转向封建领主制度。

（二）在控诉和算剥削账的基础上，还应进一步诱导启发，提高农民的觉悟，防止为揭发而揭发，为算账而算账；防止干部的自满和麻痹思想：“发动起来了”“差不多了”。应该继续挖掘封建领主剥削制度给每一个农民带来的恶果，并进而解决土地是谁的、谁养活谁、是命穷还是被剥削穷的等基本问题。解决了这些问题，农民就会找到自己的穷根，同时也就最具体最生动地交代和说明了土地改革的正义性与必要性。从而，在思想上给了农民以废除封建领主剥削制度的锐利武器。

（三）在提高了农民的阶级觉悟，激发了农民反封建的革命自觉性以后，紧接着即应该提高农民的组织觉悟，组织农民反封建的队伍。因此，必须教育农民：

（1）懂得自己解放自己的道理；

（2）懂得团结整个中农阶层及团结绝大多数的道理；

（3）懂得团结头人的道理。这里，要防止思想发动和组织队伍的脱节现象，组织工作赶不上思想发动的现象。但大部分农民都串连发动并组织起来以后，就要特别注意深入落后层，消灭空白户与空白人的工作。

（四）同时，应重视上层工作。地主和农村头人，在这一阶段又复有所紧张。先则主要怕斗争，怕追赔旧账，继则主要是怕不得参加农民小组而陷于孤立。因此，这里一方面应坚持集中斗争目标于封建领主制度，尽量避免不涉及农村头人；另方面也要正面地向他们讲清楚：农民在揭发封建领主剥削制度的罪恶时，牵连到他们过去在旧制度下的某些罪恶事实，是很难免的。自己应该作适当检讨，但主要的责任是在封建领主剥削制度身上，主要的是制度不好。这里既要防止对他们压力过大，也要防止他们把罪恶完全推到旧制度上去的两极现象。

（五）在对农民进行思想发动时，农代会和扎根串连仍是最基本的方法，应充分加以运用。

第三步

主要工作任务和内容是划分阶级。目的是划清阶级界限，正确地贯彻党的改革政策。同时在群众思想上进一步划清劳动与剥削的界限，树立明确的劳动光荣、剥削可耻的思想观点。并通过划阶级，进一步打垮地主及农村中当权富农的封建威风。时间约需10天。

在划阶级中主要的情况和问题是：

（一）群众方面：骨干积极分子想抬高农村头人的成分，借以在政治上压服头人；贫雇农想抬高富农和富裕中农的成分，多划些地主和富农，以便能多分点田，特别是在可分田不多的村寨，这种思想更为突出；中农主要是怕把自己划为富农，分掉自己的土地。

（二）上层方面：农村头人怕根据自己的政治身份来划成分；地主企图降低自己成分，主动报名和制造空气，说自己是小土地出租者；富农也多方设法降低自己的成分。

（三）部分工作队干部由于有单纯的经济观点或者是对划成分的标准不明确也表现有偏高、多划的思想情绪。

因此，这里必须注意掌握和解决下列问题：

（一）充分认识采用和平协商方式划分阶级成分是尖锐的阶级斗争，不能有任何的麻痹大意。必须认真做好划阶级的准备工作，开好协商会议。

（1）组织准备：主要是充分占有材料；

（2）思想准备：主要是提高群众掌握“有理、有利、有节”的说理斗争的原则。这里既要防止不开展斗争，草率从事，因而虽然划出并通过阶级，但是地主和当权富农的威风仍未被打垮的偏向，又要防止不讲究策略，行动过火，压力过大，致造成上层过分紧张恐慌的偏向。

（二）必须坚持贯彻掌握划分阶级成分的标准。特别注意防止多划、划高的思想情绪，并应有意识地放过一批小地主，缩小打击面。

（三）在做法上一般可采取：

第一段：充分做好组织准备（占有材料）及思想准备（掌握政策）。

第二段：（1）干部和骨干内部初划；（2）通过向被划户交代政策，启发自认自划。

第三段：农代会讨论修正，初步划定。

第四段：一方面认真做好代表会议的传达，广泛地征求群众的意见，并借以教育提高群众；另一方面召集被划户，认真进行协商。

第五段：报区审查，报县批准，公布阶级。

第四步

主要工作任务和内容是：在对农民进行团结教育和社会主义教育的基础上，做好土地的分配工作（包括没收征收）。主要的目的是适当满足无田少田农民的土地要求，并进一步提高农民的政治觉悟。时间大体上需要10天。

这一步工作的特点是：既有尖锐的阶级斗争，又有较突出的农民内部的关系问题。前者主要表现在"没收、征收""先留后分"上，后者主要表现在：

（1）在贯彻对原佃户照顾的政策上；

（2）在解决村寨之间的土地纠纷上；

（3）各寨之间土地之相互调剂上；

（4）具体进行分配上。

因此，这一步仍是内容丰富、斗争尖锐，工作既复杂又艰巨的一步。因此，要做好这一步，必须注意：

（一）在贯彻团结教育、社会主义教育的基础上，做好分配工作。这样做的好处是：

（1）可以防止农民内部产生"斤斤计较"的平均主义思想，而有利于"团结分配"；

（2）也可以防止敌对阶级分子乘机挑拨和煽动农民内部的团结，提高农民的政治警惕性；

（3）还可以防止农民在改革后可能产生的埋头生产、不问政治的思想倾向；

（4）并为分配后的建党建团工作，做好必要的准备。

（二）一切从有利于农民内部的团结出发，一切从有利于发展生产出发。这就必须坚决而正确地贯彻没收、征收及分配的政策。这里特别应该注意：

（1）薪俸田的对待问题；

（2）富农出租田的征收问题；

（3）头人霸占田及有关土地抵押关系的处理问题；

（4）照顾原佃户的问题；

（5）一乡的寨与寨之间，土地纠纷和土地相互调剂问题。

（三）要重视对佃农的政治工作和思想发动。

（1）算好被剥削账；

（2）对比抽动前后的实际收入；

（3）说明翻身靠大家、大家一齐翻的道理。

（四）在做法上一般应采取：

第一段：交代政策，学好政策；

第二段：查实箩种，评好产量（常年产量）；

第三段：做好领主、地主的“先留后分”，佃户的“先留后抽”及其他应征收的土地数目；

第四段：评定分田户数，审定分田人口；

第五段：进行分配。

第五步

主要的工作任务和内容是：在继续进行社会主义教育的基础上，做好以建党建团为中心的各项组织建设、总结工作，总结胜利，布置生产。目的主要是进一步从思想上组织上巩固农民反封建斗争的胜利成果，并为改革后逐步进行农业社会主义改造创造必要的条件。时间大体上需要20天。

这里，应该特别注意：

（一）建立党和团的农村基层组织，应该成为这一步的中心任务。只有建立党和团的组织，才能更好地巩固农民反封建革命斗争的胜利成果，也才能有效地防止改革后可能产生的农村中埋头生产不问政治的倾向，而把农民逐步引向社会主义的道路上来。因此，建立党团农村基层组织的问题，实质上是建设农村中的社会主义的阵地问题和基础问题。在少数民族地区来说，也是解决民族问题的本质问题。这里，任何的消极态度，都将会在政治上走弯路、犯错误。不仅形势需要，而且条件也允许发展党团组织。从这次改革中看，最主要的和最基本的条件，就是经过解放后5年来的政治工作，和这次改革运动，大部分地区都现涌出了一批非常可靠的骨干和积极分子。这次建党的经验证明：只要对他们进行一段共产主义的教育和党的知识教育后，他们之中的一部分，是可以成为一批很好的共产党员的。

（二）紧接着农村党、团组织的建立，改选原有的乡政权。改革前的乡政权成员中，70%至80%以上都是农村头人，而且许多还是地主及富农成分。在改革后，农村阶级力量的对比，发生了根本的变化。农民迫切要求当家做主，要求自己掌握政权。他们说：“过去我们不觉悟，名义上是当了家，但实际上是头人做主”，“现在是新制度了，不能再要旧头人来办事了”。这种新的阶级斗争形势，需要改造原有的乡政权。改造后的乡政权，在形式上仍然应该是统一战线的形式，对个别表现进步的农民成分的头人，仍然应该吸收他们参加（不能当主要领导干部）；但在内容上，则应该是贫农占绝对优势，并应树立坚强的贫雇农领导核心。在数量上一般的贫雇农（包括原为贫农的新下中农）应占2/3，中农及农村中的其他劳动人民可占1/3（包括个别进步的农民成分的旧头人）。这样做既有利于发动群众，也有利于团结农村中为数较多的小头人。至于老䝉以上的农村头人，在取消了他们乡政权中的职位后，还必须把他们适当地安排到县的协商机构或其他适当的机构中来，否则将难以达到对他们进行团结教育改造之目的。

（三）动员选拔一批骨干和积极分子，脱离生产，参加工作。并视条件提到区的领导岗位上来，实现区级机关的民族化。

（四）特别加强对农民的政治警惕性的教育，提高农民的政治觉悟，防止敌对阶级分子和隐藏的反革命分子，在改革后的阴谋破坏活动。

三、运动的几点主要的经验

（一）斗争锋芒，必须自始至终地集中在封建领主制度上。正如农民所说，在封建领主制度下，是人人受害，个个遭殃。坚决揭发封建领主剥削制度的罪恶，是封建领主制度下广大农民的迫切需要。它反映了封建领主制度下农村阶级的主要矛盾，即广大农民与封建领主、地主的矛盾。因此，只要我们抓住这个特点，就可普遍深入地发动群众，团结绝大多数；又可最大限度地分化上层，争取多数，孤立少数。而且有利于首先从政治上发动提高农民。反之，如果我们把斗争目标错误地集中到农村头人及富农头人的身上，就会扩大打击面，就会有导致农民内部阵营混乱的危险。其结果也就既不能发动群众，也不能团结分化上层。

（二）必须明确认识土地改革是以解决土地问题为中心的政治、经济、文化等一系列的全面的反封建的革命斗争。只有这样，才能更好地发动群众，特别是发动较内地为数更多的中农。如果片面地讲“分田分地”或单纯地讲“调整土地”，就不仅是中农会感到因和自己的切身利益联系不起来，而表现消极，有的还怕分掉自己的田；就是贫雇农也不会感到满足。因此，必须要全面地说明土地改革，不仅是要没收领主、地主的土地，分配给无田少田的贫苦农民，而且还要永远废除领主的官租，土地归农民所有，永远废除各种苛捐杂派及封建的政治特权，永远废除领主、地主的高利贷，农民当家做主，掌握政权和武装。这样，不仅使贫雇农是懂得不打垮封建的政治势力，光分了田也保不住，也使土地改革和中农的切身利益结合起来，提高中农反封建斗争的积极性，把改革当作自己的事情，而不是认为“帮贫雇农开会”。同时，此一问题的解决，也更有利于把斗争目标集中到封建领主制度上来。

（三）在发动群众的同时，必须认真做好上层的统战工作，务使上层统战工作，配合群众运动的发展。上层在改革中随时都会有顾虑有抵触有反抗的，一种顾虑消除后，又会产生另外一种新的顾虑。总起来说，上层在改革过程中的思想规律有6关：工作队刚下去，政策未交代之前是第一关；揭露和控诉封建领主剥削制度的罪恶，算剥削账前的初期阶段是第二关；绝大多数农民都被串连发动组织起来，上层陷于孤立是第三关；划阶级是第四关；没收分配土地和交武器是第五关；建党建团和改选乡政权是第六关。要掌握这条发展规律，抓住这6个关口，及时进行工作，认真安排，非常重要，甚至每一会议的会前会后甚至会议进行中，都要向它打招呼作交代，随时解除顾虑，并应始终采用和平协商的方式，进行斗争。在协商中对他们的抵触和反抗，应有准备地进行适当的批评教育和说理斗争。但这种斗争应做到合理合法，有利有节，真正做到以理服人。这里，既要防止怕团结不好，不敢批评的右倾情绪，也要防止急躁过火，方式生硬的“左”的行动。只有这样，才能达到改造分化的目的。

（四）阶级教育与政策教育，必须经常结合进行。单纯进行思想发动，不把农民的行动约束到政策范围内，容易过火；反之，如只一般地交代政策，不进行艰苦的思想发动，群众觉悟不能提高，团结改造上层也就没有基础。应用政策启发群众的阶级觉悟，又把群众的行动约束到政策范围内，这样既发动了群众，又稳定了上层。

（五）土地改革运动必须与下一步的革命运动（农业社会主义改造运动）衔接起来，这就会使广大农民在土地改革运动的后期，获得了新的思想动力，而战斗情绪仍然饱满。我们在分配土地时就结合进行了社会主义的教育和建党的教育，在分配土地后，又专门进行了以建党为中心的各项思想建设和组织建设工作，这就使得骨干和积极分子懂得了土改是小翻身，到了社会主义才是大翻身的道理，因而，情绪高涨，精神饱满。不仅顺利地做好了分配工作，而且还提高了对敌人的警惕，克服了改革一完即万事大吉的太平麻痹思想。同时，由于党、团基层组织的建立，一方面，社会主义在农村中有了可靠的阵地。这就使得傣族人民在土地改革后，就可以向着互助合作的道路逐步前进；另方面也使少数民族看到，不仅在经济上得到了土地，翻了身，而且在政治上也真正当家做主，翻了身。从而更密切了党同少数民族的联系，体现了民族团结的阶级实质。

（六）必须加强对干部的思想领导和组织领导，这是正确贯彻政策、胜利地完成土地改革的重要的一环。首先，必须及时端正干部的政策思想，防止“左”右摇摆的现象；其次，还必须经常检查干部的工作作风，教育干部防止与克服不深入、不民主、包办代替的工作作风。对在改革中闹个人问题、不做工作、怕吃苦、不安心的少数同志，必须及时地加以批评教育；对在改革中不愿结合改造自己，继续坚持地主立场，仇视农民，打击破坏农民运动的个别地主出身的上层子弟干部，应及时严肃地予以处理。这样，既可以教育提高全体干部，又可以保证土地改革工作胜利完成。

（七）在领导方法上必须坚持“小心谨慎，创造典型，点面结合，全面展开”的规律。在运动中的每一步骤都应当以典型乡的先进经验，结合各地具体情况，带领和推动后续地区有阵地地前进。所以，每区应有典型乡，每乡应有典型寨，坚持以点带面的方法。只要面上的工作比点上晚走一两步，就不至于出大偏差。经验证明，这是运动正常发展的规律，凡是这样做的地方，即使干部少，工作也进展很快。

这次试点的结果证明，只要我们运用上面的几点主要经验，去贯彻和平协商土地改革的政策，就能够从政治上、经济上打垮封建领主的剥削制度，就能够广泛地深入地发动群众，同时也能够更好地团结改造上层。

1955年8月

云南省保山地委关于培养少数民族干部工作的检查报告

编者注：德宏自治区（州）土地改革以前，地委召开了边疆扩大干部会议，着重检查和批判了在培养民族干部工作上的大民族主义思想。接着，在自治区（州）和各县，普遍进行了一次民族政策的学习，展开了批评与自我批评，外来干部批判了自己的大民族主义思想，也教育了当地民族干部，从而进一步加强了各族干部之间的团结，为土地改革准备了必要的条件。

地委于3月7日至26日召开了边疆扩大干部会议，除讨论布置了生产和研究我区的领导问题外，着重地检查了培养民族干部的工作。现将会议中所暴露的培养民族干部方面的一些问题报告于后：

德宏自治区几年来培养民族干部727人，占该区干部总数3187人的22.8%（包括民族上层），其中相当于专区级的干部7人（都是民族上层人物）、县级干部8人（民族上层人物6人、群众中提拔的2人）、区级干部68人（上层人物31人、群众的37人）、一般干部644人。在民族干部中，现有党员34人、团员122人。工农出身的干部约占总数的65%，上层子弟约占25%，上层人物约占10%。这些民族干部大部分都经过两三年的工作锻炼或经过民族学院、地委民族干部训练班学习，约有90%懂汉话、20%懂傣文和汉文。党依靠他们密切地联系了各民族人民，启发和提高了各族人民的政治觉悟。他们在实际工作中能够较好地执行党的政策和完成党所给予的任务。安置的上层人物几年来经过我们的团结教育改造和本民族干部群众给予他们的推动，除个别的还较落后外，一般的都有不同程度的进步。

目前在该区工作的汉族干部，经过几年来的实际工作，他们和当地各族群众建立了联系，加上上级党委和政府的慰问鼓励和物质生活的改善，大都已安心工作。政策水平都有提高，在培养民族干部及执行党的政策上起着重要的作用，并有396名汉族干部（约占该区汉族干部的17%）学会了民族语言，更深入地联系了群众。为今后大量地培养提拔民族干部，进行自治区各项建设事业提供了有利的条件。但从这次地委边疆扩干会议对培养民族干部工作的检查来看，还存在着许多重要的问题。

一、在培养少数民族干部的工作上还存在着许多思想障碍。

一般外来干部对培养民族干部仍存在着单纯使用甚至临时利用的观点。当外来干部初进入边疆民族地区的时候，由于语言不通，情况不了解，为了找到向导和翻译，也曾经注意培养民族干部，但多限于吸收懂汉语汉文的民族干部。后来随着工作的开展，不少民族干部显示了他们的作用，对这些民族干部便由向导翻译变为作自己的“工作助手”。当外来干部学会了民族语言，熟悉了情况，就认为民族干部可有可无，甚至认为是麻烦了。……在提拔民族干部中，普遍存在着比资格、比能力，甚至嫉妒的现象，特别是当原来是自己领导下的干部提拔到高于自己的职位时，就更不服气。去年瑞丽县提拔思维章（傣族青年团员）为副县长时，不少县委认为“提拔得太快了”，个别干部思想抵触，发牢骚说“人家是民族干部，前途光明”；梁河县提拔赵大兴（阿昌族青年团员）为副区长时，乡工作组长杨东亮睡了两天。这说明我们对培养民族干部是加强党和少数民族人民的联系，是教会他们用自己的腿走路，是彻底解决民族问题的重要意义认识不足，所以几年来就是提拔了为数很少的县区级干部（县级2人、区级37人）也是经过了一些严重的思想斗争。

二、自治区干部和外来干部在领导思想和工作作风上普遍存在着严重的包办代替的现象，对民族干部表现了民族的不信任和轻视，如怕民族上层子弟立场不稳，怕农民出身的干部积极分子办不了事等等，因而从自治区直到乡村政府形成一系列的包办代替，工作队甚至发展到独断专行的地步。

自治区成立于1953年7月，直至1954年11月才启用印信。自治区的许多重大问题，多未与民族干部进行充分的协商，即使协商也多流于形式。各县救济、贷款、修路、水利等工作都由党委一手包办。潞西县府的干部反映：“我们只管开大会，办伙食。”许多县府的科员有事不找科长、县长，而是直接找县委书记；在已经成立了乡政府的地方，乡政府有事做不得主，大事小事都得向工作组长“请示”；有些乡的工作组长几乎把乡干部领津贴、乡政府的盖印发信和经费开支等事情都全部包办了。这种严重的包办代替的作风，已经引起了民族干部的不满。他们反映：“过去我们不会办事，你们办也可以，现在我们能办的还不交给我们办就不对了。”盈江县副县长项老左说：“希望汉族老大哥放放手吧。”这种不尊重民族干部的职权的现象，影响了各族人民和民族干部的积极性，也助长了地方民族主义的情绪。

三、在少数民族干部中建党建团还没有引起领导上的重视，很多汉族党员干部，对民族干部的政治生活漠不关心，尤其对进行共产党和共产主义宣传教育工作重视不够。

至今许多民族干部对党的认识很差，认为参加工作是帮汉人办事，跟汉人跑。如遮放傣族干部方国良同志参加工作已3年，且入了党，最近才解决帮助汉人做事的糊涂思想。在发展党员时，条件要求过高，有的还增添了一些额外的条件，如认为民族干部参加工作时间短、锻炼不够，不能发展为党员；甚至对串姑娘（恋爱方式）、有些家庭观念，都看成是思想落后；把进佛寺接近民族上层看成是觉悟不高，立场不稳。地委去年7月间制订了建党计划，要求县委亲自动手，至年底发展80个党员，经过几次的督促和检查，才发展了20人。在少数民族青年干部中发展团员的工作同样未被重视，几年来仅发展了122人。对他们的政治教育也很不够，很少组织他们按照民族形式进行一些有益的活动。甚至有的地方青年团开会时，不让少数民族的团员参加，说是“怕听了以后出问题”。这说明我们对在少数民族中发展党、团员是解决民族问题的根本问题，是党在少数民族中扎好根子的严重意义认识不足。

四、对民族干部工作上和生活上的困难关心和帮助不够。

少数民族干部在参加工作时困难多，如敌人造谣威胁，上层分子打击，民族隔阂的影响（如说参加工作的民族干部是汉人的狗腿和尾巴），家庭困难，不懂汉文汉语，以及过不惯汉族的生活习惯等等，所以在参加工作后再遇到工作上的困难和干部关系不协调等问题，往往会使民族干部产生自卑心理和灰心退变思想。在培养民族干部过程中不从民族干部的特点出发，甚至有些民族干部因家庭或其他原因回家时，不但不帮助解决困难，且乘机除名，停止供给。梁河县民族干部中就有5人因此被除名，陇川县去年和今年也有十数人被除名。特别是婚姻问题，傣族、景颇族的习惯认为青年男女到了二十三四岁还不结婚便是“耻辱”，被人看不起。我们对这种民族心理没有亲切地体贴和主动地帮助，因此参加工作的400余名青年男女干部之间还没有发生过结婚的，许多民族干部误认为“参加了工作就不能结婚”。对于民族干部在工作上的困难很少具体帮助和支持，也不注意培植他们的工作能力和在群众中的威信。有些民族干部当了工作组长，常常发生汉族组员不服从领导。如盈江思汉章在某乡领导评产工作中，本来已接近实际，但汉族干部还硬要他重新再往高评，惹得群众说“思汉章穿的汉人服、吃的汉人饭，做的汉人官，说的汉人话，又不帮我们办事”，使得思汉章十分灰心。对一些不懂汉话汉文的也很少注意为他们进行翻译。所有这些已使民族干部的生长受到阻碍，几年来全区先后回家的120余名干部，多半是与以上的原因有关系的。

五、在外来干部中还有不纯的现象，并有部分党员，质量太差，这也是在培养提拔民族干部方面即需解决的一个问题。

据初步了解，在外来干部中政治历史不清的，参加过反动党团会道门的（骨干分子）和直系亲属被镇压的以及当过反动军官的占外来干部总数的5%左右（约150人）。其所以如此，是由于财经、文教等部门，存在单纯的业务观点，宁肯把过去在内地工作表现不好的或有问题的干部调到边疆，也不愿在当地吸收培养少数民族干部，甚至一般看仓库的人员，也都由内地找来（这是最引起少数民族恶感的）。这就造成了几年来不纯分子携款、带枪潜逃缅甸者竟达24人之多。至于水平太低、质量太差的干部，各县皆有一批，占外来干部数的10%左右（300余人）。他们在民族地区实际上也起不了什么好的作用，这种情况与中央指示的派往少数民族地区的干部应贯彻“宁肯少些，但要好些”的原则精神是不相符合的。他们不仅占了干部的编制名额，影响了民族干部的成长，更重要的是这些不纯分子，影响了国防边疆的安全，确需加以清理，调往内地。

从上述情况来看，目前在培养少数民族干部工作中虽然问题很多，但其思想根源，都是大民族主义思想。大民族主义思想的表现，经过民族政策执行情况的检查和几年来的工作开展，已不像过去那样公开地粗暴地歧视或侮辱少数民族了，但是还突出地表现在培养民族干部的问题上，对少数民族干部不信任，不认真培养和不大胆放手提拔使用，低估他们的作用；不尊重他们的职权，不关心他们的政治上的进步和生活上的困难。这种大民族主义思想表现，实际上也是侵犯少数民族的自治权利，违反了民族平等的原则，阻碍了少数民族干部的成长，这是德宏地区当前民族工作上的主要危险。这次边疆扩干会上着重检查了培养民族干部的工作，进行了批评与自我批评，对上述问题有了初步的解决，但今后仍需进行一些艰苦的斗争。我们计划今年内采取如下措施：

（一）在土地改革以前，利用生产空隙，在干部中再进行一次民族政策的学习。

在学习的基础上，展开批评与自我批评，从地委起，由党内到党外，有计划地逐级批判大民族主义思想。在学习时可吸收民族干部和在职的民族上层参加，听取他们的意见。至于因为批判和揭发大民族主义而可能引起的地方民族主义思想情绪，也是很自然的，要适当地防止；与此同时，对汉族干部的工作成绩也要加以肯定和鼓励。只要我们认真地解决了外来干部的大民族主义思想，必将有助于地方民族主义思想情绪的解决。这个思想斗争，只要认真地贯彻下去，将使全体干部的思想提高一步，有助于干部关系和民族关系的改善，为进行和平协商土地改革创造了更为有利的条件。

（二）在今后几年内要把培养民族干部作为民族工作的重要工作，而在培养民族干部方面，当前尤以培养领导骨干、建党、建团作为中心环节。

地委准备在外来干部中逐步调出20%（包括那些有问题的干部），让出一些位子以便吸收当地民族干部393人，充实一定数量的民族干部，并计划提拔县级民族干部12人、区级62人，发展党员200人。当前应十分强调：把民族干部中的优秀分子大胆地提拔到领导岗位上来，各级领导要亲自动手，按级培养，使他们逐渐地成长起来。

（三）为了保证上述任务的完成，必须：

（1）健全民族干部的管理制度。县区委应该定期召开民族干部座谈会，及时解决民族干部的思想和其他困难问题。并提议地委组织部专设一副部长管理民族干部的培养提拔与民族地区的建党建团工作。德宏区党委会应至少每季专门研究一次民族干部的培养与建党建团工作。

（2）认真组织少数民族干部的学习，办好地委民干班，目前主要学文化，以便于更好地培养农民出身的干部。

（3）解决他们的家庭、生活的困难，逐步帮助解决婚姻问题。对于民族的节日活动应予照顾。

（4）在机关生活上，要注意民族习惯。对不懂汉文汉语的少数民族干部，在开会和发指示的时候，要设法给他们翻译。

（5）在大量提拔少数民族干部的情况下，外来汉族干部的提拔可能受到限制，但应在级别上加以照顾。

1955年4月1日

全国人民代表大会民族委员会云南调查组关于在德宏自治区（州）傣族地区参加土地改革和试办农业合作社的工作报告

我们于今年2月到达德宏自治区（州），10月离开该地。这8个月内，在当地党委的领导下，参加了以下几项工作：（1）调查傣族地区社会情况，制定土地改革方案；（2）土地改革试点；（3）结合土改进行建党；（4）试办农业合作社；（5）研究全区规划。以上各项曾专题作过报告。现综合报告如下：

一、土地改革

德宏自治区有傣族15万人，是该区的主体民族。与缅甸接壤。其社会制度是封建领主制度。全区有7个土司和两个土千总。除1个土千总是汉族外，其他均是傣族。他们各自为政，互不隶属。土司设有衙门、监狱和司兵武装，在农村设有大小头目。土司管辖区内的土地都属他所有。农民向土司领种份地，负担官租和劳役（一般占农民收入的40%至60%），并不得离开村寨。农民对份地的占有权和使用权在大部分地区已经固定，但仍不能买卖。少部分地区还保存着村社的土地分配制度。在靠近汉区的地方，汉族地主经济已经侵入。由于对份地的分配占有不同，在农村中已出现了地主和富农阶级。地主富农约占总户数的5%左右，占有土地30%左右。地主阶级中绝大多数是土司的族亲和农村中大头人，因负担过重放弃份地和被剥夺了份地的农民占总农户的30%左右。阶级矛盾主要集中在农民与领主集团之间。解放后这个矛盾愈加尖锐化。废除封建领主制度，已成为傣族人民的迫切要求。

傣族区的土地改革经过了较长时间的准备。土改以前绝大部分乡村政权已经建立，农村中已有占人口3%左右的农民积极分子，建立了许多群众武装，提拔了400余名民族干部。特别是1954年爆发了全区性的抗交官租斗争。我们对上层采取了赎买政策，妥善地废除了官租。同时，在上层中酝酿了土地改革。到1955年春，土改形势可以说到了“瓜熟蒂落”的程度。

基于边疆民族地区的内外复杂情况，傣族地区的土改采取了和平协商方式改革的政策。主要要求和做法：

（一）没收领主的一切土地，废除一切封建剥削和高利贷；

（二）除没收领主地主的土地外不动其他财产，并一般不剥夺其政治权利；

（三）采取背靠背地诉苦教育的方式发动群众，不进行面对面的斗争；

（四）县、区组织土改协商会；

（五）乡组织农民代表大会；

（六）县组织巡回人民法庭；

（七）准备条件成熟后召开自治机关代表大会（并请相当数量的农民代表列席），做出土改决议，制定土改法规；

（八）整训干部；

（九）进行试点；

（十）结合土改彻底改造乡政权，进行建党建团。

土改中由于坚持和贯彻了和平协商方式改革的政策，整个运动的发展是健康的。从今年5月开始试点，到今年年底全区土改即可基本完成。比原来预计的时间提前了半年。从已完成土改地区的情况来看，基本上达到了妥善地消灭封建制度的目的。比较充分地发动了群众（组织面达到成年人的80%以上），解决了占农村人口30%左右的无地少地农民的土地问题（每人平均分得2亩多水田），涌现了大批积极分子，建立了以贫农为核心的基层政权和群众武装，发展了900余名农村党员，每乡都建立了党的支部。领主和地主的名声臭了，封建上层在群众中的传统影响大大削弱，从而对上层的团结改造更有了基础。

土改中的几点主要经验：

（一）自始至终都必须注意上层统战工作，使全体干部都要明白“拉住封建打封建”的全部策略意义。除了在政策上规定给上层以必要的和适当的让步外，在具体做法上：第一，在改革中的每一步骤，事前事后或者事中都要向他们打招呼、作交代，随时解除他们的顾虑；第二，反复向他们说明党的团结政策，指明前途，教育其守法；第三，在有理有利有节的情况下，对领主地主的罪恶通过农民代表给以必要的揭露和批评；第四，实行分别对待，争取多数靠我，孤立打击少数（主要是现行破坏分子），以瓦解其集团。

（二）不论采取什么方式进行改革，都必须贯彻依靠贫农团结中农的阶级路线。具体做法上，内地土改时用过的扎根串连、组织农民小组、先贫农后中农以及诉苦翻心等做法，除不进行面对面的斗争外，都是可以采用的。实践证明，和平协商方式是阶级斗争的另一种形式，不依靠和发动群众，就不可能进行和平协商改革。

（三）认真整训干部，统一思想认识。在整训干部时，除了交代清楚政策和做法外，还须在汉族干部中检查批判大汉族主义思想（在地委扩干会进行的）。同时也教育民族干部克服地方民族主义思想。因为在土改干部中，大小领导骨干几乎全部是汉族干部，如果没有汉族干部和民族干部的团结合作，就会直接影响土改的胜利进行。

（四）在土改后期，必须彻底改造乡政权，建党建团和整顿群众武装。这不仅是为了巩固土改的成果，而且是为紧跟着进行社会主义改造准备条件。

二、结合土改进行建党

德宏傣族地区结合土改普遍地进行了建党，达到了乡乡有支部。发展党员977名，党员数约占傣族人口的0.6%。从潞西县10个乡的建党情况来看，党员的成分和质量是好的。在所发展的106名党员中，雇农成分的47人、贫农成分的52人、中农成分的7人；男的100人、女的6人；青年23人、中年79人、老年4人。这些党员多数是解放几年来农村中的老积极分子，少数是这次改革中涌现出来的积极分子。他们衷心拥护党，入党后更加积极和坚定，特别显著的是党和少数民族人民群众的联系更加密切了。他们把入党看成是在政治上与汉人平等的具体表现。过去很多人认为共产党是“汉人党”，现在他们亲眼看到本民族中也有了共产党，这给群众很大的鼓舞。他们说：“处处有了共产党，还怕哪样？”同时，也给封建上层复辟的企图以严重的打击。法帕乡的老毗（农村大头人）见我们建了党而流下了失望的眼泪。通过建党还弥补了和平方式改革中发动群众不足的弱点。

这次建党工作有以下几点经验：

（一）必须打通外来汉族党员干部的思想。在外来汉族干部中较普遍地存在着少数民族地区复杂、落后，群众觉悟低，建党工作要慢慢来的思想，这实质上是不大相信少数民族群众的表现。必须向他们反复讲明在少数民族地区建党的重要性，分析建党的可能条件，批判各种不正确的认识。

（二）掌握党员的标准上，要坚持从少数民族的社会实际情况出发，按照中央指出的“历史清楚，政治可靠，衷心拥护党，愿为党积极工作”的规定，认真地审查每个对象的历史成分和社会关系，保证把党建立在纯洁的阶级基础上。

（三）进行教育时，要从他们的实际觉悟水平和思想特点出发。因为他们还没有本民族的工人阶级，没有过共产党员，他们对党的了解多是从他们的切身利益体会出党是他们的救命恩人，对党的阶级本质比较难于了解。所以开始时不要机械地对他们讲解党员标准八项条件，也不要片面地举些黄继光、刘胡兰的英雄事迹，要联系他们容易理解的事例进行教育，逐步提高。

三、试办合作社

我们在潞西县参加土改试点以后，接着就在遮放区户门乡户门寨试办了一个25户的农业生产合作社。入社农户中除1户上中农外，都是贫农和下中农。他们对办社表示积极、坚决。在这次办社中，取得了在边疆民族地区办社的经验。主要的有以下几点：

（一）在边疆民族地区完成土地改革以后，应该紧接着开展合作化运动。这是完全可能的。因为经过土地改革运动，废除了封建的土地剥削制度，解放了农村生产力。在土改中向群众进行了社会主义教育，发展了党团组织。这就为开展合作化运动做好了必要的组织准备和思想准备。再加上傣族农民由于长期受封建领主制度的压迫和剥削，生产上和生活上存在着特殊的困难。贫雇农在土改中只分得土地，生产资料还很缺乏。他们要求走合作化道路。再就是因为这里的土地改革是采取和平协商方式进行的。地主富农的政治威风没有彻底打垮。农民与封建阶级的界限，没有划得十分清楚，需要在合作化运动中加以解决。所以在土改后紧接着办社不仅是可能的而且是十分必要的。

（二）在傣族地区办社，还有以下几点较内地更为有利的条件：①傣族地区处于亚热带，咖啡、木棉、紫梗、剑麻等价值很高的经济作物生长很好，水稻1年可种3季，只要组织起来，就可以大量增产。户门寨合作社1956年初步计划可增产2倍，每户平均收入可达到1000元，很快就可以显示合作社的优越性，这确是吸引农民走合作化道路的“万有引力”。②在傣族中普遍存在着互助的习惯。这里地广人稀，作物单纯，农忙季节忙不过来，历来都是互助进行生产。③傣族农民对土地的传统私有观念薄弱，土地入社的顾虑比内地农民要少得多。④刚刚完成土改，资本主义的自发倾向还不严重，紧接着办社比较容易些。

（三）边疆民族地区，由于历史发展阶段较低，文化、技术落后，群众的宗教信仰和落后的风俗习惯直接影响生产（这里每一全劳动力一年参加劳动大约90天），平均主义思想严重。突出的问题是不善于经营管理。加以干部缺乏办社经验，因此，在办社初期，在经营管理和劳动组织方面不能完全做到合理，也不能要求过高。这里的合作化运动和内地比较，固然有相同的规律，但在做法上和具体政策上应该针对这里的特殊情况，有所不同，不能一般化。就我们在户门办社的情况来看，这里过去的劳动的习惯报酬较高，所以土地分红的比例以20%到30%较为适宜（第一年增产以后实际分红仅占15%左右）；这里群众对牛特别关心，把牛看作重要财产，对牛入社的顾虑较大，所以耕牛可以暂不入社；傣族习惯是青年和老年不大在一起，青年男女愿在一起活动，所以进行劳动组织时，可以把老年、青年和壮年分别编组，青年男女混合编组；傣族青年男女婚前有积私房的习惯，应予适当照顾；再如平均思想严重，所以评工计分不能过于细致。这些问题应该随着群众觉悟的提高和生产的发展逐步加以解决。

（四）在这里办社时，同样地应该贯彻“依靠贫农（包括原来是贫农的全部新下中农），巩固地团结中农，逐步地由限制富农剥削到消灭富农剥削”的阶级路线。在办社过程中，进一步树立与巩固贫农的优势。对中农要采取完全自愿，坚决贯彻互利政策。在合作社没有普遍发展起来以前，不应该吸收地主富农入社，也不能参加互助组，使他们在政治上完全陷于孤立。必须教育农民在政治上与地富阶级划清界限，依靠群众的力量加强对地富分子的教育改造工作。但在和地主富农进行斗争的时候，必须要有灵活的策略性，斗争方式要尽量和缓。可以运用土改时的经验，先向他们交代政策，教育守法，指明前途，在生产上给予适当安排。对民族上层人物，更应该作为统战工作，以减少合作化运动的阻力。

（五）傣族地区在内地社会主义高潮的影响下，合作化可能快一些。估计今冬明春重点试办一批合作社和普遍发展互助组以后，1957年可以基本上完成半社会主义合作化。但必须指出边疆民族地区的合作化运动，需要通过他们自己的道路来实现的。因此，必须认真地进行很多艰苦的工作，培养民族干部，提高党员的政治觉悟，组织他们到内地参观。把第一批社真正办好，使社员的收入有显著的增加，树立良好的榜样，就会很快地掀起合作化的高潮。

四、全面规划问题

我们向自治区（州）工委汇报办社情况后，接着讨论了全区合作化规划和今后7年内工农业生产的轮廓规划。这个规划的大体情况是：

（一）今年全县在完成土改后就试办一批合作社，到1957年除景颇族地区外，基本上完成半社会主义合作化。

（二）粮食生产到1962年达到6亿斤，比现在提高1倍，全区每人（共40万人）平均粮食1500斤。主要措施是加工施肥，兴修小型水利，改单季稻为双季稻(这里还可种三季稻)。

（三）根据该区自然条件，应该大力发展亚热带经济作物。到1962年种植咖啡1300万株，年产咖啡1000万斤；木棉10万亩，年产5000万斤（可能高了些）；年产紫胶360万斤、剑麻（即龙舌兰）300万斤、油料460万斤。仅以上几种主要作物的年产总值约为3262万元。

全区粮食和经济作物1962年总产值比现在农业总产值增加3.7倍。

（四）适应粮食和经济作物的发展，在7年内逐步地建立16个小型工厂（即发电厂、制紫胶厂、制咖啡厂、糖酒厂、农具厂、制茶厂、砖瓦厂及煤矿厂等），共吸收工人3056人。到1962年这些小工厂的总产值为2762万元，约占该区工农总产值的40%以上。此外，还计划建立两个机耕农场和7个示范农场。

交通运输和文教卫生等方面都作了轮廓的规划。

我们在实际工作中深深体会到在这样的边疆民族地区，同样地应该依照毛主席的指示，做出地方性的“全面规划”“加强领导”，建设祖国的社会主义的边疆。

1955年12月30日

附：德宏自治区（州）傣族社会情况调查

壹、土地关系调查

潞西县遮放区户弄乡土地情况调查

一、一般情况

户弄乡原是遮放土司多英培的一个领畹。全乡有14个寨子，有358户2213人。共有水田2394箩种（每箩种约合3市亩），年产量约138404箩（每箩谷合20市斤），每人平均有田1.1箩种，产量63箩谷。生产条件极为优厚，气候温暖，水利较好，自然灾害亦少。但由于耕作技术落后，土地产量不高，土地潜力极大。

该乡是土司制度保持比较完整的地方，土地都属土司所有，土司把所有的田分成份田让农民领去使用，凡领有份田的农民必须向土司交纳官租、杂派和负担劳役。至今该乡的土地尚没有发生买卖、典当和抵押的现象。

该乡的土地共可分为4种：

1. 领田，即经过村寨头人分配给农民耕种的份田，共有1858.7箩种，占总耕地面积的77.7%；

2. 庄园田，即土司直接向农民收地租的田地，共有262.6箩种，占总耕地面积的11%；

3. 薪俸田，即土司封给村寨头人和司兵的薪俸田，不交纳官租，共有225箩种，占总耕地面积的9.4%；

4. 属官田即土司封给属官收田租的田，共有35箩种，占总耕地面积的1.4%；另有茶水田3箩种是招待土司用的，由老畹耕种。解放后开荒田有6箩种。

土司对农民的剥削极为严重，解放前农民的官租负担一般都达土地产量的35%，杂派负担亦占农民收入的20%以上，对土司的劳役负担每个农民至少要年出30个工。这里的农民说："种田等于买粮吃。"农民在这种严重的剥削下，生产和生活都是不稳定的，如该乡蚌哈寨33户中，1946年至1950年，因负担不起官租，土地被夺回或交回土地由村寨头人另行分配的就有16户，解放前缺粮吃的就有24户。

1954年春天，群众受到芒市反抗官租斗争的影响，亦纷纷起来抗交官租。经过这次斗争以后，群众的觉悟有了提高，涌现了一些积极分子。但由于这一斗争主要是出于群众的自发性，我们没有进行公开的正面的领导，事后也没有向农民进行系统的思想教育，没有宣布土地归农民所有，所以现在大多数农民还存在许多顾虑，他们怀疑现在不交官租将来是否还交呢？土地是否归自己所有呢？有的还认为官租是不交了，土地还是土司的。农民的情绪还未完全稳定下来。

该乡共有村寨头人17人（包括老畂、老倅、伙头）、土司兵15人，他们大多数还和土司保持着联系，今年2月间土司还新封了一个头人。他们对政府的团结政策还有些怀疑，怕我们清算他们的贪污，清算他们欺压群众的罪恶。他们对我们的积极分子还进行公开的或暗地的威胁和恐吓，如今年曾烧毁一个积极分子的谷堆，给积极分子家里送恐吓信，有的属官还强迫农民交地租。此类地区经过反官租斗争后，土司制度虽有削弱，但土司的统治力量还依然存在。

1954年在反官租斗争后即建立了乡政权和联防组织，乡政府主席是户弄寨的一个老畂，委员16人中有7人是村寨头人，老畂利用乡主席的职位在群众中公开歪曲我们的政策，散布土司的影响，我们还不能完全控制。联防队共有60个队员，有大枪45件，是群众和我们在农村中的依靠力量，但大多数是中农成分，其中有3个当过土司兵，联防组织有不纯现象。我们对联防队的政治教育也不够，联防队还缺乏核心领导。村寨中的干部积极分子在群众中还没有树立起领导威信，只能向我们反映一些情况。

二、阶级分化和土地占有情况

在土司制度下，阶级矛盾主要集中在农民和土司之间，农民内部的阶级分化是比较困难。据我们初步的调查，该乡还划不出地主阶级，富农只有3户，都是村寨头人（1户是老畂、2户是伙头），他们主要是利用其权势，霸占较多的田地，但他们的发展也受到各种的限制，如土地不能买卖、抵典，土司向他们征借款项等。突出的是中农阶级，占农民中的58.9%。所以农民内部的阶级关系，不像内地那样深刻和尖锐。据初步调查，各阶级的划分和土地占有情况如下：

富农：有3户，占总户数的0.9%；26人，占总人数的1.2%；占有土地84箩种，占总面积的3.5%；产量5780箩谷，占总产量的4.2%；每人平均有田3.2箩种，平均产量222箩谷。

中农：有211户，占总户数的58.9%；人口1528人，占总人数69%；占有土地1838箩种，占总数的76.8%；产量108746箩，占总数的78.6%；每人平均土地1.2箩种，平均产量71箩谷。

贫农：有77户，占总户数的22%；人口430人，占总人数的19.4%；占有土地365.9箩种，占总数的15.3%；产量18809箩谷，占总数的13.6%；每人平均土地0.85箩种，平均产量44箩谷。

小土地出租者：有11户，占总户数的3.3%；人口46人，占总人数的2.1%；占有土地96.5箩种，占总数的4%；产量4739箩谷，占总数的3.4%；每人平均土地2.1箩种，平均产量103箩谷。

小土地经营者：有1户，5口人；占有土地10箩种，产量330箩谷；每人平均土地2箩种，平均产量66箩谷。

佃贫农：有4户，占总户数的1.1%；19口人，占总人数的0.9%；不占有土地。

雇农：有24户，占总户数的6.7%；人口86人，占总数的3.8%。

手工业者：有4户，占总户数的1.1%；人口13人，占总数的0.5%；没有土地。

其他（包括孤寡、小商贩和迷信职业者）：有12户，占总数的3.3%；人口23人,占总人数的1%；没有土地。

全乡无田户总共有55户,占总户数的15.3%；人口178人，占总人口8.1%。

民族委员会云南调查组

1955年3月

瑞丽县第一区姐洞乡土地情况调查

一、一般情况

姐洞乡在瑞丽江的北面、县城的西南面，离县城大约10华里，是水傣族居住的地方。与缅甸的田地插花相错。全乡共有11个傣族寨子，456户（另有景颇族3户，是1953年下坝的，未计入全乡户口内）2358人（男1146人、女1212人）。

全乡共有水田2122.5箩种（每箩种合4市亩）、园子地350.09箩种，每户平均水田4.65箩种，每人平均0.9箩种。

全乡土地的性质可分为以下几类:

领田：所有权属于土司，农民只有使用权，共有1754.5箩种。

薪俸田：土司给村寨头人、土司兵等的俸禄田，共有256箩种。

公田：共有9箩种。

开荒田：解放后分给少田无田农民开的荒田，共有64.5箩种。

私田：土司封给亲信属官，为其私人占有，共有38.5箩种。

牛场：放牛的草场，共有358箩种。

二、阶级划分和土地占有情况

该乡是土司制度保持得比较完整的地方，土地都属土司所有，农民只有使用权，至今还未发生土地买卖现象，抵押也是个别的。共有6户地主、富农，都是农村头人或与土司有关系的。由于受土司的苛捐杂税的剥削而失去份田的农户有128户。根据初步调查，该乡的阶级划分和土地占有情况如下。

项目/阶层	户数		人口				水田占有				园地占有	
	总数	%	男	女	合计	%	面积	%	每户平均	每人平均	面积	%
地主	1	0.21	4		4	0.15	12	0.5	12	3		
地主式富农	1	0.21	3	2	5	0.2	18	0.8	18	3.6	1.2	
富农	4	0.86	16	17	33	1.4	60	2.8	15	1.8	7.4	
富裕中农	48	10.5	135	152	287	12.0	438	20.6	9.1	1.5		
中农	192	42.1	523	537	1060	45.0	1453.5	68.4	7.5	1.3		
小土地出租	1	0.21	5	3	8	0.3	8	0.3	8	1		
贫农	81	17.7	210	214	424	18.0	133	6.0	1.6	0.31		
雇农	49	10.7	91	97	188	8.0						
佃农	39	8.5	94	114	208	8.8						
手工业	1	0.21	1		1	0.04						
其他	39	8.5	64	76	140	6.0						
总计	456	100	1146	1212	2358	100	2122.5	100				

根据上表，无田户有128户，占全乡总户数的28%；537人，占总人口的22.8%。他们没有土地的原因：

1. 因负担重而失掉土地者10户。
2. 从外寨搬来而无田者15户。
3. 从外寨来上门分家无田者4户。
4. 从缅甸搬回来无田者10户。
5. 因分家而无田者52户（傣族习惯分家不分田）。
6. 因负债而失掉田者1户。
7. 因系寡妇而无田者10户（在土司制度下寡妇是不能种田的）。
8. 村寨头人、文书、小催辞职无田者5户（原有的薪俸田被收去）。
9. 和尚还俗无田者2户。
10. 被景颇族夺去田者3户。
11. 原来没有领过田的小登贺寨15户（该寨全是佃户）。
12. 从来未领种过田的1户（小手工业）。

姐洞乡无田农户，虽未种水田，但是那里的园子地很多，每户都有大小不同的1块，有些甚至三四箩种的面积，最少的也有5斛种面积。在土司制度下园子地是不交负担的，因此，农民为了逃避负担，尽力扩大园子地。据初步了解，该乡有园子地350箩种（实际上不止这数），占全乡耕地面积的16.4%。这些园子地都是在村寨附近，并且都是良田，但农民为了逃避负担，不把它改为水田（改为水田就要多交负担），只种一些草烟、小菜，实际上大半荒芜。现在我们对这种园地也未采取适当的措施，也不征收公粮，所以至今仍未改成水田，造成很大浪费，实在可惜。另外有不少寨子，现在还有部分荒田，如登贺寨就有50余箩种（即200多市亩），主要的解决了水利问题这些荒地就可以种植水稻的。这些问题都需要很快解决。

民族委员会云南调查组

1955年3月

瑞丽县第二区芒林乡土地情况调查

一、一般情况

芒林乡在瑞丽县城的东面约20华里，瑞丽江环绕乡境东面和南面，南面并隔江与缅甸相望。全乡虽在坝区，但土丘起伏。灌溉仍称便利。农作物主要有稻谷，土丘地带多种菠萝、甘蔗、旱谷等。

全乡7寨，都是傣族，共222户1057人（男502人、女555人）。占有水田915.5箩种，产量61825箩（每箩折35市斤）。另有园子地586.5箩种，旱地83箩种。平均每户占有田4.1箩种，每人占有田0.87箩种。平均每户占有园子地2.6箩种，每人占有0.55箩种。全乡土地按性质可分为：

1.领田：所有权属领主，农民已固定使用，共748箩种。

2.薪俸田：由农村头人及文书、小催耕种，共138箩种。

3.属官田：土司家族及属官占有，共31.5箩种。

4.寨公田：逃荒户留下，村寨隐瞒不报，收入作全寨公共开支，共15箩种。

5.荒地：共223箩种，其中28箩种已开成水田。

6.牛场：约500箩种，其中部分可引水开田。

二、阶级分化情况

在领主制度下，土地所有权属于土司，土地不许买卖、抵押和典当，农民只有使用权，且已经固定下来，这便使农民内部阶级分化受到很大限制。但是由于领主用官租、苛捐杂派等剥削农民，农民为了谋生，辗转迁徙，加上疾病死亡，缺乏劳动力，因而失去土地的很多。同时由于商业逐步发展和农村头人利用贪污中饱所得，投入高利贷，或进行牛租剥削，或雇工经营，因此，发生了富农经济。现将各阶层户口、人口、占有土地列表于后：

项目＼阶层		富农	中农	贫农	雇农	小土地出租	小商贩	其他	合计
户数	总数	3	147	33	11	7	4	17	222
	%	1.3	66.2	14.86	5.0	3.2	1.8	7.66	100
人口	男	8	379	70	13	18	5	9	502
	女	7	401	73	25	15	11	23	555
	合计	15	780	143	38	33	16	32	1057
	%	1.5	72.0	13.8	3.54	4.83	1.5	2.97	100
水田占有	面积	34	773.5	63.5		44.5			915.5
	%	3.70	84.33	6.92		4.85			100
	每户平均	11.3	5.2	1.9		6.35			
	每人平均	2.27	0.9	0.44		1.35			
园地占有	面积	29.5	478	44.5	4	15.5	5	10	586.5
	%	4.9	81.01	7.5	0.7	2.6	0.9	1.7	100
	每户平均	9.8	3.2	1.3	0.6	2.2			
	每人平均	1.9	0.6	0.3	0.1				
旱地面积			69.5	9.5			4		83
备注：土地产量单位为箩，每箩35市斤；面积单位为箩种，每箩种合4市亩左右									

说明：此材料是我们在县委原调查材料的基础上，又摸了地富及无田户的情况（中间阶层未摸）后整理的，故此表上的土地数与前面的土地数有出入。

三、租佃关系

全乡出租土地的33户，占总户数的14%；出租田160箩种，占总土地面积的17%。其中：富农2户，出租田17.5箩种；中农19户，出租田78箩种；贫农5户，出租田21箩种；小土地出租者7户，出租田43.5箩种。由此可见，出租土地主要是中农和小土地出租者，除小土地出租者多因丧失劳动力出租土地外，中农一般是因为人力的多寡、疾病的威胁、土地的远近而出租土地。

租入土地耕种的共43户，占总户数的19%；租入田180箩种，占总土地面积的19%。其中中农29户，租入田126箩种；贫农13户，租入田50箩种；雇农1户，租入田4箩种。租入土地耕种的主要是中农和贫农，他们多由于土地少，经营尚有余力，其中尚有17户租入景颇族的田48箩种耕种，涉及民族关系。

租佃形式可分两种。一种是定租，即不问年成好坏，田主均按一定租额收租，这种形式较普遍，一般租率在45%左右，也有高达60%以上的。另一种是活租，即主佃双方在收获时除去田主的谷种及牛租后平分，这样佃户所得更少。至于向景颇族租田耕种，一般租率为20%至30%，交租较少。

四、无田户情况

全乡无田户共49户，占总户数的22.07%；164人（男65人、女99人），占总人口的15.49%。其无田原因分述如下：

1. 因疾病死亡或因离婚，缺乏男劳动力的寡妇16户，占无田户的32.6%。
2. 分家不分田的10户，占无田户20.4%。
3. 原来有田，因去国外谋生，解放后回来无田的8户，占无田的16.4%。
4. 因迁移而无田的7户，占无田户的14.3%。
5. 因负担重丧失土地的4户，占无田户的8.2%
6. 田被江水冲走的1户，占无田户的2%。
7. 当司兵靠官租吃饭无田的1户，占无田户的2%。
8. 原籍缅甸，解放后迁来无田的2户，占无田户的4.1%。

民族委员会云南调查组

1955年3月

陇川县章凤区广登乡土地情况调查

一、一般情况

广登乡共有14寨339户1358人。傣族252户975人（每户平均3.9人），分居8寨。崩龙族9户33人（每户平均3.7人），杂居于傣族中。景颇族78户351人（每户平均4.5人），均系解放后下坝开荒的，分居在6个小寨。全乡有田1924.8箩种（每箩种面积合5市亩），产稻谷66874箩（每箩36市斤），平均每户占有田5.7箩种，每人占有田1.4箩种。除景颇族占有田212箩种（开荒田190箩种，傣族领田分给22箩种）外，傣族占有土地按其性质可分别如下：

领田：所有权属领主，农民领来耕种，共966.3箩种。

屯田：只多孔1寨，属梁河县萝卜坝汉族地主所有，共262箩种。

寨公田：由村寨头人掌握，农民可自由领种或租种，共426箩种，其中薪俸田101箩种，由老㚘、老倖、吉力（文书）、小催（差人）耕种，不出负担。公田中现丢荒的有124箩种。

其他尚有属官田的10箩种，佛寺田24箩种，“菩冒菩少”（男青年和女青年）田11箩种，景颇族山官占有田13.5箩种。

解放前由于封建领主的长期统治及残酷压榨，农民负担很重，仅官租和门户捐两项负担即达农民收入的30%至50%。加上疾病流行，人口死亡，严重地障碍了生产的发展。全乡虽然地势平坦，土质肥沃，水源充足，自然条件优厚，但生产水平十分低下。农民生活很困难。1954年8个傣族寨还荒芜140余箩种水田。

（一）疾病流行和人口死亡情况

据多孔寨60户185人的调查，1954年患严重疾病的成年人有18人，占全寨人口9.7%，婴儿的死亡率还高达69%。坎等寨28户中现在仅有10岁以下的小孩22人，8个傣族寨子每户平均人口仅有3.9口。景颇族下坝开荒的，据新红、弄焕两寨（共48户232人）调查，自下坝以来（3年）共生24人，死39人（包括婴儿死亡），1954年患疾病的达156人，占总人口的66%。傣族8寨只有男劳动力258人，每个劳动力平均耕田达6.6箩种水田。

（二）耕牛缺乏

傣族8寨252户，占有耕牛的仅142户，占总户数的56%，有牛387头，其中能犁田的仅有234头，以每头牛平均能耕田5箩种计，尚缺耕牛180头。不仅如此，且占有极不平衡，计占有1头的48户，2头的30户，3头的26户，4头的12户，5头的13户，6头的5户，7头的6户，8头的2户。

（三）口粮困难

据多孔、曼允两寨（117户）统计，缺口粮的有23户，占两寨总户数的19.6%。

二、阶级的分化和土地占有情况（只傣族8个寨子的情况）

这里封建领主制度比较完整，所有土地都保持份田的形式，每份田一般是2箩至8箩种，也有多至10余箩种的，均有一定名称，并好坏兼搭。农民愿意耕种时，只要保证按规定交纳负担，即可领田。一般1户1份，但在人少田多的情况下，只要有经营能力也可多领。屯田至今仍严格保持1户1份田的习惯，如果不愿耕种时便可交还。交田领田一般在每年二三月进行，由村寨头人掌握分配，今年各寨仍有交田和领田的。在这种情况下，农民对土地享有较充分的使用权。但由于封建领主的长期统治和残酷压榨，加以疾病死亡，许多农民因交不起负担而失去田地。富农经济开始有了发展，但主要是村寨头人凭借特权，多占有土地进行雇工剥削。

土地占有情况列表如下：

项目 \ 阶层		富农	中农	贫农	雇农	小土地出租	小商贩	手工业	其他	寨公田	合计
户数		5	116	39	42	21	4	4	32		263
占总户数的%		1.90	44.08	14.82	15.96	7.98	1.52	1.52	12.16		
人口	男人	15	248	75	77	21	5	5	23		496
	女人	15	273	72	91	30	6	6	49		542
	合计	30	521	147	168	51	11	11	72		1011
占总人口的%		2.96	51.82	14.45	16.67	5.1	1.08	1.08	7.1		
平均每户		6	4.5	3.25	4	2.8	2.75	2.76	2.2		
占有土地	面积	135	946.5	81.8	6	144.5	68		29	370	1712.8
	平均每户	27	8.16	2.35	0.13	6.8			0.9		
	平均每人	4.5	1.81	0.55	0.03	2.8			0.42		
	占总土地的%	7.87	55.18	4.77	0.35	8.42			1.69	21.57	
占有产量	总产量	5220	33690	2306	180	5850			570	12300	60116
	平均每户	1045	290.3	59.1	30	278.57			17.81		
	平均每人	194	64.6	15.6	1.07	114.72			9.23		
	占总产量的%	8.67	55.93	3.83	0.30	9.71			0.96	20.42	
备注	①土地单位为箩种，产量单位为箩。每箩种约合5市亩，每箩约36市斤。 ②富农占有土地产量是按实际情况估算的，比公粮报产约高1倍，其他各阶层均按公粮报产数。 ③贫农中包括蚌哈寨19户没有田地，但有少量果园的农户。 ④总户数内包括崩龙族，寨公田内不包括薪俸田，薪俸田已分别统计在各阶层内。										

由于工作基础薄弱，土地面积和产量，调查得不够确实，且土地习惯单位“箩种”本身也有高低。据多孔寨抽测3份田的结果，箩种与箩种之间竟相差1倍。如哏江的田1.5箩种，为8.8市亩，1箩种则合6.6市亩；依德的田4箩种，为21.76市亩，1箩种则合5.44市亩；岩过的田8箩种为26.94市亩，1箩种合3.77市亩。因此，此表不够准确，仅供参考。

三、租佃关系

傣族8寨，佃入田的有55户，占8寨户数的21.7%，佃入田7393箩种，占8寨耕地面积的23%。其中中农35户，佃入田300箩种；贫农18户，其中有蚌哈寨10户，佃入79箩种；富农2户，佃入14箩种。出租田的36户，占8寨户口的14.2%，出租田251箩种，占8寨耕地面积的14.6%。其中富农1户，出租田10箩种；中农12户，出租田79箩种；小土地出租者19户，出租田132.5箩种；贫农1户，出租田7箩种；其他3户，出租田23箩种。

以上情况说明，佃入田的除去蚌哈寨（佃户寨）10户贫农外，绝大多数是中农。中农一般都占有土地，但由于中农有耕种余力，多领田受到一定限制，便佃入田经营。无田少田的贫雇农，既无力领田种，也不可能租入或很少租入土地，出租土地的主要为小土地出租者。所以这里租佃关系和内地地主出租土地的情况性质上是不同的，在坎等、岗相、乘岛、曼允、拉元等5寨，至今村寨内部农民领入的田还不允许互相租佃，原因是佃入户不仅不出官租，其他负担亦少些，这便会减少官租收入，所以村寨头人只许本寨农民领田，不许租给本寨，但可出租给外寨。

四、雇佣情况

傣族8寨雇工的富农有5户，雇年工8个、季工7个、童工1个；中农42户，雇年工18个、季工6个、童工26个，雇工的中农占中农户口的36.6%；其他阶层2户，雇季工1个、童工1个。

以上说明土地的经营者主要是富农和中农。除富农占有较多土地需雇工经营外，有许多中农租田雇工经营，如多孔寨有22户租入田经营，其中雇季工的有12户。

雇工分年工、季工、童工、日工4种。据了解年工工资最高为190箩谷，最低100箩，一般是150箩至170箩。除正式工资外，一般还有衣服2套、鞋子2双、挂包1个、毯子1条、雨伞1把、线帽1顶，约折谷20箩，所以年工工资一般在170箩至200箩（即5100斤至6000斤谷）。季工分两季（每季约3个月）：插秧季工，男工工资是70箩至90箩，女工工资是40至50箩；割谷季工，男工工资是60箩至70箩，女工工资是40箩至50箩。季工除工资外另有棉纱5把至半包、毯子1条、挂包1个、鞋子1双、雨伞1把，折谷约12箩。童工工资一般是30箩至50箩，其他衣服、鞋子等与年工同。

这里工资是不低的，以1个年工可种田5箩种计，每箩种产量一般为50箩，共产250箩，除工资外，伙食约30箩，以此计算年工被剥削剩余劳动价值是20箩至50箩，一般说来剥削是轻微的。但工资是在秋收后支付，贫苦农民常因生活困难而预借工资，秋后则被加倍扣除，所以工资虽高，实际是得不到那样多。

五、无田户情况

8寨无田的107户，占8寨口的44.4%；374人（男167人、女207人），占8寨人口的38.3%。其无田原因分述于下：

1.因交不起房租、杂派而被抽回或不许领田的5户，占无田户数的4.70%。

2.因缺乏生产生活资料无力种田的14户，占无田户数的13.08%。

3.因新分家还没有领田的9户，占无田户数的8.41%。

4.因孤寡老弱不能领田的23户，占无田户数的21.48%。

5.因从外乡外寨搬来，缺乏生产资料的8户，占无田户数的7.47%。

6.因人口死亡缺乏男劳动力或女劳动力不能种田的20户，占无田户数的18.68%（在生产劳动上还严重地保持着男女分工的习惯）。

7.因佃入耕种之田好，而不愿领田的3户，占无田户数的2.8%。

8.因本寨无田（蚌哈寨全寨无田）靠租种外寨田种的22户，占无田户数的20.55%。

9.做小生意的3户，占无田户数的2.80%。

六、景颇族生产情况

景颇族77户348人，除南马寨（11户41人）是老寨外，余均是解放后政府号召下坝生产移居下来的。共占有212箩种（开荒190箩种，傣族寨公田分给22箩种）。产稻谷6768箩。平均每户有田2.75箩种，每人0.61箩种，另外还有政府分配的140箩种荒田还未开种。他们对政府领导下坝生产都很满意，生活也比在山上有所改善。但由于我们对下坝生产这一工作领导和帮助解决困难不够，至今他们在生产生活上还存在许多问题。

1.还有12户无田户，占户口的15.6%。这些无田户虽有政府分配的荒田，但因无力开种，至今仍靠砍柴、找野菜、帮工等为生。

2.耕牛缺乏。77户中有牛户51户，有水牛87头，能耕的有62头；有26户缺耕牛，占户口的33.7%；租入耕牛16头，每头牛租高达60箩至80箩谷，每年生产所得除牛租外，便剩余无几。

3.耕作技术落后。一般工具简单，不施肥，不薅秧，不除草，劳动力未合理使用，生产力很低，平均每箩种产量31箩（当地傣族每箩种一般产50箩），最低只产10箩，急需改良。

4.口粮缺乏。据初步了解，缺口粮1月的1户，缺2至4月的12户，缺5至6月的8户，缺8月以上的11户，共33户，占户口的41.5%。由于缺乏口粮，便无力在土地上加工。

5.民族关系还不够好。景颇族与傣族聚居一起，由于历史上的民族隔间，小的纠纷仍不断发生，如弄缓寨想从曼允寨开水沟，以开垦50箩荒田，但因曼允寨反对，至今未实现。

6. 疾病流行，人口剧烈下降，劳动力减少，直接影响生产（见前述情况）。

民族委员会云南调查组

1955年3月

潞西县法帕乡土地情况

一、基本情况

法帕乡有10个寨子，共601户3620人，均为傣族，属芒市土司所管辖。该乡共有耕地4486.6箩种。土地已经固定，可以自由典当和抵押，也可买卖（很少）。过去农民每年均向土司缴纳其总产量37%的官租，并负担各种杂派，土司与农民之间的矛盾极为突出。农民内部的阶级分化已经明显，但地主经济没有得到发展（仅2户，是该乡头人岳老畂和他的儿子）；富农经济比较突出，占户口5.6%的富农，占有20%的土地（1954年调整出去的96箩种未计入），他们之中40%是农村头人，主要是凭借政治特权和通过高利贷集中了土地；丧失了土地的无田户有124户，占该乡总户数的20%（1954年自发调整土地中，解决了44户未计入）。

二、土地和耕畜的占有情况

地主2户7人，占总户数的0.3%，占总人口的0.19%；占有土地17.5箩种(1954年已抽出的16.5箩种未计入)，占总箩种的0.4%。

富农34户329人，占总户数的5.6%，占总人口的9.8%；占有918.5箩种，占总箩种20.3%；每户平均27箩种，每人平均2.8箩种。

中农315户2097人，占总户口52.4%，占总人口57.9%；占有3009.5箩种，占总箩种68.9%；每户平均9.5箩种，每人平均1.43箩种。

贫农114户666人，占总户口18.9%，占总人口18.4%；占有460.7箩种，占总箩种10.2%；每户平均4.03箩种，每人平均0.67箩种。

小土地出租者12户51人，占总户口1.9%，占总人口1.4%；共占有80.4箩种，占总箩种1.8%。

无田户共124户470人，占总户口20%，占总人口13%，其中有91户靠出卖劳动力为生，33户系小贩和孤寡等。

全乡耕牛714条：富农116条，占耕牛总数16.24%；中农487条，占68.18%；贫农103条，占14.42%；雇农8条。富农平均每户占有的耕牛有中农的2倍，有贫农的3.7倍。

三、剥削关系

过去农民对土司的负担主要是官租（占总产量37%）、杂派和劳役等，解放后均已先后废除。

该乡高利贷很普遍，农民大部分负债。利息一般是每百元半开出谷利20箩，许多农民因赔还不上，利上起利，因而被迫抵出了自己的土地。富农主要是通过高利贷大量抵入了土地。据5个寨子的统计：有属官（户数不详）及地主1户放高利贷抵入82.5箩种。富农22户抵入的土地共288箩种，占富农占有总箩种的40%。中农28户抵入土地共162.5箩种，占中农占有总箩种的5.3%。因负债而抵出土地的有贫农36户抵出222箩种，占总抵出面的39%。中农31户抵出257.5箩种，占总抵出面的47%。雇农11户，抵出45箩种，占总抵出面的8.9%。从抵押的时间来看：抗日战争以后至1950年这一时期，农民丧失土地最多，计81户抵出475箩种。抗日战争以前仅有5户抵出47箩种，1950年以后有8户抵出44箩种。从抵押的形式来看：极少数的是“期到田归”（这一类抵押时期较长，一般在10年以上），多数是“银到田归”，农民在重重剥削下，是很难归得上银的。这种抵押田，大多数又转为租佃关系，债务人转为长期受地租剥削。

全乡出租土地现在还有436.9箩种，占全乡总箩种的9.4%，其中地主出租17.5箩种、富农出租119.5箩种、中农出租135箩种、小土地出租者出租80.4箩种、贫农出租4箩种。有412箩种出租在本乡，计中农佃耕252箩种，贫农佃耕159.8箩种。一般是对分活租。

全乡富农34户，雇长工41人、短工2670个、童工2人。长工工资一般是每年130箩谷，短工每工1箩。

四、工作情况

（略）

民族委员会云南调查组

1955年3月

潞西县遮相乡土地情况调查

一、基本情况

遮相畹位于公路沿线，离芒市大约10公里。全乡7寨583户3439人，土地3533箩种（每箩种约合3市亩至3.5市亩），产量176314箩（每箩重22市斤）。该乡属方化龙土司管辖，土司制度已很不完整，土地已可买卖（不多），抵押关系较多。农民内部的阶级分化比较明显，但在封建领主的统治下，地主经济发展受到限制，所以地主经济非常薄弱，而富农经济有很大的发展，占户口6.1%的富农，占有27%的土地。

二、占有情况

（一）土地占有如下表：

阶层＼项目	户口		人口		占有箩种		每户平均面积	每人平均面积
	户数	%	人数	%	面积	%		
地主	6	1.03	34	0.9	77	2.42	12.8	2.2
富农	36	6.17	302	7.87	678.5	22.8	18.84	2.2
中农	305	52.4	2018	58.3	2398.8	64.2	7.13	1.18
贫农	94	16.1	534	15.52	247	6.74	2.62	0.46
小土地出租	21	3.6	80	2.3	131.5	3.84	6.2	1.6
雇农	81	13.8	324	9.42				
小商	19	3.25	85	2.47				
商人	3	0.51	15	0.43				
其他	18	3.1	47	2.88				
合计	583		3439		3533	100	6	1.07

从上表看出：

1. 已有地主出现，但其经济是很薄弱的，占人口0.9%，占有2.4%的土地，每人平均占有的土地约等于当地自然平均数的1倍，而构成地主的原因有2户是该乡的当权派外，其他是因吸大烟，虽有劳动力但不参加劳动将土地出租。

2. 富农经济有很大发展，占人口7.87%的富农，占有22.8%的土地，每人平均占有的土地与地主相等。

3. 中农经济占优势，占人口58.3%，占有64.2%的土地，尤其在最近二年来，官租、杂派废除后，许多贫农上升为中农，其每人平均占有的土地略多于当地自然平均数，等于贫农的2.5倍(强)。

（二）耕畜占有如下表：

阶层＼项目	水牛		黄牛	
	头数	每户平均	头数	每户平均
地主	7	1.1	16	2.6
富农	126	3.5	157	4.3
小土地出租	14	0.7	7	
中农	589	1.9	382	1.2

续表

项目 阶层	水牛		黄牛	
	头数	每户平均	头数	每户平均
贫农	110	1.1	99	1
雇农	2		1	
其他	0		0	
合计	848	1.4	662	1.2

从上表看出：各阶层有足够的耕牛，尤其是富农占有最多，每户平均占有3头半，贫农也占有一头多。

三、主要剥削形式

除官租、杂派和劳役的剥削外（均已废除），农民受地租、高利贷的剥削很重。租佃关系如下表：

（甲）出租情况表：

阶层	户数	占本阶层户数%	出租箩种	占本阶层箩种%
地主	5	83.3	41.5	53.8
富农	12	33.3	90	13.25
小土地出租	21	100	131.5	100
中农	18	5.9	104.5	5.5
贫农	3	3.2	133	29
合计	59		380.5	

（乙）租入情况表：

阶层	户数	占本阶层户数%	租入箩种	占本阶层箩种%
地主				
富农	2	5.5	10.8	1.6
小土地出租	37	12.1	158	6.6
中农	29	30.8	111.15	45
贫农	6	7.4	119.05	
合计	74		399	

从上表看出：

1. 地主的土地使用情况，53.8%是出租，其余部分是雇工经营，而雇工部分多系在1954年由于顾虑改革而夺佃雇工耕种的。

2. 富农有12户出租，占本阶层户口的33.3%；出租90箩种，占本阶层占有箩种的13.25%。

3. 1954年秋收以后，地富出租的土地绝大部分都收不到租了，而佃户也认为是属于自己的了，其他群众也认为是属于佃户的田，这部分人（约占中、贫、雇农的13.3%）对调整土地颇有顾虑。农民内部的租佃关系也不交租。

四、抵押关系

（表内是风平、蛮坡、项引、怕底、户育等5寨的统计）

（甲）抵出情况表：

项目 阶层	户数	抵入箩种	占总抵入面%	占本阶层箩种%
富农	2	9	3.7	1.32
中农	6	64	26.1	2.67
贫农	16	95.5	39	38.65
雇农	13	76.5	31.2	
合计	37	245	100	

（乙）抵入情况表：

项目 阶层	户数	抵入箩种	占总抵入面%	占本阶层箩种%
地主	3	50	20	56.1
富农	16	98	39	14.4
中农	17	100	40	4.2
贫农	2	1.7	1	
合计	38	249.7	100	

从上表看出：

1. 地富主要通过高利贷以抵押方式剥夺农民的土地，地主抵入的土地占其占有土地的

56.1%，富农抵入的土地占其占有土地的14.4%。

2.抵押关系的形式有“银到田归”“期到田归”两种，第一种形式较普遍。发生抵押关系后，往往又变为租佃关系，因此这些地区的债务、抵押、租佃三者交织在一起，关系是很复杂的。

五、1954年土地变动情况

反官租斗争胜利后，无田少田户迫切要求土地，当时我们又没有一套政策，非常被动，大部分地区形成自流的土地调整。情况如下表：

被抽户				田的性质		受益户		
成分	户数	箩种	占抽出箩种%	类别	箩种	成分	户数	箩种
富农	11	90	51.2	土司田	81	中农	1	3
中农	13	85	48.8	抵押田	74	贫农	22	129
				霸占田	20	雇农	12	43
合计	24	175	100		175	合计	35	175

以上表中可看出：

1.被抽土地中，中农占了48.8%，侵犯了中农的利益（注：被动着的中农土地是中农佃耕土司和逃亡地主的土地，未照顾原佃耕，引起中农的不满。其中还有少数是中农抵入的土地，又变为租佃关系，佃户也不交租）。

2.分配对象是合理的，89%的土地分配给贫、雇农，但在分配时，参加联防队的才能分到，因此群众不满，使联防队有脱离群众的危险。

六、阶级变化情况

官租、杂派的废除和土地自流的调整，根据1952年与1954年两年的比较（以风平、蛮坡、怕底、项引、户育5寨统计）：

1952年贫农55户，其中有22户升为中农，占原有贫农的40%。

1952年无田户180户，升为中农的28户，占15.5%；升为贫农的30户，占18.4%。

1952年，中农有224户，1954年增为274户，增加18.8%。

民族委员会云南调查组

1955年3月

梁河县萝卜坝中心乡蛮东村土地情况调查

一、基本情况

梁河县是龚绥土司的辖区。萝卜坝和小陇川是全县两个产米区。蛮东村是萝卜坝汉族较为集中居住的寨子，是该坝3个乡的政治中心，区政府的所在地。全村168户765人，其中汉族134户602人，占户口人口均约80%。地主均为汉族（傣族中无地主），多系区、乡、保长。地主经济有很大发展，地主20户135人，占户口11.89%，占人口17.55%；占有土地260.3箩种，占土地总数（424箩种）的61.35%，平均每户占有13箩种，约合65亩，有中农平均每户占有的或全村每户平均占有的5倍多。另方面，广大农民日趋贫困。占户口46.41%、占人口50.85%的贫农只占有35.49%的土地；占户口14.93%、占人口11.3%的雇农全无土地。

蛮东村大体可代表萝卜坝汉族较集中的村子，如那勐、小红坡等。

全村耕牛112头，地主占有15头，每户平均0.75头；中农占有92头，每户平均12.4头；贫农5头，每户平均0.18头。说明中农的耕畜较全，而贫农缺乏，多数只能租牛耕田，受牛租的剥削。

附各阶层土地、产量占有情况统计表：

阶层	户口		人口		箩种		产量		平均每人			
	户数	占总户数%	人数	占总人口%	种头	占总箩数%	产量	占总产量%	箩种	产量	箩种	产量
地主	20	11.89	135	17.55	260.3	61.35	13235	57.86	1.9	89	13	661.7
富农												
中农	50	29.75	275	35.75	115.9	27.33	7803.1	34.18	0.42	24.7	2.31	136
贫农	28	16.66	116	15.1	33.8	8.16	936	4.54	0.29	16.6	1.2	69.1
雇农	25	14.93	87	11.3								
小土地出租	8	4.76	20	2.6	14	3.16	855	3.75	0.7	4.75	1.75	106.8
小商人	18	10.71	70	9.1								
小手工业者	8	4.76	27	3.5								
其他	11	6.54	35	4.5								
合计	168	100	765	100	424	100	22829	100	0.55	29.8	2.52	135.9

附注：

1. 按解放前划，地主应划 24 户，但有 4 户占有少量土地，并在解放以来逐渐参加劳动，因而将此 4 户划为中农。

2. 中农 50 户中，有佃中农 15 户 78 人；贫农 28 户中，有佃贫农 5 户 20 人。佃中、佃贫农均自 1954 年起不交地租，生活已趋好转。

3. 小商 18 户，过去多做走私生意，现已生活下降，开始有分土地的要求。

4. “其他” 11 户，多无劳动力，靠救济或卖点短工过活。

5. 实际上，这里无田户包括雇农、佃贫、佃中、小商、小手工业者，以及其他 11 户，共为 82 户 307 人，占总户口 48.8%、占总人口 40% 弱。

6. 各阶层中傣族有：中农 20 户，雇农 5 户，贫农 7 户，小商 1 户，其他 1 户。

7. 每箩种面积约合 5 亩。

二、主要剥削形式

（一）地租剥削

解放前地主的土地全部出租，每年所收地租达6249箩之多，占地主阶级所占产量的47.21%。地租剥削的对象主要是本村和邻近几村的傣族农民，傣族佃耕的土地，占出租土地的86.4%。地主出租的土地，大部分又系由邻近村子傣族农民手中剥削而来，现仍有106箩种出租给外村，占地主出租数的51%左右。租额也很重，根据该寨39家佃户佃耕土地情况的统计：租率40%至50%的4户，佃耕20.5箩种；50%至70%的27户，佃耕104.4箩种；70%至90%的8户，佃耕35.5箩种。且多系定租制，荒田不荒租。

从租佃双方成分来看：全村出租土地236箩种，其中地主租给农民的为210箩种，占89%；农民租给农民的26箩种，仅占11%。

附租佃关系统计表：

（甲）佃耕：

阶层	户口	佃耕箩种	占佃耕总箩种%	产量	租额	占产量
中农	31	140.5	87.5	8870	5185	58.43
贫农	7	18.5	11.6	1115	555	49.7
小商人	1	1.5	0.9	90	50	55.55
合计	39	160.5	100	10075	5790	57.47

（乙）出租：

阶层	户口	出租箩种	占出租总箩种%	产量	租额	租额占产量%
地主	20	210	89	10405	6249	60
中农	6	10.7	4.53	567.5	313	58.5
小土地出租	8	14	5.9	855	372	43.5
贫农	1	1.25	0.57	80	45	56.2
合计	35	236	100	11907.5	6959	58.6

（二）高利贷剥削

该村放债户28户，占总户数的16.7%。地主阶级主要通过高利贷、大烟生意、投机买卖等剥夺农民的土地，因而地主放债最多，占全村放债总户数的66.7%，占放债总额的86.9%。利率一般是每百元半开年收利谷20箩。该村负债户占户数的14.9%，其中贫农最多，占全村欠债总户数的56%，占欠债总额的59.81%。从借贷双方成分上看：农民欠地主的11215元，占全村欠债总额的83.6%；农民欠农民的1750元，占欠债总额的13.1%；地主欠地主的430元，占欠债总额的3.1%。截至1954年，各阶层的债务关系基本上已停止。

（三）官租、屯租的负担

该种土地，交给土司官租的称“司粮田”，计214箩种；交给“新爷”（从前镇压少数民族的汉族军官，当地称之“新爷”）租的，称“屯田”，计210箩种。经过长期的演变，“新爷”的后代子孙，多数已将“屯租”出卖，收屯租之权亦有转移。但无论怎样，农民耕种“屯田”，就须交纳“屯租”，耕种“司粮田”，就须交纳“官租”。根据该村官租、屯租负担的统计：全村共3736.3箩，占总产量的16%。按阶层比例：地主负担2371箩，占68.2%；中农1057箩，占23.49%；贫农176.4箩，占4.99%；小土地出租者131箩，占3.5%。地主负担的比重虽大，但实际上，地主为当权派，不完全交纳官租、屯租，即便交一些，也转嫁在中、贫农身上去了。自1954年反官租以来，农民什么租都不交了，得益很大的是中、贫农（包括佃中、佃贫农）。

附官租、屯租负担统计表：

阶层	负担户数	产量	负担		合计	占本阶层产量%	占各阶层总负担%
			官租	屯租			
地主	20	13235	951	1420	2371	17.8	68.2
中农	35	6803	487.9	570	1057.9	15.5	23.49
贫农	23	1936	164.4	12	176.4	9.11	4.99
小土地出租	8	855	21	110	131	15.3	3.5
合计	86	22829	1624.2	2112	3736.22		100

附土地性质表：

阶层	占有箩种	司粮田	占各阶层司粮田%	屯田	占各阶层屯田%
地主	260.3	130.2		130	
中农	115.9	57		59.6	
贫农	33.8	23.8		10	
小土地出租	14	3		11	
合计	424	214	50.5	210	49.5

民族委员会云南调查组
1955年3月

瑞丽县一区顺哈乡傣族与山区景颇族之间的土地关系调查

一、基本情况

顺哈乡包括大小15个村寨，其中约有8寨靠近北面山脚，7寨分布南面坝内而与缅甸接壤。各寨均为傣族聚居，仅有5户景颇族。全乡共434户2256人，占有土地1739.5箩种，每户平均3.7箩种（以418户求平均数），无田户占户口23%。会哈、广母两寨属户育山官早壮（户育乡乡长）管辖，38户169人，占有46.5箩种，每户平均1.24箩种，每人平均0.27箩种，无田户占户口50%；坝别、广崩、懒东、帮养、帮马河5寨属广宋山官排早香（现一区副区长）管辖，94户449人，占有142.6箩种，每户平均1.51箩种，每人平均0.31箩种，无田户占户口29.7%；芒育、顺哈、广双、货双、懒简、应井、户芒育、小货双等8寨属傣族土司管辖，共302户1638人，占有1386.9箩种（缺小货双箩种），每户平均4.88箩种（以286户求平均数），无田户占户口17.6%。

二、景颇族、傣族之间的租佃关系

（一）各寨佃耕土地数占总耕地面积的比例

户育山官所辖2寨：总佃耕田36箩种，占2寨耕地面积的44.7%。广宋山官所辖5寨：总佃耕田189箩种，占5寨总耕地面积的63.5%。傣族土司所辖8寨：总佃耕田269.5箩种，占8寨总耕地面积的19.7%。

以上各寨合计佃耕田共494.5箩种，占全乡总耕地面积1739.5箩种的28.4%。

（二）景颇族山官出租给傣族村寨的土地情况

会哈、广母、坝别、广崩、懒东、帮养、帮马河和芒育等8寨共168箩种，占8寨总耕面积约600箩种的28%，占8寨佃耕田总数337箩种的49.7%，说明过半数的田是佃耕。168箩种：山官出租的52箩种，38户群众出租的116箩种。租率一般为45%，最低者30%，最高者70%。佃户系43户傣族农民。

三、土地性质

农民占有的土地，所有权属山官或土司。但在土司所辖寨里，农民可将土地作定期抵押，有“期到田归”和“银到田归”两种形式，如遇抵出户绝后或迁缅甸，则田抵死；并有少数土地买卖现象。至于山官所辖寨内，一律不允许抵押或买卖。

土司和山官对所辖村寨委派有头人。土司对辖境收官租，每箩种收10箩谷子。山官对辖境收保头税，有3种：

1. 门户钱，种田者每户年交谷2箩、卢比（缅币）1文，无田者折半；

2. 祭鬼费，种田者于栽秧、割谷时交卢比2文，无田者1文；

3. 地基税，全寨年交卢比10文、15文、20文不等，有田者多摊，无无田者少出。

四、有关土地关系方面的一些问题

（一）两族间的租佃关系上，存在着景颇族田主经常加租转佃，使傣族农民因田少而互相竞争佃田，造成佃权很不稳定，从而可能引起民族纠纷

户育山官所辖傣族2寨及广宋山官所辖傣族5寨均田少人多，无田少田户也较多，他们光靠到坝区卖工及其他副业收入，尚不能维持生活，势必向景颇族佃田，才能过活。可是景颇族田主也抓着这个弱点不时加租转佃，傣族无田少田户也因内部互相竞争佃田，使租率逐年抬高，造成佃权极不稳定。据芒育寨反映租额逐年上升情况：前10年交25箩租的田，现在要交50箩；交30箩的，要交70箩；交60箩的，要交130箩，说明租额在10年内普遍上升1倍以上，现在还继续上升。据帮养寨反映佃权不稳定的情况：该寨佃耕景颇族田者，很少连续佃耕3年的，一般只是1年，多则两年。几乎每户每隔三五年就轮佃一次。现该寨40户傣族（内景颇族1户），其中13户于1954年共佃耕山官及群众田43箩种（山官出租的4.54箩种，群众13家出租的共38.5箩种），到目前为止，13户佃户中，除有1户佃耕群众2.5箩种照旧不动，一户另佃得群众田3箩种，以及山官田1.5箩种另租给寨内1户景颇人外，其余39箩种，由谁佃耕，还没有确定下来。该寨农民说：“上山要求景颇族还是租给寨子种好了。”

这种动荡不定的租佃情况，出现于傣族与景颇族之间，势必引起民族纠纷。自治区虽公布“保佃”政策，但在这种情况下很难贯彻。

（二）景颇族山官争夺靠近山脚傣族村寨的管辖权并强力霸占这些村寨某些傣族农民的土地

1. 历史情况：顺哈乡大小15村寨，半数分布在北面山脚，历史上这些寨子为景颇族山官所招建并属其管辖。在当地有这样一段历史传说：约120年前，正当现在猛卯土司衎景泰的曾祖父即土司位时，他被其异母兄衎先所杀而篡夺了土司之位。当时衎景泰

的曾祖母及其子逃于户育山官家，求山官保护和报复（当时户育山官系山官相落罕的祖父），后即以该山官为首驱逐衎先出境，时因衎景泰之祖父年幼，遂由该山官代管全境10年，始由衎景泰曾祖父继任。土司为了感谢山官，允许山官在全境收保头税，并割让山脚9寨给山官管辖（现芒育寨系九寨之一）。其后该山官就在所辖山脚荒地招来傣族开垦，建了会哈、广母等寨。到国民党建立设治局时，又把从前割让户育山官的9寨划归土司管辖，但土司年给山官200箩谷。至于山官招建的新寨，仍归山官管辖。迄于现在，户育山官绝后，遂由其侄尹山山官早壮继承其管辖权。

由于这些历史关系、民族关系，现今山官们争夺傣族村寨的管辖权和霸占傣族农民的事不断发生，并对我们现在所划的乡界，凡未照顾其原辖区的，山官思想上都有抵触。

2. 强力霸占傣族农民的土地：一区所辖曼沙乡广色特寨（土司辖地）4户傣族中农，于1939年在寨西洼地水潭地带开垦出水田8箩种，1944年弄祥山官混旺即把它霸占去，他说：“没有山上泥土冲下来，把洼地水潭填平，就不会开成田，泥土是山上的，所以田地是山上景颇族的。”其后该山官又在洼地水潭附近开了水田5箩种。又于解放后芒育寨两户贫农在该寨靠山地带一片洼地开出3.5箩种田，但尹山山官早壮却以同样理由来“认田”，曾两次用竹筒插在这块田上，后来山官虽未抢种，但群众对这件事很为不满，又没奈他何，只是敢怒而不敢言。

3. 山脚傣族村寨头人利用傣族农民害怕景颇族的心理，尽量靠拢山官树立威信。广宋山官所辖的坝别寨的头人布幸对群众说：“只有听山官的话，听头人的话，才能住在山官管辖的寨子种田，才能到山上砍柴割草。”群众认为：山官下坝“插竹筒”“拉牛”都与头人的串通分不开的。因而群众一见头人往山官家走，就有顾虑。

4. 广母寨被我们划入顺哈乡，尹山山官不同意，希望仍划归户育，说“不归户育，田要收回，人要赶走，百姓过去是我的，今天也应该是我的”，因而群众顾虑很大，名义上虽属顺哈乡，但将公粮仍交给户育乡，连开会也只敢到户育乡。又尹山山官所辖会哈寨被划入顺哈乡后，该寨布幸及其亲戚的公粮仍向户育乡交，布幸对群众说：“会哈从来是户育管，如果归顺哈，山官会收回田，会撵人。”

根据瑞丽县工委材料整理

民族委员会云南调查组

1955年3月

德宏自治区（州）土司属官情况统计表

（缺盈江、莲山两县的材料）

潞西县芒市土司属官情况统计表（1955年3月统计）

编号	姓名	司署职位	人口			耕畜		劳动力		占有土地		自耕		出租		
			合计	男	女	水牛	黄牛	全	半	面积	产量	面积	产量	面积	产量	租额
1	方化龙	土司	9	6	3	2			2	980		12	800	968		35000
2	方克嘉	土司	4	2	2					63	4500			63	4500	2500
3	方正宗		5	2	3				1	25	2000			25	2000	1200
4	方可祚		5	3	2				1	25	2000			25	2000	1000
5	方可钰		5	2	3				2	25	950			25	950	500
6	方可清		8	3	5			1	1	28	2000			28	2000	800
7	方从龙		8	2	6			1		18	1000			18	1000	400
8	方庆春	民政股长	6	3	3			2	2	50	4000			50	4000	2600
9	方正祺	财政股长	4	1	3					13	800			13	800	400
10	方正春	教育股长	19	9	10			6	2	22	1500			22	1500	650
11	方庆熙	职员	9	2	7			1	2	20	1800			20	1800	900
12	方正鄂	属官	5	1	4			1	2	26	2500			26	2500	1500
13	方友龙		7	3	4			1	2	20	1600			20	1600	900
14	方保龙		7	1	6			1	3	25	2000			25	2000	1000
15	方玉琴		3		3			1		8	450			8	450	200
16	方汝琴		6	2	4			1	1	28	2300			28	2300	1100
17	方兆锡		6	2	4			1	1	12		12	600			
18	方正庚		10	5	5	1	1			14	660	7	300	7	360	140
19	方正富		12	2	10	2	2			9	500			9	500	250
20	方正扬		5	3	2	2	1									

续表

编号	姓名	司署职位	人口			耕畜		劳动力		占有土地		自耕		出租		
			合计	男	女	水牛	黄牛	全	半	面积	产量	面积	产量	面积	产量	租额
21	方正江		6	2	4	1				15	950			15	950	450
22	方正才	股长	2	1	1					12	400			12	400	150
23	萧保元		9	4	5	2	1			30	2500	1	60	29	2500	1500
24	萧保良	职员	4	1	3	1	2			10	600			10	600	300
25	方正福	老属官	8	3	5				1	8	600			8	600	250
26	线庆春	职员	9	3	6			2	2	18	1200			18	1200	600
27	线永荣	股长	14	6	8			2	2	20	800			20	800	300
28	方庆泰	职员														
29	龚清圃	副股长	6	2	4			1	1	18	1200			18	1200	500
30	龚守禧	职员	6	2	4				2							
31	方正贵	老职员	6	3	3				2	7.5	500			7.5	500	250
32	方正恒	老职员	2	1	1					7.5	500			7.5	500	250
33	方正清	股长	10	3	7				2	20	850			20	850	450
34	方克定	属官	5	2	3				2	5	200			5	200	100
35	恩鸿刚	镇长	7	4	3					12	700			12	700	300
36	方克智	属官	3	2	1				1	12	400			12	400	200
37	方正发	属官	5	2	3	1	1	1	1							
38	郗安南	属官	3		3				2							
39	多勋	属官	4	1	3		2	1	2							
40	多绍廷	股长	5	2	3					12	200			12	200	100
41	多定才	属官	5	3	2											
42	方正光	职员	5	2	3		2	1	2	10	300			10	300	150
43	方正义	职员	5	4	1			1	2	10	500			10	500	150
44	管鸿安	属官	9	4	5			1	1							

续表

编号	姓名	司署职位	人口			耕畜		劳动力		占有土地		自耕		出租		
			合计	男	女	水牛	黄牛	全	半	面积	产量	面积	产量	面积	产量	租额
45	多忠恒	老属官	3	1	2											
46	方正繁	职员	8	3	5	1	1	1	1	8	600			8	600	300
47	方正午	职员														
48	方克郎	职员	4	2	2	1	2	1	2	16	1000			16	1000	400
49	杨祖肇	职员	16	8	8			6	2	16	500			16	500	200
50	龚玉固	属官	6	2	4			1	1	3	100			3	200	100
51	李文章	总管	9	3	6			2	2							
52	板相勐真	崩勐	3	2	1											
53	方庆平	属官	5	2	3				1							
54	万勐坎		8	4	4			2	1	14	700	14	700			
55	线勐坎	崩勐	4	2	2				4	8	500			8	500	200
56	郗二勐坎	崩勐	8	4	4	1		2	2	18	500	18	500			
57	线勐社	崩勐	10	6	4			4	3	16	1000	8	700	8	300	150
58	方惠琴		3		3				1	15	1000	5	200	10	80	350
59	方灵秀		6	2	4				1	10	900			10	900	400
60	方平秀		2	1	1					10	800			10	800	400
61	郗保昌									10	300	10	300			
62	方克勐		5	2	3				1	10	700			10	700	350
63	方正谊		5	1	4				1							
64	囊维福	崩勐	4	1	3				1							
65	思文章		5	4	1		1		1							
66	方羽龙		9	5	4			2	1	8	700			8	700	350
67	方正庭		3	1	2				1	10				10		120
68	亚罗勐		2		2				1	10	400			10	400	180

续表

编号	姓名	司署职位	人口			耕畜		劳动力		占有土地		自耕		出租		
			合计	男	女	水牛	黄牛	全	半	面积	产量	面积	产量	面积	产量	租额
69	亚体准		3		3					20	400			20	400	200
70	多立周		8	4	4			1	1							
71	方品龙		3	1	2				1	18	1000			18	1000	400
72	方一龙		4	1	3					31				31	1700	700
73	方玉真		5	2	3					20	1000			20	1000	500
74	方正宽	职员	8	4	4			1	2	6	500			6	500	200
75	方贵恩	职员	11	7	4			2	2	24	1100			24	1100	600
76	方克生	职员	2	1	1					10	300			10	100	100
77	线间卯	属官	3	2	1											
78	龚强国	属官	8	4	4			2	1							
79	思召英	属官	5	1	4											
80	方品贵	属官	8	3	5			1		2	100			2	200	100
81	方正斌	属官	3	1	2			1	1							
82	方郎况	属官	1		1			1	1	10	400			10	400	200
83	线郎红	属官	3	1	2			1	1							
84	思鸿贵	属官	2	1	1				1	12	300			12	300	150
85	思鸿德	老职员	1	1												
86	方正平	属官	4	3	1			2	1							
87	方克先	属官	3	1	2			1	1							
88	方泉龙	职员	4	2	2				1	15	1000			15	1000	450
89	方夔龙		3	1	2			1	1							
90	老总允坎		2	1	1					8	250			8	250	100
	合计		503	209	293					1996		87		1909		

潞西县遮放区土司属官情况调查表（1955年2月 日）

姓名	司署职位	党派关系	安置情况	人口			劳动力		土地占有		土地使用情况				
				男	女	合计	全劳	半劳	箩种	产量	自耕		出租		
											箩种	产量	箩种	产量	租额
多英培	土司	国民党员，参加过青红帮	副县长	11	10	21			174	6750			174	6750	2765
多立朝（富农）	经济科长		参加工作1人	4	6	10	4	1	35	1850	12	800	23	1050	550
多立友				1	3	4		1	10	400			10	400	215
多立统				1	2	3									
多立礼	总管		参加工作1人	2	6	8		2	23	1230			23	1230	630
多立能	总管			1	3	4		1	5	145			5	145	75
多立尧	分队长			2	4	6		1	7	500			7	500	200
多立文	大队长	参加过青红帮		2	4	6		2	16	770			16	770	420
多炳勋				2	2	4		1	14.5	900			14.5	900	570
多立忠	教育股长	国民党员，参加过青红帮		4	5	9		1	40	1500			40	1500	700
多尚培				2	3	5		1	33	1450			33	1450	700
多立义				4	3	7		1	5	350			5	350	165
多旭	司兵队长			4	3	7			10	700			10	700	350
多森				2	2	4			10	500			10	500	270
多恩培	管账			4	4	8			10	508			10	508	278
多立昌	管爷			3	3	6		1	7	350			7	350	150
多立元	司强调解委员	参加过青红帮	参加工作1人在自治区	4	5	9		2	28	1350			28	1350	650
多坤	大队长	参加过青红帮		2	2	4		1	13	720			13	720	300
多瑞勋				2	3	5			22.5	1370			22.5	1370	750

续表

姓名	司署职位	党派关系	安置情况	人口			劳动力		土地占有		土地使用情况				
											自耕		出租		
				男	女	合计	全劳	半劳	箩种	产量	箩种	产量	箩种	产量	租额
多文勋	财政科长	参加过国民党		3	3	6			32	1170	20	800	12	370	270
多元勋	调解委员	参加过青红帮	参加工作2人	4	5	9		1	16	1070			16	1070	520
多立清	总管	参加过青红帮		1	1	2			14	700			14	700	360
多立章	大队长			2	3	5			22	530			22	530	260
多根培				3	2	5			11.5	650			11.5	650	280
多华	总管			4	5	9			7	500			7	500	300
多强				1	2	3			17	720			17	720	280
多钦				3	5	8			8	550			8	550	308
多诚				1		1			35	200			3	200	100
刀维廷				2	2	4		1	12.5	760			12.5	760	295
多根培之母					1	1		1	12	600			12	600	200
合计30户				81	102	183	4	18	618	28890	12	80	586	28093	12911

梁河县土司属官情况表（1955年3月 日）

类别 姓名	人口			占有土地					
				自耕		出租		租额	土地总数
	男	女	合计	箩种	产量	箩种	产量		
龚绥			9			233		11000	233
龚复			7			12		220	12
龚越清			4			13		250	13
龚越泉			5			2		50	2
龚齐政			7	3		24			27
田玉华			4			12			12

续表

类别 姓名	人口			占有土地					
	男	女	合计	自耕		出租		租额	土地总数
				箩种	产量	箩种	产量		
龚有儒			10						
龚元章			5			5			5
龚宝广			6	3		2			5
龚陌春			9	8		4			12
龚建章			5			7			7
龚庆春			7			2			2
龚和年			8			3			3
龚守贤			5			4			4
龚政旺			5			5			5
龚宝亮			4						
龚周国			7			12			12
龚宝章			5						
刀清兰			5			6			6
老缅			4			12			12
刘岱山			7	6					6
龚元礼			5	6					6
龚海春			6	3		9			12
龚桐春			5			18			18
龚元春			9	5					5
龚安贤			5			4			4
龚义春			12			7			7
龚元锦			5	6		10			16
龚宝华			3			6			6
龚荣汉			6	6					6
龚政方			11			18			18

续表

类别 姓名	人口			占有土地					
	男	女	合计	自耕		出租		租额	土地总数
				箩种	产量	箩种	产量		
龚辅国			6						
龚体国			6						
龚安林			12	15		15			30
龚锦兴			9			14			14
龚炳政			9			13			13
合计36户			237	61		472			533

瑞丽县勐卯司署属官名单

成分	官名	汉名	人口			田地占有			司署职务
			男	女	合计	自耕	出租	合计	
地主	土司	衎景泰	3	1	4		10	10	土司
地主	祖太	方贵		1	1		72.5	72.5	
地主	祖太			1	1				
地主	龙弄猛	衎国斌	6	7	13	5	12.5	17.5	秘书主任
地主	龚福猛		4	2	6		8	8	科员
小土地出租	弄盖猛	思汉章	4	2	6		5	5	负责财政
地主	思平猛		4	4	8	9	40	49	负责财政
地主	法酸孟	线有安	2	5	7	5	8	13	总务
下中农	呀各猛								领小孩
土地出租	法算猛								办事员
其他	呀货猛		1	1	2				未
土地出租	呀光猛		2	2	4				男人负责财政（已死）
其他	法盖猛	方正辉	3	2	5				催收官租
其他	弄猛荒		1	1	2		6.5	6.5	管员
富裕中农	保盖								

续表

成分	官名	汉名	人口			田地占有			司署职务
			男	女	合计	自耕	出租	合计	
土地出租	刀进庭		2	3	5			3	催收官租
地主	江准	衎国安	4	4	8			16	民政
地主	贵准	衎盈绿	5	3	8		23	23	自卫中队长
小商	法梯准	衎国强	3	2	5				催收官租
中农	线永瓦	临相	5	5	10			4	保长
土地经营	官印	恩永福	5	3	8			4	总管
富农	内印	线有福	3	4	7			7	事务
贫农	米洪贵								催收官租
土地出租	允页	龚沛贤	2	2	4		3	3	守仓
中农	猛喊						3	3	当过保长
地主	怕喊		3	4	7		10	11	用人
富农	腊猛		4	4	8		5.5	5.5	堂官
土地出租	像瓦猛		3	2	5			5	现不详
土地出租	相安猛	曹润海	2	1	3		4	4	自卫队长
贫农	内准								司署勤杂
中农	瓦击双		2	2	4			7	司署用人
其他	旦古太								未
土地出租	塞算	刀成贵	1	5	6		5	5	总务
其他		恩永福							随行
土地出租	呀满猛		2	2	4		5	5	催收官租
其他	波安贵		3	3	6				自卫队班长
富中	赖加印	赖正先	2	5	7	4	2	6	催收官租
土地经营	双印								文书
土地经营	莫喊良		2	2	4			3.5	文书
土地出租	魏卯	刀保光	3	3	6				催收官租
土地出租	曼相								当过保长

续表

成分	官名	汉名	人口			田地占有			司署职务
			男	女	合计	自耕	出租	合计	
土地出租	夫卯	赖正卯	2	2	4			2.5	催收官租
贫农	保印		4	4	8	3		3	催收官租
其他	师印		2	2	4			3	催收官租
贫农	懂印		3	3	6	6		6	催收官租
佃中农	万准	衎景文	2	6	8				事务员
中农	法贵印	刀喊廷	5	3	8				催收官租

盏西区土司属官统计表（1955年3月）

类别 姓名	人口			占有土地					
	男	女	合计	自耕		出租		租额	土地总数
				箩种	产量	箩种	产量		
孟守义			14	18		140.7			158.3
孟有锦			11			0.5			0.5
高年青			15	2					2
孟守相			5	5		17			2.2
孟守贞			5	2		7.9			9.9
孟定贤			10	8		21.8			29.8
孟有长			5			18			18
孟守金			6	5		45			50
孟正国			5	6		1.1			7.1
孟碧洲			7	3		14			17
孟守明			4	2		18			20
孟守如			9	5.5		7			12.5
孟有光			16	6.8		6			12.8
孟守岗			6			32.9			32.9
孟守华			4			16.2			16.2

续表

类别 姓名	人口			占有土地					
	男	女	合计	自耕		出租		租额	土地总数
				箩种	产量	箩种	产量		
孟守国			8			19.9			19.9
孟守朝			3			4.8			4.8
孟守旺			1			4			4
恩必成			4			7			7
孟守住			5	5		8.5			13.5
			143	68.3		390.3			458.6

陇川县土司属官统计表（1955年3月）

类别 姓名	人口			占有土地					
	男	女	合计	自耕		出租		租额	土地总数
				箩种	产量	箩种	产量		
多永安	7	15	22	18	1260	202		2020	
多永清	9	15	24			67.5		675	67.5
多户勐	3	2	5	6	420				
刀岳勐坎	4	5	9	5	350				
多听勐	4	2	6						
刀金勐	3	4	7						
多过勐	4	5	9	10	700				
郭勐晃	2	4	6	5	350				
多汉勐	3	2	5	8	560				
岳英勐相	2	5	7			8		80	
多府勐	3	3	6						
雅卫勐	5	7	12	4	280	3		30	
多印勐	3	3	6						
雅岳勐	1	3	4			8		80	
雅对勐	3	4	7	4	280				

续表

类别 姓名	人口			占有土地					
	男	女	合计	自耕		出租		租额	土地总数
				箩种	产量	箩种	产量		
多罗勐	4	5	9	15	1050				
多算勐	2	4	6						
线代勐	5	5	10	10	700	25		250	
刀勐派	4	2	6	6	470				
多绍准	2	1	3			5		50	
多挂勐	4	6	10						
线岳勐相	4	2	6	3	210	6		60	
方救勐相	5	5	10	20	1400				
多岳勐	4	4	8			12		120	
孙勐英	2	2	4						
李射府勐	4	7	11	10	700	20		200	
多算勐	4	2	6						
多平勐	1	2	3	2	140				
方勐宋	4	3	7	4	280				
多宋准	3	3	6						
多付准	2	3	5						
多点准	2	4	6	8	560				
多寿准	3	4	7			14			
多专准	2	2	4						
多爽准	5	1	6						
多焕准	1	3	4						
多英准	1	6	7						
恩惠准	3	2	5						
多平准	2	2	4						
多亚专准	2	2	4						
多绍准	4	2	6						

续表

类别 姓名	人口			占有土地					
	男	女	合计	自耕		出租		租额	土地总数
				箩种	产量	箩种	产量		
多爱准	1	2	3	5	350				
多卫准	1	3	4			8		80	
多罕准	2	5	7			8		80	
多宋准	1	1	2	8	560				
多领准	4	5	9						
龚过准	5	2	7	10	700				
多满准	1	2	3	16	1120				
多贯准	2	3	5						
多借准	1	1	2						
郎号准	3	4	7			5		50	
多介准	2	2	4	8	560				
二准	2	3	5	24	1200				
多体准	3	3	6	4	780				
多倍准	1	2	3			20		200	
多帅准	1	3	4			5		50	
多英准	3	4	7	8	560				
多贺准	3	2	5						
线兼印	1	5	6	11	770				
刘胃印	3	5	8	8	560				
线体印	2	2	4						
刘真印	1	2	3	10	700				
印	3	2	5						
郎过印	4	3	7						
佛爷									
合计	185	228	413	250	17070	4165		4165	

贰、傣族的土司制度

一、土司及其统治机构

德宏地区的土司制度，据史籍所载，先后建置于元明时期，其中较早的是元世祖时建置的，其他都是明代增建的。元代封建统治侵入云南以后，对边疆少数民族采取了“羁縻政策”，加封当地酋长，并世袭其官，通过他们来统治边疆居民，这就是所谓土司制度。明清两代，仍循其制。到了国民党时代，在这些地区虽然名义上“改土归流”，设置了6个设治局统治，但实际上仍为土司统治。

在解放前，全区计有9个土司及2个土千总。他们是：南甸（现在梁河县）宣抚司龚绶，干崖（现在盈江县）宣抚司刀京版，陇川宣抚司多永安，芒市（现属潞西县）安抚司方克光（代理），猛卯（现属瑞丽县）安抚司衎景泰，遮放（现属潞西县）副宣抚司多英培，盏达（现属莲山县）副宣抚司思鸿升，户撒（现属盈江县）长官司赖思林，腊撒（现属盈江县）长官司盖炳烇，盏西区土千总孟守义，猛板（现属潞西）土千总蒋家杰（汉族）。他们都各自为政，设有监狱，拥有武装，统治着当地各族人民。

土司的统治机构：

土司的政权中政治、军事、经济的最高统治者是土司。职位是世袭，嫡长子继承，遇土司出缺或年幼不能执政时，由其亲族中之一人，出来摄政，称为“代办”，要到土司推定或年幼土司到达继承年龄时，才还政给正式土司。

土司的亲贵大员，充当司署下列职位：

护印：土司同胞兄弟中年纪最长之一人充任之，协助土司处理司务。护印一般都是位尊而无实权，实权都在土司手里，但也有个别有实权的，被群众称为“二衙门”。在代办摄政时期此职由代办的同胞兄弟中年纪最长的一人充任，称为“护理”。

属官（或族官）：土司或代办之最近亲属并为他们所信任的，均为属官。属官视资望、年龄和亲疏关系，分为3级：最高为“勐”，由属官中资望最高者充任；其次是“准”；再其次是“印”。属官之职务为：管理村寨；充任司署中之高级职务；轮班到司署当值，处理临时发生事务；出差到各村寨办理土司指办事件；陪土司或外客谈天；做土司临时咨议官等等。属官中并有专管司法的，负责审判案件，管理监狱。

司署中并设置下列人员，多数亦由属官充任：

库房：掌握全司署财政收支事项，为实权最大之一人。

总管：管理司署内的伙食及一切杂务。

管仓：管理全司署谷仓，是全境人民纳粮交税的总经理。

文案：管理司署和土司或代办的一切对外公文函件，并兼接待来往汉官。因对外行文都用汉文，故此职多聘内地汉人充任。

教读：聘一汉文教师，教土司子弟学习汉书汉语文。

汉书办：为文案助理员，管收发缮写，聘汉人充任。

傣书办：土司对民间之布告、命令和各土司间往来之函件，有许多是采用傣文书写，故此职须设2人至3人，不限于贵族，凡能通晓傣文的人，均可充任，此职为傣族平民读书者唯一做官的途径。

二爷：土司的高级随从。

官差：为司署中传送公文和拘捕犯人的差员。

地方官员分：

畹头：合数寨为一畹（相当于乡），设一畹头，管理本寨行政事项，即征收官租杂派交解土司署；调解、裁判人民纠纷；管理区内土地之分配更动；调派差役给司署；采办供应司署应用之各项物品；传达土司命令。并设“畹尾”（副畹头）协助之。

老倖及伙头：大的寨子设“老倖”，并设有伙头为老倖之助手，小的寨子设“伙头”，他们都是各该寨子的寨长，秉承畹头的命令，办理该寨行政事项。汉族聚居的地区，由土司指定该地区一个汉人，称为“练绅”，执行类似畹头所执行的职务。

这些农村头人都是土司在农村的代理人。

二、封建领主政权对人民的统治和剥削

封建领主集团对人民的剥削是很严重的。土地都属土司所有，农民向土司领种份地，要向土司缴纳官租、杂派，负担各种劳役。解放前全区农民每年对土司负担的官租和各种杂派约159万箩谷，合人民币159万元，一般占农民收入的60%以上。过去全区农民每年负担官租984800多箩谷。官租剥削量一般占产量的15%至35%。根据潞西县法帕寨头人保存的该寨负担官租底册的数字统计：1952年全寨87户负担官租12350.85箩，占全寨产量37446箩（以1954年评的产量计算）的35%，各阶层负担的比例是地主占1.6%、富农占10.6%、中农占74.2%、贫农占8%、小土地出租者占2.5%、雇农占2%，这说明自中农以下官租负担最重。地主富农多系属官和农村头人，他们依靠政治上的地位，不出或少出官租，个别的甚至把官租转嫁到农民身上。解放前农民负担的各种杂派，据潞西县风平乡的调查有70多种。这里的封建领主集团，不仅以官租、杂派、劳役等剥削农民，并占有大量的私田和私庄直接参与地租剥削。莲山、盈江、梁河、潞西4县和盏西区的土司属官所出租私庄田即达5000箩种左右（约合2万亩）。仅潞西县遮放土司私庄田即有547箩种（合2184亩）之多，属官田450.2箩种，两者合占遮放耕地总数的9.6%。此外，领主集团还强迫农民为他们做无偿劳动，进行超经济剥削。有许多寨子每年都轮流到土司家里服专业劳役，有的帮土司种大量私田。如所谓“丫头寨”“看洗澡塘寨”“抬轿寨”等等，这些寨都是以为土司所服的何种劳役来取名的。

封建领主制度下的农民，不仅遭受着残酷的经济剥削，而且还遭受着严重的政治压迫。封建领主集团对农民可以随便逮捕吊打，对农民使用的土地可以随时抽走，对妇女可

以随意喊来“吃花酒”奸污她们。封建领主集团还无耻地向人民说“土司是白骨头，老百姓是黑骨头，老百姓应该服从土司管”，“土司是父母官，土地是土司的，端人家的碗，服人家的管”，有的甚至说“没有土司，庄稼都长不好呢！”这些胡言乱语曾经长期地起了麻痹和束缚农民的思想意识的作用。

民族委员会云南调查组

1955年3月

叁、傣族的宗教情况

佛教是傣族的主要宗教信仰。它在群众中有很广泛很深刻的影响。现将大致情况叙述如下：

一、佛教的派别

传说佛教是从印度和缅甸传来的。共分4个派别：

（一）“摆庄”

傣族人民大部分信仰“摆庄”教。这一派的戒律较少。僧侣的生活讲究舒适，袈裟可以用毛呢制，睡觉可以盖被褥，出门可以乘车骑马，肉食不禁，并且可以吸烟。僧侣可以自由出寺，自由进入民家。群众见大佛爷，不必叩头，可以自由与他人谈话。信鬼，村寨设有鬼房。

（二）“润”

这一派与“摆庄”大致相同。但信仰这派的人很少。这派有一个特殊风尚，就是和尚升佛爷时，他便逃往山中，让村寨群众分头去找，找回家后才举行升职礼。

（三）“左抵”

傣族人民信仰的较少，这一派与前面两派不同的地方是：

1. 全派僧侣结成一个大集团，由一个大佛爷率领，过着全体一致的生活，并常常流动各地；

2. 僧侣经常只披一件黄布袈裟，不穿衣服，睡觉不盖被褥，出门不乘车骑马；

3. 僧侣不吸大烟；

4. 寺内不喂养牲畜；

5. 不信鬼；

6. 寺庙建立在偏僻的地方；

7. 僧侣不能自由出寺、自由进入民家；

8. 群众见大佛爷，必须叩头，俯伏在他的身前，给他搓脚捏腿，然后才能与他谈话；

9.教徒也必须遵守不饮酒、不吸大烟、不养生、不杀生、见杀不吃、不信鬼、不卖“犯物”（指刀、绳、棍棒等可以致人死命的东西）等清规戒律。

（四）“朵利”

与“左抵”大致相同，传说是“左抵”的支派。清规戒律没有“左抵”那样严格。这后两教派对人民生产影响甚大。

二、庄房（庙房）的组织情况

德宏共有庄房605个，佛爷和尚625人，尼姑102人。村村都有庄房，较大的村寨有3个至5个庄房。庄房的最高领导者是“召儿”，他是精通经书、严格遵守教规的高级和尚，是由低级的和尚逐步提升的。在他的下面的和尚还有3级：

1.“戛备”：初进庄房还未正式成为和尚者；

2.“召尚”：经过一段时期的学习，能认识教义中的“三皈”，能诵经书，从“戛备”中提升为“召尚”；

3.“召们”：认识经书较多，能遵守教规，年在20岁以上者，由“召尚”升为“召们”。

除和尚外，还有“布庄”，“布庄”有两种：一是精通经书、年纪较大、领导进庄拜佛的善男信女念经者；一是做炊事工作侍候佛爷者。

在一个土司辖区内有一个“御封佛爷”。他是由土司加封，并授权给他领导全司的佛爷，传达土司的命令，负责召开筹备和领导全司性的宗教集会，是全司佛教中最高的统治者。

三、主要的宗教节日

（一）“进洼”

每年傣历9月15日（相当于阳历7月）起，已进庄拜佛的全体老人，每隔7天，拜佛1次，并给佛爷送礼。要拜佛3个月。这3个月内，拜佛的人都不参加田间的主要劳动。傣族40岁以上的人差不多都要在这时期进庄拜佛。

（二）“出洼”

3个月后，就“出洼”。各寨举行盛大集会，傣话称为“扛朵”（即忏悔之意）。在那天所有男女老幼都到庄房拜佛。传说佛祖到西天讲经3个月后，重返人间，所以“出洼”那天，各寨鸣锣敲鼓，欢迎佛祖。除在本寨拜佛外，并在比较中心的地区或宗教历史悠久的寺庙旁，举行“扛朵”，群众穿红着绿，成群结队前往，青年男女借此机会恋爱，十分热闹。

（三）烧白柴

每年冬末春初，傣族未婚男女到山里砍白柴，把砍回的白柴，架在庄房旁边，用火焚烧，称为烧白柴节。传说百余年前有佛祖的弟子生病，正在发冷的时候，被一老人看见，他便取柴烧火，和尚的病就好了。这事被佛祖听到，认为善举，便定冬末春初为烧白柴节。

（四）过春节

原来傣族没有过春节的习惯，可能是受汉族的影响。傣族过春节与汉族完全不同。春节的头3天，所有的人在本寨拜佛后，并成群结队到外寨拜佛，向佛祖奉献各种礼品，表示感谢寨祖保佑，使百姓安居乐业。春节后五六天，未婚青年男女，就开始到野外做“丢包”的交际活动，彼此谈情说爱。

（五）泼水节

每年阳历四五月间为泼水节，一般未婚男女到山中采摘鲜花，做花房。泼水节时，无论男女老少，互相泼水，认为泼过后，四季平安无恙。

四、“扒戛”与“坦木”

“扒戛”是傣话“扒拉达戛”的简称，意即佛门弟子。“扒戛”是傣族人民认为最好的称号，是傣族人民一生中所希望实现的理想。有的一生节衣缩食，把钱积蓄起来做一次“扒戛”，认为做了“扒戛”，才能正式成为佛祖的信徒，死后会被佛度入西天；认为“扒戛”是供佛的最大功德，不做“扒戛”不算对佛表示最大的信仰；认为做“扒戛”等于积蓄福禄财宝，花的钱多，死后便可得到享受；做了“扒戛”后在社会上有较高的地位，在自己的名字前冠以“扒戛”一语，这是最荣耀的称号。因此，当积蓄的钱少，不够做“扒戛”时，也要做一次“坦木”。傣话“坦木”是经书的意思。认为做了“坦木”，至少可以积点小功德，名字上冠以“坦木”的称号，也是一种荣耀，但是比做“扒戛”的荣耀就差得多了。做“坦木”比较简单，用30个半开（折合12元人民币）买本经书送到庄房，由佛爷赐予名称即可。做“扒戛”费用就大多了。要杀牛杀猪，遍请乡友来家宴乐；要到缅甸购入玉佛1尊或数尊，制备精美的佛幡和佛伞；出钱请和尚抄写经典，并加以美丽的装帽。事情完毕把供奉的礼物全部送入佛寺，功德便算圆满。有些富裕人家常因做一次“扒戛”就穷下来了。

五、群众对宗教的负担

佛教不仅影响傣族人民的思想意识，同时严重地影响群众的生产和生活。据1953年在潞西县那目寨（一个较大的寨子，有300多户）的调查，群众的宗教负担主要的有以下几种。

1. 佛爷每年收入2164.2元，计：

（1）各种宗教节日的收入1401.8元。

①“进洼”1289.6元；

②“出洼”25元；

③“更庭”25.72元；

④“腊八”25.74元；

⑤“过年”25.74元；

⑥“烧白柴”5元；

⑦“泼水节”5元。

（2）佛爷的薪俸谷折人民币686.4元。

（3）其他收入76元。

2. 做“扒戛”费用631元。

3. 祭鬼费用，还没有完全的统计。祭全司的鬼用去410元，祭寨头鬼用去68.8元，祭水鬼、将军鬼等未统计在内。

以上共计3273.2元，再加上做摆、群众在各种宗教节日的耗费共计在4800元以上，这还是不完全的统计。4800元折合谷子105600斤，足够70人1年的生活。各种宗教活动，每年浪费劳动力13300多劳动日，严重地影响生产。在信“左抵”“朵利”教的村寨中，不饲养牲畜，也影响群众的收入。

民族委员会云南调查组

1955年3月

肆、傣族的婚姻情况

一、妇女在社会上和家庭中的地位

男子在社会上和家庭中的支配权已经形成。产生了“男尊女卑”的社会意识。妇女不能自由地参加社会活动，没有使用自己姓名的权利。在家庭中没有财产继承权，不能自主地处理婚姻问题，家中事务多由男子决定。初婚妇女不能与公公、伯、叔同桌吃饭或对面谈话，遇着他们只能侧身而行。有些地区妇女难产时，习惯认为“得罪了丈夫，须喝丈夫的洗脚水，才能赎罪”。另一方面，由于傣族妇女能够参加社会各种劳动（除犁田外），并有男女同工同酬的习惯，生活比较能够独立，所以在家庭中对生产及家务可以提出意见，对“男尊女卑”有一定反抗力量。

二、“串布少”的风俗习惯

傣族有“串布少”（即玩姑娘）的习俗，青年男女在农闲时间和各种宗教节日成群地找对象，进行恋爱。少女在婚前有性的自由，但已婚女子则须严守贞操。一般的从15岁即开始串，这种习俗不受社会（包括父母）干涉，但因性交怀孕被发现后则受惩罚，罚“洗寨子”，由男方或双方出酒肉若干，给女方请寨子老人吃酒“送鬼”。开始有着对婚前性的限制。少女婚前怀孕的很多，据户闷寨调查，全寨已婚妇女95人中，被群众发现婚前已怀孕者19人（占20%），尚有未被发现的（已堕胎）无法统计。又芒市那目寨1950年到现在，有14对夫妇在婚前都生了小孩，其中11个小孩被抚养。打胎溺婴现象较为严重。私生子的社会地位低，被群众呼叫为“小狗”（侮辱他是母狗所生），私生子的生父如不与其生母结婚，则不负抚养责任。少女如因婚前怀孕，男方不愿结婚者，这个少女除被罚以“洗寨子”外，还受社会歧视（认为“不干净”“命毒”“不正派”等），结婚即有困难。户闷寨有5个人是这种遭遇，其中4人在20岁至25岁之间、1人30岁，均未结婚。遮放区坝托、芒海等16寨有25人，也是如此。遭受这种痛苦的妇女，各寨都有。

三、结婚和财礼

结婚一般经过恋爱阶段（即“串布少”阶段），男女青年恋爱成熟后，由男的告诉男方父母，父母决定后，请媒人到女家说合（主要说合身价财礼，无职业媒人）。结婚与否的决定权属于父母，父母一般也照顾儿子的要求。但女的不能主动提出与谁结婚的问题，只能由父母决定。

财礼是决定婚姻的条件，财礼越多，父母就越感到光彩。财礼多寡各地大致相同。遮放区一带是肉80砣（每砣合3市斤）、酒80碗、卢比（缅币，每文合人民币4角）80文、洋纱2捆及其他衣物若干，共约值人民币200元。还有“黑暗钱”200文至700文卢比，由双方商定。芒市一带是人民币60元、肉60砣、酒60碗，及其他财物、“黑暗钱”数百文卢比。各地看来给女方的财礼约值300元（黑钱以100元计）。除给女方财礼外，结婚时还须请客（一般20桌），约需100元，还要“回门费”“认亲费”“媒人费”“佛爷费”“寨老钱”“青年头钱”“拜堂钱”“厨师钱”“开门钱”“关门钱”“拜鬼钱”等等，至少需50元，以上财礼和各种费用至少要400元至500元。因此，贫苦农民结婚很少不欠债的，较富裕的中农也常破产。寡妇改嫁，财礼、黑钱减半，娶孕妇不要黑钱，招赘财礼更少。这种建立在财物上的婚姻关系，就不能不是由父母包办的，婚姻自主的权利被剥夺。户闷寨已婚95对男女中，19对（占20%）是男女不见面，全由父母包办的；10对（占10%以上）是因父母贪图财礼不同意结婚，男女相约逃往缅甸或别寨结婚的（习惯上称为“逃婚”或“拐婚”）；26对（占27%以上）是外寨贫苦农民无钱结婚而来上门（入赘）的；19对（占20%）是因婚前发生性关系而怀孕，被群众发现，父母只好同意结婚的；其余21对（占22%以上）是男女已串经父母同意而结婚的。

整个看来，傣族的婚姻性质基本上是封建包办婚姻，但由于傣族社会的封建礼教不像内地汉族一样完整，社会对男女婚姻自由的压力不如内地大，尤其妇女是劳动的，可以独立谋生，又有恋爱自由（即“串”的自由），再加上父母对子女的“逃婚”“偷亲”以及婚前怀孕等，采取让步的态度，所以农民内部婚姻是存在有一定的自由的。户闷寨的调查有20%的婚前怀孕和10%的“逃婚”都达到了结婚自主的目的。

“逃婚”和“偷亲”是傣族人民反抗封建婚姻制度的斗争形式，习惯对“逃婚”“偷亲”也逐渐有了限制办法，即是“洗寨子”。社会舆论“养子不孝，超出家规”。除“逃婚”“偷亲”外，青年男女还有许多反抗封建婚姻的斗争事迹，傣族也有类似梁山伯与祝英台的故事，傣话叫“娥毕三罗”（译音）的故事即是如此。解放后，反抗包办婚姻的更多起来了。

“抢亲”也是各地常出现的一种婚姻形式，即是女方本人不同意，或女方本人同意，但父母不同意，男方就派人来“抢亲”的。现在这种情形已很少发生了。

傣族中普遍存在着入赘的婚姻形式。大多发生在贫苦农民中，他们因无力出财礼而到女方入赘。傣族中入赘有两种情况：一是女家无儿子，招赘婿当儿子，此种赘婿有财产继承权，但社会地位低，如果妻死后就可能被女方父母或亲族赶走；一是女方有子女但均年幼，无劳动力，招来赘婿耕种田地，事先约定入赘期限，期满归返男方，没有财产继承权，如女方父母酷爱他才给点浮财。这种赘婿社会地位很低，俗语形容“三年当一帮工（长工），五年可带妻走”。如果劳动不好或其他原因，也随时有被赶走的危险。社会对这种人的看法是“鸡屁股不算肉”（系傣语翻译）。入赘生的子女没有财产继承权，当父母死后其子女可能被家族赶走。

四、婚姻上的限制

（一）阶级间的限制

婚姻上的阶级限制很严，土司属官一般只与土司属官通婚，农民不能娶他们的妇女作妻，否则被认为“对土司不尊敬”，但他们可娶农民之女为妾，被土司属官纳为妾的农民女子，在土司属官家庭中极为痛苦，所生子女，不能跟官家同姓，没有财产继承权。地主及农村主要头人的女子也很少嫁给农民的。

（二）封建迷信的限制

结婚一般请佛爷或神婆算命，如果男女“八字”不合（如金命与火命）不能结婚。

“批拍”家里的女子，不能和其他人结婚，习俗认为“批拍”是会“放鬼”的人，所以群众害怕和“批拍”结婚。“批拍”与“批拍”之间可以通婚。

（三）直系血亲不婚，同姓之间亦不婚，即使外地来的同姓者也不婚，旁系血亲可以结婚。兄死，弟可娶嫂为妻；弟死，兄亦可娶弟媳为妻。

五、结婚年龄

傣族的结婚年龄比较合理，一般的男女在18岁至22岁结婚者最多。据户闷寨调查，已婚男女各95人中，15岁至17岁结婚者，女占12.6%、男占14.73%；18岁至22岁结婚者，女占51.57%、男占43.13%；23岁以上者，女占35.79%、男占42.08%。只有瑞丽县傣族结婚年龄较低些（一般在16岁结婚）。傣族婚龄一般是女大于男。

六、离婚

离婚有一定自由，父母一般不同意，但不硬性阻止，外人（除亲族外）一般不加干涉。因为妇女能独立生活，所以男子不准离婚时，就私自逃走，有的逃往缅甸采茶，长期不归，在外另与人同居。因此傣族再嫁再娶现象很多，户闷寨已结婚的95对夫妇中，其中妇女已嫁二次者32人，占34.7%；男子再娶者24人，占25.2%。据那目寨调查，解放以来，有25对离婚。离婚原因：公婆虐待、因系父母包办结婚后感情不好、不生小孩、因牛马害瘟怀疑妻子命不好、入赘后女方家穷以及男女一方另有外遇、丈夫出外不归或懒惰、吃大烟等，这些原因大多反映封建婚姻的不合理和社会对妇女的歧视。离婚时的财产，如由男方提出离婚，女方可带走婚前财产。可以再嫁，但再嫁时须赔偿原婚夫财礼（身价钱），赔多少由寨老及族人调解，也有规定给身价钱的一半的。有少数地区是凡由男方提出离婚者，如已写契文表示断绝关系，再嫁时不给钱。如由女子提出离婚，女子也可带走婚前财产，再嫁则必须赔给原婚夫身价钱，否则不能改嫁。

离婚后子女的抚养，男女有选择权，也有由子女自愿跟谁就由谁抚养。由女方抚养者，男方不负责生活费和教育费，哺乳期内小孩一般随母，但养大后男方可无条件领回。

七、寡妇改嫁

寡妇社会地位低，不少人认为寡妇“前世有罪，今世败子灭夫”，反映了普遍对寡妇的歧视。夫死，财产即被夫家亲族分掉，只是个别年纪较大的寡妇可继承丈夫遗产。寡妇有子女又不出嫁者有财产继承权。

寡妇再嫁由公婆做主，改嫁时要赔还身价钱，否则不能改嫁。习惯认为“人（可）离，钱不（可）离”，所以寡妇再嫁是不自由的。寡妇的性生活仍有一定的自由，虽然社会舆论不好，但没有硬性禁止（“洗寨子”1次后就不再洗了），寡妇生的私生子，溺婴的少，所以很多寡妇，因此种关系即不再结婚了。

总之，傣族的婚姻制度是封建的婚姻制度，它给傣族人民特别是傣族妇女带来了很大的痛苦。解放以后，我们虽然没有宣传过国家的婚姻法，但也有若干影响，傣族人民逐渐要求改革不合理的婚姻制度，特别是土地改革以后，广大群众的政治觉悟更有提高，改革这种封建的婚姻制度的要求，更加迫切起来。因此，由自治区人民政府根据国家的婚姻法结合傣族婚姻的具体情况制定出一种变通规定，以便逐步地贯彻国家婚姻法，便是很必要的了。

民族委员会云南调查组
1955年3月

关于德宏自治区傣族地区社会改革的意见

保山地委

1955年3月30日

关于德宏自治区傣族地区社会改革的意见

一、基本情况

德宏自治区包括潞西、瑞丽、陇川、盈江、梁河、莲山等6县及盏西1个区，约有40万人口，其中傣族15万，汉族14万，景颇族8万，其他阿昌、傈僳等少数民族共2万余人。

全区除汉族聚居约48000人口的地区已进行过土地改革外（潞西县猛板汉族地区8000余人暂不改革），傣族、景颇族和其他少数民族均未进行土地改革。景颇族都居住山区，社会经济落后，内部阶级分化不明显，不需要经过土地改革。傣族及与傣族杂居的其他民族约19万人的地区，社会阶级已有不同程度的分化，均需进行不同程度的社会改革。

根据傣族地区社会经济的发展情况，和考虑到傣族与景颇族的关系及群众觉悟程度的不同，可分为两种类型：

第一类：包括瑞丽县、陇川县和潞西县的遮放区共约5万人口，分属衎景泰、多永安、多英培3个土司管辖。

这类地区土司对群众的统治较强，土司制度仍较完整，土地都属土司所有，农民向土司领种份地，缴纳官租、杂派，负担劳役和不得离开村寨。陇川尚有6个乡现在还保存着村社的土地分配制度，每年仍有交田和领田的农民，大部分村寨内部还不发生土地的租佃关系。解放前，农民对土司的各种负担一般达农民收入的60%以上。至今这类地区还没有发生土地的典当、抵押或买卖，故农民的阶级分化不明显，除领主集团外，地主经济还基本没有发生，农村中的富农亦仅是一些村寨头人利用权势占有较多的土地，但这种富农只占农村户口的1%到2%，占地亦不超过农民的2倍至3倍。中农经济比较突出，但在土司过重的压榨剥削之下，加上疾病死亡，使许多农民无力经营，放弃或失掉份地。遮放区无田户占总户口的10%到20%，瑞丽、陇川要在20%到40%（傣族习惯分家不分田也是造成无田户的原因之一），他们主要靠出卖劳动力或不固定的小本经营为生，在陇川更造成大量土地的荒芜。解放以后，随着对土司负担的减轻，特别是1954年废除官租后，土地的占有已基本固定，故无田户的问题更显突出。

从上述情况看，这里社会的主要矛盾，是土司领主与广大农民之间的矛盾，土司制度阻碍和破坏生产力的发展。这个矛盾，在去年反官租以后遂有所解决，但当时我们没有明确认识反官租斗争是这类地区根本性的改革，必须是有充分准备、有步骤地进行，因而对群众自发性的行动没有认真地加以领导，事后也没有对农民系统地进行发动和教育，也未曾明文宣布土地归农民所有，所以现在农民还存在许多顾虑："官租现在不交，是否将来还交？""官租不交了，土地还是土司的。"土司的统治基础虽已动摇，但其在群众中的传统影响还深，遮放土司多英培还保存有秘密武器，严重地威胁着群众。他们与国外敌特的关系也颇复杂，对我们仍有戒备，对我积极分子公开或暗地进行威胁和恐吓（过年以来遮放和陇川有两个积极分子被杀）。

这类地区的傣族和山区景颇族的关系比较复杂，部分傣族寨子还向景颇族山官交纳保头税，还有一些寨子，是受景颇族山官所管辖，两个民族之间还存在着历史上的土地纠纷和争执。这些地区都与缅甸接壤，并有16个乡在国界线上呈交错状态（这类地区共有29个傣族乡），与国外发生土地上的租佃关系，而且还有些是过界田。国外亦为傣族，和我境内的傣族关系密切，国外敌特的活动，均直接威胁着群众。经过我们几年来的工作和去年的反官租斗争，农村中涌现了一些积极分子，成立了联防武装，并培养了脱离生产的一些民族干部，成为我们的依靠力量，同时在大部分的乡建立了乡政权。但除瑞丽部分地区的工作基础较好外，我们在这些地区的工作基础薄弱，积极分子的数量太少，觉悟也差，联防队中还有不纯现象，多数的乡政权尚未起到基层革命政权的作用。

第二类：包括莲山、盈江、梁河、盏西区及潞西区的芒市坝，共有傣族88000余人、汉族45000余人及阿昌族7800余人，分属思鸿升、刀京版、龚绶及方化龙4个土司管辖。

这类地区与内地汉族地区接壤，受汉族社会影响较大，汉族地主经济侵入较早，土司领主的统治已有变化，作为土司领主经济基础——领主土地所有制已发生动摇，土地可以自由典当、抵押和出租，甚至可以买卖，但大部是傣族卖给汉族，傣族内部的土地买卖还很少。农村阶级分化已较显著，汉族地主通过商业和高利贷的剥削集中了相当数量的土地，傣族内部也产生了一些地主、富农，但傣族地主在户口和占有的土地上远不如汉族地主的多。据梁河县萝卜坝3个乡的统计：有汉族地主28户，占总户数的2.1%；占有土地409.3箩种，占总耕地的12%。傣族地主3户，占总户口的2%；占有土地104.7箩种，占总耕地的3%。富农经济主要是发生在傣族中，在汉族地主侵入的地区富农经济也很微弱，但在汉族地主很少或没有的地方，傣族中的富农经济较发达。据芒市坝法帕、遮相两个乡的调查，约占户口5%的富农占有20%左右的土地，这些富农主要是通过高利贷抵进土地。

这里的领主集团不仅以官租、杂派、劳役等剥削农民，并直接参与地租剥削，占有大量私田和私庄。莲山、盈江、梁河、潞西、盏西的土司属官，所出租私庄田即达5000箩种左右（约合2万亩）。在土司领主和地主的剥削下，很多农民被迫出卖或抵出了自己的份地，变成了无田户。解放以来，在团结生产的口号下虽已解决了少部分无田农民的土地，但仍有占户口10%到25%的无田农民，个别的乡则达30%，他们受着雇佣和地租的剥削。

1954年反官租以后，解除了农民对土司的各种负担，基本上摧毁了土司领主制度，但亦因我们对反官租斗争没有主动加以领导，也还没有宣布土地归农民所有，仍还影响着农民的生产积极性。无田和少田的农民积极要求分配土司领主出租的私庄田和地主的土地，特别是自去年下半年宣布酝酿土地调整以后，贫雇农民的要求更加激烈，上层和地主盼望早日过关，中农也是表现不安，此种情况如长此下去，对我极为不利，只要条件大体具备，早改比晚改好。这类地区大部分都靠近内地，社会秩序基本安定，绝大部分乡已建立了基层政权，联防武装或民兵组织亦已普遍建立，每乡都有一定数量的积极分子，芒市已建立了3个党的农村支部，几年来并已培养了700余名本地民族干部。民族上层经过我们团结教育和交代政策，对党的政策已有了一些认识，他们对实行改革，思想上也有了准备。上述条件，各地在程度上虽有不同，估计不能过高，但只要在改革中领导正确，经过试点，取得经验，并采取审慎的态度，便不致发生大的乱子。

二、改革的目的、要求和政策界限

根据上述两类地区的不同情况，对改革的目的和要求提出如下意见：

第一类地区：鉴于此类地区傣族农民内部阶级分化不明显，与山上的景颇族关系复杂，地处国界，考虑可不提出调整土地的口号，只提解决废除官租的遗留问题。经过与民族上层协商谈判，公开宣布土地为农民所有，并将土司、属官的大量私田和寨公田（除佛寺田、菩少菩冒田外）分给无田少田的农民所有，以解决一部分无田少田农民的土地要求（约解决1000户，占这类地区无田户的50%）。对富农和小地主一律不动。通过宣布土地归农民所有这一历史性的变革，对农民进行教育和思想发动，在发动群众的基础上，建立和改造基层政权，逐步达到民族化，同时巩固和提高联防武装的组织。至于在部分地区一时还不能解决土地的无田农民，因不提调整土地而可能引起的情绪低落或不满，必须对他们进行耐心的解释教育，向他们说明，通过政府的帮助，组织生产，开垦荒地（据了解这类地区都有许多荒田可开），他们的困难是可以解决的。

第二类地区：根据这类地区的情况和群众的要求，在调整土地的口号下，没收土司领主集团出租的大量私田及地主的土地，分配给无田少田的农民，并废除土司领主集团和地主放出的债务，同时解决废除官租的遗留问题，公开宣布土地归农民所有，确立农民的土地所有权。在地主很少、富农突出的个别地区（10余个乡），为了解决无田少田农民的土地要求，可征收富农出租土地和高利贷抵进的土地，但须经过地委批准。在发动群众的基础上，进一步改造农村基层政权，基本实现民族化，提高和巩固联防武装，并在有条件的地区发展党员，建立农村党的组织。

上述两类地区在具体要求上虽有所不同，但实际上都可达到废除领主和地主的封建剥削的土地制度，基本完成反封建革命的任务。

…………

政策界限：

1. 在改革期间对土司、属官及晀头以上的头人，本长期团结合作的政策，一律保护过关，不算旧账，并对他们进行适当的安置，过去安置不当的须予适当解决。在第一类地区对晀头一级头人的问题，包括土地及政治上的处理，待研究后再决定。

…………

5. 在第二类地区征收富农出租的土地和高利贷抵进的土地时，应留给相当于当地中农的一份土地。在这些地区，划富农阶级的时候，应适当地规定控制数字，并比内地稍宽的精神，有意识地放过一些小富农，这样做对稳定中农情绪有很大的作用。

…………

11. 在第一类地区不划阶级，第二类地区只划地主不划富农，在个别地区经上级批准需要动富农出租和抵进的土地才划富农，农民内部一律不划阶级。土司、属官仍称土司、属官，但内部掌握上则应按其阶级成分待遇，属官中出租小量土地不超过当地农民平均土地的200%者，照小土地出租者待遇。如何划分农村阶级，必须首先在干部、积极分子中明确交代，使其心中有数，以便掌握政策。

…………

三、方法

…………

4. 在改革的时间上，鉴于过去已有所准备，并可在今年生产空隙中继续进行一些必要的准备，今年秋收即可着手进行，明春完成。在上述两类地区，现在均可进行试点工作。

…………

上述意见在经过试点以后，可能还有若干补充和改变，尤其对山林、债务、抵押田及第一类地区对晀头的薪俸田、霸占田的处理，还需进一步调查研究，规定具体的政策。

…………

保山地委

1955年3月30日

摘自州委档案材料（1955年29号）

1960年10月

关于傣族和山区汉族暂不实行土改及山区景颇族不土改的工作意见

中国共产党陇川县工作委员会报告，第30号

主送机关：报地委、德宏工委，发区工委、各工作组

抄送机关：抄报省边委，发各党支部、县委各部委

中共陇川县工委秘书处

1955年8月9日

关于傣族和山区汉族暂不实行土改及山区景颇族不土改的工作意见

一、7个傣族乡暂不实行土改的工作

（一）坝区7个乡，章凤、户弄、广等、拉猛、垒撒、弄贯、景坎暂不改革估计可能出现的问题：

1. 国内外敌人的大肆破坏：阶级敌人和残匪勾结，特别是靠国界边上的地区，弄贯、拉猛、垒撒，公开的残匪可能借此阶级斗争紧张之机、上层恐怕之时，进行公开的扰乱，暗藏的敌人和地富阶级阴谋的破坏活动。

2. 上层震动恐慌：上层看到其他地区和平协商调整土地，不明政策、不摸底、真实情况不知道，加上考虑本身利益，发生慌乱，不安心生产，甚至逃跑。另一方面又可能先下手利用民族感情、用金钱收买、假分土地及其他手段软化群众斗争意志，把矛盾转移方向。

3. 基本群众的自发性斗争可能出现：群众看到其他地区在土地调整，特别是贫雇农，看到其他乡改革、本寨不进行，不知道将来是否调整，在未明确暂不调整之前，必会引起自发性的轰动起来向地主、富农甚至中农分田、分地、算老账，甚至斗争。群众自发性地起来没有坚强的领导、没有组织，政策界限又不明确，必会打败仗，使人心惶惶，不能安心生产，或出其他意外事件。

4. 干部新的急躁情绪：看到其他乡轰轰烈烈地进行土改，眼红耐不住，工作中产生新的急躁情绪，对群众烧底火，侧面激发，对上层态度不正常，甚至不做统战工作，还可能

错误地认识在土改中或土改后不要统战了，这时上层恰是顾虑最大最多时候，而我们又忽视上层工作，结果问题就出在这里。

5.对坝区杂居的其他民族的震动，特别是下坝生产的景颇族，对土改发生错觉，再加上敌人造谣、挑拨影响，考虑到本民族内部的田少，想分傣族的田，发生新的民族纠纷。

以上估计出现的5个问题，是我们每一个同志都应明确考虑的，否则会事临面前惊慌失策，出一些问题，再做善后工作就被动了。

二、根据以上情况，安排我们当前应做的几项工作

目的：配合改革地区，支援改革地区，使改革工作顺利进行，达到暂不改革地区各阶层安心生产，以利我们集中全力，积极发动群众，创造改革条件，为今后改革打下良好基础。

1.统一思想认识、统一力量，加强对国内外敌人的斗争：3个乡的改革，敌人决不会袖手旁观，一定会千方百计地破坏，扰乱人心，暗藏的反革命分子也必然会制造谣言，进行阴谋活动，阻碍我们改革区工作，为此必须提高警惕，对公开的残匪以军事为主，发现即坚决进行打击，对谣言及时揭发，在追谣时特别注意方式，对反革命分子的破坏，和上层的不满情绪应明确分开，在有联防队地区要加强对联防教育，提高警惕，保护人民在秋收时要严防烧谷堆。对公开敌人的活动主要要掌握好情况，与当地部队保持密切联系，一切要处于主动地位。

2.加强统战工作，对主要的一些上层估计可能出现的问题，事先要有底，进行排除，把主要上层的思想顾虑、怕什么、想什么、要什么要知道，特别是靠国界边的更应该掌握情况。区里要定期召开会议，进行教育，要求10天到15天召开1次。工作组应经常注意，根据思想变化，对症下药，一针见血，并及时向区里反映，使区教育时有底，区上还可以通过这些上层人物，做其他上层的工作。教育内容：

第一为什么要调整土地，特别是强调调整土地的正义性和必要性，肯定不调整就不能过渡到社会主义，并针对其思想顾虑，结合揭发谣言、怕什么解释什么。

第二政策教育，特别强调调整土地政策，只调整土地、废除领主、地主的特权，其他财产一律不动，在调整土地时还保留给与农民同样的一份土地，并先留后分，讲明调整土地后生活一样有出路，在目前看表面上吃了点亏，分出去了一点土地，但使绝大多数农民有土地耕种，国家又一天天发展、建设，这些大的方面我们都是有利的，到社会主义我们每一个人生活都会改善，这是大利益，目前利益和长远利益相结合。

第三前途教育，特别强调以苏联为首的和平民主阵营力量日益强大，以美帝国主义为首的反动阵营日益孤立，教育时仍采取由国内到国外、由远到近，对亚非会议、中缅两国关系、五项原则再进一步宣传，目的让其知道形势，不听信谣言。

3.发动群众，提高骨干和积极分子，特别对薄弱寨的工作应加强，工作组要抽出一定力量、一定时间照顾，认真培养出一批积极分子；对群众要普遍进行一次教育，说明现在不调整土地是团结还不够，要积极创造条件，对现有的积极分子进行一下排队，究竟这些人觉悟程度如何，在我们心中有底，把一批好的提高为骨干，另外在群众中选一批积极分子的后备力量，有目的有计划地教育提高，逐渐成为积极分子，连现有要求明春骨干和积极分子占成年人口的7%至10%。对现有积极分子进行一次教育，说明暂时不调整土地的原因，不致发生错觉，着重指出我们的力量还少、腰还软，今后多串连一条心的人，通过教育，促进创造改革的条件。

到年底拟集中分批训练300人到350人，每乡平均送40人到50人，培养训练。

培养积极分子的条件：

（1）成分好：主要指雇贫农，一部分中农是劳动人民。

（2）历史清楚：一般要了解过去做过些什么，没有重大问题。

（3）工作积极：我在农村的工作一般能积极参加带头响应。

（4）联系群众好：能和群众打成一片，在群众中不孤立，反映群众的一些要求。

骨干标准除一、二条相同于积极分子外，另外达到：

（1）觉悟高，要求有反封建的觉悟。

（2）能掌握和执行政策。

（3）联系群众并能带领群众前进。

培养积极分子的方法：

（1）工作组发现提高，有目的的选出一批名单教育，有重点的带徒弟，给他一定的工作锻炼。

（2）利用现有积极分子和骨干力量大串连、初步了解，由工作组教育，让他给我们反映一些情况，在反映情况里逐渐澄清，也就是进一步审查。

（3）开训练班集体训练，由各乡选送，训练结束后回各乡继续提高，使其逐渐提高为骨干。

通过3种方法，目的达到要提高他们的政治觉悟和阶级觉悟，知道政策、策略，如何团结一条心的人，和可能团结的人，这是我们加强薄弱寨工作、创造改革条件不可缺少的力量。

4.领导生产防止灾害，完成增产任务。我们在以上各项工作的基础上不要忘记中心工作是生产，我们干部防止了新的急躁情绪，如偏重于其他方面，放松了生产是不好的。我们要看到生产是广大各阶层人民的目前利益，生产的好坏，就关系着群众生活的好坏，因此偏重于任何一面都是不全面的。我们要普遍号召安心生产，防止灾害，对河堤要随时检查，对受灾的要及时挽救，在秋收时减少抛撒，增加农民收入。

5.围绕生产搞好社会调查工作。我们在领导生产的同时，在现有的基础上，证实材料，从每户每寨着手，要求年底将社会经济情况基本搞结束，为下一步调整土地做好准备。在调查方式上不能因其他地区实行土改就不讲方式，仍要强调慎重，以免出问题。

三、景颇族区不实行土改和汉族暂不实行土改地区的工作

（一）坝区改革对山区影响可能出现的问题：

1. 敌人造谣破坏，特别是景颇族地区的基督教、汉族地区的一贯道，在坝区改革时必然大肆活动，一方面发展其势力，另一方面进行造谣“先搞坝区后搞山区”“先傣族后景颇”等等，扰乱人心，混淆山区与坝区的政策，使山区空气趋于紧张，挑拨对政府的不满，挑拨民族关系等等，以便（造成）道徒与国外来来往往外搬现象。

2. 与坝区租佃关系问题和下坝分田，山区景颇族、汉族原来与坝区傣族有些租佃关系，特别是清平乡应特别注意此项工作，可能会借此翻老账。过去景颇族典死或卖死在坝区的田地，现在硬要拿回去，或者汉族地富的因在坝区，现在不敢出面，暗中指示景颇族说成是他的，下坝来要。另外山区水田少，很可能有一部分人，特别是景颇族下坝要求分田。

3. 对山官的震动，对汉族中农以上成分的影响：景颇族山官考虑到本地区是否像坝区要实行土改，对坝区和汉族地区的“保头”是否因此会收不到，以后生活如何解决，汉族同样考虑什么时间改、如何改，对财产、债务如何处理，可能出现分散财产，有政治问题者还可能发生外逃。

4. 坝区上层由于抵触，利用收买景颇族“拉事”，趁改革紧张之时偷牛盗马，严重的或暗杀我积极分子等，引起新的民族纠纷。

5. 山区群众看到坝区土改，也积极想分田分地，向我工作组要求，或自己轰起来向山官分田、废债、不做官工等，引起内部阶级紧张。

（二）根据上述情况，解决意见和应做的几项工作：

目的：以团结生产为主，继续贯彻6项生产政策，发展生产，说服不下坝分田，动员就地发展经济作物和农作物，争取完成（增产）7%的任务，配合坝区改革工作。

1. 景颇族地区应深入细致地进一步贯彻今年3月地委指示的6项生产政策，宣传景颇族地区不实行土地改革，与坝区不同的过渡道路，对山官的“保头”政府不加禁止；在不影响生产的情况下，召开各种类型会议，交代政策，安定他们的思想，安心生产；对谣言及时揭发，对一些教徒要教育祖国的伟大可爱，宗教信仰自由；揭发谣言时要讲方式有策略。

2. 县委准备召开主要山官会议，交代政策，让其摸底、了解情况，减少其不必要的顾虑，正义的同情和支持坝区土改工作、翻身大事；在山区要带头团结生产。

3. 我们干部的认识：必须扭转认为坝区轰轰烈烈地搞土改工作，下坝参加能锻炼提高，工作起劲，山区团结生产，无声无息，今天团结、明天生产，平淡老一套等松劲思

想；要认真抓好合作社、互助组，作出总结，县委拟在10月份前后做一次专门研究，现在要注意带动面上生产，必须指出目前合作社、有的互助组生产已落于群众之后，失去先进带头的意义。防止灾害、虫害、兽害，减少抛撒，增加收入，摸索直接过渡的经验，山区干部要在这一战线上努力。

4. 发展经济作物。根据我县的自然条件，土壤气候属于亚热带地区，宜发展经济作物，有的乡群众原来已有经验、习惯，是具备了我们发展的条件。当前应抓好调查工作，能生紫梗的树木有多少，在10月前后放虫，向群众找经验，对咖啡、茶叶、木棉等，做好移植后的保护和育苗保苗工作，对现有要加以保护，动员群众除草，防止牲畜糟蹋，防止坏人破坏、偷盗，主要的是做好思想教育工作，要求各乡要摸出点经验，具体帮助群众。

5. 做好种小春的宣传工作。对种小春是逐步代替大烟最好的办法之一，去年王子树的情况证明，不但抵制了群众种植大烟，对群众收入也不减少，最主要的仍是思想工作、技术上的指导。现在各乡回去要普遍进行宣传，特别是种大烟多的乡，要反复说明种大烟的毒害，缺粮又不能抵吃，也不是一个长期的办法，改种小春既合法，又能吃，只要经营管理好，收入并不比大烟少。要求我们反复地做好艰苦的思想工作，目前一面宣传，一面即统计籽种，到种植、收割时工作组要深入田间，具体指导。

6. 汉族地区除注意上述问题、完成上述任务外，在搞好生产的同时，对汉族地区的社会情况，在原有基础上应做一次全面调查，看看究竟有无土改的内容，提出意见。如不必要实行土改，报地委批准即正式宣布，安心转入生产；如有土改内容，我们再作考虑。

7. 关于培养、提高骨干、积极分子，具体要求不能放松，现有的要提高，准备再提拔一批脱产干部，并积极地发现新生力量，这是经常的工作，不能忽视这一环。

以上我们的工作是根据地委的指示和我县的实际情况而讨论出来的。我们估计可能出现的问题，关键还在于我们土改干部只要能正确地执行和平协商的各项政策，有些问题是可以避免的。再加上我们山区干部和暂不土改区的干部积极地做好一切工作，宣传好政策，打破各阶层的顾虑，不但能完成生产任务，而且也能为明春的土改创造好条件，当前可能出现的问题也会避免的。要求我们全县干部积极做好一切工作，正确地执行好政策，就可避免出意外的问题。要求同志小心谨慎，做一件工作、说一句话都应考虑全面工作，在任何时候都要保持头脑清醒，不断地检查克服超政策的不良行为，和违法乱纪的坏人作无情的斗争，维护党和人民的利益。

以上不当之处，请地委、德宏工委指示。

中共陇川工委

1955年8月4日

（潞西县）关于二期土改第一阶段的工作小结
——29—30日召开组长会议（遮放未参加）的小结
《土改参考资料》第12期
潞西县第二期土地改革办公室编印
1955年9月6日

（潞西县）关于二期土改第一阶段的工作小结

——29—30日召开组长会议（遮放未参加）的小结

二期土改特点：大部地区是边沿，寨子分散，工作基础极不平衡，群众与积极分子觉悟低，且积极分子不纯。但由于试点影响，广大群众情绪高，说“现在雷也打，雨也下”。不愿当农民代表的是极个别的，一般选着当代表觉得光荣，有的报名当代表。而上层，试点起了相当的稳定作用。大势所趋，不改不行，成为事实，因此一部分主动向干部和群众做检讨，承认在领主制度下所做坏事对不起群众，请求宽大，并表态今后决心改正。但也确实摸着改革之底，比一期气焰较为嚣张、花样多，也狡猾。具体表现：分散土地、软化收买，到处打听消息钻空子，制造宗派、挑拨离间，装病不来开会、偷开小会，主动提出辞职，早早下地劳动、白天儿子看门、大人上山放牛，转移斗争锋芒、缓和群众斗争情绪，造谣，甚至公开威胁群众、打击积极分子，喝鸡血酒，偷割电线等破坏活动，企图多保留其经济利益和政治地位。一般表现恐慌，怕划为地主或富农，有的明知是被划为地主或富农，怕二期土改斗争，最怕土改后在群众中孤立，因此觉得土改关也难过，顾虑很多。如有的说：“小路走不通，大路也不好走。”“农民小组不得参加，开会没人来叫。”“做活找不到人，帮工又没人要，真难过。”

从8月20日到28日，9天时间，各乡通过召开各种类型会，每乡都召开了两次上层会，区上又召开260人的人代会、佛爷会等，广泛交代政策，基本上稳定了各阶层的思想情绪。

各乡第一次农代会，芒市有8个乡开得不错，有一个乡开得不好，原因主要是代表选得不好，交代政策太多，不是重点讨论，解决主要突出问题，代表思想掌握不住，领导会议启发动员很差，不是先生讲学生听，就是代表讨论自流，干部埋头笔记，所以代表的顾虑和某些不合乎政策的过高要求没有解决好。开得好的：

（1）开始选代表慎重，通过扎根串连，结合审查原有的积极分子，事先研究酝酿和发动群众做到了心中有数，大会提名通过。

（2）会议中心明确，始终贯穿着从思想上发动群众，较全面系统地揭发封建领主制度的罪恶。方法：回忆对比大会控诉，会上都有哭的人，激发了群众的阶级仇恨心，找到了穷根子。在逐步提高群众阶级觉悟的基础上，全面交代政策，重点地深入讨论，政策上突出地解决了想动富农和中农的田、不分阶级地抽抵押田和单纯分土地的经济观点3个问题，逐步地解决了代表们的思想、顾虑和要求。

（3）每乡都是当地民族干部讲，其中7个乡是农民出身的民族干部来讲，联系他亲身所受的苦，启发性更大。代表反映："句句话都是说在我们心坎上。"因此情绪高，劲头大。会后组织了代表小组，回村分头串连发动。代表回村后起积极作用的有60%，起一般作用的有20%左右，不起作用的15%（主要是与上层有家族或亲戚关系较密切的，和一些布冒布少）。村寨集中的乡有90%的户串连到，一般的串连工作做得比较好，依靠代表小组工作也抓得较紧；村寨分散、面积大的乡串连到60%以上的户，一般说普遍地在不同程度上都受到了教育。从点上来看，骨干、积极分子占总人口的4%。

代表会后4天的工作，从点上看，组织起来群众占总人口的30%，一般在15%左右，但还有些乡寨没有组织，赶不上运动的发展。

这段工作的缺点：

一、宣传政策，不够细致，具体根据不同的对象，对症下药的不够，一般化不深入。如有的讲政策与制定政策意义不结合；有的把交代政策与阶级教育分开孤立讲解；有的交代政策强调政策的群众性与阶级性很差；有的密切结合当时当地群众的思想与实际、启发群众引起讨论、逐步贯彻不紧密。充分发挥政策威力，去发动群众做得差，表现有的贪污政策，有的缺乏与群众商量。这就大大阻碍群众运动深入一步地向前推进，群众的各种思想顾虑和要求不能得到即时的消除和解决。如贫雇农有的不相信自己的力量，害怕上层，不懂得团结中农。骨干、积极分子不懂分化上层，当家人觉悟不高，说："出去要少说些话，不要得罪人。"思想就有所动摇。中农怕分自己的田，富裕的怕划成富农，表现消极。佃农怕今年的谷子也被分去，认为土改是分自己的田，情绪不高。去年新得田户也怕分出，如有的认为土改是分领主、地主的田，这些田都是他们种的，去年分得今年没收，非常顾虑，甚至表现不满。

二、访贫问苦、扎根串连与组织群众必须密切地结合做得很不够。一般的是访贫问苦、扎根串连的多，而组织工作赶不上，将扎根串连与组织群众孤立地进行。有的串连成为串门子，结果串了一个丢一个。干部对串连的过程就是发动群众的过程，也是组织群众的过程，认识不明确。串连一批，组织一批，巩固一批；扩大一层，教育一层，巩固一层，充分发挥组织力量不够。有的干部在组织起来之前把一切工作做好，而不认为组织起来正是为了更好地发动群众、教育群众。特别是对访贫问苦、扎根串连，审查了解和发现新的积极分子，正如同从思想上发动群众一样，始终贯彻到土改的全部过程中认识不足，因而不少乡寨组织群众缓慢，甚至有的群众要求参加农民小组，干部说："还没有去你家串连过，等等吧！"有的组织了农民小组，不敢选组长，怕选上不称职等，不相信群众的观点；因此，组织工作远赶不上运动的发展和群众的要求。

三、对骨干、积极分子的培养工作做得差，一般地对原有的做了初步的审查了解，也发现一批新的积极分子；但因为阶级观点不够明确，对积极分子缺乏从本质上分析认识，不分析是思想作风、历史问题还是具体的家庭生产与生活困难问题，是我工作上的问题还是本人问题分不清。因此，有的寨子对原有积极分子，有的成分好、历史好但觉悟不高，对我处理某件事或对某一干部不满而消极或表现自满，作风有的生硬等思想作风问题，不去耐心教育提高觉悟，而采取一脚踢开的错误办法；而有的寨子，是不加审查了解，全部用起，致有个别不纯分子未及时丢开。更多的是包办代替，要乡村干部与积极分子给工作队汇报工作，然后布置一台，而不是启发诱导和他们商量研究，具体地耐心地帮助给出主意想办法；总结他们的经验那就更差了。将工作队的位置摆在乡农民委员会之上，而不是在乡农民委员会领导下进行工作，这就对发挥乡村干部的积极作用受到限制，大大阻碍了培养与逐步锻炼他们单独作战的能力。这一现象不早克服，对树立贫雇农领导核心，形成以贫雇农为主的领导集团，培养干部是极端有害的。

上述原因，是由于干部工作不深入，相信群众、依靠群众的观念模糊，随时分析具体研究发动群众和上层的情况，及时提出解决办法差，存在有盲目自满情绪，一种是搞过改革的，另一种是看到农代会开得不错。根据以上情况，提出今后几点意见：

二期土改，要求比第一期做得踏实些，思想发动群众要充分深刻，落后层与落后寨要大大缩小，对贫雇农的领导核心培养要坚强。全面地做好统战工作，大力分化稳定上层。这就要努力学习试点的经验，但应注意不结合具体时间、地点、条件，而生硬地搬经验。

（一）壮大农民队伍，将农民组织起来，发挥组织作用，进一步做好深入串连和思想发动。不把群众串连起来、组织起来，便形不成力量。把访苦串连与组织农民小组紧紧结合，访苦串连不仅在运动初期需要，直到运动终了都需要，因为它是发动群众、组织群众的基本方法。现在是对群众已组织起来的寨子，加强对农民小组的领导，运用小组作用，进行摸底排队，串连未发动起来的农民，扩大发动面。对那些还没有组织农民小组或组织起来很少的寨子，迅速将已经串连起来的农民组织起来。紧密结合群众的思想顾虑，将交代政策与阶级教育紧紧结合，运用政策去发动群众。在这一基础上，把他们组织起来，同时要讲明组织农民小组的意义和它的任务，凡是农民，只要他有觉悟要求就可以参加。组织农民小组既要注意民族传统的习惯，把小布少、小布冒、比朗和老年或他们的长辈，分别召开类型会，但要在农民小组反复讨论，发动妇女和布冒、布少的重要意义和作用，让他们回去开家庭会，教育青年，并打破男子对发动妇女特别是发动比朗的各种不正确认识，贯彻男女一齐发动，全家一齐发动；根据风平的经验是行之有效的。特别注意加强对贫雇农团结中农教育，发动中农的重要意义和做法，把广大中农阶层发动起来，组织起来。

（二）继续坚持具体深入细致地从思想上发动群众。从思想上发动群众并不是很容易的，因此要随时分析研究各阶层的各种不同的思想情况，具体地细致地结合思想与实际，交代政策，不断地提高他们对封建领主制度的阶级仇恨，打破顾虑，使他们认清大势和自己的力量，敢于起来行动，方法上必须是启发引导、回忆对比，使他们根据自己的经验去体会，并逐步提高觉悟。诉苦是必要的，但只是初步的思想发动，必须反复地进行阶级教育和政策教育与农民阶级路线的教育，要做完一步，检查一步，开完一个会，总结一个会，从检查中发现问题，从总结中提高领导，力求踏实深入。

（三）坚决依靠贫雇农，确实树立贫雇农的领导核心，认真地培养干部，是运动取得胜利的基本关键。要充分运用乡农代会，发挥乡农民委员会的领导作用，抓紧骨干、耐心帮助、具体布置、放手使用、及时汇报。把工作队放在乡农民委员会之中，是帮助乡村干部，工作队要向乡农民委员会汇报工作，帮助分析研究问题，给出主意想办法，让他们出头露面，在群众中树立威信，以及早注意培养锻炼他们的单独作战和领导能力。克服干部包办代替，但绝不是放任自流、不管的态度。布置工作，不仅有要求、目的，同时要有方法，并注意解决他们的切身困难。

（四）全面做好统战工作，不仅在每一步、每一个大的会议，事前打招呼、事中解释、事后教育提高，始终贯彻协商政策，做他当家人的工作；而且要做他们家庭妇女、青年、老年人的工作，采取逐步分化的。对那些农民成分的头人，随着运动的深入，农民小组领导坚强，逐渐吸收他们家庭的人及其本人参加农民小组，达到分化、稳定绝大多数、孤立极少数的顽固分子，并注意做好佛爷的工作。

（五）领导干部，力求兢兢业业、慎重踏实、深入下去、发现问题、具体帮助、及时解决，坚决克服漂浮的工作作风，强调领导步步做出样子，点面结合，逐步推开。加强对干部的政治思想领导，严格组织生活，开展批评与自我批评，随时警惕自满情绪产生和包办代替作风的克服，和那些工作不深入、闹个人主义的人作斗争。

（潞西县遮放区）戛中乡土改工作总结

戛中乡土改工作组

1955年10月

（潞西县遮放区）戛中乡土改工作总结

一、戛中乡概况及原有工作基础

戛中乡位于遮放坝下段，瑞丽江的左岸，后有户拉乡，右邻弄坎乡，前面紧接畹町镇，面邻外国。该乡是遮放区最小的又最前列的一个乡，其中有5个寨子就分布在紧接缅甸的国境线上，和缅甸的关系较为密切，尤其是土地关系更为错综复杂。由于该乡位处祖国边境，而面邻又是社会制度不同的国家，特务、土匪经常造谣破坏，再加上群众的政治觉悟不高，群众的变天思想较为严重，以及原来的工作基础薄弱，因此给我们在开展工作中带来了重重的困难。

该乡共12个寨子。寨子不大，又因分散，两头相距离三四十里，居住着傣族、景颇族、崩竜族3个民族。全乡共265户，其中地主1户，占总户口的0.38%；小土地出租2户，占总户口的0.74%；中农95户，占总户口的36.7%；贫农115户，占总户口的43.4%；佃中农1户，占总户口的0.38%；佃贫农1户，占总户口的0.38%；雇农50户，占总户口的18.9%。共计人口1337人，其中男669人、女668人。

该乡在完整的封建领主制度统治之下，广大人民群众受封建迷信的影响较深。傣族人民生长、劳动在这块土地上，而自己并没有这块土地的所有权，全部土地都为领主个人所有，每年向农民勒索在这块土地上长出来的稻谷官租为3875箩，占全部农民全年收入的30%以上。而傣族人民在官租负担或各种苛捐杂派种种压迫下散失了自己的家园，不少的家庭变成了封建领主制度的牺牲品。因该乡封建领主制度比较完整，土地大部分集中在占全乡总户口36.7%的中农手里，而土地占全乡总土地面积的59.5%，地主、富农尚未较多地形成，土地也尚不集中。全乡共耕种水田为912.6箩种（内有外乡地主田0.75箩种、寨公田26.9箩种、薪俸田44.8箩种），地主占有薪俸田17箩种，占全乡总耕田面积的1.1%；中农占有水田为533.75箩种，占全乡总耕田面积的59.5%；小土地出租占有水田169.90箩种，占全乡总耕田面积的1.9%；贫农占有水田312.1箩种，占全乡总耕田面积的36%；佃中农占有水田0.9箩种，占全乡总耕田面积的0.04%；佃贫农占有水田21箩种，占全乡总耕田面积的0.28%。

该乡共有头人8个（其中包括伙头5人、老倖2人、代管1人），分布在8个寨子。由于地处边远，领主对该地区的统治大部分放在头人身上，因此部分农村头人就代替了小领主，作恶较深，群众意见大，因此根据该乡的特点，在改革中必须稳，斗争目标要集中。但由于该乡在改革前工作基础差，全乡大体可分为以下3种类型。

第一，蛮捧寨、蛮令、蛮厂、来门、广允5个寨，地处国境线上，面邻外国，和缅甸关系较为密切，你去我来从未断绝，情况较为特殊，尤其是土地关系较为错综复杂。蛮令、蛮捧两寨共佃耕缅甸水田127.5箩种，加上群众基础差，上层顽固嚣张，敌人随时造谣破坏、煽动群众，致使部分群众思想恐惧，对党和政府顾虑，变天思想严重，而在分配工作中缺乏分配内容。

第二，回黄寨情况与蛮捧点相似，工作基础差，虽有骨干3人、积极分子5人，也有联防武装组织，但因数量少、质量差，又因宗教迷信的传统影响为深，全寨有70%以上的人信左抵教。人民生活大部分是靠山吃饭（全寨只有水田48.9箩种，而旱地耕种有1585箩种），在改革中缺乏经济内容分配。

第三，蛮蚌、怕鸾、戞中、广拉等6个寨有一定的群众工作基础，共有骨干8人、积极分子25人，也有联防武装组织，上层压力不大，基本靠我，在改革中有一定的分配内容。

（补足：蛮捧点有骨干3人、积极分子8人，也有联防武装）

二、运动的基本情况

戞中乡改革是在潞西县第二批改革范围区内，有一个小乡工作队，8月20日开始，10月20日结束，共两个月的时间。整个运动的过程共分5个步骤。

第一步：宣传教育阶段，共8天时间。

当时各阶层对改革的态度：戞中乡各阶层由于受其他改革试点乡的影响，加上戞中土地不是十分集中，所以对改革一般是要求迫切的，希望能和其他乡一样推翻封建领主制度对戞中人民的压迫，及改变土地为农民所有而满足农民的土地要求。但由于对政策的总体内容不够明确，加上坏分子的造谣及原来的宗教迷信，也使各阶层群众在思想上有所不同程度的顾虑和误解。

1.贫雇农民（包括骨干及积极分子）看到和听到土改工作队已进寨子，感到心中大喜，连已垮台的骨干也重新站起来了。如蛮捧哏爽说："不改不得了，要早点改，改迟了就晚到社会主义。"但由于对政策的目的、内容及具体政策认识不足，所以骨干、积极分子产生了单纯地从经济出发，因而有的说："我们寨分田分谁的？改革是别寨的事。"情绪不高。对土地是有要求的，但不懂谁来改革，因而就产生了依赖思想。如戛中小三说："如果政府分给土地就要了。"也有的说："土地是人家的，分给不分给在人家。"

2. 一般中农由于改革政策没有充分地交代下去，不懂政策，所以就产生了怕打乱平分1家1箩和究竟分谁的田的思想顾虑。如蛮蚌寨瓦相（中农）说："分田时是不是分田多的？如果哪个不怕死，就来分我的田。"又如蛮捧中农布来庄说："哪个要来分我的田，我就要跑到缅甸去。"而且晚上行动也背上了大长刀。

3. 农村头人及地主由于试点改革的结束及对上层的政策，一般看到大势所趋，人心所向，不改不得，所以表面上看来是赞成改革。如戛中伙头说："大家都改了，只有我们一两个乡不有改咋个行？"而且说："共产党领导要大家有吃，大家过好日子，所以不改不行。有的又太多了。"又如地主瓦混说："现在改革我喜欢，不改不好。"但从他的本质上和他们的具体利益上以及过去的作恶来讲，再加上对政策不明，因此还是存在不少的顾虑和误解，如怕分薪俸田、怕斗争、怕算剥削账等。如回黄伙头见到干部就痛哭流涕地说："过去我们剥削是因为大家来借，不借又不得。"又如蛮捧老倅说："我过去是有压迫，但要我赔是赔不了。"地主瓦混说："我听到要'消灭'二字我就怕。"但有个别的，因对领主忠诚而过去作恶多端，加上本寨群众不有起来，所以气焰很高，十分嚣张。如作恶多端的蛮蚌伙头说："我当伙头不有压迫人，人家说我压迫是骗我。"又如怕鸾老倅说："我有钱是我命好。"等等。

根据以上种种情况，各寨分头召开骨干、积极分子会议、群众集会、老人会、妇女会，并召开了乡的农民代表会，对上层个别地做了工作。在会上宣传了政策及改革的正义性和必要性，通过各种会议使政策和各阶层见面，并基本上做到家喻户晓和达到安定了各方面，稳定了上层。通过一段工作，也发现了新的骨干、积极分子对象，并初步地掌握了情况，基本上解除了各个阶层的思想顾虑。在没有分配内容寨的单纯经济观点，也初步得到解决。并初步发动了群众，为第二步工作创造了条件。

第二步工作是在上层基本稳定，政策已和群众见面，情况有了了解和初步发动了群众的基础上进行的。

第二步工作主要是用进一步交代政策、扎根串连、算剥削账的办法，并有领导有控制地全面地揭发控诉封建领主制度的罪恶，划清农民与领主、地主的阶级界限，提高阶级觉悟，扩大农民队伍，通过审查原有的骨干和积极分子，树立贫雇农的领导核心。

1. 在原有骨干、积极分子的基础上进行通过审查，并通过审查扎下根子。全乡原有骨干20人、积极分子33人，经过审查后有骨干17人、积极分子36人，并在头人那里扎下了根子。他们开始串连，组织农民小组，在组织农民小组时贯彻试点经验，及发动一批、串连一批、组织一批、巩固一批的方针。

2.串连组织的方法是通过培养典型，有组织有控制有领导地揭发控诉封建领主制度的罪恶、算剥削账来启发农民的觉悟，首先是一组一寨大力揭发之后召开第二次农民代表会，有重点地带动揭发、算剥削账，来激发农民对封建领主制度的仇恨，提高阶级觉悟和扩大农民组织，树立贫雇农的领导核心。

算剥削账的具体内容：

（1）政治上的压迫。如蛮捧寨农民的控诉，全寨42户人家中就有10户原来是户勒寨人，因受不住领主制度的压迫而迁来的。如傣族农民说："摆粪木本法，本找法木本猛。"意思是在封建制度下怎样也逃不出封建制度压迫的手腕。

（2）思想上的统治。如农民控诉说："我们见了领主的小人也要磕头。"妇女说："我们有钱也不得穿好衣裳。"

（3）经济上的剥削。如在戛中农民当中，仅受领主剥削的杂派就有76种。通过128户农民算账，1955年仅杂派剥削就达378800卢比，计全乡265户，从具体账目中看，每户一年的杂派为70.8卢比。1950年全年就被剥削去了927500卢比，当时1头水牛200卢比，可买水牛4635头。又官租全乡一年为3879箩，1950年就剥削去了谷子193950箩，全乡1337人一年吃谷子40110箩，可供全乡人吃4年多。

又对过去追根穷底，使农民知道过去穷不是命穷。如蛮捧雇农蛮哏说："过去说我们祖坟埋不着，大门开不着，放屁！我家大门开得好，祖坟里的臭气一点不有，怎样埋不着？封建剥削制度才不着。"蛮令体相说："我53年来被土司剥削11634箩谷，我全家5口人可吃77年，叫我怎么能翻身？"

通过以上的细账，进一步激发了农民对封建领主制度的仇恨。如戛中蛮相在大会上说："土司害我几代人翻不了身，今天改革要是准杀人，我要把土司一点一点割下来生吃掉，心里还不满意。"在这个基础上，又进一步扩大农民组织，所以从原来串连的基础，全乡通过第二步工作结束，农民组织扩大到25个组750人，占总人口的56.3%；骨干从17人增加到36人，积极分子从36人增加到67人。并以寨为单位组织了农民大组，在第二次农代会上成立了农民委员会，树立了贫雇农的领导核心，为第三步划分阶级打下了基础。

第三步是在群众已组织起来、贫雇农的领导核心已建立和各种材料基本准备好了的基础上进行划阶级，时间是7天。

划分阶级的工作，由于戛中情况比较简单，所以主要还是以发动群众为主，但在×日召开了第三次农代会。在农代会上根据情况提出阶级，并且讲了什么是阶级，为什么要划阶级，怎样划阶级，由农民代表会充分讨论，由农民委员会提出阶级，分组讨论，最后一致通过，取得本人同意（协商会未开，而是通过个别协商），并由代表到各寨在农民小组中充分地讨论。通过讨论阶级，对农民又是一次充分的教育，特别是劳动光荣、剥削可耻的教育，使农民在思想上划清了劳动光荣、剥削可耻的界限，懂得了劳动创造世界，农民贫困的根源，就是有了阶级剥削和阶级压迫，而且也使农民看到了哪种人才是地主阶级，并划瓦混为地主，划戛相、蛮很二户为小土地出租，基本上稳定了各阶层在划阶级前的顾虑。如怕鸾老倖说："我以为凡是老倖就是地主，现在我放心了。"如蛮捧中农布来庄一贯怕分田，划了阶级后，不但不顾虑，而且反过来控诉过去的遭遇并积极起来。

第四步工作是在划好阶级成分的基础上进行征收、没收、查田评产（主要是查两头，一般地在骨干、积极分子内部查）、审定分田户、审定分田人。全部工作时间12天。

1.查田评产、确定分田人、审定分田户。

（1）戛中乡共有无田户50户，通过审查有33户需分田。但由于土地分配内容不够，所以确定了32户分田或补田。

（2）开始征收、没收工作。全乡共征收了75.95箩种，产量4030箩。除5箩在遮放分外，还有70.95箩分给了32户无田少地的农民。

（3）在10月30日进行了分配插牌。分配工作是在各项工作已准备好后通过各种类型会，就开始分配。

2.在查田评产、征收、没收的同时，召开第四次农民代表会。会议内容主要是进一步地进行提高警惕，防止敌人破坏、挑拨，并进行社会主义前途远景教育及加强团结。只有团结才能打垮封建，只有团结才能取得胜利，只有团结才能分配好。要团结互让，如分配不好，就会给地主嘲笑我们的教育。防止骨干、积极分子自私自利、居功骄傲、脱离群众，对佃户又进行了算细账的教育，对上层说明薪俸田不是自己的，日子要好就要大家过得好，对新分田农民又进行了虽然分得少，但永远也不出官租、课派，将来生活会改善的教育，防止内部利益争吵。通过农代会并分组分寨座谈教育，基本上达到自愿拿出、团结分配。如戛中伙头说："我的薪俸田根本不是我的，分给群众我没有意见。"对地主按政策征收其土地，也表现遵守法令。佃户如坦珍说："我种地主田年年交租，分田分得多少我也非常喜欢。"无田户如蛮令寡妇咩月冯说："今天我分不到土地我也不有意见，但在政治上已不再受压迫而且翻身。"因此，通过充分的教育，把征收、没收之土地全部分配下去了。

第五步工作是在分配结束总结胜利、保卫胜利果实、防止麻痹松劲、进行社会主义及两条道路教育的基础上，开办骨干分子训练班，及召开第二次青年代表会。通过以上两种会，开始建党建团工作及改选政权，最后庆祝胜利，时间是18天。

通过18天的工作，建立了戛中乡党支部和戛中乡团支部，并成立乡人民委员会及选出乡长1人、副乡长2人。

1.建党工作（另有专门总结）。

2.建团工作（另有专门总结）。

3.改选政权工作。

改选政权是在群众已发动起来、建党建团工作已将结束的基础上开始的，并在上级党委、上级政府及戛中乡党支部的领导下进行的，时间共3天。

（1）原来的政权情况。戛中乡是在1954年6月建立乡委员会，并选出正主席1人（伙头）、副主席2人（成分中农1人、贫农1人）。委员会委员包括正副主席共17人，成分中农7人、贫农10人（内妇女2人）；老倖2人、伙头4人、群众11人。

（2）改选政权的过程。改选乡政权按照宪法规定，并贯彻民主普选正式建立。具体分为以下几步。

①由党支部首先在党内研究会议的日期、候选人名额、会议内容等问题，做到心中有数、思想统一，并配合干部分头深入到各寨。

②开始在各寨通过总结胜利、讨论社会主义远景，并在群众中大张旗鼓地宣传为什么要改选政权，就是真正的人民当家做主，如果不改选政权，原来的政权是不能领导我们走互助合作的道路达到社会主义。如戛中五补说："哪天也是给人家掌权（上层），我们农民哪天也不得真正当家做主。"又如坦约说："过去他们办，今天我们会办了。就是不会办，我们也得慢慢学着办。"

③以小组酝酿讨论后，提出人民代表候选人名单，最后由党团小组决定后群众大会通过。由于充分地发扬了民主，基本上选出了群众心爱的人来当自己的代表。通过这一选举，对被选当人民代表的人也是一个很好的教育。如广拉寨人民代表来庄在开代表会时说："我要把这次会议的东西写下来，回去传达给群众。如记不住回去害着群众。"全乡按人口比例选出人民代表26人（内一个是为了照顾上层），内中农7人、贫农17人、雇农2人，其中包括妇女代表5人（贫农4人、中农1人）。

④19日召开乡人民代表会。在会上由党支部书记简单地总结了两个月来的胜利及指出了会后的任务，又由原乡副主席作建政1年来乡政府做了什么工作（的报告），讨论了会后的任务，并指出全乡今后主要是教育群众提高警惕，防止麻痹思想，团结起来发展生产，就是今年多种小春，弥补今年水灾损失，具体组织好力量，准备进行秋收。在今后秋收中教育农民减少抛撒，增加收入，开荒发展经济作物（指茶叶、咖啡等），以及在4个较大的寨子组织4个互助组，其他的还是采取换工的形式进行秋收。

通过充分讨论，又由党支部提出人民委员会候选人名单，在人民代表会上通过正式成立。全乡选出11人组成人民委员会，并选出乡长1人（原副主席，中农成分）、副乡长2人（贫农成分）。人民委员会11人中有中农1人、贫农8人、雇农2人（内妇女1人）。乡人民委员会下根据需要又组织了武装治安委员会、生产合作委员会、民政调改委员会、文教卫生委员会，组织人员共20人。其中支部书记、正副乡长担任各委员会的负责人。20日晚并召开了第一次人民委员会扩大会议，研究和布置了今后的工作。

⑤20日发动全乡开庆祝大会，一方面庆祝改革胜利，另一方面庆祝人民委员会成立。

到会群众400多人，因戛中乡寨子分散、路又远，尚未到齐，各寨并组织了本民族形式的文娱节目。

在会上除正式成立人民委员会外，新的乡长表示了态度，并正式宣布戛中乡联防中队的成立。上级人民政府代表也讲了话，指出今后努力的方向。户拉乡来宾也在会上表示今后要加强团结，提高警惕，保卫胜利果实，发展生产，组织互助合作。最后开始了民族舞蹈，会议在锣鼓声中胜利闭幕。

三、上层统战情况

1. 全乡共有上层8人，全系中农成分。政治地位老倖2人、伙头5人、代管1人，分住在较大的8个寨子。其中有4人在改革前基本上靠我，有2人态度平常，有2人对土司忠诚。而且一贯在压制群众通过改革后进步的有3人（伙头2人、代管1人），中间的老倖2人，落后的有伙头3人。

2. 改革中的表现。在改革中，全部头人都有一贯共同的顾虑，如怕算细账、怕斗争、怕从政治地位来划分成分。但也有不同之处，如蛮林伙头、怕鸾老倖特别是怕分田。由于有以上不同的顾虑，所以对改革是有一定的阻碍的，特别在群众基础差的寨子又表现得更突出。如蛮林伙头在串连组织群众时，压制群众，招联亲戚造谣，分散土地，破坏改革。又如蛮蚌寨伙头，一向不承认过去自己压迫过群众，反而骂群众诬蔑他；回黄伙头用外跑来威胁诬蔑，戛中伙头以主席的名义来掌握群众。如蛮捧老倖用自己的儿子随时观看工作队及村干部活动，而且跟着干部跑。

总的来说，一般都是对改革政策不明确，及乡村干部一些左倾情绪引起的顾虑，但也有个别是过去作恶多端及对旧制度抱着忠诚的态度来反对改革。如蛮林伙头不但是压制，而且逃亡外国，造谣危害群众。又如蛮蚌伙头在改革中故意不交出子弹，将1000多发子弹偷运国外。

3. 对上层的分化工作，根据头人的具体情况是可以从中分化出部分先进分子来，孤立个别顽固的落后分子。所以，我们一开始工作就注意到这个问题，一向在争取进步分子，通过他们去稳定其他及孤立个别顽固的分子。如第一次农代会吸收了2个农民成分的头人当农民代表，及最后也吸收了4个头人加入了农民小组，其他头人也有家属参加，农民小组用他们又去教育其他人。也贯彻了事先说明、事中事后打招呼，基本上在改革中除个别作恶多端、敌视群众的正义运动、顾虑大外逃1人外，其他7人基本上靠拢人民，并积极要求加入农民小组，如怕鸾老倖曾通过几次检讨自己的缺点来请求干部，要加入农民小组。特别在改选政权中又吸收了戛中伙头为民政调解委员会的委员，更显示了只要是进步就有前途，并不是农民不要，而是只要自己努力靠拢人民，前途是远大的。由此也换得了上层对改革的赞助，如戛中伙头，当分他的薪俸田的时候，他还叫他儿子抬着旗帜跑东跑西帮助分田。

四、改革后取得的成绩

1. 通过发动群众，从政治上打垮了封建领主制度几百年来对傣族人民的政治统治和它在群众中的威信，并建立了自己的政权组织，实现了自己真正的当家做主，自己管理自己的事。如在过去有大小8个头人，有7个掌握着政权，而经过改选后，除戛中伙头外基本上全部改出去了，并打破了他们的威信。如戛中伙头在改革前一贯在群众中耀武扬威、指手画脚，甚至还歧视贫困农民，经过改选，开会也不敢（坐）在人民面前，而且有事也不敢自己去搞，在政治上完全失去了威信。

2. 从思想方面基本上解放了傣族人民几百年来的封建迷信毒素。什么领主是所谓“父母官”“不有不得”“傣族人民没有土司谷子就不会成熟”，及“人穷是命穷，是命运八字”等论调，甚至影响到产生“分田是拿人家的东西，要不得，分了以后变牛变马都要来赔还”等顾虑。通过改革，农民说：“没有土司，看看今年谷子会不会熟。”有人说：“土司生出来连裤子都不穿一条，他家的一切都是剥削劳动人民的，还说他的八字命好。”

3. 不仅从政治上取得了成绩，而且在经济上也废除了各种苛捐杂派及几百年的官租，并取消了封建领主制度的土地所有权，变为农民的所有权。还没收、征收了领主、地主的全部土地，分给无田少地的农民，使农民在经济上摆脱了封建领主制度的残酷剥削。

（1）废除了戛中乡经农民算出的76种苛捐杂派。如蛮捧喂爽用中等年（收成）计算了一年杂派，共剥削去了70卢比，全乡265户，就被剥削去了18550卢比。

（2）废除了戛中全乡每年向土司缴纳官租3879箩。

（3）不仅是把全乡××箩种水田变成了农民所有，而且还没收了地主田15.7箩种、小土地出租田3箩种、寨公田××箩种、薪俸田××箩种，共75箩种，分给了无田少地的农民。

（4）不但从政治上、经济上，而且从思想觉悟上提高了群众。如戛中乡原有骨干17人，现增至36人；原有积极分子33人，现增至76人，并建立的党团组织和改选了政权。

（5）树立了以贫雇农为集团的领导核心，群众也组织起来。全乡参加农民小组人数750人，占总人口数的56.7%，占成年人总数的98.4%，并基本上形成了一支有力的反封建队伍。

五、改革中的几点体会

1. 在面邻外国、地处边境、敌人随时无孔不钻的情况下，加之戛中乡距离领主较远，上层分子基本上代替了领主进行直接压迫，干部头脑更必须保持清醒，斗争目标更要集中。如戛中改革工作队进入各寨后，各阶层的思想是很顾虑的，而且部分上层分子还有意识地来扭转我们的斗争目标，把斗争目标转移到民族关系上。如蛮令伙头说："我们寨子及来门寨（崩竜寨）没有什么分场，要分就要去向畹町汉人拿回来。"又说："土地改革是铲高填低。"部分群众在控诉中，由于直接受土司压迫较少，仇恨农村头人比仇恨领主更厉害。如蛮蚌帅哏说："就是我们的伙头压迫。"回黄群众也说："我们连土司的面也没有见过。我们寨的压迫主要就是伙头。"所以，斗争锋芒是比较混乱的。但由于坚决执行了上级党委再三强调斗争锋芒必须集中（的指示），通过追根，基本上从混乱的情况下把锋芒集中到封建领主制度的身上。如回黄瑞板说："过去我们认为不见土司的面，土司就不剥削我们。虽然土司不见，但它的制度是在长期的剥削压迫着我们。如我这样一个贫农家庭，一块田也没有，一年还要出杂派20卢比。伙头虽然是不好，但主要是封建领主制度所造成。"

2. 在经济内容不多的地区，更需要加强政治教育。如初到戛中时不有强调政治上的宣传，所以一般骨干、积极分子产生了悲观失望，工作不起劲，情绪不高。如戛中坦约（骨干，雇农），本来劲头很大，但听了政策后说："不是领主、地主的田分不得，田多的也分不得，要去分哪点呢？那改革也不要改了。"根据以上情况，加强了政治教育，并通过算政治上压迫和苛捐杂派账来扭转这种过左的从经济观点出发的现象。如回黄寨没有分配内容，当初全寨包括骨干情绪不高，但经过算账后，群众说："虽然不有田，居住深山，但1年1户也派给杂派20卢比，马夫1户至40卢比上下，在政治上也同样不得翻身。"全寨人都不主动，五六天时间才串连了9个人。最后经算通政治账以后，很快地从9人扩大到××人，而且又对封建领主激起了仇恨。农民代表说："土司制度连一个山寨也要剥削压迫，我们寨不废除封建领主制度，哪天也不会翻身当家做主人。"

3. 在面邻外国情况复杂、群众基础差、变天思想严重的寨子，如蛮捧、回黄等6寨，不仅要坚决地执行政策、工作要稳外，而且要结合形势教育来改变群众的变天思想，使其在改革中不致动摇。如在紧接外国的蛮捧等寨，群众在改革初期顾虑很大，主要是怕国民党回来及跑出去的地主分子半夜回来受不了。根据以上情况，结合政治教育并进行了形势教育，如祖国解放几年来的伟大成就、中华人民共和国在国际上的地位、我国的和平外交政策及蒋介石的末路等，基本上解决了群众的变天思想。只有这样，才能更好地集中力量反对封建、仇恨封建。如蛮捧寨蛮喊在改革前由于坏人的造谣不干联防，通过改革及形势教育，不但不怕，而且变成了头等骨干。

4. 干部必须工作艰苦深入，执行政策坚决。在这一工作中，也曾表现出想分中农田，以及在分田时只听了几个群众的意见，所以也引起了个别多田户的顾虑，如戛中小土地出租主动要求分他的田。蛮捧中农约庄说："我的田是喜欢分给大家的。"而干部也认为这样做是自愿很对。

5. 必须由点到面，点上取得经验，再推广到面上来。在这一点我乡做得不够好，所以没有起到带动面的作用，工作起来速度较慢，决定以戛中为重点，因重视不够，最后在某些地方还赶不上面上。

6. 根据试点经验及上级指示，在每一个运动的前后，要向上层打招呼，安定其情绪，并经常掌握其思想情况，反复交代政策，提高认识及争取团结进步，孤立个别顽固分子。如戛中上层是基本靠我的，但也有个别顽固不化分子，所以采取了尽量争取进步分子，通过进步分子去教育落后分子，稳定他们。如戛中首先吸收进步分子参加农民小组，而落后的也吸收其家属参加农民小组，并通过家属去教育本人，这样达到了团结、教育并改造了上层。

潞西县傣族地区第二期和平协商土地改革中农村建党工作总结
中共潞西县工作委员会报告，第024号
1955年11月11日印发
主送机关：保山地委、德宏自治区工委、各区委
抄送机关：云南省委

潞西县傣族地区第二期和平协商土地改革中农村建党工作总结

为了巩固土改的胜利成果，把农民反封建的积极性转为社会主义的积极性，迎接土改后紧接而来的农业社会主义改造的艰巨、复杂的任务，必须建立党的组织，确立党在傣族农村中的领导地位，同时由于农村中有了党的组织，也就为今后进一步对傣族农民进行社会主义改造，逐步过渡到社会主义创造了基本的条件，所以根据党委“在傣族农村中建党是我们党组织当前的政治任务和组织任务”这一指示，结合傣族区第二期改革在11个乡进行了建党工作。

在土改中群众都受到了系统的阶级教育，除了原有的外，随着工作的进展，又涌现了一大批骨干和积极分子，他们在运动中受到了一定的锻炼和提高。在这个基础上第五步通过集中训练、分点培养的方式，进行了建党工作，时间共计约10天。除了原来已有支部的炳茂、勐茂两乡在工作队配合下进行外，参加改革的党员干部全体共计43人（其中民族干部党员18人，有的地方并在集中训练时吸收了第一期改革中入党的乡村党员干部参加），总计11个乡，共分为6处集训了党团员对象611人，内有女的××人。经过教育和审查的结果，共发展党员133人（加原有22人，现在11个乡共有党员155人），其中男的125人、女的8人；雇农56人、贫农61人、中农16人；分布在55个寨子，占11个乡111寨的49%。党员人数占总人口的0.6%强。每一乡都有党的临时支部，其中戛中乡紧靠缅甸的芒畔寨一个小组共有党员4人，因考虑到今后的安全问题，故未予公开，只与支部书记联系。

一、工作过程

对党员对象的物色与选择，在第二步开始就注意了，而到第五步集中训练、就地发展的具体做法：

第一步是集中骨干、积极分子训练，进行共产主义及共产党的知识的教育，结合进一步的审查和排队，初步确定发展对象，紧接分配工作结束。为了进行建党，必须对骨干、积极分子和已经初步确定的发展对象进行系统的党的知识的教育，同时考虑到现在正值农闲，故采取了集中训练的办法，集中了11个乡原有和新发现的可为党员对象的较好的骨干和积极分子，进行了2天至5天（2个乡是2天，9个乡是5天）的训练，除了总结改革的胜利外，并进行了两条道路、什么是共产党、党的历史、党员条件、党员的权利和义务，及怎样做一个共产党员等的教育，基本上达到了：

（1）使大家认识了虽然我们通过改革，得到了很大的胜利，但还是很不够的，不能就此满足，今后走互助合作的道路，才能彻底摆脱贫困。如弄坎乡的孟补腊说：“我父亲过去走的是老路，结果只落得到处搬家，像狗一样。今天我们走的是新路，谁还愿意去走老路！”

（2）认识了共产党是工人阶级的政党，它经过了20多年的艰苦奋斗，它的目的是要领导各族人民实现社会主义、共产主义，并且没有共产党领导要进入社会主义是根本不可能的。批判了过去对党的错误认识，和认为凡是解放军都是共产党，共产党员应该选举，怕批不准丢人，怕耽误生产，怕当解放军，甚至极个别认为没有共产党也可以进到社会主义的自满和不要党的领导的错误想法。如弄坎乡坦满向说：“今后没有共产党领导，我们自己也会到社会主义去，因为我们的办法已学够了（指向工作队学）！”在经过讨论后认识到：“我们办法还是很不够的，并且今后若没有共产党的领导，就将像瞎子一样地看不见道路。”

（3）进行了政策策略教育，进一步认识团结改造上层和保护宗教的政策，在有的地方特别说明共产党虽然不信教，但决不能因为我们不信教就不尊重或是去干涉别人的宗教信仰，并进一步揭露坏分子所制造的“共产党要消灭宗教”的谣言。

（4）进一步地认识必须加强民族团结，不只要加强本民族农民之间的团结，并且还要加强与其他民族（特别是汉族和景颇族）劳动人民之间的团结；不只要欢迎先进民族（特别是汉族）的帮助，并且还要帮助比较落后的兄弟民族（如景颇族、崩龙族等）。经过学习，很多人检查了自己过去对汉族的不够信任，暴露了一些人经过改革后方解除了有的认为“分田地汉人（指工作队）也一定要分”的想法，和“相信汉族老大哥是完全来帮助我们的，并不见他们要我们的一点田地”的认识，同时也检查了对景颇族的歧视和不团结现象，认识了共产党内是不分民族的，共产党的目的不只是使某一个民族能过好日子，而是要使所有的民族都能进到社会主义去。

（5）学习了党员条件，认识了什么人才能参加共产党和一个共产党员是光荣的，并且用党员条件衡量了自己，不仅大胆讲自己的历史，还主动检查自己的缺点。如曼哏说：“共产党经过多少艰苦，我们当联防都不愿当，真对不起共产党。”芒畔哏爽说：“我有点不好意思，我剥削过人，并且和老百姓说话态度不好。”回黄副主席检查自己说：“我就是作风不好，没有老婆去串女人，又不听工作队的话去斗芒林伙头，这是很不对的。”一般参加学习的都检查了自己在工作中的优缺点，没有被批准入党与入团的也表示今后在工作中不断克服缺点，积极工作，努力学习，争取入党入团。

（6）认识了要有本民族的共产主义干部，才能领导本民族人民和其他兄弟民族一道进入社会主义，所以经过学习，大多数都积极地写了申请，要求参加党。如南蚌村村长说：“不怕入水入火都要参加共产党。”哏爽说：“不管是死是活都要参加共产党。”并且又转向其妻说：“咩宝号！你怎么写？”很多人都是不休息地写，如有的在看到别人都写了，自己还没有写好，急得捶自己的胸。

这样并最后确定了发展的对象。

第二步是分点进一步地审查和培养对象。在对象初步确定后，即根据对象的分布和我们的主观力量分点继续进行审查和培养，同时在群众中普遍进行党的知识的教育，这样不仅使群众进一步认识党，并且在群众中造成一个入党光荣的气氛。在了解和审查了历史、社会关系、工作表现及对党的认识和教育成熟即填写志愿书。时间共3天。

第三步是分乡集中公开举行入党仪式，并宣布党的临时支部的成立，这样对群众又进行一次教育，很多人在参加入党宣誓大会后感动地说：“今天有了我们的共产党了！”

二、几点体会

（1）由于有了第一期改革中建党工作的影响及经验，第二期改革中的建党工作，一般来说是比较顺利的。从党员对象来说表现是顾虑少、情绪高，要求入党较为迫切和主动，从干部来说对建党工作也不感到像在第一期改革中那样生疏，特别有的地方吸收了第一期改革中入党的乡村党员干部，由他们来讲自己入党的经过及对党的认识，这样不只解除一些人对党的误解，并且启发了他们入党的积极性。

（2）发展新党员的关键在于正确地掌握标准：既要坚持原则，又要从实际出发，不能机械地硬搬党员八项标准，应该是按照中央指示的“历史清楚，政治可靠，衷心拥护共产党，并愿为党积极工作”的原则吸收入党。从第二期建党中看出，有的人成分虽好但觉悟很低，有的是群众关系较差，有的下缅甸时间很长，一时弄不清楚，有的现在与地富关系密切，或有浓厚的资产阶级思想的人都是不应该吸收入党的。当然觉悟低的主要是我们的工作问题，与群众关系如何，觉悟不高，办法不多，但还是应该坚持“成分是基础、觉悟是决定因素”的原则，在思想觉悟有所提高才能发展。

（3）在进行建党工作的同时，不仅对党员对象进行教育，并且还要通过各种方式普遍对群众进行党的知识的教育，这样不仅使广大群众进一步认识党，并且也可以减少建党工作中的阻力，一方面提高群众的政治觉悟，对发展党员较重视，认为党员是领导他们逐步过渡到社会主义社会，我易于考察新党员对象。如帕底要培养一个对象而群众说：“他能入党那入党的人多了。”这（人）只是有些流氓习气。另方面是家庭工作的教育，这就造成入党光荣的空气，鼓励了党员入党的决心，如我们在大多数地方这样做了，不只本人积极要求入党，并且家庭也是积极支持。相反在有的地方，由于家庭工作做不好，在要入党的时候家庭拉后腿，结果使原来培养好的对象还是入不了党。

（4）党员对象的发现、审查和培养工作应该是在整个运动中结合每一个工作来进行的，孤立的审查、培养和在发展时临时才来审查都是不恰当的。如有的地方就是因为没有贯彻在运动中结合每一个工作认真深入地进行审查和培养，结果在要发展时才发现原来准备作为对象的人都有一些问题搞不清，致影响了原来的计划。

（5）在教育内容上应力求系统和易于被接受，要根据他们的思想特点和接受程度来进行，也就是说既要使他们认识党，又要考虑到他们的接受程度。如有的地方由第一期改革中吸收入党的农民党员来讲自己对党的认识和自己参加党的经过，这样既帮助他们认识党，同时又启发了他们入党的积极性，结果成绩很好。

（6）在紧接缅甸的边沿地区建党，首先要考虑到安全问题，所以为了党员的安全最好不公开，只和支书联系。这样就要求在发展时更应要求严格，特别是在与国外关系上，因为他既处在国防的最前线，又因为没有公开，缺乏群众的监督，这是十分重要的。

（7）有提出申请入党未批准的人，多数经过我们教育，都表示要在今后工作中努力争取，只有极少数由于我们工作没有做好，致使他们情绪上有些影响，所以认真做好写了申请而没有被批准的人的工作，也是很重要的。

盈江县第一批土改总结

1958年

盈江县第一批土改总结

盈江县第一批土改情况：

没收、征收土地2422.5箩，产量95362.5箩；占总面积23.6%，占总产量23.5%。

没收领主土地206.5箩，占8%；没收地主土地1212.5箩，占50%。

征收富农土地318箩，占13%。

没收薪俸田54.7箩，占2.5%。

征收小土地出租者土地197箩，占8%。

征收寨公田432.5箩，占17.8%。

得田户1116户，占总户口的43.42%；4409人，占总人口的41.35%；每人平均分得30.43箩产量（约913斤）。

2570户免除了苛捐杂派，10249箩田地免除了官租、地租的剥削。

联防队进一步巩固和扩大，队员617人，有武器275支（改革中搞出62支）。

发展党员65人、团员148人。

没有一个上层逃跑。

妇女工作赶不上。落后寨还有10%左右的人没发动起来。

全县没收、征收土地：13711.68箩，产量565434.55箩。得田者4811户18435人，占总人口43%，平均每人得25.3箩。

没收：地主田7246.27箩，产量313028.94箩；领主田2617.4箩，产量90244.7箩。

征收：富农田1984.77箩，产量63725.41箩；小土地出租者583.19箩，产量26221.2箩；寨公田1830.23箩，产量2214.25箩。

废除了一切特权，使49754.8箩土地免除了官租、负担，解决了典当、抵押关系。

（瑞丽县）关于和平协商土地改革第一步工作的意见

《和平协商土地改革参考资料》第1期

瑞丽县和平协商土地改革办公室印

1955年8月22日

（瑞丽县）关于和平协商土地改革第一步工作的意见

目的和要求：通过广泛交代政策，做好各方面的安排，使政策普遍与各阶层见面，达到稳定上层、安定各方面，并初步发动群众和发展积极分子，从而初步掌握情况，为下一步深入发动群众创造前提条件，时间大体5至7天。具体做法是：

（一）工作队下乡后具体分工进入各寨召开会议。

1. 召开乡政府委员、原有骨干、积极分子和村的群众会，在召开骨干、积极分子会事先应同时要按寨先向农村头人打招呼作交代，以便初步稳定他们。为了更慎重，必须贯彻自上而下交代的方式，主要表明工作队的来意，说明和平协商土地改革是在中国共产党和德宏傣族景颇族自治区人民政府领导下，根据人民群众的要求和意志进行的，政策是为了群众的现实利益和长远利益，是农民翻身的武器。

2. 以区为单位召开民族上层和农村头人会议，交代政策，说明和平协商土地改革的正义性，和平协商土地改革的政策是没有变的。讲清楚：搞什么？就是没收封建领主、地主的土地分归农民所有，不分浮财、不挖底财、不算旧账、不打不斗。怎样改？坚决而明确地交代和平协商土地改革的正确（有佛爷的寨子也要做工作，作个别交代有关政策），使改革政策迅速地与人民群众见面。以我党的和平协商土地改革政策本身的威力去初步地稳住上层和启发群众、安定情绪，并初步掌握各阶层的思想情况，看各阶层对和平协商土地改革的态度如何，害怕什么、顾虑什么、要求什么（同时结合动员参加县人代会代表）。

（二）情况初步掌握以后，应随时系统地召开各种会议，根据不同对象进行不同内容的宣传教育，同时必须把各种会议和个别访贫问苦密切地结合起来，不能一般化。

1. 雇贫农会：对雇贫农要强调消除封建剥削制度，没收领主、地主土地归农民所有，和平协商土地改革是农民的正义行动，领主、地主破坏改革要依法制裁，雇贫农要带头起来干，起来当家做主，办好自己的事情。

2. 中农会（包括佃户）：对中农着重说明中农也是受压迫剥削的，和平协商土地改革中农也得利很大，永远地废除封建领主制度的官租、地租、杂派和政治特权，取得土地所有权，因此改革是自己的事情，天下农民是一家，保护中农利益等。

3.对地主或农村头人要说明广大农民在封建领主制度的束缚下，几百年来受着不合理的制度的残酷剥削和压迫，辛勤劳动，然而吃不饱、穿不暖，今天毛主席、共产党领导，农民要求起来和平协商土地改革，这是农民的正义行动，我们必须也应该赞助。只要在改革中能依照政府的政策法令办事，共产党的政策是宽大的，人民群众就会宽大我们，是有出路的，不仅现在而且将来也是同样有出路。对富农要交代土改条例中所规定的，保护富农自耕和雇人耕种的土地及其他财产不得侵犯的政策，鼓励他们安心地劳动生产，多打粮食是自己的，使其认识封建领主制度的不合理，应该同情农民土地改革。

4.妇女、青年、老年会：主要是启发他们起来反封建斗争的积极性，使他们认识和平协商土地改革不是哪几个人的事情，也不是哪几个人就可以办得好的事，而是大家的翻身大事、对大家有利。要求得到自己的解放，就必须大家起来齐心合力，消灭封建剥削制度；男女老少起来力量大，共同搞好和平协商土地改革（但在发动妇女时，不能强调男女平等，这样容易造成农民内部的不团结，应将斗争锋芒集中到封建领主制度上）。

5.有联防队的乡、寨召开联防队会，教育联防队，提高警惕，防止敌人和坏分子的造谣、恐吓群众，破坏改革，我们应该积极地刻苦地保护土地改革，保护好生产，保护好广大人民的利益。

要求改革和群众很快地见面，做到家喻户晓、人人听到、大部分懂得、多数人行动起来。使上层和群众都要懂得为什么要和平协商土地改革，认识到封建领主制度的不合理，如官租、地租、杂派等；认识到改些什么，即没收封建领主、地主的土地归农民所有，永远地废除领主制度的官租、地租、杂派特权等等，也要懂得怎样改、谁来改。和平协商土地改革是在中国共产党领导下，依靠各民族劳动人民，团结其他各阶层人民和群众有联系的民族公众领袖，采取自上而下的和平协商方法进行，从而认识改革的必要性和正义性，并在群众中造成舆论，傣族人民要解放自己必须自己起来，这样才能使我们运动不致被动。

（三）在这基础上召开乡的农民代表会：时间可在本月25日、26日左右召开，目的是进一步交代政策，提高阶级觉悟，农代会是组织形式，又是工作方法，应善于运用，而要开好代表会必须：

1.慎重选择代表，不能只限于少数的积极分子内，要注意广泛地联系群众及新起的积极分子，才有明确的阶级性和广泛的代表性。

2.做好充分准备，对会议的目的、中心、开的方法均要事先使干部明确，才能思想一致，步调一致。

3.贯彻思想发动，结合思想交代政策。

4.注意政策、策略和路线教育，必须把斗争锋芒集中到领主制度上，必须按政策办事，使群众懂得政策为了谁，依靠谁来干，要团结谁、中立谁、打击谁，使党的政策路线为群众所掌握，体现党的领导变成行动的力量。

5. 认真发扬民主，不能把代表会开成报告会、演讲会或传达会，要认真启发代表动脑筋、想办法、展开讨论，有领导地通过代表的各种活动来解决问题，才能体现民主作风和群众路线。

6. 抓紧贯彻会议精神，农代会不能停留在空泛的讨论上，本身就是一种群众行动，也是发动群众、组织群众、领导群众的斗争主要形式，依靠代表进行串连，便会使运动迅速深入与扩大。

代表的数字与比例，可按村寨大小进行分配，一般可按4户1个代表、贫雇农占60%至65%、中农占30%至35%，总人数中妇女占20%左右、青年占20%左右。

这时应该注意扎正根子，展开串连，在第一次农代会上成立主席团，领导农民统一行动，代表会后各寨所选来之代表回到各寨应将其组成代表小组，其中选出小组长（小组长一般应为农代会代表担任）作为发动群众的核心，由代表分工负责，分头进行发动串连，有条件时边串连边组织，为第二阶段进行回忆对比、算剥削账深入一步、交代政策创造有利条件。

（四）应该注意：

1. 召开各种会议和访贫问苦的同时应该掌握：

（1）户口、人口、土地数字；

（2）原有骨干、积极分子经济地位、历史情况、社会关系、工作表现；

（3）群众中新发现的可以作为培养积极分子的对象；

（4）群众的思想动态（特别是靠边沿寨子的群众思想动态）、要求和困难；

（5）上层头人的思想动态、经济情况、政治态度、社会关系、与群众的关系；

（6）司兵、土匪等游杂分子情况。

2. 干部作风必须艰苦深入，特别要注意召开各项会议时必须与访贫问苦紧密结合，而在发动群众访贫问苦中要坚持与群众同吃、同住、同劳动的做法，发动受苦最深的贫雇农民，这样与群众——首先是与贫雇农民逐步建立感情，紧密联系群众——首先是与贫雇农的联系。

3. 运动中必须密切结合生产，土地改革就是为了解放农村生产力，发展生产，如果脱离了农民切身利益，一方面失其改革意义，另方面根本不可能发动群众！因此必须很好注意，搞好防洪和注意防虫工作，当前处于青黄不接，要注意解决农民生活上的困难，只有如此才能取得广大群众的真正拥护和支持。

（注：第三区等秀、蛮爱、雷允 3 乡在工作步骤上可缓一些，一般可缓于其他乡二三天，如农代会的召开，可在本月 26 日、27 日。总之，工作必须从该 3 乡实际情况出发。）

中共瑞丽县工委关于和平协商土地改革中妇女工作的意见
《和平协商土地改革参考资料》第7期
瑞丽县和平协商土地改革办公室印
1955年9月1日

中共瑞丽县工委
关于和平协商土地改革中妇女工作的意见

一、基本情况

我县妇女由于长期受到封建领主制度的压迫和束缚，使她们在政治上毫无权利和地位，在社会上被人看不起。她们受宗教迷信的影响深，加之我县地处边疆之边，受国外帝国主义的影响亦深，因而形成妇女的落后、封建、保守和自卑。

自解放以来，虽然随着各项工作的开展，妇女受到了些教育，对共产党、毛主席有了些认识，她们无论在发展生产和一系列的运动中，都起到了一定作用的；同时一部分地区还培养了妇女积极分子和干部。但由于妇女工作未很好地系统地开展，广大妇女觉悟仍很低，对党的政策认识模糊，甚至有些地区妇女从未受到教育，妇女参加社会活动是受到了阻碍。由于这样，更应使我们重视妇女的发动，特别是在改革工作中忽略了这一工作，将会直接影响到改革工作的顺利完成。为此，我们要在改革工作中注意和认真发动组织妇女，为今后开展工作打下基础，并根据我县情况，提出以下意见。

二、发动妇女群众应注意的问题

妇女占全县人口的一半，是改革工作中很重要之一部分。因此，必须十分明确，妇女工作的开展，决不能脱离开改革工作总的步骤和内容，否则要做好妇女工作是很困难的，在方法上必须采取扎根串连、回忆对比、算细账等。在进行这项工作时我们必须明确：

1. 只要我们思想上重视和艰苦地去进行工作，坚持思想发动，妇女是可以发动起来的，对我们中心工作是有利的，因为妇女无论在政治上、经济上、精神上受苦最深。

2. 妇女工作是复杂艰苦的细致的工作。妇女过去参加社会活动很少，思想顾虑大、怀疑多，易听信谣言等，因此，必须十分耐心，大家动手，不要嫌妇女啰唆、麻烦和落后。

3. 对妇女进行教育时，要结合她们的思想实际，并注意她们的特点来进行工作，以防止一般化。

4. 做好上层妇女工作，可采取召开座谈会等形式，以交代政策，了解掌握思想情况，解除顾虑，并对其进行教育团结改造工作，使之守法和赞成改革。

5. 要注意解决妇女生产生活上的困难和家庭团结问题。

6. 要注意防止落后男人和坏人对妇女的正义行动进行打击和破坏。

7. 为集中一切反封建力量，不过分强调男女平等，这样掌握不好，就容易造成农民内部的不团结，应使斗争锋芒集中到封建领主制度上。

三、具体要求

1. 要求发动妇女占妇女的80%，而蛮爱、雷允、等秀三乡则要求发动占60%。

2. 要求各乡在教育思想提高的基础上进行组织妇代会的基层组织，而蛮爱、雷允、等秀三乡可根据具体情况确定。

3. 要求各乡培养出一定的妇女干部。

4. 要求骨干、积极分子中妇女占1/6，蛮爱、雷允、等秀三乡则要求占1/7。

5. 要求各乡一般召开妇代会三次，如确有困难亦可减少召开两次。

（附：各组在汇报时应有搞妇女工作的同志参加，以了解情况。）

瑞丽县关于和平协商土地改革第二步工作的意见
《和平协商土地改革参考资料》第8期
瑞丽县和平协商土地改革办公室印
1955年9月3日

瑞丽县关于和平协商土地改革第二步工作的意见

目的和要求：在各阶层情绪稳定、群众有了初步发动的基础上，通过扎根串连、算剥削账的方法，有领导有控制地全面揭发封建领主制度的罪恶，与划清农民与领主、地主的思想界限，提高群众觉悟，扩大农民队伍，树立以雇贫农为主体的群众优势，为划分阶级成分创造条件。时间大体15天，即9月1日到15日。

（一）有领导有控制有计划地全面揭发封建领主制度的罪恶。有领导就是加强请示报告，干部思想统一；有控制就是不能盲目地想搞什么就搞什么；有计划就是事先总要有准备，通过访贫问苦、培养典型。进行时应坚持掌握重点，从重点找出经验，看出问题，再推到面上去，事先做好一切准备工作，分好工。揭发时只开小会不开大会，不面对面，由乡干或骨干、积极分子启发诱导，逐步提高群众觉悟，进一步认识这是阶级压迫，使群众认识在这个封建领主制度下所遭受的痛苦历史，认识土地是怎样来的，谁养活谁，命运还是被剥削穷的，使傣族人民政治、经济、文化不能发展，这都是封建领主制度造成的恶果。从而痛恨封建领主剥削制度，能行动起来，不消灭这个罪恶制度我们不能翻身，不能过到社会主义。

事实证明，有领导有控制地控诉领主制度的罪恶，既能提高群众，也能集中斗争目标，也能分化上层，使少数顽固派孤立，更便于团结教育改造上层，只要做好准备，掌握原则，就可以大胆揭发，不能动摇，但也必须善于启发诱导，否则就会涉及农村头人，混乱斗争目标。

（二）思想发动必须正面教育，算被剥削账，培养典型，要真实、突出、具体化，必须引导提高，使广大群众找到穷根，懂得劳动光荣、剥削可耻和进一步认识改革的正义性和必要性。

关于发动群众一些基本做法的原则：

1. 思想发动与组织队伍相结合的原则。边串连边组织，串连一个组织一个，发动一户组织一户；防止思想发动与组织队伍脱节的现象和组织工作赶不上思想发动，发动农民的过程就同样也应该是组织农民的过程，但组织群众也是发动群众的内容。

2. 个别串连和小型会议相结合的原则。要防止手工业方式的单纯的一户一户的串连。

3. 订出计划，分批串连，串连一批组织一批，再串连一批再组织一批。串连不是串门子，不能盲目。

4. 男女一齐发动，老少同时兼顾，男串男，女串女，老串老，少串少。

5. 要集中优势兵力，重点快速突破，鼓气而下，防止分散使用兵力。

（三）在揭露封建领主制度的罪恶和算剥削账的同时，要注意发现和培养骨干、积极分子，必须做好扎根串连工作。

1. 首先干部思想明确认识，要坚决贯彻党在农村中的阶级路线，依靠贫雇农，依靠原有骨干、积极分子。应该认识：

（1）依靠贫雇农是从党在农村中的阶级路线出发，思想不能动摇。

（2）贫雇农困难很多，应帮助其解决生产生活上的困难。

（3）贫雇贫由于过去封建领主剥削制度，形成有部分不敢讲话，这就要求我们具体帮助，给他们支持和撑腰。

2. 要充分发挥农代会的作用。

3. 串连面必须广泛，扩大串连不断壮大农民队伍，逐步树立雇贫农优势，防止关门倾向，也要防止盲目。

4. 做好团结上层的统战工作。

通过以上工作的具体要求：

1. 全乡骨干分子增加到为总人口的2%，积极分子5%，成年人发动面占80%；要懂得改革的正义性、必要性和政治目的，一般能分开劳动光荣、剥削可耻的界限，为第三步转入划分农村阶级成分打下基础（姐洞乡原有的不算骨干要求增加1%，积极分子3%）。

2. 中农经过发动以后，要求95%以上的靠近我们，20%积极行动起来。

3. 要使农民懂得组织起来自己解放自己的道理，不是依靠外援，团结绝大多数，要把应该组织的农民都组织起来。

4. 进一步使农民懂得改革的主要内容，就是永远地废除官租、地租，没收领主、地主的土地归农民所有，废除其高利贷，永远废除领主、地主的政治特权和经济剥削。

5. 富农与头人被分化出来，基本靠向群众或保持中立。

（四）关于靠山和靠边寨工作意见（指第二步在地委未批示前按此进行）：

1. 靠近山区与景颇族有关系的寨子：

（1）山官现收保头税寨，要执行保头税不动的政策。

（2）山官直接管辖的傣族寨子，虽然群众有土改的要求，但民族关系复杂，土地所有权属山官，山官怕改革。这类寨子，我不搞揭露封建领主制度罪恶，不算账，以免涉及山官，产生意外；不组织农民小组，不划阶级，但要了解情况，通过交代政策提高群众觉悟。目前主要工作通过生产、加强民族团结、对敌斗争的教育，防止可能发生的民族纠纷和敌特破坏，对无田户可通过开荒和政府帮助适当满足他们的要求。

2.紧靠近国界边和缅甸相互交叉寨子意见：

（1）江对岸姐告、蛮滚二寨不搞控诉，不划阶级，不组织农民小组，但要派干部进去，通过交代政策，掌握情况，提高群众觉悟。

（2）一般靠边寨子的做法原则上应和靠里寨子一样进行（因我县大部分寨子都靠边，靠边靠里对外影响来说相差不大），但也要根据寨子的具体情况（工作基础、靠边程度等）采取不同办法对待：

①紧靠边寨在揭露控诉封建领主制度罪恶时必须是斗争锋芒更加集中，不涉及农村头人，领导（大组长）亲自掌握，严格加以控制。

②在协商阶级时更温和些，不面对面协商，采取由乡主席团通知的办法，或在协商中有意放过，不更多地揭发他们的底子。

③对此地区的头人考虑将来政治上给予较多照顾。

（五）紧密结合生产：

1.发动群众扑灭虫害，方法上典型突破，树立战胜虫害的信心。

2.注意解决群众生产生活上的困难，口粮解决要及时。

3.宣传谁种谁收的政策（各阶层都应交代，不仅给上层交代）。

（六）除上述工作为第三步做好准备外，在农代会前还需做好几项准备：

1.掌握好地主、富农、小土地出租材料，并交大组审查，干部和骨干、积极分子内部初划。

2.搞完单户调查，并掌握武器数字。

3.农民委员会的材料要研究好。

4.在第二次农代会前向上层讲阶级并讨论，使他们自划、自认。

（七）组织农民问题：

1.发动到什么程度才组织农民小组呢？

（1）吐出了苦水，找见了穷根。

（2）基本上划清了政策界限（动哪些？动谁的？保护哪些？）、阶级界限（划清地主不劳动、剥削可耻）。

（3）懂得组织起来、解放自己的道理。

（4）要懂得团结大多数、团结头人的道理。

2.以户为单位统一组织，按地理远近、男女老少要分别编组，不宜过大过小，一般10至15户为宜。串连的农民达50%以上即可选农民大组长，正组长1人，副组长2至3人（2至3个副组长中应有妇女和青年，小组里也可选2至3个副组长）。大组长一般应为雇贫农，中农除个别极好的可担任。

3. 要贯彻依靠雇贫农，树立雇贫农的优势的政策。

4. 要贯彻团结绝大多数，防止关门主义。

（八）发动群众的标志：总的说就是看是否树立雇贫农优势为领导核心，具体的是：

1. 有占总人口1%至2%的骨干。

2. 有3%至5%的积极分子。

3. 90%以上农户被发动并组织起来。

4. 富农及头人被分化出来或采取中立。

这样就做到了有坚强的骨干，成批的积极分子，有被串连发动并组织起来的广大的基本队伍，有朋友，从而形成了雇贫农的领导核心，结成强大的反封建的统一战线。

（九）关于扎根串连和培养积极分子的问题：

1. 观点明确，扎正根子。应该要把根子扎在什么人的身上呢？应该扎在一贯从事农业劳动的雇农、贫农、新中农身上。扎正根子关键又在于干部作风深入民主（在解放后进入中国的缅甸傣族，主要根子如大组长不能扎在他们身上）。

2. 关系明确，摆对位置。工作队和骨干、积极分子的关系既是帮助关系，又是领导关系，因此不能包办代替，也不能放任不管。

3. 相信群众，依靠群众，培养群众（主要指骨干、积极分子），提高群众。

（注：关于团结上层问题，因有专题材料下达，故在第二步工作意见中未较明确提出。）

（瑞丽县）猛卯镇南门工作组是如何在扎根串连中贯彻依靠雇贫农的政策
《和平协商土地改革参考资料》第21期
瑞丽县和平协商土地改革办公室印
1955年9月8日

（瑞丽县）猛卯镇南门工作组是如何在扎根串连中贯彻依靠雇贫农的政策

猛卯镇南门共有94户358人，成年人210人。除地主、富农、小土地出租和其他成分外，属于应发动组织的面共有55户234人，其中成年人124人，原有骨干3人，积极分子6人。

（一）第一次农代会后各阶层主要思想情况

雇贫农：经过了一般的交代政策和农民代表的传达，对改革有了初步的认识，大部分都提出要求分田分地，但对改革的必要性和正义性认识还是较差，认为这是政府照顾，是政府来分给我们田。贫穷根子也找不着，像雇农咪岩岁屯反映："我家穷是因为小娃娃多才不够吃。"工作同志又问："为什么官家也有小娃娃，他们又会吃得好、穿得好？"她却说："官家命好。"一部分对上层还存在着相当顾虑，不敢谈自己过去所受的痛苦。

贫农波团下说："分田倒好，但不要分得太快，不然他们会放火烧房子、杀人。要政府多多讲给他们政策，给他耳朵都灌满掉。"

雇农咪金，过去男人被土司去打猎误打死了，工作同志去访问她家，她说："不知道是谁打死，我晓不得。过也过了，不要讲了！"

其他阶层的劳动人民对改革也表现不够关心，认为分田分地不关我的事。贫民瑞板晚上教布冒识泰文，他反映："分田地开会是你们开的（指雇贫农），我要教他们识泰文。"

中农：同样存在这种现象，对改革政治意义认识不足。双印反映："改也好，不改也好，我家穷也不穷，有也不有。"

原有骨干、积极分子和农民代表：劲头很大，特别是雇贫农代表态度坚决，组织了代表小组后一般都进行了串连宣传，但缺乏办法，只一般地讲了封建领主制度不好。这样不能广泛地激起对封建领主制度的仇恨。

（二）找出重点，进一步发挥农民代表和原有骨干、积极分子的力量，先从发动雇贫农入手

根据以上情况，我们找出了以代表性较大、雇贫农也较多的两个居民小组，作为第二步工作的重点。全点共30户，除地富和其他成分外，应发动组织面有19户，成年人40个，其中雇农7户、贫农10户、中农1户、贫民1户。方法上是采取了培养典型、以苦引苦、带动全面的办法。

工作开始，首先是在骨干、积极分子和农民代表中培养典型，进行控诉。我们培养了雇工波爱岁屯，先在代表小组会上诉出他过去因为种田地，地租太重，以后种不起变成雇工的事实。他谈到，曾经有一年栽了秧，因害病不得去看田，这样只收得140箩，结果是地租去了80箩、牛租40箩，青黄不接还借了别人15箩的谷子来吃，要还30箩，到收谷子时只落得扛个扫把回家，还差了人家10箩谷子。

通过这样的算账、揭发、引导，激起了大家对封建领主剥削制度的仇恨，每一个人也都联系了自己，谈出过去受压迫被剥削的事实。有的谈到被土司拉夫，派去做白工，有的被土司拉去当兵，一样不给……

并以这些事实，我们再启发为什么会造成这样，大家都异口同声地喊道“有土司制度”。这样，进一步认识了穷根。同时也总结了只有用这种具体算剥削账联系每家所受的痛苦，以自己的苦引出他人苦的办法，去教育群众，就能激起群众对封建领主制度的仇恨，这样也初步解决了农民代表和积极分子去串连、教育群众的办法。如积极分子瓦混说：“这样就对了，拿这种办法去教育才谈得到心上。”思想统一后，干部在代表和积极分子中搜集了一些有关苦主的材料，进一步分头深入访贫问苦，培养苦主，准备召开控诉会，揭发封建领主制度的罪恶，骨干、积极分子也运用了算剥削账串连的办法教育群众，发挥了他们的力量，群众觉悟也有所提高，同时也很快地培养出了一些各类苦主。这样做好了思想和组织准备工作后，我们在点上就召开了控诉会，并吸收了南门个别居民小组的积极分子参加，在会上展开了回忆对比、算剥削账。两次会共有40人，一共培养了15个苦主，所受压迫有11种不同类型。首先让他们在会议上进行了揭发，通过典型，以苦引苦，互相教育，互相带动，这样很快就激起了对封建领主制度的无比仇恨。如岩望团揭发了过去被逼迫拉去做土司兵，被侮辱做狗，还被毒打的情形。瓦混谈出被土司逼去做望宰，8年才给60箩谷子，到现在30岁还娶不起老婆。莫很揭发了过去帮土司家，有一次土司全家洗澡，只她一个人挑水，挑到夜里10点钟，不得吃饭，还骂她是不是找野男人去了。吃饭时菜没有了，拿一点酸菜还被赖作是小偷，结果不给她进家睡，逼得无法，只得到狗窝里和狗睡了一夜。她并讲到有一次帮土司捏脚至深夜想睡，曾被土司捆住毒打，并被泼冷

水。说到这时，她流了泪……这些都引起了到会群众的同情。这样以苦引苦使大家都联系了自己，谈出了过去所受封建领主制度的压迫。两次共到会40人，有37人都谈出了自己的痛苦，通过具体事实来说明封建领主的政治压迫，以具体数字来说明封建领主的经济剥削，并在会上一面揭发，一面就启发提高，找出了受压迫受剥削的穷根子。而干部态度严肃，大胆地撑腰，坚决表明政府的态度，更激起了群众的信心。

（三）有了阶级觉悟的同时，紧接着提出响亮的政治口号

控诉到了一定程度，找见了穷根，激起了对封建领主制度的仇恨，我们紧接着提出了翻身要靠自己翻身、组织起来力量大的口号，说明了翻身必须要团结，团结必须要组织的道理，并说明了为什么要组织农民小组，什么人可以加入农民小组，组织农民小组的好处，这样越加强了农民的斗争热情。如波摆说："必须要像这样才对，要搞什么大家在一处商量，变成一句话一条心什么也不怕。"

岩望沙说："我们入农民小组不是嘴入而是要心入。我不管你，你不理我，只嘴团结搞不成。"这样酝酿成熟后，即正式开始组织第一批农民小组，共发展了32人、19户（别的居民小组来参加学习的积极分子5人未算）。其中贫农18人、雇农10人、中农2人、贫民2人。

（四）依靠雇贫农，发挥组织作用，继续扩大串连面

第一批重点组织起来后，就及时布置了广泛的串连工作，说明了团结得越多，力量越大，要广泛团结其他阶层的劳动人民，打垮封建制度越容易。并以对象为主，适当照顾地区，自报分工（即有几家对象，你与哪家最相熟，就自报去哪家串），先把觉悟较高的串进来。规定了每隔两天一汇报，每人串1户，男的串男的，女的串女的。并在农民小组中挑选了雇贫农积极分子和积极分子培养对象11人，帮助其他居民小组的积极分子，主持召开了控诉会4次，使他们能得到锻炼，以苦来带动其他。由于都有了一定的阶级觉悟，因此热情是高涨的，32人中有30人都去串了，有的串到鸡叫头遍才回家去。岩望沙（农民小组组长）晚上睡在床上还问他老婆（因工作同志在他家住，只隔一层竹笆）："你给去串了？土司制度不好你给晓得？你晓得说给我听听。"最后还说"以后要多去开会"。

由于发挥了整个组织及雇贫农的力量，大家都进行了串连，都以自己所受的痛苦去引导别人谈苦，联系每一户所受封建领主制度的压迫来进行教育，并培养了各类典型进行全面揭发，也带动了整个群众的全面揭发。这样激起了各阶层广大劳动人民对封建领主制度的仇恨，连小手工业者先劳也控诉了。通过这样的教育，广大群众初步揭发过去受领主制度的压迫有近20种不同类型。在此基础上经过两天的串连、一天的控诉，共串连了27户51人，有几个人因觉悟低需继续再进行教育外，由主席团和农民小组组长、工作同志共同

进行研究，发展了46人。另外，对一些空白人、落后层又串连了两天，第三天又发展了27人。总共发展了50户107人，占发动面户口的90%、人口的86%。还有5户17人是属农民成分的上层，由骨干分工串连，准备再教育一段时间才吸收。11日正式成立农民大组，并照顾地区，按人编组，男人、妇女、男青年、女青年都分开各编组。

（五）几点体会

1. 坚持培养典型、带动全面的做法，这样可以通过典型启发，达到群众互相教育，互相启发带动，先进带动落后。另外，必须培养各种不同类型和事实的典型，这样才会揭发得深刻、广泛、全面，也才能全面带动。

2. 斗争目标集中后，做好了各方面的准备工作，举行控诉时，必须要大胆揭发，大手大脚发动群众。干部要坚决撑腰，并在会上表明政府的态度，这样才能有力地发动群众，也能更快分化上层。

3. 发展农民小组在集中的地区一般应以对象为主，分批串连，先把觉悟高的雇贫农吸收进来，再通过雇贫农去串连。这样层层发动，也能锻炼通过雇贫农，更容易较快地形成以雇贫农为首的领导核心。

4. 必须要大胆放手，而且也要放心给雇贫农积极分子去做工作，不能有所动摇，必须要交给他们去串连、去组织、去领导开会等。干部要耐心帮助他们，帮他们出主意，由他们出面。这样使他们在工作中得到很多的锻炼，提高也更快，他们的威信也一天天地树立，以雇贫农为首的领导核心才能逐渐巩固。

5. 有了组织就应立即布置工作，集体商量研究工作，定期汇报，这样能促进组员的责任心和积极性，发挥整个组织的作用，通过组织联系教育群众。

6. 必须注意发现培养新起的积极分子。运动的本身就会涌现大批的积极分子，对象只要注意发现和摸清历史成分，在组织的过程中，有意识地让他们多锻炼提高，并多教育，这样积极分子就会成批成长起来。

瑞丽县和平协商土地改革初步总结

1955年

瑞丽县和平协商土地改革初步总结

我县自8月21日到10月21日，基本结束了在全县坝区13个乡镇4134户20025人的地区（非改革区靠山寨254户1176人未计在内）的和平协商土地改革工作。

运动第一步自8月21日到31日。其间除分别不同对象重点交代政策外，并强调召开各种系统会议，必须有充分的思想准备和组织准备，打破开会一家到一人的惯例，而普遍教育于各小村小寨的男女老少。

运动第二步是9月1日到15日。除了反复深入地在广大农民群众中进行揭发、算账、组织、提高、深入扎根串连外，并分别不同类型上层分别进行揭发封建领主剥削制度罪恶，对干部则注意改进大组工作领导方法问题。

运动第三步自9月16日到25日。此步前段仍以思想发动为主，方法上采取增开一次基代会进行集中揭发控诉，以群众教育群众，会议带动面；后段始划阶级，协商阶级，基本上是一场极为尖锐的阶级斗争，但在形式上尽量使其平和，尽可能减少些无谓的刺激，总之二者皆从我县实际情况出发。

运动第四步自9月26日到10月8日。由于第三步思想基础较充足，一般评产工作可省去，农代会采取农民大小组长扩大会。此步干部在算账以后，头脑不够清醒，特别一部分乡可分配的土地少，而需分户多，容易使干部抛弃党的立场，站在贫雇农片面的不正确的立场考虑，想多动富农甚至中农土地的思想苗头。

运动第五步自10月9日到21日止。建党团采取以区集中训练，分批发展，在发动联防、改造政权的同时，由县召开正副乡长、文书职务之农村头人会议。而整个运动从头至尾都一直是十分强调培养农村骨干、积极分子，树立贫雇农的领导核心。

运动自始至终贯彻了“在党的领导下，坚决依靠贫雇农，团结中农，中立富农，废除封建领主剥削制度，发展生产”的党在和平协商土地改革的阶级路线和有关具体政策，又从我县地处边疆之边、对外影响大、民族关系复杂等特点出发，响亮地提出政治口号，强调改革的政治意义，遵循上级党的指示进行工作。因此，县委的指导思想基本是清醒的，政策掌握上使整个运动的发展基本正常，成绩的获得是巨大的，为今后傣族人民发展生产开辟了广阔的道路，为互助合作也创造了有利的条件。

运动的收获

（一）几百年来阻碍傣族人民发展和傣族社会发展的封建领主制度已被推翻，封建领主集团已永蹶不振了！而被剥削压迫于最低层的雇贫农已跃居统治地位，农民的命运也可以由农民自己来决定。一个村头人说：“我8箩种田拿来分了吧，请准我参加农民小组！”农民代表却说：“你好好改造剥削脑筋吧，不改造好就不准参加！”农民的阶级界限已根本划清，农民所向往的是如何过渡到社会主义。

改革前全坝区13个镇、乡政权，地富头人占40%，贫雇农只占20%至30%左右，而经过改革政权改选以后，贫雇农已占到65%左右，已树立了以贫雇农为主的领导核心。

（二）根本改变了地主领主土地所有制为农民所有制，解放了受封建领主制束缚的生产力。全坝区没收、征收水田荒田2258箩种，产量99187箩；全县分田户1002户4355人，占改革区总户数的24.2%，总人口的21.7%；分得水田荒田2067箩，产量92427箩，每人平均分得0.48箩，产量21.5箩，折774斤。改革前地主每人平均产量高达5184斤，现下降为1224斤；富农由每人平均2988斤下降为2232斤。

永远废除了领主在15626箩种水田上年达3500000市斤稻谷的官租剥削和年达20000盾卢比的门户捐剥削，废除了领主、地主、当权富农的高利贷和政治上的各种特权。

（三）人民民主专政的3把刀子——政权、武装、农会已经掌握在农民手中，共产主义者已在优秀先进的农民中发芽开花，这是一场伟大的变革。

全县参加农民小组的有2080人，占应组织面的89.7%。一家的主要成员都参加了，但一家中尚有少年和小孩，因此，我们的群众实际人数在17500左右。如将分化出来的小土地出租者、富农、农村头人、下层属官计入，群众将在18500人左右是拥护土地改革的，占总人口92%。现有骨干分子338人、积极分子784人，共1122人，占总人口的5.6%。联防武装经整顿发展到786人，占总人口的3.9%，其中85%以上是骨干、积极分子，其中有党员96人、团员89人。没收枪支130支，原有联防队掌握枪84支，现共掌握214支。在群众阶级觉悟、组织觉悟和政治觉悟的基础上发展了党团，发展党员136人、团员177人；建立了11个乡镇的党团支部，这就保证了无产阶级——党在农村中的领导。以上组织对巩固国防、人民民主专政及进行农业社会主义改造起了保证作用。

（四）在贯彻男女老少一齐发动的方针下，根据妇女、青年的特点进行了特殊广泛的发动。全县妇女参加农民小组的有3000余人，她们中间有13人成为光荣的共产党员，55人参加了青年团，并有2人担任团支部书记职务。全县青年参加农民小组的3000余人，177人参加了青年团。

中共梁河工委关于土改计划的报告

一、基本情况

全县共4个区37个乡，多属山区，北邻腾冲，西接盈江，东连龙陵、潞西，南接陇川，虽不毗连外国，但离国外极近。有7种民族共居，人口15000户76000余人。汉族占75%，分布在一、二、四区及三区的3个乡；傣族聚居于罗布坝、小陇川及遮岛，占人口的16%；景颇、傈僳二族杂居于石婆坡，阿昌等其他民族散居于各地。由于帝国主义、国民党及封建领主的长期统治、野蛮残酷的压迫，民族隔阂复杂，加上生产技术落后、迷信耗费极大，且又因多数土地播种大烟，粮食缺乏，生活极端贫困。解放后又因地主阶级勾结残匪，武装暴乱，长期窜扰，抢掠烧杀，加上我们在政策执行上有某些偏差，匪特、一贯道、地主阶级及个别顽固上层几位一体，趁机挑拨活动，群众对我政策又不摸底，结果引起民族上层等600余逃亡国外。内地逃来之地主又造谣散布内地土改空气，因此凡历史上有罪恶者，不分大小均有顾虑，“怕斗争，怕打霸，怕分底浮财”“群众起来打，共产党不负责，看情况，下缅甸”等。这是一方面。

但基本的一面是，3年来我党之正确领导，军政部门配合，进行了救济贷款、生产建设、民族团结、反美爱国、对敌斗争、减租清债、建立乡政权、成立农协会及组织民兵武装等一系列运动的工作后，群众觉悟有了显著提高。1952年底，我部队进驻边防，歼灭股匪，开展政治攻势，争取回来山官9名、匪众147名，社会秩序基本稳定，群众开始靠拢我党和政府。特别是自治政府成立后及大张旗鼓宣传总路线后，群众阶级觉悟进一步提高，除个别工作薄弱地区外，大部分群众抗交官租、地租，要求分田分地，要求改善生活。小陇川一、二、四区等，都在准备迎接土改，请求派工作队帮助组织互助合作。加上此次龙陵、河西等地改革，在民族中的影响尚好，因而大多数上层开始靠拢了我们，一、二区汉族地主说：“早改比迟改好。”“背有田名，收不来租子。”“要政府给点田种就好了。”

从以上情况说明，目前大部分农民要求改革，多数上层急于过关，而在汉族、阿昌族等22个乡的地区（占全县37个乡的86%强），已基本上具备了土地改革的条件，若拖迟了，反而对我们不利。

二、土改工作计划

根据以上情况，我县决定进行土地改革。计划在32个乡（汉族30个、阿昌族2个）分3批进行，第一批搞江东13个乡，第二批搞一、二区14个乡，第三批搞三区5个乡及遮岛镇。时间初步决定每批历时60天，第一批于本年8月初铺开，第三批于明年3月结束（内腾出整训、秋征、秋购等时间）。江东结束后，除每乡留副组长1人坚持工作外，其余全部集中搞第二批。

我县两年来在党和政府的一系列的工作中及外县改革的影响下，民族上层基本靠我，群众觉悟有了显著提高，要求改革更迫切，加上部队进驻边防，社会秩序基本安定，有条件改革。但也因地处边疆，民族复杂，匪特长期盘踞，狼狈为奸，人民生产生活贫苦，加之我工作基础薄弱，还有一定困难因素，因此我们认为在运动中指导思想上必须注意：

1. 一切工作必须从有利于对敌斗争出发，充分运用策略缩小打击面、减少运动阻力，通过政治攻势争取外逃人员、开办自新人员训练班，借以加强对敌斗争，并给本外县各族人民以良好影响，而避免对外震动。

2. 民族工作即边疆工作的基本内容，因此一切工作必须从民族团结出发，达到民族团结，团结教育民族上层与发动民族群众，应作为是边疆各民族的长远利益与目前利益的一致性来认识，不能因改革而引起民族纠纷。

3. 改革亦为了发展生产，因此在改革中必须从头到尾结合生产，尽量避免白天召开大会，影响生产。

（一）方针政策、目的和要求

坚决继续贯彻“慎重稳进”的方针，用回忆对比、诉苦、算账、形势教育等方法，深入细致、策略踏实地从思想上、政治上加强发动群众，启发群众觉悟，使群众充分认识到土地改革的重要意义，从而敢于起来分田，敢于起来团结专政，坚决跟着共产党走，同时在组织上把它巩固起来，改革结束，要求把农民队伍组织到总人口的40%。整顿和扩大民兵武装，把民兵组织发展到总人口的2%至3%。

（二）具体政策的补充意见

除地委的若干规定外，我们补充如下：

1. 未搞过减租清债地区，不再补课，与土改一次进行。

2. 地主的羊群不没收分配。

3. 水碾没收后归政府管理，或由政府租于农民管理。

4. 没收地主的土地、耕畜时，留给地主相当于当地农民的一份。

5. 自解放后到当地宣布土改前止，原属公产、地主产而由农民开荒者，谁开荒归谁有，分配时不在计算之列。开荒户如系分田户，尚可得分与同样一份土地，以鼓励生产。

6. 外逃来本县的地主，原则上动员回籍生产。如已开荒生产、不愿回籍者，保留其所开荒地，不再分配给土地；未开荒生产者坚持动员回籍生产，本地不分予土地。

（三）步骤和方法

县召开各族各界代表会，成立土改委员会，通过土改方案，并报请自治政府批准，然后由区召开农民代表会，具体布置，分4个步骤进行：

第一阶段：通过青年、妇女、老人等各种座谈会、代表会、群众会，了解各阶层思想动态，交代缓冲土改政策……同时整顿扩大组织，训练技术人员、评议员，结合开展政治攻势，开办自新人员训练班。鼓起群众的劲头，压服敌人的气焰，把农民队伍组织到占总人口的30%至40%。约15天。

第二阶段：划清阶级界限，查田定产，处理事务纠纷，发动落后层落后村。这是斗争最尖锐的阶段。

第三阶段：没收、征收、分配。

第四阶段：总结土改，颁发土地证，全力转入大生产，以群众性运动来领导互助合作，教育农民走大家富裕的路。

三、主观力量部署

第一批计划铺13个乡，调配干部117人。来源：现有工作队员一区20人、江东50人，腾冲支援22人、机关部门抽配15人、民兵连10人。

1960年10月26日摘抄于腾冲县委档案室

梁河县第一批土改总结报告

1954年11月23日

梁河县第一批土改总结报告

我县第一批土地改革13个乡（四区7个乡、潞西6个乡），参加改革的工作队140人，经过10天的调整后，于8月12日开始，10月16日结束，共历时65天。

…………

一、收获

在全区3979户19805人，计发动和组织了农协会员8063人，占40%强；民兵和联防武装889人，占4.5%；培养了骨干和积极分子1685人，占8.54%（内骨干252人、积极分子1433人）。

全区土地总产量为8905891斤，计没收、征收了地主公产共2819827斤（占32%），分给了无田少地的2652户13289人，平均每人分到了283斤（最低的每人60斤，最高的421斤），还有1777户分到1026头耕畜，和2605户分到了山林，这就从经济上打垮了地主阶级的封建统治所有者。同时，在运动末期经过大张旗鼓地宣传总路线和宪法，把1206户农民组织到135个不同形式的互助组，发展供销合作社16555股，为社会主义改造打下了基础。

…………

（3）民族团结：全改革区有阿昌族80户、崩龙族33户、景颇族23户，共136户670人，内有上层山官3人、崩龙族老吭1人、阿昌族佛爷1人。改革结束，共培养了民族干部13人（阿昌族9人，崩龙族、景颇族各2人）、积极分子40人。原有民族头人大都当选为副乡长、主席或乡委员等，检查结果一般团结“尚佳”。

主要经验是：

1.加强阶级感情，从思想上明确“民族矛盾与阶级压迫的一致性”，认真掌握和解决历史上遗留下来的民族隔阂。由于历史上的封建反动统治、大民族主义和与其相适应的狭隘民族主义，江东的民族隔阂和互相歧视也是深重的。如景颇等民族说“汉人活鬼，一碗酒半两烟就把我们田地买去了。土改要改回来”，“官是汉人当，状是民族输”，汉族又辱骂“山头猴子，抢人捞人（指拉事）”“臭崩龙、死阿昌”等，甚至连山上的路也要分“阿昌路”之类的侮辱。这些问题，在反封建斗争中不得不暴露出来，也必须“一切从民族团结出发”，把民族矛盾追到阶级压迫上来解决，只有这样才能达到团结的目的。例如在解决以上历史隔阂的代表会上，瞿三（崩龙族）、木桃（景颇族）等说“汉人心坏，不同汉人来往，搞不过汉人”，阿昌族农民也提出“现在汉人农民还是看不起我们的”。经过共同回忆、追根后，景颇族的副主席说：“剥削我们的是李春云、孙马保等地主，我们民族中还是收人家的官烟、官工，穷人穷做一堆，不要闹分家了。”阿昌族曹连正说：“跟着好人学好人，过去带路人（指地主）不对。”崩龙族何老三说：“我们都是小百姓，受地主的压迫，今天要团结起来。”此后互相还说了些客气话。到分田上，各民族，特别是景颇、崩龙族扛枪挂弩，打起象脚鼓，欢聚在一起，开始了民族团结的新气象。

2. 团结上层：通过上层和重视培养民族干部。由于反动的民族主义歧视和统治，少数民族头人虽然也与本民族群众有一定的矛盾，但他们在民族中已形成封建的传统性的崇拜，我党和毛主席虽在各民族中有极高威信，但民族的言语行动，总是往往为其上层所摆布。因此，在改革这样一个大运动中，如果不注意团结上层，虽可通过上层，则不但政策不能推行，而且新的民族干部也无法生长起来。五岔路等杂居乡的改革能胜利进行，主要就是在政治上团结了上层（两个山官和一个老皝当上了乡委员或组长），解决一切民族纠纷都先通过他们的结果。相反的如遮岛镇，忽视了老办事阿芦，结果新任乡委员何老五回去出不了头，等发觉后去与他商量，得了他一句话“我老了，你们听新办事的话”后，整个寨子才开始行动起来。

3. 加强党和毛主席的民族政策的教育，是发动民族的主要关键。几年以来的宣传教育，我党和毛主席在民族中是有了极高的威信，因此不论什么事情，只要我们正确地交代政策和掌握政策，说明这是毛主席给我们民族出的好主张、办的好事，则他们是比较易于悦服。如在解决民族歧视时，阿昌族听了“毛主席同样是汉族，同样很关心兄弟民族”后，解除了对某个汉族农民的不满，说：“他们也是上了地主的圈套。”邦林景颇族在评产中不报田户，说明这是“毛主席关心民族翻身的大事，要分得公平合理，就要报产评产”后，群众才积极地来登记。

1960年10月26日摘抄于腾冲县委档案室

保山地委边工委在地委扩干会上关于边疆景颇族地区开展互助合作工作的总结发言
《边疆工作通报》第14期
中共云南省委会边疆工作委员会编印
1954年9月30日

保山地委边工委在地委扩干会上关于边疆景颇族地区开展互助合作工作的总结发言

这个发言很好，总结了以边疆景颇族地区为主的互助合作工作中的若干情况问题，具体说明了在土地占有不集中、阶级分化不明显的景颇族、崩龙族等地区，确可以通过互助合作，逐步地、直接地向社会主义过渡的道路。并说明了由于该族已进入私有社会，其私有观念已基本形成的情况下所应该注意的若干具体政策和做法问题。因而必须坚决贯彻省委指示的“以‘团结、生产、进步’作为他们长期的斗争方针，必须在党和工人阶级的领导下，团结广大劳动人民，团结和教育与群众有联系的民族的宗教的领袖人物，通过人民政府和先进民族长期有效的帮助，大力发展农业、副业和手工业生产（包括不同程度和不同形式的互助合作组织），发展国营经济和交通运输，有重点地发展民族的文化卫生事业，认真培养民族干部，以积极稳步地增加社会主义因素，从而创造条件，逐步消除民族的落后因素，停止民族纠纷，加强部落间的团结，以逐步导向民族内部的民主统一，并从长期教育中逐步减少宗教习惯对生产人力物力的破坏性，以便同样通过农业、手工业合作化的道路，保证他们直接地但却是逐步地过渡到社会主义”的方针、路线和政策。只是在工作基础较好的地区，才可以互助合作为中心（当前主要的仍是大力发展互助组，重点试办农业生产合作社），发展农业生产，并相应地培养干部，提高生产技术，发展文教、卫生、贸易及交通运输事业。故要防止冒进，防止主观地不看主客观条件的建立在群众盲目跟从的基础上，致产生一下100%的合作化了，一下又垮了90%的情况。要坚持从小到大、从低级的到高级的逐步发展。没有根本直接掌握者不搞，没有骨干、积极分子者不搞，没有群众自己要求者不搞，上层不同意、不靠我者不搞。工作中要明确我们当前开展互助合作的主要困难是主观条件不够，即缺乏干部，尤其是本民族的干部，故必须坚决克服或防止企图一手包办、不相信群众的思想和做法，抓紧在运动中把本民族干部培养出来。

当否，请省委指示。

保山地委
1954年7月20日

这次地委边委在芒市举办的德宏自治区互助合作干部训练班，自2月3日开始至6月14日结束，学员34人，分布在景颇族地区20个乡、傣族地区10个乡工作。训练中着重研究了景颇族地区的互助合作问题。学习过程分为3段：第一段是交流情况；第二段是在总路线精神的指导下从边疆具体情况出发，讨论了开展互助合作的必要性可能性；第三段是在学习中央农业生产互助合作的两个决议后，从该区民族特点出发讨论研究了互助合作的一些具体问题。现将学习讨论中反映出来的几个问题报告如下：

一、在景颇族地区开展互助合作的重大意义

半年来的实验证明，直接通过互助合作过渡到社会主义，是景颇族由穷变富的唯一道路，也是加强民族团结巩固祖国边防的重要一环。

自今年1月地委扩干会上提出在边疆景颇族地区，结合山区生产改造，实验推行互助合作后，半年来已有很大发展。仅在学员分布的地区27个乡就有了4个农业生产合作社（潞西1个、盈江1个、陇川1个，其中景颇族2个、崩龙族1个，汉族、景颇族、崩龙族合组的1个），88个互助组（景颇族19个，汉族15个，崩龙族3个，傈僳族1个，傣族18个）。这些互助合作的组织是在几年来随着对敌斗争不断胜利，社会秩序基本安定，民族关系基本改善，群众觉悟日益提高，上层积极靠我，又在运动中涌现和培养了一批积极分子；尤其是通过总路线和过渡时期党在民族问题方面的任务的宣传和省互助合作代表会议的召开，群众社会主义觉悟有所提高，积极要求组织起来的基础上发展起来的。其成长大约可分3个时期两种类型：第一时期是才开辟工作时，对群众历史上原有的换工习惯互助组织加以教育提高起来的；第二时期是在爱国生产团结会中换工互助，集体杀虫后群众体验到集体力量的优越，在秋收时组织的；第三时期是宣传总路线后积极分子到省、县看到互助合作的优越性，在今年春耕下坝生产时组织的。这种类型一般是有领导地在积极分子带动下，群众为了克服困难，战胜灾害自愿结合的。只有极少数是土地多劳力少为了占便宜，或者看到别处组织盲目赶热闹的，也有些民族上层为了面子好看，强迫群众组织的。虽然各有不同，但组织起来就显示出很多单干农民所不能及的优越性。这些优越性是：

（一）组织起来，克服困难，战胜灾害，增加生产，减少和避免农村阶级分化。

由于组织起来发挥了集体力量，互通有无，统一安排活路，就克服了一些单干农民缺乏种子、口粮、耕牛、劳动力等困难，战胜了一些单干农民所不能战胜的自然灾害，减少和避免了一些组员因为天灾人祸或受高利贷剥削而丧失土地的情形，减少了农村阶级分化。

根据陇川、瑞丽6个互助组的了解：去年栽秧时虽有1户组员害病，但全组出动了33个人，自带伙食帮他栽完。1户组员没有种子，另外两户组员节约秧苗给他；有4户组员因缺劳动力，往年栽秧总是落在全村后面，今年还提前栽下了秧。薅秧时虽有4户组员田里有虫，互助组出动了28人一天把虫杀完。一个单干户请魔头献鬼，杀了3只鸡，送了3瓶酒也不见效，后来还是互助组帮助他才杀完了虫，感动得他也要求参加互助组。秋收时天阴将雨，陇川猛点乡新寨的一个互助组，一天就抢收了3户组员的庄稼，减少了损失，而当地单干农民的庄稼都因雨而受损失。

（二）组织起来生产，能逐步改变落后的生产方法。

由于组织起来集体劳动，互相推动，按照各人特长合理分工，发挥了劳动特长，提高了劳动效率，就能节省劳力，扩大生产，改良耕作技术，逐步固定耕地，改变刀耕火种等粗放经营的落后生产方法。如莲山三合乡小寨穆官屯恕互助组，组织起来后劳动效率提高了1/3，过去种地不上粪，现在全部上了粪，过去不薅草，现在薅了两道，使每箩种的产量由15箩提高到20箩，因此全组耕地47箩5粡种已全部固定，消灭了刀耕火种。又如瑞丽县猛修乡格拉寨张木兰互助组春耕时组织老人领娃娃看家，小孩子到荞地上守雀，女人挖地，使全组11户人每户增加了1箩种的旱谷；互助组又能分工分业农副结合，增加了收入，改善了生活。潞西县遮放西山区赵老三农业生产合作社（6户人）开田时没有口粮，就把6个女劳动力组织到傣族地区卖工，搞了一座水碓给傣族碾米，解决了口粮；6个男劳动力就在家里开了4箩种田。这样在景颇族地区历来找口粮误生产，搞生产无口粮的矛盾就解决了。

（三）组织起来，逐步改变了对生产力的各种束缚，加强民族团结，有利对敌斗争。

由于生产逐步固定，生活逐步得到保证，就改变了一些拉事祭鬼、吸食鸦片等破坏生产的习惯，减少了民族纠纷，消除了民族间的隔阂；而杂居地区，各族人民联合起来互助生产，在团结生产中又进一步加强了各族人民间的友谊，巩固和提高了党与人民政府在各族人民中的威信。群众并为了保卫自己的利益而自觉地警惕敌人破坏，加强了岗哨盘查，使对敌斗争获得劳武结合的有利条件，从而加强了民族团结，巩固了祖国边防，巩固了工农联盟。如潞西县赵老三农业生产合作社，去年赵老三（崩龙族）与唐勒腊（景颇族）下坝生产没有口粮，李面老（汉族）借给他们解决了困难，而李面老有一头牛又常跑到江外去，自己又不会划筏渡江，赵老三就把他渡过去牵回了牛。李老面的谷堆被野火烧时，唐勒腊又帮他扑灭了火；唐勒腊找不到荒地，赵老三找到后就和他共同去开。这样三种不同的民族就组织成一个互助组。今年建社吸收了魔头唐勒恕，但他因为抽大烟，早上睡懒觉，白天干活落后，于是在大家鼓励下就决心戒了烟，天不亮就起床干活，别人歇气时不歇气，几天习惯以后，他说："再不好好劳动，怎对得起毛主席？"陇川县干巴乡雷老大、张老三（联防组长）互助组（景颇族），就是三个联防队员带头组织的；组织以后犁耙薅铲比往年增加一道，全组增产三成，为了保护生产，站了4个月岗哨。有一次单干户普从有（汉族）的牛被土匪抢去了，他们就集合7个组员，把牛追回交还普从有，普从有感动地说："过去我欺侮你们，今后要好好团结，有事大家商量，没有你们互助组，我这头牛根本拿不回来。"还有一次土匪来抢劫，全组就出动打退了土匪，并俘获1人送到乡公所。又有一次，土匪乘庆平街天，在三岔口抢劫商人，该组立即出动了7人把土匪撵走。还有一个组员张六（魔头），过去不劳动，参加互助组受到组员的督促帮助，现在积极劳动不献鬼了。

因此互助合作是景颇族过渡到社会主义的唯一道路，为农业社会主义改造做了思想准备、经验准备和骨干准备。

二、在景颇族地区开展互助合作运动的有利条件

景颇族地区虽然生产力水平低下，拉事与祭鬼的破坏，农村公社的残余与山官的限制，处在复杂的民族关系与长期对敌斗争的环境，工作基础较为薄弱，生产经验特别是互助合作的经验尚不系统全面等困难，但开展互助合作运动，仍然是有着很多基本的有利条件。

（一）由于该族社会经济还处在原始的氏族社会与阶级社会之间的过渡形态（？），土地占有尚不甚集中，阶级分化也不怎样明显，如潞西县遮放西山区4个乡中只有4个山官；占有水田达10箩种，3个魔头不参加劳动，虽然已基本进入私有社会，但私有观念还不十分浓厚，为了反抗异族压迫与抵御各种自然灾害，谋求本民族的生存，历史上就有了互助的习惯和"烧商""帽火"一类的互助组织（"烧商"系农民为了在婚丧事和盖房、种地等生产中互相帮助而自愿结合的组织，有个领头负责。"帽火"也是类似的青年组织），因此对于组织起来互助合作较容易接受。

（二）经过一系列的做好事交朋友，清匪肃特，开展政治攻势并一般地推行过反帝爱国教育及民主建政，发放贷款救济等政治和生产工作后，党和人民政府在群众中有了很高的威信，有些山官头人在解决纠纷时也向群众说："要听毛主席的话。"群众把干部说的话，说成是"毛主席说给他们的要听"。山官头人一般已积极靠我，拥护党的政策，改变了该族内部很多不合理的制度和习惯。如陇川县猛点乡一个山官，过去乱放牲口糟踢群众庄稼，现在也谨慎地招呼牲口了，并对群众说："现在的山官与过去的山官不同，现在

是毛主席的山官。”莲山县头人木官屯恕从昆明参观回来后向群众说：“不准杀牛祭鬼了，牛跟爹妈一样，杀了田不得犁。”莲山县魔头等撒已不愿祭鬼，群众去找他时，他说：“献鬼是假事情，耽误我的生产，一年360天至少耽误200天。”遮放西山区一带，山官拉事昆和把一头抢来的耕牛还给了傣族，他说：“以后我再也不抢了，我要收回我的名誉。”上层已不再随便抽动土地、乱放牲口糟蹋庄稼了；拉事头逐渐转入并安于生产，拉事抢劫已很少出现；魔头也逐步觉悟，杀牛献鬼大大减少，生产上出现了新气象，生产情绪逐渐安定。农民说：“过去苦得多就逗祸，现在不拉事，我们两三年就要盘得够吃。”

此外，通过运动还涌现出大批积极分子，基础较好的地方，如遮放西山区弄丙乡就有70个积极分子，一般乡也有二三十人，其中有些到过北京、重庆、昆明等地参观，有的到县开过会，看到祖国的伟大，看到社会主义的远景，知道通过互助合作才能逐步过渡到社会主义。尤其是从1952年以来所组织起来的一批互助组，使他们亲身体验到组织起来的优越性，所以互助合作在基础较好的乡发展很快。单学员所在的27个乡中，有两个乡每乡就已组织起10多个互助组，群众到处请工作队去帮助组织互助组，工作队赶不上去，群众就自己组织。

（三）自中央公布了关于农业生产互助合作的两个决议以后，干部通过总路线的学习，头脑清醒了许多，方向也明确了，知道景颇族地区可以直接通过互助合作过渡到社会主义。他们虽然没有自己直接的经验，但仍然对互助合作积极热情，努力钻研。这次训练班的学员在县上听到要来学习互助合作，都非常高兴，到了以后每人都自动买了一些互助合作的书籍阅读，要求学习后就印一个总结，回去后可参照着做。两年来的艰苦工作，有的干部已开始摸到一些互助合作的点滴经验，这些经验只要不断总结不断提高交流，对今后进一步发展互助合作运动，是极为必要而有利的。

三、关于在景颇族地区开展互助合作的方针政策的意见

在学员中反映出干部对互助合作存在两种偏向：

一种是消极等待：认为改革以后才能搞，现在基础差不能搞，没有经验，只能搞一两个组，想在个体经济基础上单纯搞救济贷款来解决问题。遮放西山区1953年新够吃的54户中，已有个别进行商业投机放高利贷而发展为富农。有的只守着一两个组，工作跟不上群众要求，如陇川猛典乡有12个组还活动不起来，干部就不承认它是互助组了。

另一种是急躁冒进：过高估计工作基础，以积极分子的觉悟代替广大群众的觉悟，忽视农民私有的一面，认为“景颇族爱面子，不愿落后，只要戴给他几朵红花游寨子，就可以全县组织起来”，或者认为他们私有财产少、私有观念弱，等价不等价也不要紧。因此盲目追求数字、不注意质量，盲目追求高级形式，过早过急地把农民私有生产资料无价或

低价归公，在互助组内不计工不找补，结果脱离群众，造成新的困难。

显然的，这两种偏向都是错误的，必须贯彻中央“积极稳步”和省委“重点试办农业生产合作社，放手发展互助组，正确发挥个体农民的生产积极性”的方针，执行中央“自愿互利，由小到大，由少到多，由低级到高级”等政策原则。根据这个方针，从我们地处边疆，民族关系复杂，互助合作基础较差，干部还没有成熟经验等主客观情况出发，我们采取的方针应当是重点试办农业生产合作社，有领导有计划地积极发展互助组，正确地发挥个体农民的生产积极性。

四、从民族特点出发来看景颇族地区中的一些具体问题

（一）组织成员和领导骨干问题。主要是山官、寨头、魔头、拉事头、富农，能否参加互助组，参加后能否担任领导骨干等的问题。计88个互助组中，有山官6人（其中互助组长3人、乡委员2人）、寨头13人（互助组长8人、大组长1人、乡委员1人、乡代表1人）、魔头6人（乡委员1人，其弟兄或儿子当互助组长的2人）、拉事头1人（又是魔头）、富农5人（互助组长4人）。他们的经济地位和政治觉悟各有不同，对互助合作的态度也就各有不同。

1. 山官、寨头在政治上是本民族的统治人物，经济上有轻微剥削，但本质上却是劳动农民，解放后表现积极靠我，互助合作中也积极带头。爱名誉好地位，是他们的特点，能否争取、团结他们，对于我们各项工作的顺利开展与否都有决定意义。如遮放西山区巩建乡，组织互助组时与山官协商，他就拿出谷子帮助群众，挖了一条可开2000多亩水田的沟，但未当组长觉得害羞，群众就对他说：“你们样样当，我们一样都没有当。”把他安排为生产委员后，才不争执。

2. 魔头、拉事头一般也是劳动者，群众对魔头非常尊重，怕有了病他不帮献鬼；对拉事头则有些轻视，但又怕他拉事，只要我们适当教育、尊重、照顾，也愿积极靠我，能否争取他们，与生产也有很大关系。如遮放西山区弯当山一个魔头，他老婆脚上生蛆，请我医生去看，医生说“你先献献鬼吧”，没有帮他医。因此要挖沟时，他说：“挖不得，过去挖过一回，寨子上就死人死牛。”群众就不敢挖。以后他小孩病了，我们帮他医好，还给了他小孩一顶帽子，吸收他参加互助组，又安排为乡委员后，他就动员群众挖沟，并说：“过去我是造谣，去挖沟得啰！”自己虽脚跛，也带头去挖。群众因为怕鬼说：“看看日子吧！”他说：“不消看，工作队比我看得准，他们说哪天挖就哪天去挖得啰！毛主席福气大，胜得过鬼。”弄丙乡七芒寨有个拉事头安排为居民组长后，他说：“过去人家看不起我，工作队看得起我，我要好好地干。”就天天带头领导群众开田，夺了全乡红旗，还把抢来的一头耕牛还了傣族。

3.富农数量极少，大部分是上层，如参加88个组的5户富农就有4户是头人，做好这些人的工作与团结上层有密切关系；他们一般对互助合作顾虑多，但又怕孤立或想占便宜也要求参加互助组。如遮放西山区弯当山组织互助组时，一个富农要参加，为了回避他入组，每天开会都换新地方，他还是追着来。

故从依靠群众团结上层的精神出发，确定以下原则：

（1）不分阶级及社会地位，只要本人自愿，均可吸收入组，但上层要适当分散各组，富农要放在领导骨干较强的组。

（2）可否担任骨干的问题，由其本人成分及政治觉悟决定，即①属于贫农成分又是积极分子的上层可以担任领导骨干；②虽属农民成分，但政治觉悟不高者，适当安排职务，不能担任主要领导骨干，已担任者则另加强副职；③属于富农成分者准许参加，但不能掌握领导，并应搞好等价，不能让富农在互助组内进行剥削。

（二）加强民族团结有利对敌斗争。

1.关于加强民族团结。山区民族杂居，土地插花相连，水沟、牧场共同使用，88个组中就有6种民族，其中有4个组还是几种民族联合组成。这种复杂的民族关系，在互助组内不同民族的组员之间，不同民族的组与组之间，不同民族的组与单干户之间，在山林、土地、牧场、水利的使用上已发生一些纠纷。如遮放西山景颇族下坝生产开了傣族的荒田，使傣族不满（已解决）；盈江早贡农业生产合作社租种傣族3箩种田，现在不想交租；景颇族互助组挖的水沟，崩龙族要用；汉族互助组修的水沟傣族要用等。今后随着生产工作的开展还会出现很多问题，若不注意防止和正确解决就不仅搞不好生产，还被敌人利用扩大纠纷，因此在互助合作运动中，一时一刻都不能放松加强民族团结工作，要经常在各民族中进行民族团结的教育，处理问题也都要从有利于民族团结出发，达到民族团结的目的。

因此在民族杂居地区组织互助组，只要各该族自愿结合，则无问题。但在这样几种民族组成的互助组里，选择骨干最好以某一骨干为核心，适当照顾其他民族；民族多的可多选一两个副组长、副社长，不论解决什么问题，都要共同协商，互相让步，做到大家满意。

2.密切结合对敌斗争。山区社会秩序已基本安定，但潜伏敌人仍是存在，而且对互助合作利用各种方法方式进行破坏，造谣惑众，威胁积极分子。盈江孔孟道和基督教向农业生产合作社的社员造谣说：“你们当汉人的奴隶了，怎会算得赢汉人（指工作队）？现在叫你们多多开田，二天一算就拿去完了。”尼山敌人打击我们互助组里的女积极分子说：“是不是去做汉人老婆。”盈江敌人造谣说：“生产合作社从社外吸收的3个妇女（家住山上），在坝子上大了肚子了。”陇川敌人威胁互助组里的积极分子说：“你们现在倒好，积极组织互助组，二天国民党军上来看你躲到哪点？”今后随着运动的进展，还会出现更多的破坏，因此要时刻提高警惕，要防止敌人破坏，揭发谣言，安定群众情绪。

3.要培养一批领导互助合作的坚强骨干——社会主义的积极分子，以健全农业生产合作社的集体领导。

（1）计88个互助组中共有骨干111人，4个农业生产合作社中共有骨干9人，他们出身都是劳动农民，对社会主义有初步认识，工作积极，做事公平，能联系群众。如早贡农业生产合作社的社长就是一个贫苦农民，1953年参加了省互助合作代表会回来后，就动员他的组员说："不搞好生产合作社，怎会过得到社会主义？"继在工作同志帮助下动员了全组下坝生产才组成了生产合作社，以后他每天清早起来约着组员下地，组员生产不熟，他就亲自教他们，晚上回来要安排活路挂分（他识字），有时还教组员识字，有的组员听到谣言就动摇，他就说服他们："我也在，怕什么？"组员说："我们有这样好的一个组长，工作就做得好了。"

我们发现和培养这些骨干的经验是：第一，通过交朋友做好事，先和他们建立私人感情，然后选送他们参加各种训练班、代表会，提高其政治觉悟，建立政治感情。第二，在工作中以带徒弟的方法，有事和他们商量，放手给他们工作，用干部会、座谈会、组织参观等方法，提高他们的工作能力，在群众中适当地表扬他们的成绩，树立他们的威信。第三，帮助他们说服家庭，和解决生活上的困难，揭破各种谣言，解除他们的顾虑。

但是也有些干部包办代替，不放手。如4个农业生产合作社，现在还有3个社开会是工作队直接掌握，因此有些骨干工作被动，干部一离开，就束手束脚，有了问题没有办法解决。还有个别地方，骨干选择不当，甚至还有富农，或者对骨干教育不够，致使有些骨干骄傲自大，自私自利，脱离群众。以陇川等5县69个互助组的检查，骨干公道能干的有43个，占62.3%；公道不能干的13个，占18.9%；能干不公道的6个，占18.8%；还有富农4人当组长。

因此培养一批领导互助合作的坚强骨干，是发展与巩固互助合作的重要关键，而培养骨干，需要从3方面进行工作：

（甲）提高他们的社会主义觉悟：从现有骨干来看，都很积极，但这个积极性一般还只建立在感谢政府帮助照顾，要好好干才对得起政府的水平上，工作当中发生困难时，容易动摇。如盈江李布贵社一个骨干，工作发生困难时就感到把群众领到社会主义实在不易，加上敌人经常造谣，有时也会动摇。尼山乡互助组一个骨干，敌人打击他说："共产党江山不长，二天国民党军杀你的头。"他就回答他们："共产党不会走，就是人走掉政策也不会走。"但有时也会说："若共产党走掉，我就跑国外躲起。"这就说明需要不断帮助他们，总结互助合作的优越性，用他们亲身体验的事实，不断提高他们社会主义的觉悟；还要揭破谣言，进行形势教育，才能巩固他们的积极性。

（乙）提高骨干领导集体生产的能力：由于搞互助合作的时间很短，骨干一般还处在解决纠纷、发放、救济等办好事的水平，同时由于生产落后，积累观念很差，个体生产，家庭生活也缺乏计划性，连集体生产更缺乏领导经验，感到麻烦。如勒勤农业生产合作社的社长就常说："山上也要我去，坝子上也要我去，麻烦不赢。"故要事前与他们商量，事后帮助他们总结，以乡、以村、以片定期开互助合作代表会、座谈会、联席会、组织参观、发动访问、交流经验解决问题，提高他们领导集体生产的能力。

（丙）帮助他们解决生产生活上的困难：山区农民生产生活上的困难是很多的，他们的困难得不到解决，就影响了工作，因此给他们适当的贷款救济是必要的，但也不能太多，否则造成他们的依赖，脱离群众。

此外，还要帮助他们逐步提高生产技术，要帮助他们总结生产经验，学习内地先进经验。

（2）健全农业生产合作社的集体领导：除赵老三社已正式宣布建社外，其余还是互助组的面目出现，各社都未成立社务委员会，而是社长、组长个人领导，因此社长、组长忙不来感到麻烦，像早贡就感到忙不来，大家看他也很辛苦。因此在已正式宣布的社需即成立社务管理委员会。未宣布的仍以互助组的面目，成立民主管理委员会。委员会人数按户数多少决定，户数少的（如赵老三社只6户）则以3至5人为宜，户数多的（有的10至13户）则以5至7人为宜。在委员会中进行分工，形成集体领导，工作队就通过委员会来实现领导。

4. 办好农业生产合作社。现潞西、盈江、陇川的4个农业生产合作社，共有40户167人，是今年三四月间在互助组的基础上动员下坝生产中建成的，耕畜、农具、口粮、籽种大部是政府救济贷款为集体所有的，集体劳动所开田地也为集体所有，因此它不是在生产资料私有的基础上建立，而是在集体劳动、政府扶持的基础上建立的，基本上具有了社会主义的性质。群众思想顾虑不大，除两个社生产资料较多的两户比较勉强外，基本上是自愿的，每社都有1至3个较强的领导骨干（赵老三社2人，勒勤、早贡社各3人，李布贵社1人）。而且由于政府的大力支持和集体经营的优越，4个社已新开93箩种水田、15亩棉地、10箩种花生地、4箩种旱谷地、40亩茶地、5亩咖啡地、7箩菜地，估计年底可收入黄谷7017箩、玉麦100箩，蔬菜、棉花、花生、养猪等可收入人民币34022万元。以每人每年吃谷30箩计，早贡社可余黄谷1200箩、玉麦100箩，李布贵社可余黄谷366箩，赵老三社争取够吃，勒勤社够吃半年；此外尚有人民币收入，早贡社每人可达46万元，李布贵社11万元，赵老三社9万元，勒勤社除种田外尚未经营其他作物及副业。因此，办好4个社，对于发展生产、开展互助合作是有着重大意义的，而且有着能够办好的条件，但因干部没有经过学习，时间短促，在生产资料大部为集体所有的情况下，小部分私有的生产资料解决不够合理，随着集体生产以后的经营管理跟不上去，存在问题较多，必须加以逐步解决，才能达到巩固合作社、带动互助组的目的。

半年多来的经验，要办好农业生产合作社，必须：

一、从实际出发，贯彻自愿互利，合理解决具体政策

4个社生产资料虽然私有少，集体所有多，但对私有生产资料的处理，必须坚持自愿互利的原则，从需要与可能出发，合理进行解决。

（一）土地入股。4个社集体经营的水田有121箩3斢种，其中私有27箩3斢种，占22.5%；旱地除勒勤社只男劳动力下坝，集体经营水田，女劳动力仍在山上各自经营10箩种旱谷，和李布贵社也有类似情况4户外，其余全家下坝的26户，每户只留几分不到1亩的菜地。

为集体经营的私有水田27.3箩种，系属于23户占有，每户平均不到1箩种。因为集体多，私有少，社会田租不高，可开荒田又多的情况下，除私有达3至8箩种的3户外，一般对私有田留恋不大。

这些私有田入社是用3种方法：

第一种是租用：如勒勤社以种头计算，每箩种一年给10箩租，占当地每箩种平均50箩产量的20%，与社会租额相等。这种做法组员意见不大。

第二种是折价归社：早贡社有2户社员去年开11箩种，其中一户有8箩种，折25箩谷。当地开1箩种田需人工、牛工10个，每工工资是10斤米，8箩种合工资800斤米，只折给650斤米。这户不满意，入社后生产不积极，开会不参加，白天在家睡觉。

第三种办法是无价归公：计两个社，李布贵社有5箩种的1户，干部觉得他劳动多，耕畜多，归了公还是吃不完，但归公后本人不满意，到处说：“今年政府来领导生产，我吃大亏嘎。”赵老三社共有水田6箩7斢种，其中4箩种是全社6户共开，有1箩种为3户去年共开，有1箩3斢种为2户带进，因为社长也是去年开了6斢种，觉得“政府样样照顾我们，这点土地不是政府照顾还是没有”，而号召大家归公；虽然有点等价，但占有悬殊，也不十分合理。

我们认为，以第一种办法为好，因为这种办法实际也是土地入股分红的性质，如果要评产，则这些田多数是近一来年才开的，不好评，群众也不习惯。但也要根据田肥瘦、远近、费工多少，使租额稍有区别才更合理，租额可参考社会租额，在自愿原则下，各社自己决定。这里可开荒田极多，社会租额又低，因此土地分红不必强调太高。勒勤社有2户今年才开1斗种，可采取算出开田工数计为劳动日分红，田归社所有的办法。另有两个社过去2户组员向外租入的田，可采取由社向田主租入的办法。

（二）耕牛使用和管理。4个社现有政府贷款救济的耕牛16头，私人所有的8头。

在使用方面，对私有牛已采取3种办法：

第一种是租用：有两个社，像早贡社1头耕牛1年给25箩租，一年可犁7箩种田，每箩种田牛租合3箩1斛，社会牛租一年是20至30箩。李布贵社租额未定，因此牛主还有顾虑，总以为是归公。

第二种是折价入社：勒勤社公有牛2头、私有1头，系政府贷款才买不久，按买价折价入社。

第三种是无价归公：赵老三社，公有牛5头、私有1头（1户所有），入社时有4户带田归公2箩3斛种，2户无田以牛归公。

我们认为仍以租用为好，若是年租，则看牛强弱，使租额略有区别，或采取定质定量时，按面积给租。

在管理耕牛方面，各社都已盖了牛圈，因为才下坝，私人牛圈盖不起，公有私有关在一起，由社看管，放牛工资由社负担，肥料亦归社所有。这种做法可以更好地调配劳动力，可以实行。放牛现有两种方法：一种是专人看管，按年按牛给租：早贡社8头牛给一个小孩放一年，给30箩谷；李布贵社6头牛给一个小孩放一年，给24箩谷。另一种是随得随看登记工分，赵老三社和勒勤社均规定看一天计1个劳动日。我们认为前种较好，能发挥半劳动力作用，又能把牛管好。

（三）农具使用。4个社公有犁22个、锄头22把、耙6张，私有犁12个、锄26把、耙3张。对私有农具的处理和使用，现也有3种办法：

第一种办法是私有自用、公有公用：勒勤、李布贵社私有多、公有少，私有犁6个、锄21把、耙3张，公有犁7个、锄5把、耙1张，规定私有自用，公有放在社长家里公用。

第二组是私有折价、公有自用公修：早贡社公有犁17个、锄10把、耙5张，私有犁2个、锄3把、耙1张，开始时私有不折价，公私有均公用，故有农具的不拿出，以后用分等折价入社。原来放在一间房子，各人想用哪样就拿哪样，有些就不爱护农具；锄头挖断就丢在山上，回来另拿一把。以后编起号数，各人认号码公有自用，农具就爱护好了。

第三种是私有无价归社、公有公用：赵老三社公有多、私有少，公有犁8个、锄7把，私有犁4个、锄3把。私有无价归社，放在一间房子，随用随拿，结果不爱护农具，拿去用了也不洗擦，有些农具就生了锈。

我们意见：第一，公有多的私有少的，可以采取早贡社的办法；第二，公有少的私有多的，把公用部分中用时不多、用处不大的（像斧子）仍存在社里专人保管，用时拿出，把经常用的农具（像锄）分给困难户（因为全是政府救济的），采取自有自带自修的原则，既解决了困难户，又能爱护农具。

（四）种子、肥料的投资。

种子：各社均采取私人投资秋后归还的原则，但因才下坝，各户没有籽种，多数是社里支钱去买。

肥料：早贡、李布贵二社没有私人肥料，赵老三、勒勤二社每户私有肥料多者30担，少则5担，已无价归社。我们认为：私有肥料也应分等折价入社，才能发挥积肥的积极性。

二、搞好经营管理，发挥农业生产合作社的优越性，保证增加生产增加收入

在经营管理上，各社都开始摸着了一些经验。但总的来看，由个体生产转入集体生产后，经营管理跟不上去，必须根据生产发展的需要和群众的经验，由简到繁，由少到多，由低级到高级逐步加以提高，才能显示农业生产合作社的优越性。即：

（一）有计划地生产。4个社只有早贡社订出全年的生产计划，确定了在农、副业上要达到的生产目标，其他各社都没有一定计划，而是盲目生产，心中无底。像赵老三社，据办社同志的估计，从现在到秋收，约还需要300个工就可做完活路，但到秋收还有180天，若以12个劳动力计算，每人出工2/3，就可达1440个劳动日，剩余1140个劳动日还无着落。因此，各社都应根据自己主客观条件，把劳动力和活路进行排队，简单明确地通过社员们订出自己全年的生产计划，订出奋斗目标，算出每个劳动日可得的报酬，以更好地组织社员来实现这个计划。更主要的是，各社都要围绕今年计划，订好小段计划，来保证全年计划，使生产有计划地进行。但在订计划时，一定要从民族特点出发，使之简单明了，容易记得，好执行。勒勤社因为自留地多，在订生产计划时还要照顾私营地的活路，订生产计划时要把私人活路也进行安排。

（二）合理地组织劳动力。4个社中已有3个社已根据生产的需要，劳动力的情况，分工而又合作地有了一些常年或临时的生产小组。如早贡社分了4个小组，一是种田组，6个男劳动力犁田耙田；二是种菜组，6个女劳动力种菜；三是养猪养鸡组，两个年纪较大的妇女去做；四是公共劳动组，负责种茶种咖啡等经济作物。每组要选组长1人。李布贵社还是天天分工，有时分不到工就争工，如有一次一个组员找了一块可以开田的地，告诉了另一个组员，等第二天天亮，就被知道的这个组员把地犁了，先发现地的组员很不满。

我们意见：按生产活路需要和劳动的特长进行分工，组织常年或临时，当前主要是临时生产小组，分配给这些小组在一定时间要完成的任务，尤其是注意半劳动力及妇女力量的发挥，才能发挥特长，提高劳动效率，保证生产计划的完成。

（三）合理评分。4个社已用4个办法：

第一种是早贡社定质定量按件评分：挖地时评出一块地的劳动日后又把它分成若干小块，规定每小块挖完的分数，定出质量要把树根挖完，因此有一个组员就想出一个办法带了锄头斧子两种工具，碰到树就砍，砍完又挖，一天得到一个半劳动日。积肥时（向傣族

要）规定每箩两分，有些社员天不亮就去，天黑才回来，一天得到一个半劳动日。秧田看水分成两片，包给两个人看，有一人看30箩种给他70分，规定要看好，看不好要减分。做耙时规定一个手耙是5分、脚耙是10分，要做得滑，要好树。看牛就包给一个小孩，一年看8头牛给30箩谷子。这样发挥了劳动力的创造性和积极性，也发挥了半劳动力的作用。

第二种是死分死记：李布贵社按劳力强弱分成3等，一等10分、二等9分、三等8分，解决了劳动力强弱的矛盾，但发挥不了积极性，有的组员有“干不干，分数在”的思想。

第三种办法是按时评分：赵老三社规定半天为5分，早上为3分、晚上为2分，解决了出工迟早的矛盾，但也发挥不了劳动力，有人挨时间。

第四种方法是记工：勒勤社不分强弱只要出1天就记1个工，因此劳动力强的不满。

我们意见：生产合作社以推广按件记分为主，结合用死分活评。

（四）简单可靠的记工方法，现在有两种。一种是簿子记工。有两个社，早贡社有一人识景颇文，每人发一本记工簿，社里有一本，两头记。李布贵社没有识字的，工作队帮记，只用一本留在社里。另一种用工牌，有两个社，勒勤社干一个工就发给一个工牌，发后自己保管。赵老三工牌分两种，大的是一工，小的是半工，在一间房子里每户排上一个竹筒，出工的不记，不出工给他筒里放一个牌牌。

我们意见：有识字人的社，运用早贡社的办法，才能使社员放心，少出错乱。没有识字人的社最好执行工牌，牌上或印上分数，教会他们识阿拉伯数字，做完活路按分发牌，由各户自己保管，社里也用竹筒或其他方法记上每户的分数，以免社员损失分牌时混乱，这样又简单又可靠。此外各社都没有公布过工分，以后要定期公布，使每个社员都能知道自己和别人的工分。

（五）严格的财务管理。4个社都还没有开支款项的批准制度，账目没有公布过，财务是工作队帮助掌握，社员不当家，长此下去是不妥当的。我们意见：各社都应选出专人管理财务，订出开支款项的权限制度，定期公布账目，提高社员当家做主的责任心。工作队的责任就是要帮助培养会计人才，经济条件较好的社最好选出适当人员去进行短期学习，并由银行指定专人帮助。

（六）政治思想工作。从社员入社的思想来看，积极分子知道要走互助合作道路才能过渡到社会主义，但怎样走法就很盲目；有着“先办先光荣，可以得到奖励，当上模范去北京见毛主席”的思想，碰到困难有时动摇，社员一般地是从“组织起来政府帮助解决困难，才能过好日子”而入社的，较落后的入社则尚勉强，担心生产合作社的生产能不能搞好，他们的思想跟不上他们社会主义性质的经济。因此要经常总结合作社的优越性，表扬决心办社的好人好事，不断进行社会主义、集体主义、爱国主义的教育，提高政治觉悟。

三、贯彻等价互利做好生产管理，加强贫农与中农的巩固联盟，是发展巩固互助组的关键

景颇族虽然历史上存在着不等价互助的习惯，但在栽、薅、收等主要生产季节，不论人力畜力都有着一定等价关系，只不过是这种等价交换更简单而已，就是不等价的互助，也是有着生产季节、活路性质、互助对象等不同差别的。这种不等价的互助，一般限于农闲时间，限于盖房子、办婚丧事上，限于亲朋邻居或有灾难的户上。从现有的互助组看，在互助历史较长的地方（像陇川），等价互利的问题就表现得突出，在互助历史较短的地方（像在遮放西山），表现还不十分明显，因为它是随着运动发展而不断暴露出来的，不能有领导地进行解决，就会使运动受到损失。从88个互助组看，较突出的表现在下列各方面：

（一）劳动力的交换。88个互助组中计有3种情况：一种是评分，只有潞西县勐茂畹的互助组是死分活记，他们把全组劳动力分成3等，一等10分、二等6分、三等5分。第二种是以工换工，大部分互助组如此。第三种是不记工，这只有个别地方去年互助时不记工，使劳动力多土地少的人吃亏，劳动力少土地多的占便宜，有些互助组就停止活动。像陇川勐典乡去年14个互助组不记工，现在只剩两个能活动了。陇川县干巴乡雷老大组，去年开始组织时，组员存在大方思想，有些劳动力多土地少的人也说："我家1箩种3个人来干，你们三四箩种一个人来干，你们倒干好了，我还饭都没有。"因此有一户就退出了互助组。有些工换工的互助组，劳动力强的也提出"一个大人顶一个小孩我不干"。因此一定要坚持劳动力的等价交换，反对那种不等价不记工的做法。在做法上要随群众要求逐步提高。开始组织时可普遍采用工换工的方法，并不断努力把它提高到死分活记。规定等级的时候不要太多，也不要太少，一般三四等就可以。等级之间也不要悬殊太大，但天天评分，景颇族是不习惯晚上开会的，尤其是青年人一到晚间就串门子，最好采用田间评分，做完评完。

（二）男女同工同酬。在景颇族中，一般的妇女劳动比男人要好，习惯上家庭分工也是女的活路比男的多，因此男女出工是受同样报酬的。88个组中，仅只勐茂畹一个傣族互助组，规定农闲时男的10分，女的5分、6分，这样极不合理，应本男女劳力同工同酬的原则加以改变。

（三）干部因公误工。由于山区开会不多，一般开会也能照顾生产，因此干部开会误工很少，就是误了几个工也没有什么报酬。仅遮放西山弄丙乡罗发互助组规定干部为小组的常误工时，误一工算一工。陇川勐典乡干部到县开会，活路忙时也不计算，由群众帮他把活路做完，若活路不忙也就算了。我们意见：一方面减少开会，要开会也避免误工，若

有必要因公误工，为小组办的由小组按劳力负担，误了几工帮助几工。因全村全乡公事误工，由全村全乡负担，误了多少帮助多少，不使双方吃亏。

（四）工资价格。景颇族的习惯是栽、薅、收忙的季节工资高些，松的季节工资低些；较重的活路工资较高，较轻的活路工资较低；在山上民族内部工资低些，下坝卖工工资高些。这种差价是合理的，其工资价格应与社会工资相差不大为原则。现在的工资价格，遮放西山区是1工10斤米，盈江是14斤米，与市价相等，唯陇川及莲山有些地方1工只6斤米，算下来1个工还解决不了两个人吃的，故工资过低，使劳动力少土地多的人在互助组内进行变相剥削。

（五）吃饭问题。景颇族的习惯是做1个工招待1顿午饭。由于各户生产情况不同，菜饭盛简不同，有些组员还无米供吃，互相之间就有话语，生活好的人说："你来帮我，还杀鸡给你吃，我去帮你一样好菜都没有。"生活困难的人就不愿意找工，怕说笑话。现在有两个办法解决：

（1）饭折成工资。遮放西山弯当山采取路近各家吃各家，路远带米由主人帮煮，工资不吃饭是10斤、吃饭是8斤，像莲山不吃饭是6000元、吃饭是5000元。

（2）也有些地方，废了吃饭但工资仍照原来数目，这样就使劳动力多土地少的人吃亏。因此第一种合理，有利生产解决困难，又不致吃亏。

（六）记工方法。现在有两种：

（1）用工牌：勐茂畹有一个互助组用工牌，每户发10块，一面写名字，一面写分数，教会组员识别阿拉伯数字；

（2）较普遍的是心记：当天做当天算，各户自记，不在组上统一。这两种前一种简单易行又可靠，要普遍执行。

（七）清工结账找补工资。现在有3种办法：

（1）定期结账：勐茂畹有一个互助组规定半月一次结账；

（2）按季结账：尼山做完一种活路结一次账，有的当面找补，没有的私下记工，秋后找补；

（3）一年找补工资加息：遮放西山弯当山记工补工，有的当面找补，1工10斤米，没有的秋后补还20斤米。

我们认为，一、二种办法较好，按季节定期结账，能补的补，不能补的私下记或向人借补，将来互助组内也可以适当积累一些公积金，借给补不出的人户找补，才能更好地提高组员出工积极性。唯第三种办法秋后补加1倍，有高利贷性质，使困难户受剥削，应加改变。

（八）耕牛和耕牛工资。耕牛使用有3种办法：

（1）租用：有年租季租、按种头租、临时租3种。年租季租、按种头租租子低，还规定有犁多少田、犁几遍等，这种办法较好，既能爱护耕牛，又不使无牛户吃亏。临时雇租有季节限制，牛租高，租入牛户拿去犁田也不爱护耕牛，像尼山若年租1头牛犁5箩种，给租15箩，折合30万元，临时租1架要6000元，5箩种就要54万元，这种租用又往往是牛强的租高些，牛弱的租低些，田难犁的租高些，田好犁的租低些，这种分别也是合理的。

（2）人牛互换：这在山区普遍流行，因为山地不固定，种植要快，往往是一组几户，人牛互换，一起出动，一次做完，做了这家再做那家。至于换价：因景颇族地区牛多的地方平均每户有1头耕牛，1个人工可换1个半至2个牛工；一般的地方，每2户人平均有1头耕牛，1个人工换1个牛工；牛少的地方每3户平均有1头耕牛，1个半至2个人工换1个牛工，这种差价也较合理。

（3）耕牛评分：勐茂畹一个组按时评分，规定一早晨换1牛分，一天可20分，等于2个人工换1牛工，实质上也是人牛互换的性质。故最好是固定数量质量租耕，或按面积质量评分，工资以既有利于保护耕牛，发展生产，又不使无牛户吃亏的原则解决。

（九）农具使用。互助组里有两种农具，一种是私有的，一种是政府贷款救济为集体所有的。对于私有农具习惯上是各用各的，不够时借用要送一点酒，用坏赔偿，但很难借到，有时借到半路还被拿回，借去以后也就不爱惜，这种习惯现在没有什么改变，最好是按农具价钱、使用时间评出每天磨损费、等价租用、损坏赔偿的原则较好。公有农具的使用有两种办法：一种是遮放西山弯当山开始时把公有农具放在组长家，谁用谁拿，有些组员拿去以后乱挖，挖得太深手抬不动，用肩臂抬，损坏了农具，以后改为把数量少用处不多的条锄等，由组长保管，有人要用向组里借，把常用的锄头等农具分给困难户使用，这样农具就爱护起来了。另一种是有些地方仍然是放在组上，随用随拿，形成平均主义，失去救济贷放意义，也容易损坏农具。故仍是前一种为好。

（十）公共财产。现在只有两个组集体种了棉花、花生、茶园和用政府贷的款买了一头耕牛，还有些组与村寨群众共同种茶园、棉花、花生，按劳取酬。但看公茶要有专人负责管理，否则易受损失；公牛则买去，如何使用管理未知，要订出合理的使用和管理方法。

（十一）民主管理生产。合理安排活路，分配劳动。过去一般采用两种方法：一种是以户为单位平均分配各户天数，像遮放西山弯当山，开田时大家都怕开了别人的，轮到自己时没有时间了，因此规定每户3天，轮流干完；另一种比较普遍的是进行活路与劳动力站队，自报公议民主评定，各户做活时间和分配多少劳动力，由各户作物成长需要决定。目前存在的主要问题是：

（1）活路安排问题：大多数组长怕组员说自己自私，又怕组内争工，就把自己的活路安排在后面，这样长此下去，就使组长产生“又麻烦又吃亏”的思想，不愿意当组长；也有的组长安排活路时自私自利，把自己和亲戚的活路安排在先，甚至像陇川清平乡一个互助组竟在头天已决定互助一个组员，到临时出工时他们又把人领到自己地上，造成组员不满脱离群众。因此，一方面要教育组长大公无私，发扬民主，又要把组长的活路合理安排，应前就前，应后就后。

（2）另一个问题就是山官头人等上层人物活路的安排，过去习惯是他的生产开始了，群众才能动手，现在参加互助组也要争在前。如陇川邦瓦一个互助组里有个山官原来决定互助一个组员，到出工时他叫组长把人领到他地上干活。对这个问题，一方面要教育山官从生产出发，另方面在群众和他本人还没有觉悟前还是要适当照顾为宜。

以上当否，请地委指示。

保山地委边疆工作委员会

1954年7月19日

潞西县遮放景颇族地区 1954 年上半年山区生产改造情况报告

《边疆工作通报》第16期

中共云南省委会边疆工作委员会编印

1954年10月31日

潞西县遮放景颇族地区 1954 年上半年山区生产改造情况报告

编者按：潞西县工委关于《潞西县遮放景颇族地区 1954 年上半年山区生产改造情况报告》，根据一区的工作，总结了当地党委在领导山区生产改造工作中的一些体会，有些体会，值得其他领导山区工作的同志参考。唯在阶级分化不明显的景颇族地区搞互助合作，除应坚持从小到大，从低级到高级的逐步发展的方针，防止急躁冒进，不看主客观条件盲目地建立外，并应注意该族的具体历史上的发展特点，创造一些在该区搞互助合作的可行的经验来，切忌机械地搬用内地的一套经验。

（一）半年来山区改造情况

遮放景颇族地区包括西山、东山、三台山、雷夷突等地方，有9个工作点，3个乡已建立乡政权，即将建立有2个，尚余5个乡，争取在今年底全部建立。今年进行山区改造的只是西山及营盘、弄炳、三台山3个乡为重点，其他湾丹、石板、东山是一般的进行，雷夷突是初开展工作不在内。这8个乡共有152寨3576户16743人，4年来，经过了一系列的工作，由于社会秩序安定，民族关系有了很大改善，群众有了初步发动，上层基本靠我，欢迎搞生产，并且由于有了一定数量的民族干部和生产积极分子，因此，这8个乡基本上具备了山区改造的条件。其中已建政的3个乡（均在西山）上层拥护搞生产，群众生产情绪更高。而且自宣传了过渡时期党在民族问题方面的总任务，及三年够吃、五年够穿的生产计划后，群众更积极要求搞生产，改善生活。有的地方在点上工作的影响下，并自发地组织了互助组开田挖水沟。这些地区在生产中并涌现了一些有威信有领导能力的骨干。半年来的山区改造工作就是在这种基础上开展的。

8个乡的山区改造工作，我们主要根据《关于潞西县遮放西山景颇族地区就地发展生产的意见》及《遮放区山区改造五年计划草案》贯彻执行的。上半年主要抓了固定耕地的工作，并种植了经济作物、小春作物；此外还扩大了一部分耕地。根据8个乡统计，半年来共开出水田186.65箩种（每箩种合4亩，共折合746.6亩），受益村64寨237户1285人，估计今年能产稻谷18844箩。水利方面，开大小水沟53条，可灌溉面积724.5箩种，估计能增产4302箩。经济作物方面，种茶40万株、棉花348.62亩，试种了甘蔗4000余株、花生8.5箩种、小春洋芋122箩种。

通过以上的这些工作，就初步改变了山区生产的面貌。例如弄炳切磨寨23户108人，过去只1户有1箩种水田，其余为靠种旱谷地和卖工过活，生活困难。今年开了12箩种的水田，能产稻谷420箩，加上种植经济作物及其他作物，今年的收成就可解决全村一半人口的半年口粮。弄炳、营盘两乡，过去完全无田，生活困难，今年开田后，够吃的可有47户。整个山区今年增产数字约9752.5箩（约合292575市斤），若以每人每年须谷子24箩计，可解决406人的全年口粮。

（二）半年来山区改造工作中的几点体会

1.政府的大力扶持是搞好景颇族地区生产的主要条件之一。在景颇族地区，由于群众发展生产的要求与群众生产生活上的困难存在着很大的矛盾，因此，政府的大力扶持对山区改造就起了很大的作用。半年来的生产工作中，我们是注意了这件工作的。8个乡在半年中共投放了生产贷款81617500元，救济款32412070元。这两种款我们是统一起来，分别使用的。景颇族地区，一般说来，生产工具是缺乏的，旧的工具落后，破旧多，特别是现在，在群众生产情绪高涨的情况下，要求开田挖水沟，农具就显得特别需要。因此上半年的贷款60%均用在购置农具上，其他部分用在籽种、口粮、水利方面。统计共购置农具2457件；这些农具大部分是按照规格由工作队通过贸易公司批购后送给有劳动力、缺乏农具的无田少地户。在扶持中并注意首先扶持组织起来的贫苦农民。由于我们发放了大批农具，因此逐步改变了刀耕火种的耕种方法，固定了一部分耕地。

2.加强政治工作，逐步解决障碍生产发展的诸矛盾，是景颇族地区山区改造的重要工作。半年来由于加强了景颇族地区4类上层人物的团结教育工作，加强对群众的发动，因而大大减少了拉事、杀牛祭鬼及山官对土地的控制，以及官工官烟的剥削。据了解，今年上半年整个山区拉事纠纷不超过4件，而1952年12月及1953年5月两个月中拉事纠纷即达80余件。此外，群众种大烟、吸大烟的情况也有了很大的改变。这一来，就进一步安定和鼓舞了群众的生产情绪，使生产得以迅速发展，群众说：“现在不拉事，我们三四年就盘得够吃了。”

对上层的团结教育改造的工作，及对群众的教育发动的工作，我们的经验是：

第一，建政。通过建政，适当安排了山官、寨头、魔头、拉事头的地位。一方面解除了他们“改官”的顾虑，使其更积极靠我；另方面，他们当了主席、委员后，有了新的身份，便于我们对他们进行教育改造。有的山官经过教育后，他们也明白：“我们是一乡的领导，不只是一寨的山官了。”因此，有的山官，如弄炳、跌撒、广远、先乌等山官便逐渐放弃了山官辖区土地的控制，使寨与寨之间的土地能在一个乡的范围内得到合理的调整（乡与乡暂还不行），利于生产的发展。同时又经常对他们进行“毛主席的干部要为人民服务”的道理教育，因此，有的山官便逐渐减少和放弃了官工、官烟的剥削。

由于工作的逐渐开展，建政中适当增加群众的力量，对生产工作是有好处的。例如营盘賨政府中，由于群众当了副主席，现在营盘的生产工作就比弄炳乡要活跃得多。副主席不仅经常督促主席（山官）开会，研究全乡工作，更重要的是有了合法地位，可用政权力量教育组织群众开田搞水利等工作。

第二，组织参观，通过参观提高觉悟。例如弄炳李魔头从昆明参观回来后，设酒招待村人，宣传杀牛祭鬼的坏处，而且表示今后不再杀牛祭鬼，要好好生产了。群众通过参观后，觉悟也有很大的提高。由于这样，杀牛祭鬼的事大大减少，工作基础好的寨子如营盘、芒梁坝下坝户89户中，今年上半年就没有杀牛祭鬼，减少了耕畜劳动力的破坏。

第三，通过生产，通过互助合作，团结改造上层，团结教育群众，逐步解决障碍生产发展的矛盾。

由于我们的教育，有的魔头、拉事头参加了生产，而且有的在生产中起了积极的带头作用。例如弄炳拉事头奇腊当了居民组长，积极带头搞生产，曾两次夺得红旗，在生产中就逐步改造了他们。过去西山有名的拉事头勒择、雷老六参加生产后，也逐步转变过来了。在这当中，互助合作的开展也起了很大的作用。在生产中，由于互助合作显示了它的优越性，因此，山官、魔头有的也要求参加互助组。但在互助组里，我们坚持了不容许剥削的原则，同时，互助组对吸大烟的也适当加以限制。因此，山官参加互助组，就不能再在组里收官工、官烟；吸大烟的参加互助组后，也慢慢地戒掉大烟。魔头参加互助组后，若组员杀牛祭鬼，势必减少组内的耕畜劳动力，这对魔头也多少有不利的地方。因此，慢慢地魔头也不同意杀牛祭鬼了。此外，我们也结合种茶，向群众算了种茶与种大烟的利益的对比账：1亩地的茶树，种植3年后，每年受益200万元，而1亩地大烟只折合30万元；而种茶又省工，种大烟还费工。经过一算账，有的互助组便提出把大烟地改种为茶树了。

3. 组织起来，发展互助合作，虽还在初步进行，但也显示出其对山区改造的重大作用。景颇族由于长期地受民族压迫，生活很困难，家庭底子薄，生产困难多，迫切需要组织起来，而且也只有组织起来，才能克服单干户所克服不了的困难。今年上半年的开田、挖沟及春耕生产中的若干农事活动，都是依靠了组织起来的力量来完成的。8个乡共组织了79个互助组，其中6个比较能长期巩固，其余变为季节性的已采取了死分活评的记工法。弄炳寨52箩种的水田，由于组织了起来，往年须13天520工才栽得完的秧，今年只7天364个工就栽完了。这样，剩余的劳动力就可以用在土地加工上去。

4. 领导方法上要坚持培养典型、做出样子、吸引带动群众的做法。由于景颇族地区具有民族、山区诸特点，该族经济文化的极端落后，因此在山区改造工作中就更应该采取拿样子给群众看，吸引与发动群众进行山区改造工作。再说景颇族地区的山区改造工作，在我们也是生疏的工作，领导干部都没有经验，唯一的办法只有先搞重点，不断总结经验以指导工作。半年来的工作，我们对培养典型的工作是做了一些，也取得了一些成绩和经验。例如在互助合作方面，我们着重培养赵老三农业生产合作社，并通过参观、组织交流经验及奖励劳模的办法，扩大了该社的影响。现在在该社的带动下，加上我们其他的工作，8个乡共组织了79个互助组。又例如今年上半年的开荒田工作，营盘赊的群众最初信心不很大，后来由崩洞互助组交流了他们开荒田的经验后，才带动了全赊。到6月5日，全赊共开出新田45箩种。其他如种茶树对周围群众的带动影响也很大。

（三）下半年的工作计划

1. 继续加强政府工作，为全面迅速地进行山区改造工作创造条件。从上半年的生产工作来看，虽然我们抓紧了政治工作，因此使障碍生产发展的诸矛盾得到一定解决，但是迷信落后及山官制度是景颇族长期保留下来的东西，非一时能彻底解决，在上半年的山区改造中，如营盘赊的开田及其他一些工作，曾处处受到这些障碍。至于未建政的地区如东山、三台山，这种障碍就显得更大。因此，为了迅速全面地开展山区改造工作，在今年下半年的生产工作中就更应加强政治工作。同时针对工作方针不平衡的情况，除坚持重点外，计划抽调干部加强面上的工作。三台山、湾丹山于9月份建立乡政权，东山3个乡、雷夷突两个乡未建政的地区，争取今年底全部进行建政。同时为了保卫生产，计划通过宣传日内瓦会议的胜利，开展政治攻势，加强对敌斗争的工作。

2. 弄炳、营盘两乡，以互助合作为中心，今年建立两个农业生产合作社、巩固10个常年互助组，再不宜扩大。今后4个月主要是加强对互助组合作社的领导，培养干部总结经验。要求能比较系统的即是通过互助合作不仅是对景颇族在经济上、山区改造工作上取得一些经验，同时从政治上改变山官制度与改造落后的障碍发展生产的习惯上以及与此相适应的发展国营贸易、文化卫生工作也能吸取些经验，为明年前进一步做好准备是十分重要的。

3. 在生产工作上，当前主要做好抗灾保苗工作，保证今年粮食的增产。山区自然灾害是频繁严重的，水、旱、虫、兽灾害，加上牲畜放牧无管理，对庄稼损坏是很大的。今年下半年，正是各种灾害接踵而来的时候，目前特别是兽灾、洪灾，因此领导群众抵抗各种自然灾害的工作是很重要的。其次做好中耕夏锄，争取多薅多铲。同时做好迎接秋收的准备工作及秋收后的开荒田、积肥等工作。

4. 做好经济工作，大力扶持山区生产，合理有效地使用山区改造款。上半年在山区改造款的使用上，曾经有若干混乱及错误的现象，有的干部拿贷款作招待费，个别还有贪污现象。因此，下半年要注意贷款的发放使用，主要是使用在增产的关键上。此外做好山区的供销及土特产的收购工作也是很重要的。下半年计划贸易上山，在弄炳设一个贸易小组，照顾西山。以后有条件再加强东山及三台山的经济工作。

5. 加强领导，专人负责，并认真总结已有的经验。上半年由于坝区工作比较繁重，对山区生产工作的领导，就放松了一些，区里没有专人负责研究山区生产工作，工作做了，但没有认真地总结，因而就不可能丰富领导经验，提高干部。鉴于此，下半年要指定专人，组成一领导核心，并吸收财经单位干部，经常定期地研究山区改造工作。同时计划把山区生产，特别是互助合作工作中创造的点滴经验，进行一次比较全面的系统总结，以指导今后，特别是为明年的互助合作做好准备。

6. 为了山区改造工作相适应的发展，还必须做好培养干部及文教卫生的工作。下半年计划在互助合作为中心的弄炳、营盘两个乡重点开办夜校，通过夜校，培养干部，培养互助合作的积极分子骨干及训练办社需要的会计人员，以扩大山区积极分子层，为今后山区生产互助合作创造更有利的条件。

以上当否，请地委指示。

边疆合作化会议发言摘要[1]

《边疆工作通报》第21期

中共云南省委员会边疆工作委员会编

1956年12月21日

边疆合作化会议发言摘要

编者的话

当前边疆绝大部分地区，土地改革已经胜利地结束，情况起了很大的变化，进入了一个新的时期，即由土地改革转入在全面发展生产过程中进行社会主义改造的时期。直接过渡地区也将在团结生产进步的基础上，通过大力发展生产，逐步创造直接过渡的前提和条件，这确实是边疆各族人民的伟大胜利。但是随着新时期的开始，对我们的工作也就提出了新的要求：如何在新的时期根据新的情况摸索出一套在全面发展生产的基础上，进一步实现社会主义改造的办法来就成为今后一定时期的迫切要求，需要各方面的努力。为了适应这一新的需要，《边疆工作通报》将在今后多介绍一些这方面的情况，交流一些经验，以供各地参考。但由于各地情况不同，这些经验只供参考，不能搬用。

为使《边疆工作通报》能经常出版，望边疆各地同志尽量多供给我们一些材料，不论是系统的或是尚未加工的，成篇的或是一点一滴也好。并请提出批评改进意见，共同把《通报》办好。

在这次省委召开的边疆合作化会议上，各地同志都作了许多重要的发言，现将其中的一部分摘要刊登在这一期《通报》上，供各地参考。但这些记录稿件，都未经本人审阅，如有与原来精神不符之处，概由编者负责。特此声明。

1956年12月13日

目录

① 此标题为编者所加。——编者

思茅地委刘明同志的发言（摘要）（一）

目前思茅边疆已经结束土改地区，试办了123个合作社，入社农户4340户，占土改地区总农户5.8%。在办社中存在的问题还很多，尤其对省委“大量发展互助组，重点试办合作社，大力发展生产”的方针贯彻执行上是有缺点的。主要是：

1.对边疆的生产和对互助组的指导一般化，只有号召，没有深入具体指导，有指标但没有具体措施，互助组处于自流，面上生产虽增产一成以上，但存在问题很多。土改后对边疆生产缺乏调查研究，不懂边疆生产，对发展生产的方向弄不清，有一点调查研究也很片面。在技术指导上如何根据当地特点，加以提高做得不够，而往往是生搬硬套。如景洪推广苏联植茶的先进经验，株距5寸，根本不了解苏联的茶树只有几尺高，而这里的茶树是长成大树。5寸的株距，茶树长大只有砍掉。边疆虽然生产落后，但也还有自己的好的经验，当前的主要任务是帮助总结当地的先进经验，不要盲目推广外地经验，如稀株密植，当地就有。对这些问题很少调查研究，如果不深入生产，就很难领导生产。

2.帮助群众解决生产生活上的困难不够，目前群众还有很多困难。孟阿山区一个农民只分得70斤产量，而我们帮助得很不够。干部对群众生产积极性看得多，对困难的一面看得少，尤其是口粮问题特别严重。澜沧夏荒当中群众缺粮面达70%，傣族地区也达20%—30%，对缺粮问题没有很好进行分析，有的干部不认识问题的严重性，有的虽看到了也不去帮助。今年缺粮原因主要是：土改后粮食的来源起了变化，去年粮食工作中多要了一些，供应又跟不上。由于缺粮问题得不到即时解决，有的合作社社员要出去找口粮，影响社内出工，影响了今年的收入。

3.土改后对群众在合作化问题上的思想障碍了解不深。目前群众对合作化并不是没有顾虑的，怕归公、怕吃亏等等。地主上层怕搞第二次土改。其次对土改后发展生产是否要规定一些政策，也缺乏研究；在互助组的发展上，数量发展很快，已达到85%，但质量究竟如何没有摸底。组内问题较多，最突出的是在执行互利政策的问题上。勐海芒贺一个互助组评分是用绳子量长处，这是很不互利的；采茶叶，茶树是私有而谁采得的归谁，各取所需也是不合理的。总之面上的情况掌握不住。

从上述情况说明，重点办社是必要的，但试点毕竟是少量的，而面上是大量的，我们对面上生产都没有抓紧。

4. 对上层工作也放松了，多注意发动群众，而忽视对上层的团结改造工作。土改后上层一般更加靠我，违法破坏的只是5%至10%（指地主），但对上层注意较差，有人认为“群众被我们掌握了，现在上层造不了反”，“土改后上层的作用已经完了”。由于这样的认识，在办社中放弃了对上层的团结改造工作，目前较普遍的向上层训话和管制，地主反映“农民是天亮了，地主是天黑了”。由于限制过严在生产上存在困难，也未得到解决。目前应该安排的中、小头人也没有很好安排，已安排的无事干。澜沧自治区副主席反映：“我们一天只有3件事，吃饭、睡觉、拉屎。”干部看不到这种危险性。今年外逃的人，大部是上层，这是值得严重注意的。对宗教工作也没有重视，土改后发生强制压缩宗教活动的现象，因而引起教徒更加外向。今年赕佛的费用减少了，地主则乘机多赕，并说：“农民不赕，我们来赕。”

今春在办社中，对重点办社的方针和合作化速度有过很大的争论。西双版纳共24社，占2.9%；澜沧29社，占3.1%；江城71社，占33%。当时还希望多办一点，大一点，高级一点。江城反映地委不放手，假如放手今春已经基本合作化了。指标一再被突破，虽然现在98%的社都增了产，但不能得出结论：可以违背省委的方针。今后应当坚持由点到面，做到充分准备。当前主要是把要求迫切、各方面条件具备的那些办起来，可办可不办的目前不办。今年虽然90%以上的社增了产，但能否保证90%以上的社员增加收入还是个突出的问题。如曼非龙社增产二成，只能保证占60%（22户）的社员增加收入，减少收入的就占38.9%，最多的比去年减少50%。不能增收的原因：

①增产二成并不显著，副业搞得少。

②工分不平衡，增产二成调剂不了。

③土地分红太低，只是15%；耕牛租金太低，一等牛9挑（400斤），二等8挑，三等7挑，而社会牛租20多挑，悬殊太大，而牛主在栽秧后至秋收前要自己放牧，放牧工价就合8—9挑。考虑一般应提高到20挑，坝区也不能少于15挑。另外公共积累占5%也多了一些。在安排劳动力上也有问题，有8个老人一点工分也没有。经过研究后采取补救办法，开展多种经营，10—12月还可收入1200元，把土地红提高到20%，公共积累减低到2%—3%。

正确对待社内外的副业生产是一个非常重要的问题，尤其是傣族，据一户中农康朗单的调查，全户每年从事农业生产的时间是352天，占全年工作日的28.1%；家务活计530天，占39.3%；搞副业138天，占10.9%；家庭手工业156天，占12.4%；宗教活动时间86天，占7%；出工役1%，机动2.4%。全年总收入6430斤稻谷，购买力80元，其中副业收入和手工业收入占50%左右。由此看出，在傣族地区副业收入是农民生活重要来源之一，而每年从事副业生产的时间要占很大比例，如果不注意，就会造成许多困难，当然在副业中应该首先领导他们搞生产性的副业。

据调查，目前一个劳动力每年从事农业劳动的时间一般是80天，出100天就算好，最高不能超出150天，过去提出每年出工220天是不对的。如果忽视了副业生产，社里劳动一天的报酬，有时比在家庭里搞的报酬还低，这样就很难培养社员“以社为家”的思想，只有以亚热带作物为主的多种经营，才能改变目前的情况。

有的农民私方地很多，占其全部财产8%—9%，只有在自愿和帮助解决困难的原则下，可以入社。另一方面，建立经常的预分制度，1个月和半个月预分1次，及时解决农民困难。

具体政策的执行上也有些问题，股份基金是否都要搞，还可以考虑。初办社不宜搞得太复杂，群众反映：“供销社、信用社、合作社都要钱，真像小铁雀打乌鸦，弄得昏头昏脑。”

另外，重点没有坚持，搞得不好，目前拿不出一套东西来指导面。

从干部来讲，工作一般是积极的，目前领导水平落后于工作的发展，很多连必要的文件都未学习。

以上缺点，主要是地委对边疆情况估计过高，不进行调查研究，产生自满情绪。

根据以上情况，考虑今冬明春不做太大的发展，只计划发展到15%，高级社只是试办，1957年基本实现初级社化，1958—1959年实现高级社化。

1956年11月7日

思茅地委刘明同志的发言（二）

现在就我们讨论当中的问题，提出几点意见：

1.关于合作化速度问题：应根据边疆“慎重稳进”的方针来考虑，边疆过去所取得的成绩就是根据这一方针的，今后的工作仍需执行这个方针。在合作化问题上，有条件不去展开是不对的，但没有条件而盲目追求数字，贪多贪大也是不对的。把土改后有利条件估计过高，强调发展不强调巩固是不对的，江城就是如此。他们计划将现有的驻社干部、社主任、支部书记等抽出去发展新社，这种做法是危险的。有的人主张初级社可以慢一点，高级社可以快一点，澜沧今冬明春就准备将原有26个转为高级社。有的人主张新社少建，着重扩社，如江城想把原有社合并转社，用少办新社的办法来达到60%。这些看法和做法是不妥当的，完全是受内地经验的影响，搬用内地公式。经过讨论比较明确，认识上有了提高，准备修改原计划。

怎样来确定速度呢？根据我区情况，今春搞了试点，1958年可以基本初级合作化，1959年实现高级合作化，这个速度比较恰当。在考虑这个问题时，必须从主观力量、工作基础方面算一算账：①所有合作社能显示优越性的多少？保证社员收入多大？②互助组的基础，常年互助组有多少？③主观力量：工作队有多少？有办社经验的多少？农村骨干、积极分子多少？能担任会计的有多少？④合作化中几个基本情况，应做调查，如贫农、中农的关系，互利关系，若干政策问题等。对地主、富农的关系，如何体现又团结又斗争的政策。其他先进与落后的关系、民族关系也须考虑。

2. 布置上的安排：要搞合作社又要搞互助组，搞直接过渡又要考虑土改，应从4方面做考虑，搞合作社既要考虑改变所有制，还要考虑增加生产、增加收入。

今冬明春计划，原来18.1%，现在看来只能达到15%，现有基础是5.8%。高级社今冬明春一般不办，边工委和县委可以重点试办，一般不并社也不扩社。江城已达到30%以上，应当以巩固为主。

1956年11月15日

蒙自地委秘书长陆毅同志的发言（摘要）

怎样才能贯彻“慎重稳进”的方针？通过试办社后下面的一些经验和意见：

一、在社的速度、规模和进度上，坚持由小到大、从低级到高级的原则，这就是：

1. 必须有互助组的基础，要求通过秋收秋种，发展一批互助组，要求达农户80%；坚持三大原则（自愿、互利和民主管理），提高一批为常年互助组，要求达900个；组织生产，训练干部；学会评工记分才不吃力，不能跳越互助组办社。

2. 以15户到20户为宜，已办了的大了些可以，但会计就包办了。

3. 速度上现已办30多个，今冬明春办300个，今冬100个、明春200个。这100个首先在第一批改革结束的先进地区，第二批改革结束地区只试办，各区办两三个社，六村改革较迟，工作基础更差，今冬明春只重点办社。

1957年冬至1958年春发展小社1000多个，原有300多个社扩为中社，入社农户40%至50%；试办高级社三五个。1958年冬至1959年春，要求组织面占农户90%以上，其中高级社占农户40%。

二、采取和平协商方式进行社会主义改造，从改革经验、历史影响与土改后变化情况来看，采取这一方式是非常必要的，是有利于合作社的发展，有利于分化敌人。首先重要的还是要坚定不移地执行党在农村的阶级路线，依靠群众，发动群众，才能更好地执行这条办法。如与上层统战，改革中发动了群众以后就更加规矩了，更加靠拢政府。

另外，我们体会到包括下面一些内容：

1. 继续做好上层人物的统战工作，继续安排与照顾，充分进行协商，争取得到他们的赞助。

2. 主要采取劳动改造，使之在劳动生产中改造成为新人，经常开会给予教育，交代政策，讲清道理，指出前途，对他们生产也应给予照顾和安排，必要时困难还是可以给予解决；以便分化瓦解他们，孤立反动分子与反革命分子，减少阻力。不搞镇反运动，不搞群众性的强烈斗争，不管制地主，但现行反革命活动必须坚定予以打击，轻则批评教育、劝告与警告，重则依法惩办，发挥法院作用；对富农也应如此。对其限制是必要的，但可采取宽大政策，如粮食税收，仅占10%到20%，比内地轻得多；雇工应允许，付合理工资。农村基本合作化了，分别不同情况，分别吸收入社。

3. 对自新人员，也应采取较宽大的政策，根据：①划清阶级界限；②划清匪首与匪众的思想界限，严重的罪恶与一般的；③看他土改前后表现等分别加以对待。

三、注意民族团结，照顾民族的生产生活习惯。

四、充分做好准备：试点要办好，显示优越性，并组织好经验，以便教育干部。

全面领导互助合作，主要把互助组搞好，打好基础。

训练好干部，特别是民族干部以及乡村党、团员干部、骨干、积极分子。

五、全面发展生产：

1. 以粮食作物为主，搞好多种经营，副业、经济作物等相应发展。

2. 手工业生产不足，合作化来了更赶不上，主要如农具修补，铁匠在减租中搞了一下，粮食工作也搞了一下。土改中群众意见最多，划不清政策界限和劳动与剥削的界限。现在他们较消极，扶持他们发展手工业工厂。

3. 交通运输。

由于领导不全面，调研工作差，还未做出个规划来。

德宏地委书记赵善卿同志的发言（摘要）

经过大会发言，小组讨论，对方针政策有了进一步的认识。特别是对边疆的民族特点还是认识不足的。

现在德宏的民族干部还是不足的，特别是民族干部的领导骨干显得不够。多数领导骨干属汉族和外来少数民族。

干部的思想作风问题：有的民族干部虽热情高，但也容易产生急躁情绪。有的脱离本民族群众，有的群众反映“你们的皮肤是我们民族的，骨头变成汉族的了”。对民族干部若不进行教育，是很危险的。

边疆合作化方针政策如何贯彻，各地区情况不同，具体执行时也应采取不同的办法，意见是：

1. 全面地试办合作社，大力领导生产。

2. 重点试办合作社，大量发展互助组，大力发展生产。

关于试办合作社的问题：领导中心问题是搞好互助组，全面发展生产。但合作社已经试办到入社农户占总农户20%的地区，这个方针，思想还不肯定。主要是思想上解决问题，不能追求数字，要实事求是工作。

如何开展巩固社的问题：巩固和发展的中心问题，根本的问题是发展生产。从现在所办起来的社看，96%的社员增了产，4%是减产。但是问题是增了产社员还是要退社。我们只看到合作社的增产，看不到民族的心理习惯。群众普遍反映“劳动苦，不自由，没有零钱用”。

另一特点，生产单调，要求马上办起来就显示优越性。缅甸资本主义的吸引，合作社虽然每天得1元，而做生意得5角，群众都愿意去做生意，因为得自由，拿得着现钱，所以巩固合作社，全面发展生产更加重要。同时，合作社公共财产要积累并也要保证增加社员收入，合作社才能巩固。因之，初办合作社时间要长些。要使合作社巩固，须注意如下几点：

（1）培养骨干。

（2）积累公共财产。

（3）建立集体观念和贯彻按劳取酬的原则。但最根本的一条是发展生产的问题。

经济作物的问题：在讨论中，有的同志提出缩小稻田面积，提高单位面积产量来弥补对挤掉的部分。是否能弥补，但把握性不大，我认为是危险的政策。全区的粮食每人平均不到700斤，从现有的粮食看，并不富裕。粮食问题还是突出问题，所以：

（1）要保证粮食作物在不断增产的基础上来发展经济作物。

（2）要发展经济作物，必须给予贷款。怎样贷款，应按照劳动力的情况给予贷款。

（3）在技术上要给予支持。现有的地区，咖啡成活率只有50%。

处理耕牛的原则：必须有利于发展生产，有利于贫农、中农之间的团结，有利于发挥贫、中农的生产积极性，有利于保护耕牛的原则。

1956年11月15日

临沧地委李瑛同志关于和平协商土改区当前情况（摘要）

对今后的工作意见

土改已近结束，面临着又开展合作化运动，为了执行中央边疆工作“慎重稳进”的方针，提出以下几个问题：

一、事前做好准备工作，主要是：

第一，解决领导和干部思想问题：当前这些地区的干部思想，最主要的倾向是满足于已取得的成绩。只看见边疆已往前进的一面，急于同内地挂钩，学内地一样来一个高潮，看不见边疆有其特殊情况。随着社会主义革命深刻、广泛，必将碰到许多问题，牵涉面更广，这些问题解决不好，将使工作受到损失，必须从领导到干部认真和全面地分析认识边疆土改区当前情况，既看到已往前进的方面，也应看到存在问题的特殊方面；统一思想，然后确定边疆地区的工作方针政策、步骤、速度。这样可以避免主观主义地去进行工作。其次是边疆地区领导和一般干部对领导农业合作化都缺乏经验，这是一个突出的问题。这种情况与边疆农业合作化不相适应，因此必须认真总结已办的合作社，吸取经验教训，并学习农业合作社章程草案，提高干部的水平。再次是应注意解决一般化的领导作风。在我区边疆土改区，当前情况是发展不平衡的，矛盾性质各有不同。在领导生产上，合作化速度、处理具体政策、合作社的经营管理上，民族内部关系、民族与民族之间、山区与坝区、边沿与内地之间，都各有不同之处，因此不能一般化，应强调实事求是、因地制宜，不能强求一致，并防止简单粗糙的作风。

第二，加强对互助组的领导：互助组是合作社的重要基础，可以替合作社培养干部，培养群众集体生产的经验和提高他们对合作化的认识。今春双江所建的63个合作社，其中只有个别是互助组，其他都是在换工组或单干户的基础上建立起来的。建社以后才开始学评工记分，因而经营管理很吃力，这是应该记取的教训。目前互助基础还是很差的，这些地区的干部急于想和内地挂钩，只重视办社，忽视了对互助组的领导，必须改变这种情况。

第三，对群众的典型示范和宣传教育工作，目前重点试办的合作社，实际上是对农民起着宣传作用的，因此必须加强对已办社的领导。现在双江有些合作社，因他们放松了领导，面的社闹退社，在周围农民中起了不好的作用。因此，必须帮助这些合作社解决问题，只能办好不能办坏。在对群众进行宣传中，根据少数民族的特点（直爽、易产生怀疑、思想转变慢等特点），不仅宣传合作社的好处，也有宣传入合作社后会碰到的困难

（过去只宣传好处，不敢说入社后可能碰到的困难），使各民族群众反复考虑。少数民族比较直率，思想转变较慢，若只说好处，不说入社后可能碰到的困难，他们在碰到问题后，就会感到受骗，引起民族戒备心理，这是值得注意的问题。

二、根据边疆民族的特点，贯彻党在农村依靠贫农（包括新老中农中的下中农），巩固地团结中农，逐步由限制富农剥削到最后消灭富农剥削的阶级路线。为了贯彻这一路线，在具体工作中应注意：

办社时必须以贫农为核心骨干，在进行串连发动先贫农后中农，合作社成立以后，应以贫农为领导骨干，大力撑腰扶持贫农，并帮助他们解决经济的困难。如口粮、生产工具的缺乏，交不起股份基金等问题，特别是土改后才从地主家出来新成立家的贫农，要给予特殊的照顾。对于已经上升的新中农，他们生活虽比较好，但觉悟比较高，应作依靠对象。

对于中农的团结问题，主要是在办社中贯彻执行自愿互利原则。入社时不要勉强拉他们入社，入社后合理地处理生产资料和各种经济利益，不使他们吃亏。傣族中农面比较大，对中农应特别谨慎。傣族中农对于合作化以后限制了雇工剥削和不得做生意抵触很大，因土地多、劳力少，入社以后若强调合作社不准雇工，就要增加劳动强度，引起对合作社不满。我们的意见入社后在农忙季节，仍应准许从山区调剂一部分劳动力，以解决劳力不足的问题。对傣族做生意问题，对做生意的人，若不愿入社，听其自便。入社后，应正面教育发展副业、经济作物，以解决零用钱问题，不能单纯批判，否则引起反感，不解决问题。

对于富农，主要是积极发展互助合作，去达到限制和彻底消灭剥削的目的。也不必去公开宣传消灭富农的剥削，以避造成边疆阶级紧张的情况。特别是傣族地区农民中雇工情况普遍，过分强调消灭富农剥削，还会引起中农的顾虑。对于富农目前自耕不过来的土地，可让其出租，租金可限制在够上公粮范围以内（应上公粮后稍有剩余——编者）。

对于地主上层改造问题：目前应从正面教育他们，指出其前途，对他们土改时遗留下来的耕牛，可以准许他们出租给农民使用，避免破坏。对于劳动力缺乏的也可允许他们请短工，或由合作社包耕，以免影响生产。

总的说来，对于地主、富农仍须贯彻和平改造的方针。整个的全国的社会主义改造对富农是和平的方式，在边疆特殊情况下，应实行更和平的方式。

三、在办社中必须谨慎地处理各民族的宗教问题。总的是执行党的信教自由政策。办社中除了宣传合作化的好处和政策外，还应该宣传信教自由政策（这点过去是不主动的，注意不够），以打破群众的顾虑，揭发敌人的谣言，同时并妥善处理与宗教有关的经济问题。如傣族缅寺田，根据不影响缅寺长老生活、本民族中各阶层自愿的原则处理。在建社及劳动生产安排中，不干涉正当的宗教活动，仍允许有活动时间，如傣族赕佛、纳佛，拉祜族礼拜天等。建社后，社员集体进行宗教活动的费用，应由社员自己负担，不能当作社内开支。

四、认真注意各族之间的关系，由于各民族之间历史隔阂尚未完全消除，目前互相间还存在戒心，各民族生产技术、生活习惯、宗教信仰等都存在差别，因此，一般以办单一社为宜，不宜办民族联合社。若生产上需要，民族之间关系融洽，生产生活习惯大体相同，语言相通的，各民族真正自愿，可以建联合社，但联合社中应注意解决领导问题，以占多数的民族为领导。在组织劳动力当中，主要根据自愿和生产需要，可以混合编队，也可以分民族编队。在使用劳动力上应注意各民族专长，分配时应根据按劳取酬的原则并照顾各民族的需要。

五、合作社的规模不宜过大，一般以20户到25户为宜。这是因为这些地区农民居住分散，最主要的是互助组基础较差，干部领导水平较低，缺乏领导集体生产经验，群众也缺乏集体生产习惯，合作社大了就要求更高的管理水平，否则就要出乱子。这是当前已办的合作社证明了的。

六、根据自愿互利的原则，照顾民族特点，处理入社生产资料问题：

土地报酬：因边疆地区公粮负担较轻，土地报酬一般以20%至25%为宜。傣族地区土地较多，仍应有土地报酬（土地报酬仍应以20%至30%为宜——编者），以免部分富裕中农和劳动力少的人，减产幅度太大，影响他们的生活，不致使他们感到入社后，生活变化得太突然。

傣族的糯谷仍应由社统一经营、统一分配为宜，不宜分散经营。

耕牛处理问题：开始时仍以租用为宜，若是折价入社，使贫农负担太重。还必须解决入社后社员私人用牛驮柴、耕自留地的问题。傣族的养老牛，最好私有租用，不折价入社。

七、经营管理问题：根据边疆民族区领导水平差、历来生产落后、文化落后的情况，总的说，应力求简单易行，循序渐进，逐步提高，不能要求过高。开始办社，可以编生产队或小组（社很小的也可以编队、组），实行小包工，个人死分活评，不能要求包耕包产，定额管理。对于生产计划，只能有简单的经营项目、种植面积、品种和增产指标计划、简单的增产措施，不能太复杂、细致。所有计划应该是群众自觉订出来的，而不能要求与上级指标完全一致，否则是不容易接受的。可以搞小段安排劳动计划，否则会流于形式。

会计问题：原来文化水平低，会计缺乏，目前所办的合作社，用发工分票办法解决了记工分账问题，但财务账、分配账尚没法解决，都是用工作队去帮助。今后还必须加强对会计的培养、训练并加强会计辅导员的工作，否则就没法使合作社的经营管理水平不断提高，对社的巩固也是不利的。

八、发展生产问题：在边疆民族地区发展生产，强调以粮食为主、开展多种经营的方针，有其特殊的意义。只有这样，才能在合作化基础上增加生产，增加各民族农民的收入，提高生活水平，才能巩固合作社。

在发展生产中，应重视改变现有的耕作制度，提高单位面积产量，其中主要是：

（1）扩大肥料的施用量、种类；

（2）改变刀耕火种，提高固定耕地面积，精耕细作；

（3）扩大复种指数，如双季稻、再生稻、双季苞谷，扩大小春种植。

其次是提高耕作技术，如提倡深耕、多犁多耙、多薅多铲、选种、换种、温汤浸种、稀秧壮苗、改良农具等。

在开展多种经营中，必须解决技术问题和种子问题。

在坝区要开展多种经营，提高耕作技术，改变耕作制度，必须解决劳动力不足的问题（不要盲目提高劳动强度，应从提高劳动效率来解决——编者）。

1956年8月

边疆土改区必须全面发展生产，稳步开展互助合作运动

《云南日报》社论，1956年11月27日

《边疆工作通报》第21期

中共云南省委会边疆工作委员会编印

1956年12月21日

边疆土改区必须全面发展生产，稳步开展互助合作运动

目前，我省边疆已在140万人口的地区采取了和平协商的方式完成了土地改革，除藏彝地区外，边疆所有进入封建社会的兄弟民族，从此，开始进入了一个新的时期——即在发展生产过程中进行社会主义改造的时期。这确实是边疆各族人民的重大胜利，一件大喜事，在这样一个重要的转折时刻，省委适时地召开了边疆农业生产互助合作会议，就有十分重要的意义。会议上认真研究和估计了边疆土改后的变化情况，根据边疆民族的特点和当前的变化情况确定了全力全面地发展生产，在生产发展过程中，稳步开展互助合作运动的方针，并认真研究了改善作风、贯彻群众路线等问题。这就不仅规定了边疆土改后的前进方向和道路，也从组织上思想上保证了今后边疆生产和互助合作运动的健康发展。

应该肯定，边疆土改工作做的基本上是好的，废除了领主、地主的官租、地租、高利贷和各种封建特权，没收了近92000万斤产量的土地；群众的发动和组织面达70%—90%，骨干、积极分子层达25%，发展了15000名党、团员，并吸收了2000余农民优秀分子参加了党政机关工作。由于土改中贯彻了和平协商方式，领主、地主都受到了照顾和教育，多数都愿意改造自己成为自食其力的劳动人民。民族公众领袖也由于土改中的实际教育更加靠拢政府和人民。边疆和平协商土地改革，已达到了消灭封建制度、发动群众、团结民族上层人士和解放农业生产力这一基本目的。

随着土地改革的完成，边疆情况发生了很大的变化，出现了许多新的问题和新的情况。这些新的问题和情况，主要表现在如下方面：

一、土改的确解放了农业生产力，但基于历史上遗留下来的边疆民族经济文化落后状态，群众至今仍然很贫困，发展生产还有许多困难。土改中群众虽然分得了400—900斤产量的土地和1/3左右的耕牛，但，仍缺乏农具、口粮和生产垫扎，随着旧的生产关系的改

变，农民要求解决这一困难更加突出迫切，因此解决解放了的农业生产力与当前农民生活生产困难的矛盾，就成为今后边疆工作的中心问题之一。

二、土改后边疆人民在发展生产中和汉区一样，一开始就显示了两条道路的分歧，这是自然的。但由于边疆民族的经济基础和民族生产力的落后，就使边疆两条道路的斗争确与内地不同，边疆广大地区至今的落后，农业和手工业尚未分工，没有自己的城市，除个别地区外，严格说来，还没有什么资本主义的经济，尽管边疆自然条件确实优越，潜力很大，但在一个相当时期内，民族自己还无力加以利用和发掘，不论生产发展和资本主义自发趋势的发展，都不会是那么迅速和顺利，因而在对待这个问题上，必须采取不同的做法，不能与内地等量齐观，搬运内地一套办法。

三、土改后民族关系确已起了很大变化，但民族问题仍然存在，我们仍然面对着复杂的民族关系，民族间事实上的不平等，尤其土改区与直接过渡区先进与落后的矛盾已很突出。加上各个民族工作基础很不平衡，各个民族各有自己不同特点，我们还未来得及全面了解和加强工作，解决他们的困难，今后如不认真注意这些特点，麻痹大意就必然会为反革命所乘，仍然会挑起新的纠纷和问题。总之，土改后，我们虽然取得了前进的基础和阵地，边疆民族问题仍然十分复杂，并不比土改以前简单，各种复杂的矛盾关系，包括民族矛盾和阶级矛盾仍然交织在一起，而最本质最主要的矛盾是生产的落后和生活的贫困，各族人民最迫切也是最本质的要求是发展生产改善生活，逐步改变民族的落后面貌。

当然，发展生产的根本道路是社会主义，在农村主要是互助合作，只有社会主义互助合作，才能最后消灭剥削消灭贫困，并根本改变民族的落后，这是各民族彻底解放的唯一的正确的道路。随着内地合作化高潮的影响和前一段的办社试点，边疆人民也确是向往着社会主义——互助合作，我们的任务就在于引导各族人民走社会主义的道路，这是不能有丝毫动摇的。但边疆民族走互助合作道路确有其自己的特殊性，由于边疆的落后贫困和情况的复杂，互助合作必须根据发展生产的需要，根据人民的觉悟程度来逐步实现，我们不能设想可以放松生产孤立办社，更不能设想，离开民族的特点，可以把社办好。事实上，边疆民族的互助合作，确有它自己的发展规律，它的发展速度和规模，不仅受民族实际水平的限制，而且受经验和准备工作的限制。应该说，土改时期确实是注意了民族特点的，但到了发展生产和互助合作时有些同志好像又忘记了注意民族特点这一根本问题。因此，尽管今春我们在已结束土改的地区试办了1000多个社，一般也是增产的，但多数是简单搬运内地一套办社经验，我们至今对边疆合作社从政策到方法方式还没有摸出一套适合民族特点和边疆特点的具体经验来，整个面上的准备酝酿工作还很不够，农民由于还没有看到合作社更好的实际榜样，在入社态度上仍有保留，对自己的生产资料包括自己新分得的土地有很多顾虑。在这种情况下，我们如果只从主观愿望出发，不顾生产的需要和现实条件，希望一下子或一个早上实现社会主义合作化，必将造成工作中更大困难，甚至会产生不良的后果，对我们是十分不利和危险的。今春办社试点中，有经验，也有教训，有些同志只图办多办快办大，结果形成上下吃力，顾此失彼，合作化既未显示很大的优越性，反而放松整个生产的领导，造成不少损失。这种教训应当记取。

因此，今后边疆土改区应坚决贯彻执行省委“大量发展互助组，重点试办合作社，大力发展农业生产”的方针，亦即在解放了农业生产力的基础上，领导各族人民全力全面地发展生产，增加民族的社会财富，在发展生产过程中，逐步建立社会主义阵地，逐步实现合作化，通过社会主义与资本主义的竞赛来战胜资本主义，只要群众生产增产了，合作社办好了，就自然解决了谁战胜谁的问题。

根据上述方针，边疆互助合作运动的速度开始就不能太快，一般说来，第一年合作社对坚持重点试验，控制在5%以下，各种形式的互助组（包括临时的、常年的）只要力量可能，可以大量发展以适应生产的需要，但亦必须加强领导，贯彻互利原则，不能盲目地追求数字和形式。开始时可提倡临时互助组，逐步发展为常年互助组，为合作社打下组织基础。今春办社已达总农户10%—30%的某些地区，由于至今还未取得适合自己民族特点和边疆特点的经验，考虑除办社较好的地区可作适当发展外，一般应以巩固为主，不应盲目发展，以便为合作社的进一步发展打下更好的基础。

至于边疆互助合作的阶级政策，应该无例外地贯彻“依靠贫农（包括新老中农的下中农），巩固地团结中农，逐步由限制富农剥削到最后消灭富农剥削”，事实证明，尽管边疆民族有其特殊情况，但这一阶级政策是完全适用于边疆民族的。问题是在具体执行中间，要有区别，整个说来，基于边疆民族经济落后、人民贫困这一基本特点，为了发展生产，在阶级关系上宜缓和不宜紧张。贫农和下中农占边疆农村人口的多数（通常是70%以上），在办社时应首先吸收他们并保证其领导优势，对中农则应进行耐心的工作，包括耐心教育和耐心的等待，决不强迫其入社，如果他们自愿要求入社，也决不拒绝他们。入社后，应贯彻互利，不能损害贫农利益，也决不揩中农的油，损害他们的利益，防止某些地区搞“全寨入社”等变相强迫的做法。除此，我们还必须正确解决合作社与单干农民的关系。由于边疆在一个相当长的时期单干农民仍是大量的，我们要加强其相互的团结，特别在政府大力帮助其发展生产时，要十分注意，不仅要帮助合作社的农民，而且也要帮助互助组和单干农民，不能歧视，对他们的困难必须予以解决。同时，对农民的自发倾向，应采取正确态度，要放宽农民的个体经济活动，大力扶植其副业和手工业的发展。总之，对待农民要进行耐心的教育工作，积极去领导和吸引他们，盲目地大喊“反对自发势力”，只会妨害生产，引起农民内部的紧张。事实上农民的生产发展了，对合作社只有好处没有坏处，它将直接为合作社创造物质基础。对地主、富农的生产，也应予以注意。他们生产发展了，对整个民族也是有好处的。事实上，也只有在生产劳动中才能更好地教育和改造他们成为自食其力的新人。因此，在目前情况下，仍可允许地主富农雇工、出租小量土地、放债和从事其他经济活动。不应采取简单的行政命令的手段去干涉，主要依靠我们的经济工作及各方面的工作，逐步予以解决。当然，地主、富农在社会主义改造中是会有不满和抵触的，也是有阶级斗争的，但这种阶级斗争主要应采取批评与教育的方法去进行，不能采取简单斗争的方法。对坚决坚持地主立场，并有现行的严重违法和破坏生产的顽固分子，应分别情况依法予以制裁。至于对现行的反革命分子，则应坚决予以打击。

在生产问题上，我们特别强调全面发展，强调从民族的现有水平出发，并要首先推广民族自己的先进经验，这就不仅要发展粮食、经济作物、亚热带作物，而且要发展副业、手工业和相应地发展商业。粮食作物是边疆生产的基础，必须保证其逐年增产；经济作物和亚热带作物，是边疆将来根本改变落后面貌的重要措施。必须有准备地加以大力发展，从小量到大量，从发展技术低的到发展技术高的，从不需要当地加工的到由当地加工。当前还应十分注意积极帮助副业，特别是手工业的发展，这是边疆农业经济不可缺少而又十分薄弱的一环，对不论社内社外，都应大力扶植。除积极扶植原有手工业者，而且要采取一些特殊措施，培养和训练民族的手工业工人。在边疆民族的生产问题上，我们至今还是没有经验的，今后必须努力钻研。

总之，边疆的贫困落后和变化情况，决定了我们必须在互助合作的速度上放慢一些，使农村阶级关系更缓和一些，即使有关合作社本身的办社形式、规模大小以及在具体政策上的若干问题，亦必须有利于生产的发展，有利于民族的团结。不能机械地搬运内地经验，我们这样做的目的是积极的，绝不是消极的，绝不是推迟社会主义和合作化，而是为了能够更好地全力全面发展边疆民族的生产，把边疆土改区的合作社办好，以便更好地发展。因此，各级党委和政府，对上述基本方针和政策，必须在干部和群众中进行深入传达，广泛宣传，帮助干部认真地清醒地分析自己地区民族的情况和问题，防止急躁冒进和可能的消极理解，把干部和群众的社会主义积极性引导全面发展生产，摸索边疆民族办社的特点和规律，积极为合作化做准备工作。

最后，要保证党的基本方针的贯彻执行，保证边疆生产与合作化的胜利，还必须认真改善领导作风。在全体干部中提倡实事求是，从边疆民族的实际出发和善于帮助各族人民自己走路的作风，克服实际工作中的主观主义、宗派主义和大汉族主义的思想倾向。应该肯定，边疆绝大多数干部是热情勤恳和艰苦的，为各族人民做了许多好事，也取得了若干成绩和经验。但由于领导干部多数是汉族出身，长期生长在大民族的环境中，对民族的特点和真实情况的体会和了解，无论如何不是那么深刻，因而尽管多数干部主观愿望很好，但在实际工作中往往容易犯主观主义，这种主观主义的突出表现是忽视民族特点，一般化地对待复杂的边疆问题和民族问题，硬搬内地一套经验，强加于边疆，因而各地在取得成绩的同时，也造成若干错误和损失。这种主观主义所以滋长而不能迅速克服，又与某些干部的骄傲自满、宗派主义分不开，突出地表现在汉族干部与民族干部的关系上。有些汉族干部往往过高估计自己的成绩，强调个人作用，以先进民族自居，看不起兄弟民族和民族的干部，总认为他们落后狭隘，因而就不肯认真帮助民族干部，不肯虚心倾听民族干部的意见，因而也就不能深入地了解民族的真实情况和群众的真实愿望。这种主观主义、宗派主义，反映在政治上就成为大汉族主义的思想倾向。如果发展下去就会引起民族的离心，直接影响民族间的团结和信任，直接损害边疆民族社会主义事业的前进。今后，要克服这种主观主义、宗派主义和大汉族主义倾向，唯一办法，就是认真学习中共“八大”文件，从领导到所有干部真正深入下去进行艰苦的调查研究，老老实实地学习兄弟民族自己的经验和特长，进一步加强干部间的团结。汉族干部有责任帮助民族干部做好工作，尊重民族干部的职权，遇事共同商量，主动地征求他们的意见，取得他们的真正同意，他们赞成的事就干，不赞成的事就不干。当然，民族干部也应该向汉族干部学习，体会到党和人民对自己的希望，正视自己的不足，以最大的奋勉，努力提高自己和密切联系群众，一刻也不脱离群众。总之，不论汉族干部和民族干部，都应亲密地团结起来，兢兢业业地共同正确地执行党的方针政策，深入实际，深入群众，与群众同甘苦、共呼吸，以模范的作风去密切与群众的联系，认真贯彻群众路线。只有如此，才能真正克服缺点、改善作风，才能更好地团结，共同把边疆社会主义事业办好。

省委边委批转边委工作组关于当前德宏傣族区基本情况的看法和意见

《边疆工作通报》第44期

中共云南省委会边疆工作委员会编印

1957年10月9日

省委边委批转边委工作组关于当前德宏傣族区基本情况的看法和意见

蒙自、思茅、临沧、德宏各地委：

最近一个时期，随着边疆社会主义的前进和农村情况的发展，各地先后提出了关于当前边疆主要矛盾和基本方针的讨论。为此，省委边委曾派工作组到德宏傣族区进行了重点考察，现将工作组所了解到的若干情况和提出的初步看法转发给你们作为参考。请你们也对和平改革地区的情况进行一次深入的调查研究，并提出意见，作为10月底（或11月初）边疆和改区会议的准备。

中共云南省委边委

1957年10月3日

现将我们去德宏傣族地区了解到的一些情况和我们的初步看法报告如下：

土改后1年多来，从德宏傣族地区的情况看，主要有如下3个方面的发展变化：

一、生产有相当发展，生活有显著提高。以芒市坝法帕寨为例，1955—1956两年增产13%，农民每人每年的收入，贫农由25元左右增至40元左右、下中农由35元左右增至50元左右、上中农由60元左右增为80元左右，地主、富农只略有下降。与此同时，农村中的阶级有一定的上升，资本主义经济因素亦有发展，农村中雇工和投机商业等又开始有些活动，但整个说来农村资本主义经济的发展和阶级分化都不是很快的。

（一）阶级上升情况：贫农由土改时54.7%减为34.6%，下中农由19.5%增为32.7%，上中农由18.1%增为24.6%（下降的只有0.7%），从数字上看上升不算小，但上升原因多数是因土改分地和政府帮助。至于富农土改时占农村人口4.5%现为9%，其中除个别的系由上中农上升者外，大部分是土改时有意识放过的小富农。法帕寨的新增7户富农中，只有1户是老上中农上升起来的。

（二）商业方面的发展，可分两类情况。一种是城镇和交通线及边沿的部分地区，商业确有一定程度的发展，经商的多系土司属官和部分地主、富农。很多土司、属官甚至搞贩鸦片、白银、手表等违法走私，去年朝拜佛牙和边民联欢大会后，活动更加放肆，不过他们的走私活动与农村经济的直接联系很少。另一种是广大农村纯商业的活动，户数虽略有增加，但资金却有很大减少，在农村总收入中所占比例也很小。以比较接近交通沿线的法帕为例，从事商业活动的原有48户，现增为51户（多为富农和上中农），总资金由土改前的22600元半开降为6360元人民币，下降了2.4倍①，商业收入只占其农业总收入的6.8%。经营品种亦有变化，除个别户经营一些棉纱或成衣外，多数经营盐巴、火油、沙鸡、芦子等零星用品。至于广大的边僻地区，商业成分更少。整个商业资本下降和经营范围缩小的原因，除土改后农民多出外交换一些日用品自用外，主要是国营贸易在农村中已占优势。

粮食市场上，已发现内地汉族奸商和少数傣族富农进行黑市活动，但广大农民做粮食投机的很少。

（三）雇工借贷，较土改结束时略有增加，比土改前减。法帕寨雇工活动较土改前，长工减少80%、季节工减少25%、短工减少20%，今童工略有增加。今春内地流来若干汉族帮工，多数用于盖房子、种植经济作物，不能以雇工剥削看待。

在瑞丽边沿地区，中缅边民之间发现有债务和租佃关系，其余广大地区很少，农民有困难多向政府贷款，出租土地的多系完全丧失劳动力的贫农。

二、农业互助合作方面，傣族区已建立了397个合作社（占人口18%）和885个互助组（占人口23%），经过春季一段的退社考验，已较为巩固，初步显示了优越性。特别是在解决贫农和寡妇的生产生活困难方面起了很大的作用，社外农民对社已有些好评，有些贫农和下中农已表示明春入社。但从上面看来，目前傣族农村互助合作运动，确已出现新的困难，与山区和其他民族相较，前进一步更为吃力，社外各阶层农民的入社态度由于生产资料的占有和经济地位的不同而有差别，但多数至今还持观望态度。从法帕寨159户农民阶层的动态上看，占总农户24.6%的上中农，他们曾拥护过土地改革，政治上至今仍基本靠我，但多数不赞成办社。占户数32.7%的下中农中，有12%的农户实际上是中中农，生产资料较为齐全，生产生活基本上没有困难，也采取观望态度。其余20.7%的下中农和34.6%的贫农（两者合计占总农户55.3%），他们是拥护合作化的，但在初办合作社时，由于受到规模、经营水平的限制，一时还不能适合所有贫农和下中农的具体要求。因而，入社的

①“下降了2.4倍”的表述有误。原文如此。——编者

积极程度亦有不同。据了解这些人有6种具体情况：一种是劳力多、土地较少的，绝大多数都积极入社，且不少是办社骨干，只是在少数合作社报酬尚低于社会工资时，个别觉悟不高的农民有动摇或退社的现象，这一类约占47.27%；一是劳力不全的农民，如寡妇和单身汉，单干很难生产，故对入社亦很积极，这一类约占9%；一是劳力少而弱、土地较多的，虽然生产生活有困难，但入社和抢不到工分反而减少收入，宁肯留在社外，依靠优厚的自然条件采取粗放经营，勉强维持生活，这一种占23.64%；一种是兼做小生意的农民，一般不愿入社，这种人占7.4%；还有两种类型即完全丧失劳动力的老弱孤寡和本身有缺点的人（如吹大烟、懒惰等），合作社目前尚不愿吸收他们，这两种人共占12.75%。现在该寨入社农户共计38户（占全寨户数24%），其中占85%的社员都是属于上述一、二类情况的农民，目前社外农民除10多户仍表示入社外，其余仍采取观望态度。根据上述情况看来，当前傣族农民中对于合作化要求最迫切最积极的，约占总农户的30%。

三、农村的政治情况：随着农业合作社的前进，入社农民和部分社外农民的社会主义觉悟有所提高，唯从面上看，目前地主、富农在农村的气焰很高，对农民生产和合作社的阴谋破坏日益严重，多数农民阶级界限模糊，对地、富有顾虑，甚至有变天思想；农民内部特别在社内外农民的关系上问题却很多，有时甚至冲淡了农民对地、富的仇恨，今春虽做了若干团结工作，尚未根本转变过来。

总之，1年来边疆民族地区的变化和发展是良好的、正常的，尽管开始时由于各地对边疆经济文化落后和和平土地改革的特点理解不够，合作社办多了一些，放松对全面生产的领导，放松对地富的教育改造，特别是放松了整个农村政治思想工作，以致出现今春大量退社的情况，但整个说来农民生产积极性是很高的，生产有了发展，社会主义占领相当的阵地，社会主义经济发展比资本主义经济的发展要快得多。社会主义尽管在当前尚未占优势，但业已建立18%合作社，情况已与土改初期不同，有了进一步发展的基础和可能。证明土改后省委在肯定边疆两条道路的根本分歧之后，针对边疆民族贫困落后的特点，提出全力全面发展生产、稳步开展互助合作运动的方针是正确的，在刚刚结束土改的情况下，为了有利于生产和社会主义的发展强调阶级关系不宜过紧，对资本主义因素限制不要过严，也是必要的。

但对于上述1年来新的变化情况及省委所确定的方针在党内认识上并不是完全一致的，直至目前仍有很多争论。

有一些同志强调傣族区资本主义经济成分的发展已很突出，从而断定资本主义和社会主义的斗争已成为这些地区当前突出的矛盾，从而对省委对土改后情况的估计和所提出的措施，产生了怀疑和动摇，主张加快农业合作化的速度，加强对农村资本主义自发倾向的限制，个别地方在实际工作中不区别地主、富农、上中农和退社农民，一律加以斗争，有的甚至放松对地、富的斗争，而把矛头指向上中农和退社农民。

这些同志产生这种看法的原因，一种是过高估计了这些地区若干点线的商业活动和富农经济的发展，其中有人甚至把资本主义的发展道路，与资本主义经济的发展这样两个不同问题混淆起来，除合作社以外的一切经济成分都笼统地称为资本主义（特别是商业部分），既未把个体农民的经济活动和富裕农民的自发倾向加以区别，也没有把富裕农民的自发倾向和地富的资本主义经济严格加以区别。加上有些同志，把省委去年所提出强调边疆全面发展生产改变贫困落后误解为“先发展一段资本主义然后再发展社会主义”，反过来这就更加对省委方针的怀疑。另一种是对于今春大量退社的情况缺乏正确分析，过高估计了资本主义经济对农民的吸引力，有的甚至把它作为退社的主要原因，因而不但一般地批判资本主义自发倾向，甚至企图限制社外农民生产的发展，担心“单干农民的生产发展了就更不愿意入社”，觉得社外发展生产对社会主义改造不利。

我们认为，这种看法是片面的、危险的。事实上，今春大量退社的基本原因，是我们没有坚决执行“重点办社”的方针和认真贯彻积极路线，由于当时我们并没有傣区办社的实际经验，群众入社多数是基于政治热情，部分上中农则由于政治上怕孤立而勉强入社，加以地主、富农的阴谋破坏，今春退社较多，除了几户上中农确因入社减产的退社后仍雇工和从事商业活动外，绝大多数是因合作社未照顾其民族特点，经营管理不善，没有显著增产而退社。省委早就指出开始办社过早吸收上中农入社对树立贫农对社的领导优势是不利的，反过来又影响了部分贫农，现在退出去对社的巩固反而有好处。至于单干农民的生产应不应发展的问题，我们认为，农村一旦解除封建束缚，生产是必然要发展的，土改后又不可能一下子实现合作化，在逐步实现社会主义改造中，对单干农民的生产是发展好呢？还是不发展好呢？这是不问自明的。当然，这并不是说，单干农民不应该逐步诱导其入社，更不是说农民可以不经过教育就会自然实现合作化的，正是因为广大农民是会逐步入社，才强调单干农民发展生产是为社会主义创造物质基础的。担心单干农民的生产会影响社的发展，实际上是对合作社的优越性缺乏信心的一种表现。

实际上，1年来资本主义因素尽管有些发展，但应该肯定这是土改后生产发展中不可避免的现象，过早地或不适当地限制这种发展趋势会直接影响到农民的生产发展。目前的发展情况是不可怕的，虽然随着今后情况变化我们是要限制的，但同样应根据不同地区和不同条件，根据社会主义和生产发展的需要逐步加以限制。如果不这样，企图采取简单的做法，企图脱离农民的觉悟程度，通过对资本主义自发趋势的限制和压力，人为地造成合作化的高潮，就必然会引起农民不满和抵触，农民即使勉强地暂时入社，结果也只会造成更多的混乱。

当然，我们在批判上述倾向的同时，丝毫也不能放松实际工作中另一种极端倾向，那就是强调民族的落后和特殊而忽视土改后两条发展道路的根本矛盾。或者是把发展生产改变落后和社会主义改造对立起来，以致不敢积极地进行农业合作化的试点，对地主、富农的政治破坏，不敢采取必要的政治斗争。今春发生大量退社后，干部中甚至出现不敢理直气壮地宣传社会主义的情况。当然，民族的落后因素，始终是我们认识边疆特点的基础，但是如果因此而忽视边疆的本质矛盾而对根本道路有所动摇，则是错误的。

总之，两种倾向都是片面的、错误的，作为贯穿于边疆整个过渡时期的根本矛盾，即社会主义和资本主义两条发展道路的斗争问题上，是没有争论的，各个民族都要走社会主义道路。边疆土改后自然出现两条发展道路的根本分歧，土改后障碍农村生产力发展的已不是封建制度而是农村资本主义剥削和小农经济的落后性，要进一步解放农村生产力必须实行社会主义改造，其中主要的是实现农业生产合作化，这些是任何民族都不能例外的，而且已为1年来边疆社会主义前进所显示的巨大优越性所证明。事实证明，只有社会主义才能最后克服各民族贫困落后达到民族的发展繁荣的，因此，现在争论的已不是对两条根本道路还有动摇与否的问题，而主要是边疆两条发展道路斗争的特殊性的问题，以及当前矛盾的主导方面的问题。看不到或不能掌握矛盾的特殊性及其特殊规律，就不能解决边疆的根本矛盾。不能正确地估计边疆社会主义当前的发展阶段，也就不能真正领导边疆社会主义的前进。傣族地区两条发展道路斗争的特殊性究竟是什么呢？当前为什么会有资本主义发展并不很大，而互助合作却感到特别吃力这样一种特殊情况呢？

第一，傣族经济基础落后的因素。傣族原有的社会形态，基本是封建领主经济，尽管土改前农村已产生富农经济，但保持着很浓厚的自给自足的自然经济的特色，农民尽管同样是个体小私有者，但却是刚从封建领主统治下解放出来的半农奴式的小私有者，在发展水平上确与内地的个体农民有很大不同。农民平日的生活很简单，要求很低，生产的直接目的只是为了自己需要而不是市场的价值，生产工具很简陋，习惯单一经营，主要种植稻谷，兼种一些花生、甘蔗、黄豆和小菜等，亦完全用于自给，饲养大量的猪、鸡、鸭，除少数户外，绝不出卖。法帕寨159户养猪477头，其中100斤以上的有112头，有的猪养了4—5年，重达数百斤也不出卖。该寨有鸡4000只，每户平均20多只，除1户富农卖小鸡外，多不出卖，更不出卖鸡蛋。穿布都是妇女买纱（或自纺）自织自染自用。至今除银匠外，仍无铁匠、木匠等独立的手工业和作坊，所用犁头、镰刀由汉族、阿昌族供给，木制用具则由崩龙族供给。商业基础很薄弱。随着生产和交换的发展，这种自给自足的情况虽然要变化而且已经在变化，但由于经济基础落后，反映到人们意识形态上的消极保守易于满足和平均主义等思想却不是在短期内可以根本改变的，特别是傣族对佛教的深厚信仰，及其残余的封建等级观念，直接影响到人民的人生观。人们一生的最高理想，只是“有吃有穿有供（供佛）”，“吃吃供供，供供吃吃，吃完供完，死掉上天”，男人一生就是“犁田、唱调、串布少”，女人一生就是“织布、煮饭、引布帽”，缺乏更进一步多方面发展生产的要求，因而对社会主义以及新的生产措施很难理解和接受。尽管我们对农村资本主义因素未加什么限制，但其发展仍不很快，对合作社我们尽管做了很多宣传，广大农民的理解程度仍然很差（去年入社社员干了1年的活计，还不完全懂得“按劳取酬，多劳多得”）。

第二，政治上的因素。特别是和平协商土改所形成的一些特殊问题，当然土改的成绩是巨大的、肯定的，但改革中对地主、富农不论在政治上或经济上的确打得不透，广大群众的阶级觉悟不高，对剥削不甚仇恨，从而也限制了群众的社会主义觉悟。加以这里始终是边疆和少数民族地区，潜伏的敌特和境外的蒋匪的破坏，以及历史上遗留下来的民族隔阂，和新发生的一些民族顾虑，都会直接、间接地影响到农民对社会主义改造的理解和接受。

第三，傣族区自然条件优厚，中农成分比重大，贫农、下中农存在着不同的具体情况，也是必须加以注意的另一特殊因素。这里地广人稀，土地肥沃，物产丰富，劳力缺乏，社会工资高，周围大部是贫困山区，农忙时劳动力大批流入，因此，取消封建剥削之后，农忙单干生产不但可以生活下去，而且能在一定程度上发展生产。所有上述特点就规定了傣族地区的社会主义改造，不论从合作社的速度、规模、形式，以及对地主、富农和资本主义的斗争限制等方面，都和内地有所区别，有着自己的特殊规律。

首先是在合作社的速度上，看来第一年发展农村人口的4%—5%，第二年发展10%左右，第三年发展到30%是可以的。但合作社一旦发展到30%，亦即将贫农、下中农迫切需要组织起来的农户吸收入社之后，合作化就面临一个重要关口，我们有了阵地，但要进一步吸引中中农，特别是上中农入社，就必须做到合作社能显示巨大优越性，在生产上赶上并超过中农（包括一部分上中农）。基于傣族区自然条件好、生产潜力大，我们估计只要依靠组织起来和政府的大力帮助，逐步改变其生产条件（包括耕牛、农具和技术等），三四年内是可以超过一般中农生产水平的。我们也应该为此积极努力创造条件，争取超过。如果超不过，我们就要善于等待，竞赛一二年后再基本实现合作化。为此党的领导上必须把和平土改区作为今后的工作的重点，并对合作社在人力物力上做重点的扶持，使其不仅迅速地克服经营管理上的混乱，而且争取尽快地增加生产、增加收入。这种通过生产的竞赛，即通过合作社生产赶过一般中农生产水平的办法来实现合作化是傣族区社会主义改造的一个重要特点，也是和内地在实现合作化具体道路上的一个重要区别。

其次是在对地、富即反革命分子的斗争方面，应该肯定这是一个长期的斗争，必须经常进行，不能麻痹，但，在有利时机，集中而又适当地予以打击，也是必要的。目前，乘内地正进行反右派的斗争时机，打掉一批反革命分子，并对边疆地、富进行必要的政治斗争，对我们是有利的，也是可能的。唯斗争的目的，必须是为了发动群众提高群众社会主义觉悟，进一步地分化和孤立敌人，进一步稳定边疆并为社会主义创造政治条件。因此，在斗争中必须讲究策略，适可而止，不能乱打，并必须根据群众的觉悟，发动群众自己起来斗争。

再次，是对资本主义经济的限制，原则上应随着合作社的发展逐步限制，合作社前进一步就对资本主义限制一步，目前时期主要应抓商业，国营贸易应积极前进，设法与农业合作社挂钩，成为推进和扶持合作社发展的力量。同时要严格限制投机走私等违法活动，并以重税限制非必需品的入口，对尚有利于农民必需品供应的商业活动，则应适当利用和正确地加以管理。至于粮食问题，目前可采取对一般农民宽、对地富和上中农逐步严的方针，达到国家掌握必须的粮食，并限制奸商的投机活动。

至于一般农民为自需而出外购买一些必需品，以及从事一些粮食加工性质的小生意，在边疆目前情况下，可加强教育，不要硬性限制。

最后，合作化运动必须始终坚持执行依靠贫农（包括新老下中农）和团结中农的阶级路线，目前应认真消除贫农、下中农现存的社内外的隔阂和距离。加强对社外贫农和下中农（包括退社户）的帮助和社会主义教育，提高其阶级觉悟，划清阶级界限，把他们紧密地团结在合作社的周围。对上中农亦必须坚持团结改造的方针，政治上应严格区别于地主富农，经常对他们进行劳动光荣、剥削可耻的教育。估计如果认真做到上述几个方面的措施，德宏地区的合作化，今冬明春虽然还不能出现高潮，但在巩固现有合作社的基础上发展一批则是可能的。

（附：德宏潞西县法帕寨土改后基本情况的调查材料）

中共云南省委边委工作组

1957年10月3日

德宏潞西县法帕寨土改后基本情况的调查材料

一、生产生活的发展和变化

法帕寨共159户912人，占有水田面积802箩种，劳动力427个。土改基础较好，有5个共产党员、6个共青团员，是全乡较先进的寨子。1955年7月结束了土改后，紧接着就重点试办了一个农业生产合作社，入社农户25户，占总农户的15.7%；1956年秋天，扩入43户，占总农户的42.7%；1957年春天退出31户，剩下37户，占总农户的23.2%。合作社去年粮食增产28%，社员情绪较高，看来可以逐步巩固起来。

该寨土地肥沃，水利气候等均极为优厚，生产潜力很大，生产门路多，宜于多种经营。农业上主要种植水稻，也可以种豆、麦等小春作物以及花生、甘蔗、咖啡、龙舌兰、紫胶等经济作物和亚热带作物。饲养猪、鸡、鸭、黄牛，养鱼等是傣族农民习惯上经营的副业。

土改后，农民分得了土地，生产力获得了解放，耕牛、农具在政府的大力扶持帮助下，两年来有一定程度的增长。土改结束时，全寨159户，共占有耕牛145头，平均每户占有耕牛0.9头；现在增长为167头，平均每户占有耕牛1.04头，各阶层的占有比例是：贫农21头，平均每户0.4头；下中农51头，平均每户1头；上中农56头，平均每户1.5头；富农28头，平均每户2头；地主1户，没有耕牛；合作社公牛11头（政府无偿补助4头、贷款购买7头）。全寨原有黄牛123头，平均每户占有0.77头，现在增长为149头，平均每户0.9头。但贫农和下中农很少占有，约占30%。大农具犁、耙、驮架也有相应地增加，平均每条耕牛有犁、耙各1.5套。每条所驮的黄牛有驮架1套。平均每个劳动力有板锄1把。每户有钐刀1把，其他小农具如镰刀、粪筐等一般都比较齐全。在生产技术上，两年来逐步推广了一些先进措施（主要是合作社），如增施肥料、选种换种、温汤或药水浸种（部分合作社）、栽壮秧、推行合理密植、兴修水利、中耕薅锄等，使粮食产量有一定的增加：1955年因土改生产关系变动，增产较少，约3%；1956年增产10%左右。每箩种（约3.5亩）的平均产量由51箩（1020斤）增加为55箩（1100斤），每人平均产量由42箩增加到47.5箩（每人平均110斤）。

随着粮食作物的增长，饲养猪、鸡、鸭等副业，也有所发展。过去占全寨37%的农户养不起猪或只能分养别人的猪，现在减少到5%。1956年全村养猪492头，今年因瘟疫死亡，减为477头，包括母猪60头、大猪112头、半大猪103头、小猪202头，平均每户还养猪3头；全寨养鸡3000多只，平均每户20只；鸭子450只，平均每户3只；其他园圃、养鱼等副业也有所增长。因此，各阶层人民的收入除原来的地主、富农略有下降之外，都有不同程度的提高。各阶层的农副业收入的增长比例是：贫农由土改前的25元左右增加到40元—50元，下中农由35元增加为50元—60元，上中农由60元增加为70元—80元，富农由80元增加为100元—120元。农民生活有较为显著的改善，据土改前后的统计，全寨有30%—40%的缺粮户，现下降到10%左右。居住、衣着等物质生活方面，虽然还没有显著的变化，但也有一定程度的提高，个别农民开始用热水瓶、瓷盆等。

随着物质生活的改善，相应地提出了文化生活的要求，学龄儿童的入学比例增加了3倍，由1955年的24名，增加为86名。青壮年由于交际、就业、看电影等需要，要求学文化，特别要求学汉语汉文。宗教寺庙上的布施、供献，据老佛爷说，年来有所增加。但较大的宗教活动，如做“淌”及“帕戛”等则较前减少。

但是另一方面，由于生产资料占有不平衡，生产发展和生活改善的程度也有所不同，部分贫农和下中农的生产生活上还有一定程度的困难。据调查：贫农中，约50%耕地不足（只占有0.5箩的土地面积），贫农和下中农中尚有41户没有耕牛，占两阶层的39.5%。全寨尚有18户贫农缺口粮，有71户负债（其中贫农和下中农就占64户）。这一情况突出地说明了土改后，虽经政府大力扶持，贫农和下中农的困难还不是短期内可以解决的。

二、农村阶级变化情况

随着生产的发展，阶级成分也表现了一定程度的上升和变化。

全寨土改结束时的阶级成分是：

贫农：87户，占总户数的54.7%。

下中农：31户，占总户数的19.5%。

上中农：29户，占总户数的18.1%。

富农：6户，占总户数的3.7%。

小土地出租者：5户，占总户数的3.15%。

地主：1户，占总户数的0.63%。

现在如按照剥削收入占25%、每人收入100元以上为富农，剥削收入占15%以上、每人收入平均在80元左右为上中农的标准进行划分，则变化为：

贫农：55户，占总户数的34.6%。

下中农：52户，占总户数的32%。

上中农：38户，占总户数的24.6%。

富农：13户，占总户数的8.1%。

地主：1户，占总户数的0.64%。

各阶层的升降情况如下表：

阶层	户口	%	上升户					变动户					未变动户	
			下中农	上中农	富农	小计	占本阶层%	贫农	下中农	上中农	小计	占本阶层%	户口	占本阶层%
贫农	87	54.78	30	5		35	40.2						52	59.8
下中农	31	19.51		11		11	35.4						20	64.6
上中农	29	18.15			7	7	24.1	1			1	3.4	21	72.5
富农	6	3.78											6	100

续表

阶层	户口	%	上升户					变动户					未变动户	
			下中农	上中农	富农	小计	占本阶层%	贫农	下中农	上中农	小计	占本阶层%	户口	占本阶层%
小租	5	3.15						2	2	1	5	100		
地主	1	0.63											1	100
合计	159	100	30	16	7	53		3	2	1	6		100	

从上表看出：全寨各阶层中共有53户上升，占总户数的33.3%，其中上升为下中农的30户，占总户数的18.6%；上升为上中农的16户，占总户数的10.1%；富农增加了7户，占总户数的4.4%；变动户6户，占总户数的3.95%；不变的为100户，占总户数的63%。

但是，应该指出，阶级上升的原因主要是土改分地和政府的扶持，合作社中贫农上升的占大多数，同时在新增加的7户富农中，6户系土改时有意识放过的小富农，并不是新上升的，实际上是不变户。此外，从当前生产生活情况看，贫农中已有30户上升，但其中尚有24户还负有不同程度的债务，其中8户欠债较多，共欠490元，每户负债60多元，而且多系用以购置耕牛、农具的，实际可以不算为已经上升。因此，如果除去这两部分共14户，则该寨各阶层的实际上升户仅为39户，约占总户数的24.4%而已。

三、农村资本主义经济发展和变化情况

1.新旧富农生产资料的变化情况：现将11户富农的生产资料变化表列如下。

项目	土改前	现在
人口	58人	61人
劳动力	31.5个	
土地占有	110.5箩	82.5箩
产量	7080箩	5580箩
耕牛	22头	21头
黄牛	18头	31头
债利	1900元（半开）	无
雇工	6个（长工）	4个（童工）
商业资本	2800元	2200元

以上对比说明这11户的经济情况，除黄牛由18头增长为31头，增加了72%以外，其他各项生产资料虽有下降，但变化不大。

2. 农村商业资本的变化：全寨159户中，土改前有资本10元（半开），商业利润收入占总收入的15%以上的共48户，占总户数的31%；现在为51户，占总户数的32.7%。户口比例略有上升，但从资金数额、资金流转、经营范围等方面来看，则又有显著的下降。过去和现在的对比如下。

资金项目	过去		现在	
	户口	金额	户口	金额
10元—20元	10	120	8	80
21元—50元	5	240	15	600
51元—100元	6	550	10	980
101元—200元	8	1500	11	2100
210元—500元	11	3950	4	1100
510元—1000元以上	8	16250	3	1600
合计	48	22610	51	6300

上表说明，资本在100元左右的商业活动有所增长，显现了一定的自发趋势，但总的则下降很大，全寨土改前商业资金为22610元，现在下降为6360元，减少了约2.5倍①。而且现在的6360元资金也并不完全投入市场，其中季节性冻结的资金约2000元，实际经常投入市场的仅4500元左右，约为过去资金的1/5。

关于资金流转，据估计过去因资本大，经营集中（如经营大宗的大烟、花纱、粮食等品种），流转较快，平均每两个月可以流转1次。现在经营分散，100元以上的资本最多，经营的品种范围也有很大的变化（现在多经营火油、盐、沙鸡、芦子等零星品种），流转率小（100元资本1年流转3次），利润也小，一般只能赚到一本一利。

农村中商业资本主义趋于下降的原因，主要是国营商业的大规模前进，基本上控制了国货市场；贫农、下中农到缅甸自购必需品的增加（全寨过去到缅甸自购必需品的有19户，现在增加为36户），国货市场相对的缩小；大烟、粮食等投机商业的取缔，地主、富农政治上受到打击，也是农村商业资本趋于下降的原因之一。

3. 农村债利情况的变化：土改以后，废除了地主的全部债利及富农的部分债利，农民

①“减少了约2.5倍”的表述有误。原文如此。——编者

内部的债利也不废而除，两年来各阶层中除有一些极为少量的互通有无的借贷之外，几乎没有发现高利贷的行为。其主要原因除了农民生活有所改善外，更主要的是政府的贷放救济代替了高利贷。4年来与政府发生过的借贷关系是：

1954年38次，借款648.6元；

1955年43次，借款567元；

1956年166次，借款1924.4元；

1957年6次，借款81元（不完全的统计）。

4次合计263次，借款3221元。其中：耕牛贷款291元、籽种贷款94.7元、农具贷款7元、结婚贷款70元、口粮贷款2758.3元。到目前为止，已归还的仅1068.8元，下欠2152.2元。现将各阶层欠债情况表列如下。

阶层	贫农			下中农			上中农			合计		
	户口	资金	每户平均	户口	资金	每户平均	户口	资金	每户平均	户口	资金	每户平均
1. 信用社	24	890.3	37.1	10	330	33	4	35		38	1255.3	
2. 银行	14	372.3	26.3	14	415.8	29.7	5	108.8		33	896.9	
合计	38	1262.6	33.3	24	745.8	31.1	9	143.8		71	2152.2	

此外，法帕农业生产合作社，两年来向信用社贷入5元、向银行贷入1202.6元（其中籽种贷款143元、耕牛贷款465元、预支594.6元）。

单干户及合作社合计，共借入贷款是4423.6元，除已还数外，现在尚欠3354.8元。

4. 雇佣劳动情况的变化：该寨地主、富农、上中农3个阶层的雇工情况对比如下。

阶层	户口	过去雇工数				现在雇工数				备注
		长工	童工	月工	短工	长工	童工	月工	短工	
地主	1								15	过去主要指土改前
富农	13	10		1	705	2	1	1	15	
上中农	38	4	3	3	840	1	2	2	743	
合计	52	14	3	4	1545	3	3	3	1264	

上表说明：土改后，除童工增加了3个之外，其余长工、月工、短工均有下降，长工由14个减为3个、月工减少了1个、短工减少了296个。而且应该指出，这些雇佣关系，都

是土改时就遗留下来的，并不是新发生的。雇佣劳动减少的原因，是生产资料分散，农民分得了土地，自耕户增加，而且组织起互助合作减少了困难，减少了出雇的需要，有些农民因为提高了觉悟也不愿出雇受人剥削。

其他贫农和下中农，则因为生产资料和劳动力相差的幅度不大，除换工互助等类有所增加外，雇佣劳动也没有增加。民族之间的雇佣劳动全年发现一个汉人被雇用了10多天，没有大量雇佣外族雇工的现象。

5. 生产资料出租情况：全寨没有因为做生意或从事其他剥削而放弃或出租土地的。159户中，只有两户出租土地，共出租15箩种。出租土地的原因：1户系完全缺乏劳动力（咩岩相保），1户则劳动力不足（有14箩种只有1个劳动力，故出租了6箩种田）。此外，分养牲畜或母猪、大猪的现象为数甚少。

6. 粮食的收购问题：去年法帕乡的粮食收购任务没有完成，农民有惜售思想，特别是上中农，表现在粮食问题上的资本主义自发趋势较为严重。据调查，在上中农手中还有余粮约3万斤，一般都拿到自由市场上去出卖，不肯卖给国家；一部分稍有余粮的下中农和贫农则又有“零售零花”的习惯，所以粮食问题就显得较紧张。但是粮食紧张的更主要的原因，则是增产有限和需要增加及傣族农民大量浪费粮食之间的矛盾。据以上调查，该寨1956年的粮食产量共14115箩，每人平均47.5箩（950斤），粮食并不算太少，但傣族农民除口粮外其他宗教习惯上耗粮很大，每人每年约需粮40箩（800斤）才够，共需口粮37200斤，只剩下6951箩（139020斤）。除上公粮3088箩(76540斤)，去年实卖余粮50000多斤，农民手中的余粮不过26000多斤，最多也不过40000斤。因此，从粮食问题不能说没有自发倾向，但严格说来并不怎么严重。

7. 关于手工业问题：和其他广大的傣族地区一样，法帕全乡至今仍然没有一个独立的手工业者，也没有一个和农业分离的手工作坊。除织布、煮酒、磨豆腐等外，其他绝大部分的生产工具和生活用品都通过单位的交换仰给于别的民族；铁质用具如犁、锄、镰、刀（包括菜刀）都分别由汉族、阿昌、缅甸供给，木质用具如犁柄、木耙、木制织布机、桌、凳、杵、臼等甚至极简单的锄把也由崩龙族供给，一切陶瓷用具及宗教活动的必需品如香火、蜡烛、纸扎等都由汉族供给。

四、各阶层的政治思想情况

经过土改和两年来的互助合作运动，群众的觉悟有一定的提高，农村支部和基础政权基本上是巩固的。但由于和平土改的限制，特别是近1年来对政治思想工作抓得不紧，放松了宣传教育，片面地理解土改后阶级关系不宜过紧的政策，未对农民进行阶级教育，坐视地主、富农的疯狂破坏，也未进行有力的反击，一度出现过思想混乱，阶级界限不清，地、富气焰嚣张，积极分子苦闷消沉的情况，正气不能抬头。现将乡村干部及各阶层的政治思想动态分述于后：

法帕寨共有5个共产党员、6个共青团员、14个积极分子，分为两种类型。4个共产党员、两个共青团员、两个积极分子较为坚定明确，为第一类型。第二类型的思想动态是：缺乏阶级斗争的观念，有和平麻痹的思想，一般认为地主、富农改造得好、规矩守法，“谁也不恨谁了”，错误地认为地主、富农好领导，贫农反而问题多，和地主、富农吃喝玩耍、听经看戏不分界限，疾病死亡、婚丧嫁娶照旧礼尚往来，认为以前地、富帮过自己，现在不帮他们过意不去。有的青年积极分子爱慕地主、富农的姑娘，甘愿入赘富家做女婿。有的甚至完全丧失立场，帮地主、富农说话，但对农民内部，特别对上中农和退社户有讨厌情绪，不加区别地给他们戴上“资本主义”单干户的帽子，甚至想采取限制打击，企图扣退社户应分的小春，不卖咖啡苗给他们，声言不准退社户雇工或组织互助组，不和他们来往，不叫他们开会，不给他们救济贷款，对他们的疾苦和困难幸灾乐祸。波召拉牙因缺劳力，背起小孩去薅秧，积极分子就讥笑他自找苦吃。波二召断炊2日，吃野菜，不敢要贷款，当支部书记发现后给他借了2元钱时感动得说不出话来。甚至有的退社户死了，有的干部说他是“退死了”。这样形成干群和社内外的关系极为不调。合作社开了荒地，社外农民就群起反对，说合作社破坏了几千年的牧场。土改时很好的积极分子，现在对我们极为冷淡，当工作队重新去串连他们时，有的流下眼泪说：“自从我们落后，你们就不再来跨过门槛。”政治思想非常苦闷，有的就干脆到地主、富农那边找安慰去。他们对党和政府的领导采取了保留的态度。去年工作上要求过高过急，有主观主义和强迫命令的偏向，许多计划落空，引起了群众不满。纠正后，却产生了怀疑党的领导的偏向，干部和群众都认为工作队的话只能“听一半”，认为去年所做的什么都错了，今年就来一个大倒退。不愿再订生产计划，不愿采取新的生产措施，特别是政治上表现了厌倦情绪，只愿埋头生产，不愿开会。新的保守思想障碍着工作的开展和前进。团的组织有涣散现象。

自然，这样的农村政治气候，是十分有利于地主、富农阶级的反攻破坏的。他们乘机采取各种明暗手段，大举向农民展开进攻。

据法帕全乡的统计，31户地、富中，严重违法破坏的达20%左右，有20%左右的有轻微的破坏，合计违法户约占地、富户数的40%，守法或基本守法的占60%。地主、富农破坏的方式大体是利用婚丧嫁娶、大摆宴席、讲经说佛等拉拢农民，利用亲戚关系，挑唆一些不坚定的社员闹退社、闹分家。富农帕戛货喊唆使他的外甥女，要挟丈夫退社，否则离婚分家。最毒辣阴险的是拉垮和收买社内外的积极分子和骨干，帕戛贺喊招赘社员二佐做女婿后，唆使他家退社，并极为粗暴地阻止他的妹妹脱产，生产紧张时抬高工资或请戏班子唱戏。有的是赶着挂响铃的牛帮向合作社炫耀他们的富有和优越，打击社员的生产情绪。有的挑拨社内关系，乘社员相互争吵时，煽动阴阳火说："想不到你们内部也有斗争。"工作基础较差的地方，则有的公开放牛或放水糟蹋冲毁合作社的田苗。砍伐私人竹木，和合作社争夺田地。催逼旧债，甚至用手榴弹威胁村干，凶杀农民，强奸积极分子的妻女。有的则利用迷信落后散布变天思想，威胁群众和积极分子。无法无天到了可惊的程度，引起了一些干部、积极分子的不满，要求反击他们，但因为得不到应有的支持、正气不得伸张而感觉苦闷。

上中农由于占有比较优厚的生产资料，生活比较富裕，他们在很大程度上受地、富思想的影响，代表地主、富农的利益说话。虽然他们在土改时得利很多，获得了安定的生产环境，这就不能不使他们感谢共产党的恩情，在政治态度上和地主、富农有所不同，表现拥护共产党的领导，说："共产党好，日子好过。"甚至在某种意义上承认合作化道路，但从根本上则坚决反对合作化，他们不仅满足于现有的生产方式和生产水平，满足于有儿有女、有牛有田、有吃有穿、自给自足的现状，而且要求自己生产，不要再干涉他们的生产："不要管我们怎样生产，我们保证上公粮就行了。"甚至有一部分生产资料更多更富裕的人，要求自由做生意，要求减税，表现较为严重的自发倾向。个别上中农则因大势所趋，因而提出如果将来入社就把上中农组成一个生产单位，甚至是单独核算的生产单位的要求，希望按照上中农的生产方式来改变合作社的性质。

在生产上，他们模仿合作社也采取了一些改进技术的措施，如选种换种、合理密植等，但数量较少。

在粮食问题上，上中农更多地表现了惜售思想，但还没有发现经营粮食买卖、投机倒把等行为。

贫农和下中农是农村中的依靠对象。他们的生产资料较少，土地、耕牛、农具不足（贫农每人平均只占有30箩左右的产量，0.5头耕牛），生产生活困难（约50%以上的贫农和30%左右的中农，负有程度不同的债务）。生产力虽然获得了解放，但发展也还确有困难，因此他们坚决拥护共产党，拥护合作化的道路，肯定合作化是贫苦农民最后摆脱贫困的光明大道。去年试建合作社时，许多贫苦农民热烈响应党的号召，参加合作社，甚至在今年退社高潮的形势下，也仍有一批农民继续坚决地加入合作社的事实，就有力地说明了这一点。但是由于群众的社会主义觉悟不高，对合作社缺乏正确的理解，加上边疆民族地区种种特殊情况，如生产落后、生产条件优厚、劳动力不足、社会工资高等特点，使贫农和下中农在当前阶段对合作化表现了各种不同的态度。分别叙述如下：

1.下中农：下中农对合作化的态度，大概可以分为3类情况。

劳动力和土地情况基本适应，生产生活较好或基本上没有什么困难的，这种介乎上下中农之间的中等户（实际上是中中农），约占下中农阶层的35%，他们对合作化的要求很不迫切，经常处于矛盾状态，一听见合作社的优越性也想入社，略微遇到一些困难，又马上发生动摇。退社户岩立保经过了半年多的斗争在扩社时才入了社，又经过五进五出的斗争，最后在增了产120箩的情况下还是退了社（1955年单干时收330箩，1956年分得450箩）。

此外有一部分田地较多、产量较高、劳动力较少，其他耕牛、农具较齐全的约占下中农的15%，这些农民只要略微雇几个零工，就能解决生产上的困难，在合作社的增产还不显著的时候，很难吸收他们。如爹二召，6箩种田，产170多箩，只要请零工30个，就可增产，收入较多，所以对合作化采取了观望态度。

还有部分下中农，劳动力较多而且强，但土地、耕牛略有不足，生产生活有一定困难，还负有一些债务的，对合作社寄予很大的希望。希望通过组织起来解决劳动剩余的出路问题，首先入社和现在还留在合作社内的就是这部分中农。甚至于退了社仍关心和爱护合作社，希望合作社搞好后，马上回到合作社来，这部分人约占下中农的50%。但是在合作社劳动报酬仍低于社会工资的时候，也会表现动摇。如雷岩井8个人，4个劳动力，只有5箩种，有两个劳动力剩余，去年参加了合作社，收入减少而退社。

2.贫农对合作社的态度在目前可以分为6种类型：

第一，劳动力多而强，土地少，耕牛、农具不足的，是当前农村坚决要求组织起来的中坚骨干，他们有剩余劳动力和农具不足的困难，因此不仅积极响应党组织起来的号召，入社后就成为合作社的骨干。关心合作社的发展，爱社如家，积极出工，合作社有困难时，也想出各种办法解决。月相那目3个人，3个劳动力，土改时只分得1.5箩种田，没有牛，土改后生产困难无法解决，只好仍在富农家当长工，工资130箩。前年办社时，就马上辞退长工入社，富农要增加他的工资到170箩，他也坚决不干，在社内出工非常积极，情绪非常高涨，说自己在入社后才真正摆脱了被人剥削的痛苦，才真正地获得了解放。又如波岩恩过，6个人，4个劳动力，只有5箩种田，入社后不仅成为合作社的积极分子和推广先进技术的先进分子，而且在退社的大风浪中，站稳了立场，坚决要继续走合作社的道路。自己串连了5户人，订好了生产计划，准备合作社垮台时坚决干下去，结果稳住了许多动摇的社员。这一类贫农约占贫农阶层的47.26%。但是一部分贫农，在合作社的当前阶段，社内的劳动报酬还低于社会工资的情况，个别政治觉悟不高的，也会产生动摇退社重新去当雇工的现象。

第二，有劳动力，有一定的生产条件，但男女劳动不全的农户，不组织起来无法解决劳动不全的困难，他们对合作社是欢迎的，而且在风浪中也坚决支撑，不表示动摇。这些人约占贫农的9.1%。

第三，占有土地略多略好，但劳动力少而弱，人口多，生活负担较重的。入社后抢不到更多的劳动工分，土地分红又不能维持生活，在合作社还不能开展多种经营的现阶段，他们宁肯在社外忍受生产生活上的困难，依靠优越的自然条件，粗放耕作，勉强单独生产以维持生活。这部分人约占贫农阶层的23.64%，其中个别有觉悟的积极分子，也愿意参加合作社。

第四，生产生活有困难，但本身有缺点的农户（劳动不好或吹烟），约占贫农阶层的3.64%。他们需要组织起来，但又怕劳动太苦，怕受批评或歧视，因而不敢积极要求入社。社员们也不大欢迎他们入社。

第五，生活生产有困难，但习惯上有小本经营生产的（如卖豆粉或沙鸡、芦子等），约占贫农的7.26%，愿意加入合作社，但往往因为做小买卖而误工，因此不受其他社员的欢迎，他们往往在入社后退社。

第六，完全丧失劳动力的，约占9.1%，希望合作社能够解决他们的困难，有个长远依靠，愿意入社。但在社会地租还比土地分红高的时候，也表现犹豫。

综合起来，约占贫农和下中农阶层50%的农户，在当前阶段对合作社的态度是很积极的，只要我们办好当前的合作社，解决一些具体困难，并不断地进行政治思想教育，反击地主、富农的反攻破坏，社会主义思想仍然可以逐步占领农村阵地的。

五、关于傣族农村中残存的自然经济情况

从两年来的情况看来，在傣族农村中，虽然在当前社会主义经济的发展较之资本主义快一些，但总的说来，不论资本主义和社会主义的发展，都不是那么迅速和容易的。其根本原因，是落后的自然经济和由于这种自然经济而反映到思想意识上的保守思想的障碍。傣族地区自然条件极为优厚，生产潜力很大，但由于生产工具极其简陋，生产技术落后，因而就从根本上限制了生产的发展（每亩平均只有300多斤的产量）。傣族农民的主要农具，都是依靠外族供应的，所以极为简陋。犁头只是一块鹤嘴铁，长1尺2、宽5寸，没有犁板，不能深耕（最多只能犁4寸）；耙多用竹木制成，齿少而短，有些硬土耙不细；锄头较好，但不用于田间；割谷多用锯镰，长约6寸；打谷不用连械风车，只用弯棍和笋扇。织布机由崩龙族供给，极为原始。这就牵制了大量的劳动力，再加以劳力不足的困难，生产就不能不粗放进行。不深耕，不施肥，不薅锄，加以自然经济生产只为需要不为市场和价值的思想支配，造成农业生产单纯和商品经济的缺乏的后果。傣族除稻谷外就很没有其他的品种作为商品出售，种植少量的小杂粮及经济作物如黄豆、豌豆、花生、甘蔗等都是自种自用。农民需要的草烟、茶叶、小菜等都自己栽种或用野生的东西代用。由于根本没有独立的手工业，也没有副业生产的手工业，农民根本没有什么手工业产品可以拿到市场上出卖。而且农民思想意识上有“重农轻商”甚至鄙视做生意等习惯势力，就是一些副业产品也绝不拿到市场上出卖。傣族农民认为出卖家禽家畜是可耻的，法帕寨共养鸡3000多只、鸭数百只，但是绝对买不到一个鸡鸭蛋，更不要说鸡鸭。同样一个寨子养

有477头猪，其中肥猪就有100多头，但也很少出卖；有的养了六七年甚至10多年的，重达数百斤，也仍不宰杀，备自己婚丧之用。有的因为和猪发生了感情，就根本不再考虑出卖的问题。傣族笃信佛教，也加深了消极保守对物质要求不高的思想，满足“住茅屋、种水田、河中生鱼、井中有水、谷做饭、鱼当菜”的简单的生活，“人生的最高目的，只是为了有吃、有穿、有供”，“活着当帕戛，死了上天”，“斤斤六六，六六斤斤”（“吃吃供供，供供吃吃，完了就死了”）。

省委边委德宏工作组